U0910234

国家职业技能鉴定最新指导丛书

汽车修理工（初、中级）国家职业资格证书取证问答

第3版

主　编　祖国海
参　编　方瑞学　王小东　海　洋
　　　　戴　红　珠　娜

机械工业出版社

本书参照最新《国家职业标准》，根据最新国家职业技能鉴定汽车修理工试题库鉴定考核重点表，以问答的形式详细地介绍了每个鉴定点所涉及的理论知识和操作技能。本书主要内容包括基础知识，以及汽车发动机、汽车底盘、汽车电器和新能源汽车动力系统的理论知识和操作技能。书中还附有模拟试卷并配有答案。

本书是初、中级汽车修理工参加职业技能鉴定的必备用书，也可供相关技术人员参考，还可作为职业技能鉴定培训用书。

图书在版编目（CIP）数据

汽车修理工（初、中级）国家职业资格证书取证问答/祖国海主编．—3版．—北京：机械工业出版社，2015.10

（国家职业技能鉴定最新指导丛书）

ISBN 978-7-111-51427-5

Ⅰ．汽…　Ⅱ．①祖…　Ⅲ．①汽车－车辆修理－职业技能－鉴定－问题解答　Ⅳ．①U472.4-44

中国版本图书馆CIP数据核字（2015）第206434号

机械工业出版社（北京市百万庄大街22号　邮政编码100037）

策划编辑：王华庆　责任编辑：王华庆

版式设计：霍永明　责任校对：樊钟英

封面设计：路恩中　责任印制：李　洋

北京瑞德印刷有限公司印刷（三河市胜利装订厂装订）

2016年1月第3版第1次印刷

184mm×260mm·21.5印张·582千字

0001—3000册

标准书号：ISBN 978-7-111-51427-5

定价：45.00元

前　言

《汽车修理工（初、中级）国家职业资格证书取证问答　第2版》出版以来，由于通俗易懂，简单实用，紧贴《国家职业标准》，深受读者喜爱，成为广大取证人员的良师益友，并已多次重印。

近几年汽车行业发展迅速，新材料、新技术层出不穷，新能源汽车保有量已初具规模，而本书第2版由于策划、编写得比较早，一些知识已经陈旧，已经不再适应新的鉴定要求。为此，我们对《汽车修理工（初、中级）国家职业资格证书取证问答　第2版》进行了修订。

此次修订具有以下特点：

1. 完全按照最新《国家职业标准　汽车修理工》对初级工和中级工的知识要求编写，坚持标准化，力求内容覆盖职业技能鉴定的各项要求。

2. 紧紧围绕国家职业技能鉴定汽车修理工试题库鉴定考核重点表的要求编写，重点突出，系统全面，注重理论联系实际，能够满足取证人员的需求。

3. 内容新颖，突出时代感，较多地采用新知识、新技术、新工艺、新方法，并树立以取证人员为主体的编写理念，通俗易懂，简单实用。

本书由祖国海主编，方瑞学、王小东、海洋、戴红、珠娜参加编写。

在本书的编写过程中参阅了相关文献资料，在此向这些文献资料的作者表示衷心的感谢！

由于编者水平所限，本书还存在缺点和不足之处，恳请广大读者对本书提出宝贵的意见和建议，以便修订时加以完善。

编　者

目 录

前言

基础知识篇

鉴定范围 1 职业道德 …… 1
鉴定点 1 职业道德的概念 …… 1
鉴定点 2 职业道德的功能 …… 1
鉴定点 3 职业道德规范的内容 …… 1
鉴定点 4 职业道德的社会作用 …… 1
鉴定点 5 职业道德与个人事业的关系 …… 1
鉴定点 6 职业道德对企业的作用 …… 2
鉴定范围 2 钳工基础知识 …… 2
鉴定点 1 游标卡尺 …… 2
鉴定点 2 千分尺 …… 2
鉴定点 3 百分表 …… 2
鉴定点 4 台虎钳 …… 3
鉴定点 5 砂轮机 …… 3
鉴定点 6 测量 …… 3
鉴定点 7 划线 …… 3
鉴定点 8 錾削 …… 4
鉴定点 9 锯削 …… 4
鉴定点 10 锉削 …… 4
鉴定点 11 钻孔 …… 5
鉴定点 12 攻螺纹 …… 5
鉴定点 13 套螺纹 …… 5
鉴定点 14 铰孔 …… 5
鉴定点 15 刮削 …… 6
鉴定点 16 研磨 …… 6
鉴定范围 3 电工与电子基础知识 …… 6
鉴定点 1 直流电 …… 6
鉴定点 2 串联电路 …… 7
鉴定点 3 并联电路 …… 7
鉴定点 4 欧姆定律 …… 7
鉴定点 5 交流电 …… 7
鉴定点 6 电容 …… 7
鉴定点 7 电感 …… 8
鉴定点 8 IC 电路 …… 8
鉴定点 9 二极管 …… 8
鉴定点 10 晶体管 …… 9
鉴定范围 4 液压传动基础知识 …… 10
鉴定点 1 液压传动原理 …… 10
鉴定点 2 液压传动系统的组成 …… 10
鉴定点 3 液压传动的特点 …… 10
鉴定范围 5 汽车常用材料 …… 11
鉴定点 1 金属材料的力学性能 …… 11
鉴定点 2 金属材料的工艺性能 …… 11
鉴定点 3 合金钢 …… 11
鉴定点 4 汽油 …… 11
鉴定点 5 柴油 …… 12
鉴定点 6 机油 …… 12
鉴定点 7 润滑脂 …… 12
鉴定点 8 制动液 …… 13
鉴定点 9 冷却液 …… 13
鉴定点 10 液力传动油 …… 13
鉴定点 11 轴承 …… 13
鉴定点 12 螺纹 …… 14
鉴定范围 6 汽车维修设备和工具 …… 14
鉴定点 1 钳子 …… 14
鉴定点 2 螺钉旋具 …… 14
鉴定点 3 扳手 …… 14
鉴定点 4 火花塞套筒 …… 15
鉴定点 5 活塞环拆装钳 …… 15
鉴定点 6 轮胎螺母拆装机 …… 15
鉴定点 7 发动机翻转拆装架 …… 15
鉴定点 8 举升器 …… 15
鉴定范围 7 汽车构造 …… 16
鉴定点 1 汽车的分类 …… 16
鉴定点 2 汽车的组成 …… 16
鉴定点 3 汽车技术参数 …… 16
鉴定点 4 汽车发动机的作用及名词术语 …… 18
鉴定点 5 汽油发动机的基本构造 …… 18
鉴定点 6 四冲程汽油发动机工作循环 …… 19

鉴定点 7　四冲程柴油发动机的工作循环 …… 19
鉴定点 8　二冲程汽油发动机的工作循环 …… 19

鉴定范围 8　安全生产与环境保护知识 …… 20

鉴定点 1　火灾安全急救常识 …… 20
鉴定点 2　触电事故发生的原因 …… 20
鉴定点 3　触电者受伤害程度的取决因素 …… 21
鉴定点 4　安全用电常识 …… 21
鉴定点 5　环境保护 …… 21
鉴定点 6　车用油品的储存 …… 22
鉴定点 7　固体废弃物品的处理 …… 22
鉴定点 8　危险化学品管理知识 …… 22
鉴定点 9　汽车尾气排放法规 …… 22

鉴定范围 9　质量管理知识 …… 23

鉴定点 1　质量管理的概念 …… 23
鉴定点 2　质量管理的发展过程 …… 23
鉴定点 3　全面质量管理 …… 23
鉴定点 4　全面质量管理的特点 …… 23
鉴定点 5　质量控制 …… 23

鉴定范围 10　相关法律、法规知识 …… 24

鉴定点 1　劳动法 …… 24
鉴定点 2　合同法 …… 24
鉴定点 3　消费者权益保护法 …… 24

初级知识篇

应知单元

鉴定范围 1　汽车发动机 …… 25

鉴定点 1　汽车维护的原则 …… 25
鉴定点 2　汽车维护的分级和周期 …… 25
鉴定点 3　更换发动机机油和机油滤清器的技术要求 …… 25
鉴定点 4　补充、更换冷却液的技术要求 …… 25
鉴定点 5　检查、清洁火花塞的技术要求 …… 25
鉴定点 6　燃料系统一级维护作业的技术要求 …… 25
鉴定点 7　点火系统作业的技术要求 …… 26
鉴定点 8　一级维护竣工检验的技术要求与质量保证期 …… 26
鉴定点 9　曲柄连杆机构 …… 26
鉴定点 10　机体组 …… 26
鉴定点 11　活塞连杆组 …… 26
鉴定点 12　曲轴飞轮组 …… 27
鉴定点 13　配气机构 …… 27
鉴定点 14　气门组 …… 27
鉴定点 15　气门驱动组 …… 28
鉴定点 16　汽油机燃料供给系统 …… 28
鉴定点 17　电动燃油泵 …… 29
鉴定点 18　喷油器 …… 31
鉴定点 19　冷却系统 …… 31
鉴定点 20　水泵 …… 32
鉴定点 21　散热器 …… 32
鉴定点 22　节温器 …… 32
鉴定点 23　风扇离合器 …… 32
鉴定点 24　润滑系统 …… 33
鉴定点 25　机油泵 …… 33
鉴定点 26　机油滤清器 …… 34
鉴定点 27　柴油机燃油喷射系统 …… 34
鉴定点 28　柴油机喷油压力 …… 35
鉴定点 29　柴油机喷油状况 …… 35
鉴定点 30　发动机二级维护拆装作业的技术要求 …… 35
鉴定点 31　柴油机喷油器二级维护的技术要求 …… 36
鉴定点 32　冷却系统二级维护的技术要求 …… 36
鉴定点 33　润滑系统二级维护的技术要求 …… 36
鉴定点 34　发动机紧固作业的注意事项 …… 36

鉴定范围 2　汽车底盘 …… 36

鉴定点 1　汽车底盘一级维护作业的内容 …… 36
鉴定点 2　汽车底盘一级维护作业的技术要求 …… 37
鉴定点 3　汽车底盘紧固时的注意事项 …… 37
鉴定点 4　齿轮油 …… 37
鉴定点 5　制动液 …… 37
鉴定点 6　润滑脂 …… 38
鉴定点 7　转向系统 …… 38
鉴定点 8　转向器 …… 38
鉴定点 9　循环球式转向器 …… 38
鉴定点 10　转向传动机构 …… 39

鉴定点 11　二轴式变速器 …………………… 39
鉴定点 12　三轴式变速器 …………………… 39
鉴定点 13　变速器操纵机构 ………………… 40
鉴定点 14　万向传动装置 …………………… 40
鉴定点 15　万向节…………………………… 40
鉴定点 16　汽车行驶系统 …………………… 41
鉴定点 17　车架……………………………… 41
鉴定点 18　车桥……………………………… 41
鉴定点 19　转向轮定位 ……………………… 42
鉴定点 20　主销后倾 ………………………… 43
鉴定点 21　主销内倾 ………………………… 43
鉴定点 22　前轮外倾 ………………………… 43
鉴定点 23　前轮前束 ………………………… 43
鉴定点 24　悬架……………………………… 43
鉴定点 25　弹性元件 ………………………… 44
鉴定点 26　减振器…………………………… 45
鉴定点 27　车轮……………………………… 45
鉴定点 28　轮胎……………………………… 45
鉴定点 29　轮胎规格的表示方法 ………… 45
鉴定点 30　车轮制动器的制动原理 ……… 45
鉴定点 31　制动蹄片与制动鼓的间隙……… 45
鉴定点 32　液压制动系统 …………………… 46
鉴定点 33　气压制动系统 …………………… 46
鉴定点 34　转向角…………………………… 47
鉴定点 35　离合器踏板自由行程 ………… 47
鉴定点 36　制动踏板自由行程 …………… 48
鉴定点 37　轮胎换位操作的技术要求……… 48
鉴定点 38　车轮制动器维护的注意事项…… 48
鉴定点 39　驻车制动器 ……………………… 48
鉴定点 40　防抱死制动系统 ………………… 48
鉴定点 41　制动压力调节器 ………………… 49
鉴定范围 3　汽车电器 ……………………… 49
鉴定点 1　蓄电池维护时的注意事项 ……… 49
鉴定点 2　检查、清洁电气元器件时的注意事项 …………………… 49
鉴定点 3　更换火花塞时的注意事项 ……… 50
鉴定点 4　电气设备一级维护作业的内容与技术要求…………………… 50
鉴定点 5　电气设备二级维护作业的内容与技术要求…………………… 50
鉴定点 6　检查、调整点火正时的技术要求 ………………………… 50
鉴定点 7　电气设备 ………………………… 50
鉴定点 8　蓄电池 …………………………… 51
鉴定点 9　短路和断路 ……………………… 51
鉴定点 10　蓄电池使用注意事项 ………… 51
鉴定点 11　交流发电机与电压调节器……… 51
鉴定点 12　起动系统 ……………………… 52
鉴定点 13　点火系统 ……………………… 52
鉴定点 14　蓄电池点火系统的工作原理…… 52
鉴定点 15　点火线圈 ……………………… 52
鉴定点 16　分电器…………………………… 52
鉴定点 17　火花塞…………………………… 52
鉴定点 18　前照灯…………………………… 53
鉴定点 19　转向信号装置 ………………… 53
鉴定点 20　电子仪表与显示装置维修注意事项 …………………………… 53
鉴定点 21　电动刮水器 …………………… 53
鉴定点 22　风窗清洗装置 ………………… 54
鉴定点 23　电动车窗 ……………………… 54
鉴定点 24　电动座椅 ……………………… 54
鉴定点 25　电动后视镜 …………………… 55
鉴定点 26　压缩机拆装注意事项 ………… 56
鉴定点 27　冷凝器…………………………… 56
鉴定点 28　处理制冷剂时应注意的事项…… 56
鉴定点 29　更换零件或管路时要注意的事项…………………………… 56
鉴定点 30　拧紧连接零件时应注意的事项…………………………… 57
鉴定点 31　处理装有制冷剂的容器时应注意的事项 ………………… 57
鉴定点 32　空调制冷系统补充制冷剂时应注意的事项 ………………… 57
鉴定范围 4　新能源汽车动力系统 ……… 58
鉴定点 1　电动汽车的分类…………………… 58
鉴定点 2　纯电动汽车的特点 ……………… 58
鉴定点 3　纯电动汽车的分类……………… 59
鉴定点 4　纯电动汽车蓄电池的特点 ……… 60
鉴定点 5　混合动力电动汽车……………… 60
鉴定点 6　混合动力电动汽车的特点 ……… 60
鉴定点 7　混合动力电动汽车的工作方式 … 60
鉴定点 8　串联式混合动力电动汽车 ……… 60
鉴定点 9　并联式混合动力电动汽车 ……… 61
鉴定点 10　混联式混合动力电动汽车……… 61
鉴定点 11　燃气汽车 ……………………… 61
鉴定点 12　燃料电池电动汽车 …………… 61
鉴定点 13　燃料电池电动汽车的类型……… 61
鉴定点 14　动力蓄电池使用注意事项……… 63

应会单元

鉴定范围1 汽车发动机维修操作技能 …… 64
鉴定点1 更换发动机机油和机油滤清器 …… 64
鉴定点2 检查、清洁空气滤清器 …… 64
鉴定点3 检查、补充冷却液 …… 65
鉴定点4 更换制动液 …… 65
鉴定点5 检测气缸压力 …… 66
鉴定点6 检测燃油压力 …… 67
鉴定点7 检查、调整火花塞间隙 …… 68
鉴定点8 检测点火提前角 …… 68
鉴定点9 检测发动机怠速工况CO、HC的排放量和烟度 …… 69
鉴定点10 检查冷却系统的密封状况 …… 70
鉴定点11 检查V带状况，调整V带张紧度 …… 71
鉴定点12 拆装气缸盖 …… 71
鉴定点13 拆装与调整配气机构 …… 72
鉴定点14 装配与检查曲轴飞轮组 …… 73
鉴定点15 检查与拆装正时齿轮、正时带 …… 74
鉴定点16 维护喷油器 …… 75
鉴定点17 更换水泵水封 …… 76
鉴定点18 更换曲轴前后油封 …… 77
鉴定点19 检查曲轴轴向间隙 …… 77
鉴定点20 调整气门间隙 …… 78
鉴定范围2 汽车底盘维修操作技能 …… 79
鉴定点1 转向器、转向传动机构的维护 …… 79
鉴定点2 变速器的维护 …… 80
鉴定点3 主减速器的维护 …… 81
鉴定点4 检查传动轴及等速万向节 …… 81
鉴定点5 检测轮胎气压 …… 82
鉴定点6 检查汽车悬架 …… 82
鉴定点7 检查车身状况 …… 82
鉴定点8 检查前轮制动调整臂 …… 83
鉴定点9 检查和更换转向器、变速器、主减速器齿轮油 …… 83
鉴定点10 前轮的维护 …… 84
鉴定点11 检查与调整离合器踏板自由行程 …… 87
鉴定点12 检查与调整前轮前束及转向角 …… 87
鉴定点13 检查与调整制动踏板自由行程 …… 89
鉴定点14 检查与调整驻车制动器自由行程 …… 89
鉴定点15 更换轮胎或进行轮胎换位 …… 89
鉴定点16 更换离合器从动盘 …… 90
鉴定点17 更换手动变速器总成 …… 91
鉴定点18 检查与更换减振器 …… 91
鉴定点19 更换制动气室膜片和膜片弹簧 …… 92
鉴定点20 更换液压制动主缸和制动轮缸 …… 92
鉴定点21 更换钢板弹簧 …… 92
鉴定点22 更换转向节主销和推力轴承 …… 93
鉴定点23 更换万向传动装置和中间支承轴承 …… 94
鉴定点24 更换车轮制动器摩擦片 …… 94
鉴定点25 拆装循环球式转向器 …… 95
鉴定点26 拆装齿轮齿条式转向器 …… 97
鉴定点27 拆装蜗杆曲柄指销式转向器 …… 98
鉴定范围3 汽车电器维修操作技能 …… 101
鉴定点1 检查、清洁蓄电池、补充电解液 …… 101
鉴定点2 检查、清洁发电机和起动机 …… 101
鉴定点3 检查、清洁分电器和高压线 …… 102
鉴定点4 检查、清洁或更换火花塞 …… 102
鉴定点5 检查全车电路 …… 103
鉴定点6 拆装发电机、起动机 …… 104
鉴定点7 更换车灯、刮水器、仪表、喇叭 …… 104
鉴定点8 维修或更换充电电路的插头和导线 …… 105
鉴定点9 检查、调整点火正时 …… 106
鉴定点10 检查点火一次、二次电路的导线和部件 …… 106
鉴定点11 清洗制冷系统外部 …… 106
鉴定点12 拆装空调系统 …… 107
鉴定范围4 新能源汽车动力系统维修操作技能 …… 109
鉴定点1 在充电站对电动汽车快速充电 …… 109
鉴定点2 使用家庭电源对电动汽车慢速充电 …… 110
鉴定点3 使用交流充电桩对电动汽车慢速充电 …… 111

鉴定点 4 动力电池的维护与更换 ……… 111

初级模拟试卷

应知试卷 …………………………………… 113
应会试卷 …………………………………… 125

中级知识篇

应知单元

鉴定范围 1 汽车发动机 ………………… 128
鉴定点 1 汽车二级维护前的检测作业程序………………………… 128
鉴定点 2 气门座圈修理的技术要求……… 128
鉴定点 3 曲轴、连杆轴承间隙调整的要点………………………… 129
鉴定点 4 活塞环装配的技术要求 ……… 129
鉴定点 5 曲轴轴承、连杆轴承的刮削要点…………………………… 129
鉴定点 6 汽车零件检验后的分类 ……… 129
鉴定点 7 气缸磨损的原因 ……………… 130
鉴定点 8 气缸盖产生裂纹的主要原因…………………………… 130
鉴定点 9 气缸盖腐蚀的主要原因 ……… 130
鉴定点 10 气缸盖击伤的主要原因 ……… 130
鉴定点 11 气缸盖螺纹孔损坏的主要原因 ………………………… 130
鉴定点 12 气缸盖翘曲变形的主要原因 … 130
鉴定点 13 气缸体腐蚀的主要原因 ……… 130
鉴定点 14 气缸体螺纹孔损坏对发动机的影响 ……………………… 131
鉴定点 15 气缸体上平面、下平面产生翘曲变形的原因 …………… 131
鉴定点 16 曲轴变形的原因 ……………… 131
鉴定点 17 曲轴轴颈表面出现擦伤和烧伤的原因 …………………… 131
鉴定点 18 凸轮轴异常损坏的原因 ……… 131
鉴定点 19 汽车发动机凸轮轴修理的技术条件 ……………………… 131
鉴定点 20 装配发动机前清洗零件时的注意事项 …………………… 132
鉴定点 21 气缸体、气缸盖的检测要点 … 132
鉴定点 22 发动机气缸体与气缸盖修理的技术要求………………… 132
鉴定点 23 发动机曲轴修理的技术要求 … 133
鉴定点 24 拆卸正时带轮时的注意事项 … 134
鉴定点 25 安装正时带轮时的注意事项 … 134
鉴定点 26 装配与调整配气机构时的注意事项 ……………………… 135
鉴定点 27 装配气缸盖时的注意事项 …… 135
鉴定点 28 装配气缸体时的注意事项 …… 135
鉴定点 29 气缸磨损检测的要点 ………… 135
鉴定点 30 检查主轴颈、连杆轴颈磨损情况时的操作要点 …………… 136
鉴定点 31 检查曲轴弯曲度时的操作要点 ………………………… 136
鉴定点 32 检查曲轴表面裂纹 …………… 136
鉴定点 33 滚柱式电动燃油泵 …………… 136
鉴定点 34 齿轮式燃油泵………………… 137
鉴定点 35 气门与气门座的密封性试验 … 137
鉴定点 36 气门弹簧的检修……………… 138
鉴定点 37 连杆弯曲或扭曲变形的原因 … 138
鉴定点 38 组装活塞连杆组时的注意事项 ………………………… 139
鉴定点 39 曲轴飞轮组的动平衡 ………… 139
鉴定点 40 装配与调整气缸体和曲柄连杆机构时的注意事项 ………… 139
鉴定点 41 气缸修理级别（尺寸）的确定 ……………………………… 139
鉴定点 42 喷油器 ………………………… 140
鉴定点 43 汽油压力调节器 ……………… 140
鉴定点 44 汽油压力缓冲器 ……………… 141
鉴定点 45 翼片式空气流量计 …………… 141
鉴定点 46 温度传感器 …………………… 141
鉴定点 47 节气门位置传感器 …………… 141
鉴定点 48 检修进气系统时的注意事项 ………………………… 142
鉴定点 49 检修电控系统时的注意事项………………………… 142
鉴定点 50 蜡式节温器的结构与工作原理 ………………………… 143
鉴定点 51 检测节温器 …………………… 143
鉴定点 52 硅油风扇离合器的结构与工作原理 ……………………… 144
鉴定点 53 检查硅油风扇离合器………… 144
鉴定点 54 检查风扇温控开关 …………… 144

鉴定点 55　水泵的结构与工作原理 ……… 145
鉴定点 56　齿轮式机油泵 ……………… 145
鉴定点 57　更换飞轮齿圈 ……………… 145
鉴定点 58　调整喷油泵供油提前角 ……… 145
鉴定点 59　曲轴箱强制通风系统………… 146
鉴定点 60　汽油蒸气排放控制系统……… 147
鉴定点 61　废气再循环控制系统………… 148
鉴定点 62　三元催化转换器 …………… 149
鉴定点 63　二次空气供给系统 ………… 149
鉴定点 64　废气涡轮增压系统 ………… 150

鉴定范围 2　汽车底盘 …………………… 152

鉴定点 1　车轮定位………………………… 152
鉴定点 2　车轮动平衡仪 ………………… 152
鉴定点 3　检查与调整前轮转向角 ……… 153
鉴定点 4　检测转向盘的自由转动量 …… 153
鉴定点 5　转向轮侧滑量的检测 ………… 153
鉴定点 6　驻车制动性能的检验 ………… 153
鉴定点 7　轮胎磨损程度的检测 ………… 154
鉴定点 8　更换手动变速器同步器 ……… 154
鉴定点 9　膜片弹簧离合器 ……………… 155
鉴定点 10　检查、更换从动盘的操作要点 …………………………… 156
鉴定点 11　检查、更换压盘的操作要点 …………………………… 156
鉴定点 12　液压制动主缸、轮缸的技术要求 …………………………… 156
鉴定点 13　离合器的调整 ……………… 156
鉴定点 14　变速器 ……………………… 157
鉴定点 15　变速器轴的检修要点………… 157
鉴定点 16　变速器壳体的修理技术要求 …………………………… 158
鉴定点 17　变速器盖的修理技术要求 …… 158
鉴定点 18　变速器齿轮与花键的修理技术要求 …………………………… 158
鉴定点 19　检修变速器换档操纵机构 …… 158
鉴定点 20　变速器齿轮啮合侧隙的检查 …………………………… 159
鉴定点 21　齿轮的检修 ………………… 159
鉴定点 22　拨叉轴及锁止装置的检修 …… 159
鉴定点 23　检查同步器组件 …………… 159
鉴定点 24　装配变速器总成时的注意事项 …………………………… 160
鉴定点 25　自动变速器的分类 ………… 160
鉴定点 26　自动变速器的结构和工作原理 …………………………… 160
鉴定点 27　自动变速器液压试验时的注意事项 …………………………… 162
鉴定点 28　自动变速器失速试验时的注意事项 …………………………… 163
鉴定点 29　自动变速器时滞试验时的注意事项 …………………………… 163
鉴定点 30　自动变速器油的种类及选用原则 …………………………… 163
鉴定点 31　自动变速器联动装置的调整 …………………………… 163
鉴定点 32　液力变矩器的检修 ………… 163
鉴定点 33　单级主减速器 ……………… 164
鉴定点 34　差速器的结构与工作原理 …… 164
鉴定点 35　主减速器的装配及轴承预紧度的调整 …………………………… 165
鉴定点 36　差速器总成的装复 ………… 166
鉴定点 37　差速器总成的检查与调整 …… 166
鉴定点 38　主、从动锥齿轮啮合间隙与啮合印痕的检测和调整 ………… 167
鉴定点 39　桥壳的修理技术要求………… 167
鉴定点 40　半轴的修理技术要求………… 167
鉴定点 41　主减速器的修理技术要求 …… 168
鉴定点 42　差速器的修理技术要求……… 168
鉴定点 43　万向节的检修 ……………… 169
鉴定点 44　传动轴的检修 ……………… 169
鉴定点 45　机械转向系统 ……………… 170
鉴定点 46　动力转向系统 ……………… 170
鉴定点 47　齿轮齿条式转向器 ………… 171
鉴定点 48　循环球式转向器 …………… 171
鉴定点 49　前轴的修理技术条件………… 172
鉴定点 50　转向节的修理技术条件……… 172
鉴定点 51　转向器的修理技术条件……… 172
鉴定点 52　转向操纵机构的修理技术条件 …………………………… 173
鉴定点 53　转向传动机构的修理技术条件 …………………………… 173
鉴定点 54　转向器轴承预紧度与啮合间隙的调整 ………………… 174
鉴定点 55　悬架系统的种类 …………… 174
鉴定点 56　非独立悬架 ………………… 174
鉴定点 57　独立悬架 …………………… 174
鉴定点 58　主销后倾角 ………………… 176
鉴定点 59　主销内倾角 ………………… 176

鉴定点 60　车轮外倾角 …………………… 177
鉴定点 61　车轮前束 ……………………… 177
鉴定点 62　鼓式车轮制动器 ……………… 177
鉴定点 63　检查、更换制动摩擦衬片 …… 178
鉴定点 64　风冷单缸式空气压缩机的结构及工作原理 ………… 178
鉴定点 65　限压阀 ………………………… 179
鉴定点 66　感载比例阀 …………………… 179
鉴定点 67　惯性阀 ………………………… 180
鉴定点 68　制动器的拆卸技术条件 ……… 181
鉴定点 69　制动器的装配技术条件 ……… 181
鉴定点 70　制动鼓的修理技术条件 ……… 181
鉴定点 71　制动蹄总成的修理技术条件 ……………………… 182
鉴定点 72　检测制动鼓的磨损情况 ……… 182
鉴定点 73　检修制动控制阀 ……………… 182
鉴定点 74　盘式制动器 …………………… 182
鉴定点 75　制动器传动装置的结构及工作原理 ……………… 183
鉴定点 76　检修及调整盘式制动器 ……… 183
鉴定点 77　驻车制动器的分类及结构 …… 184
鉴定点 78　驻车制动器的工作原理 ……… 184
鉴定点 79　驻车制动器的调整 …………… 184

鉴定范围 3　汽车电器 …………………… 185

鉴定点 1　汽车二级维护前电气设备的检测诊断项目与技术要求 ………… 185
鉴定点 2　蓄电池的维护 …………………… 185
鉴定点 3　蓄电池充电时的注意事项 …… 187
鉴定点 4　起动机的分类及结构 ………… 188
鉴定点 5　起动机的性能参数 …………… 188
鉴定点 6　起动机性能的测试方法 ……… 189
鉴定点 7　发电机的结构 ………………… 189
鉴定点 8　汽车空调制冷系统的组成 …… 190
鉴定点 9　制冷剂的种类与性能 ………… 190
鉴定点 10　照明系统电路 ………………… 191
鉴定点 11　信号系统电路 ………………… 192
鉴定点 12　仪表系统电路 ………………… 193
鉴定点 13　点火线圈的检测 ……………… 193
鉴定点 14　检修火花塞 …………………… 193
鉴定点 15　汽车空调制冷系统的常见故障 ……………………… 194
鉴定点 16　往复式曲轴连杆压缩机的常见故障 ………………… 196
鉴定点 17　滑片式压缩机的常见故障 …… 196

鉴定范围 4　新能源汽车动力系统 …… 196

鉴定点 1　串联式混合动力电动汽车 …… 196
鉴定点 2　串联式混合动力电动汽车的运行工况 ……………… 197
鉴定点 3　并联式混合动力电动汽车 …… 198
鉴定点 4　并联式混合动力电动汽车的运行工况 ……………… 198
鉴定点 5　混联式混合动力电动汽车 …… 200
鉴定点 6　混联式混合动力电动汽车的工况分析 ……………… 200
鉴定点 7　丰田普锐斯混合动力汽车变速驱动桥 ……………… 203
鉴定点 8　丰田普锐斯混合动力汽车变频器 …………………… 203
鉴定点 9　丰田普锐斯混合动力汽车的工作模式 ……………… 203
鉴定点 10　电动汽车充电 ………………… 204
鉴定点 11　电动汽车充电环境要求 ……… 204

应会单元

鉴定范围 1　汽车发动机维修操作技能 ……………………… 205

鉴定点 1　发动机无负荷时的功率测试 … 205
鉴定点 2　单缸转速降的检测 …………… 206
鉴定点 3　曲轴箱窜气量的检测 ………… 206
鉴定点 4　气缸漏气量的检测 …………… 206
鉴定点 5　进气歧管真空度的检测 ……… 207
鉴定点 6　柴油机喷油压力的检测 ……… 208
鉴定点 7　供油提前角的检测 …………… 208
鉴定点 8　发动机机油压力和机油品质的检测 ………………… 208
鉴定点 9　发动机起动电压、起动电流的检测 ………………… 209
鉴定点 10　曲轴几何误差的检测 ………… 209
鉴定点 11　气缸磨损程度及圆度、圆柱度误差的检测 ………… 212
鉴定点 12　气门座圈的修配 ……………… 212
鉴定点 13　曲轴轴向间隙的检测 ………… 213
鉴定点 14　活塞环的检验与更换 ………… 213
鉴定点 15　曲轴（连杆）轴承间隙的检测与调整 ……………… 215
鉴定点 16　发动机总成的拆卸 …………… 215
鉴定点 17　气门的检修 …………………… 217
鉴定点 18　气门座的检修 ………………… 218
鉴定点 19　凸轮轴磨损情况的检测 ……… 221

鉴定点 20　拆卸、清洗气缸盖 …… 222
鉴定点 21　气缸盖的检测 …… 222
鉴定点 22　连杆弯曲或扭曲变形的检测及连杆的校正 …… 224
鉴定点 23　检测、选配活塞 …… 225
鉴定点 24　活塞连杆组的组装 …… 225
鉴定点 25　检测电动燃油泵及其控制电路 …… 227
鉴定点 26　检测、更换油压调节器 …… 228
鉴定点 27　检测喷油器 …… 229
鉴定点 28　检测怠速控制阀 …… 231
鉴定点 29　检测磁感应式信号传感器 …… 233
鉴定点 30　检测霍尔式信号传感器 …… 234
鉴定点 31　检测磁电式电子点火器 …… 234
鉴定点 32　检测霍尔式电子点火器 …… 235
鉴定点 33　检测、更换进气温度传感器 …… 236
鉴定点 34　检测、更换冷却液温度传感器 …… 236
鉴定点 35　检测、更换节气门位置传感器 …… 237
鉴定点 36　废气再循环控制系统的检修 …… 238
鉴定点 37　检修水泵 …… 240
鉴定点 38　检修机油泵 …… 242

鉴定范围 2　汽车底盘维修操作技能 …… 244

鉴定点 1　变速器（三轴）的检修 …… 244
鉴定点 2　膜片弹簧式离合器的检修 …… 248
鉴定点 3　离合器摩擦片的更换 …… 250
鉴定点 4　自动变速器驱动桥总成的拆装 …… 251
鉴定点 5　自动变速器液压试验 …… 255
鉴定点 6　自动变速器失速试验 …… 256
鉴定点 7　自动变速器时滞试验 …… 257
鉴定点 8　液力变矩器的检修 …… 258
鉴定点 9　传动轴的检修 …… 259
鉴定点 10　蜗杆指销式转向器的检修 …… 263
鉴定点 11　检查与更换减振器 …… 265
鉴定点 12　检查和调整前轮前束 …… 265
鉴定点 13　电脑式四轮定位仪的使用方法 …… 266
鉴定点 14　鼓式车轮制动器的装配与调整 …… 267
鉴定点 15　空气压缩机的检修 …… 268
鉴定点 16　盘式制动器的拆装 …… 269
鉴定点 17　检修制动主缸和制动轮缸 …… 270
鉴定点 18　调整驻车制动器 …… 272
鉴定点 19　主减速器主、从动锥齿轮啮合间隙的检查与调整 …… 273
鉴定点 20　差速器的检修 …… 273
鉴定点 21　万向传动装置的检修 …… 277
鉴定点 22　非独立悬架转向传动机构的拆检 …… 278
鉴定点 23　独立悬架转向传动机构的拆装 …… 280
鉴定点 24　动力转向液压泵的拆装 …… 280
鉴定点 25　制动助力器的检修 …… 282
鉴定点 26　压力控制器的拆装 …… 283

鉴定范围 3　汽车电器维修操作技能 …… 285

鉴定点 1　铅蓄电池的充电 …… 285
鉴定点 2　检测起动机 …… 286
鉴定点 3　检测发电机 …… 290
鉴定点 4　电动车窗的检修 …… 292
鉴定点 5　电动后视镜的检查 …… 297
鉴定点 6　刮水器电动机的检查 …… 298
鉴定点 7　电动座椅电动机及开关的检查 …… 299
鉴定点 8　空调鼓风机线路及元件的检修 …… 300
鉴定点 9　空调压缩机的拆卸与安装 …… 301
鉴定点 10　空调冷凝器的检修 …… 302
鉴定点 11　蒸发器的检修 …… 303
鉴定点 12　空调系统压力的检测 …… 303
鉴定点 13　空调系统制冷液的补充 …… 305
鉴定点 14　制冷系统修理后的性能试验 …… 307

鉴定范围 4　新能源汽车动力系统维修操作技能 …… 307

鉴定点 1　动力蓄电池组的更换 …… 307
鉴定点 2　动力蓄电池散热风扇的更换 …… 312

中级模拟试卷

应知试卷 …… 315
应会试卷 …… 327

参考文献 …… 329

基础知识篇

鉴定范围1 职业道德

鉴定点1 职业道德的概念

问：什么是职业道德？

答：广义的职业道德是指从业人员在职业活动中应该遵循的行为准则，涵盖了从业人员与服务对象、职业与职工、职业与职业之间的关系。狭义的职业道德是指在一定职业活动中应遵循的、体现一定职业特征的、调整一定职业关系的职业行为准则和规范。职业道德既是从业人员在进行职业活动时应遵循的行为规范，又是从业人员对社会所应承担的道德责任和义务。不同职业的人员在特定的职业活动中形成了特殊的职业关系、职业利益、职业活动范围和方式，由此形成了不同职业人员的道德规范。

鉴定点2 职业道德的功能

问：职业道德具有哪些功能？

答：职业道德具有导向功能、规范功能、整合功能、激励功能。

鉴定点3 职业道德规范的内容

问：职业道德规范的具体内容有哪些？

答：职业道德规范的具体内容主要为：爱岗敬业、诚实守信、办事公道、服务群众、奉献社会。

鉴定点4 职业道德的社会作用

问：职业道德具有哪些社会作用？

答：职业道德是社会道德体系的重要组成部分。它一方面具有社会道德的一般作用，另一方面它又具有自身的特殊作用。具体表现在：

1）调节职业交往中从业人员内部以及从业人员与服务对象间的关系。

2）有助于维护和提高本行业的信誉。

3）促进本行业的发展。

4）有助于提高全社会的道德水平。

鉴定点5 职业道德与个人事业的关系

问：职业道德与个人事业具有什么样的关系？

答：1. 人总是要在一定的职业中工作和生活

1）职业是人谋生的手段。

2）从事一定的职业是人的需求。

3）职业活动是人全面发展的最重要条件。

2. 职业道德是事业成功的保证

1）没有职业道德的人干不好任何工作。

2）职业道德是人事业成功的重要条件。

3. 职业道德是人格的一面镜子

1）人的职业道德品质反映着人的整体道德素质。

2）人的职业道德的提高有利于人的思想道德素质的全面提高。

3）提高职业道德水平是人格升华的最重要途径。

鉴定点6　职业道德对企业的作用

问：职业道德对企业的作用是什么？

答：1）职业道德是企业文化的重要组成部分。

2）职业道德是增强企业凝聚力的手段。

3）职业道德可以提高企业的竞争力，具体体现在：

① 职业道德有利于企业提高产品和服务的质量。

② 职业道德可以降低产品成本，提高劳动生产率和经济效益。

③ 职业道德可以促进技术进步。

④ 职业道德有利于企业摆脱困境，实现企业阶段性的发展目标。

⑤ 职业道德有利于树立良好的企业形象，创造企业著名品牌。

鉴定范围2　钳工基础知识

鉴定点1　游标卡尺

问：游标卡尺的用途及规格是什么？如何读数？

答：游标卡尺是一种能直接测量工件内径、外径、宽度、长度或深度的中等精度量具。按照测量功能可以将游标卡尺分为普通游标卡尺、深度游标卡尺等；按照分度值可以将游标卡尺分为0.10mm、0.02mm、0.05mm等几种。

游标卡尺的读数方法如下：

1）读出游标零刻线所对应的尺身上左边刻线的毫米数。

2）观察游标上零刻线右边第几条格线与尺身某一刻线对准，将游标上的格线数乘以精度值，即为毫米小数值。

3）将尺身上毫米整数和游标上读出的毫米小数值相加即得被测工件的尺寸。

鉴定点2　千分尺

问：千分尺的用途及种类有哪些？如何读数？

答：千分尺是一种用于测量对加工精度要求较高的工件尺寸的精密量具。其测量精度可达到0.01mm。

千分尺按用途可分为内径千分尺和外径千分尺；按照测量范围可以分为0~25mm、25~50mm、50~75mm、75~100mm、100~125mm等多种规格，但每一种千分尺的测量范围均为25mm。

千分尺的读数方法如下：

1）从固定套筒上露出的刻线读出工件的毫米整数和半毫米数。

2）从与固定套筒纵向线对准的微分筒刻线上读出工件的小数部分（百分之几毫米），不足一格的数（千分之几毫米）可用估算读法确定。

3）将两个读数相加就是被测工件的尺寸。

鉴定点3　百分表

问：百分表的用途有哪些？如何读数？

答：百分表是一种比较性测量仪器，主要用于测定工件的偏差值，如零件平面度误差、直线度误差、跳动量误差、圆度误差、圆柱度误差以及配合间隙等。

百分表的读数方法为：百分表的表盘刻度一圈分为 100 格，测头每移动 0.01mm，大指针就偏转1 格（表示 0.01mm），指针的摆动量就是被测零件的实际偏差或间隙值。

鉴定点 4　台虎钳

问：台虎钳的用途有哪些？使用中应注意哪些事项？

答：台虎钳是一种夹持工件的夹具，分为固定式和回转式两种。台虎钳的规格用钳口的宽度表示，常用尺寸为 100 ~ 150mm。

台虎钳使用的注意事项有：

1）夹紧工件时，不准用锤子敲击或套上管子转动手柄，以免丝杠、螺母或钳身因受力过大而损坏。

2）强力作业时，应尽量使受力的方向朝向固定钳身，否则丝杠和螺母会因受力过大而损坏。

3）不要在活动钳身的光滑面上进行敲击作业。

4）台虎钳的丝杠、螺母及其他活动表面都要经常加机油，并保持清洁。

鉴定点 5　砂轮机

问：砂轮机在使用中有哪些注意事项？

答：1）安装砂轮时一定要使砂轮平衡，应无振动和其他不良现象。

2）砂轮的旋转方向应使磨屑向下方飞离砂轮。

3）保持砂轮表面平整、无缺损和裂纹，发现砂轮跳动时，应及时修整。

4）砂轮机起动后，待转速达到正常时方可进行磨削，不可用力过猛或用工件撞击砂轮。

5）磨削时，应将工件夹持牢固、稳定。操作人员要站在砂轮机的侧面或斜侧位置，戴眼镜进行操作。

鉴定点 6　测量

问：测量的四个要素是什么？测量分为哪几类？

答：测量的四个要素为：测量对象、计量单位、测量方法和测量精度。

测量可分为直接测量、间接测量、接触测量、非接触测量、组合测量、比较测量、零位法测量、偏位法测量、替代法测量、累积法测量。

鉴定点 7　划线

问：划线时常用的工具有哪些？划线时的注意事项有哪些？

答：1. 划线时常用的工具

（1）基准工具　划线时放置工件的工具称为基准工具。常用的基准工具有划线平板、方箱、直角铁和 V 形铁等。

（2）划线工具　划线工具是用来在工件上划线的，有划针、划线盘、划规、样冲等。

（3）辅助工具　常用的辅助工具有千斤顶、C 形夹钳和各种垫铁。

2. 划线操作注意事项

1）划线时，应使划线平板的上平面保持水平，平板各处要均匀，避免局部磨凹。不准在平板上锤敲各种物体。要保持平板清洁，长期不用时应涂油防锈。

2）使用 V 形铁划线时，应将 V 形铁、划线平板、工件擦干净，以免影响工件轴心线与划线基面平行，出现划线误差。

3）划线时，不应用力过大，以免折断划针尖角。

4）使用划规时，划规两脚开合松紧度要适当，以免划线时自动张缩。使用划规在金属直尺上量取尺寸时，为减少误差，应重复量取几次。

5）使用样冲时，应先使样冲向外倾斜，让样冲底部对准线中部，然后将样冲摆正，用锤子轻打样冲顶部，否则易使冲眼偏离划线。

6）划线结束后，应将划线工具摆放好，以免损坏。

鉴定点8　錾削

问：錾削方法有哪些？有哪些注意事项？

答：錾削方法有平面錾削和槽錾削。錾削操作注意事项如下：

1）錾削时，左手握住錾身，用中指、无名指与掌心夹持，手腕不可以向上或向下歪，錾子尾端以露出20mm左右为宜。过长的錾子容易摇动，造成锤子打手。

2）錾削厚层金属时，应分几次完成。錾铁板为圆、方铁件时，可放在铁砧上或夹在台虎钳上，打出槽痕后，再用手将其压断或用锤子轻轻将其敲断。

3）錾软金属（铜、铝）时，可将肥皂或油涂于錾子刃口上，这样容易錾削，且表面光滑。

4）錾削时，眼睛应注视錾子刃口，不要盯着被锤击的錾顶。

5）錾削前，应检查锤头是否松动，若有松动现象，应及时用锤楔楔牢，以防使用时锤头脱出。

6）操作中应及时擦净锤柄上的汗水、油污，避免锤子从手中滑脱。

鉴定点9　锯削

问：锯削操作注意事项有哪些？

答：1）工件应夹紧在台虎钳上，锯削部位尽可能靠近钳口。

2）起锯角度要小（约15°），一般应在工件的最宽面上起锯。起锯时，行程要短，压力要小，速度要慢。

3）尽可能使锯条全长参加工作，锯削速度以30～40次/min为宜。当工件快要锯断时，锯削速度要慢，压力要轻，行程要短，尽量扶住工件，以免工件落地损坏或伤人。

4）锯削时，用右手握持手柄，拇指在上，左手轻握锯架前端。手锯在前行中应加压力，回行时不用加压力，并将其稍抬起。

5）锯削钢件时应使用冷却液。

鉴定点10　锉削

问：锉刀分为哪几种？锉削操作注意事项有哪些？

答：（1）锉刀的分类　锉刀可分为钳工锉、特种锉和整形锉三类。

1）钳工锉刀是钳工最常用的锉刀，按断面形状的不同，又可分为平锉、方锉、三角锉、半圆锉和圆锉等几种。

2）特种锉用来锉削特殊工件表面，按断面形状的不同，又可分为刀口锉、菱形锉、扁三角锉、椭圆锉和圆肚锉等多种。

3）整形锉，常用于修整工件的细小部位。整形锉每套分别有5把、6把、8把、10把和12把等。

（2）锉削操作注意事项

1）不得用锉刀敲打或橇其他东西；不得用细锉刀锉软金属，否则会粘塞锉齿。有氧化皮、硬皮和砂粒的铸件与锻件，应先用砂轮或旧锉刀打磨，再用新锉刀锉削。

2）新锉刀应先用一面，待该面用钝后再用另一面，这样可以延长其使用期限。

3）锉刀不可沾水、沾油，以防锈蚀和锉削时打滑。锉削时，不要用手摸工件加工面，否则锉刀易打滑。

4）清除锉齿中的锉屑时，应用钢丝刷顺着齿纹刷拭，不得敲拍锉刀去屑或用嘴吹去屑。

5）不得将锉刀重叠堆放在一起，也不得将锉刀和量具混放在一起。

鉴定点 11　钻孔

问：钻孔工具、设备及夹具有哪些？钻孔操作注意事项有哪些？

答：（1）钻孔工具、设备及夹具

1）钻孔工具主要是钻头。钻头有扁钻、中心钻、麻花钻等。其中，麻花钻是最常用的一种钻头。麻花钻有锥柄和直柄两种，一般直径小于 13mm 的钻头做成直柄，直径大于 13mm 的钻头做成锥柄，锥柄为莫氏圆锥体。

2）钻孔设备主要有台式钻床、立式钻床和摇臂钻床。

3）钻孔夹具主要有钻头夹具、工件夹具。

（2）钻孔操作注意事项

1）钻孔前应清除工作场地的一切障碍物体，检查钻床是否良好。

2）钻孔时不准戴手套，将工作服袖口纽扣扣好，长发操作者戴好工作帽。

3）工件要夹牢固。

4）清除切屑时要用刷子，不可用手去拉。高速切削产生的切屑绕在钻头上时，要用铁钩子钩拉。

5）钻床变速以及搬动工件时应先停机。钻通孔时，工件下面要垫木块或垫铁，防止钻坏工作台面。

6）用钻夹头装夹钻头时要用钻头钥匙，不要用扁铁和锤子敲击，以免损坏夹头。工件装夹时，必须做好装夹面的清洁工作。

鉴定点 12　攻螺纹

问：攻螺纹的工具有哪些？攻螺纹的注意事项有哪些？

答：攻螺纹的工具有丝锥和铰杠。攻螺纹时的注意事项为：在攻螺纹过程中扳动铰杠时，切勿左右晃动，以免损坏螺纹孔与丝锥，并且要适当加入切削液，以减小阻力。

鉴定点 13　套螺纹

问：套螺纹的工具有哪些？方法是什么？

答：套螺纹的工具有板牙和板牙架。套螺纹的方法为：

1）圆杆端面应倒 15°～20°的锥角，形成圆锥体。锥体小端直径应小于螺纹小径，以便板牙切入，螺纹端部不出现锋口。

2）圆杆在台虎钳中夹紧前，钳口间应放木板或软金属垫，以防止夹伤工件表面。套螺纹部分伸出长度尽可能短。圆杆应铅垂方向放置。

3）套螺纹开始时，要将板牙放正，其轴线应与圆杆轴线重合；缓慢转动板牙架，不施加压力。

4）板牙转动一圈左右时要反转半圈，以便断屑和排屑。

5）在钢件上套螺纹时要用机油或切削液润滑，以改善螺纹表面加工质量，延长板牙使用寿命，使切削省力。

鉴定点 14　铰孔

问：铰孔的注意事项有哪些？

答：1）操作时，铰刀在孔中必须对正中心位置，不允许反向旋转铰刀，否则会使孔壁和刃带夹住切屑，损坏孔面或折断铰刀。

2）铰削进刀时，要随着铰刀的旋转轻轻地施加压力，两手用力要平衡，不能左右摇摆，以避免孔的进口处出现喇叭口或破坏表面粗糙度。铰完后，应沿顺时针方向旋出铰刀。

3）铰削时，若铰刀被卡住，应将铰刀退出，清除切屑，不可过猛扳转铰刀，以防铰刀折断或孔壁起棱。若铰刀过钝，应研磨刀片；若切削量过大，应调整铰刀，然后继续铰削，缓慢进给，以防在原处再被卡住。

4）铰孔时，要不断地加切削液进行润滑。对于铸铁和青铜，可以干铰。铰削钢料时，切屑易粘刀，要经常退出铰刀，清除切屑。

5）铰刀用毕要清洗干净，涂上机油，用油纸包好，以免碰伤切削刃。

鉴定点 15　刮削

问：什么是刮削？

答：用刮刀在工件已加工表面刮去一层很薄的金属层的操作称为刮削。其目的是降低工件表面粗糙度，增加零件相配合表面的接触面积，减小摩擦和磨损，提高零件的使用寿命。

鉴定点 16　研磨

问：什么是研磨？研磨方法有哪些？

答：研磨是用研具和研磨剂从工件表面磨掉一层极薄的金属，使工件具有准确的形状、尺寸和表面粗糙度的操作方法。研磨方法有：

（1）平面研磨　在非常平整的研磨板上进行。粗研磨时应使用有槽的平板，精研磨时则应使用光滑的平板。研磨前，将平板及工件表面清洗干净，然后在平板上涂适当的研磨剂，把工件需研磨的表面贴合在平板上，用“8”字形或螺旋形的运动轨迹进行研磨。研磨时，压力不宜过大，且用力要均匀。

（2）圆柱面研磨　圆柱面研磨分为外圆柱面研磨和内圆柱面研磨两种。一般用研磨环进行外圆柱面研磨，用研磨棒进行内圆柱面研磨。

（3）圆锥面研磨　包括内圆锥面（圆锥孔）研磨和外圆锥面研磨。

鉴定范围 3　电工与电子基础知识

鉴定点 1　直流电

问：什么是电流强度？什么是电压？什么是电阻？

答：1. 电流强度

电流的强弱用电流强度来表示。通常规定：单位时间内通过导体横截面的电量称为电流强度，用大写的字母“I”表示。

2. 电压

导体中的电流是由大量的自由电荷定向移动形成的。只有在导体两端接上电源，在导体内部形成电场，大量电荷在电场力的作用下定向移动才能形成电流。因此，导体中形成电流的条件是：导体两端接有电源，也就是说在导体两端保持有电压。

3. 电阻

当电流通过金属导体时，做定向移动的自由电荷会与金属中的带电粒子发生碰撞，而这种碰撞阻碍了自由电子的定向移动，因而也就阻碍了电流的形成。这种导体对电流的阻碍作用叫做电阻。

导体电阻的大小反映了导体导电能力的强弱。

导体的电阻是客观存在的，它的大小只取决于导体的长度、横截面积和材料，而与导体两端的电压和流过的电流无关。

鉴定点2　串联电路

问：串联电路的特点是什么?

答：串联电路具有以下特点：

1）串联电路中流经每个电阻的电流都相等，即

$$I=I_1=I_2=I_3=\cdots=I_n$$

2）电阻串联后的等效电阻（总电阻）等于分电阻的总和，即

$$R=R_1+R_2+R_3+\cdots+R_n$$

3）总电阻两端的总电压等于各个电阻两端的电压之和，即

$$U=U_1+U_2+U_3+\cdots+U_n$$

鉴定点3　并联电路

问：并联电路的特点是什么?

答：并联电路具有以下特点：

1）电路中各支路两端的电压相等，即

$$U=U_1=U_2=U_3=\cdots=U_n$$

2）电路中各支路总电阻的倒数等于各支路电阻倒数之和，即

$$\frac{1}{R}=\frac{1}{R_1}+\frac{1}{R_2}+\frac{1}{R_3}+\cdots\frac{1}{R_n}$$

3）电路中的总电流等于各支路的电流之和，即

$$I=I_1+I_2+I_3+\cdots+I_n$$

鉴定点4　欧姆定律

问：什么是欧姆定律?

答：流过导体的电流与加在这段导体两端的电压成正比，与自身的电阻成反比，这一规律称为欧姆定律。

鉴定点5　交流电

问：什么是交流电？正弦交流电的三要素是什么?

答：交流电也称为“交变电流”，简称“交流”用AC表示。交流电一般是指大小和方向随时间做周期性变化的电压或电流。它的基本形式是正弦电流。

交流电的大小和方向取决于交流电的最大值（I_m、U_m、E_m）、角频率 ω 和初相角（φ_i、φ_u、φ_e）这三个物理量，因此把这三个量称为交流电的三要素。

鉴定点6　电容

问：什么是电容?

答：电容也称为“电容量”，是指在给定电位差下的电荷储藏量。一般来说，电荷在电场中会受力而移动，当导体之间有了介质，则阻碍了电荷移动而使电荷累积在导体上，造成电荷的累积储存，储存的电荷量则称为电容。

电容器储存电荷的能力称为电容。电容的符号是 C。

$$C=\frac{Q}{U}$$

在国际单位制里，电容的单位是法拉，简称法，符号是 F。由于法拉这个单位太大，所以常用的电容单位有毫法（mF）、微法（μF）、纳法（nF）和皮法（pF）等，换算关系为

$$1\text{F} = 1000\text{mF} = 1000000\mu\text{F}$$

$$1\mu\text{F} = 1000\text{nF} = 1000000\text{pF}$$

鉴定点 7　电感

问：什么是电感？什么是自感与互感？

答：电流与线圈的相互作用关系称为电的感抗，也就是电感。电感是导线内通过交流电流时，在导线的内部及其周围产生交变磁通，导线的磁通量与产生此磁通的电流之比。变化中的电流会产生磁场，而变动的磁场会感应出电动势，其线性关系的参数称为电感。

自感：当线圈中有电流通过时，线圈的周围就会产生磁场。当线圈中电流发生变化时，其周围的磁场也产生相应的变化，此变化的磁场可使线圈自身产生感应电动势（感生电动势），这就是自感。

互感：两个电感线圈相互靠近时，一个电感线圈的磁场变化将影响另一个电感线圈，这种影响就是互感。互感的大小取决于电感线圈的自感与两个电感线圈耦合的程度。利用此原理制成的元件叫做互感器。

鉴定点 8　IC 电路

问：什么是 IC 电路？

答：随着电子技术的发展，在各种数字电路中，已经很少使用分立的元件来构成电路了，而是把一个电子单元电路中的某一功能电路集中制作在一个晶片上，然后封装在一个便于安装焊接的外壳里，这就是集成电路（IC），也称为集成块。集成块的优点是体积小、质量轻、可靠性高、使用寿命长，并且方便、成本低廉等。

鉴定点 9　二极管

问：如何判别二极管？

答：（1）判别引脚　将万用表旋钮置于 $R\times1\text{k}\Omega$ 档，两表笔分别接到二极管的两端，测量两端间的电阻，如图 1-1 所示。

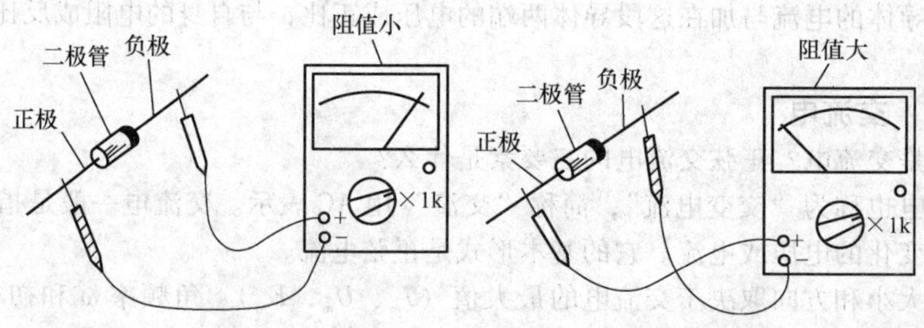

图 1-1　判别引脚

如果测得的电阻值较小，则为二极管的正向电阻。这时与黑表笔（即表内电池正极）相连接的是二极管正极，与红表笔（即表内电池负极）相连接的是二极管负极。如果测得的电阻值很大，则为二极管的反向电阻。这时与黑表笔相连接的是二极管负极，与红表笔相连接的是二极管正极。

（2）二极管好坏的检测　正常的二极管，其正、反向电阻应该相差很大，且反向电阻接近于无穷大。如果某二极管正、反向电阻值均为无穷大，说明该二极管内部断路；如果正、反向电阻值均为 0Ω，说明该二极管已被击穿短路；如果正、反向电阻值相差不大，说明该二极管质量

太差，也不宜使用。

(3) 锗管与硅管的区分　由于锗二极管和硅二极管的正向管压降不同，因此可以用测量二极管正向电阻的方法来区分。如果正向电阻小于 1kΩ，则为锗二极管，如图 1-2a 所示；如果正向电阻为 1～5kΩ，则为硅二极管，如图 1-2b 所示。

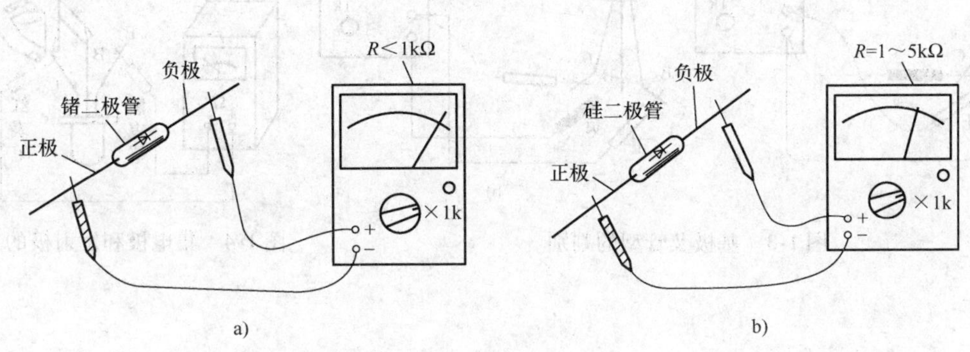

图 1-2　锗管与硅管的区分

鉴定点 10　晶体管

问：晶体管的开关特性是什么？如何检测晶体管？

答：1. 晶体管的开关特性

晶体管具有饱和、放大、截止三个工作状态。如果能有目的地控制加在晶体管基极上的电压或电流，就可以使晶体管交替工作于饱和或截止两个区域，此时晶体管就处于开或关的状态，即开关状态。

2. 晶体管的检测

(1) 基极及管型的判别　可以把晶体管看成是两个二极管，使用万用表进行测量和判断(见图 1-3)。方法如下：

1) PNP 型晶体管的判别：如图 1-3a 所示，将正表笔接晶体管的某一管脚，负表笔分别接另外两个管脚，测量得到两个电阻值。如果测得的两个电阻值均较小，且为 1kΩ，则正表笔所接管脚即为 PNP 型晶体管的基极；若测得的两电阻值一大一小或都大，可将正表笔另接一只管脚再试，直到两电阻值均较小为止。

2) NPN 型晶体管的判别：如图 1-3b 所示，将负表笔接晶体管的某一管脚，正表笔分别接另外两个管脚，测量得到两个电阻值。如果测得的两个电阻值均较小，且为 5kΩ 左右，则负表笔所接管脚即为 NPN 型晶体管的基极；若测得的两电阻值一大一小或都大，可将负表笔另接一只管脚再试，直到两电阻值均较小为止。

(2) 集电极和发射极的判别　如图 1-4 所示，对于 PNP 型的晶体管，先假设红表笔接的是 C 极，并用手捏住 B、C 两个极（但不能使 B、C 直接接触），通过人体，相当于在 B、C 之间接入一个偏置电阻，读出 C、E 间的电阻值，然后将红、黑表笔对调，重新测 C、E 间的电阻值，并与前次的读数比较，哪一次阻值较小，说明哪一次的假设是正确的，即该表笔接的是 C 极。

若是 NPN 型的晶体管，只要将红、黑表笔对调（即黑表笔接 C 极），按照上述方法测试判别即可。

(3) 晶体管好坏的大致判别　根据 PN 结的单向导电性，检查晶体管内各极间 PN 结的正、反向电阻。如果正、反向电阻相差较大，说明晶体管基本上是好的；如果正、反向电阻都很大，说明晶体管内部有断路或PN结性能不好；如果正、反向电阻都很小，说明晶体管极间短路或击穿了。

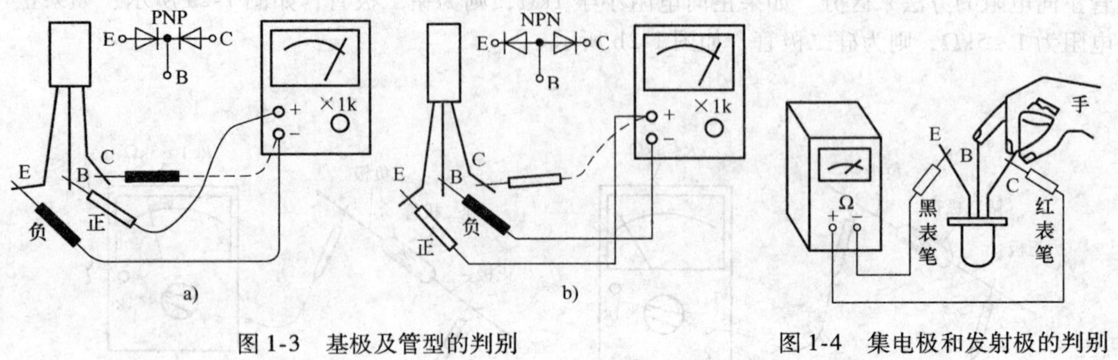

图1-3　基极及管型的判别　　图1-4　集电极和发射极的判别

鉴定范围4　液压传动基础知识

鉴定点1　液压传动原理

问：液压传动的基本原理是什么？

答：液压传动的基本原理是：以液压油作为工作介质，依靠密封容积的变化来传递运动，依靠液压油内部的压力来传递动力。

鉴定点2　液压传动系统的组成

问：液压传动系统由哪几部分组成？

答：液压传动系统通常由动力元件、执行元件、控制元件和辅助元件组成。

鉴定点3　液压传动的特点

问：液压传动有哪些特点？

答：(1) 主要优点

1) 易获得很大的输出力或力矩；易于实现大幅度减速，并能实现大范围的无级变速。

2) 易于实现直线往复运动，以直接驱动工作装置；各液压元件间用管连接，便于机械的总体布置，也便于用一台原动机驱动多个工作机构。

3) 易于实现小型大功率传递，即较小质量和尺寸的液压元件可传递较大的功率。

4) 与机械传动相比，液压传动操纵力小，操作简单，便于实现自动化操作。

5) 液压元件已经实现系列化、标准化、通用化，设计、制造和维修方便。

6) 液压元件在液压油中工作，润滑条件好，寿命长。

7) 液压传动易于实现过载保护。

(2) 主要缺点

1) 液压油泄漏及压力损失，造成效率降低，使运动平稳性变坏。外部泄漏还造成液压油损耗，并污染环境。

2) 液压元件配合精度要求高，加工工艺较难，制造成本高，维修也较困难。

3) 由于温度变化，液压油的黏度会发生变化，工作状态也会随着变化。高温或低温时，液压系统不能稳定工作。

4）液压油在管道中输送时压力损失较大，压力信号反应也比电信号慢，不能远距离输送。由于液压油有压缩性以及油管可能会产生弹性变形或泄漏等，因此液压传动的传动比不很精确。

鉴定范围5　汽车常用材料

鉴定点1　金属材料的力学性能

问：金属材料的力学性能包括哪些？

答：金属材料的力学性能主要包括强度、硬度、塑性、韧性和疲劳强度。

（1）强度　金属材料的强度是指金属材料在外力作用下抵抗变形而不致破坏的能力，主要有抗拉强度和屈服强度。

（2）硬度　硬度是指金属材料抵抗局部变形、压痕或划痕的能力，一般以布氏硬度（HBW）和洛氏硬度（HR）表示。

（3）塑性　塑性是指金属材料受到外力作用时产生显著的永久性变形而不断裂的能力，常用断后伸长率（A）和断面收缩率（Z）表示。它们分别表示材料受拉时长度变形和截面变形的程度，以百分比表示。

（4）韧性　韧性是指金属材料抵抗冲击而不致断裂的能力，常以冲击韧度 a_K 表示，单位是 J/cm^2。

（5）疲劳强度　疲劳是指金属零件长期在交变载荷作用下工作，突然发生破坏的现象，以疲劳强度表示。疲劳强度是指金属材料在无限多次交变载荷的作用下，不致发生断裂的最大应力。

鉴定点2　金属材料的工艺性能

问：金属材料的工艺性能有哪些？

答：（1）铸造性　铸造性是指金属熔化后，可以铸造成各种形状的能力，主要指金属熔化后的流动性和冷凝性。

（2）可锻性　可锻性是指金属材料在冷状态下，承受锤锻或压力发生塑性变形的能力。

（3）焊接性　焊接性是指金属材料是否容易焊接的性能。

（4）切削性　切削性是指金属材料是否容易被切削工具加工的性能。

（5）延展性　延展性是指金属材料能够拉拔成线或能够碾轧成板的性能。

（6）耐磨性　耐磨性是指金属材料抵抗磨损的性能。

（7）淬透性　淬透性是指金属材料在热处理中获得淬透层深度的能力。

鉴定点3　合金钢

问：什么是合金钢？

答：在碳素钢中加入一种或多种合金元素，以改善钢的某种性能所得到的钢种，称为合金钢。优质碳素钢中常加入的合金元素有 Si、Mn、Cr、Ni、W、V、Mo、Ti 等。

合金钢根据用途分为合金结构钢、合金工具钢和特殊性能钢三大类。合金结构钢具有较高的强度和良好的韧性，在汽车上主要用于制造受热、受磨损和冲击载荷较剧烈的零件。

鉴定点4　汽油

问：汽油的使用性能包括哪些？

答：汽油的使用性能主要包括：汽油的蒸发性、抗爆性、安定性、防腐性和清洁性等。

（1）蒸发性　汽油的蒸发性是指汽油从液体状态转化为气体状态的性能。汽油的蒸发性越好，就越容易汽化而形成品质良好的可燃混合气，保证发动机在低温条件下也能顺利起动和正常工作。但汽油蒸发性太好可能在油管中形成气泡，产生气阻。所以，要求汽油的蒸发性要适当。

（2）抗爆性　汽油的抗爆性是指汽油在气缸内燃烧时避免爆燃的能力。爆燃是汽油的一种不正常燃烧现象。汽油抗爆性的好坏用辛烷值来表示。汽油的辛烷值越高，抗爆性能越好。

（3）安定性　汽油的安定性是指在正常的储存和使用条件下，避免氧化生胶的能力。

（4）防腐性　汽油的防腐性是指防止汽油腐蚀金属的能力。

（5）清洁性　汽油的清洁性是指汽油中是否含有机械杂质和水分。

鉴定点5　柴油

问：轻柴油的使用性能有哪些？

答：轻柴油的使用性能包括发火性、蒸发性、低温流动性、黏度、安定性、防腐性和清洁性等。

（1）发火性　柴油的发火性是指柴油自燃的能力，用十六烷值来表示。

（2）蒸发性　柴油机的低温起动性、工作可靠性、燃料经济性均与柴油的蒸发性有关。喷入燃烧室中的柴油是在雾化以后着火燃烧的。从柴油喷入燃烧室到开始燃烧这一段时间内，柴油的蒸发速度与柴油的蒸发性有很大关系，而蒸发速度对柴油机混合气的形成速度影响很大。

（3）低温流动性　柴油的低温流动性用凝点来表示。凝点是指在规定条件下柴油失去流动能力时的最高温度。

（4）黏度　黏度是表示油料稀稠度的一项指标。黏度随温度的变化而变化。温度高时油料变稀，黏度变小；反之，温度低时油料变稠，黏度变大。

鉴定点6　机油

问：机油的性能是什么？使用中应注意哪些事项？

答：汽车机油的使用性能有黏度、黏温性能、清净分散性、安定性等。黏度是指在外力作用下流动时，分子间的内摩擦力。黏温性能是指黏度随温度变化的特性。清净分散性是指发动机机油能抑制积炭、漆膜和油泥生成或将这些沉淀物清除的性能。安定性是指柴油在使用中与氧接触抵抗氧化变质的性能，包括热氧化安定性和氧化安定性。

机油使用中的注意事项：

1）在能保证润滑的条件下，要尽量选取黏度低的机油。只有在机器磨损严重时，才应选择高黏度的机油。

2）性能等级较高的机油可以用于要求使用级较低的发动机上，反之则不可。

3）汽油机油和柴油机油不能相互替代使用。

鉴定点7　润滑脂

问：润滑脂的性能有哪些？如何分类？

答：润滑脂的使用性能主要有稠度、低温性能、高温性能和抗水性等。稠度是指润滑脂受外力作用时，抵抗变形的程度。润滑脂的稠度分为000、00、0、1、2、3、4、5、6共九个等级。低温性能是指润滑脂在低温条件下保持良好润滑性能的能力。高温性能是指润滑脂在较高的使用温度条件下，保持其附着性能，抵抗氧化变质的能力。抗水性是指润滑脂遇水后抵抗结构和稠度改变的能力。

润滑脂的分类：汽车常用润滑脂品种有钙基润滑脂、钠基润滑脂、通用锂基润滑脂、汽车通用锂基润滑脂、极压锂基润滑脂和石墨钙基润滑脂等。

鉴定点 8　制动液

问：制动液的性能有哪些？如何分类？使用制动液时的注意事项有哪些？

答：（1）制动液的性能　制动液的使用性能有抗气阻性、吸湿性、橡胶相容性和溶水性等。抗气阻性是指制动液在高温时抵抗气阻产生的能力。吸湿性要求制动液吸收周围的水蒸气后沸点下降小。橡胶相容性要求制动液不对橡胶零件造成显著的溶胀、软化或硬化等不良影响。溶水性要求制动液吸水后能与水互溶，不产生分离和沉淀。

（2）制动液的分类　根据制动液的组成和特件，一般将制动液分为醇型、醇醚型、酯型、矿油型和硅油型五种。其中，醇醚型和酯型统称为合成型，是目前广泛应用的主要品种；醇型制动液已被淘汰；矿油型制动液未在我国推广使用；硅油型制动液价格高，目前难以推广使用。

（3）制动液使用注意事项

1）各种制动液不能混用。

2）按车辆使用说明书的要求，按期更换制动液，更换期一般为车辆每行驶 20000 ~ 40000km 或一年。更换制动液时必须将制动系统清洗干净。

3）制动液属于易燃品，应注意防火，存放时避免阳光直射。

鉴定点 9　冷却液

问：冷却液的使用方法有哪些？

答：1）根据当地冬季最低气温选用适当冰点的冷却液，冰点至少应低于最低气温 5℃。如果冷却液是浓缩液，应按产品说明书的规定比例加清洁水稀释。

2）乙二醇冷却液一般可使用 2 ~ 3 年。入冬前，若有必要，可检查、调整冷却液的密度，添加防腐剂，并将冷却液的冰点调到该牌号的最高冰点。

3）乙二醇型冷却液不仅有较低的冰点，可防止冬季冻结，而且可提高沸点，防止在夏季沸腾，因此可四季使用。

4）使用冷却液前应检查冷却系统，保证无渗漏。加注时不要过满，一般只加到冷却系统总容量的 95%，以免温度升高后膨胀溢出。

5）乙二醇有毒，使用中严禁用嘴吮吸，手接触后要洗净。

鉴定点 10　液力传动油

问：液力传动油使用时的注意事项有哪些？

答：1）注意保持正常的油温。油温过高会加速油的氧化变质，形成沉积物和积炭。

2）经常检查油位。车辆停在平地上，发动机保持运转，液力传动油油温正常，此时油位应在自动变速器量油尺上、下刻线之间，不足时应及时添加。如果油位下降过快，可能是漏油，应及时检查和排除。

3）按车辆使用说明书的规定更换液力传动油和过滤器，同时拆洗自动变速器油底壳，并更换其密封垫及滤清器。通常车辆每行驶 10000km 应检查一次液力传动油油位，每行驶 30000km 应更换一次液力传动油。

鉴定点 11　轴承

问：轴承的作用是什么？如何分类？

答：轴承是汽车中的部件之一，其作用是：支撑轴及轴上零件，并保持轴的旋转精度；减少转动的轴与支承件之间的摩擦及磨损。

轴承按照工作时的摩擦性质分为滑动轴承和滚动轴承两类。

鉴定点12　螺纹

问：螺纹如何分类？

答：1）按旋向的不同分为右旋螺纹和左旋螺纹。

2）按螺旋线的数量分为单线螺纹和多线螺纹。

3）按附着在零件上的位置分为内螺纹和外螺纹。

4）按截面的牙型分为三角形、梯形、锯齿形、矩形和其他特殊形状的螺纹。常用的螺纹有三角形螺纹、矩形螺纹、梯形螺纹、锯齿形螺纹和管螺纹。

鉴定范围6　汽车维修设备和工具

鉴定点1　钳子

问：钳子的类型、用途及规格有哪些？

答：汽车修理作业中常用的钳子有鲤鱼钳、钢丝钳、尖嘴钳、弯嘴钳、断线钳及多用钳等。

（1）鲤鱼钳　鲤鱼钳用于夹持扁的或圆柱形的零件，钳头后部的刃口可剪断金属丝。它有165mm和200mm两种规格。

（2）钢丝钳　钢丝钳用于夹持或折断金属薄板以及切断金属丝，有150mm、175mm、200mm共三种规格。

（3）尖嘴钳和弯嘴钳　这两种钳子能在狭小的空间工作。不带刃刀的只能夹持工件，带刃刀的能剪切细小零件。汽车修理中常用的是160mm尖嘴钳。

（4）断线钳　断线钳能比较省力地剪断较粗的金属线材，常用的有750mm和900 mm两种规格。

（5）多用钳　它利用一组复合杠杆产生较大的夹紧力（约4960N），兼有活扳手、普通钳子和夹具功能。

鉴定点2　螺钉旋具

问：螺钉旋具有哪几种？其规格有哪些？

答：常用的螺钉旋具有四种，即一字槽螺钉旋具、横杆形螺钉旋具、十字槽螺钉旋具和快速螺钉旋具。螺钉旋具的规格通常都用它的长度来区别（不包括柄的长度）。常见的一字槽螺钉旋具的规格为100～300mm，其他螺钉旋具则没有严格的规定。

一字槽螺钉旋具和十字槽螺钉旋具分别用于紧固或拆卸一字槽螺钉和十字槽螺钉；横杆形螺钉旋具两个旋口部互成直角，在不能垂直扳转以及需要用大力矩才能拧动的螺钉、螺塞的情况下使用；快速螺钉旋具有一条双线螺旋线心轴，操作时只需一手握滑把，一手持柄推上推下，即可达到扭转的目的，且扭转速度较快。

鉴定点3　扳手

问：扳手有哪几种？其用途是什么？

答：常用的扳手有呆扳手、梅花扳手、套筒扳手、扭力扳手、活扳手等。

（1）呆扳手　常用在机械较狭窄部位的螺纹联接上。其开口形状有双头和单头之分，常用的是双头扳手。

（2）梅花扳手　梅花扳手与呆扳手用途相似，其规格以闭合尺寸表示，如常用的8件1套梅花扳手的规格为5.5～27mm。

（3）套筒扳手　套筒扳手除具有一般扳手的用途外，特别适用于装拆狭小部位或位于较深处的螺母和螺栓。其规格以闭口尺寸表示，如常用的套筒扳手规格为10～32 mm。

（4）扭力扳手　扭力扳手是一种可读出所施力矩大小的专用扳手。它由扭力杆、套筒头、刻度及指针组成。它用于紧固对拧紧力矩有要求的螺母或螺栓。扭力扳手的规格以最大可测力矩来划分，常用的有98N·m、196N·m、294N·m等。

（5）活扳手　活扳手的开口可以调节，适用性强。活扳手以其全长划分，有100mm、150mm、200mm、250mm、300mm、375mm、400mm等规格。汽车修理工一般用300mm以下的活扳手。使用时要注意使扳手开口紧贴螺母六角对边，尽量使固定口受拉力，活动口受推力，用力要均匀。

鉴定点4　火花塞套筒

问：火花塞套筒的用途及使用方法是什么？

答：它是一种用于手工拆装火花塞的专用工具。使用时，根据火花塞的装配位置和火花塞六角的尺寸，选用不同高度和径向尺寸的火花塞套筒。拆装火花塞时，应套正火花塞套筒再扳转，以免套筒滑脱。扳转火花塞套筒时，不准随意加长手柄，以免损坏套筒。

鉴定点5　活塞环拆装钳

问：活塞环拆装钳的用途是什么？使用时有哪些注意事项？

答：活塞环拆装钳是用于拆装活塞环的专用工具。

活塞环拆装钳使用时的注意事项：使用时，应将其卡入活塞环的端口，并使其与活塞环贴紧，然后握住手把，慢慢收缩，使活塞环张开，便可将活塞环从活塞环槽内取出或装入活塞环槽内。操作时不得扳转，以免其滑脱而损坏；不得过快收缩手把，以免折断活塞环。

鉴定点6　轮胎螺母拆装机

问：轮胎螺母拆装器的用途是什么？使用时的注意事项有哪些？

答：轮胎螺母拆装机是拆装轮胎螺母的专用机具。它由电动机、机架、冲击器、带轮等组成。

轮胎螺母拆装机使用时的注意事项如下：

1）使用前应先检查电源接插件和导线绝缘是否可靠，以防发生触电事故。

2）拆装时套筒与螺母不能偏斜，以免滑脱而损坏螺母。

3）最初旋松螺母时，可利用起动惯性进行敲击；紧固螺母时，敲击力不要过大，以免损伤轮胎螺柱和螺母的螺纹。

4）使用后应妥善保管。

鉴定点7　发动机翻转拆装架

问：发动机翻转拆装架的用途是什么？使用时的注意事项有哪些？

答：发动机翻转拆装架是用来拆装发动机的专用机具。它能使发动机翻转，以方便拆装。

发动机翻转拆装架使用时的注意事项如下：

1）使用时应慢慢摇转手轮，使发动机翻转。

2）发动机翻转拆装架的轴承、蜗杆副等处应保持良好的润滑。

3）发动机装上拆装架后，应使托架顶住发动机。

鉴定点8　举升器

问：举升器的种类有哪些？其作用是什么？

答：举升器一般分为汽车局部举升器和汽车整车举升器两种。其作用是将汽车举升到一定高度，以便进行各种维修作业。

（1）卧式气动举升小车　卧式气动举升小车是汽车局部举升器的一种。使用卧式气动举升小车时应注意以下事项：

1）使用前必须检查自动锁止机构工作是否正常。

2）对于一些需要时间较长、内容较复杂的维修作业，举升到需要高度后，应用专用支架将车架起，然后进行维修作业。

3）使用后应保持设备清洁和连接部位润滑良好。

（2）整车举升器　整车举升器的结构类型很多，按汽车被举升部位的不同，可分为车桥举升器、车轮举升器和车架举升器；按汽车被举升方式的不同，又可分为车下顶举式举升器和车侧托举式举升器。

鉴定范围 7　汽 车 构 造

鉴定点 1　汽车的分类

问：新标准汽车是如何分类的？

答：（1）乘用车　乘用车是指在其设计和技术特性上主要用于载运乘客及其随身行李或临时物品的汽车，包括驾驶人座位在内最多不超过 9 个座位。它也可以牵引挂车。

（2）商用车辆　商用车辆是在设计和特性上用于运送人员和货物的汽车，并且可以牵引挂车。商用车按照用途分为客车、半挂牵引车和货车三大类。

鉴定点 2　汽车的组成

问：汽车是由哪几部分组成的？

答：汽车的类型虽然很多，各类汽车的总体构造也有所不同，但它们的基本组成是一致的，即由发动机、底盘、电气设备和车身四大部分组成。

鉴定点 3　汽车技术参数

问：汽车有哪些技术参数？

答：汽车的主要特征和技术特性随所装用的发动机类型和特性的不同而不同，通常有以下结构参数和性能参数。

1. 质量

（1）整车装备质量　汽车完全装备好的质量，包括机油、燃料、随车工具、备胎等所有装置的质量。

（2）最大总质量　汽车满载时的总质量。

（3）最大装载质量　汽车在道路上行驶时的最大装载质量。

（4）最大轴载质量　汽车单轴所承载的最大总质量，与道路通过性有关。

一般来讲，整车装备质量大的汽车高速行驶时的稳定性好，特别是急转弯和紧急制动的时候，优势很明显，但油耗会高一些，使用成本增加。

2. 外廓尺寸（见图 1-5）

（1）车长　汽车长度方向两极端点间的距离。

（2）车宽　汽车宽度方向两极端点间的距离。

（3）车高　汽车最高点至地面间的距离。

（4）轴距　汽车前轴中心至后轴中心的距离。轴距的长短直接影响汽车的长度，进而影响车的内部使用空间。轴距越长，内部使用空间越大，但汽车的机动性变差。

（5）轮距　同一车桥左右轮胎胎面中心线间的距离。

（6）前悬　汽车最前端至前轴中心的距离。

（7）后悬　汽车最后端至后轴中心的距离。

（8）最小离地间隙　汽车满载时，最低点至地面的距离。最小离地间隙越大，汽车越容易越过障碍物，但重心偏高，降低了稳定性，如图1-6所示。

（9）接近角　汽车前端突出点向前轮引的切线与地面的夹角。接近角越大，汽车在上下渡船或越野行驶时，就越不容易发生触头事故，汽车的通过性能就越好，如图1-7所示。

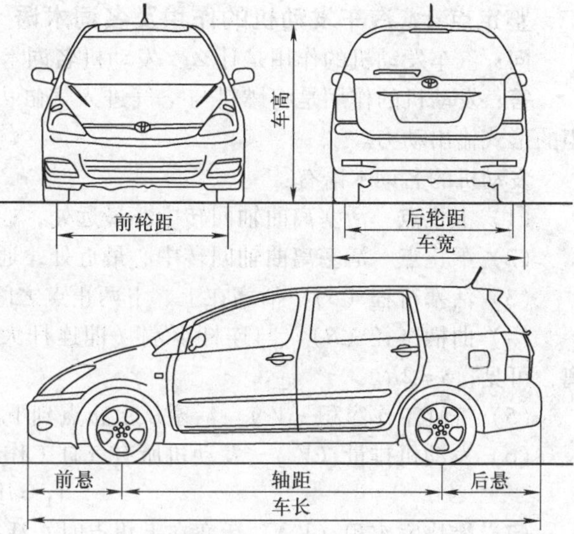

图1-5　汽车外廓尺寸

（10）离去角　汽车后端凸出点向后轮引的切线与地面的夹角。离去角越大，车辆就可以由越陡的坡道上下来，而不用担心后保险杠会被卡住，如图1-7所示。

（11）转弯半径　汽车转向时，汽车外侧转向轮的中间平面在车辆支承平面上的轨迹圆半径。转向盘转到极限位置时的转弯半径为最小转弯半径，如图1-8所示。

3. 其他参数

（1）最高车速　汽车在平直道路上行驶时能达到的最大速度。

（2）最大爬坡度　汽车满载时的最大爬坡能力，如图1-8所示。

（3）平均燃料消耗量　汽车在道路上行驶时每百公里平均燃料消耗量。

图1-6　最小离地间隙

图1-7　汽车接近角和离去角

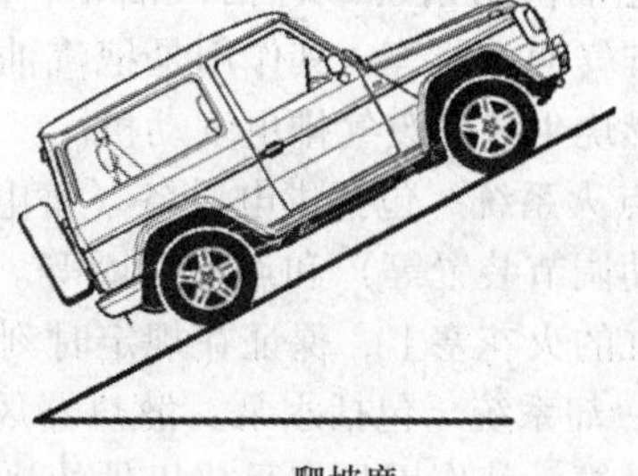

图1-8　汽车转弯半径和爬坡度

(4) 车轮数和驱动轮数($n\times m$) 车轮数以轮毂数为计量依据,n代表汽车的车轮总数,m代表驱动轮数。

鉴定点4 汽车发动机的作用及名词术语

问: 汽车发动机的作用是什么?发动机名词术语的表示方法有哪些?

答: 发动机的作用是将燃料与空气进入气缸内燃烧后产生的热能转变为机械能,然后以转矩的形式输出动力。

发动机的名词术语有:

(1) 上止点 活塞离曲轴回转中心最远处,通常指活塞上行到最高位置。

(2) 下止点 活塞离曲轴回转中心最近处,通常指活塞下行到最低位置。

(3) 活塞行程(S) 活塞在上、下两止点之间的距离。

(4) 曲柄半径(R) 与连杆下端(即连杆大头)相连的曲柄销中心到曲轴回转中心的距离,可见,$S=2R$。

(5) 气缸工作容积(V_h) 活塞从上止点到下止点的空间容积。

(6) 发动机排量(V_L) 发动机所有气缸工作容积之和。设发动机的气缸数为i,则

$$V_L=iV_h$$

(7) 燃烧室容积(V_c) 活塞在上止点时,活塞顶上的空间容积叫做燃烧室容积。

(8) 气缸总容积(V_a) 活塞在下止点时,活塞顶上面整个空间的容积。气缸总容积等于气缸工作容积与燃烧室容积之和,即

$$V_a=V_h+V_c$$

(9) 压缩比(ε) 气缸总容积与燃烧室容积的比值。

(10) 发动机的工作循环 在气缸内进行的将燃料燃烧的热能转化为机械能的一系列连续过程,即每完成一次进气、压缩、做功(燃烧膨胀)和排气,称为发动机的一个工作循环。

(11) 四冲程发动机 活塞往复四个行程完成一个工作循环的发动机称为四冲程发动机。

(12) 二冲程发动机 活塞往复两个行程完成一个工作循环的发动机称为二冲程发动机。

鉴定点5 汽油发动机的基本构造

问: 汽油发动机由哪几部分组成?

答: 汽油发动机由两大机构五大系统组成,即曲柄连杆机构、配气机构、供油系统、点火系统、冷却系统、润滑系统和起动系统。

(1) 曲柄连杆机构 包括活塞、连杆、带有飞轮的曲轴等。它是发动机产生动力,并将活塞的往复直线运动转变为曲轴的旋转运动而输出动力的机构。

(2) 配气机构 包括进气门、排气门、挺柱、推杆、摇臂、凸轮轴以及凸轮轴正时齿轮(由曲轴正时齿轮驱动)。其作用是使可燃混合气及时冲入气缸并及时从气缸排出废气。

(3) 燃油供给系统 包括汽油箱、汽油泵、汽油滤清器、化油器、空气滤清器、进气管、排气管、排气消声器等。其作用是把汽油和空气混合成成分适宜的可燃混合气送入气缸以备燃烧,并将燃烧生成的废气排出发动机。

(4) 点火系统 包括供电设备(蓄电池和发电机)、分电器总成(含断电器、分电装置、点火提前自动调节装置等)和点相线圈等。其作用是将高压电按发动机点火顺序,通过分电装置分配到各缸的火花塞上,保证在规定时刻点燃气缸内被压缩的可燃混合气。

(5) 冷却系统 包括水泵、散热器风扇、分水管、气缸体放水阀以及气缸体和气缸内铸出的空腔水套等。其作用是把受热机件的热量散去,以保证发动机的正常运行。

(6) 润滑系统 包括机油泵、集滤器、限压阀、机油油道、机油粗滤器、机油细滤器和机

油冷却器等。其作用是将机油提供给做相对运动的摩擦副，以减少摩擦阻力，减轻机件的磨损，同时还可冷却零件并清洗摩擦表面，以延长各摩擦副的使用寿命。

(7) 起动系统　包括起动机及其附属装置等。其作用是使静止的发动机起动并进入自行运转的工作状态。

鉴定点6　四冲程汽油发动机工作循环

问：四冲程汽油发动机工作循环是怎样的？

答：发动机的功能是将燃料在气缸内燃烧产生的热能转化成机械能，从而输出动力。上述能量转换过程是通过不断地反复进行进气→压缩→膨胀（做功）→排气过程来实现的。发动机气缸内进行的每一次将热能转换为机械能的过程叫做一个工作循环。在一个工作循环内，曲轴旋转两周，活塞在气缸内往复四个行程的发动机，称为四冲程发动机。

(1) 进气行程　活塞由上止点向下止点移动，活塞上方容积逐渐增大，形成一定的真空度。同时，排气门关闭，进气门开启，可燃混合气通过进气门被吸入气缸。活塞到达下止点时，进气门关闭，停止进气。

(2) 压缩行程　活塞在曲轴的带动下，由下止点向上止点运动。同时，进气门、排气门均关闭，气缸内的可燃混合气被压缩到燃烧室内，使其温度和压力升高。当活塞到达上止点时，压缩行程结束。压缩行程结束时，可燃混合气的压力为600～1500kPa，温度为600～800K。

(3) 做功行程　压缩行程结束，火花塞产生电火花点燃混合气并迅速燃烧，使气体的温度、压力急剧升高而膨胀，推动活塞由上止点向下止点运动，并经连杆带动曲轴旋转做功。活塞到达下止点时，做功行程结束。

做功行程中，气体瞬时压力可达3000～5000kPa，瞬时温度可达2000～2800K。

(4) 排气行程　排气门开启，曲轴通过连杆推动活塞从下止点向上止点运动。废气在自身压力和活塞挤压下，被排出气缸。活塞到达上止点时，排气行程结束。

排气行程结束时，气体压力为105～125kPa，温度为900～1200K。

鉴定点7　四冲程柴油发动机的工作循环

问：四冲程柴油发动机的工作循环是怎样的？

答：四种程柴油发动机的工作循环和汽油机一样，也由进气、压缩、做功和排气四个行程组成。由于燃料性质不同，柴油机可燃混合气的形成、着火方式等与汽油机有较大区别。

(1) 进气行程　与汽油发动机相比，进入柴油机气缸的不是可燃混合气而是纯空气。进气行程结束时，气体压力为80～95kPa，温度为310～350K。

(2) 压缩行程　压缩的是纯空气。由于柴油发动机压缩比大，压缩终了时气体的温度和压力比汽油机高，压力为3000～5000kPa，温度为800～1000K。

(3) 做功行程　压缩行程结束，高压柴油经喷油器呈雾状喷入气缸，迅速汽化并与空气形成混合气。由于压缩终了时气缸内温度高于柴油的自燃温度（500K左右），柴油立即自行着火燃烧。因此，柴油发动机没有点火系统。燃烧最高压力为500～1000kPa，最高温度为1800～2200K。

(4) 排气行程　基本上与汽油机相同。

鉴定点8　二冲程汽油发动机的工作循环

问：二冲程汽油发动机的工作循环是怎样的？

答：二冲程汽油发动机的工作循环是在两个活塞行程内，即曲轴旋转一周的时间内完成的。

(1) 第一行程　活塞自下止点向上移动，当活塞将进气孔、排气孔和换气孔都关闭时，事先已充入活塞上方气缸内的可燃混合气被压缩。随着活塞上移，活塞裙部重新将进气孔开启，新的可燃混合气经化油器、进气孔被吸入活塞下方的曲轴箱内。当活塞接近上止点时，火花塞跳火点燃气缸内的可燃混合气。

（2）第二行程　活塞自上止点向下移动，活塞上方进行做功行程，而活塞下方则进行曲轴箱内的可燃混合气预压缩。当活塞下移到活塞顶将排气孔、换气孔开启时，活塞上方进行换气过程，即燃烧后的废气由排气孔排出气缸，而曲轴箱内的可燃混合气经换气孔进入气缸。

鉴定范围8　安全生产与环境保护知识

鉴定点1　火灾安全急救常识

问：火灾的急救常识有哪些？

答：通常汽车维修车间容易发生的火灾可分为可燃液体引起的火灾、可燃气体引起的火灾和电气设备引起的火灾。在火灾发生时应立即判断是哪一级别的火灾，然后采取相应的扑救方法。

1）发生A级火灾时可用冷却灭火法，一般把凉水洒在燃烧物上，降低温度直至熄灭。

2）发生B级火灾的可燃液体是比水轻而又不溶于水的有机化合物，如汽油、轻柴油等，可用泡沫灭火器或干粉灭火器扑救。起火初期燃烧面积不大或燃烧物不多时，也可用二氧化碳灭火器或“1211”灭火器扑救，但不能用水扑救。

3）发生C级火灾时，首先要切断电源。在切断电源时除要防止触电和电弧灼伤外，还应注意以下事项：

① 切断电源位置适当，防止断电后影响扑救工作。

② 切断电源总开关时用绝缘棒操作或戴绝缘手套，断电后切忌用水和泡沫灭火器救火，应该用不导电的灭火剂，如二氧化碳灭火器、“1211”灭火器、干粉灭火器等灭火。

③ 带油的电气设备如变压器、油断路器等着火时，可用干燥的黄沙盖住火焰，使火熄灭。

4）为了最大限度地减少损失，防止火势蔓延和扩大，应对火场的物资进行疏散。急于疏散的物资有：

① 易燃、易爆物资，如汽油、柴油、油桶、充装气体的钢瓶等。

② 重要文件和昂贵物资，如档案资料、高级仪器等。

鉴定点2　触电事故发生的原因

问：触电事故发生的原因有哪些？

答：触电事故的产生原因是多种多样的，多数是人体直接接触带电体，或者是设备发生故障，或者是人体过于靠近带电体等引起的。

1. 人体直接接触带电体

当人体在地面或其他接地导体上时，人体的某一部分触及线路中的某一相时，一相电流经过人体经大地回到中性点，这种触电事故称为单相触电。单相触电对人体的危害与电压高低、电网中性点接地方式等有关。人体直接接触带电体触电事故量占总触电事故量的95%以上。除了单相触电外，还有两相触电。它是指人体两处同时接触不同相的带电体而引起的触电事故。

2. 人体接触发生故障的电气设备

在正常情况下，电气设备的外壳是不带电的。但当线路故障或绝缘破损时，接触漏电或带电的设备外壳时，就会发生触电危险。人体接触发生故障的电气设备的触电情况与人体直接接触带电体时一样。

3. 与带电体的距离过小

当人体与带电体的距离过小时，虽然未与带电体相接触，但由于空气的绝缘强度小于电场强度，空气被击穿，可能发生触电事故。因此，电气安全规程中，对不同电压等级的电气设备，都规定了最小允许安全间距。

4. 跨步电压触电

由于外力（如雷电、大风）的破坏等原因，电气设备、避雷针的接地点，或者断落电线断头着地点附近，将有大量的扩散电流向大地流入，而使周围地面上分布着不同电位。当人的脚与脚之间同时踩在不同电位的地表面两点时，会引起跨步电压触电。

鉴定点 3　触电者受伤害程度的取决因素

问：触电者受伤害程度取决于哪些因素？

答：人体触电所受伤害程度取决于下述几个主要因素：

1. 流过身体的电流

流过身体的电流以毫安计，它决定于外加电压以及电流进入和流出人体两点间的阻抗。流过身体的电流越大，人体的生理反应越强烈，生命危险性就越大。25mA 以上的工频电流都容易产生严重的后果。当电流小于数毫安时，电流主要引起心室颤动窒息；数百毫安以上的电流，除了引起昏迷、心脏即刻停止跳动、呼吸停止外，还会留下致命的电伤。

2. 流经身体的途径

心脏、肺脏、中枢神经和脊髓等都是容易受到伤害的人体器官。因此，电流流经身体的途径，以胸部至手、手至脚最为危险，臀部或背部至手、手至手也很危险，脚至脚的危险性较小。此外，电流经过大脑也是相当危险的，会使人立即昏迷。

3. 通过人体的持续时间

电流通过人体的持续时间以毫秒计量。人体通电时间越长，人体电阻因出汗等而下降，导致电流增大，后果严重。

鉴定点 4　安全用电常识

问：如何安全用电？

答：1）认识并了解电源总开关，学会在紧急情况下关断总电源。

2）不用手或导电物（如钢丝、钉子、别针等金属制品）接触、探试电源插座内部。

3）不用湿手触摸电器，不用湿布擦拭电器。

4）使用完电气设备后应拔掉电源插头；插拔电源插头时不要用力拉拽电线，以防止电线的绝缘层受损而造成触电；电线的绝缘皮剥落后，要及时更换新线或者用绝缘胶布包好。

5）发现有人触电时要设法及时关断电源，或者用干燥的木棍等物将触电者与带电的电器分开，不要用手去直接救人。

6）不随意拆卸和安装电源线路、插座、插头等。

7）移动电气设备时，一定要先拉闸停电，后移动设备，绝不要带电移动。把电动机等带金属外壳的电气设备移到新的地点后，要先安装好接地线，并对设备进行检查，确认设备无问题后，才能使用。

8）不要在电线杆和拉线附近挖土，更不要在电线杆和拉线附近放炮崩土，以防崩伤、崩断电线。

鉴定点 5　环境保护

问：环境保护的原则是什么？

答：环境是指影响人类生存和发展的各种天然的和经过人工改造的自然因素的总体，包括大气、水、海洋、土地、矿藏、森林、草原、湿地、野生生物、自然遗迹、人文遗迹、自然保护区、风景名胜区、城市和乡村等。

环境保护要坚持保护优先、预防为主、综合治理、公众参与、损害担责的原则。一切单位和个人都有保护环境的义务。

鉴定点 6　车用油品的储存

问：车用油品如何储存？

答：石油在储运和保管中，经常发生质量变化。因此，在储运和保管石油的过程中应采取措施，延缓其变化速度，确保出库商品质量合格。

1）减少轻组分蒸发和延缓氧化变质。

2）防止混入水而造成油品变质。

3）定期检查油罐底部状况和清洗储油容器。

4）定期抽检库存油品，确保油品质量。

5）防止混油或容器污染变质。

鉴定点 7　固体废弃物品的处理

问：固体废弃物品的处理方法有哪些？

答：固体废弃物品的处理通常是指利用物理、化学、生物、物化及生化方法把固体废物转化为适于运输、储存、利用或处置的物品的过程。固体废弃物处理的目标是无害化、减量化、资源化。固体废物是“三废”中最难处置的一种，因为它含有的成分相当复杂，其物理性状（体积、流动性、均匀性、粉碎程度、水分、热值等）也千变万化，要达到上述无害化、减量化、资源化目标会遇到相当大的麻烦。一般防治固体废物污染的方法首先是要控制其产生量，如逐步改革城市燃料结构（包括民用工业），控制工厂原料的消耗，定额提高产品的使用寿命，提高废品的回收率等；其次是开展综合利用，把固体废物作为资源和能源对待，实在不能利用的则经压缩和无毒处理后成为终态固体废物，然后填埋和沉海，目前主要采用的方法包括压实、破碎、分选、固化、焚烧、生物处理等。

鉴定点 8　危险化学品管理知识

问：从事危险化学品经营的企业应当具备哪些条件？

答：1）有符合国家标准、行业标准的经营场所；储存危险化学品的，还应当有符合国家标准、行业标准的储存设施。

2）从业人员经过专业技术培训并经考核合格。

3）有健全的安全管理规章制度。

4）有专职安全管理人员。

5）有符合国家规定的危险化学品事故应急预案和必要的应急救援器材、设备。

6）法律、法规规定的其他条件。

鉴定点 9　汽车尾气排放法规

问：汽车尾气排放物对人体有哪些危害？

答：汽车所排放的污染物主要有：CO（一氧化碳）、HC（碳氢化合物）、NO_x（氮氧化物）、光化学烟雾、固体颗粒物（由炭烟、铅氧化物等重金属氧化物和烟灰等组成）。其对环境的影响主要有两个方面：一是导致环境污染；二是参与形成光化学烟雾，进一步恶化空气质量。污染物的种类不同，其对人的健康危害程度也有所不同。

(1) CO　CO 与血液中的血红蛋白结合，形成碳氧血红蛋白 CO－Hb，从而使这部分血红蛋白失去输送氧气的能力，造成血液输氧能力下降，导致人体缺氧。

（2）HC　HC可以使人的骨髓功能减弱，血小板减少，刺激眼、鼻、呼吸道，危害植物，也是形成光化学烟雾的因素。

（3）NO_x　它由96%～98%（体积分数）的一氧化氮和2%～4%（体积分数）的二氧化氮（NO_2）构成。其中，NO_2危害眼睛、呼吸道和肺；NO_x使纤维、塑料、橡胶、电子材料提前老化，并参与形成光化学烟雾。

（4）光化学烟雾　它由臭氧O_3、多种过氧化物和多种游离基组成，强烈刺激眼睛、呼吸道，诱发癌症，危害作物，腐蚀金属、橡胶，降低空气能见度。

（5）固体颗粒物　它由炭粒、铅氧化物和多种高分子氧化物构成。其中，铅可以损害心、肺、造血系统，降低智力；炭烟中的有害物质致癌，降低空气能见度，附着在固定表面，影响美观，腐蚀金属。

鉴定范围9　质量管理知识

鉴定点1　质量管理的概念

问：什么是质量管理？

答：质量管理是指在质量方面指挥和控制组织的协调活动。质量管理通常包括制定质量方针和质量目标，以及质量策划、质量控制、质量保证和质量改进。

鉴定点2　质量管理的发展过程

问：质量管理发展经历了哪几个阶段？

答：质量管理的发展大致经历了三个阶段，即质量检验阶段、统计质量控制阶段、全面质量管理阶段。

鉴定点3　全面质量管理

问：什么是全面质量管理？

答：全面质量管理就是指一个组织以质量为中心，以全员参与为基础，通过使顾客满意和使本组织所有成员及社会受益而达到长期成功的目的。在全面质量管理中，质量这个概念与全部管理目标的实现有关。

鉴定点4　全面质量管理的特点

问：全面质量管理的特点是什么？

答：1）全面质量管理具有全面性，控制产品质量的各个环节，各个阶段。

2）全面质量管理是全过程的质量管理。

3）全面质量管理是全员参与的质量管理。

4）全面质量管理是全社会参与的质量管理。

鉴定点5　质量控制

问：质量控制的四个阶段是什么？

答：第一个阶段称为计划阶段，又称为P（Plan）阶段。这个阶段的主要内容是通过市场调查、用户访问、国家计划指示等，摸清用户对产品质量的要求，确定质量政策、质量目标和质量计划等。

第二个阶段为执行阶段，又称为D（Do）阶段。这个阶段的主要内容是实施P阶段所规定的内容，如根据质量标准进行产品设计、试制、试验，其中包括计划执行前的人员培训。

第三个阶段为检查阶段，又称为 C（Check）阶段。这个阶段的主要内容是在计划执行过程中或执行之后，检查执行情况是否符合计划的预期结果。

第四个阶段为处理阶段，又称为 A（Action）阶段。这个阶段的主要内容是根据检查结果，采取相应的措施。

鉴定范围 10　相关法律、法规知识

鉴定点 1　劳动法

问：劳动者的权利和义务是什么？

答：根据《中华人民共和国劳动法》规定，劳动者既享有一定的权利，又要履行一定的义务。即：劳动者享有平等就业和选择职业的权利，取得劳动报酬的权利，休息休假的权利，获得劳动安全卫生保护的权利，接受职业技能培训的权利，享受社会保险和福利的权利，提请劳动争议处理的权利以及法律规定的其他权利。同时，劳动者应当完成劳动任务，提高劳动技能，执行劳动安全卫生规程，遵守劳动纪律和职业道德。

鉴定点 2　合同法

问：什么是合同？什么是合同法？

答：合同也称契约，是指平等主体的自然人、法人或其他组织之间设立、变更、终止民事权利义务关系的协议。

合同法是我国社会主义法律体系的重要组成部分，是调整合同关系的法律，是规定合同的订立、主要条款和履行的法律，是调整平等主体的自然人、法人、其他组织之间设立、变更、终止民事权利义务关系的法律规范的总称。《中华人民共和国合同法》（以下简称《合同法》）于 1999 年 3 月 15 日第九届全国人民代表大会第二次会议通过，于 1999 年 10 月 1 日起施行。该法对合同的概念、合同法调整的范围、合同法的基本原则、合同的订立、合同的效力、合同的履行、合同的变更和转让、合同权利义务的终止、合同的种类以及违反责任都做了明确的规定，是我国第一部统一的、较为完备的合同法典。

鉴定点 3　消费者权益保护法

问：消费者的权利与经营者的义务是什么？

答：《中华人民共和国消费者权益保护法》第二章专门规定了消费者的权利。依据该法的规定，消费者的权利主要有：安全权（人身、财产不受损害）、知情权、自主选择权、公平交易权、请求赔偿权、依法结社权（成立社团）、获得有关商品知识权、维护尊严权、监督批评权等。

依照《中华人民共和国消费者权益保护法》第三章的规定，在保护消费者权益方面，经营者的主要义务有：履行法定和约定的义务，接受监督的义务，保证商品和服务安全的义务，提供商品和服务真实信息的义务，标明真实名称和标记的义务，出具购货凭证或者服务单据的义务，保证质量的义务，履行“三包”的义务，不得侵犯消费者人格权的义务等。

初级知识篇

应知单元

鉴定范围1　汽车发动机

鉴定点1　汽车维护的原则

问：什么是汽车维护？汽车维护的原则是什么？

答：汽车维护是指为维持汽车的完好技术状况或工作能力而进行的作业。汽车维护应贯彻“预防为主、强制维护”的原则。

鉴定点2　汽车维护的分级和周期

问：汽车维护分为哪几级？维护周期是多少？

答：《汽车运输业车辆技术管理规定》将汽车维护分为日常维护、一级维护、二级维护等。

汽车维护周期一般根据车辆的结构性能、使用条件和故障规律等综合因素确定。汽车每行驶2000～3000km，必须进行一次一级维护，由专业维修工负责实施。汽车行驶10000～15000km后，进行二级维护，由专业维修工进行全面的检查和调整，以保证汽车行驶的安全性、动力性和经济性达到使用要求。

鉴定点3　更换发动机机油和机油滤清器的技术要求

问：更换发动机机油和机油滤清器的技术要求是什么？

答：更换机油时，新加入的机油油位应在油标尺上、下刻度线之间；更换机油后，起动发动机，滤清器处应无机油泄漏现象。

鉴定点4　补充、更换冷却液的技术要求

问：补充、更换冷却液的技术要求是什么？

答：1）冷却液品种要符合本地气候条件。

2）按时更换冷却液。普通冷却液应每六个月更换一次，长效防锈防冻液一般每两年更换一次。

鉴定点5　检查、清洁火花塞的技术要求

问：检查、清洁火花塞作业的技术要求是什么？

答：1）火花塞性能良好，电极呈现灰白色，无积炭。

2）火花塞间隙应在0.7～0.9mm之间。

鉴定点6　燃料系统一级维护作业的技术要求

问：燃料系统一级维护作业的技术要求是什么？

答：1）燃油系统的各连接螺栓应紧固，衬垫良好，不漏油，不漏气。

2）汽油泵工作正常，管路畅通，无凹陷、裂损现象，接头不漏油。

3）化油器滤网清洁，作用良好，外部清洁无泥垢；节气门、阻风门开闭完全，联动件运动灵活不松旷；垫圈、锁销齐全有效。

鉴定点7　点火系统作业的技术要求

问：点火系统作业的技术要求是什么？

答：1）分电器盖无破损或龟裂现象，分火头无裂纹和破损现象。

2）触点完好，触点间隙在0.35～0.45mm之间；各电路接头牢固可靠，无漏电现象；各连接轴无松旷和轴向窜动现象。

鉴定点8　一级维护竣工检验的技术要求与质量保证期

问：汽车一级维护竣工检验的技术要求有哪些？质量保证期是多少？

答：汽车一级维护竣工检验的技术要求有：

1）发动机前悬架、后悬架、进气歧管、排气歧管、散热器、轮胎、传动轴、车身、附件支架等外露件和螺母必须齐全、紧固、无裂纹。

2）转向臂、转向拉杆、制动操纵机构工作可靠，锁销齐全有效，转向杆球头、转向传动十字轴承、传动轴十字轴承无松旷现象。

3）转向器、变速器、驱动桥的润滑油油位应在检视口下沿0～15mm处（车辆处于停驶状态），通风孔应畅通；变速器、减速器的凸缘螺母应紧固可靠。

4）各润滑脂油嘴齐全有效，安装位置正确，所有润滑点均已润滑，无遗漏处。

5）空气滤清器滤芯清洁有效。

6）轮胎气压符合充气规定，胎面无嵌石及其他硬物。

7）离合器踏板和制动踏板自由行程符合技术规定。

8）灯光、仪表、喇叭、信号装置齐全有效。

9）蓄电池中的电解液液位应高出极板10～15mm，通风孔畅通，接头牢固。

10）车轮轮毂轴承无松旷现象。

11）全车各部位无漏水、漏油、漏气和漏电现象。

一级维护质量保证里程为300km，或从出厂之日起2天内。

鉴定点9　曲柄连杆机构

问：曲柄连杆机构由哪几部分组成？其作用是什么？

答：曲柄连杆机构由机体组、活塞连杆组、曲轴飞轮组三部分组成。

曲柄连杆机构的作用是将燃料燃烧时产生的热能转变为活塞往复运动的机械能，再通过连杆将活塞的往复运动转变为曲轴的旋转运动而对外输出动力。

鉴定点10　机体组

问：机体组由哪几部分组成？其作用是什么？

答：机体组主要由气缸体、上曲轴箱、油底壳、气缸盖、气缸盖罩和气缸垫等组成，如图2-1所示。水冷式发动机的气缸体通常与上曲轴箱铸成一体，风冷式发动机和有些大型柴油机则将气缸体与上曲轴箱分开铸造。

机体组是发动机各机构、系统的装配基础。气缸体、气缸盖内设有进/排气道、润滑油道及冷却水套等，因此它又是配气机构、润滑系统、冷却系统等的组成部分。

鉴定点11　活塞连杆组

问：活塞连杆组由哪几部分组成？各组成部分的作用是什么？

答：活塞连杆组由活塞、活塞环、活塞销、连杆等组成，如图2-2所示。

活塞连杆组各组成部分的作用如下：

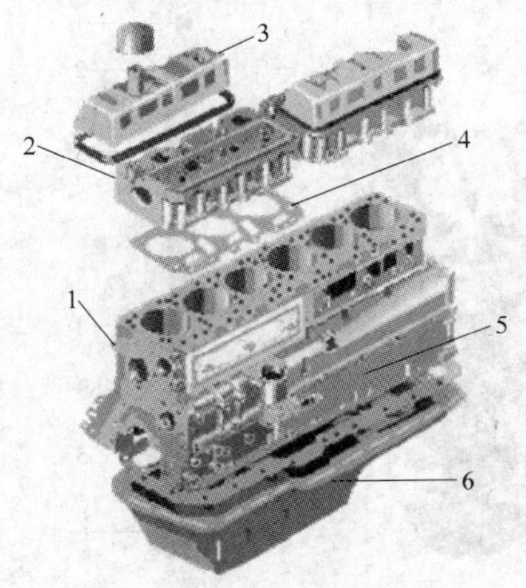

图 2-1　机体组

1—气缸体　2—气缸盖　3—气缸盖罩

4—气缸垫　5—上曲轴箱　6—油底壳

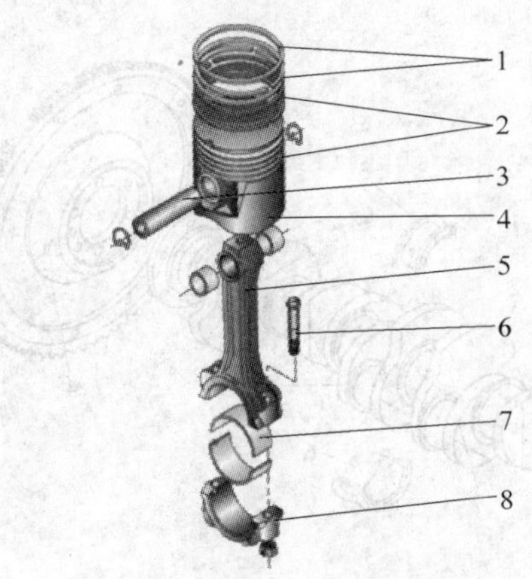

图 2-2　活塞连杆组

1—气环　2—油环　3—活塞销　4—活塞

5—连杆　6—连杆螺栓　7—连杆轴瓦　8—连杆盖

1）活塞的主要作用是承受气缸内气体的膨胀压力，并通过活塞销、连杆传给曲轴，推动曲轴旋转。活塞由顶部、头部和裙部组成。

2）活塞环分为气环和油环两种。气环的作用是密封活塞和气缸壁的缝隙，防止气体进入曲轴箱；油环的作用是刮去气缸壁上多余的机油，不让机油窜入燃烧室，并可以使缸壁上的机油分布均匀。

3）活塞销的作用是连接活塞与连杆并传递两者之间的相互作用力。

4）连杆由连杆小头、杆身和连杆大头三部分组成。连杆的作用是连接活塞与曲轴并传递两者之间的作用力。连杆小头与活塞销连接，连杆大头与曲轴的连杆轴颈连接。

鉴定点 12　曲轴飞轮组

问：曲轴飞轮组由哪几部分组成？各组成部分的作用是什么？

答：曲轴飞轮组由曲轴、飞轮两部分组成，如图 2-3 所示。

曲轴飞轮组各组成部分的作用为：

1）曲轴的作用是将活塞连杆传来的推力变为曲轴旋转的扭力，通过飞轮传给汽车传动系统，同时驱动配气机构及机油泵、风扇、水泵、发电机、空气压缩机等附属装置。

曲轴由前端轴、主轴颈、连杆轴颈、曲柄、平衡重块和后端凸缘组成。

2）飞轮的主要作用是储存部分做功行程时输入曲轴的动能，用以克服辅助行程中的阻力，使曲轴继续均匀旋转。

鉴定点 13　配气机构

问：配气机构的作用是什么？其最常用的形式是哪一种？

答：配气机构是控制发动机进气和排气的装置。它的作用是按照发动机各气缸工作循环和各气缸工作次序的要求，定时开启和关闭进、排气门。开启气门使气缸及时进行进、排气，关闭气门使气缸封闭，进行压缩和做功。

顶置气门式配气机构是应用最多的一种形式，如图 2-4 所示。

鉴定点 14　气门组

问：气门组由哪几部分组成？气门锥角一般为多少？进气门和排气门一样大吗？

答：气门组主要由气门、气门座圈、气门导管和气门弹簧组成，如图 2-5 所示。

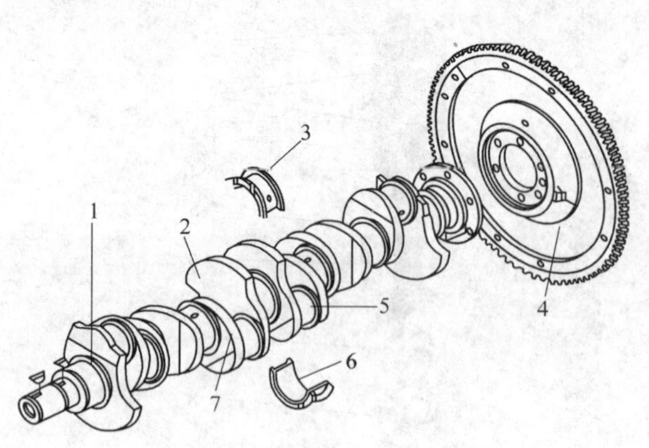

图 2-3　曲轴飞轮组
1—主轴颈　2—平衡重块　3—上轴瓦　4—飞轮
5—连杆轴颈　6—下轴瓦　7—曲柄

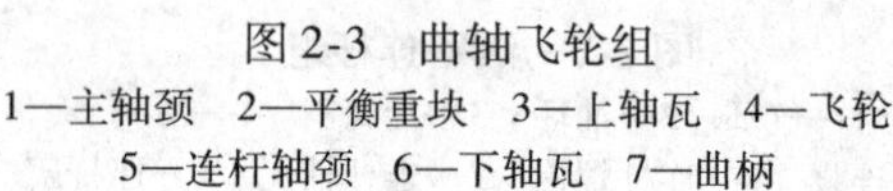

图 2-4　顶置气门式配气机构

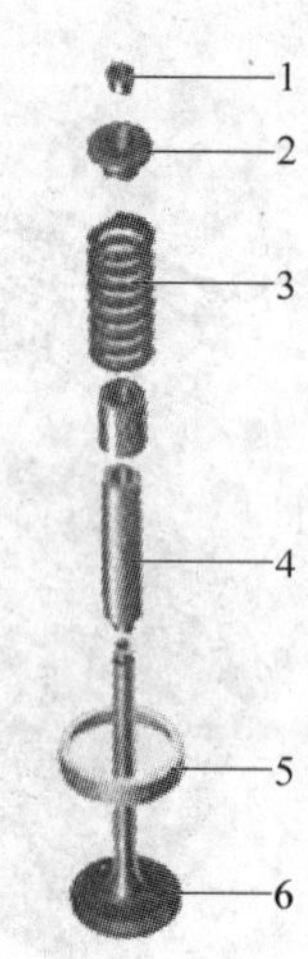

图 2-5　气门组
1—锁片　2—弹簧座
3—气门弹簧　4—气门导管
5—气门座圈　6—气门

气门由头部和杆部组成。气门和气门座圈之间一般采用锥形接合面，并经研磨达到良好的贴合，以保证密封和导热。气门锥角一般为30°或45°。

为了减小进气阻力，提高进气量，一般进气门头部的直径比排气门头部的直径大。

鉴定点 15　气门驱动组

问：气门驱动组由哪几部分组成？什么是气门间隙？

答：气门驱动组由气门挺杆、气门推杆、气门摇臂、摇臂轴、凸轮轴和正时齿轮组成。

气门间隙是指气门杆尾端与摇臂之间预留的间隙，如图 2-6 所示。气门间隙对发动机动力性能和运转情况影响很大。间隙过小会使气门关闭不严、漏气、功率下降、气门工作面烧蚀；间隙过大会使气门传动件之间产生撞击，加速磨损。

为了解决气门间隙过大或过小的问题，在轿车上多采用液力挺杆，可以不预留气门间隙而仍保证气门受热膨胀时与气门座结合良好。

图 2-6　测量气门间隙
1—气门摇臂　2—气门推杆　3—塞尺

鉴定点 16　汽油机燃料供给系统

问：汽油机燃料供给系统的作用是什么？它由哪几部分组成？

答：汽油机燃料供给系统的作用是根据发动机不同工况的要求，将洁净的汽油和空气配制出适当浓度的混合气，按一定数量供入气缸，并在点火燃烧做功后将废气排入大气。

汽油机燃料供给系统分为化油器式燃料供给系统和电子喷射式燃料供给系统。化油器式燃料供给系统由油箱、油泵、空气滤清器、油管、化油器、进气软管、进/排气歧管、消声器等组成，如图 2-7 所示。

电子喷射式燃料供给系统由空气供给系统和燃油供给系统组成，如图 2-8 所示。

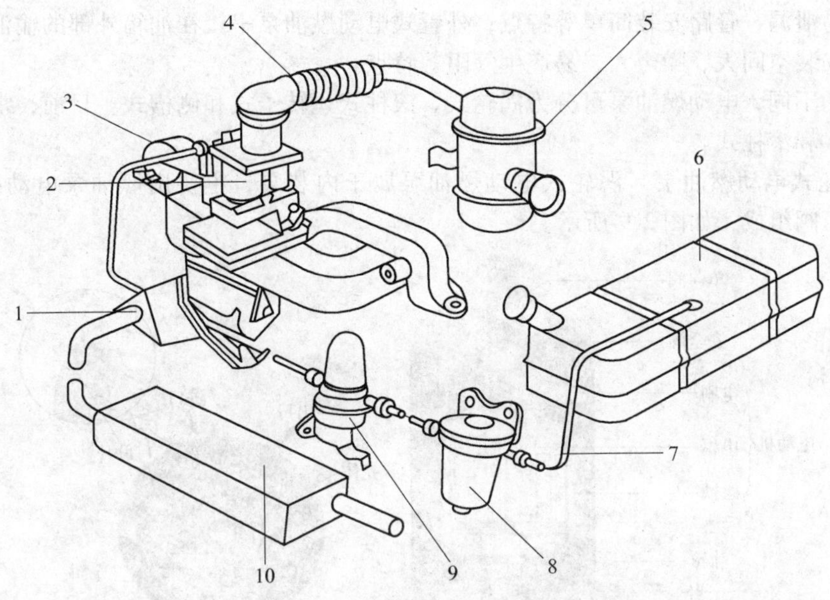

图 2-7　化油器式燃料供给系统

1—排气歧管　2—化油器　3—进气歧管　4—进气软管
5—空气滤清器　6—油箱　7—油管　8—滤清器　9—油泵　10—消声器

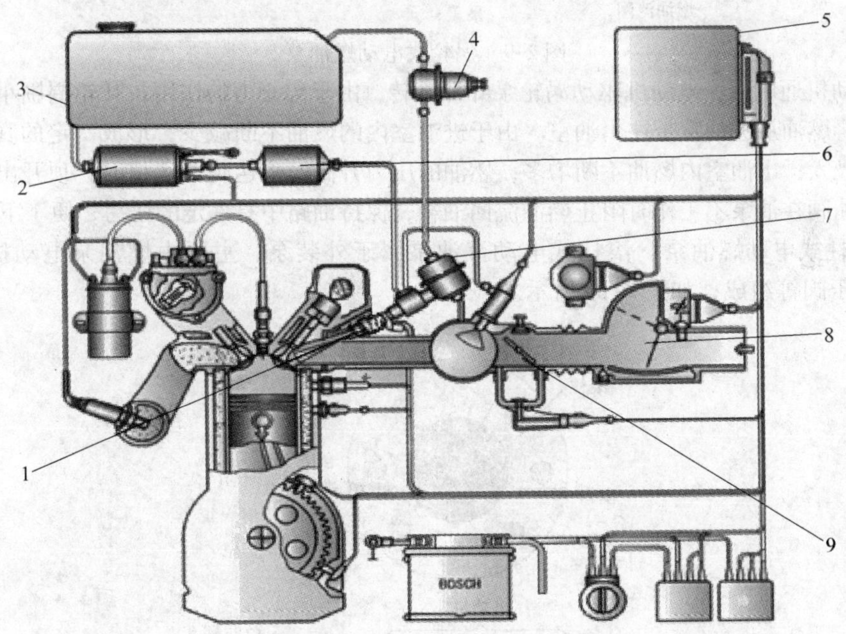

图 2-8　电子喷射式燃料供给系统

1—喷油器　2—油泵　3—油箱　4—压力调节器
5—电控单元　6—滤清器　7—调节器　8—空气流量传感器　9—节气门

鉴定点 17　电动燃油泵

问：常用的电动燃油泵分为哪几种？其工作情况如何？

答：电动燃油泵的作用是给电控燃油喷射系统提供具有一定压力的燃油。根据安装位置的不同，电动燃油泵分为内置式和外置式。内置式电动燃油泵安装在油箱中，具有噪声小、不易产生气阻、不易泄漏、管路安装简单等特点；外置式电动燃油泵串接在油箱外部的输油管路中，具有易布置、安装空间大、噪声大、易产生气阻等特点。

按结构的不同，电动燃油泵可分为涡轮式、滚柱式、转子式和侧槽式。目前，常用的电动燃油泵是涡轮式和滚柱式。

（1）涡轮式电动燃油泵　涡轮式电动燃油泵属于内装泵，主要由燃油泵电动机、涡轮泵、出油阀、卸压阀组成，如图 2-9 所示。

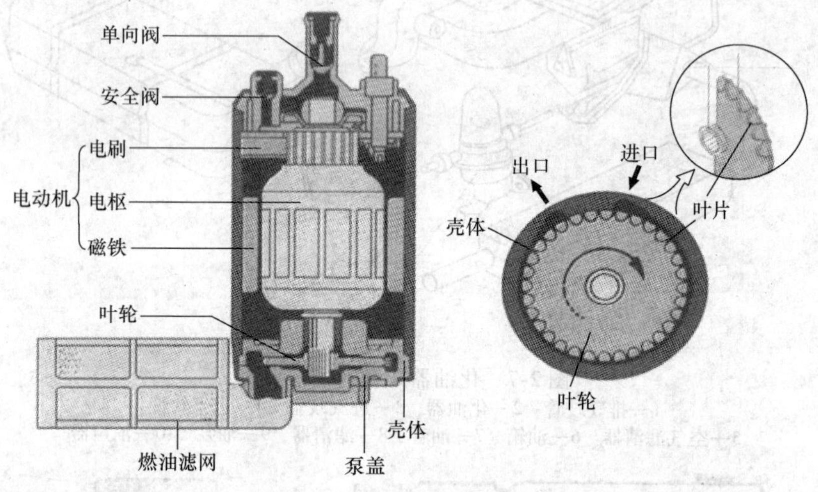

图 2-9　涡轮式电动燃油泵

油泵电动机通电后，电动机驱动涡轮泵叶片旋转，由于离心力的作用，叶轮周围小槽内的叶片紧贴泵壳，将燃油从进油室带往出油室。由于进油室内的燃油不断减少，形成一定的真空度，将燃油从进油口吸入；出油室内燃油不断增多，燃油的压力升高，当达到一定值时，顶开出油阀从出油口输出。出油阀在油泵不工作时阻止燃油流回油箱，保持油路中有一定的压力，便于下次起动。

（2）滚柱式电动燃油泵　滚柱式电动汽油泵属于外装泵，主要由燃油泵电动机、燃油泵、出油阀、卸压阀等组成，如图 2-10 所示。

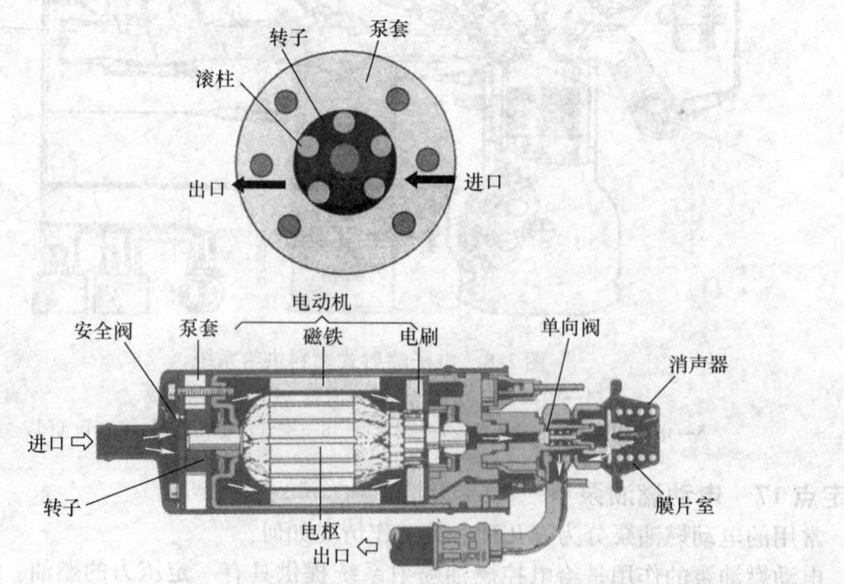

图 2-10　滚柱式电动燃油泵

电动机带动转子转动，滚柱在离心力的作用下紧压在壳体上，油泵利用滚柱和壳体间体积大小的变化来吸入和输出燃油，并提高燃油的压力。

鉴定点 18　喷油器

问：喷油器的作用是什么？它分为哪几种类型？

答：喷油器的工作是由 ECU（电子控制单元）发出的脉冲信号控制的。通电时，喷油器喷口打开，把一定压力的燃油以雾状喷入进气管与空气混合，混合气在各缸进气行程中被吸入气缸。

喷油器实际上是一个电磁阀，由针阀与衔铁组成一个整体。当 ECU 发出脉冲信号时，衔铁与针阀一起被吸起，一定压力的燃油从喷口喷出；当电磁线圈断电时，磁力消失，衔铁与针阀在弹簧的弹力下回位，喷口关闭。ECU 输出的脉冲时间越长，喷口打开时间也就越长，喷油器喷油量就会越大，反之喷油量越小。

喷油器一般分为轴针式喷油器和球阀式喷油器两种类型。

(1) 轴针式喷油器　轴针式喷油器主要由喷油器外壳、滤网、电插头、电磁线圈、衔铁、针阀、喷油轴针、密封圈组成，如图 2-11 所示。当喷油器的电磁线圈无电流通过时，针阀在弹簧的作用下将喷油器的喷口关闭，喷油器不喷油。当电磁线圈通电时，线圈产生磁场，电磁吸力将铁心吸起上移，与铁心一体的针阀同时上移，喷油器的喷口被打开，燃油从精密的环形喷口以雾状形式喷出。

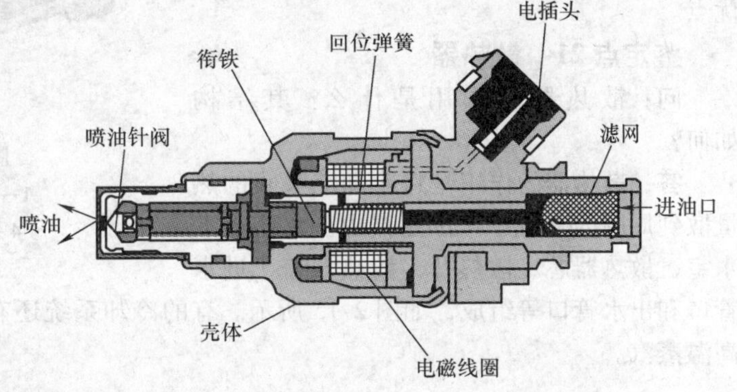

图 2-11　轴针式喷油器

(2) 球阀式喷油器　如图 2-12 所示，当喷油脉冲输入电磁线圈时，产生电磁吸力，固定在阀针上的衔铁被向上吸起，阀针抬离阀座，燃油开始通过计量孔喷出。当喷油脉冲终止时，吸力消失，阀针在弹簧力的作用下返回阀座，喷油结束。因此，每次的喷油量取决于输入电磁线圈的电流脉冲宽度。

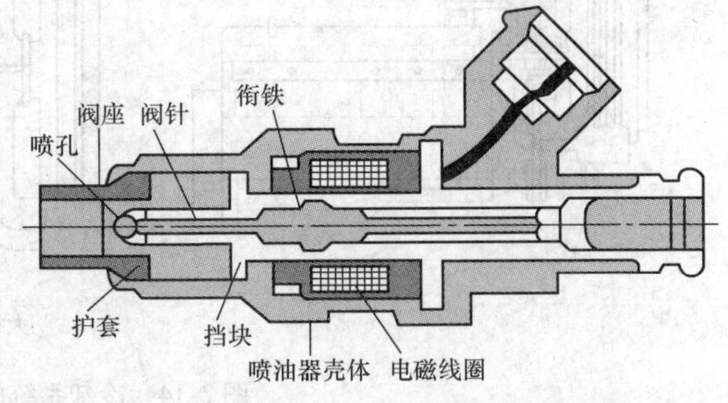

图 2-12　球阀式喷油器

鉴定点 19　冷却系统

问：冷却系统由哪些部件组成？其工作原理是什么？

答：汽车大多采用水冷却系统。它由散热器、风扇、水泵、水套、节温器、冷却液温度表等组成，如图 2-13 所示。

发动机工作时，水泵将散热器内的冷却液吸出，冷却液经分水管道进入缸体水套和缸盖水套，受热零部件的热量先传给冷却液，再散入大气。冷却液的循环有三种方式：当缸盖出水温度低于节温器开启温度（一般为 75℃）时，冷却液不经散热直接由回水孔道返回水泵再进入水套，进行小循环；当冷却液温度高于节温器全开温度（一般为 85℃）时，冷却液全部通过散热器后再返回水泵，进行大循环；当水温介于两者之间时，节温器部分开启，形成混合循环，即冷却液既进行小循环，也进行大循环。

图 2-14 所示为冷却系统的冷却线路。

鉴定点 20　水泵

问：水泵的作用是什么？汽车上常用的水泵是什么形式？

答：水泵的作用是强制冷却液在发动机内循环。

汽车上广泛使用离心式水泵。它具有结构紧凑、泵水量大以及因故障而停止工作时不妨碍冷却液在冷却系统内部自然循环等优点。

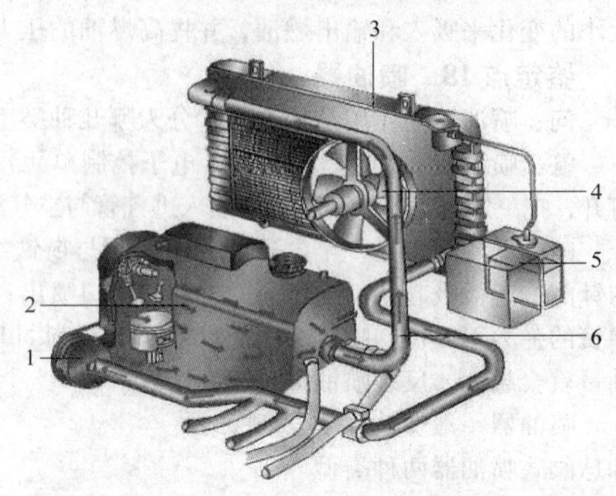

图 2-13　冷却系统的组成

1—水泵　2—冷却液　3—散热器　4—风扇　5—储水箱　6—水管

鉴定点 21　散热器

问：散热器的作用是什么？其结构如何？

答：散热器的作用是将冷却液吸收的热量散到周围的空气中。散热器由上水室、下水室、散热器芯、散热片、散热器盖、进水管口和出水管口等组成，如图 2-15 所示。有的冷却系统还有膨胀水箱，用以消除冷却系统中的高温蒸汽。

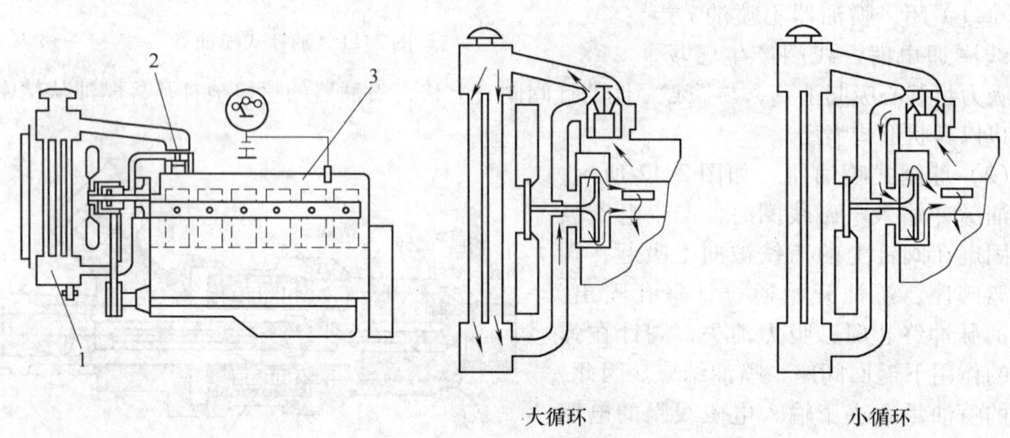

图 2-14　冷却系统的冷却线路

1—大循环　2—节温器　3—小循环

鉴定点 22　节温器

问：节温器的作用是什么？常用的节温器是什么形式？

答：节温器的作用是根据发动机负荷大小和冷却液温度的高低自动改变冷却液的循环流动路线，从而控制通过散热器的冷却液的流量，以保证发动机能自动调节工作温度。

节温器有蜡式和乙醚皱纹筒式两种。目前，多数发动机采用蜡式节温器，如图 2-16 所示。

鉴定点 23　风扇离合器

问：风扇离合器的作用是什么？

答：风扇离合器的作用是防止发动机产生“过冷”和“过热”现象，缩短发动机起动时间，减少机件的磨损，自动控制风扇的工作。

汽车上常使用硅油风扇离合器，它以黏性很大的硅油作为传递转矩的介质。

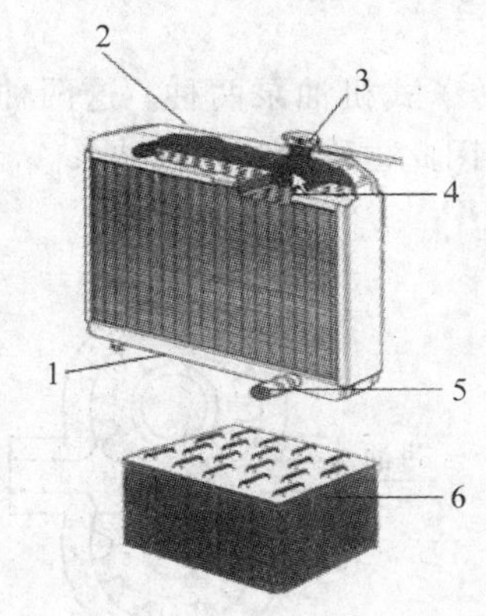

图 2-15　散热器
1—下水室　2—上水室　3—散热器盖
4—进水管口　5—出液管口　6—散热器芯

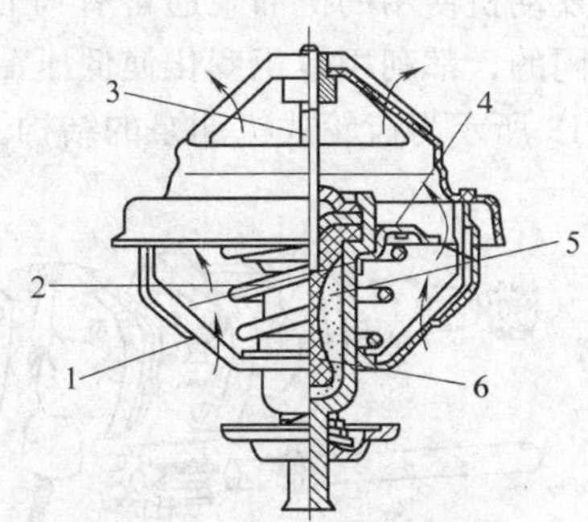

图 2-16　蜡式节温器
1—外壳　2—弹簧　3—推杆
4—主阀门　5—石蜡　6—胶管

鉴定点 24　润滑系统

问： 润滑系统由哪几部分组成？其作用是什么？机油的作用是什么？

答： 润滑系统一般由油底壳、机油集滤器、机油泵、机油粗滤器、机油细滤器、限压阀、旁通阀、机油压力表或机油警告灯及油道等组成，如图 2-17 所示。

润滑系统的作用是以足够的压力不间断地向摩擦表面供给清洁的机油，以减少发动机的功率损耗，减轻磨损，延长使用寿命。

机油的作用包括减摩、冷却、清洁、密封和防锈。

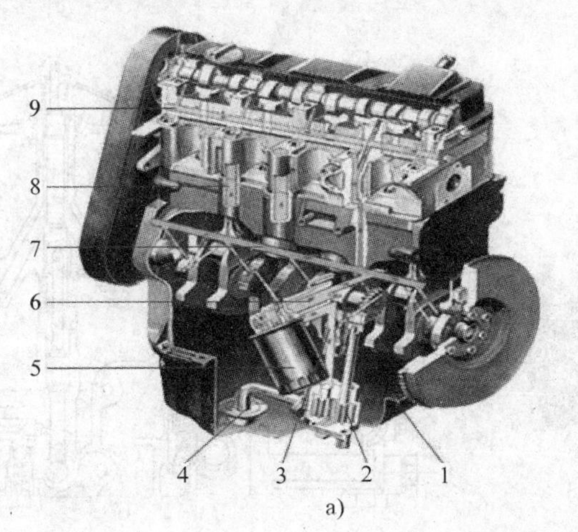

a)

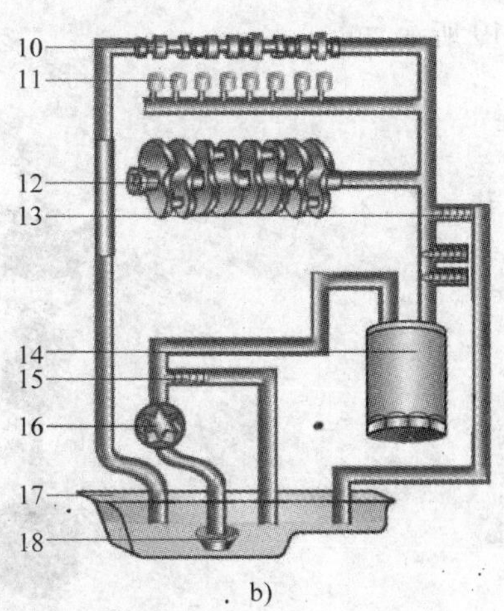

b)

图 2-17　润滑系统
a）润滑系统的组成　b）润滑系统油路
1、17—油底壳　2、16—机油泵　3—滤清器管道　4、18—机油集滤器　5—滤清器
6—滤清器出油道　7—主油道　8—回油孔　9—气缸盖油道　10—配气凸轮轴
11—液压挺柱　12—曲轴　13—回油阀　14—机油滤清器　15—限压阀

鉴定点 25　机油泵

问： 机油泵起什么作用？它有哪几种形式？

答： 机油泵的作用是将油底壳里的机油增压后送到机油滤清器和各种机油油道，以润滑发动机的各主要运动机件，并使机油得到滤清。发动机工作时，机油泵不断工作，从而保证机油在机油油路中不断循环。

汽车发动机使用的机油泵通常有齿轮式机油泵和转子式机油泵两种。这两种机油泵的工作原理是相同的，都利用容积变化使低压油变成高压油，因此也称为容积式油泵。

图 2-18 所示为齿轮式机油泵的结构及工作原理。

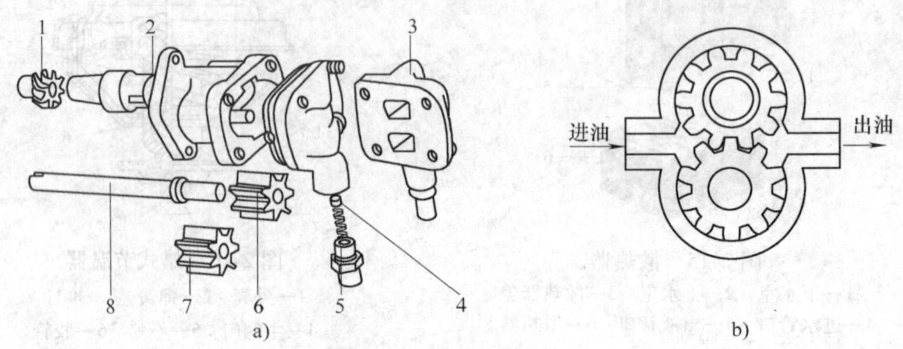

图 2-18　齿轮式机油泵的结构及工作原理

a）结构　b）工作原理

1—油泵驱动齿轮　2—泵体　3—泵盖　4—限压阀　5—限压阀弹簧　6—主动齿轮　7—从动齿轮　8—从动齿轮轴

鉴定点 26　机油滤清器

问：机油滤清器的作用是什么？汽车润滑系统中有哪几种机油滤清器？

答：机油滤清器的作用是滤清机油中的金属细屑和其他杂质，防止油道堵塞，减轻零件磨损。汽车润滑系统中一般有机油集滤器、机油粗滤器和机油细滤器三个滤清能力不同的滤清器，如图 2-19 所示。

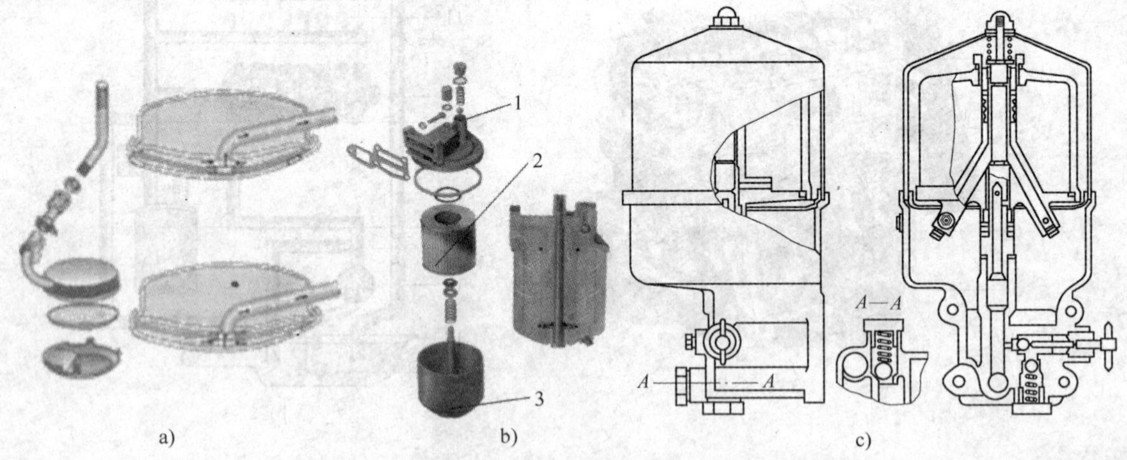

图 2-19　机油滤清器

a）集滤器　b）粗滤器　c）细滤器

1—旁通阀　2—滤芯　3—壳体

机油集滤器一般采用浮式集滤器；机油粗滤器常采用纸质滤芯式粗滤器；机油细滤器有离心式和过滤式两类。

鉴定点 27　柴油机燃油喷射系统

问：柴油机燃油喷射系统由哪几部分组成？

答: 柴油机燃油喷射系统由燃料供给装置（见图 2-20）、空气供给装置、混合气形成装置和废气排出装置四部分组成。

(1) 燃料供给装置　柴油机燃料供给装置由油箱、输油泵、低压油管、柴油滤清器、喷油泵、调速器、油水分离器、高压油管、喷油器、回油管、联轴器等组成。

输油泵将柴油从油箱吸出并送到柴油滤清器，滤去细微杂质后进入喷油泵，喷油泵以很高的压力将柴油压到喷油器，经喷油器喷入燃烧室的柴油与压缩后的高温空气混合而自行着火燃烧。输油泵的供油量比喷油泵的喷油量大得多，过量的柴油又经回油管回到输油泵或油箱。

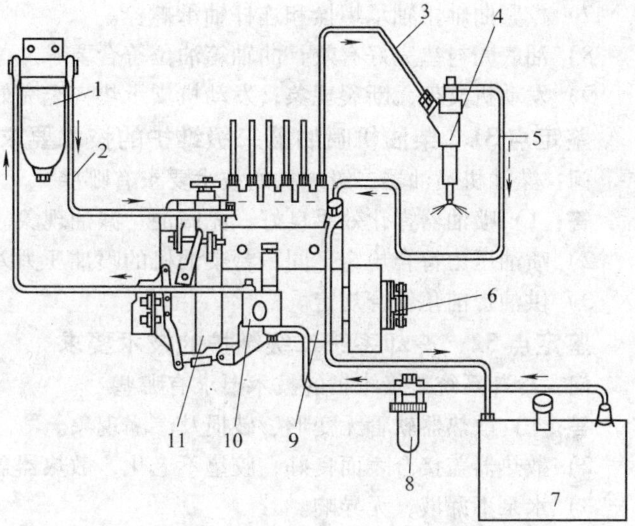

图 2-20　柴油机燃料供给装置

1—柴油滤清器　2—低压油管　3—高压油管　4—喷油器　5—回油管　6—联轴器　7—油箱　8—油水分离器　9—喷油泵　10—输油泵　11—调速器

(2) 混合气形成装置　即柴油机的燃烧室。

(3) 空气供给装置　由空气滤清器、进气管、气缸盖内进气道组成。

(4) 废气排出装置　由排气管、气缸盖内排气道及排气消声器等组成。

鉴定点 28　柴油机喷油压力

问: 什么是柴油机的喷油压力？喷油压力由什么决定？

答: 柴油机的喷油压力是指喷油器的开启压力。喷油器的开启压力是由喷油器上端的调压弹簧决定的。当喷油泵输出的高压油进入喷油器的高压油腔时，在针阀的承压锥面上形成一个向上的推力，当此推力克服了调压弹簧的预紧力和针阀偶件间的摩擦力时，针阀上移，密封锥面被打开，高压油便经喷油孔喷出，此时的压力即为喷油压力。

鉴定点 29　柴油机喷油状况

问: 柴油机混合气的形成方式有哪些？

答: 柴油机迅速形成混合气经历燃油的喷雾、燃油与空气的混合两个阶段。混合气的形成方式主要有:

(1) 空间雾化混合　燃油喷向燃烧室空间，形成空间雾化油滴，从高温空气中吸热蒸发并扩散，与空气形成混合气。

(2) 油膜蒸发混合　大部分燃油喷到燃烧室壁面上，形成一层油膜，油膜受热蒸发汽化，在燃烧室强烈涡流的作用下，燃油蒸气与空气形成均匀的可燃混合气。

鉴定点 30　发动机二级维护拆装作业的技术要求

问: 发动机二级维护拆装作业的技术要求有哪些？

答: 1) 气缸盖螺栓齐全完好，其拧紧力矩符合要求。

2) 机油粗、细滤清器密封圈完好有效，油道（喷孔）畅通，性能良好。

3) 气门间隙符合车型要求。

4) 清除火花塞积炭，校正电极间隙。

5）分电器各电路接头牢靠，不漏电；各连接轴无松旷和轴向窜动现象。

6）汽油泵管路畅通，接头不漏油。

7）校紧曲轴主轴承螺栓和连杆轴承螺栓。

8）油底壳衬垫完好有效，曲轴箱油位符合要求。

9）发动机支架无断裂现象，发动机支承垫齐全完好，螺栓、螺母紧固。

鉴定点 31　柴油机喷油器二级维护的技术要求

问：柴油机喷油器二级维护的技术要求有哪些？

答：1）喷油器雾化效果良好，无滴油、漏油现象。

2）喷油压力符合规定，同一台柴油机的喷油压力差不超过1.0MPa。

3）供油提前角符合规定。

鉴定点 32　冷却系统二级维护的技术要求

问：冷却系统二级维护的技术要求有哪些？

答：1）散热器软管无变形、破损及渗漏现象。

2）散热器盖接合表面良好，胶垫不老化，散热器盖压力阀开启压力符合要求。

3）水泵不漏液，无异响。

4）节温器工作性能符合规定。

5）V带应无裂痕或过量磨损，表面无油污，V带张紧度符合规定。

鉴定点 33　润滑系统二级维护的技术要求

问：润滑系统二级维护的技术要求有哪些？

答：1）润滑油的规格、性能指标和油位应符合规定。

2）机油滤清器密封良好，无堵塞现象，完好有效。

3）曲轴箱通风装置清洁畅通，连接可靠，不漏气，各阀门无堵塞、卡滞现象，灵敏度符合规定。

鉴定点 34　发动机紧固作业的注意事项

问：发动机紧固作业的注意事项有哪些？

答：1）紧固气缸盖螺栓时要求自中间向两端交叉均匀拧紧到规定的力矩。

2）紧固进/排气歧管、消声器时，由中间向两端对称拧紧固定螺栓，同时检查衬垫有无损坏、烧蚀的痕迹，若发现损坏，则应予以更换。

鉴定范围 2　汽 车 底 盘

鉴定点 1　汽车底盘一级维护作业的内容

问：汽车底盘一级维护作业的内容有哪些？

答：1）检查、调整离合器自由行程。

2）检查转向器、传动十字轴承、横直拉杆、摇臂及前桥，添加机油，调整松紧度，紧固、润滑前桥球头销。

3）检查变速器、传动轴、中间轴承和后桥，添加机油，疏通通气孔，校紧各部位的螺栓、螺母。

4）检查紧固制动管路的各接头、支架、螺栓、螺母，检查并调整制动踏板自由行程和驻车制动自由行程。

5）检查并紧固车架、车厢及附件支架各零部件的螺栓、拖钩、挂钩。

6）检查轮辋及压条挡圈的裂损情况。

7）检查并补足轮胎气压。

8）检查轮毂轴承松紧度。

9）检查钢板弹簧是否断裂，紧固U形螺栓和卡子。

10）检查减振器性能。

11）检查蓄电池液位，补充蒸馏水；检查通气孔塞，使之畅通；检查并清除电桩及夹头氧化物。

12）检查灯光、仪表、信号装置。

13）全车润滑。

14）检查全车外观。

鉴定点2 汽车底盘一级维护作业的技术要求

问：汽车底盘一级维护作业的技术要求有哪些？

答：1）转向臂、转向拉杆、制动操纵机构工作可靠，锁销齐全有效，转向杆球头、转向传动十字轴承、传动轴十字轴承无松旷现象。

2）转向器、变速器、驱动桥的机油油位应在检视口下沿0～15mm处，通风孔应畅通，变速器、减速器的凸缘螺母紧固可靠。

3）每个润滑脂油嘴齐全有效，安装位置正确，所有润滑点均已润滑，无遗漏处。

4）轮胎气压应符合规定，胎面无嵌石及其他硬物。

5）离合器踏板和制动踏板的自由行程符合技术规定。

6）车轮轮毂轴承无松旷现象。

鉴定点3 汽车底盘紧固时的注意事项

问：汽车底盘紧固时的注意事项有哪些？

答：1）发动机前后支承、钢板弹簧、U形螺栓、制动底板、轮胎、传动轴、半轴等处的螺栓和螺母齐全并紧固，各种垫圈、衬垫完好。

2）转向垂臂、转向横拉杆、制动操纵机构完好。

3）变速器、主减速器的凸缘螺母齐全、紧固、可靠。

4）离合器踏板、制动踏板自由行程符合规定。

5）轮毂轴承不松旷。

鉴定点4 齿轮油

问：齿轮油分为哪几种？

答：GB/T 7631.7—1995规定，齿轮油分为普通车辆齿轮油（SH/T 0350—1992）、中负荷车辆齿轮油（GL－4）和重负荷车辆齿轮油（GL－5）三个品种。

鉴定点5 制动液

问：制动液分为哪几种？更换时的注意事项有哪些？

答：根据制动液的组成和特性，制动液一般分为醇型、醇醚型、脂型、矿油型和硅油型五种。其中，醇醚型和脂型统称为合成型，是目前广泛应用的品种。

更换注意事项：

1）各种制动液不能混用。

2）按照车辆使用说明书的要求按期更换制动液，更换期一般为车辆每行驶20000～40000km或1年。更换制动液时必须将制动系统清洗干净。

鉴定点6　润滑脂

问：润滑脂的种类及加注方法有哪些？

答：汽车常用润滑脂的品种有钙基润滑脂、钠基润滑脂、锂基润滑脂、极压复合锂基润滑脂和石墨钙基润滑脂等。

润滑脂主要用润滑脂枪加注。

鉴定点7　转向系统

问：转向系统的作用是什么？转向系统分为哪几类？

答：汽车转向系统的作用是按照驾驶人的要求改变和保持汽车的行驶方向。按转向能源的不同，转向系统可分为机械转向系统（见图2-21）和动力转向系统（见图2-22）两大类。

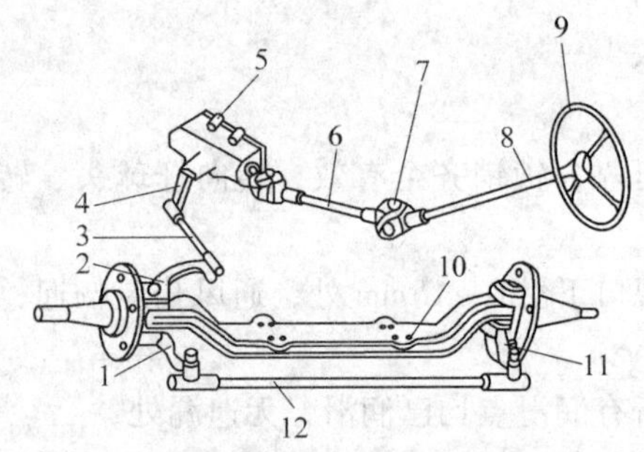

图2-21　机械转向系统

1、11—梯形臂　2—转向节臂　3—转向直拉杆　4—转向摇臂　5—转向器　6—传动器　7—万向节　8—转向轴　9—转向盘　10—前轴　12—转向横拉杆

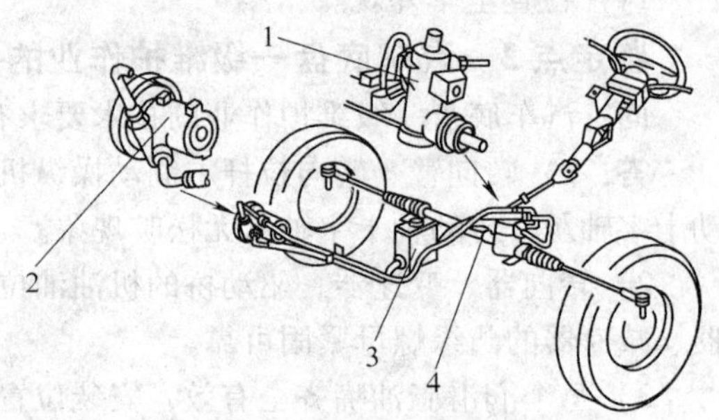

图2-22　动力转向系统

1—转向控制阀　2—转向液压泵　3—转向油罐　4—齿轮齿条转向器

机械转向系统以人力作为转向动力。机械转向系统由转向操纵机构、转向器和转向传动机构三大部分组成。

汽车动力转向系统是在驾驶人的控制下，借助于汽车发动机产生的液体压力或电动机驱动力来实现车轮转向的，所以也称为转向动力放大装置。它在机械转向系统的基础上加设了一套转向加力装置。在正常情况下，汽车转向所需要的能量，只有一小部分由驾驶人提供，而大部分则由发动机（或电动机）通过转向加力装置提供。

鉴定点8　转向器

问：转向器的作用是什么？它有哪几种类型？

答：转向器的主要作用是增大转向盘传到转向垂臂的力和改变力的传递方向。

转向器的类型较多，按转动副的结构不同，可分为循环球式、蜗杆曲柄指销式、球面蜗杆滚轮式、蜗杆副式和齿轮齿条式等几种。

常用的转向器有循环球式（见图2-23）和齿轮齿条式（见图2-24）两种。

鉴定点9　循环球式转向器

问：循环球式转向器的结构如何？其工作过程是怎样的？

答：循环球式转向器（见图2-23）一般有两级传动副，第一级是螺杆螺母传动副，第二级是齿条齿扇传动副。

其工作过程为：转向螺杆转动时，通过钢球将力传给转向螺母，转向螺母即沿轴向移动，同时，在转向螺杆及转向螺母与钢球间的摩擦力偶作用下，所有钢球便在螺旋管状通道内滚动，形成“球流”。在转向器工作时，两列钢球只在各自的封闭流道内循环，不会脱出。

鉴定点10　转向传动机构

问：转向传动机构的作用是什么？它由哪几部分组成？

答：转向传动机构的作用是将转向器输出的动力传给转向车轮，使之偏转，以实现汽车的转向。

转向传动机构一般包括转向摇臂、转向直拉杆、转向节臂、转向节和梯形臂。

图2-23　循环球式转向器

1—转向垂臂轴　2—钢球　3—导管　4—齿扇　5—转向螺母　6—转向螺杆　7—转向垂臂　8—调整垫片　9—调整螺钉

鉴定点11　二轴式变速器

问：什么是二轴式变速器？

答：主轴为输入轴和输出轴的变速器称为二轴式变速器，如图2-25所示。

二轴式变速器的变速传动机构主要由输入轴、输出轴、倒档轴、齿轮组、同步器、支承轴承和变速器壳体组成。该变速器共有四个前进档和一个倒车档。一般轿车上采用的都是二轴式变速器，如桑塔纳轿车。

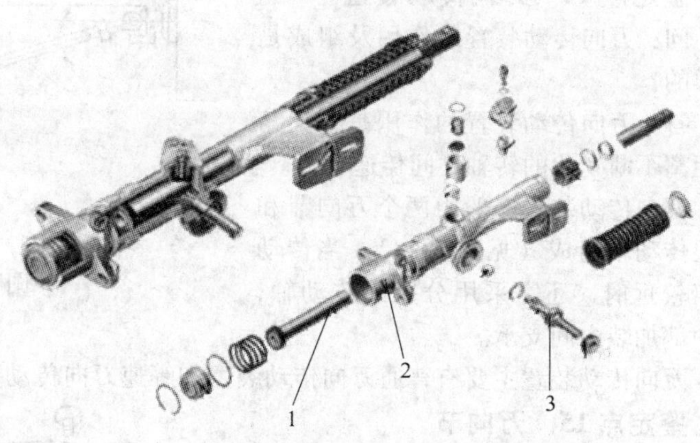

图2-24　齿轮齿条式转向器

1—转向齿条　2—转向器壳　3—转向齿轮

鉴定点12　三轴式变速器

问：什么是三轴式变速器？

答：主轴除输入轴和输出轴外还设有中间轴的变速器称为三轴式变速器，如图2-26所示。

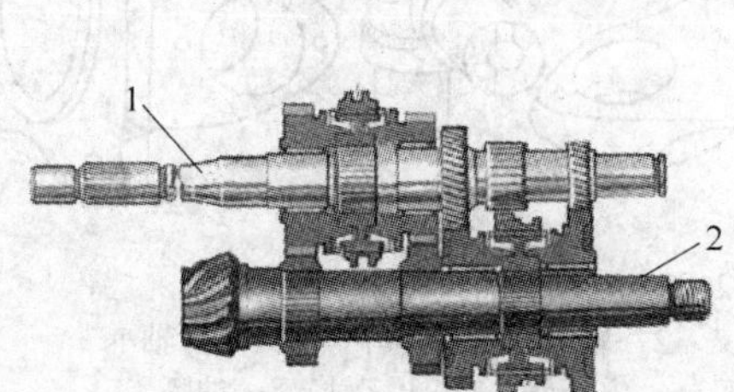

图2-25　二轴式变速器

1—输入轴　2—输出轴

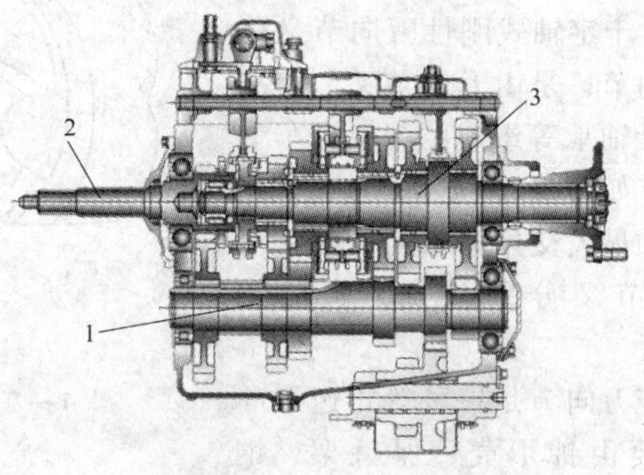

图2-26　三轴式变速器

1—中间轴　2—输入轴　3—输出轴

三轴式变速器的变速器传动机构由变速器壳体和支承轴承、输入轴、输出轴、中间轴、倒档轴、同步器及轴上的齿轮组成，具有五个前进档和一个倒车档，第五档为直接档。一般货车使用三轴式变速器，如东风 EQ1092 型货车和解放 CA1091 型货车。

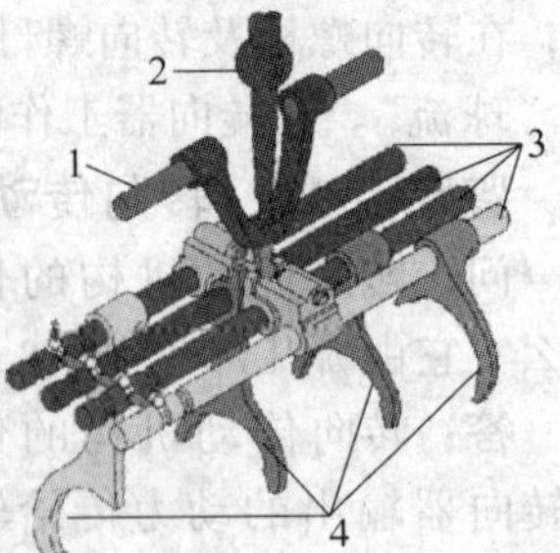

鉴定点 13　变速器操纵机构

问：变速器操纵机构由哪几部分组成？变速器操纵机构的锁止装置是什么？

答：变速器操纵机构主要由变速杆、拨叉、拨叉轴和换档轴组成，如图 2-27 所示。

图 2-27　变速器操纵机构

1—换档轴　2—变速杆　3—拨叉轴　4—拨叉

变速器操纵机构锁止装置有：

（1）自锁装置　自锁装置用于防止自动脱档，由自锁钢球和自锁弹簧组成。

（2）互锁装置　互锁装置的作用是当驾驶人用变速杆推动某一拨叉轴时，自动锁止其他所有拨叉轴。它由互锁钢球及互锁销等组成。

（3）倒档锁装置　在一档、倒档拨块中装有倒档锁，以防止误挂倒档。它由锁销及弹簧组成。

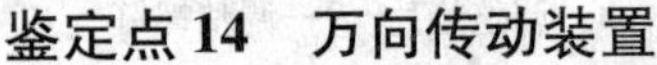

鉴定点 14　万向传动装置

问：万向传动装置的作用及组成是怎样的？

答：万向传动装置的作用是在夹角与距离不断变化的转轴之间传递动力。

万向传动装置一般由两个万向节和一根传动轴组成（见图 2-28）。当传动距离较远时，还需采用分段式传动轴，在中部加装中间支承。

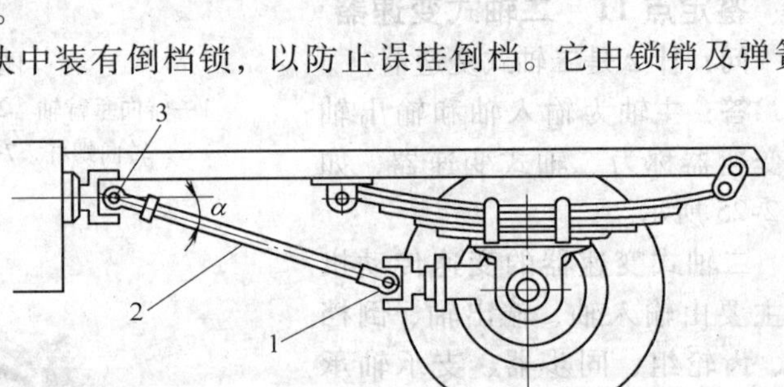

图 2-28　万向传动装置

1、3—万向节　2—传动轴

万向传动装置主要有普通万向传动装置和等速万向传动装置两种。

鉴定点 15　万向节

问：十字轴式刚性万向节的组成是怎样的？最大交角为多少？球笼万向节的组成是什么？

答：十字轴式刚性万向节又称普通万向节，是由万向节叉、十字轴和滚针轴承等组成的，在汽车上应用最广如图 2-29 所示。它允许相邻两轴的最大交角为 15°～20°。两个万向节叉分别与主、从动轴相连。

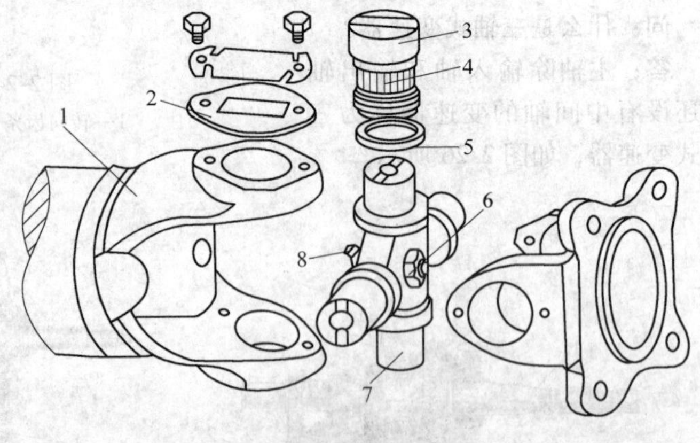

图 2-29　十字轴式刚性万向节

1—万向节叉　2—轴承盖　3—套筒　4—滚针轴承　5—油封　6—安全阀　7—十字轴　8—油嘴

球笼万向节是一种等角速万向节，主要由钟形壳、保持架、钢球、星形套及橡胶护套等组成，能实现主、从动轴以相等的角速度旋转，如图 2-30 所示。

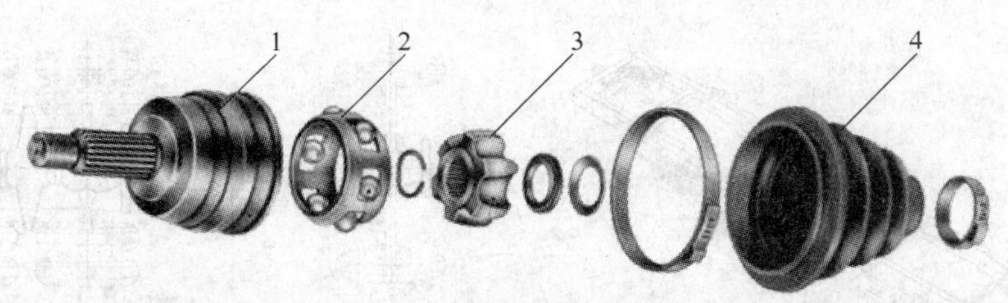

图 2-30　球笼万向节

1—钟形壳　2—保持架与钢球　3—星形套　4—橡胶护套

鉴定点 16　汽车行驶系统

问：汽车行驶系统的作用是什么？它由哪几部分组成？

答：汽车行驶系统的主要作用如下：

1）将汽车构成一个整体，支撑汽车全部质量。

2）将传动系统传来的转矩转化为汽车行驶的驱动力。

3）承受并传递路面作用于车轮上的各种反作用力和力矩。

4）减少振动，缓和冲击，保证汽车平顺行驶。

汽车行驶系统一般由车架、车桥、减振器、车轮和悬架组成，如图 2-31 所示。

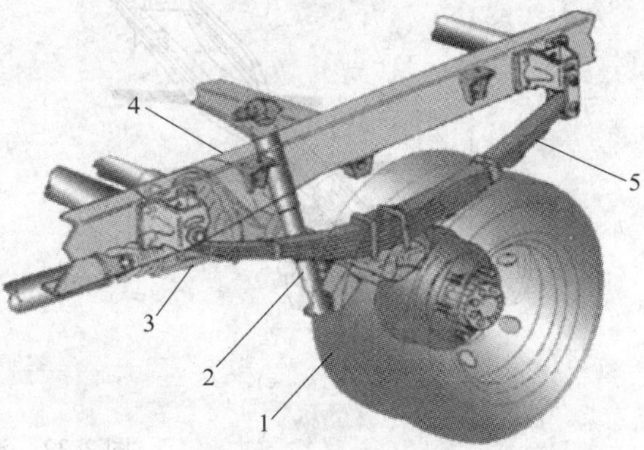

图 2-31　汽车行驶系统

1—驱动车轮　2—减振器　3—驱动桥　4—车架　5—后悬架

鉴定点 17　车架

问：车架的作用是什么？车架分为哪几种形式？

答：汽车车架俗称大梁，是整个汽车的基础。其上装有发动机、变速器、传动轴、前/后桥、车身等总成和部件，并使它们保持正确的相对位置。

汽车车架按其结构可分为边梁式、中梁式和综合式，如图 2-32 所示。许多轿车和公共汽车没有单独的车架，而以车身代替车架，主要部件连接在车身上，称为承载式车身。

鉴定点 18　车桥

问：车桥的作用是什么？车桥分为哪几种类型？

答：汽车的车桥也称为车轴。车桥通过悬架与车架相连，其两端安装车轮。车桥的作用是承受和传递地面与车架之间的作用力。

按车桥上车轮的作用不同，车桥分为支持桥、驱动桥、转向桥和转向驱动桥四种类型。

支持桥：仅用于安装左右车轮，既不产生驱动力，也不实现转向作用。

驱动桥：不仅用于承载，而且兼起驱动的作用。

转向桥：使车轮偏转一定角度，以实现汽车的转向。一般汽车只有一个转向桥，位于汽车前部。

转向驱动桥：既能实现转向又能实现驱动的车桥。前轮驱动汽车和四驱汽车的前桥为转向驱动桥。现代轿车前桥广泛使用转向驱动桥。图 2-33 所示为桑塔纳 2000 型轿车转向驱动桥的结构。

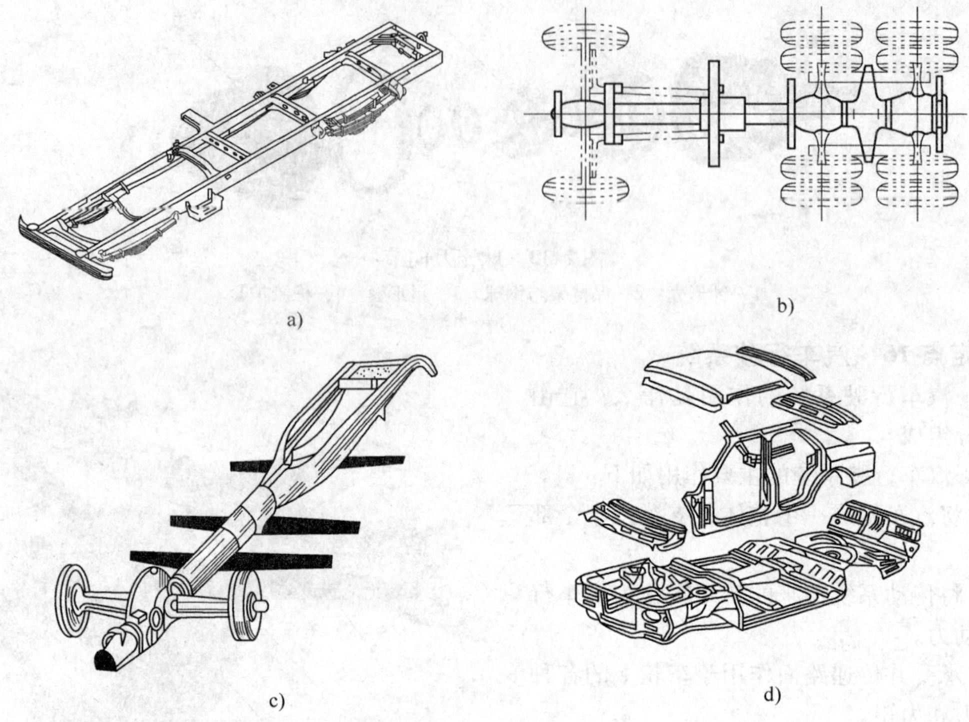

图 2-32　汽车车架

a）边梁式车架　b）中梁式车架　c）综合式车架　d）承载式车身

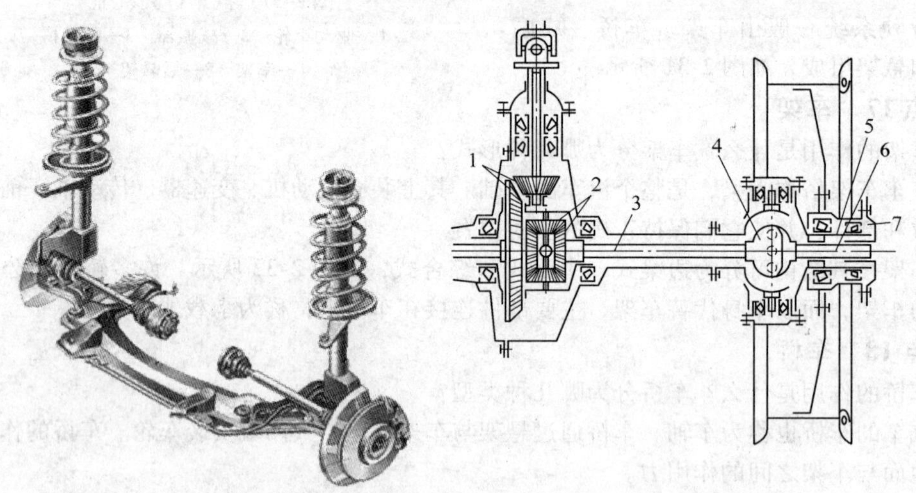

图 2-33　桑塔纳 2000 型轿车转向驱动桥的结构

1—主减速器　2—差速器　3—内半轴　4—万向节　5—转向节轴径　6—外半轴　7—轮毂

鉴定点 19　转向轮定位

问：什么是转向轮定位？它包括哪几项内容？

答：为了使汽车稳定地沿直线行驶和转向轻便，并减少轮胎和转向机件在汽车行驶过程中的磨损，转向轮、前轴、转向节与车架之间具有一定的相对位置。这种具有一定相对位置的安装叫做转向轮定位，也称为前轮定位。

转向轮定位包括主销后倾、主销内倾、前轮外倾和前轮前束四部分内容。

鉴定点 20　主销后倾

问：什么是主销后倾角？主销后倾的目的是什么？

答：在前轴上安装主销时，将其上端略向后倾斜，使主销轴线与通过前轮中心的垂线间有一个夹角 γ，这个夹角称为主销后倾角，如图 2-34 所示。

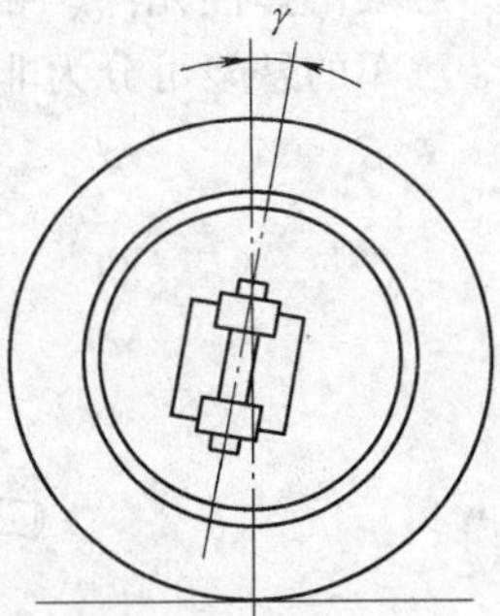

主销后倾的目的是保持汽车直线行驶的稳定性，在汽车转向后，能够使前轮自动回正。

主销后倾角一般由前钢板弹簧在车架上的安装位置来保证。汽车的主销后倾角一般在3°以内。

图 2-34　主销后倾角

鉴定点 21　主销内倾

问：什么是主销内倾角？主销内倾的目的是什么？

答：在前轴上安装主销时，其上端略向内倾斜一个角度 β，这个角度称为主销内倾角，如图 2-35所示。

主销内倾的目的是保持汽车直线行驶的稳定性，并使转向轻便。

一般汽车的主销内倾角为5°~8°，它是在制造前轴时使主销孔向内倾斜而获得的。

鉴定点 22　前轮外倾

问：什么是前轮外倾角？前轮外倾的目的是什么？

答：前轮安装后，其上端略向外倾斜，它的旋转平面与纵向垂直平面间形成一个夹角 α，这个夹角称为前轮外倾角，如图 2-36 所示。

前轮外倾的目的是使车轮紧靠轮毂内轴承，减小外轴承及轮毂螺母的负荷，保证行驶的安全性。

前轮外倾角是通过转向节的设计制造来保证的，一般为1°左右。

鉴定点 23　前轮前束

问：什么是前轮前束？

答：前轮安装后，两前轮的旋转平面不平行，前端略向内倾，使两轮前端距离 B 小于后端距离 A，称为前轮前束，其差值（$A-B$）即为前轮前束值，如图 2-37 所示。

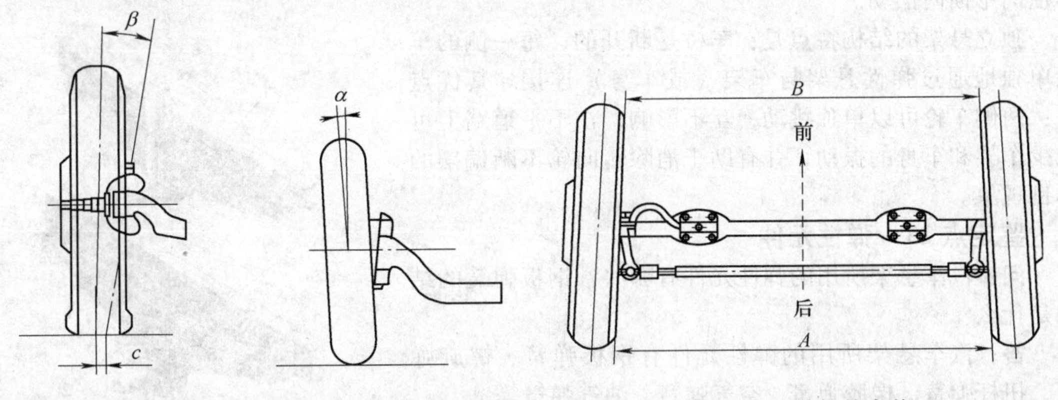

图 2-35　主销内倾角　　图 2-36　前轮外倾角　　图 2-37　前轮前束值

鉴定点 24　悬架

问：悬架的作用是什么？它由哪几部分组成？悬架分为哪几种类型？

答： 汽车悬架的作用是把车架和车桥弹性地连接起来，以吸收和缓和车轮在不平道路上所受的冲击和振动，并传递力和力矩。

悬架由弹性元件、导向装置和减振器三部分组成，如图 2-38 所示。

汽车的悬架可分为非独立悬架与独立悬架两大类，分别如图 2-39 和图 2-40 所示。

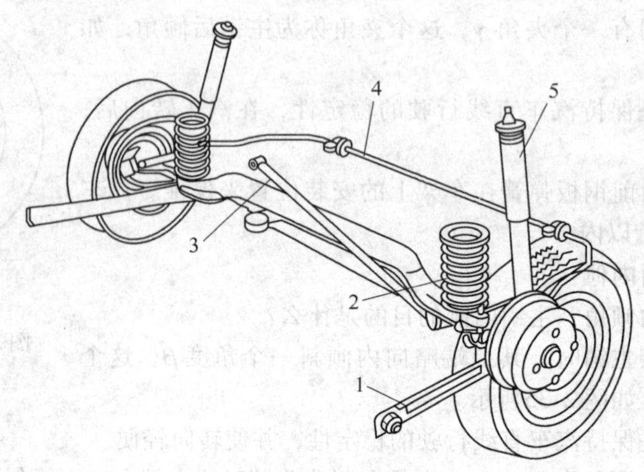

图 2-38　悬架的组成

1—纵向推力杆　2—弹性元件　3—横向推力杆　4—横向稳定器　5—减振器

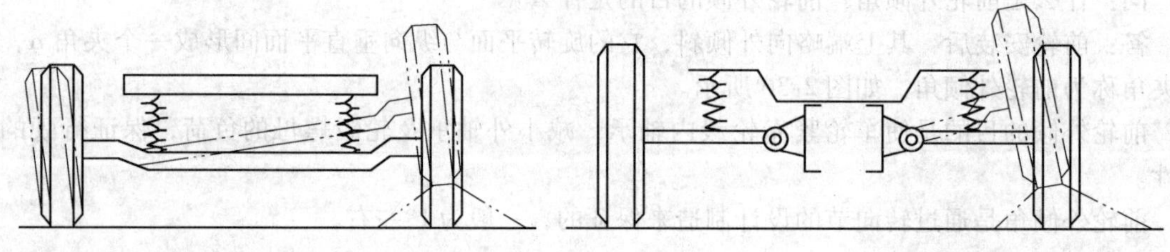

图 2-39　非独立悬架　　图 2-40　独立悬架

非独立悬架的结构特点是：两侧的车轮由一根整体式车桥相连，车轮连同车桥一起通过弹性悬架与车架（或车身）连接。当一侧车轮因道路不平而跳动时，必然会引起另一侧车轮在汽车横向平面内摆动。

独立悬架的结构特点是：车桥是断开的，每一侧的车轮单独地通过弹性悬架与车架（或车身）连接。其优点是：两侧车轮可以单独跳动，互不影响，在不平道路上可减少车架和车身的振动，并有助于消除转向轮不断偏摆的不良现象。

鉴定点 25　弹性元件

问： 汽车悬架所用的弹性元件有哪些？钢板弹簧的结构是什么？

答： 汽车悬架所用的弹性元件有钢板弹簧、螺旋弹簧、扭杆弹簧、橡胶弹簧、空气弹簧、油气弹簧等。

一般载货汽车广泛采用钢板弹簧。钢板弹簧由若干片不等长的钢板叠合而成，钢板弹簧的中部 U 形螺栓与车桥刚性固定，如图 2-41 所示。

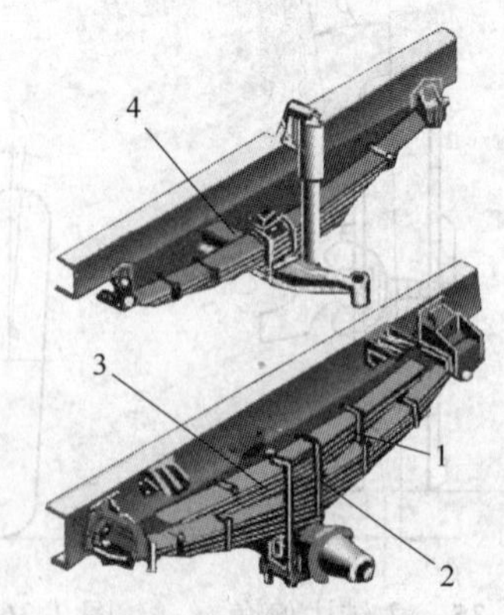

图 2-41　钢板弹簧

1—副簧　2—U 形螺栓

3—后钢板弹簧总成　4—前钢板弹簧总成

鉴定点 26　减振器

问：减振器的作用是什么？它有哪几种形式？

答：减振器的作用是利用液体在减振器壳内的流动阻力，吸收车架和车身的振动能量，与钢板弹簧配合，迅速衰减振动，以提高汽车行驶的平顺性（舒适性）。

减振器按结构可分为筒式和摆臂式两种。筒式减振器应用最为广泛，主要由工作缸筒、活塞、活塞杆、伸张阀、压缩阀、流通阀、补偿阀、储油缸筒、防尘罩等组成。

鉴定点 27　车轮

问：车轮由哪几部分组成？

答：车轮一般由轮毂、轮盘和轮辋组成，如图 2-42 所示。轮毂通过圆锥滚子轴承装在半轴套管或转向节轴上；轮辋用于安装轮胎；轮盘用于连接轮毂和轮辋。

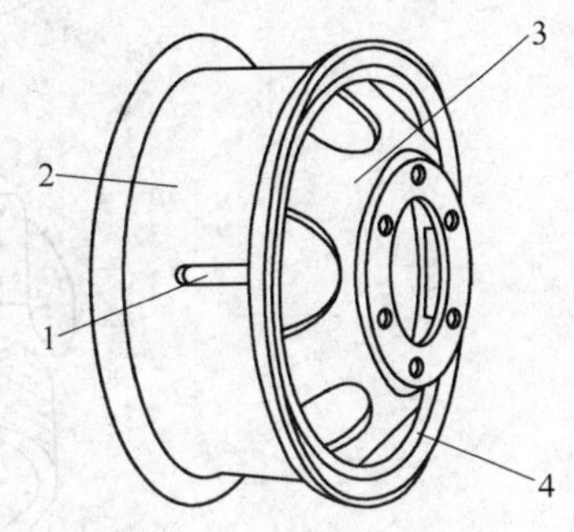

图 2-42　车轮

1—气门嘴孔　2—轮辋　3—辐板　4—挡圈

鉴定点 28　轮胎

问：轮胎是如何分类的？子午线轮胎有什么优点？

答：根据充气轮胎内气压的不同，轮胎分为高压胎、低压胎和超低压胎；按组成结构的不同，轮胎可分为有内胎轮胎和无内胎轮胎；按胎面花纹的不同，轮胎可分为普通花纹轮胎、越野花纹轮胎和混合花纹轮胎；按胎体中帘线排列方向的不同，轮胎可分为普通斜线轮胎和子午线轮胎。

子午线轮胎帘布层中的帘线在轮胎上的分布好像地球的子午线，帘线的强度可以得到充分利用，帘布层数可比普通斜交胎减少 40% ~50%，胎体较柔软，与地面接触面积大，附着性能好，对地面单位压力小，滚动阻力小，节省燃油。目前，国产轿车大多使用子午线无内胎轮胎。

图 2-43 所示为轮胎的常见分类方法。

鉴定点 29　轮胎规格的表示方法

问：轮胎规格怎么表示？

答：我国轮胎规格的表示方法同大多数国家一样，采用英制。

高压胎一般用 $D\times B$ 表示。D 为轮胎的名义外径，B 为轮胎的断面宽度，单位均为 in；“×”表示高压胎。

低压胎一般用 B—d 表示。B 为轮胎断面宽度，d 为轮辋直径，单位均为 in；“—”表示低压胎。

图 2-44 所示为轮胎的尺寸规格。

鉴定点 30　车轮制动器的制动原理

问：车轮制动器怎样产生制动作用？如何调整蹄片制动间隙？

答：车轮制动器由制动鼓、制动蹄、摩擦片、蹄片支承销、回位弹簧、凸轮或轮缸等组成。制动时，凸轮转动（气压式）或轮缸活塞（液压式）推动，使摩擦片与制动鼓接触，靠摩擦力阻止制动鼓转动，使汽车产生制动作用。不制动时，回位弹簧使蹄片复位，摩擦片与制动鼓保持一定间隙。

调整时，支承销端靠转动支承销进行调整，凸轮端靠调整臂上的蜗杆进行调整，液压式靠转动凸轮进行调整。

鉴定点 31　制动蹄片与制动鼓的间隙

问：制动蹄片与制动鼓的正常间隙是多少？

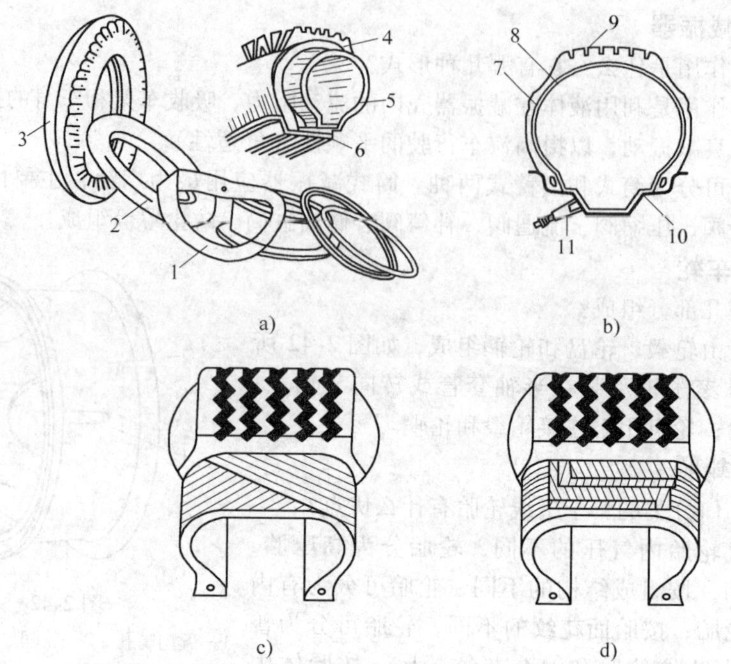

图 2-43　轮胎的常见分类方法

a）有内胎轮胎　b）无内胎轮胎　c）普通斜线轮胎　d）子午线轮胎

1、6—垫带　2、5—内胎　3、4—外胎　7—橡胶密封层　8—自粘层　9—槽纹　10—轮辋　11—气门嘴

答：制动蹄片与制动鼓的正常间隙因车而异，但必须满足两个条件：一是在不制动时制动鼓能够自由转动而不受阻滞；二是制动时制动蹄被撑开后能与制动鼓全面贴合。

东风 EQ1092 型汽车制动蹄与制动鼓的间隙为：支承端为 0.25 ~ 0.40mm，凸轮端为 0.40 ~ 0.55mm，且同一端两蹄间隙之差小于或等于 0.10mm。

鉴定点 32　液压制动系统

问：液压制动系统由哪几部分组成？其工作过程是怎样的？

答：液压制动系统由制动踏板、推杆、制动总泵（主缸）、管路、制动分泵（轮缸）等部分组成，如图 2-45 所示。

其工作过程为：踏下制动踏板时，总泵内的液压油在活塞推动下被压出总泵，沿管路进入前、后分泵，推动分泵活塞向两侧撑开，将制动蹄压向制动鼓，产生制动力。

放松制动踏板时，总泵内的活塞在弹簧作用下回位，油压降低，与此同时，车轮制动器的制动蹄也在弹簧作用下回位，分泵活塞将液压油压回总泵，解除制动作用。

鉴定点 33　气压制动系统

问：气压制动系统由哪几部分组成？其工作过程是怎样的？

答：气压制动系统由空气压缩机、气压表、储气筒、制动踏板、制动阀、制动气室、制动软管和车轮制动器等组成。目前，汽车上采用的是双管路气压制动系统（见图 2-46）。它利用一个双腔制动控制阀，2 个或 3 个储气筒，组成两套彼此独立的管路，分别控制前后轮制动器。所以，在一套管路发生故障时，另一套管路仍可保证制动可靠。其工作过程为：气源由空气压缩机产生后进入储气筒，经油水分离后，进入前后轮储气筒，控制管路从双腔制动阀开始，当踩下制动踏板时，拉臂使制动控制阀开始工作，储气筒前腔的压缩空气便通过制动阀上腔进入后轮制动气室，使后轮制动，同时储气筒后腔的压缩空气通过制动阀下腔进入前轮制动气室，使前轮制动。

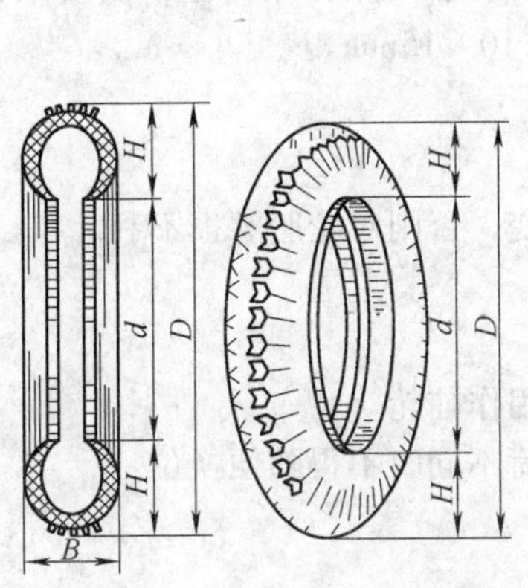

图 2-44　轮胎的尺寸规格

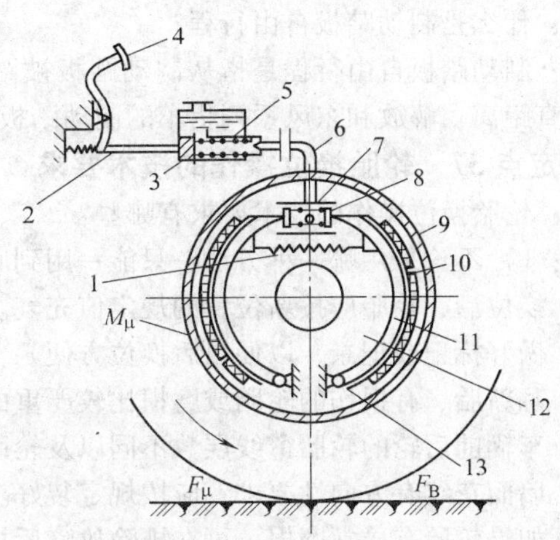

图 2-45　液压制动系统

1—制动蹄回位弹簧　2—推杆　3—主缸活塞　4—制动踏板
5—制动主缸　6—液压油管　7—制动轮缸　8—轮缸活塞
9—制动鼓　10—摩擦片　11—制动蹄　12—制动底板　13—支承销

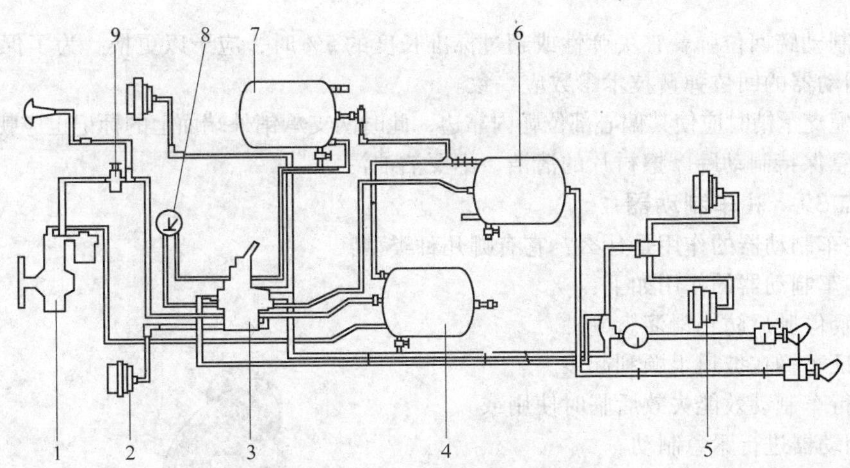

图 2-46　双管路气压制动系统

1—空气压缩机　2—前轮制动气室　3—双腔制动阀　4—湿储气筒　5—后轮制动气室
6—主储气筒（供前制动器）　7—主储气筒（供后制动器）　8—双针气压表　9—调压器

鉴定点 34　转向角

问：什么是汽车转向角？

答：汽车转向角是指汽车前轮向左或向右转到极限位置与前轮不偏转时的中心线所形成的夹角。东风汽车的转向角为 37°30′；解放汽车的转向角为 38°。

鉴定点 35　离合器踏板自由行程

问：什么是离合器踏板自由行程？

答：离合器踏板自由行程是离合器分离杠杆内端面与分离轴承之间的间隙在踏板上的反映。常用车型的离合器踏板自由行程，解放 CA1092 型汽车为 30 ~ 40mm，北京 BJ2020 型汽车为32 ~ 40mm。

鉴定点 36　制动踏板自由行程

问：什么是制动踏板自由行程？

答：制动踏板自由行程是指从制动踏板被踏下开始到制动器开始作用为止，制动踏板所移动的垂直距离。解放和东风系列货车的制动踏板自由行程为 10～15mm。

鉴定点 37　轮胎换位操作的技术要求

问：轮胎换位操作的技术要求有哪些？

答：1）不论采用哪一种方法，只能一用到底，不可改变，否则对轮胎磨损不利。

2）换位后，轮胎应按新位置的规定值充气。

3）做好标记或记录，以便以后换位方便。

4）翻新胎、有损伤的轮胎或磨损比较严重的轮胎不得用作前轮。

5）车辆前后轮的轮胎帘线层数不同以及轮胎的承载负荷不同时不得随便换位。

6）胎面花纹有方向性要求，应按规定装好。

7）如果轮胎有异常磨损，可在排除故障后提前换位。

鉴定点 38　车轮制动器维护的注意事项

问：车轮制动器维护的注意事项有哪些？

答：1）当制动器摩擦衬片、铆钉松动、表面严重烧蚀或铆钉头深度小于极限值时，应更换摩擦衬片。

2）当制动蹄回位弹簧丧失弹性或超过标准长度的 5% 时，应予以更换。为了保证制动平衡，同桥两边制动器的回位弹簧技术参数应一致。

3）装配支承销时应使其偏心部位朝内靠边，此时两支承销外端面上的标记也应朝内相对。

4）注意保持制动蹄摩擦衬片的清洁，不要沾油污。

鉴定点 39　驻车制动器

问：驻车制动器的作用是什么？它有哪几种类型？

答：驻车制动器的作用如下：

1）车辆停驶后防止滑溜。

2）保证车辆在坡道上顺利起步。

3）在行车制动效能失效后临时使用或配合行车制动器进行紧急制动。

驻车制动器按其安装位置的不同可分为中央制动式和车轮制动式两种。中央制动式驻车制动器通常安装在变速器的后面，其制动力矩作用在传动轴上；车轮制动式驻车制动器通常与行车制动器共用一个制动器总成，只是传动机构是相互独立的，如图 2-47 所示。

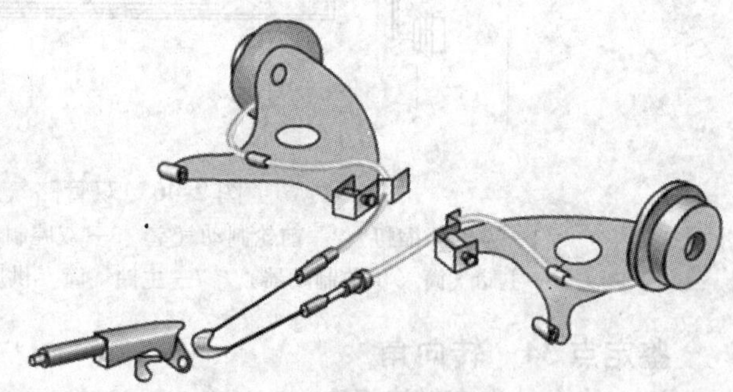

图 2-47　车轮制动式驻车制动器

驻车制动器按其结构的不同可分为鼓式、盘式、带式和弹簧作用式。

鉴定点 40　防抱死制动系统

问：防抱死制动系统（ABS）由哪几部分组成？其工作原理是什么？

答：防抱死制动系统主要由转速传感器、制动压力调节器和电子控制单元（ECU）等组成，如图 2-48 所示。

每个车轮上安装一个转速传感器，它们将各车轮的转速信号及时地输入电子控制单元ECU。ECU是ABS的控制中心，它根据各个车轮转速传感器输入的信号对各个车轮的运动状态进行监测和判定，并形成相应的控制指令，再适时给制动压力调节器发出控制指令。制动压力调节器对各制动轮缸的制动压力进行调节，以调节制动力矩，使之与地面附着状况相适应，防止制动车轮被抱死。

ABS具有失效保护和自诊断功能，当ECU监测到系统出现故障时，将自动关闭ABS，恢复常规制动，并存储故障信息，将ABS警告灯点亮，提示驾驶人尽快进行修理。

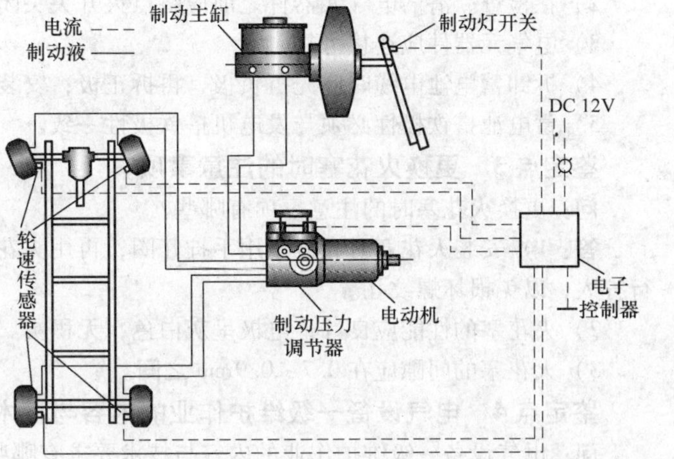

图2-48　ABS的基本组成

鉴定点41　制动压力调节器

问：制动压力调节器的作用是什么？它分为哪几种类型？

答：制动压力调节器的作用是在制动时根据ABS的ECU控制指令，自动调节制动轮缸的制动压力，防止车轮抱死，并使之处于理想的滑转率状态。

1）根据制动压力调节器的动力源不同，可将其分为液压式和气压式两种。液压式制动压力调节器主要用于轿车和一些轻型载货汽车上；气压式制动压力调节器主要用在大型客车和载货车汽车上。

2）根据制动压力调节器与制动主缸的结构关系，可将其分为整体式和分离式两种。整体式制动压力调节器与制动主缸制成一体；分离式制动压力调节器自成一体，通过制动管路与制动主缸相连。

3）根据制动压力调节器的调压方式可将其分为循环式和可变容积式两种。循环式制动压力调节器通过电磁阀直接控制轮缸的制动压力；可变容积式制动压力调节器通过电磁阀间接改变轮缸的制动压力。

鉴定范围3　汽 车 电 器

鉴定点1　蓄电池维护时的注意事项

问：蓄电池维护时的注意事项有哪些？

答：1）应轻搬轻放蓄电池，不可使其歪斜，以防电解液流出。

2）检查电解液密度和液位时，不要将仪器提得过高，以免电解液滴溅在人体或其他物体上。

3）禁止将油料容器及各种金属物放在蓄电池壳体上。

4）在配制电解液时，应使用陶瓷或玻璃容器，将硫酸慢慢地倒入水中，绝对禁止将水倒入硫酸中。

鉴定点2　检查、清洁电气元器件时的注意事项

问：检查、清洁电气元器件时的注意事项有哪些？

答：1）不允许用汽油清洗电气元器件，不能使汽油进入电路开关。

2）在检查、清洁电气元器件之前应将点火开关关闭，并卸下蓄电池连接导线。

3）电气元器件应连接可靠。

4）拆卸蓄电池电缆时应先拆负极，再拆正极；安装时则先装正极，后装负极。

5）蓄电池搭铁极性必须与发电机搭铁极性一致。

鉴定点3　更换火花塞时的注意事项

问：更换火花塞时的注意事项有哪些？

答：1）安装火花塞时先慢慢用手拧几圈，再用火花塞套筒拧紧。拧入费力时，千万不能强行拧入，以免损坏螺纹孔。

2）火花塞的性能应良好，电极呈灰白色，无积炭。

3）火花塞的间隙应在0.7～0.9mm之间。

鉴定点4　电气设备一级维护作业的内容与技术要求

问：电气设备一级维护作业的内容与技术要求有哪些？

答：1）检查蓄电池电解液液位，补充蒸馏水；检查通气孔塞；检查并清除电桩及夹头氧化物。

2）蓄电池电解液液位应高出极板10～15mm，通风孔应畅通，接头应牢固。

3）检查灯光、仪表、信号装置。

4）灯光、仪表、喇叭、信号装置齐全且有效。

鉴定点5　电气设备二级维护作业的内容与技术要求

问：电气设备二级维护作业的内容与技术要求有哪些？

答：1）清洁蓄电池表面及电桩，在接线头上涂润滑脂，检查电解液密度，根据情况加注蒸馏水。

2）清除发电机集电环表面的油污；清洗、检查轴承，填充润滑脂；检查二极管。

3）检查并调整发电机调节器。

4）清洁起动机换向器；清洗、检查轴承，填充润滑脂。

5）检查灯光、仪表、信号装置、暖风装置的工作情况，检查并紧固全车电路。

鉴定点6　检查、调整点火正时的技术要求

问：检查、调整点火正时的技术要求有哪些？

答：起动发动机，由怠速突然加速至最高速，发动机应有轻微而间断的“嗒嗒”爆燃声，并且加速良好。

鉴定点7　电气设备

问：汽车电气设备由哪些部分组成？

答：汽车上的电气设备有很多，按其功能和相互联系可分为八大部分。

(1) 充电系统　由蓄电池、发电机和调节器组成，是汽车的低压电源。

(2) 起动系统　由起动机和继电器组成。其作用是起动发动机。

(3) 点火系统　由点火线圈、分电器、火花塞组成。其作用是将低压电转变为高压电，产生电火花，点燃气缸中的可燃混合气。汽车发动机上使用的点火系统大致可分为触点式点火系统、电子点火系统和计算机控制点火系统三种。

(4) 照明及信号装置　包括各种照明和信号灯、喇叭、蜂鸣器等。其作用是确保车内外照明和各种行驶条件下的人车安全。

（5）仪表　有电流表、温度表、燃油表、油压表、车速里程表和转速表等，属于汽车的监测设备。

（6）空调和音响系统　主要有空调和音响视听装置等。

（7）计算机控制系统　主要有电子控制燃油喷射系统、电子控制式自动变速器、电子防抱死制动装置等。

（8）辅助电器　包括电动汽油泵、电动玻璃窗、电动座椅等。

鉴定点 8　蓄电池

问：蓄电池由哪几部分组成？它起什么作用？

答：蓄电池由正极板、负极板、隔板、连接板、电桩、外壳、盖子、塞子及电解液等组成。它的作用是：

1）起动时向起动机及点火器供电。

2）当发动机低速运转时，发电机电压不足，由蓄电池给用电设备补充电能。

3）当发动机中高速运转时，储存发电机多余电能。

4）当用电超过发电机供电能力时，蓄电池可辅助供电。

鉴定点 9　短路和断路

问：什么是短路和断路？

答：汽车上均采用单线制，一般负极与汽车车架金属连在一起，称为搭铁。从正极引出的电源线称相线。所有电路的电流都从电源正极出发，由金属导线连接，经用电设备，到车架构成回路，再回到电源负极。如果电流没有流经用电设备而直接回到电源，就叫做短路。短路时，电流很大，能使导线及蓄电池烧毁。如果导线绝缘破坏，导线金属与车架任何部位的金属相碰，就会造成短路。如果连接线断开或用电设备内部不能流过电流，就叫做断路。用电设备导线金属丝折断或接头松脱、接触不良等，导致电流无法流过，就会造成断路。断路后，用电设备不工作。

鉴定点 10　蓄电池使用注意事项

问：使用蓄电池时应注意哪些事项？

答：1）经常保持蓄电池外部清洁，蓄电池盖塞子上的通气孔应保持通畅。

2）定期检查电解液液位，电解液液位应高出极板 10 ~ 15mm，不足时应添加蒸馏水，无蒸馏水时可用干净的雨水、雪水代替。禁止用金属器皿盛放电解液或蒸馏水。切勿加浓硫酸。

3）电桩与连接头接触面应清洁，连接必须牢固。为防止腐蚀和便于拆装，电桩外表可涂凡士林。

4）蓄电池应经常保持电量充足，不要过充电，也不要过放电。如果行车中经常感到电量不足，则应拆下蓄电池进行充电。

5）注意保持电解液清洁。清洗蓄电池时要防止污水进入，打开塞子时要防止杂物掉入，不使电解液接触金属物。

6）每次起动电动机的时间不得超过 5s，再次起动时应等待 15s 以上，连续三次不能起动时，应停止使用，防止蓄电池强放电造成损坏。

7）及时排除发电机和调节器的故障，充电电压不能过高或过低。

鉴定点 11　交流发电机与电压调节器

问：交流发电机的作用与结构是怎样的？电压调节器的作用是什么？电压调节器怎样分类？

答：交流发电机是汽车中除蓄电池外的另一个重要电源。在发动机运转及汽车行驶的大部分时间里，由交流发电机向各用电设备供电，同时还向蓄电池充电。

交流发电机一般由三相同步交流发电机和硅二极管整流器组成。

三相同步交流发电机主要由定子总成、转子总成、端盖、电刷、电刷架、风扇与带轮等组成。

电压调节器是稳定发电机输出电压的装置。其作用是当发电机转速升高时，自动调节发电机的电压，使电压保持一定或在某一允许范围内，以防发电机电压过高，烧坏用电设备。

与交流发电机配套使用的调节器主要有两大类：一类是电磁振动式，按其触点的数量可分为双触点式和单触点式；另一类是电子调节器，按电路结构可分为普通晶体管式和集成电路式两种。

鉴定点 12　起动系统

问：起动机由哪几部分组成？

答：起动机一般由直流串励式电动机、传动机构、控制装置三大部分组成。

直流串励式电动机的作用是将蓄电池的电能转换为机械能，产生转矩，起动发动机。

传动机构（单向离合器）的作用是：在发动机起动时，使起动机驱动齿轮啮入起动齿环，将起动机的转矩传给发动机曲轴；在发动机起动后，使驱动齿轮与飞轮齿环脱离，起保护作用。

控制装置（即开关）的作用是接通或切断电动机和蓄电池之间的电路，一般还具有接入与解除点火线圈附加电阻的作用。

鉴定点 13　点火系统

问：发动机点火系统有哪些作用？

答：保证按时在火花塞电极间产生电火花的全部设备称为发动机点火系统。发动机点火系统的作用是：按照发动机各缸的点火次序，在一定的时刻供给火花塞能量足够的高压电，使火花塞两极间产生足够强的电火花，点燃被压缩的混合气，从而使发动机做功。

鉴定点 14　蓄电池点火系统的工作原理

问：蓄电池点火系统的工作原理是怎样的？

答：当发动机工作时，其凸轮轴便驱动分电器轴旋转，从而接通与切断二次电流，通过电磁感应，产生电压高达15～30kV的二次电流，击穿火花塞电极间隙，形成电火花，点燃混合气。

鉴定点 15　点火线圈

问：点火线圈起什么作用？它由哪些部分组成？

答：点火线圈的作用是把电源的低电压转变成点火所需的高电压。

点火线圈实际上是一个应用电磁互感原理制成的变压器，主要由初级绕组、次级绕组和铁心组成。初级绕组匝数少（为240～370匝），而导线较粗（直径为0.5～1.0mm），绕组一端与蓄电池的正极相接；次级绕组的匝数多（为11000～23000匝），而导线细（直径为0.05～0.01mm），绕组的一端经搭铁电路（与初级绕组中的中间抽头焊接而形成）与火花塞的旁电极相连，另一端用导线经分电器与火花塞的中央电极相连。

鉴定点 16　分电器

问：分电器起什么作用？它由哪些主要部分组成？

答：分电器的作用是：接通或切断低压电路，使点火线圈产生高压电流，并将高压电流按发动机的点火顺序分配给各缸的火花塞。

分电器由断电器、分电装置、容电器和各种点火提前装置组合而成。

鉴定点 17　火花塞

问：火花塞的作用是什么？

答：火花塞的作用是将点火线圈产生的高压电引入发动机的燃烧室内，在其电极间隙中形成电火花，点燃气缸中的可燃混合气。

火花塞的电极间隙多为0.6～0.7mm，但当采用电子点火方式时，电极间隙可增大至1.0～1.2mm。

鉴定点18　前照灯

问：前照灯由哪几部分组成？

答：前照灯的光学系统由反射镜、配光镜和灯泡三部分组成，如图2-49所示。反射镜材料一般有薄钢板、玻璃、塑料等，其表面形状为旋转抛物面，内表面镀银、铝或铬，并进行抛光处理。

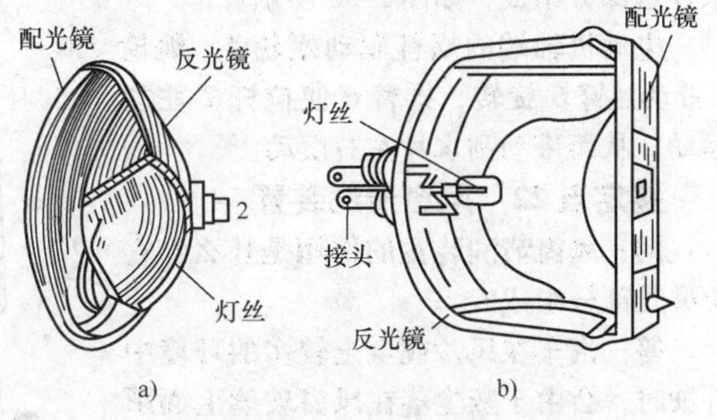

图2-49　前照灯的组成
a）圆形　b）矩形

鉴定点19　转向信号装置

问：转向信号装置由哪几部分组成？

答：汽车转向信号装置包括转向信号灯、闪光继电器和转向开关。转向信号装置利用闪光器实现转向灯的频闪功能。常用的汽车闪光器有电热式、电容式、翼片式、水银式、晶体管式等。各种闪光器都利用一定的电器装置，使转向灯电路时通时断而产生稳定的频闪现象。

鉴定点20　电子仪表与显示装置维修注意事项

问：电子仪表与显示装置维修注意事项有哪些？

答：一般说来，采用电子仪表的汽车通常都由ECU进行控制，包括对电子仪表板的控制。汽车电子仪表板控制系统的信息来自燃料液位、汽车车速、蓄电池电压、冷却液温度及发动机转速等。

人的身体是一个很大的静电发生器，可产生高达上千伏的静电电压，会导致电子元器件损坏或性能恶化。因此，要求汽车维修人员在检修电子仪表板时，必须使用静电防护装置。另外要注意：从仪表板上拆卸下来的电子元器件应放在具有搭铁装置的导电垫板上，不能放到地毯或座椅上；维修人员不能穿合成纤维面料的衣服等。

汽车电子仪表装置比较精密，对维修人员的维修技术要求较高，维修时应遵照各汽车厂维修手册的有关规定，必要时，应让专业修理单位进行维修。

汽车电子仪表显示板和母板（逻辑电路板），不仅较易损坏，而且价格较贵，因此在使用和检修时应多加保护和特别谨慎，除有特殊说明外，不能将蓄电池的全部电压加于仪表板的任何输入端。在多数情况下，常因检测仪表（如欧姆表）使用不当而造成ECU电路的严重损坏，在进行仪表检修时应特别注意这一点。

对需要检修的电子仪表板的装卸要按顺序进行，拆装时注意不要猛敲猛打。在拆卸仪表板总成之前，应首先切断电源。新的电子仪表元件应放置在镀镍的包装袋里，需要更换时从此袋中取出，取出时注意不要碰触各部位的接头，不要提前从袋中取出。

在处理电子式车速里程表的电路片时，必须使用原来的塑料盒，以免因静电感应而将其损坏。若不慎碰触到电路片的接头，则会使仪表的读数消除。凡遇此情况，都必须将仪表送往专门的修理单位进行重新编程。

鉴定点21　电动刮水器

问：电动刮水器的作用是什么？电动刮水器由哪几部分组成？

答：电动刮水器的作用就是除去风窗玻璃上的水、雪及沙尘，保证在不良天气时驾驶人仍具有良好的视线。目前，在汽车上广泛采用的电动刮水器具有高速、低速及间歇三个工作档位，而且除了变速之外，还有自动回位的功能。

电动刮水器由电动机、传动机构和刮水片三部分组成，如图 2-50 所示。

电动机轴端的蜗杆驱动蜗轮 4，蜗轮 4 带动摇臂 6 旋转，摇臂 6 使拉杆 7 往复运动，从而带动刮水片左右摆动。

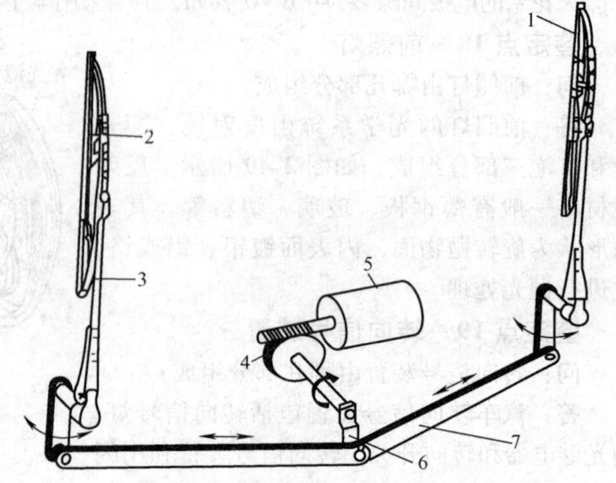

图 2-50 刮水器的组成

1—刮水片 2—刮水片架 3—刮水臂

4—蜗轮 5—电动机 6—摇臂 7—拉杆

鉴定点 22 风窗清洗装置

问：风窗清洗装置的作用是什么？它由哪几部分组成？

答：汽车在风沙或尘土较多的环境中行驶时，会由于灰尘落在风窗玻璃上而影响驾驶人的视线。因此，很多汽车的刮水系统中安装了清洗装置，必要时向风窗玻璃喷水或专用清洗液（北方地区冬季不宜用水，以免冻裂储液罐或输液管），在刮水器的配合下，保持风窗玻璃洁净。

风窗清洗装置的结构如图 2-51 所示。它的喷嘴安装在风窗玻璃下面，方向可以根据使用情况调整，喷水直径一般为 0.8～1.0mm。

洗涤泵连续工作时间不应超过 1min。对于刮水和清洗分别控制的汽车，应先开洗涤泵，再接通刮水器。喷水停止后，刮水器应继续刮动 3～5 次，以便达到良好的清洁效果。

冬季使用时应添加甲醇、异丙醇、甘醇等防冻剂。

鉴定点 23 电动车窗

问：电动车窗由哪几部分组成？它分为哪几种？

答：电动车窗主要由车窗升降器、电动机、继电器、开关等组成。车窗升降器主要有钢丝滚筒式电动车窗升降器、齿扇式电动车窗升降器及齿条式电动车窗升降器等类型。

图 2-52 所示为钢丝滚筒式电动车窗升降器。图 2-53 所示为齿扇式电动车窗升降器。图 2-54 所示为齿条式电动车窗升降器。

驾驶人坐在驾驶座上即可利用控制开关使全部车窗玻璃自动升降，操作简便，且有利于行车安全。

由于车窗的动作是双向（升降）的，因此采用直流双向电动机，工作电流方向不同，电动机的转向不同。每个车门各有一个电动机，通过开关控制电动机的电流方向，从而控制玻璃的升降。

鉴定点 24 电动座椅

问：电动座椅分为哪几种？它由哪几部分组成？

答：电动座椅是指以电动机为动力，通过传动装置和执行机构来调节位置，使驾驶人或乘员乘坐舒适的座椅。

常用的电动座椅有三种：

（1）两方向电动座椅　往前和往后移动的座椅。

（2）四方向电动座椅　往前、往后、往上和往下移动的座椅。

（3）六方向电动座椅　往前、往后、往上、往下、前俯和后仰调整的座椅。

还有些车型的电动座椅为驾驶人侧带记忆功能、副驾驶侧带有电动调节和配备有 12 方向的电动调节座椅。

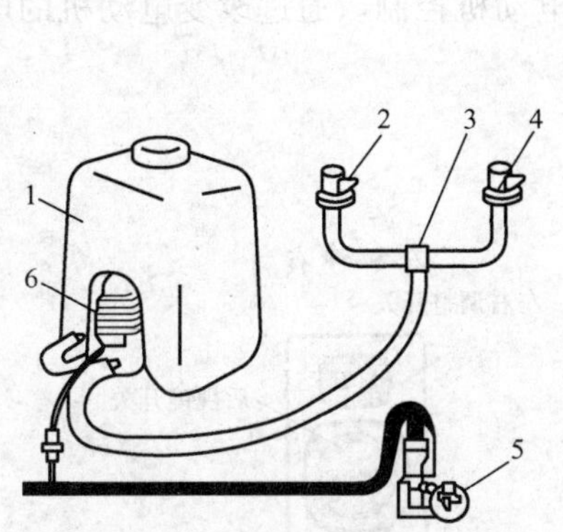

图 2-51 风窗清洗装置的结构

1—储液罐 2、4—喷嘴 3—三通
5—刮水器开关 6—洗涤泵

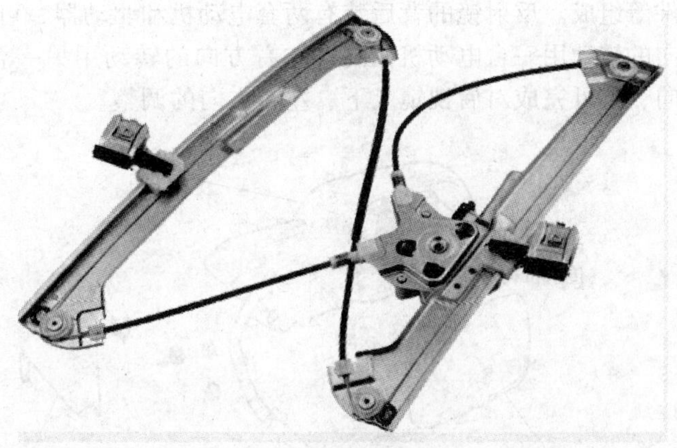

图 2-52 钢丝滚筒式电动车窗升降器

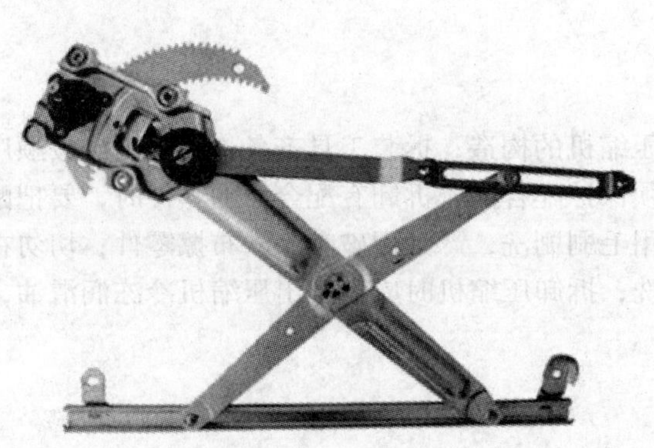

图 2-53 齿扇式电动车窗升降器

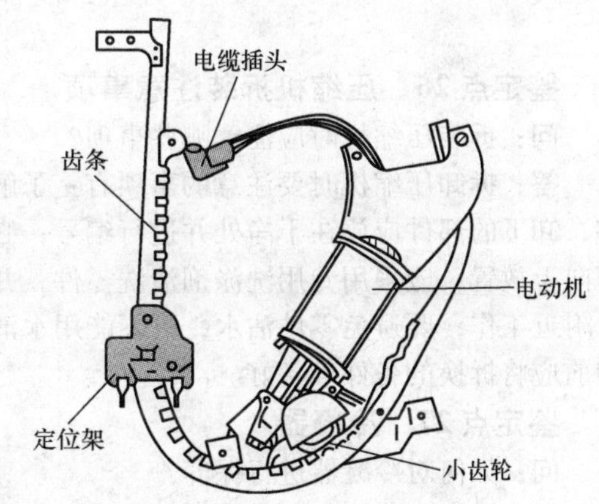

图 2-54 齿条式电动车窗升降器

电动座椅前后方向的调节量一般为 100 ~ 160mm，上下方向的调节量一般为 30 ~ 50mm，全程移动所需时间为 8 ~ 10s。

电动座椅一般由传动机构、电动机和控制开关组成。

传动机构由高度调整机构、纵向调整机构组成。电动机旋转运动，通过传动机构改变座椅的空间位置。

电动机为电动座椅的调节机构提供动力。此类电动机多采用双向电动机，即电枢的旋转方向因电流的方向改变而改变，使电动机按不同的电流方向进行正转或反转，以达到座椅调节的目的。电动机的数量取决于电动座椅的类型，通常六向调节的电动座椅装有三台电动机。为防止电动机过载，电动机内装有熔丝，以确保电气设备安全。

控制开关接受驾驶人或乘员输入的命令，控制执行机构完成电动座椅的调整。电动座椅组合开关包括前倾开关、后倾开关和四向开关（即上下和前后）。有的汽车的电动座椅组合开关安装在车门上，有的安装在座椅旁边，使驾驶人或乘员操纵方便。

鉴定点 25 电动后视镜

问：电动后视镜由哪几部分组成？

答：如图 2-55 所示，电动后视镜主要由调整开关、双电动机、传动和执行机构、外壳及连接件等组成。反射镜的背后装有两套电动机和驱动器，可操纵反射镜上下及左右转动。通常上下方向的转动用一台电动机控制，左右方向的转动用另一台电动机控制。通过改变电动机的电流方向，就可完成对后视镜上下、左右方向的调整。

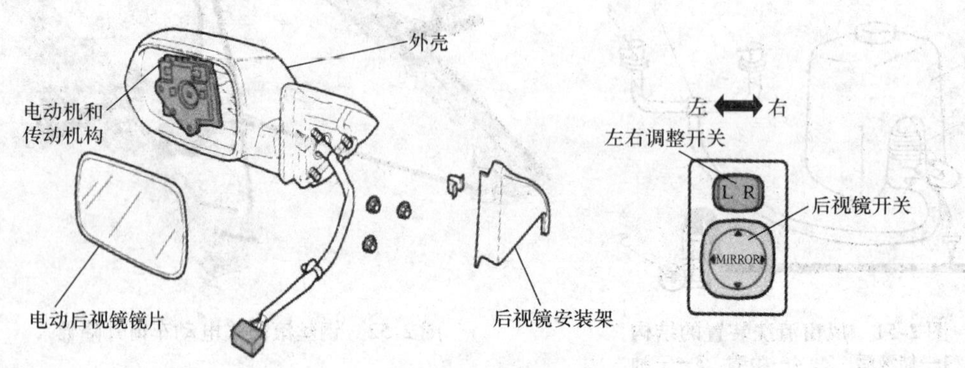

图 2-55　电动后视镜的组成

鉴定点 26　压缩机拆装注意事项

问：拆装压缩机时应注意哪些事项？

答：拆卸压缩机时要注意的事项有：了解压缩机的构造；拆装工具齐备、清洁；应按顺序拆卸，卸下的部件应放在干净处并进行编号；必须保护配合面，拆卸有配合面的零件时，要把配合面向上放置；应采用专用洗涤剂清洗零件，并用毛刷刷洗，严禁用破布、纱布擦零件；切勿在火源附近工作，要避免零件沾水，更不能用水清洗；拆卸压缩机时应先排出压缩机冷冻润滑油，拆卸前应将拆换的备件准备好。

鉴定点 27　冷凝器

问：如何对冷凝器进行保养？

答：一般每年进行一次保养，保养内容主要是：彻底清扫或清洗冷凝器表面的杂质、灰尘；用扁嘴钳扶正和修复冷凝器的散热片；仔细检查冷凝器表面是否有异常情况，并用检漏仪检查制冷剂是否泄漏；若防锈涂料脱落，则应重新涂刷，以防止生锈穿孔而泄漏；检查冷凝器是否运转正常。

鉴定点 28　处理制冷剂时应注意的事项

问：处理制冷剂时应注意哪些事项？

答：制冷剂常温下为气态，对人有一定危害，因此，不要在密闭的空间或靠近明火处处理制冷剂；操作时，必须戴防护眼镜；避免液体的制冷剂进入眼睛或溅到皮肤上；不要将制冷剂的罐底对着人，因为有些制冷剂罐底有紧急放气装置；不要将制冷剂罐直接放在温度高于 40℃ 的热水中；如果液体制冷剂进入眼睛或碰到皮肤，不要揉，要立即用大量的冷水冲洗，要立即到医院找医生进行专业处理，不要试图自己进行处理，如图 2-56 所示。

鉴定点 29　更换零件或管路时要注意的事项

问：更换零件或管路时要注意哪些事项？

答：尽可能用制冷剂回收装置回收制冷剂以便再次使用；在未连接的管路或零件孔中要插上塞子，以免潮气、灰尘进入系统；对于新的冷凝器、储液干燥器等零件，不要拔了塞子放置；在拔出新压缩机塞子之前要从排放阀放出氮气，否则在拔塞子时，压缩机油将随氮气一起喷出；

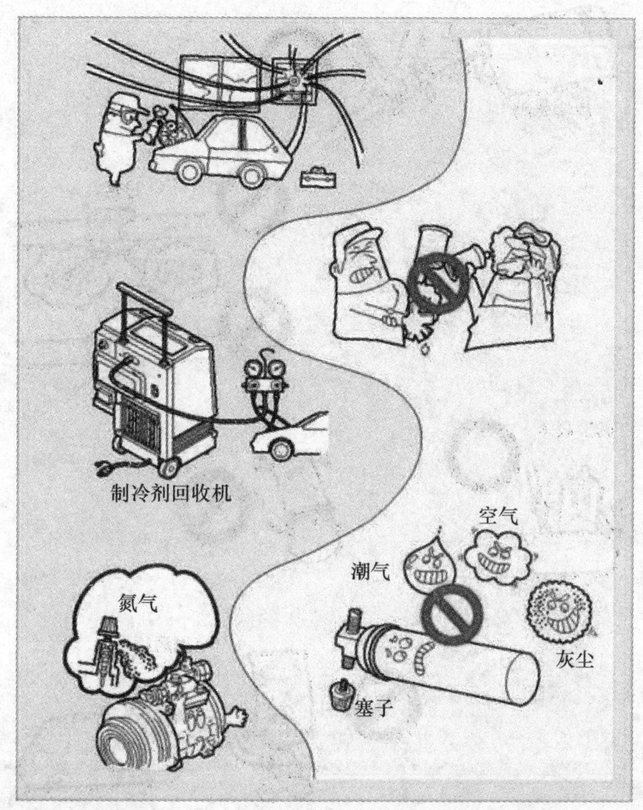

图 2-56　处理制冷剂和更换零件时的注意事项

不要用火焰加热的方式进行弯管和管路拉伸，如图 2-56 所示。

鉴定点 30　拧紧连接零件时应注意的事项（见图 2-57）

问：在拧紧连接零件时应注意哪些事项？

答：滴几滴压缩机油到 O 形密封圈上可使紧固变得容易并能防止漏气；使用两个呆扳手紧固螺母，防止管路扭曲；按规定的力矩拧紧螺母或螺栓。

鉴定点 31　处理装有制冷剂的容器时应注意的事项

问：处理装有制冷剂的容器时应注意哪些事项？

答：不要加热制冷剂容器；制冷剂容器温度要保持在 40℃ 以下；当用温水加热制冷剂容器时，不允许将容器顶部的阀门浸入水中，以防止水渗入制冷管路；禁止重复使用空的一次性制冷剂容器。

鉴定点 32　空调制冷系统补充制冷剂时应注意的事项

问：在给空调制冷系统补充制冷剂时应注意哪些事项？

答：如图 2-57 所示，应注意避免产生制冷剂不足的现象；空调系统在运转时，如果开启高压阀，将引起制冷剂倒流入制冷剂容器，使制冷剂容器破裂，因此只允许开启低压阀；如果将制冷剂容器倒置，制冷剂将以液态进入空调管路，造成压缩机液击，损坏压缩机，所以制冷剂必须以气态充入；制冷剂不要充入过量，否则将造成制冷不良、发动机经济性变差、发动机过热等故障。

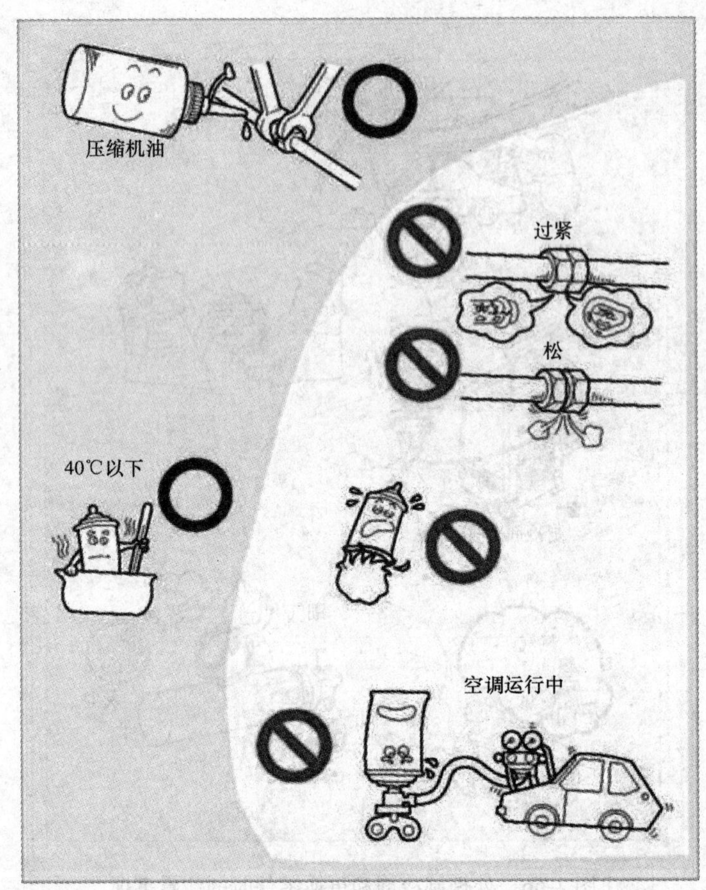

图 2-57　在给空调系统补充制冷剂时应注意的问题

鉴定范围 4　新能源汽车动力系统

鉴定点 1　电动汽车的分类

问：电动汽车分为哪几类？

答：电动汽车可分为纯电动汽车、混合动力电动汽车和燃料电池电动汽车三大类。纯电动汽车是电动汽车的技术基础。纯电动汽车就定义来说是指单纯用蓄电池作为驱动能源的汽车。

鉴定点 2　纯电动汽车的特点

问：纯电动汽车的特点是什么？

答：1）节能，不消耗石油。

2）环保，无污染、噪声和振动小。

3）能量主要通过柔性的电线而不是刚性联轴器和转轴传递，各部件的布置具有很大的灵活性。

4）驱动系统布置方式不同会使系统结构差别很大。

5）采用不同类型的电动机（如直流电动机和交流电动机）会影响纯电动汽车的质量、尺寸和形状。

6）不同类型的蓄能装置也会影响电动汽车的质量、尺寸及形状。

7）能源效率高，多样化。

8）不同的补充能源装置具有不同的硬件和机构，如蓄电池可通过充电器充电，或者采用替换蓄电池的方式补充能源。

9）结构相对简单，生产工艺相对成熟，使用维修方便。

10）动力电源使用成本高，续驶里程短。

鉴定点3　纯电动汽车的分类

问：纯电动汽车分为哪几类？

答：1. 按蓄能装置分类

纯电动汽车目前所采用的蓄能装置主要有铅酸蓄电池、锂蓄电池、镍氢蓄电池、钠硫蓄电池等。其中，铅酸蓄电池技术较成熟，价格也较便宜，但其性能和使用寿命都要差一些。

2. 按驱动电动机分类

纯电动汽车的驱动电动机主要有直流电动机、交流电动机、永磁无刷电动机、开关磁阻电动机四类。

3. 按驱动结构布局分类

纯电动汽车的驱动结构布局方式主要分为四种，即传统的驱动模式、电动机－驱动桥组合式驱动方式、电动机－驱动桥整体式驱动方式、轮毂电动机分散驱动方式，如图2-58所示。由于汽车转弯时，外侧车轮的转弯半径比内侧车轮的转弯半径大，因此需要通过差速器来配合两侧车轮转速不同的要求。前两种电动汽车需采用具有行星齿轮结构的机械式差速器，第三种电动汽车的差速器可用机械式或电控式，而第四种电动汽车可实现电子差速控制。

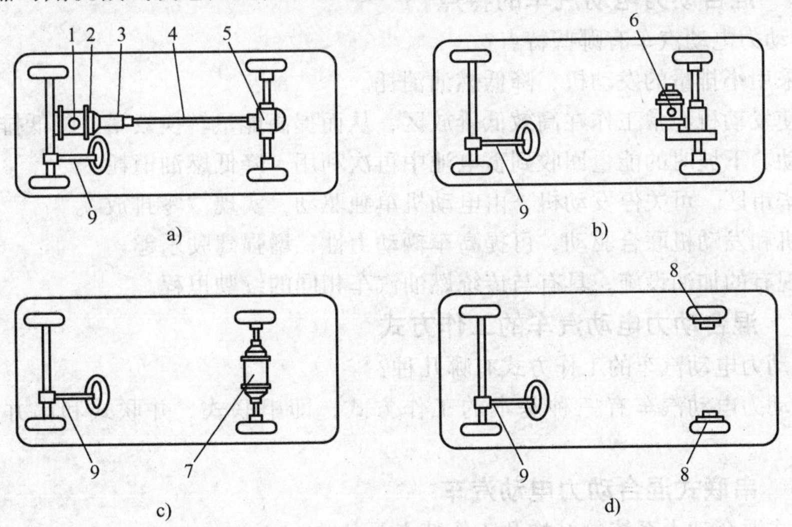

图2-58　纯电动汽车四种典型的驱动结构

a）传统的驱动模式　b）电动机－驱动桥组合式驱动方式

c）电动机－驱动桥整体式驱动方式　d）轮毂电动机分散驱动方式

1—电动机　2—离合器　3—变速器　4—传动轴　5—驱动桥　6—电动机－驱动桥组合式驱动系统

7—电动机－驱动桥整体式驱动系统　8—轮毂电动机　9—转向器

4. 按用途分类

纯电动汽车按其用途的不同，主要分为电动公交车和电动轿车两类。

鉴定点4　纯电动汽车蓄电池的特点

问：纯电动汽车蓄电池有何特点？

答：蓄电池是纯电动汽车的唯一能源，它除了供给汽车行驶所需的电能外，也供应汽车上各种辅助装置的工作电能。蓄电池在车上安装前需要通过串、并联的方式组合成所要求的电压等级。电动机驱动所需的等级电压往往与辅助装置的电压要求不一致。辅助装置所要求的一般为12V或24V的低压电源，而电动机驱动一般要求高压电源，并且所采用的电动机类型不同，因此其要求的电压等级也不同。为满足该要求，可以用多个12V或24V的蓄电池串联成96～384V的高压直流电池组，再通过DC－DC转换器供给所需的不同电压。也可按所要求的电压等级，直接由蓄电池组合成不同电压等级的蓄电池组。

鉴定点5　混合动力电动汽车

问：什么是混合动力电动汽车？

答：所谓混合动力电动汽车，是指拥有两种不同动力源的汽车。这两种动力源在汽车不同的行驶状态（如起步、低中速、匀速、加速、高速、减速或者制动等）下分别工作，或者一起工作，通过这种组合达到最少的燃油消耗和尾气排放，从而实现省油和环保的目的。以混合动力汽车丰田PRIUS为例，该车有燃油发动机和蓄电池两种动力，在汽车起动和以低于24km/h的速度行驶时，燃油发动机并不工作，而是由轿车自带的蓄电池提供动力，只有在汽车行驶速度超过24km/h的时候，燃油发动机才开始工作；在汽车突然加速时，蓄电池会帮助燃油发动机一起加速；在汽车高速行驶时，蓄电池会为汽车的空调、音响、前照灯和尾灯等汽车辅助设施提供能量，从而减少燃油发动机的负荷；在汽车减速和制动的时候，汽车本身为蓄电池充电，实现能量的循环使用，并最大限度地保存和节约能源。

鉴定点6　混合动力电动汽车的特点

问：混合动力电动汽车有哪些特点？

答：1）采用小排量的发动机，降低燃油消耗。

2）可以使发动机经常工作在高效低排放区，从而提高能量转换效率，降低排放。

3）将制动、下坡时的能量回收到蓄电池中再次利用，降低燃油消耗。

4）在繁华市区，可关停发动机，由电动机单独驱动，实现“零排放”。

5）电动机和发动机联合驱动，可提高车辆动力性，增强驾驶乐趣。

6）利用现有的加油设施，具有与传统燃油汽车相同的续驶里程。

鉴定点7　混合动力电动汽车的工作方式

问：混合动力电动汽车的工作方式有哪几种？

答：混合动力电动汽车有三种基本的工作方式，即串联式、并联式和串并联式（或称混联式）。

鉴定点8　串联式混合动力电动汽车

问：串联式混合动力系统的结构及工作特点是什么？

答：串联式混合动力系统用电动机驱动车轮，电动机的电力来自发动机。

串联式混合动力系统利用发动机动力发电，从而带动电动机驱动车轮。

串联式混合动力系统由电动机、发动机、发电机、HV蓄电池、变压器组成。由一个小输出功率的发动机进行准稳恒性运转来带动发电机，直接向电动机供应电力，或一边给HV蓄电池充电一边行驶。由于内燃发动机的动力以串联的方式供应到电动机，因此称为串联式混合动力系统。

鉴定点9 并联式混合动力电动汽车

问：并联式混合动力系统的结构及工作特点是什么？

答：并联式混合动力系统使用电动机和发动机两种动力来驱动车轮。发动机用于给HV蓄电池充电。并联式混合动力系统由电动机、发动机、HV蓄电池、变压器和变速器组成。

并联式混合动力系统利用HV蓄电池的电力来驱动电动机。因为电动机兼用作发电机，所以不能一边发电一边行驶。因为动力的流向为并联，所以称为并联式混合动力力系统。

鉴定点10 混联式混合动力电动汽车

问：混联式混合动力系统的结构及工作特点是什么？

答：混联式混合动力系统利用电动机和发动机来驱动车轮，并可用发电机来发电及自行充电。

根据行驶条件的不同，混联式混合动力电动汽车可以仅靠电动机驱动力来行驶，或者利用发动机和电动机驱动行驶，另外还安装有发电机，所以可以一边行驶，一边给HV蓄电池充电。混联式混合动力系统由电动机、发动机、HV蓄电池、发电机、动力分离装置、电子控制单元（变压器、转换器）组成。利用动力分离装置将发动机的动力分成两份，一部分用来直接驱动车轮，另一部分用来发电，给电动机供应电力和给HV蓄电池充电。

电动机擅长从低速带开始发挥威力，而发动机则在高速带大显身手。该系统通过理想地控制电动机和发动机，可在所有条件下提供高效率的行驶状态。

鉴定点11 燃气汽车

问：什么是燃气汽车？

答：燃气汽车主要包括压缩天然气汽车（CNGV）和液化石油气汽车（LPGV）。天然气是从天然气田直接开采出来的，其主要成分是甲烷，极难液化。因此，目前一般是将天然气压缩到20MPa的高压，然后充入车用气瓶中储存，供汽车使用，即所谓的压缩天然气（CNG）。石油气是石油催化裂化和油田伴生气回收轻烃过程中的产品。石油气在常温下加压到1.6MPa即可液化成液化石油气（LPG）。从油田气制得的LPG，其主要成分为丙烷、丁烷，以及少量的乙烷和戊烷，不含烯烃，适于用作车用燃料。

鉴定点12 燃料电池电动汽车

问：燃料电池电动汽车的优点是什么？

答：燃料电池电动汽车主要有以下优点：

1）因燃料直接通过电化学反应产生电能，无热能转换过程，故不受卡诺循环的限制，能量转换效率高，可达50%~70%。

2）当燃料电池使用氢燃料时，其排放的是水，无污染；当使用甲醇等其他燃料时，排放的CO比汽油机排放的CO少1/2。

3）燃料电池电堆可由若干个单元电池串联或并联而成，可根据质量分配均衡原则和空间有效利用的原则，机动灵活地进行配置。

4）燃料电池无运动部件，振动小，噪声低，零部件对机械加工精度要求不高。

鉴定点13 燃料电池电动汽车的类型

问：燃料电池电动汽车分为哪几类？

答：1. 按有无蓄能装置分类

根据燃料电池电动汽车是否配备蓄能装置，可将其分为纯燃料电池电动汽车和混合型燃料电池电动汽车两大类。

（1）纯燃料电池电动汽车　纯燃料电池电动汽车的燃料电池是其电能的唯一来源。这种类型的燃料电池电动汽车，要求燃料电池的功率大，并且无法回收汽车制动能量。因此，纯燃料电池电动汽车目前应用较少。

（2）混合型燃料电池电动汽车　混合型燃料电池电动汽车上除燃料电池外，同时配备了蓄能装置（如蓄电池、超级电容和飞轮电池等）。由于蓄能装置可协助供电，因此可适当减小燃料电池的功率。另外，蓄能装置还可用于汽车制动时的能量回收，所以可提高燃料电池电动汽车的能量利用率。因此，燃料电池电动汽车多采用混合型结构。

根据混合型燃料电池电动汽车中燃料电池和蓄电池的电路结构，可将混合型燃料电池电动汽车分为串联式和并联式两种，如图 2-59 所示。

1）串联式混合型燃料电池电动汽车　串联式混合型燃料电池电动汽车动力系统的构成如图 2-59a 所示。其燃料电池相当于车载发电装置，通过 DC - DC 转换器进行电压转换后对蓄电池进行充电，再由蓄电池向电动机提供驱动车辆的全部电力。串联式混合型燃料电池电动汽车的特点与普通的串联式混合动力电动汽车相似，其优点是可采用小功率的燃料电池，但要求蓄电池的容量足够大，并且燃料电池发出的电能需要经过蓄电池的电化学转换过程，有能量的转换损失。目前，串联式混合型燃料电池电动汽车较为少见。

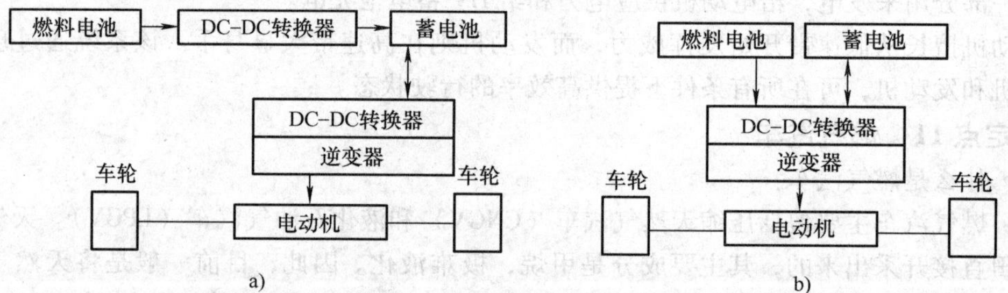

图 2-59　串联式和并联式混合型燃料电池电动汽车动力系统示意图
a）串联式　b）并联式

2）并联式混合型燃料电池电动汽车　并联式混合型燃料电池电动汽车动力系统的构成如图 2-59b 所示。它由燃料电池和蓄电池共同向电动机提供电力。根据燃料电池与蓄电池能量配置的不同，可将其分为大燃料电池型和小燃料电池型两种。大燃料电池型主要由燃料电池提供电力，蓄电池的容量较小，只在电动汽车起步、加速、爬坡等行驶工况时协助供电，并在车辆减速与制动时进行能量回收；小燃料电池型则必须采用大容量的蓄电池，由蓄电池提供主要的电力，而燃料电池只协助供电。并联式是目前混合型燃料电池电动汽车采用较多的形式。

2. 按提供的燃料分类

根据燃料电池所提供燃料的不同，燃料电池电动汽车分为直接燃料电池电动汽车和重整燃料电池电动汽车两大类。

（1）直接燃料电池电动汽车　直接燃料电池电动汽车的燃料主要是纯氢，也可以用甲醇等作为燃料。氢燃料的储存方式有压缩氢气、液态氢和合金（碳纳米管）吸附氢等几种。

（2）重整燃料电池电动汽车　重整燃料电池电动汽车的燃料主要有汽油、天然气、甲醇、甲烷、液化石油气等。重整燃料电池电动汽车的结构要比直接燃料电池电动汽车复杂得多。例如，甲醇重整燃料电池电动汽车需要对甲醇进行 200℃左右的加热以分解出氢气，汽油重整燃料电池电动汽车也需要对汽油进行 1000℃左右的加热以分解出氢气。无论采用什么燃料，重整燃料电池电动汽车都需设置重整装置，将其他燃料转化为燃料电池所需的氢气。

鉴定点 14　动力蓄电池使用注意事项

问：使用动力蓄电池时应注意哪些事项？

答：1）动力蓄电池工作温度为 -20～45℃。不允许车辆在 45℃以上的环境中停放超过 8h；不允许车辆在 -20℃以下的环境中停放超过 12h。如果超过车辆存放环境的最大限度，会直接影响车辆的使用性能和动力蓄电池的使用寿命。

不允许车辆停放于有高温热源的场所。

2）车辆需要保持干燥，避免长时间在潮湿环境下停放，如积水的停车场所等。若车辆浸水或涉水（涉水深度超过 120mm），则应置于干燥的地方停放。

3）尽量采用车载充电器对车辆进行充电，应避免对蓄电池包频繁进行快充，因为快充对蓄电池包的寿命影响较大，快充次数每周不应超过 2 次。

4）每个月至少对车辆进行一次均衡充电，慢充 8h，以保证动力蓄电池的使用寿命。在明确长时间不使用（超过 3 个月）时，确保动力蓄电池电量在 50%（仪表电量显示 3 格位置）左右进行存放；不允许车辆在动力蓄电池电量为 10%（一边电量显示为零）的情况下停放超过 7 天。

注意：蓄电池管理系统会监控动力蓄电池的状态。当检测到一段时间内动力蓄电池没有进行过均衡充电记录时，显示屏上会出现“请慢充电至少 8h 以均衡保养动力蓄电池”的警告信息，此时，用户必须对其进行慢速充电作业。

5）由于动力蓄电池处于汽车底盘位置，容易刮擦、碰撞，因此在非正常路面上行驶后，需及时检查动力蓄电池是否变形、外壳是否有裂纹等情况。

6）如果车辆在使用过程中出现意外碰撞、刮擦和托底等情况，需及时检查动力蓄电池是否变形、外壳是否有裂纹等。如果事故严重，则需将车拖回修理厂检查。

7）车辆出现严重事故后，车内人员应尽快离开车辆，并马上联系当地授权售后服务中心处置。

8）如果因事故而使车身受损，需要修复或涂装时，为避免动力蓄电池被人为损坏或起火，必须在卸除动力蓄电池之后进行相关作业。

注意：严禁非授权维修人员拆装动力蓄电池及相关部件。

应会单元

鉴定范围1　汽车发动机维修操作技能

鉴定点1　更换发动机机油和机油滤清器

一、鉴定题目　更换发动机机油和机油滤清器

二、鉴定重点

1）用正确的方法更换发动机机油和机油滤清器。

2）更换后符合技术要求。

三、鉴定准备工作

东风EQ6102型发动机一台；常用工具一套，油标尺一把，滤清器扳手一个；新的机油滤清器。

四、技术标准

1）机油油位位于油标尺上、下刻线之间。

2）更换机油后起动发动机，滤清器处无机油泄漏。

五、操作方法

1. 更换发动机机油

步骤1　将汽车停放于平坦的场地上，在前、后车轮处垫上止滑块。在热车状态下，拧下油底壳下部的放油螺塞（注意防止热油烫伤人），放出机油。清除螺塞上吸附的杂质，然后将其拧回原位。

注意：拧下油底壳下部的放油螺塞时防止被热油烫伤。

步骤2　打开气缸盖前罩盖上的加机油口盖，取下小空气滤清器。

步骤3　加入新机油，使油位达到油标尺的上限。

步骤4　起动发动机，怠速运转数分钟，然后停机。20min后，用油标尺检查油位是否在2/4～4/4刻度之间，不足时应补加。最后，盖好加机油口盖。

2. 更换滤清器滤芯

步骤1　起动发动机使之运转，待达到正常的工作温度（800℃以上）时，将发动机熄火，在热车状态下放出油底壳和滤清器内的机油。

步骤2　将旧机油放净后，用滤清器扳手卸下滤清器滤芯。准备好同样的新滤芯，先在滤芯的O形垫圈上涂抹一层机油，再用手将滤芯拧至拧不动为止。不要用滤清器的扳手拧紧，以防损坏O形垫圈，造成漏油。

步骤3　从加机油口加入适量机油。起动发动机，在怠速的情况下观察滤清器有无泄漏现象，若有，则应拆检油封胶圈，排除漏油故障。

鉴定点2　检查、清洁空气滤清器

一、鉴定题目　检查、清洁空气滤清器

二、鉴定重点

1）用正确的方法检查、清洁空气滤清器。

2）正确更换空气滤清器滤芯，使其符合技术要求。

三、鉴定准备工作

东风 EQ1092 型货车一辆；汽车常用工具一套，空气压缩机一台，毛刷一把；新的空气滤清器滤芯。

四、技术标准

1）汽车行驶 7500 ~ 8000km 后应对空气滤清器进行维护。

2）汽车行驶 30000km 后应更换滤芯。

3）滤芯应清洁无破损现象，上、下衬垫无残缺现象，密封良好；滤清器应清洁，安装牢固。

五、操作方法

步骤 1　清洁空气滤清器滤芯。松开滤清器锁扣，卸下固定滤芯的螺母，取下护盖后拔出滤芯。取出滤芯时，要注意防止杂质掉入化油器内。用蘸汽油的抹布清洁空气滤清器壳内和外部。

步骤 2　检查滤芯污染程度并进行清洁。当滤芯积存有干燥的灰尘时，可用压力不高于 500kPa 的压缩空气，从滤芯内侧开始，上下均匀地沿斜角方向吹净滤芯内外表面的灰尘。如果没有压缩空气，可先用螺钉旋具柄轻轻敲打滤芯，再用毛刷刷净外部污垢。

注意：在操作时，不得用大力敲打或碰撞滤芯。在清洁时，如果发现滤芯损坏，则应更换滤芯。正常使用的纸质滤芯也应按规定时间更换。

步骤 3　检查滤芯。将照明灯点亮放入滤芯里面，从外部观察有无损伤、小孔或变薄的部分，检查橡胶垫圈有无损伤现象。若有异常，则应更换滤芯和垫圈。

步骤 4　更换空气滤清器的滤芯。根据车型的行程规定（一般为 30000km）进行更换。更换滤芯时，应注意检查新滤芯有无损伤现象，垫圈是否缺损，若发现缺损，则应予以配齐。

步骤 5　安装空气滤清器。按其拆卸相反的顺序将各部件安装好。

注意：必须可靠地装滤芯，不宜用手或器具接触滤芯的纸质部分，尤其不能让油类污染滤芯。

鉴定点 3　检查、补充冷却液

一、鉴定题目　检查、补充冷却液

二、鉴定重点

1）用正确的方法检查冷却液液位。

2）按规定补充冷却液。

三、鉴定准备工作

桑塔纳 LX 型轿车一辆；冷却液一桶，桑塔纳轿车专用工具一套。

四、技术标准

1）冷却液品种要符合本地气候条件。

2）按时更换冷却液。普通冷却液应每六个月更换一次；长效防锈防冻液一般两年更换一次。

五、操作方法

步骤 1　检查。检查储液罐内的液位，如果冷却液液位在规定标准处（一般在最大和最小刻度线之间），则冷却液量合适；如果低于最小刻度线，则应补充冷却液。如果冷却液变得污浊或充满水垢，则应将冷却液全部放掉并清洗冷却系统。

步骤 2　补充冷却液。待发动机冷却后，用抹布裹着散热器盖将其打开，添加冷却液至规定位置。

鉴定点 4　更换制动液

一、鉴定题目　更换制动液

二、鉴定重点

1）用正确的方法更换液压制动装置内的制动液。

2）符合技术要求。

三、鉴定准备工作

桑塔纳 LX 型轿车一辆；桑塔纳轿车专用工具一套，标准制动液一桶。

四、技术标准

制动液质量和数量要符合原厂规定。

五、操作方法

步骤 1　放出旧制动液。

1）起动发动机并使其保持怠速运转。

2）拧下储液罐的口盖，拧松放气阀，连续踩下制动踏板，直到制动液不再流出为止，拧紧放气阀。

3）向储液罐内加入足量的同种制动液。

步骤 2　排放液压管路内的空气。

1）排气时，应按由远及近的原则，按制动管路分布情况对各轮缸进行放气作业。该操作由两人配合进行，一个人在驾驶室内连续踩制动踏板，另一人拧松放气阀，使管路中的空气和制动液一起排出。

2）当制动踏板位置降低时，立即拧紧放气阀，如此反复多次，直到塑料管内没有气泡排出为止，然后拧紧放气阀并装好防尘套。按上述方法依次对其他轮缸进行放气。

3）在排气时应一边排除空气，一边检查和补充制动液，以免空气重新进入制动管路，直到将空气完全排放干净为止。制动液质量和数量要符合原厂规定。

鉴定点 5　检测气缸压力

一、鉴定题目　气缸压缩压力的检测

二、鉴定重点

用正确的方法测试气缸压缩压力。

三、鉴定准备工作

桑塔纳 LX 型轿车一辆，气缸压力表一块，常用工具一套。

四、技术标准

常见的几种车型的气缸压缩压力见表 2-1。

表 2-1　常见的几种车型的气缸压缩压力

发动机型号	压缩比	气缸压缩压力/kPa	各缸压力差/kPa
奥迪 100 1.8L	8.5	新车：800 ~ 1000 极限：650	≤300
捷达 EA827	8.5	900 ~ 1100	≤300
桑塔纳 AJR 1.8L	9.3	1000 ~ 1350	300
富康 TU3	8.8	1200	300
解放 CA6102	7.4	930	—
东风 EQ6100	6.75	833	—
五十铃 4JB1	18.2	3100	—

五、操作方法

测量前应使发动机运转至正常工作温度（冷却液温度为70～90℃）。

步骤1　先使发动机熄火，然后清除发动机火花塞周围的脏物并将火花塞全部拆下。

步骤2　把节气门和阻风门置于全开位置。

步骤3　把气缸压力表的锥形橡胶接头压紧在被测气缸的火花塞孔内（或把螺纹管接头拧在火花塞孔上）。

步骤4　用起动机带动曲轴旋转3～5s（不少于四个压缩行程），待指针稳定后读取读数，然后按下单向阀使指针回零。

步骤5　重复步骤4。为使测得的数据准确，各缸依次测量两次，取其平均值作为最后检测值。

步骤6　根据所测数据，分析气缸压缩压力。一般汽油机不低于标准值的90%，柴油机不低于标准值的80%。

鉴定点6　检测燃油压力

一、鉴定题目　检测燃料供给系统的燃油压力

二、鉴定重点

用正确的方法检测燃料供给系统的燃油压力。

三、鉴定准备工作

电喷发动机一台，1MPa左右的油压表及专用的油管接头，常用工具一套。

四、技术标准

1）将点火开关置于“ON”位，燃油压力为265～304kPa。

2）怠速时燃油压力为265～304kPa。

五、操作方法

1. 检测前的准备

步骤1　检查电源电压是否高于12V。

步骤2　从蓄电池的负极端拆下电缆。

步骤3　断开冷起动喷油器接头。

步骤4　将适当的容器或擦车布放在冷起动喷油器管道（2号燃油管）下面。

步骤5　拆下油管接头螺栓及两个密封垫，从冷起动喷油器上将冷起动喷油器管拆下。

步骤6　用三个新的密封垫及油管接头螺栓将压力表连接在冷起动喷油器上。

步骤7　擦净所有溅出的汽油。

步骤8　使用跨接线连接检查接口的+B和FP接口。

步骤9　重新接上蓄电池负极电缆。

2. 检测

步骤1　将点火开关置于“ON”位。

步骤2　测量燃油压力。如果压力偏高，则更换燃油压力调节器；如果压力偏低，则检查燃油轮管及接头、燃油泵、燃油滤清器、燃油压力调节器、喷油器。

步骤3　拆下跨接线。

步骤4　起动发动机。

步骤5　从燃油压力调节器中拆下真空检测管，并将管口堵住。

步骤6　在怠速时测量燃油压力。

步骤7　将真空检测管重新接到燃油压力调节器上。

步骤8　在怠速时测量燃油压力。如果压力不符合规定，则检查真空检测管和燃油压力调节器。

步骤9　将发动机熄火，5min后检查燃油压力是否保持147kPa或更高。如果压力不符合规定，则检查燃油泵、压力调节器或喷油器。

3. 清理现场

步骤1　检查油压之后，拆下蓄电池负极电缆，并小心地拆下压力表，以防汽油飞溅出来。

步骤2　用两个新的密封垫和油管接头螺栓将冷起动喷油器（2号管）重新装上。

步骤3　重新接上冷起动喷油器接头。

步骤4　重新接上蓄电池负极电缆。

步骤5　检查燃油是否泄漏。

鉴定点7　检查、调整火花塞间隙

一、鉴定题目　检查、调整火花塞间隙

二、鉴定重点

用正确的方法检查、调整火花塞间隙。

三、鉴定准备工作

电喷发动机一台，常用工具一套。

四、技术标准

火花塞间隙为0.7～0.9mm。

五、操作方法

步骤1　拆卸发动机护罩螺栓。

步骤2　取下发动机护罩。

步骤3　拆卸火花塞前，要清除火花塞孔处的杂物和灰尘。

步骤4　用火花塞套筒逐一卸下各缸的火花塞。拆卸时，火花塞套筒要确实套牢火花塞，否则，会损坏火花塞的绝缘磁体而引起漏电。

步骤5　逐一检查火花塞，如果火花塞的电极呈现灰白色并且没有积炭，则表明该火花塞工作正常，燃烧良好。

步骤6　如果电极有积炭，则用火花塞清洁器清除积炭。

步骤7　如果火花塞烧蚀或有其他异常现象，则表明该火花塞有故障，应予更换。

步骤8　用抹布擦净火花塞，检查火花塞的绝缘体。

步骤9　磁心若有损坏、破裂现象，则应予以更换。

步骤10　用火花塞量规测量火花塞电极间隙。

步骤11　火花塞间隙太大时，可用螺钉旋具柄轻轻敲打旁电极进行调整。

步骤12　当火花塞间隙过小时，可将一字槽螺钉旋具插入电极之间，扳动一字槽螺钉旋具把间隙调整到符合要求为止。

注意：调整间隙时，只能弯动旁电极，不能弯动中央电极，以免损坏绝缘体。在将火花塞间隙调整好后，旁电极与中央电极应略成直角，若过度弯曲或电极烧蚀而呈圆形，则表示该火花塞不能再使用，应予以更换。

步骤13　安装火花塞时，先用手抓住火花塞的尾部，对准火花塞孔，慢慢用手拧上几圈，再用火花塞套筒拧紧。

鉴定点8　检测点火提前角

一、鉴定题目　检测点火提前角

二、鉴定重点

用正确的方法检测点火提前角。

三、鉴定准备工作

桑塔纳 LX 型轿车一辆，点火提前角测试仪一台，常用工具一套。

四、技术标准

点火提前角为6°。

五、操作方法

步骤1　将点火提前角测试仪的电源线与被测汽车的蓄电池连接（红+、黑-）。

步骤2　将转速信号夹装夹于第一缸分缸线上，并将点火线圈初级绕组“+”端与另一信号夹装接。

步骤3　接通电源，待系统自检正常后，起动发动机。

步骤4　调整正时灯，使飞轮上的刻线与变速器壳上的标记对正，检测结果随发动机转速的变化而变化，并通过显示屏显示出来（拔下分电器真空管后测得值即为点火提前角）。

步骤5　将检测结果与各种状态下的标准值进行对比，即可判断点火提前角是否符合要求。

鉴定点9　检测发动机怠速工况 CO、HC 的排放量和烟度

一、鉴定题目　检测发动机怠速工况 CO、HC 的排放量和烟度

二、鉴定重点

用正确的方法检测发动机怠速工况 CO、HC 的排放量和烟度。

三、鉴定准备工作

汽油发动机一台，柴油发动机一台，汽车尾气分析仪一台，滤纸式烟度计一支。

四、技术标准

1）汽油机的 CO、HC 排放量符合标准。

2）柴油机的烟度符合要求。

五、操作方法

1. CO、HC 的排放量检测

步骤1　必要时在发动机上安装转速计、点火定时仪、冷却液测温计和机油测温计等测试仪器。

步骤2　发动机由怠速工况加速至0.7倍额定转速，维持1min后再降至怠速状态。

步骤3　发动机降至怠速状态后，将取样探头插入排气管中，深度为400mm，并固定于排气管上。

步骤4　先把指示仪表的读数转换开关置于最高量程档位，再一边观看指示仪表，一边用读数转换开关选择适于排气含量的量程档位。发动机在怠速状态下维持15s后开始读数，读取30s内的最高值和最低值，其平均值即为测量结果。若为多排气管，则取各排气管测量结果的算术平均值。

步骤5　测量工作结束后，把取样探头从排气管里抽出来，让它吸入新鲜空气5min，待仪器指针回到零点后再关闭电源。

2. 烟度的检测

滤纸式烟度计的结构如图2-60所示。烟度测量步骤为：

步骤1　利用加速踏板使发动机急加速2次或3次，把积存在排气管内的炭渣吹掉。

步骤2　使发动机怠速运转5~6s。在此期间，用压缩空气吹洗机构对取样头及导管吹洗3~4s，并把踏板开关装到加速踏板上。

步骤3　通过踏板开关把加速踏板一踩到底，并维持4s。

步骤4　松开加速踏板，更换新滤纸，用压缩空气吹洗机构吹洗取样探头及导管3~4s，把吸气泵活塞压缩到准备吸气的位置。

步骤5　把步骤3和步骤4操作重复三次。

步骤6　将已吸附黑烟的三片滤纸分别放到污染度测量台座上，把污染度测量装置对准各片滤纸污染面读取仪表指示值。

步骤7　计算三片滤纸污染度的平均值作为实际污染度。

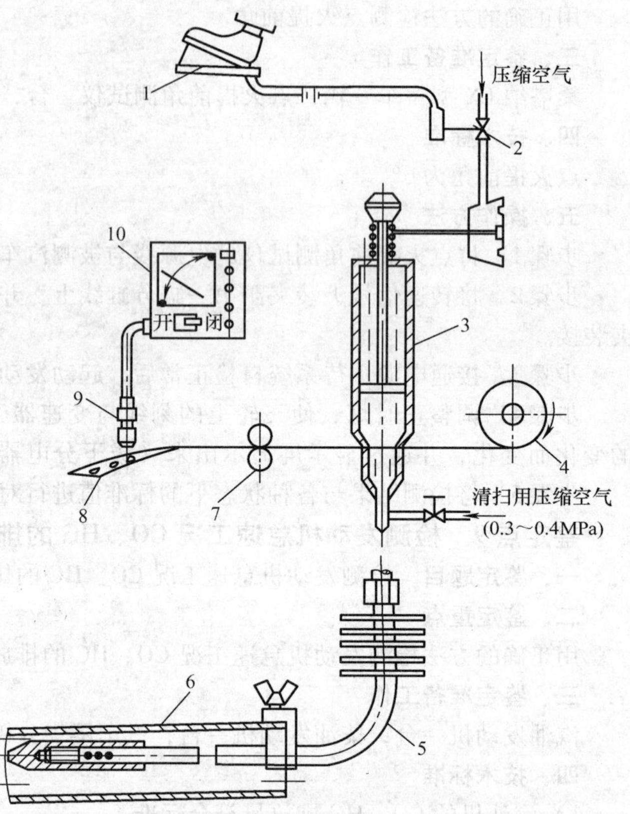

图2-60　滤纸式烟度计的结构

1—脚踏开关　2—电磁阀　3—抽气泵　4—滤纸卷　5—取样探头　6—排气管　7—进给机构　8—染黑的滤纸　9—光电传感器　10—指示仪表

鉴定点10　检查冷却系统的密封状况

一、鉴定题目　冷却系统密封状况的检查

二、鉴定重点

用正确的方法对冷却系统进行维护，使冷却系统能正常工作。

三、鉴定准备工作

桑塔纳LX型轿车一辆；空气压缩机一台；常用工具一套，压力表一块，碱性溶液一桶，计时表一块。

四、技术标准

1）散热器软管无变形、破损及渗漏现象。

2）散热器盖接合表面良好，胶垫不老化，散热器盖压力阀开启压力符合要求。

3）水泵不漏液，无异响。

4）节温器工作性能符合规定。

五、操作方法

步骤1　检查冷却系统的工作情况。起动并走热发动机，使其转速保持稳定，由散热器放水管通入压力为22kPa的压缩空气。

步骤2　观察气压表。冷却系统工作正常时气压表指针抖动，若指针不抖动，则表明节温器阻塞；若气压表指针迅速上升至50kPa，则表明散热器阻塞；发动机停止转动后，若气压表指针不立即下降，则表明散热器水管堵塞。

步骤3　查看有无漏液现象。

步骤4　检查散热器盖压力阀。发动机不工作时，将50kPa的压缩空气从散热器放水管处引入散热器，若气压在5min内不降低，则表明散热器盖压力阀密封正常，否则应更换压力阀。

步骤5　检查水泵。

1）检查水泵轴承：将发动机熄火，用手扳动风扇叶片，看其有无横向松旷量，若松旷超限，则应更换风扇叶片。

2）检查水封：若水泵泄水孔漏液，则为水封密封不严或纸垫的故障。胶质水封磨损或变形时应更换，水封密封圈可翻面使用。

3）校紧各部分的螺栓和螺母。

步骤6　清除积垢。

1）先放掉冷却系统内的残余冷却液并拆除节温器，把碱性溶液加入冷却系统中。对于铸铁机体，碱性溶液应保留10～12h；对于铝质机体，碱性溶液应保留2～3天。

2）起动发动机，使其怠速工作15～20min，然后打开放水开关，在发动机工作状态下放出碱性溶液。

3）将碱性溶液放出后，用清水冲洗冷却系统。

步骤7　检查节温器。将节温器从发动机上拆下，放在热水内检查节温器开启时的水温。良好的节温器在水温为68～72℃时，阀门开始开启，到水温为80～85℃时全开，阀门升起高度应不小于9mm，阀门关闭时水温应不低于65℃，否则，应予更换。

鉴定点11　检查V带状况，调整V带张紧度

一、鉴定题目　检查V带状况，调整V带张紧度

二、鉴定重点

用正确的方法检查V带的张紧力并按技术要求将张紧度调整至合格。

三、鉴定准备工作

桑塔纳LX型轿车一辆；常用工具一套，弹簧秤一把，金属直尺一把。

四、技术标准

1）V带应无损伤、剥落、裂纹。

2）V带张紧度合适，用拇指以98～147N的力按压V带中部，挠度应为10～15mm。

五、操作方法

步骤1　检查V带状况与张紧度。

1）检查V带有无损伤、剥落现象。V带在断裂之前，会出现滑磨声，V带表面会出现龟裂、磨损以及剥落等现象。因此，应仔细观察，若出现上述现象，则应及时更换V带。

2）检查V带张紧度时，用拇指以98～147N的力按压V带中间部位，挠度应为10～15mm，如果不符合要求，则应进行调整，如图2-61所示。

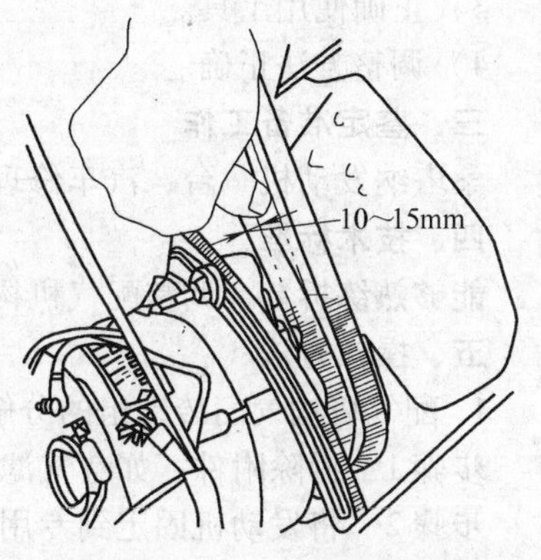

图2-61　检查V带张紧度

步骤2　调整V带张紧度。调整风扇V带张紧度时，应松开调整螺栓，将整个交流发电机向里或向外移位。调整后，应可靠地拧紧固定螺栓。

鉴定点12　拆装气缸盖

一、鉴定题目　拆装气缸盖

二、鉴定重点

正确拆装气缸盖。

三、鉴定准备工作

解放CA6102型发动机一台；扭力扳手一套，常用工具一套。

四、技术标准

1）拆卸气缸盖时拧螺栓的顺序正确。

2）安装气缸盖时按顺序分两次或三次拧紧气缸盖，拧紧力矩符合标准。

五、操作方法

步骤 1　拆卸气缸盖。

1）拆下气门室盖和衬垫。

2）拆下气门摇臂总成，取出气门推杆。

3）按照从两端向中间且对称的顺序分三次逐步松开并拆下缸盖螺栓，取下气缸盖和缸垫，如图 2-62 所示。

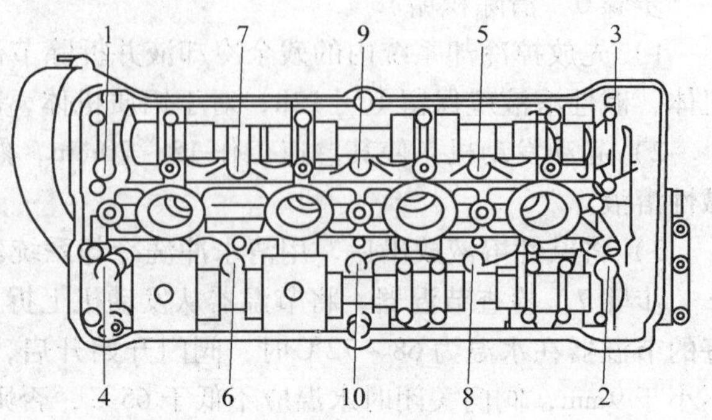

图 2-62　拆卸气缸盖的顺序

步骤 2　清除气缸体、气缸盖接合面上的黏着物。

步骤 3　将新气缸垫光滑的一面或翻边较宽的一面朝向气缸体。若为铸铁气缸体、铝缸盖，则放置方向相反。

步骤 4　装气缸盖时应先用定位螺栓将气缸盖定位，在用手拧紧其他缸盖螺栓后再把定位螺栓拆去，装上缸盖螺栓。

步骤 5　用扭力扳手按与拆卸时相反的顺序分两次或三次逐渐拧紧缸盖螺栓，直至达到标准拧紧力矩。

步骤 6　按原位装复气门推杆、气门摇臂总成。

步骤 7　检查调整气门间隙后，装复衬垫和气门室盖。

鉴定点 13　拆装与调整配气机构

一、鉴定题目　拆装与调整配气机构

二、鉴定重点

1）拆装顺序规范。

2）零部件摆放有序。

3）正确使用工具。

4）调整方法正确。

三、鉴定准备工作

桑塔纳发动机一台，汽车修理工具一套。

四、技术标准

能够熟练拆装、调整配气机构。

五、操作方法

1. 配气机构气门传动组的分解

步骤 1　拆除附件，如空气滤清器、化油器等。

步骤 2　将发动机固定到专用拆装架上。

步骤 3　拆下曲轴正时带轮。

步骤 4　拆下同步带上、下护罩。

步骤 5　松开同步带张紧轮，取下同步带，拆下张紧轮。

步骤 6　拧下曲轴正时带轮上的紧固螺栓，拆下曲轴正时带轮。

步骤 7　拧下中间轴齿轮紧固螺栓，拆下中间轴齿轮。

步骤 8　拧下气门室罩盖的紧固螺母，取下加强压条、气门罩盖、挡油板及密封衬垫。

步骤 9　按规定的顺序拧松气缸盖紧固螺栓，取下气缸盖。

步骤 10　从气缸盖上拆下凸轮轴各道轴承盖的紧固螺母（先松 1、4 道，再松 2、3 道），取

下轴承盖及凸轮轴，在轴承盖上打上装配标记或按顺序摆放，不得错乱。

2. 配气机构气门组的分解

步骤1　拆除外围附件的气缸盖，置于工作台架上。

步骤2　取出液压挺柱，按顺序摆放或在内壁上做出标记。

步骤3　用专用工具压下气门弹簧，取出气门锁片、气门弹簧座、气门弹簧及进排气门各零件，按顺序摆放或做出标记，不得错乱。

步骤4　用专用工具拆下气门杆油封。

步骤5　把气缸盖倒置，用外径略大于气门导管内径的铜冲冲出气门导管。

3. 配气机构的调整

步骤1　气门间隙的检查

活塞不能置于上止点，曲轴应反转约1/4圈。垫进合适厚度的调整垫片，使有字的一面朝下，然后用塞尺检查气门间隙是否符合规定。

步骤2　气门正时的检查

凸轮轴正时带轮上的标记应与气门罩盖平面对齐。

步骤3　同步带张紧度的检查

用拇指和食指捏住凸轮轴齿轮和中间轴齿轮之间的同步带中间部位，以刚好能转动90°为合适。

鉴定点14　装配与检查曲轴飞轮组

一、鉴定题目　装配与检查曲轴飞轮组

二、鉴定重点

正确装配与检查曲轴飞轮组。

三、鉴定准备工作

待装配的曲轴飞轮组一套；千分表，游标卡尺，必要的量具以及专用工具。

四、技术要求

见操作方法。

五、操作方法

1. 曲轴飞轮组的装配

（1）曲轴的装配

步骤1　将气缸体清洗干净并倒置在工作台上。

步骤2　把5道主轴承上瓦片涂上机油后放在擦干的轴承座上，再把擦拭干净的曲轴放在轴瓦上，扣上对应的涂有机油的下瓦片及轴承盖。

步骤3　3号主轴瓦为推力轴承。新的推力轴承为翻边轴瓦，两边设有半圆止推环。老式推力轴承两侧另有半圆止推环，安装时开口必须朝向轴瓦。用过的轴瓦不能互换，因此在发动机维修保养时，各轴瓦必须按原位安装。

步骤4　曲轴主轴承盖螺栓应分几次均匀拧紧，最后拧紧力矩为65N·m。

步骤5　将轴承盖螺栓全部拧紧后，用手扳动曲轴臂，曲轴应能较轻松地转动。

（2）飞轮的安装

步骤1　在曲轴后端接合盘上装上飞轮。飞轮上有点火正时记号，换用飞轮时要检查有无此记号，如果没有，则应打上，以便校正发动机的点火正时。

步骤2　在给飞轮固定螺栓涂上黏合剂后将其拧紧，拧紧力矩为75N·m。

步骤3　在将飞轮装好后要检查其偏摆度，用千分表在飞轮半径150mm处检查，其摆差不得

大于0.15mm。

步骤4　最后在飞轮内孔装上滚针轴承，将轴承打有“朝外”标记的一面装在外面，并且轴承外端面应低于飞轮端面1.5mm。

2. 曲轴飞轮组的检查

步骤1　检查3号轴承（中间档）的轴向间隙，新装配时其值为0.07～0.17mm，磨损极限为0.25mm。

步骤2　检查曲轴轴颈与轴承的径向间隙，对于已装好的发动机，可采用塑料间隙测量片检查。

1）拆下曲轴主轴承盖，擦净轴瓦及曲轴轴颈，将塑料间隙测量片放在轴颈上或主轴瓦中，将主轴瓦盖装好。

2）用65N·m的力矩紧固轴瓦盖螺栓，但注意不要使曲轴转动。

3）拆卸主轴瓦盖，测出挤压过的塑料带的厚度。

4）换件时，轴颈与轴承的径向间隙为0.03～0.05mm，磨损的极限值为0.17mm，大于该值时需进行修理。

步骤3　检查主轴颈与连杆轴颈的磨损情况。

一般用游标卡尺即可测量，将测量后的尺寸与标准尺寸进行对比，超过使用极限时需进行修理。

步骤4　检查曲轴弯曲状况。

在经常受力时，曲轴会产生弯曲。把曲轴放在平台的V形架上测量曲轴弯曲量。弯曲量过大时，一般不进行校正而改用新件。

步骤5　检查飞轮及离合器从动盘接触面的划伤、偏磨损状态，损伤严重时应更换新件。目视检查飞轮安装螺栓孔附近有无龟裂、损伤现象，必要时更换新件。

步骤6　检查连杆轴颈与轴承的径向间隙，具体做法同步骤2，不同的是连杆大轴承盖紧固螺栓的拧紧力矩是30N·m。正常装配间隙为0.03～0.06mm，到磨损极限时，该值为0.12mm，大于该值时必须进行修理或更换轴承。

鉴定点15　检查与拆装正时齿轮、正时带

一、鉴定题目　检查与拆装正时齿轮、正时带

二、鉴定重点

1）拆卸顺序规范。

2）零部件摆放有序。

3）正确使用工具。

三、鉴定准备工作

桑塔纳发动机一台，汽车修理工具一套。

四、技术标准

能够熟练拆装正时齿轮、正时带。

五、操作方法

1. 正时齿轮组件的拆卸

步骤1　按顺序拆下V带，水泵带轮，曲轴带轮，正时齿带上、下罩。

步骤2　转动曲轴，使第一活塞位于压缩行程的上止点位置。此时，曲轴正时齿轮、凸轮轴正时齿轮以及正时带上的正时标记均应对正。若正时标记不清，则应重新打印标记。

步骤3　拆下正时带张紧轮弹簧，拧下固定螺栓，卸下正时带张紧轮。

步骤4　拆下正时带。在拆下正时带前，应用粉笔在正时带的背面标出其正常旋转方向。

步骤5　按规定的方法拆下曲轴正时齿轮。

步骤6　拆下凸轮轴正时齿轮固定螺栓，然后拆下凸轮轴正时齿轮。

2. 正时带的检查与拆装

步骤1　检查正时带张紧轮和弹簧，看其是否被装在适当的位置上。

步骤2　将凸轮轴正时带轮上的正时记号与气缸盖的正时记号对齐，如图2-63所示。

步骤3　使曲轴正时带轮上的正时记号对准前壳上的正时记号，如图2-64所示。

步骤4　先将正时带装在曲轴正时带轮上，并保持正时带张紧侧绷紧，再将正时带装在凸轮轴正时带轮上，最后将正时带装在张紧轮上。

步骤5　将暂时固定的正时带张紧轮的固定螺栓松一圈。

步骤6　将曲轴沿顺时针方向转两圈。

步骤7　确认各个正时记号能对上。

步骤8　将张紧轮的固定螺栓按规定力矩拧紧。

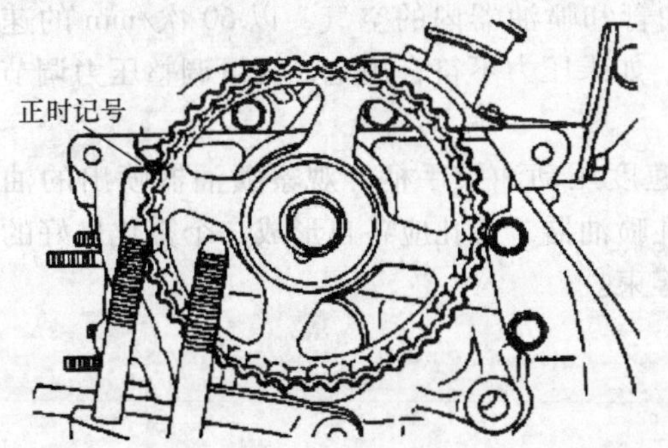

图2-63　凸轮轴正时带轮上的正时记号

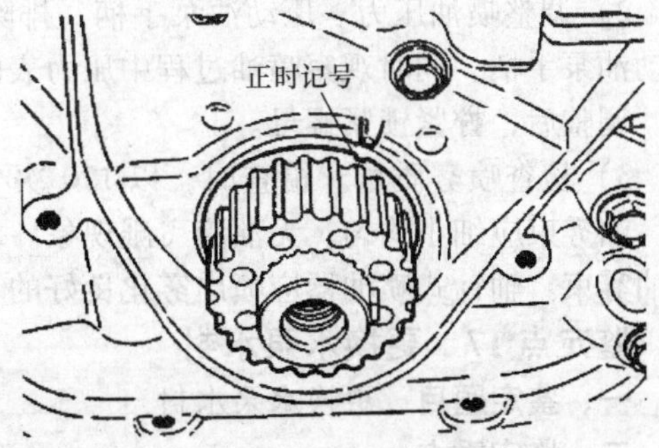

图2-64　曲轴正时带轮上的正时记号

鉴定点16　维护喷油器

一、鉴定题目　维护柴油机喷油器

二、鉴定重点

用正确的方法对柴油机喷油器进行维护，使其达到技术要求。

三、鉴定准备工作

1）玉柴YC6105QC型柴油机一台（孔式喷油器）。

2）喷油器试验器一个，常用工具一套，清洗剂一桶，软毛刷一把，弯头刮刀（黄铜制成）一把。

四、技术标准

1）喷油器雾化良好，无滴油、漏油现象。

2）喷油压力符合规定，同一台柴油机的喷油压力差不超过1.0MPa。

3）供油提前角符合规定。

五、操作方法

步骤1　拆下喷油器总成，用棉布堵塞喷油器座孔。

步骤2　分解和清洁喷油器。

1）首先松开喷油器的调压螺母，旋出调压螺钉，再将喷油器倒夹在台虎钳上，松开喷油器锁紧螺母。

2）将零件放在清洁的柴油或煤油中清洗。

3）将喷油器偶件放在柴油中来回拉动，清洗针阀，直到针阀能自动滑动为止。

步骤3 装复喷油器。按照拆卸的相反顺序进行装复。

1）在整个装配过程中，必须保证零件清洁，特别是喷油嘴偶件本身、喷油器体端面等密封处要保证清洁。喷油器螺母与喷油器接触的肩胛面要求光洁平整，不许留有积炭或毛刺。

2）装配时，先旋进预先配有滤油芯子的进油管接头，压紧铜垫圈，保证密封不漏油，再将调压弹簧、顶杆放进喷油器体中，旋入调压螺钉，直到刚接触调压弹簧为止，然后旋上调节螺母。

3）将喷油器倒夹在台虎钳上，装上喷油器偶件，拧紧螺母，其拧紧力矩为59～78N·m。拧紧力矩必须在上述范围内。力矩过大时会引起针阀体变形，影响针阀的滑动性；力矩过小时又会造成漏油。

步骤4 检查与调整喷油器。

1）首先拆下锁紧螺母，旋松调整螺钉，然后将喷油器装到专用的试验器上进行检查与调整。

2）调整喷油压力。压动油泵手柄，排除留在油管和喷油器内的空气，以60次/min的速度压动油泵手柄，同时观察喷油过程中压力表的读数。如果压力不符合规定，则可调整压力调节螺钉。调整后，拧紧锁紧螺母。

3）检查喷雾质量。检查时，以120次/min的速度压动油泵手柄，观察喷油器喷出的油雾束，油雾束应细小均匀，无油滴飞溅现象。对于多孔喷油器，各孔应各自形成一个雾化良好的均匀油雾束。轴针式喷油器应喷出雾化良好的伞形油雾束。

鉴定点17 更换水泵水封

一、鉴定题目 更换水泵水封

二、鉴定重点

用正确的方法更换水泵水封，使其达到技术标准。

三、鉴定准备工作

解放CA6102型发动机一台，常用工具一套，新的水泵水封一个。

四、技术标准

水泵装复后不得漏液。

五、操作方法

步骤1 拆卸。

1）放出散热器内的冷却液，拆下散热器罩总成、散热器进出水管、散热器总成及其附件，拆下风扇叶片。

2）拆下水泵总成。

步骤2 更换水封。

1）将水泵风扇轮毂装在台虎钳上夹紧，拆下水泵盖、叶轮紧固螺栓后，取出水封总成，进行更换或维修。

2）按与更换水封相反的顺序装复，水封环要放正。放好水封总成后，将水泵叶轮方孔对准水泵轴扁方后装入，并依次装配叶轮密封垫和垫圈，拧紧叶轮固定螺栓，放好衬垫，装上水泵盖，拧紧固定螺栓。

步骤3 漏液试验。堵住水泵进出口，将叶轮腔注满冷却液，转动泵轴，检查各处应无漏液现象。

步骤4 装复。按与拆卸相反的顺序进行装复。

鉴定点 18　更换曲轴前后油封

一、鉴定题目　更换曲轴前后油封

二、鉴定重点

用正确的方法检查、更换曲轴前后油封。

三、鉴定准备工作

桑塔纳 LX 型发动机一台；常用工具一套，曲轴前后油封各一件，机油一桶。

四、技术标准

更换后的曲轴油封不得漏油。

五、操作方法

1. 更换曲轴前油封

（1）拆卸油封

步骤 1　放出散热器内的冷却液，拆下散热器罩总成、散热器进出水管、散热器总成及其附件，拆下风扇叶片。

步骤 2　撬开起动爪的锁紧垫圈，旋出起动爪，取出锁片，用顶拔器拆下曲轴 V 带轮总成，或扭转减振器、V 带轮凸缘。

步骤 3　拆下正时齿轮室盖及衬垫。

步骤 4　把正时齿轮室盖放在工作台上，用油封顶拔器拉出油封，或用撬棒将油封撬出。使用撬棒时，注意不要损坏正时齿轮室盖的薄金属唇状油封座。

（2）安装油封

步骤 1　在油封密封唇及外围处均涂上清洁的机油。

步骤 2　用锤子和专用打杆将新油封敲入油封座。安装时，密封唇即油封敞开端应朝向存油的一边。

步骤 3　按与上述拆卸相反的顺序将各零件安装齐全。

2. 更换曲轴后油封

（1）拆卸油封

步骤 1　放出机油。

步骤 2　拆下油底壳，并将其放在油底壳放置架上。

步骤 3　拆下机油集滤器，放入工件盘。

步骤 4　拆下曲轴油封。对于两半式油封，要从曲轴端部四周轻敲油封，用尖嘴钳将油封取出；对于整体式油封，则可以用螺钉旋具将其撬出，或在油封上拧入两个小螺钉将其拉出。

（2）安装油封

步骤 1　将油封座孔槽清洗干净，在槽侧面涂一层密封胶。

步骤 2　在油封唇口处均匀涂上机油，然后用专用工具或大套管轻轻敲击其端面，将油封敲入油封座中，保证油封不得歪斜。

步骤 3　按照与上述拆卸相反的顺序进行装复。

鉴定点 19　检查曲轴轴向间隙

一、鉴定题目　检查曲轴轴向间隙

二、鉴定重点

用正确的方法检查曲轴轴向间隙是否符合标准。

三、鉴定准备工作

解放 CA1092 型发动机一台；常用工具一套，百分表一块（带磁力表座），塞尺一把；机油一桶，抹布一块。

四、技术标准

汽油机曲轴轴向间隙不得大于0.35mm，否则应更换止推垫片。

五、操作方法

1. 方法一

步骤1　拆下离合器底盖。

步骤2　将百分表的磁性表座固定在飞轮壳上，使量头触到飞轮端面，调整好零位。

步骤3　用撬棒沿轴向撬动飞轮，读取指针摆差值（轴向间隙），记录测得的数据。

2. 方法二

步骤1　放出机油并送检。

步骤2　拆下油底壳，并将其放在油底壳放置架上。

步骤3　拆下机油集滤器，并将其放入工件盘。

步骤4　拆下机油泵总成及连接管，并将其放入工件盘。

步骤5　用撬棒直接前后撬动曲轴，用塞尺在曲柄臂与止推垫片（止推轴瓦）之间进行测量，做好记录。

鉴定点20　调整气门间隙

一、鉴定题目　调整气门间隙

二、鉴定重点

1）用正确的方法检查气门间隙是否符合标准。

2）根据检查结果对气门间隙进行调整，使其符合标准。

三、鉴定准备工作

解放CA1092型发动机一台；常用工具一套，塞尺一把。

四、技术标准

1）进气门：气门间隙为0.25mm。

2）排气门：气门间隙为0.30mm。

五、操作方法

1. 逐缸调整法

步骤1　将曲轴摇到第一缸活塞压缩行程上止点位置，同时注意标识，如解放CA6102型发动机飞轮上的“1～6”标识应与离合器壳上的刻度线重合。

步骤2　按点火顺序调整时，先松开进、排气门锁紧螺母及调整螺栓，将塞尺插入气门杆尾端与摇臂端头之间，拧紧调整螺栓，使其轻轻压住塞尺，紧固锁紧螺母，然后用塞尺复检一次。

步骤3　按点火顺序调整其他各缸进、排气门的间隙，使其符合规定。

2. 两次调整法

步骤1　摇转曲轴，确定第一缸活塞处于压缩行程上止点的位置。例如，解放CA6102型发动机飞轮上的“1～6”标识与离合器壳上的刻度线重合，即为第一缸压缩行程上止点。

步骤2　将符合标准间隙的塞尺插入气门杆尾端与摇臂端头之间，并来回拉动塞尺，以感到有轻微阻力为合适。由前向后检查第一、二、四、五、八、九气门。

步骤3　若气门间隙不符合标准，则需进行调整。调整时先松开气门摇臂端头的锁紧螺母，旋动气门摇臂上的调整螺钉，使其轻轻压住塞尺，然后紧固锁紧螺母，并复检一次，查看其间隙是否有变动，若有变动，则需要重新调整。

步骤4　上述可调气门检调完毕后，将曲轴旋转一周（360°），对好第六缸压缩行程上止点正时标识。用同样的方法调整其余气门。

鉴定范围2　汽车底盘维修操作技能

鉴定点1　转向器、转向传动机构的维护

一、鉴定题目　转向器、转向传动机构的维护

二、鉴定重点

用正确的方法对转向器、转向传动机构进行维护。

三、鉴定准备工作

解放CA1092型汽车一辆；常用工具一套，弹簧秤一个，转向盘转角测量仪一个。

四、技术标准

1）转向盘自由转动量符合规定，转向轻便、灵活，无卡滞和漏油现象。

2）转向垂臂及转向节无弯曲及裂纹，所有螺栓联接可靠。

五、操作方法

1. 转向器与转向传动机构的检查

步骤1　转向盘与转向器是直接连接的，拉动转向盘，上下应无间隙，且转动灵活，否则应通过增减转向器上（下）盖内的调整垫片，使之符合要求。

步骤2　检查转向器内的机油油位，不足时应予以补充。检查紧固转向器上的所有螺栓、螺母，以及转向器和车架的联接螺栓，紧固转向垂臂的紧固螺栓。

步骤3　检查转向传动机构。

1）对于用十字轴万向节连接的转向传动机构，应检查各万向节和滑动叉，无明显间隙时可不拆检，有明显间隙和严重磨损时必须拆检十字轴万向节。

2）用洗油清洗金属零件和轴承，并用压缩空气吹干。

3）十字轴与轴承不得有严重磨损现象，其配合间隙不得大于0.25mm；传动轴不得有裂纹，螺纹不得有损伤现象；万向节叉、滑动叉不得有裂纹和磨损现象。

4）转向传动轴与万向节叉键槽的配合不得有明显的松旷现象，转向柱管支架及紧固螺栓不得有裂纹和松动现象。经检查有严重磨损、裂纹和变形的零件，应予以更换。

步骤4　拧紧所有螺栓。

2. 检查并调整转向盘自由转动量

步骤1　检查。检查转向盘自由转动量时，应使前轮处于直线行驶位置，将测量装置的指针夹持在转向盘上，再把带指针式扭力扳手的刻度盘装在转向盘轮缘上（见图2-65），向左转动转向盘至指针式扭力扳手指示为10N时，将测量装置指针调零，然后向右转动转向盘至指针式扭力扳手指示为10N，此时，刻度盘上指针所划过的角度即为转向盘自由转动量。

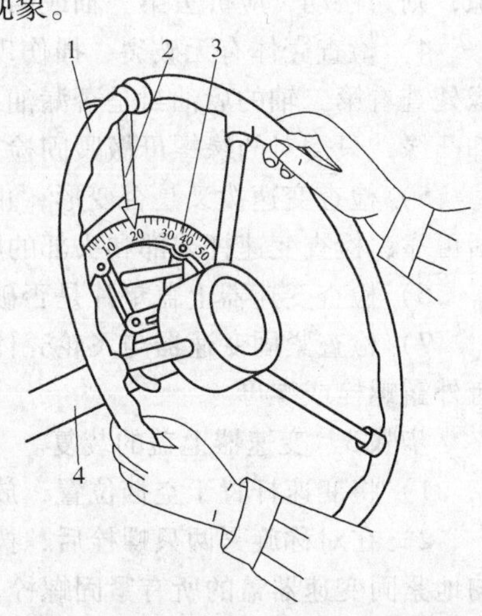

图2-65　转向盘自由转动量的检测
1—转向盘　2—指针　3—刻度盘
4—转向柱管

步骤2　调整。转向盘自由转动量的调整主要是检查与调整转向器。

1）首先可局部调整转动量。先松开锁紧螺母，沿顺时

针方向转动调整螺栓，使转向盘自由转动量符合规定，然后拧紧锁紧螺母。

2）若经过调整后，转向盘的自由转动量仍然很大，则应对转向器进行全面调整。应先松开锁紧螺母，沿逆时针方向旋松调整螺栓，然后剔平锁片，松开锁紧螺母，沿顺时针方向缓慢转动调节螺母，直到转向螺杆轴推力轴承没有轴向间隙时，紧固螺母，锁好锁片，再沿顺时针方向转动调整螺栓，使转向盘自由转动量符合规定，最后拧紧锁紧螺母。

鉴定点2　变速器的维护

一、鉴定题目　变速器的维护

二、鉴定重点

用正确的方法对变速器进行维护，使其达到技术要求。

三、鉴定准备工作

东风 EQ1092 型汽车变速器一个；常用维修工具一套，顶拔器一个；锤子一把，铜棒一个，变速器拨叉轴导向杆一个，钳子一把。

四、技术标准

1）变速器密封良好，通气孔畅通。

2）变速器操纵灵活，无异响、跳档、乱档现象。

3）拧紧变速器各部位的紧固螺栓，对于东风 EQ1092 型汽车，第二轴凸缘螺母拧紧时的拧紧力矩为 196N · m。

4）变速器的油质、油位符合要求。

五、操作方法

步骤1　拆下变速器放油螺塞，将机油放到专用容器内，再装复放油螺塞。

步骤2　变速器的检查与紧固。

1）将变速器手柄置于空档位置，拆下变速器盖的紧固螺栓，取下变速器盖（注意保护密封纸垫）。

2）检查各齿轮啮合面有无不正常磨损、打毛、烧蚀和损伤等情况。

3）检查第二轴前后端固定螺母的紧固情况。检查时，前后撬动四、五档齿毂，若有轴向间隙，则为松动，应拆去第一轴或第二轴。

4）检查壳体有无破裂、损伤现象，侧盖、轴承盖有无漏油现象。从变速器外部和第二轴凸缘处查看第二轴的后油封是否漏油。若漏油，则应取下凸缘，更换油封；若不漏油，则可以不拆卸凸缘，只需对凸缘螺母做紧固检查。

5）检查变速拨叉是否变形，止动螺栓是否松动，锁紧钢丝是否折断；检查变速导轨是否灵活可靠；检查变速杆球部和头部的磨损情况。

6）检查变速器上盖垫片是否破损，出现破损时应更换；疏通通气孔。

7）检查紧固变速器与飞轮壳体的联接螺栓（或与车架的联接螺栓）；检查紧固变速器的所有外露螺栓或螺母。

步骤3　变速器上盖的装复。

1）将变速杆置于空档位置，放上密封垫，平顺盖合。

2）在对称旋紧两只螺栓后，拨动变速杆，检查各档摘挂情况，确认没有问题后，对称、均匀地紧固变速器盖的所有紧固螺栓。

步骤4　加注变速器油。若需更换变速器油，则应用洗油冲洗齿轮、轴和壳体内部。加油方法与一级维护作业中的加油方法相同，应加注到标准。最后检查变速器密封情况，不得漏油。

鉴定点 3　主减速器的维护

一、鉴定题目　主减速器的维护

二、鉴定重点

用正确的方法对主减速器进行维护，使其达到技术要求。

三、鉴定准备工作

1）东风 EQ1092 型汽车后桥总成一台，常用拆装工具一套，百分表一块。

2）弹簧秤一个，机油一桶，熔丝一块，清洗剂一桶，扭力扳手一个，齿轮油一桶。

四、技术标准

1）各齿轮工作表面轻微剥落或点蚀面积不大于总面积的 25%，齿轮损伤不超过齿高的 1/3 和齿长的 1/5，损伤数量不多于 3 齿。

2）差速器壳的联接螺栓、差速器轴承盖的紧固螺栓、主动锥齿轮凸缘螺母的拧紧力矩符合原厂要求。

3）主减速器各部件无异响；转动传动轴时凸缘应无摆动现象；通气孔畅通，工作正常，紧固螺栓按规定力矩紧固。

五、操作方法

步骤 1　拧下后桥壳的放油螺塞，将机油放到专用容器中，再将放油螺塞装复。

步骤 2　拆下后桥壳盖的紧固螺栓，取下后桥壳盖，放在专用放置架上。

步骤 3　用洗油或清洗机清洗后桥壳盖。

步骤 4　检查并调整主减速器和差速器。

1）检查主减速器外部是否有漏油现象，若有，则应进行清洁和修复；疏通通气孔。

2）转动减速器从动齿轮，检查轮齿有无缺损、严重磨损、烧蚀现象。检查主减速器壳内底部有无较大的金属颗粒，若有异常现象，则应查明原因，进行修复。

3）检查并紧固差速器壳的紧固螺栓，螺栓锁止装置必须齐全，锁止有效。

4）固定主减速器从动齿轮的齿侧面，往复转动从动齿轮，测出主减速器的齿轮啮合间隙，超限时应予以调整。

步骤 5　调整。拆下差速器轴承调整螺母止动片紧固螺栓，一端的调整螺母松（或紧）多少，另一端的调整螺母则相应地紧（或松）多少，使减速器从动齿轮沿轴向产生位移，但差速器轴承的预紧度保持不变，以达到调整主减速器齿轮啮合间隙的目的。

步骤 6　目视检查后桥壳不，得有弯曲和裂纹，轴管和后桥壳配合不得松动。检查紧固后桥壳、主减速器壳的所有螺栓或螺母。按规定转矩检查紧固主减速器主动锥齿轮的前端凸缘螺母，装好开口销，装复从主减速器上拆下的零件。

步骤 7　换用新密封垫，装复后桥壳盖，用注油器加足齿轮油。

鉴定点 4　检查传动轴及等速万向节

一、鉴定题目　检查传动轴及等速万向节

二、鉴定重点

用正确的方法检查传动轴及等速万向节。

三、鉴定准备工作

解放 CA1092 型汽车万向传动装置一套；常用工具一套，抹布一块；润滑脂枪一支，锤子一把。

四、技术标准

1）万向节、中间轴承、花键轴无松旷现象。

2）万向节防尘套无破损现象。

五、操作方法

步骤 1　检查传动轴的技术状况。检查传动轴各轴承的技术状况，拧紧各部位的螺栓、螺母，检查并添加机油。必要时，拆检传动轴，更换万向节。

步骤 2　检查传动轴万向节防尘套。检查传动轴万向节防尘套的破损情况，发现破损时，应拆检传动轴万向节。如果发现万向节磨损，应予以更换；如果万向节脏污，可更换防尘套。

鉴定点 5　检测轮胎气压

一、鉴定题目　检测轮胎气压

二、鉴定重点

用正确的方法检测轮胎气压。

三、鉴定准备工作

东风 EQ1092 型汽车一辆；常用工具一套，空气压缩机一台。

四、技术标准

轮胎气压符合标准，气门嘴不漏气。

五、操作方法

步骤 1　拧下轮胎气门嘴防尘帽，用轮胎气压表测量轮胎气压。轮胎气压应符合轮胎上的规定（轮胎的规定气压通常标注在轮胎的侧壁上）。气压不足时，应进行补充；气压过高时，则应放出部分气体。

步骤 2　检测完轮胎气压后，将唾液涂在气门嘴上，查看是否漏气，如果唾液有明显的气泡或抖动，表明气门芯漏气，应拧紧或更换气门芯。最后，将气门嘴的防尘帽拧上，以防脏物和水汽进入气门嘴。

鉴定点 6　检查汽车悬架

一、鉴定题目　检查汽车悬架

二、鉴定重点

用正确的方法检查汽车悬架。

三、鉴定准备工作

桑塔纳 LX 型轿车一辆，常用工具一套。

四、技术标准

汽车悬架应完好，工作正常。

五、操作方法

步骤 1　检查钢板弹簧。钢板弹簧吊耳应不松动、无裂纹；钢板弹簧应无断片，片间错位不超过 2.5mm，若超过技术要求，则应重新予以对正。最后，紧固弹簧夹箍及弹簧销。

步骤 2　检查减振器。减振器应无漏油现象，若漏油，则可用专用扳手以 110N · m 的力矩拧紧上盖；若漏油严重或感到汽车振动加剧，应拆下减振器进行检查。安装后的减振器要牢固可靠。

鉴定点 7　检查车身状况

一、鉴定题目　检查车身状况

二、鉴定重点

用正确的方法检查汽车车身状况。

三、鉴定准备工作

桑塔纳 LX 型轿车一辆，常用工具一套。

四、技术标准

汽车车身状况良好，工作正常。

五、操作方法

步骤 1　检查车身。车身应符合以下要求：

1）汽车外部车漆无脱落现象，无脏污；车体应周正，左右对称。

2）驾驶室装置紧固，门锁链灵活不松旷，限动装置齐全有效。

3）驾驶室门关闭牢固，门把手、玻璃升降器工作正常。

4）发动机罩锁扣有效。

步骤 2　检查车架。车架应无变形现象；纵、横梁无裂纹，铆钉不松动；拖车钩、备胎架齐全，无裂损变形现象，连接牢固。

步骤 3　检查安全带。拉动安全带，应有一定阻力，松开后能顺畅地回复。

鉴定点 8　检查前轮制动调整臂

一、鉴定题目　检查前轮制动调整臂

二、鉴定重点

用正确的方法检查汽车前轮制动调整臂。

三、鉴定准备工作

塔纳 LX 型轿车一辆，常用工具一套。

四、技术标准

汽车的前轮制动调整臂良好，工作正常。

五、操作方法

步骤 1　支起需要调整的车轮。

步骤 2　拆下制动鼓检视孔盖。

步骤 3　取下调整臂的防尘罩，推进锁止套，露出蜗杆轴的六方头。

步骤 4　用扳手转动蜗杆轴，同时用手旋转制动鼓，从制动鼓检视孔中插入塞尺，在距离蹄片两端 20 ~ 30mm 处测量制动鼓与制动蹄摩擦片的间隙，该间隙应符合规定。

步骤 5　调整好后退出锁止套，套上防尘罩。

鉴定点 9　检查和更换转向器、变速器、主减速器齿轮油

一、鉴定题目　检查和更换转向器、变速器、主减速器齿轮油

二、鉴定重点

用正确的方法检查和更换转向器、变速器、主减速器齿轮油。

三、鉴定准备工作

桑塔纳 LX 型轿车一辆，常用工具一套。

四、技术标准

转向器、变速器、主减速器内的齿轮油油位符合技术要求。

五、操作方法

1. 检查、更换变速器齿轮油

步骤 1　拧下油位检查孔螺塞，检查油位是否达到规定值，油位应不低于孔边 15mm（伸入手指，一节手指应能触到油面）。

步骤 2　如果油量不足，则应补充齿轮油，使油位达到规定值，并检查有无漏油现象。

步骤 3　更换齿轮油时，应先起动车辆，使车辆运转或行驶一定的距离，使变速器齿轮油升温。

步骤 4　趁着齿轮油还处在温热状态，拧下放油孔螺塞，放出齿轮油，再将放油孔螺塞拧牢固。

步骤5　加入符合要求的新齿轮油，直到齿轮油从油位检查孔向外溢出为止，最后装好油位检查孔螺塞。

2. 检查、更换驱动桥齿轮油

步骤1　拧下油位检查孔螺塞，检查油位与检查孔边的距离是否为0～15mm。

步骤2　如果油量不足，则应补充齿轮油，直到齿轮油从油位检查孔向外溢出为止。

步骤3　更换齿轮油时，应先起动车辆，使车辆行驶一段距离，使桥壳内的齿轮油升温，趁着齿轮油还处于温热状态，拧下放油螺塞，放出齿轮油。

步骤4　放净齿轮油后，擦净螺塞并牢固地拧回桥壳。

步骤5　拧下油位检查孔螺塞，加入新的齿轮油，直到齿轮油从油位检查孔向外溢出为止，最后装好油位检查孔螺塞。

3. 检查、更换转向器齿轮油

步骤1　拧下油位检查孔螺塞，检查油位与检查孔边的距离是否为0～10mm。

步骤2　如果油量不足，则应补充齿轮油，直到齿轮油从油位检查孔向外溢出为止。

步骤3　更换齿轮油时，应先拧下放油螺塞，放出齿轮油。

步骤4　放净齿轮油后，将螺塞牢固地拧回转向器壳。

步骤5　拧下油位检查孔螺塞，加入新齿轮油，直到齿轮油从油位检查孔向外溢出为止，最后装好油位检查孔螺塞。

鉴定点10　前轮的维护

一、鉴定题目　前轮的维护

二、鉴定重点

用正确的方法对前轮进行维护，使其达到技术要求。

三、鉴定准备工作

1）东风EQ1092型汽车一辆，常用工具一套，扭力扳手一把。

2）塞尺、弹簧秤、专用顶拔器和拉簧钳各一个。

四、技术标准

1）制动蹄片与制动鼓之间的间隙应符合规定，转动时无摩擦现象或声响，检视孔挡板齐全。

2）轮毂转动灵活，用拉力计测量的转动力矩符合标准，且无轴向间隙。

3）锁紧螺母按规定拧紧力矩拧紧，保险可靠，防尘罩、衬垫完好，螺栓、垫圈、开口销齐全，紧固螺栓规格统一。

五、操作方法

1. 拆卸

步骤1　拧下车轮螺母，取下车轮。

步骤2　松开前轮毂盖的紧固螺栓，取下前轮毂盖，然后取下锁紧螺母的锁销（或剔平锁紧垫片），用专用套管拆下锁紧螺母，取出止动垫圈，用专用套管拆下调整螺母，用前轮毂顶拔器拉出轮毂及制动鼓，同时取出轮毂外轴承，用制动鼓放置架取走轮毂及制动鼓，用铜棒轻轻打出轴承外圈，用轴承顶拔器拉出前轮毂内的轴承，取下油封及座圈。

步骤3　拆下制动蹄等。

1）拆下制动蹄轴开口销，取下垫片，松开制动蹄轴紧固螺母和弹簧垫，用拉簧钳取下制动蹄回位弹簧，取下制动蹄，放置在制动蹄放置架上。

2）用专用顶拔器拉出制动蹄轴。

3）拆下制动凸轮轴和制动软管，松开制动气室固定螺栓，取下制动气室。除制动蹄外，将所有零部件均放入工件盘内。

步骤4　拆下横、直拉杆。

1）拆下直拉杆两端球销上的开口销，拆下紧固螺母；用球销顶拔器拆下直拉杆总成（拆卸有困难时，可用锤子轻敲转向臂），将其放置在直拉杆放置架上。

2）拆下横拉杆右端，方法同直拉杆的拆卸。

3）拆下横拉杆左端，使横拉杆左端球销与左转向节臂分离，方法同上。

2. 清洁检查

步骤1　将轮毂及制动鼓、轮毂内外轴承、挡片、锁片、轮毂盖、调整螺母、制动蹄轴、凸轮轴、制动蹄回位弹簧、直拉杆总成等零件用零件清洗机清洗后晾干。

步骤2　将油封、制动软管用干净的抹布擦净。油封不得老化，刃口不得缺损，弹簧不得断裂、疲劳，制动软管不得出现老化裂纹，否则应更换新件。

步骤3　检查轮毂与内外轴承座圈的间隙，此间隙应为过盈配合，若间隙超限，则应对轮毂轴承座孔进行焊补或镶套修复，不易修复时可更换轮毂。检查轮毂与制动鼓固定螺栓，螺栓不得松动。

步骤4　检查轴承外圈内表面、滚柱表面是否有破损、脱层、烧灼等现象，以及轴承保持架是否有变形和严重磨损现象，若发现其不符合技术状况，则应更换轴承。

步骤5　制动鼓不得变形和出现裂纹。用制动鼓检测量具检查制动鼓，其圆度误差不得大于0.125mm，圆柱度误差不得大于0.25mm，沟槽深度不得大于0.50mm，否则应对其进行镗削。

步骤6　清洁并检查制动底板。用棉纱、洗油清洁制动底板；用制动底板检测量具检查其平面变形情况，超过0.6mm时，应拆下矫正，若有裂缝，则应予以堆焊修理或更换。

步骤7　检查制动凸轮支架与轴承孔之间的间隙，并做记录，其间隙不得超过0.8mm，否则应更换衬套。

步骤8　检查制动蹄轴与制动底板轴承孔之间的间隙，其间隙一般不超过0.3mm。

步骤9　检查制动蹄轴与制动蹄轴承孔的配合间隙，其间隙一般不得超过0.4mm，否则应更换衬套或制动蹄轴。

步骤10　用弹簧测试仪检查制动蹄回位弹簧的性能，弹簧的自由长度明显增长或已达到拉伸长度而拉力明显不够时，应更换弹簧。

步骤11　检查制动蹄摩擦片。摩擦片表面与铆钉头间的距离不得小于0.8mm，摩擦片表面不得开裂、掉片，铆钉不得松动，否则应更换摩擦片。摩擦片表面不得有油污，否则应用棉纱擦干净。

步骤12　用磁力探伤仪检查转向节轴，转向节轴不得有裂纹，否则应予以更换。螺纹不得有乱牙现象，否则应修复。清洁转向节轴表面因探伤而涂抹的磁粉。用磁力探伤仪检查转向摇臂和左转向节臂，不得有裂纹或内伤，否则必须更换。

步骤13　检查转向节轴颈与内、外轴承内圈的配合间隙，应为过盈配合。各类车辆的该间隙使用极限均不得大于0.10mm，否则应修复或更换。

步骤14　用手扳动转向节轴头部，检查主销与衬套之间的间隙（该间隙不得大于0.20mm），用手扳动时应无明显间隙感。

步骤15　拆检制动气室。用棉纱清洁制动气室外部后将其解体后检查，壳体不得有裂纹和变形现象，制动橡胶膜片不得老化、龟裂，回位弹簧不得疲劳、断裂，否则应更换。检查后进行组装，所有螺栓要拧紧。

步骤16　拆检横、直拉杆总成。

1）将直拉杆总成夹持在横直拉杆工作台上的管子台虎钳上，取下两端开口销，用弯头扳手拆下调整螺栓，取出弹簧、限位套、球碗（座）、球头销等零件，全部用洗油清洗擦净；检查球头销和球碗（座），不得有严重磨损现象，压紧弹簧不得折断或疲劳，否则应更换。在球销和碗（座）表面涂抹润滑脂后装复。

2）拆检横拉杆总成，方法同直拉杆的拆检。

3）检查横、直拉杆，不得有明显的使用性弯曲，不得有裂纹或损伤。

步骤 17　前桥的检查。清洗前桥并擦净后，用目测法检查前桥是否弯曲、扭曲和严重损伤，然后用磁力探伤仪对前桥进行探伤。若前桥弯曲、扭曲、损伤或有裂纹，则应视情况予以修复或更换。

3. 装复前轮毂，调整前轮轴承的松紧度

步骤 1　检查并紧固制动底板的固定螺栓和转向节摇臂的固定螺栓。

步骤 2　装复制动气室支架，装复制动气室和制动软管，螺栓要紧固。

步骤 3　在凸轮轴承孔内涂抹润滑脂，将制动凸轮轴装复。

步骤 4　在制动调整臂花键孔内涂抹润滑脂后装复，装上制动室推杆横销、平垫及新开口销，装好制动凸轮轴垫板和新开口销，开口销要可靠锁止。

步骤 5　装复制动蹄轴，两制动蹄轴外端标识应相对向里，暂不拧紧锁紧螺母。

步骤 6　在制动凸轮上和制动蹄轴承孔内涂抹少量润滑脂后装复制动蹄。前后制动蹄摩擦片长度不等时，短片制动蹄应朝前安装。在制动蹄轴上装复挡片和新开口销并可靠锁止。

步骤 7　用拉簧钳装复制动蹄回位弹簧。

步骤 8　将轮毂内、外轴承用润滑脂加注器加注润滑脂。

步骤 9　装复轮毂内油封总成和内轴承。

步骤 10　装复轮毂内外轴承外圈。

步骤 11　装复轮毂及制动鼓。

步骤 12　装复轮毂外轴承和调整螺母，调整轴承松紧度。用各车型规定的拧紧力矩拧紧调整螺母后退出 1/4 圈左右，此时轮毂应转动自如，且无轴向间隙。装复锁紧垫圈和锁片，装复锁紧螺母，按规定拧紧力矩（东风 EQ1092 型汽车为 177 ~ 216N · m）拧紧螺母，锁好锁片。

步骤 13　装复前轮毂盖，拧紧固定螺栓。

步骤 14　装复直、横拉杆总成。

1）拧紧两端球销的锁紧螺母，对准开口销孔，安装新开口销并可靠锁止；配合前轮工位，装复直拉杆。

2）装复横拉杆总成的方法同直拉杆总成。

4. 调整前轮制动间隙

步骤 1　将检视孔转到靠凸轮的一端距摩擦片上端边缘 40 ~ 50mm 处，插入符合规定的塞尺，拧动调整臂蜗杆，直至拉动塞尺稍感有阻力时为止。

步骤 2　将制动鼓的检视孔转到靠制动蹄轴一端距摩擦片下端边缘 40 ~ 50mm 处，插入符合规定的塞尺，拧动制动蹄轴，直到拉动塞尺稍感有阻力时为止，拧紧制动蹄轴锁紧螺母。

步骤 3　重复调好两个制动蹄的间隙，两制动蹄的间隙差不得大于 0.1mm。调整结束后，装复检视孔挡片。

步骤 4　当两制动蹄上端（凸轮端）间隙不同时，应旋松凸轮轴支架固定螺栓，转动调整臂蜗杆，调整摩擦片与制动鼓之间的间隙。

5. 装复车轮

把制动鼓检视孔与车轮气门嘴错开，用机油润滑车轮固定螺母的螺纹和球面，装入固定螺母后，用车轮螺栓拆装机对称均匀地分两次紧固。

鉴定点 11　检查与调整离合器踏板自由行程

一、鉴定题目　检查与调整离合器踏板的自由行程

二、鉴定重点

用正确的方法检查与调整离合器踏板自由行程。

三、鉴定准备工作

桑塔纳 LX 型轿车一辆；常用工具一套，金属直尺一把。

四、技术标准

离合器踏板的自由行程为 15 ~25mm。

五、操作方法

1. 离合器踏板自由行程的检查

步骤 1　将有刻度的金属直尺支在驾驶室地板上，首先测出踏板在完全放松时的高度，如图 2-66所示。

步骤 2　用手轻轻推压离合器踏板，当感觉阻力增大（即分离轴承端面与分离杠杆内端面刚刚接触）时，停止推压，测出离合器踏板高度。

步骤 3　前后两次测得的高度差即为离合器踏板的自由行程。

2. 离合器踏板自由行程的调整

步骤 1　如图 2-67 所示，先旋松锁紧螺母，当自由行程太大时，必须将调整螺母旋入，使拉杆的有效长度缩短。

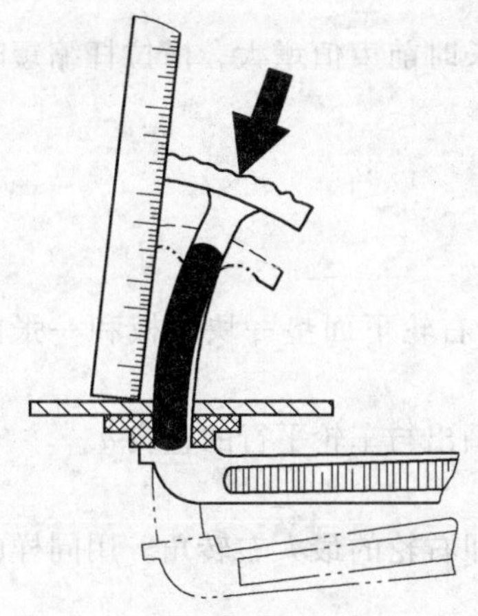

图 2-66　离合器踏板自由行程的检查

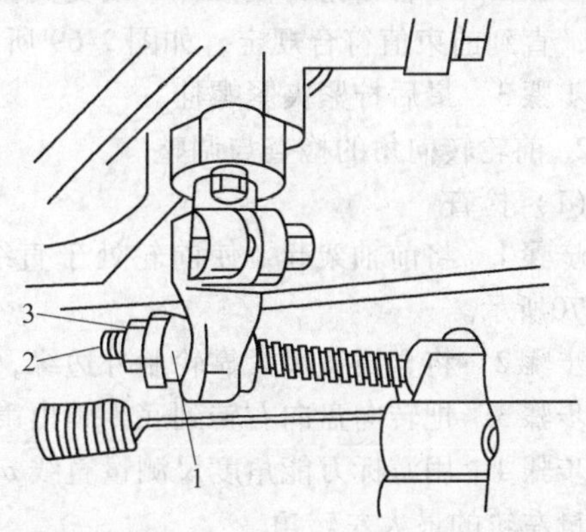

图 2-67　离合器踏板自由行程的调整
1—调整螺母　2—分离杠杆　3—锁紧螺母

步骤 2　当自由行程太小时，必须将调整螺母旋出，使拉杆的有效长度加长。

步骤 3　调好后将锁紧螺母拧紧，同时检查分离杠杆与分离轴承的间隙是否符合规定。

3. 分离杠杆与分离轴承间隙的调整

分离杠杆与分离轴承的间隙是靠改变分泵推杆的长度来进行调整的。调整时，先拧松推杆上的锁紧螺母，然后转动推杆改变其长度，达到规定值后，使分离叉端的自由行程为3 ~4mm，最后拧紧锁紧螺母。

鉴定点 12　检查与调整前轮前束及转向角

一、鉴定题目　检查与调整前轮前束及转向角

二、鉴定重点

用正确的方法检查与调整前轮前束及转向角。

三、鉴定准备工作

解放 CA1092 型汽车一辆；前束尺、千斤顶、粉笔、呆扳手、管钳等常用工具一套。

四、技术标准

1）前轮前束为 2 ~ 4mm。

2）转向角，左轮（向左打）为 32°，右轮（向右打）为 38°。

五、操作方法

1. 前轮前束的检查与调整

1）检查前轮前束时，将汽车停放在平地上，要求轮胎气压、轮毂轴承的松紧度及转向系统各拉杆应符合技术要求。测量前束时常用的仪器是指针式前束尺。其测量方法为：

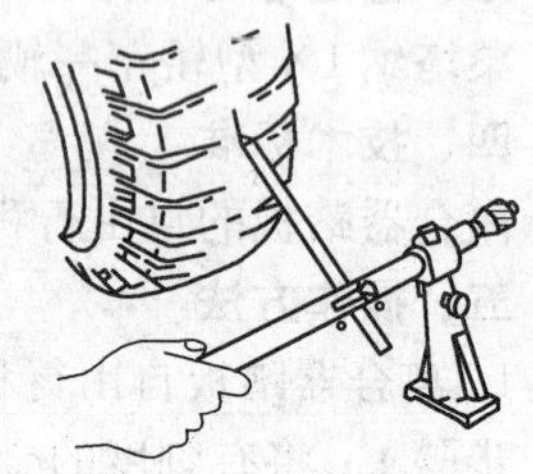

图 2-68　汽车前轮前束的检查

步骤 1　顶起前轴，使车轮处于平行、直线行驶位置。

步骤 2　将前束尺安装在前轴后面两车轮内侧的中心位置，如图 2-68 所示。

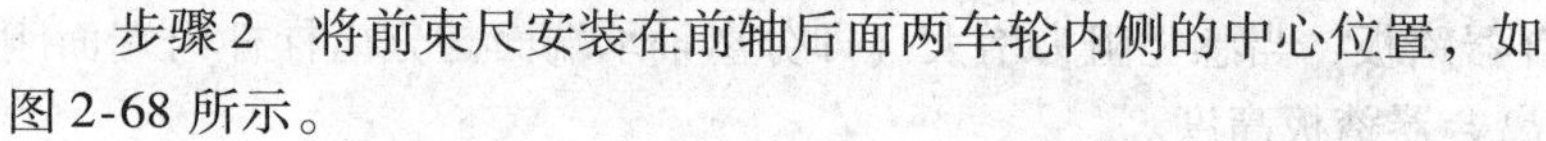

步骤 3　将前束尺两端调整到同一高度，调整刻度至零，拧紧锁紧螺钉。

步骤 4　将两车轮同时转动 180°，使前束尺在前轴前端的位置与在前轴后端的位置处于相同的高度，由前束尺刻度盘指针的移动方向和距离读出前束值。

2）前束的调整是靠改变横拉杆的长度来实现的，各种车辆的调整方法基本相同。

步骤 1　拧松横拉杆两端接头的夹紧螺栓。

步骤 2　用管钳扭转横拉杆，改变其长度，横拉杆伸长时前束值增大，横拉杆缩短时前束值减小，直到前束值符合规定，如图 2-69 所示。

步骤 3　最后拧紧夹紧螺栓。

2. 前轮转向角的检查与调整

（1）检查

步骤 1　将前轴架起，使前轮处于直线行驶位置，在右轮下面垫一块木板和一张白纸，如图 2-70所示。

步骤 2　将金属直尺紧靠轮胎外边缘，用铅笔在纸上画出与车轮平行的直线 a。

步骤 3　把转向盘向右转到底，画出第二条直线 b。

步骤 4　用游标万能角度尺测量直线 a 和 b 的夹角，即右轮的最大右转角。用同样的方法可以测量左轮的最大左转角。

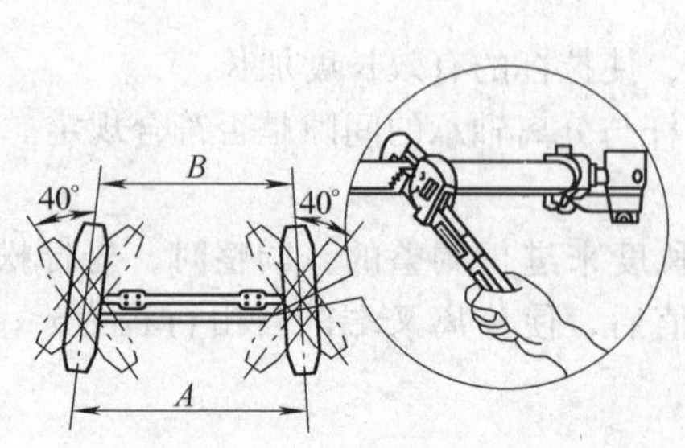

图 2-69　调整前轮前束

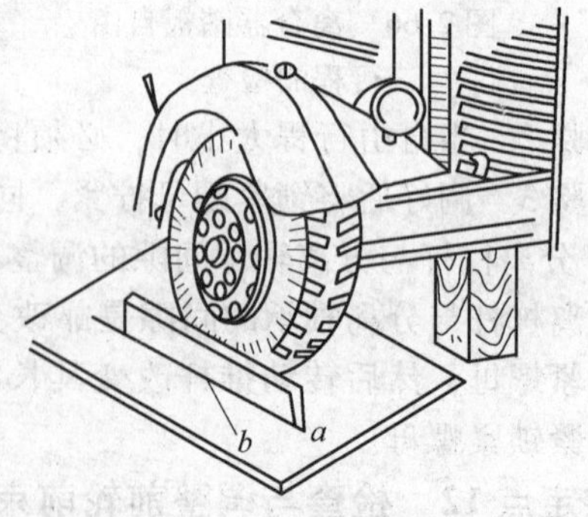

图 2-70　前轮最大转向角的检查

（2）调整

步骤1　拧松转向节上车轮转向限位螺钉的锁紧螺母。

步骤2　将转向盘向左（或右）转到底，拧转车轮转向限位螺钉，到最大转角符合规定时为止。

步骤3　前轮前端外侧不应与轮罩相接触，后端内侧不应接触直拉杆（或前钢板弹簧），距离应保持在8～10mm。

步骤4　锁紧车轮转向限位螺钉的锁紧螺母。

鉴定点13　检查与调整制动踏板自由行程

一、鉴定题目　检查与调整制动踏板自由行程

二、鉴定重点

用正确的方法检查与调整制动踏板自由行程。

三、鉴定准备工作

桑塔纳LX型轿车一辆，常用工具一套。

四、技术标准

制动踏板自由行程应小于45mm。

五、操作方法

制动踏板自由行程的检查方法与离合器踏板自由行程的检查方法相同。

步骤1　先检查制动踏板臂在回位弹簧作用下的位置。正常情况下，制动踏板中心面与地板间的距离为190mm。

步骤2　拧松制动总泵推杆上传力叉端面的锁紧螺母，转动总泵推杆，使其球头与活塞接触，然后反向转动推杆1.5～2.5圈，使推杆与活塞具有1.5～2.5mm的间隙，再拧紧锁紧螺母。

鉴定点14　检查与调整驻车制动器自由行程

一、鉴定题目　检查与调整驻车制动器自由行程

二、鉴定重点

用正确的方法检查与调整驻车制动器自由行程。

三、鉴定准备工作

东风EQ1092型汽车一辆，常用工具一套。

四、技术标准

驻车制动蹄摩擦片与驻车制动鼓之间的间隙应在0.2～0.4mm范围之内。

五、操作方法

步骤1　先将驻车制动操纵杆放松至极限位置。

步骤2　卸下摇臂端部的夹紧螺栓，取下摇臂，并沿逆时针方向（从前向后看）错开一个或几个齿。

步骤3　重新调整拉杆的调整螺母，直到拉动驻车制动操纵杆时有3～5“响”的行程，明显感觉吃劲有力，并且汽车能按技术要求停住为止。

步骤4　在驻车制动操纵杆放松时，驻车制动蹄摩擦片应与驻车制动鼓之间保持适当的间隙，避免因摩擦而烧坏驻车制动摩擦片。

步骤5　最后用锁紧螺母将拉杆调整螺母锁紧。

鉴定点15　更换轮胎或进行轮胎换位

一、鉴定题目　更换轮胎或进行轮胎换位

二、鉴定重点

1）能够进行轮胎换位。

2）掌握轮胎换位的方法。

三、鉴定准备工作

桑塔纳 LX 型轿车一辆，常用工具一套。

四、技术标准

1）六轮两轴轮胎换位的基本方法有循环换位法和交叉换位法两种，如图 2-71 所示。

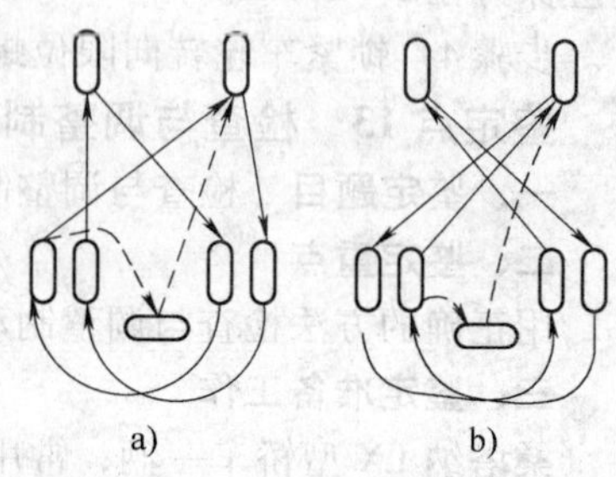

图 2-71　六轮两轴轮胎换位方法
a）循环换位法　b）交叉换位法

2）四轮两轴汽车装用斜交轮胎时，一般采用交叉换位法。可采用两种方法进行轮胎换位：一是备胎不参与换位（称为交叉换位），二是备胎参与换位（称为单边换位），如图 2-72所示。

3）四轮两轴汽车装用子午线轮胎时，一般采用单边换位方式。可采用两种方法进行轮胎换位：一是备胎不参与换位，二是备胎参与换位，如图 2-73 所示。

五、操作方法

下面介绍子午线轮胎的具体更换方法。

步骤 1　轿车的轮胎附近都有一个加强点，专门用于千斤顶顶起车。用千斤顶将车顶起，但是不要让轮胎离开地面（千斤顶起作用即可），目的是使螺栓容易拆卸。

步骤 2　拆卸轮盖和轮胎的螺栓，拆卸时按对角线的顺序拧松螺栓。

步骤 3　用千斤顶顶起汽车，使轮胎离开地面，卸下轮胎。

步骤 4　打开行李箱，拧下备胎上的固定螺栓，取下备胎。

步骤 5　安装备胎，拧上螺栓，拧紧两个螺栓后即可松卸千斤顶，待轮胎着地后，拧紧轮胎其他螺栓。说明：按照对角线的方式拧紧螺栓。

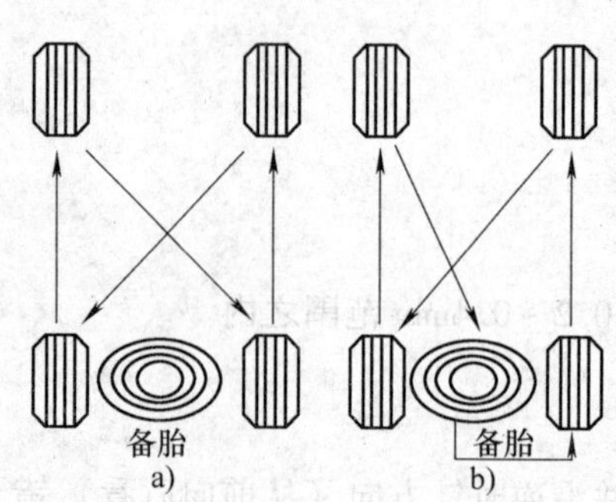

图 2-72　四轮两轴汽车轮胎换位（斜交胎）
a）备胎不参与换位　b）备胎参与换位

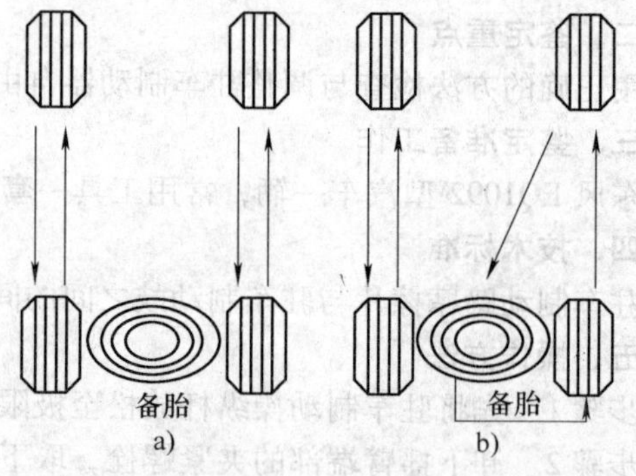

图 2-73　四轮两轴汽车轮胎换位（子午胎）
a）备胎不参与换位　b）备胎参与换位

鉴定点 16　更换离合器从动盘

一、鉴定题目　更换离合器从动盘

二、鉴定重点

用正确的方法更换离合器的从动盘。

三、鉴定准备工作

东风 EQ1092 型汽车一辆，常用工具一套。

四、技术标准

更换后的离合器从动盘符合技术要求。

五、操作方法

步骤 1　将一个导向心轴插入离合器中心孔中。

步骤 2　拆卸离合器与飞轮的联接螺栓。

拆卸时，先将每个螺栓拧松一圈，直到弹簧所受压力完全消失为止，以避免外壳变形。拆卸最后一个螺栓时，用手扶住离合器，然后慢慢旋出螺栓，再取下离合器盖及从动盘。

步骤 3　从飞轮上取下压盘总成和从动盘总成。

步骤 4　用专用夹具分解离合器盖及压盘总成。

步骤 5　更换新的离合器从动盘总成。

鉴定点 17　更换手动变速器总成

一、鉴定题目　更换手动变速器总成

二、鉴定重点

能够正确更换手动变速器总成。

三、鉴定准备工作

桑塔纳 LX 型轿车一辆，常用工具一套。

四、技术标准

更换后的手动变速器总成符合技术要求。

五、操作方法

步骤 1　拧出放油螺塞，放净变速器内的齿轮油。

步骤 2　从驾驶室内拆除变速杆。

步骤 3　在传动轴凸缘叉和变速器的第二轴凸缘上刻下装配标识，拆掉其联接螺栓，并使之分离。

步骤 4　拆下倒档警报开关的电线接头。

步骤 5　拆下车速表软轴接头。

步骤 6　拆下离合器分离杠杆的锁紧及调整螺母，使踏板机构与分离叉拉臂分开。

步骤 7　拆下飞轮壳与离合器壳之间的联接螺栓，将变速器连同分离轴承座及驻车制动器总成一起平行后移，待第一轴从离合器中脱出后将其吊下。

步骤 8　摘掉回位弹簧，从第一轴的轴承盖上取下分离轴承座总成，从变速器壳体上拆下离合器壳，拆除驻车制动操纵杆及有关拉臂。

步骤 9　更换手动变速器总成，然后按上述操作相反的顺序将各零部件装回。

鉴定点 18　检查与更换减振器

一、鉴定题目　检查与更换减振器

二、鉴定重点

能够正确检查与更换减振器。

三、鉴定准备工作

桑塔纳 LX 型轿车底盘总成，常用工具一套。

四、技术标准

检查与更换后的减振器符合技术要求，能够正常工作。

五、操作方法

步骤 1　检查防尘罩及储油缸，若其破裂、凹陷，则应予以焊修、校正或更换。

步骤2　检查油封若其磨损严重或密封环失效，则应更换。

步骤3　检查活塞杆，若其弯曲变形，则应予以校正；磨损后圆度、圆柱度误差超过0.10mm或杆端螺纹损伤超过2牙时，应予以更换。

步骤4　如果活塞及缸筒表面的磨损导致配合间隙大于0.15mm或出现严重拉伤，则应更换减振器总成。

步骤5　如果各阀片磨损严重或变形、弹簧弹力减弱，则应予以更换。

鉴定点19　更换制动气室膜片和膜片弹簧

一、鉴定题目　更换制动气室膜片和膜片弹簧

二、鉴定重点

能够正确地更换制动气室膜片和膜片弹簧。

三、鉴定准备工作

解放CA1092型汽车一辆，常用工具一套。

四、技术标准

更换膜片和膜片弹簧后的制动气室符合技术要求，能够正常工作。

五、操作方法

步骤1　分解膜片式制动气室，拆除旧的膜片和膜片弹簧。

步骤2　装配时，将新弹簧套在推杆上，再把推杆插入壳的孔中，装回推杆叉。

步骤3　放上新膜片，按记号合拢壳盖，应分两次均匀地对称拧紧螺母，以防膜片变形而漏气。

步骤4　待壳、盖螺栓紧固后，再将推杆叉拧紧至推杆螺纹的底部。

鉴定点20　更换液压制动主缸和制动轮缸

一、鉴定题目　更换液压制动主缸和制动轮缸

二、鉴定重点

能够正确地更换液压制动主缸和制动轮缸。

三、鉴定准备工作

解放CA1092型汽车一辆，常用工具一套。

四、技术标准

更换后的液压制动主缸、制动轮缸符合技术要求，能够正常工作。

五、操作方法

1. 更换制动主缸

步骤1　拆下蓄电池搭铁线。

步骤2　拆下制动管路。不能让制动液洒在油漆表面，一旦洒到油漆表面，应立即擦净。

步骤3　拆卸固定主缸的螺栓。

步骤4　安装新制动主缸。

2. 更换制动轮缸

步骤1　从轮缸上卸下液压油管，拆下两个轮缸的固定螺栓，从制动底板上卸下轮缸。

注意：在轮缸装于制动底板上的情况下可分解或检查轮缸，所以除了需要更换轮缸总成外，一般不必从制动底板上卸下轮缸。

步骤2　安装轮缸，在制动底板与轮缸的安装面涂上密封胶，并用两个螺栓把轮缸安装到制动底板上。

鉴定点21　更换钢板弹簧

一、鉴定题目　更换钢板弹簧

二、鉴定重点

能够正确地更换钢板弹簧。

三、鉴定准备工作

解放 CA1092 型汽车一辆，常用工具一套。

四、技术标准

更换后的钢板弹簧符合技术要求，能够正常工作。

五、操作方法

步骤1　挂入低速档位，拉紧驻车制动操纵杆，用塞木将后车轮塞住，将车顶升至适当高度，并支稳车辆。

步骤2　拧下钢板弹簧U形螺栓上的螺母，拧下减振器固定螺栓，使其与钢板弹簧托板分离。拆下钢板弹簧销的固定螺栓，取出钢板弹簧销。

步骤3　抬下钢板弹簧总成，将其用台虎钳或专用夹具夹紧，拧中心螺栓、前后卡子螺栓，然后逐渐松开台虎钳或专用夹具，使各片钢板分开。

步骤4　把破裂的钢板弹簧片挑出，用钢丝刷刷去其余各钢板弹簧片上的泥土、锈污，换上与破损弹簧规格一致的弹簧片，并在各片之间抹上石墨润滑脂。

步骤5　按原顺序将各片钢板弹簧片叠在一起，对正中心螺栓孔，装好中心螺栓。从背离轮胎的一侧装好前后卡子螺栓，将钢板弹簧总成装合。

步骤6　抬上钢板弹簧总成，使其对正吻合，以规定拧紧力矩将钢板弹簧U形螺栓对称均匀地拧紧。按照与拆卸相反的顺序装复其他机件。

鉴定点22　更换转向节主销和推力轴承

一、鉴定题目　更换转向节主销和推力轴承

二、鉴定重点

能够正确地更换转向节主销和推力轴承。

三、鉴定准备工作

解放 CA1092 型汽车一辆，常用工具一套。

四、技术标准

更换后的转向节主销、推力轴承符合技术要求，能够正常工作。

五、操作方法

1. 拆下转向节主销

步骤1　首先把前轴架起并支撑牢固，分别拆下前轴两端的车轮，以及轮毂轴承外边的锁紧螺母、锁片、锁紧垫圈、调整螺母、轮毂外轴承，取下轮毂。

步骤2　拆下直拉杆总成，分别拆下左、右转向节臂球头销上的开口销、紧固螺母，取下横拉杆总成。

步骤3　分别拆卸左、右转向节主销上的楔形销、主销上下盖板，用铜冲头冲出主销，取下左右转向节、推力轴承及调整垫片。

2. 装配转向节主销

步骤1　把前轴支起架牢，先把左转向节、推力轴承、调整垫片装入前轴，从上边插入主销（使主销上的平面对准楔形销孔），转动转向节，应灵活自如。

步骤2　将0.15mm厚的塞尺插入前轴上端面与转向节之间，此间隙应符合要求，若大于此值，则应加垫片予以调整，反之则应减少垫片予以调整。

步骤3　调整合适后从前往后装入楔形销（如解放 CA1092 型汽车），按54～69N·m的拧紧

力矩拧紧螺母，然后装入主销的上、下盖板，以 35～45N·m 的拧紧力矩拧紧固定螺栓。

步骤 4　在转向节主销的配合面注入润滑脂，用相同的方法装配、调整好前轴右转向节主销。

鉴定点 23　更换万向传动装置和中间支承轴承

一、鉴定题目　更换万向传动装置和中间支承轴承

二、鉴定重点

能够正确地更换万向传动装置和中间支承轴承。

三、鉴定准备工作

解放 CA1092 型汽车一辆，常用工具一套。

四、技术标准

更换后的万向传动装置、中间支承轴承符合技术要求，能够正常工作。

五、操作方法

1. 拆卸传动轴

步骤 1　拆下后桥上的凸缘联接螺栓，取下后传动轴后端；拆下中间传动轴上的凸缘联接螺栓，取下后传动轴前端和后传动轴。

步骤 2　旋松中间支承支架与车架横梁的联接螺栓，拆下中间支承的一端；拆下与驻车制动鼓联接的螺母，取下中间传动轴。

2. 分解万向节

步骤 1　用卡簧钳取下弹性挡圈。

步骤 2　用左手把传动轴的一端抬起，右手拿锤子轻敲耳根部，将一个滚针轴承座震出。用同样的方法将凸缘叉上的另一滚针轴承座震出，并把凸缘叉取下来。

步骤 3　用左手抓住十字轴，将传动轴一端抬起，右手拿锤子轻敲万向节叉耳根部，将一个滚针轴承座震出。用同样的方法将万向节叉上的另一滚针轴承座震出，并把十字轴取下。

3. 装复万向节

步骤 1　使十字轴上有标识的一方朝向套管，并和套管叉上的油嘴同相位，将十字轴插入万向节叉耳孔内，把滚针轴承放入耳孔并套到十字轴轴颈上。

步骤 2　用铜棒、锤子轻敲滚针外轴承的底面，使轴承进入耳孔，用卡簧钳把挡圈装入叉子耳孔的槽内。

步骤 3　对准装配标识，把凸缘叉套到十字轴的另一对轴颈上。

步骤 4　把滚针轴承放入凸缘叉耳孔，并套到十字轴轴颈上，用铜棒、锤子轻敲轴承，使轴承进入耳孔。用卡簧钳把挡圈装入耳孔槽，一定要使挡圈整个厚度进入槽底，否则其会在传动轴传动过程中弹出而发生轴承脱落事故。

4. 安装传动轴

传动轴应从前端开始安装，然后逐步往后安装。安装时应注意：润滑脂嘴相对并在一条直线上，两端的万向节叉在同一平面内；中间轴前端的润滑脂嘴朝后，与后传动轴上的两个润滑脂嘴在同一直线上，并使三个万向节在同一平面上。

鉴定点 24　更换车轮制动器摩擦片

一、鉴定题目　更换车轮制动器摩擦片

二、鉴定重点

能够正确地更换车轮制动器摩擦片。

三、鉴定准备工作

解放 CA1092 型汽车一辆，常用工具一套。

四、技术标准

更换后的车轮制动器摩擦片符合技术要求，能够正常工作。

五、操作方法

步骤1 拆卸车轮。

步骤2 拆除旧摩擦片。直径用小于铆钉杆直径的钻头在台钻上从凹弧面开钻，钻穿旧铆钉，再用直径小于铆钉杆直径的圆冲将旧铆钉冲出。

步骤3 将制动蹄夹在台虎钳上，用锉刀锉去毛刺并用样板检查制动蹄的弧面形状，用直角尺检查装支承销的部位，若产生扭曲变形，可以进行敲击校正。

步骤4 根据制动鼓镗削尺寸，选择相应厚度的摩擦片，注意同一轴上使用的摩擦片质量应相同，厚度应相等，以免摩擦因数不同而造成制动跑偏。

步骤5 将摩擦片用夹持器夹紧在制动蹄上，在台钻上用直径比制动蹄铆钉孔径大的钻头将摩擦片钻出铆钉孔，再用上端与铆钉帽大小相同、下端与铆钉杆粗细一样的锪孔钻头锪埋头孔，使铆钉埋头孔的深度为摩擦片厚度的2/3。

步骤6 铆合可在铆钉机上进行，也可用手工铆合。铆合时应以中间向两端的顺序逐一铆紧。铆合后不得有裂纹、缺口，铆钉不得有偏斜和松动。最后应用木锉刀将摩擦片两端锉成坡形。

步骤7 按与拆卸相反的顺序装复。

鉴定点25 拆装循环球式转向器

一、鉴定题目 拆装循环球式转向器

二、鉴定重点

能够正确地拆装循环球式转向器。

三、鉴定准备工作

带循环球式转向器的汽车一辆，汽车维修工具一套，锤子、木块、铜冲头各一个，清洗剂、机油、润滑脂、棉纱、油盆若干。

四、技术标准

详见操作方法。

五、操作方法

步骤1 拆卸（从车上拆下转向器）。

1）在转向摇臂与齿扇轴间做好装配标记，然后拆下转向摇臂夹紧螺栓，用顶拔器拉下转向摇臂。

注意：切不可用锤子猛烈敲击。

2）拆下转向万向节滑动叉与转向螺杆间的螺栓，使转向螺杆与万向节滑动叉分离。拆下转向器固定螺栓，从车上取下转向器总成，并将其外部清洗干净后固定在台虎钳上。

步骤2 解体。

1）拆下放油螺塞，放出转向器内的机油。

2）转动转向器螺杆，使转向螺母处于螺杆中间位置，然后旋下转向器侧盖的紧固螺栓，用铜冲头轻轻敲击转向摇臂轴外端，取下侧盖及齿扇轴总成并解体，如图2-74所示。

注意：取出齿扇轴时不要碰伤油封。

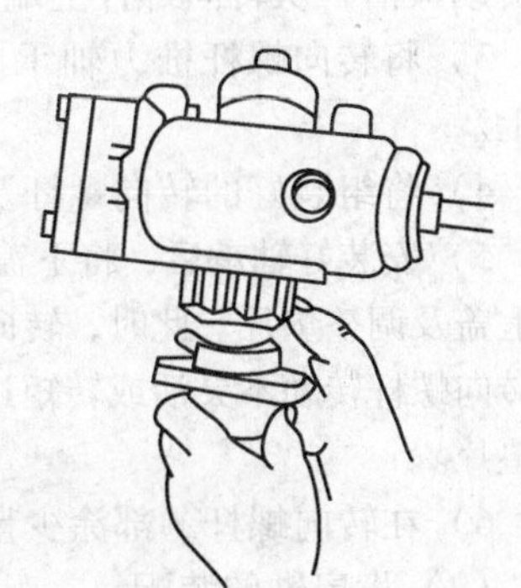

图2-74 拆下侧盖及摇臂轴

3）旋下转向器盖紧固螺栓，用铜冲头轻轻敲击转向螺杆及

螺母总成4的上端（见图2-75），取下下盖1和转向螺杆及螺母总成4，然后拆下转向器上盖9等零件。

注意：不要碰伤油封。

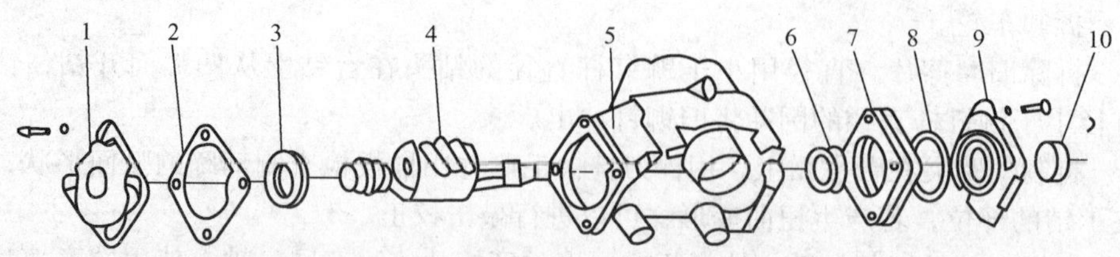

图2-75　分解后的转向螺杆总成

1—下盖　2—衬垫　3、6—轴承　4—转向螺杆及螺母总成　5—壳体　7—调整垫片　8—密封圈　9—上盖　10—油封

4）转向螺杆及螺母总成的解体：先拆下导管夹，取下钢球导管夹（见图2-76），然后转动转向螺杆，取出所有钢球，使转向螺杆与转向螺母分离。

注意：两封闭通道中的钢球应分别放置，以防错装。

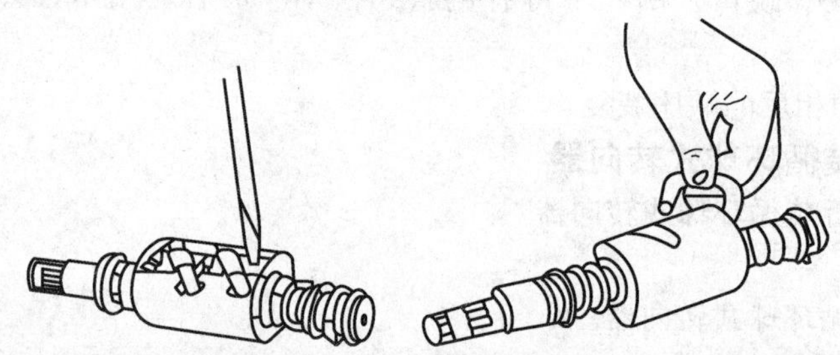

图2-76　转向螺杆及螺母总成的解体

5）拆下各处油封及密封圈，取出转向器壳体内的滚针轴承。

步骤3　装配。装配时按分解过程的相反顺序进行。

（1）转向螺杆和螺母的装配

1）将转向螺母套到转向螺杆上，将转向螺杆平放，边转动转向螺杆边将钢球装入转向螺母两通道中。

2）将剩余钢球分别装入两个导管中，在导管两端分别涂少量润滑脂，然后插入转向螺母侧面导管孔中，并用橡胶锤轻轻敲击使其安装到底。安装好导管夹后用螺钉紧固。此时，转向螺母应转动灵活，从转向螺杆上端能自由下落，如图2-77所示。

3）将转向螺杆推力轴承内圈压装到转向螺杆两端，将轴承外圈分别压装在转向器上、下盖上。

4）将组装好的转向螺杆及螺母总成装入转向器壳体中。

5）安装好轴承后，将下盖及适当厚度的密封垫片安装到转向器壳体上并紧固，同时装好转向器上盖及调整垫片。此时，转向螺杆应转动灵活，且无间隙感，其转动力矩应为0.7～1.2N·m。若转向螺杆转动不灵活或转矩过大，则应在上盖处增加调整垫片的厚度；当轴向间隙过大时，应减少垫片。

6）在转向螺杆颈部涂少量润滑脂后，装复转向螺杆油封。

（2）齿扇轴的装配

1）将齿扇轴止推垫片套到调整螺钉上，把调整螺钉及适当厚度的调整垫圈依次装入齿扇轴轴端的孔中，并装上锁环，如图2-78所示。此时调整螺钉的轴向间隙应不大于0.1mm，否则，应改变调整垫圈的厚度。

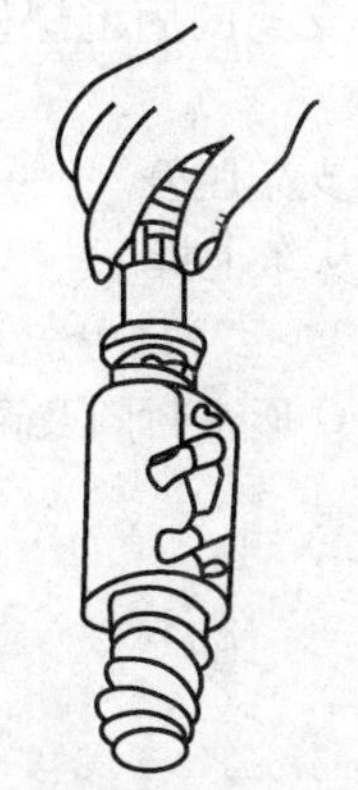
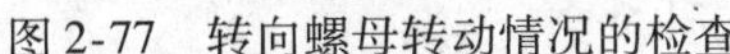

图2-77　转向螺母转动情况的检查

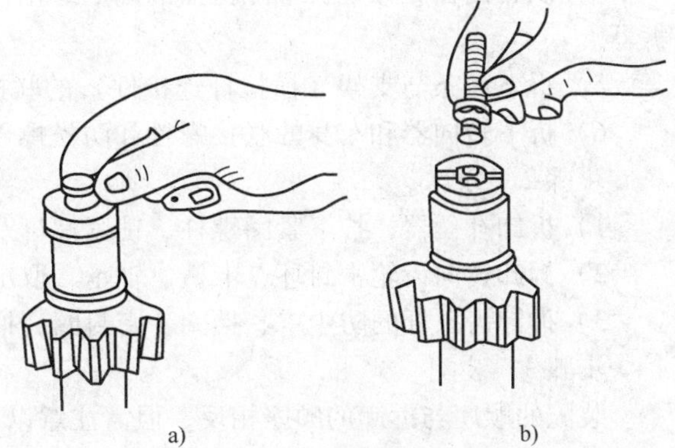

图2-78　安装调整螺钉
a）安装止推垫片　b）安装调整螺钉及调整垫圈

2）将齿扇轴滚针轴承装入转向器壳体内，在齿扇轴上涂薄薄的一层润滑脂。

3）将侧盖拧到调整螺钉上，并在侧盖上装好密封垫片。在垫片处涂好密封胶后，将齿扇轴装入转向器壳体滚针轴承中，并用螺栓将侧盖紧固好。

4）压装好齿扇轴油封及油封密封圈。

5）转动转向螺杆，使转向螺母处于中间啮合位置，根据标记，装上摇臂。此时，摇臂的自由摆动量应不大于0.15mm，否则，应调整齿扇与转向螺母下平面齿条的啮合间隙，如图2-79所示。将调整螺钉向里旋，啮合间隙减小，反之则增大。将该间隙调整合适后，拧紧锁紧螺母。

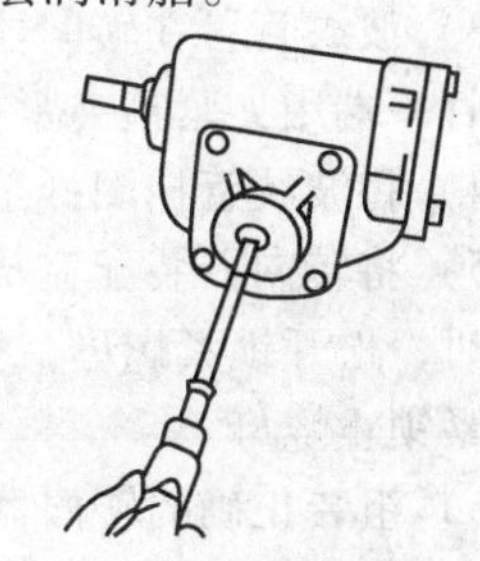

图2-79　循环球式转向器啮合间隙的调整

(3) 加注齿轮油　从加油口加注齿轮油至规定油位（与加油口下沿平齐），并装好通气塞。

鉴定点26　拆装齿轮齿条式转向器

一、鉴定题目　拆装齿轮齿条式转向器

二、鉴定重点　能够正确地拆装齿轮齿条式转向器。

三、鉴定准备工作

桑塔纳2000型轿车转向器一个；V型架一对，探伤设备一台、平台一块；塞尺、游标卡尺、内径量表、百分表、扭力表、弹簧秤各一个；呆扳手、梅花扳手、套筒扳手、一字槽螺钉旋具、锤子、木块、铜冲头各一个；清洗剂、机油、润滑脂、棉纱、油盆若干。

四、技术标准

1）补偿器压盖和油压分配阀罩螺栓的拧紧力矩为20N·m，高压油管和回油管螺塞的拧紧力矩分别为30N·m和40N·m。

2）装配时各O形密封圈应更换新件。

3）转向器齿轮、齿条应处于无间隙啮合状态，且齿轮转动灵活。

五、操作方法

步骤1　拆卸（从车上拆下转向器）。

1）松开仪表板的上罩板，拆下阻风门拉手，取下阻风门操纵杆。

2）拆下仪表板的下饰板，将密封衬套从前围穿线板中向驾驶人方向抽出。

3）从发动机罩中松开夹紧箍并取出螺栓。

4）从转向器壳体上拆下减振器的固定螺栓，并从另一端拆下支架的固定螺栓，取下转向减振器。

5）拆下齿条与支架（横拉杆连接件）的联接螺栓，将齿条、支架脱开。

6）拆下转向器和车身的联接螺栓和防松螺母，即可将转向器从车上拆下。

步骤2　分解。

1）拆卸补偿器，拧下紧固螺柱、锁紧螺母及调整螺栓，取下O形密封圈及调整弹簧。

2）拆卸转向齿轮密封环、卡簧、轴承，取出转向齿轮。

3）拆卸齿条杆的防尘罩、挡圈、密封圈，抽出齿条，并做行程记号。

步骤3　装配。

装配的顺序与拆卸的顺序相反，但需注意以下几点：

1）转向器壳的固定螺栓不可拧得太紧，应按规定力矩拧紧。

2）转向齿轮与转向柱下段连接时，夹紧箍应推到转向柱下段，密封环应嵌入转向器壳体上的环形槽中。

3）波纹管可在转向器安装后进行调整，这时在齿条上涂AUF06300004型转向器凡士林，将波纹管一端用夹紧箍夹紧在环槽中。

4）将波纹管挡圈推至齿条限位处。

5）将转向器装配完成后，应检查转向齿轮与齿条间隙。调整时，松开锁紧螺母，拧紧调整螺栓至止推垫圈挡块为止，再拧紧锁止螺母。

6）组装正确的转向器，用手可直接转动转向齿轮。转向器啮合间隙的调整应在车轮着地且处于直行状态下进行，向里旋补偿装置调整螺钉2（见图2-80），直至调整螺钉与压块相接触，此时，转向齿轮间隙应变小，且转动灵活，调整合适后拧紧锁紧螺母3。

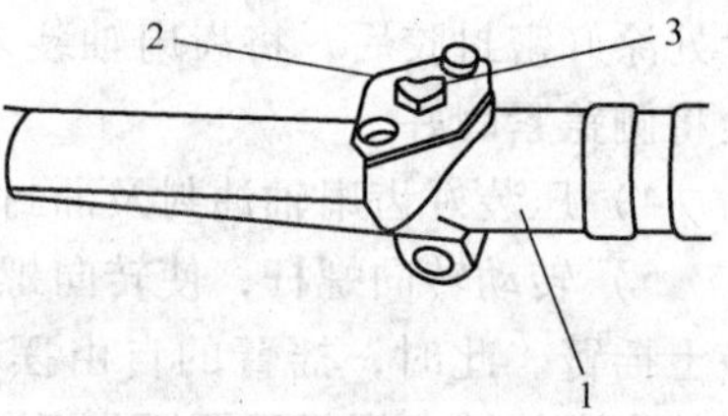

图2-80　补偿装置的调整
1—转向器　2—调整螺钉　3—锁紧螺母

鉴定点27　拆装蜗杆曲柄指销式转向器

一、鉴定题目　拆装蜗杆曲柄指销式转向器

二、鉴定重点

能够正确地拆装蜗杆曲柄指销式转向器。

三、鉴定准备工作

带蜗杆曲柄指销式转向器的汽车一辆；汽车维修工具一套；锤子、木块、铜冲头各一个；清洗剂、机油、润滑脂、棉纱、油盆若干。

四、技术标准

详见操作方法。

五、操作方法

步骤1　拆卸（从车上拆下转向器）。

1）在转向器摇臂与摇臂轴间做装配标记，然后拆下转向摇臂螺栓，用顶拔器拉下转向摇臂。

注意：不可用锤子猛烈敲击。

2）拆下转向万向节滑动叉与转向蜗杆间的夹紧螺栓，使之分离。

3）拆下转向器固定螺栓，从车上取下转向器。

步骤 2　解体。

1）拧下放油螺塞，放出转向器中的机油，然后将螺塞装回原位，清洗转向器外部。

2）拆下转向器侧盖螺栓，取下侧盖。

3）从转向器中取出摇臂轴，如图 2-81 所示。

4）拧下转向器下盖螺栓，取下下盖。

5）使蜗杆处于垂直位置，用铜冲头或木锤轻轻敲击蜗杆花键端，取出蜗杆 8 等零件，如图 2-82 所示。

6）拆下转向器上盖螺栓，取下上盖、油封等零件。

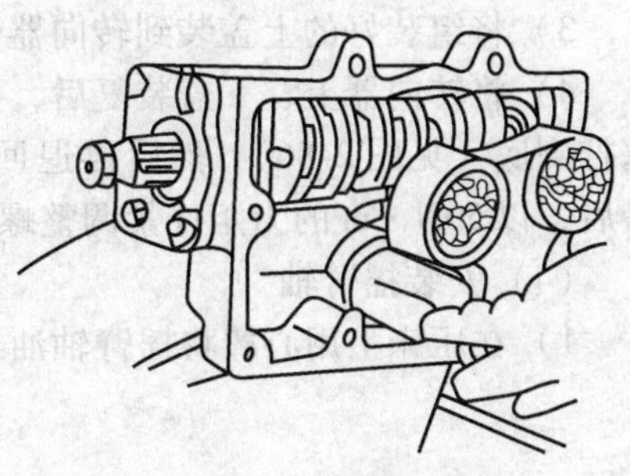

图 2-81　取出摇臂轴

步骤 3　装配。

（1）安装转向器下盖

1）将转向器壳体竖立固定，将轴承外圈压入壳体轴承孔，使有滚道的一端向内，并使其距离壳体端面 12.5 ~ 13.0mm，如图 2-83 所示。

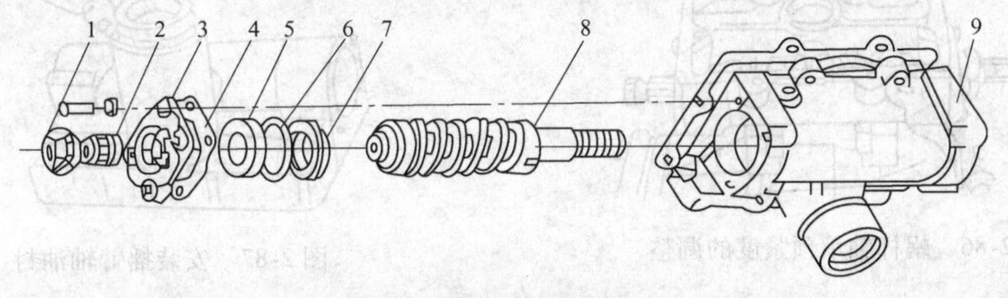

图 2-82　取出转向蜗杆

1—螺母　2—调整螺塞　3—下盖　4—衬垫　5—垫块
6—密封圈　7—蜗杆轴承　8—蜗杆　9—转向器壳体

2）将密封圈装在轴承垫块槽中，然后装入轴承垫块，如图 2-84 所示。

3）装复转向器下盖及其衬垫，用 30 ~ 60N · m 的力矩对角紧固好螺栓（此时下盖上的调整螺塞应处于退出位置）。

（2）安装蜗杆

1）利用压力机将上、上轴承内圈压装在蜗杆上。

2）将转向器壳体的上盖轴承孔朝上放置，放入下轴承保持架及蜗杆，如图 2-85 所示。

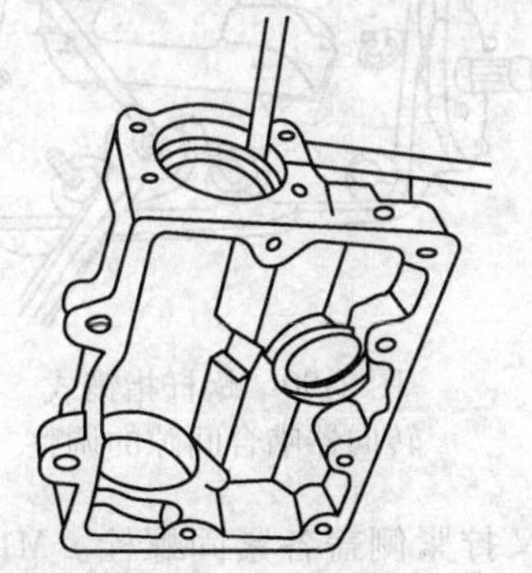

图 2-83　安装蜗杆轴承外圈

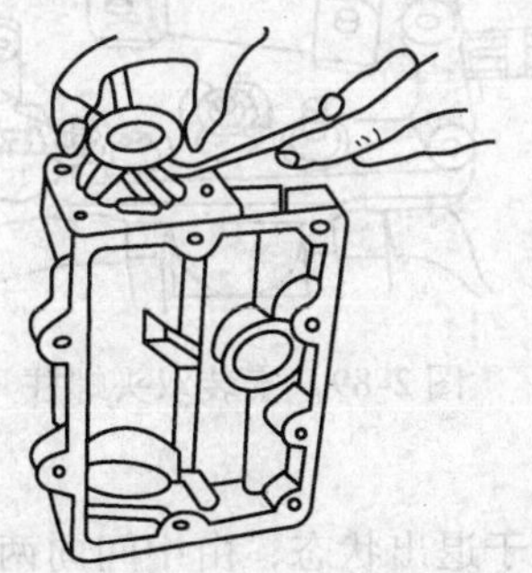

图 2-84　安装蜗杆轴承垫块

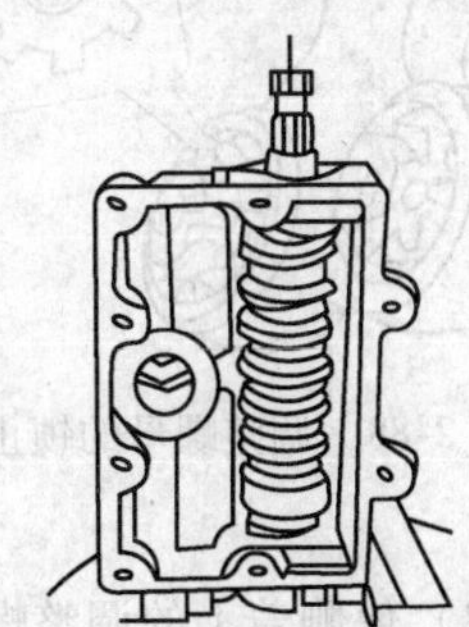

图 2-85　蜗杆的安装

（3）安装转向器上盖

1）放好蜗杆的上轴承保持架，压入蜗杆上的轴承外圈，使其到壳体上端面的距离为 12.5 ~ 13.0mm。

2）在上盖处放好密封圈、转向器上盖油封（刃口向内）及原来的垫片或总厚度为1.2mm的垫片。该处垫片厚度不得随意改变，以免破坏蜗杆的轴向位置。

3）将组装好的上盖装到转向器壳体上，以30～60N·m的力矩对角拧紧螺栓。

4）将转向器上、下盖装复后，要进行蜗杆轴承预紧度的调整，即将转向器下盖上的调整螺塞拧到底（见图2-86），然后再退回1/8～1/4圈。调整完毕，蜗杆应转动灵活，无轴向间隙。最后，以50N·m的力矩拧紧调整螺塞的锁紧螺母。

（4）安装摇臂轴

1）在压床上用心棒将摇臂轴油封压入转向器壳体中（刃口向内），如图2-87所示。

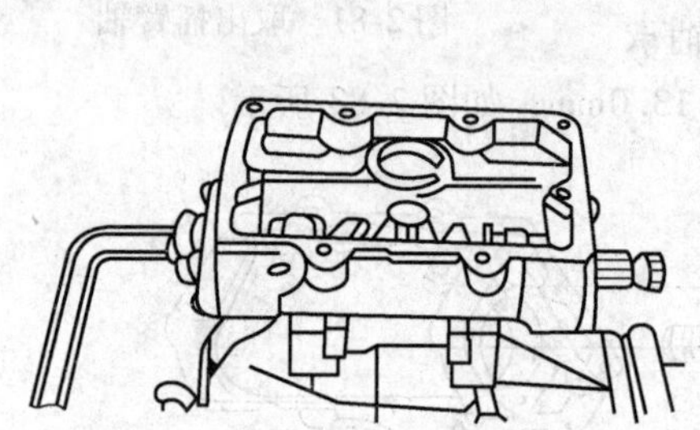

图2-86　蜗杆轴承预紧度的调整

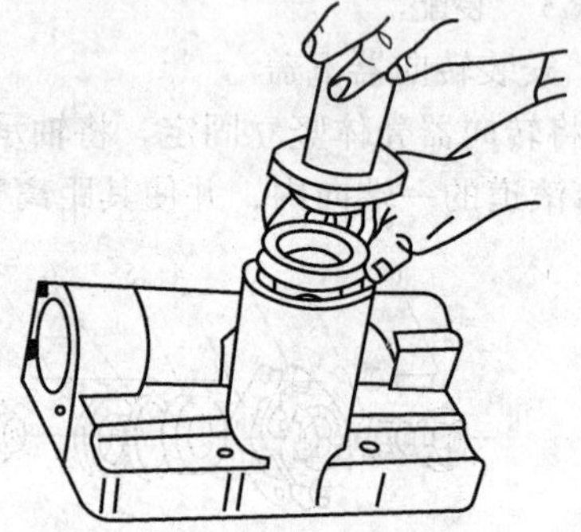

图2-87　安装摇臂轴油封

2）将转向指销及轴承涂抹润滑脂后，安装在摇臂轴的曲柄上，装上止动垫片，通过调整螺母调整合适后，用锁止垫片锁紧调整螺母，如图2-88所示。

3）在摇臂轴上涂抹机油后，将其插入转向器壳体的摇臂轴承孔中，使指销与蜗杆啮合。

（5）安装转向器侧盖

1）在转向器壳体及侧盖接合面上分别涂抹适量密封胶，然后将侧盖及密封垫装到转向器壳体上，并将带有弹簧垫圈的各螺栓旋入相应的螺栓孔中（双头螺柱短的一端向外），如图2-89所示。

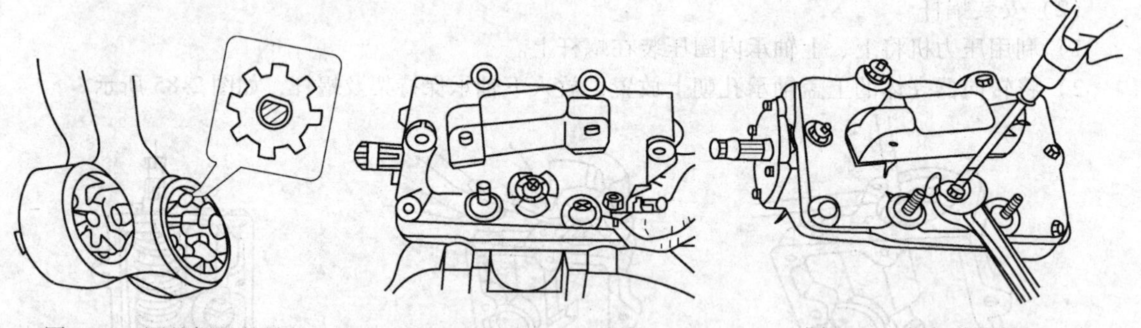

图2-88　调整螺母的锁止　　图2-89　安装双头螺柱　　图2-90　蜗杆指销式转向器啮合间隙的调整

2）使侧盖上的调整螺栓处于退出状态，由中间向两端交叉拧紧侧盖各紧固螺栓。M14螺栓的拧紧力矩为70～100N·m，M10螺栓的拧紧力矩为30～60N·m。

3）将侧盖安装好后，先转动蜗杆，使指销在中间位置啮合，再将转向器侧盖上的调整螺钉拧到底，并退回1/8圈（见图2-90），然后以50N·m的力矩拧紧锁紧螺母。

4）组装完毕后，加注机油（90号齿轮油），检查蜗杆的转动力矩，应小于或等于2.7N·m，转动量应大于或等于6圈，且无阻滞现象，各接合部位不得漏油。

（6）在车上安装转向器

1）对正螺栓孔，拧紧转向固定螺栓，固定转向器。

2）将转向蜗杆花键端插入转向万向节滑动叉内，并用夹紧螺栓紧固。

3）将摇臂与摇臂轴的装配标记对正压入，并用螺母紧固。

鉴定范围3　汽车电器维修操作技能

鉴定点1　检查、清洁蓄电池，补充电解液

一、鉴定题目　检查、清洁蓄电池，补充电解液

二、鉴定重点

能够检查蓄电池中电解液的液位。

三、鉴定准备工作

解放CA1092型汽车一辆，常用工具一套。

四、技术标准

补充电解液符合技术要求。

五、操作方法

1. 清洁蓄电池外部

步骤1　检查蓄电池及各电桩导线夹头的固定情况，应无松动现象。

步骤2　检查蓄电池壳体，应无开裂和损坏现象，电桩和夹头应无烧损现象，否则，应将蓄电池从车上拆下进行修复。

步骤3　清除蓄电池外部的灰尘，如果其表面有电解液溢出，可用布块擦干。清除电桩头上的脏物和氧化物，擦净连接线外部及夹头，清除安装架上的脏污。疏通加液口盖通气孔，并将其清洗干净。安装时，在电桩和夹头上涂薄薄的一层工业凡士林。

2. 检查电解液的液位

步骤1　将一根内径为6～8mm、长度约为150mm的玻璃管垂直插入加液口内，直至接触极板边缘为止。

步骤2　用拇指压紧玻璃管上口，并用食指和无名指将其夹出，玻璃管中电解液的高度即为蓄电池内电解液高出极板的高度，应为10～15mm。

步骤3　将电解液放入原单格电池中。

3. 补充电解液

如果电解液液位过低，应及时补充蒸馏水或市场上销售的蓄电池补充液。不要添加自来水、河水或井水，以免混入杂质而造成自行放电故障；也不要添加电解液，否则会使电解液浓度增大而缩短蓄电池的使用寿命。

注意：电解液液位不能过高，以防充、放电过程中电解液外溢而造成短路故障。调整液位之后应对蓄电池充电0.5h以上，以便使加入的蒸馏水能够与原电解液混合均匀，否则，在冬季会使蓄电池内结冰。

鉴定点2　检查、清洁发电机和起动机

一、鉴定题目　检查、清洁发电机和起动机

二、鉴定重点

能够按规范检查、清洁发电机和起动机。

三、鉴定准备工作

解放 CA1092 型汽车一辆，常用工具一套。

四、技术标准

检查、清洁后的发电机和起动机符合技术要求。

五、操作方法

步骤 1　检查发电机的电路是否破损，安装接头是否牢固。

步骤 2　清洁发电机的外部油污。

步骤 3　检查发电机的传动带张紧度是否符合要求。

步骤 4　检查发电机的传动带是否破损。

步骤 5　检查发电机的传动带带轮是否安装牢固。

步骤 6　检查起动机的电路是否破损，安装接头是否牢固。

步骤 7　清洁起动机的外部油污。

鉴定点 3　检查、清洁分电器和高压线

一、鉴定题目　检查、清洁分电器和高压线

二、鉴定重点

能够按规范检查、清洁分电器和高压线。

三、鉴定准备工作

解放 CA1092 型汽车一辆，常用工具一套。

四、技术标准

检查、清洁后的分电器和高压线符合技术要求。

五、操作方法

1. 清洁分电器内部

步骤 1　打开分电器盖的卡簧，卸下分电器盖，用抹布擦拭分电器盖的内外部，检查分电器盖有无破损或龟裂的痕迹。分电器盖出现破损或龟裂现象时必须更换。

步骤 2　检查中央电极的炭棒及弹簧，用手或螺钉旋具轻压中央电极，松开时，中央电极应能弹回原位。中央电极的炭棒及弹簧如果损坏，应更换。

步骤 3　用布擦净分火头，检查分火头有无裂纹或破损现象，如果有裂纹或破损现象，应及时更换。

步骤 4　将分电器盖装到分电器上后，要用卡簧固定住，并检查各缸的高压线是否套牢。

2. 调整触点间隙

用塞尺检查分电器的触点间隙，间隙标准值为 0.35 ~ 0.45mm，如果不符合要求，应通过其上的调整螺钉进行调整。

鉴定点 4　检查、清洁或更换火花塞

一、鉴定题目　检查、清洁或更换火花塞

二、鉴定重点

能够按规范检查、清洁或更换火花塞。

三、鉴定准备工作

桑塔纳 LX 型汽车一辆，常用工具一套。

四、技术标准

1）火花塞的螺纹、绝缘体及电极良好。

2）火花塞间隙为 0.7 ~ 0.9mm。

五、操作方法

步骤 1 拆卸火花塞。拆卸火花塞前，要清除火花塞孔处的杂物和灰尘。如果火花塞孔处有灰尘和杂物，可用嘴吹去灰尘和杂物，不易将其吹掉时，可用抹布和螺钉旋具进行清除。

用火花塞套筒逐一卸下各缸的火花塞。拆卸时，火花塞套筒要确实套牢火花塞，否则会损坏火花塞的绝缘磁体而引起漏电。为了稳妥，可用一只手扶住火花塞套筒并轻压套筒，另一只手转动套筒，卸下火花塞。应将卸下的火花塞按顺序排好。

步骤 2 检查火花塞状态。逐一检查火花塞，如果火花塞的电极呈灰白色，并且没有积炭，表明该火花塞工作正常，燃烧良好；如果电极严重烧蚀或有积炭，甚至有污迹或其他异常现象，表明该火花塞有故障，应予以更换。

检查火花塞的绝缘体，有油污和积炭时应将其清洗干净。磁心若损坏或破裂，应予以更换。清除积炭时，最好使用火花塞清洁器进行清洁，不要用火焰烧烤。

步骤 3 检查、调整火花塞电极间隙。用火花塞量规测量火花塞电极间隙。电极间隙太大时，可用螺钉旋具柄轻轻敲打旁电极进行调整；电极间隙过小时，可将一字槽螺钉旋具插入电极之间，扳动一字槽螺钉旋具，把间隙调整到符合要求为止。注意：调整间隙时，只能弯动旁电极，不能弯动中央电极，以免损坏绝缘体。

在将火花塞间隙调整好后，旁电极与中央电极应略成直角，若过度弯曲或电极烧蚀而呈圆形，表明该火花塞不能再使用，应予以更换。

步骤 4 安装火花塞。安装火花塞时，先用手抓住火花塞的尾部，对准火花塞孔，慢慢用手拧上几圈，然后再用火花塞套筒拧紧。如果用手拧入有困难或费力，应把火花塞取下来再试一次，千万不要勉强拧入，以免损坏螺纹孔。为使安装顺利，可以在火花塞螺纹上涂抹一点机油。

鉴定点 5 检查全车电路

一、鉴定题目 检查全车电路

二、鉴定重点

能够按规范检查全车电路。

三、鉴定准备工作

解放 CA1092 型汽车一辆，常用工具一套。

四、技术标准

全车电路完好。

五、操作方法

步骤 1 检查、调整灯光和信号显示装置，如果发现有损坏现象，应及时修复。

步骤 2 检查、紧固全车电路。

步骤 3 检查全车电路插头，要求干净、整齐、连接可靠。

步骤 4 检查全车电路的绝缘层，若有破损现象，可用胶布包裹好，对于破损较多的导线，应予以更换。

步骤 5 检查全车线束的固定情况，卡子应齐全，固定可靠，无松动现象。

步骤 6 检查各警告灯、传感器及连线，均应完好无损，若发现损坏或显示异常现象，应及时修理，以确保行车安全。

步骤 7 检查全车灯光情况。两个人配合检查前照灯、转向灯、示宽灯、制动灯等灯光装置。检查时，先打开灯光开关，依次检查全车各部位的灯光，踩下制动踏板查看制动灯情况，若发现不亮故障，应予以排除。常见的灯光不亮故障多为灯泡烧毁或熔丝烧断，更换灯泡或熔丝即可排除故障。

鉴定点 6　拆装发电机、起动机

一、鉴定题目　拆装发电机、起动机

二、鉴定重点

能够按规范拆装发电机、起动机。

三、鉴定准备工作

解放 CA1092 型汽车一辆，常用工具一套。

四、技术标准

1）拆装程序正确。

2）发电机、起动机润滑良好，能够正常工作。

五、操作方法

1. 拆装发电机

步骤 1　拆下电刷盒固定螺栓，取出电刷盒总成。

步骤 2　拆下机壳的三个螺栓，将带转子的前端盖与带定子的硅整流组合件分离。

步骤 3　拆下带轮固定螺栓，用顶拔器拉下带轮，取下风扇，剔下转子轴上的半圆键，拉下前端盖；拆下前端盖轴承盖固定螺钉，取下轴承盖和前轴承。

步骤 4　拆下后端盖上的硅整流组合件的保护罩，拆下固定在硅整流组合件上的定子线圈的三个接线头固定螺钉，将发电机的定子电路与硅整流组合件电路分离。

步骤 5　拆下后轴承盖，取下后轴承，用洗油清洗轴承、轴承盖、风扇、带轮、壳体并吹干，用毛刷清除定子、转子上的尘土。

步骤 6　按拆卸相反的顺序安装发电机。

2. 拆装起动机

步骤 1　旋松防尘箍的紧固螺钉，取下防尘箍，用专用弹簧钩钩起电刷弹簧，将电刷从电刷架中取出。

步骤 2　拆下联接驱动端盖与后端盖的两个长螺栓，将后端盖与定子总成、驱动端盖分离。

步骤 3　拆下驱动端盖上固定拨叉的螺钉，取出转子和拨叉，拆下电枢轴驱动端的挡圈，将单向传力机构取下。

步骤 4　拆下电磁开关固定螺钉，取下电磁开关。

步骤 5　用毛刷清除电枢线圈、磁场线圈和电磁开关上的尘土，用洗油清洗其余零件并吹干。

步骤 6　按拆卸相反的顺序安装起动机。

鉴定点 7　更换车灯、刮水器、仪表、喇叭

一、鉴定题目　更换车灯、刮水器、仪表、喇叭

二、鉴定重点

能够按规范更换车灯、刮水器、仪表、喇叭。

三、鉴定准备工作

解放 CA1092 型汽车一辆，常用工具一套。

四、技术标准

车灯、刮水器、仪表、喇叭完好，能够正常工作。

五、操作方法

1. 更换车灯

步骤 1　用螺钉旋具将卡子上部按下去的同时，向外拉散热器罩。

步骤 2　更换车灯。

2. 更换刮水器

步骤 1　取下刮臂护盖，卸下固定螺母。

步骤 2　拆下刮臂与刮片。

步骤 3　拆下通风盖板和发动机后密封条。

步骤 4　拆下刮水器电动机总成。

步骤 5　拆卸传动杆总成。

步骤 6　更换后按拆卸相反的顺序安装。

3. 更换仪表

步骤 1　拆开蓄电池的负极导线，取下下加强板装饰罩。

步骤 2　拆下仪表板下加强板。

步骤 3　拆下转向管柱。

步骤 4　拆卸仪表装饰罩总成。

步骤 5　拆下组合仪表的车速里程表软轴导线插头。

步骤 6　拆下组合仪表。

步骤 7　拆下物品箱。

步骤 8　拆卸仪表中部装饰板，拆开点烟器导线插头。

步骤 9　拆开暖风操纵拉线，取下暖风操纵机构。

步骤 10　拆开暖风鼓风机电动机和电子钟导线插头。

步骤 11　拆卸仪表总成。

步骤 12　拆下电子钟。

步骤 13　拆卸物品箱铁扣和仪表板上部支承板。

步骤 14　卸下仪表中部支承板。

步骤 15　卸下线束卡子。

步骤 16　取下仪表左、右侧通风口总成和中部通风口总成。

步骤 17　取下仪表板左端和右端支架。

步骤 18　更换后按拆卸相反的顺序安装。

4. 更换喇叭

喇叭通常固定在缓冲支架上，缓冲支架与固定支架之间装有橡胶垫等物质，拆卸时不要丢失。

鉴定点 8　维修或更换充电电路的插头和导线

一、鉴定题目　维修或更换充电电路的插头和导线

二、鉴定重点

能够按规范维修或更换充电电路的插头和导线。

三、鉴定准备工作

解放 CA1092 型汽车一辆，常用工具一套。

四、技术标准

充电电路的插头和导线完好，能够正常工作。

五、操作方法

步骤 1　擦净导线及插头上的污垢与氧化物。

步骤 2　查看充电电路的导线是否破损，若破损，应用胶布包裹好；如果大部分导线已经损

坏，应拆下更换新的导线。

步骤3　查看插头是否牢固，若松动，应拧紧。

鉴定点9　检查、调整点火正时

一、鉴定题目　检查、调整点火正时

二、鉴定重点

能够按规范检查、调整点火正时。

三、鉴定准备工作

解放CA1092型汽车一辆，常用工具一套。

四、技术标准

点火正时正确，符合技术标准，能够正常工作。

五、操作方法

步骤1　拆下第一缸火花塞，用手指按住火花塞孔，摇转曲轴，当手指感到压力增大时，慢摇曲轴，待飞轮或曲轴带轮上的正时标识对正时，即为第一缸活塞在上止点位置。点火初始角位置在上止点标识前，只要摇转曲轴，使飞轮上的点火线对准飞轮壳检查孔的刻线即可。

步骤2　如果第一缸活塞在压缩终了上止点时分电器触点不是刚刚张开的，则可松开分电器外壳固定螺钉，顺时针转动分电器外壳使触点闭合，再逆时针转动分电器外壳使触点刚刚张开，拧紧固定螺钉。

步骤3　装好分火头，将第一缸高压线插在分电器盖和分火头对准的插线孔内，将其余各缸按分电器轴的旋转方向和点火顺序依次插好。

步骤4　起动发动机至正常温度，然后使其突然加速，此时发动机有轻微的爆燃声即为合格。若在加速过程中，发动机有明显的爆燃声，则应适当推迟点火时间；若在加速过程中听不到爆燃声，发动机加速又十分缓慢，则应适当提前点火时间，直到正常为止。

鉴定点10　检查点火一次、二次电路的导线和部件

一、鉴定题目　检查点火一次、二次电路的导线和部件

二、鉴定重点

能够按规范检查点火一次、二次电路的导线和部件。

三、鉴定准备工作

解放CA1092型汽车一辆，常用工具一套。

四、技术标准

点火一次、二次电路的导线和部件完好，符合技术标准。

五、操作方法

步骤1　断开点火线圈的所有导线插头。

步骤2　用欧姆表检查一次导线电阻，其阻值应符合要求。

步骤3　测量次级绕组电阻的方法是用欧姆表测量点火线圈正极与高压端之间的电阻，其标准值为7～12kΩ。若达不到标准值，应更换点火线圈。

鉴定点11　清洗制冷系统外部

一、鉴定题目　清洗制冷系统外部

二、鉴定重点

能够按规范清洗制冷系统外部。

三、鉴定准备工作

解放CA1092型汽车一辆，常用工具一套。

四、技术标准

制冷系统外部干净，无污染物。

五、操作方法

步骤 1　检查冷凝管道和散热片上有无污垢，若有，则应及时清理。

步骤 2　检查散热片表面是否损坏，若损坏，应更换散热片。

步骤 3　检查蒸发器散热片表面是否有污垢，必要时应清除污垢，并用压缩空气吹干。

鉴定点 12　拆装空调系统

一、鉴定题目　拆装空调系统

二、鉴定重点

正确地进行空调解体、清洗、检查、装配和调整等操作。

三、鉴定准备工作

桑塔纳 LX 型轿车一辆，常用拆装工具一套。

四、技术标准

详见操作方法。

五、操作方法

1. 空调系统中制冷剂的排空

步骤 1　关闭点火开关。

步骤 2　拔下压缩机上的电源接头，以免无意间接通压缩机而将其损坏。

步骤 3　如图 2-91 所示，将低压表 1 接入蒸发器与压缩泵之间低压管上的维修阀上，将高压表 2 接在储液罐上的维修阀上，缓慢地打开低压表阀门 3 和高压表阀门 4，若打得太快，则会造成压缩机的油同时排出。

2. 空调出风口的拆卸

步骤 1　拆下仪表板下的内饰板。

步骤 2　如图 2-92 所示，从仪表板下方压出左出风口 6、右出风口 4 和中间出风口 14。

步骤 3　旋下自攻螺钉 1 和 12，取下地板风管 15。

步骤 4　从风箱左、右半壳体上取下仪表板风道左空气软管 8 和右空气软管 9。

3. 空调真空管的拆卸

将进风罩真空阀、除霜及中央风门真空阀、地板风门真空阀上的真空管拆下。

4. 压缩机的分解（见图 2-93）

步骤 1　先拆卸电磁离合器总成 18，再拆卸缸盖 1，最后分解压缩机 6。

步骤 2　用专用工具固定住前板 13，再用扳手旋下主轴的六角螺母 19。

步骤 3　拆卸离合器前板 13。将顶拔器的三个螺栓旋入前板 13 的螺孔内，用顶拔器的中心螺栓顶住主轴后，旋动中心螺栓，取下离合器前板 13。

步骤 4　拆卸半月键。用螺钉旋具撬下半月键 7。

步骤 5　拆卸轴用和孔用弹性挡圈。用尖嘴钳拆下孔用弹性挡圈 15 和轴用弹性挡圈 21。

步骤 6　拆卸带轮前，需先将主轴保护装置和爪子装入转子带轮 16 内。

步骤 7　拆卸带轮时，将顶拔器的两个螺栓旋入爪子的螺孔内，将爪子和带轮 16 一起拆下。

步骤 8　旋下螺钉，拆下磁场线圈的线卡子，用尖嘴钳取下轴用弹性挡圈 21，取下磁场线圈。

步骤 9　用卡环镊子钳入毡环 12 的金属保持器的两个孔内，将毡环 12 提出。

步骤 10　用一个环行钩子和一把螺钉旋具将调整垫圈 8 取出。

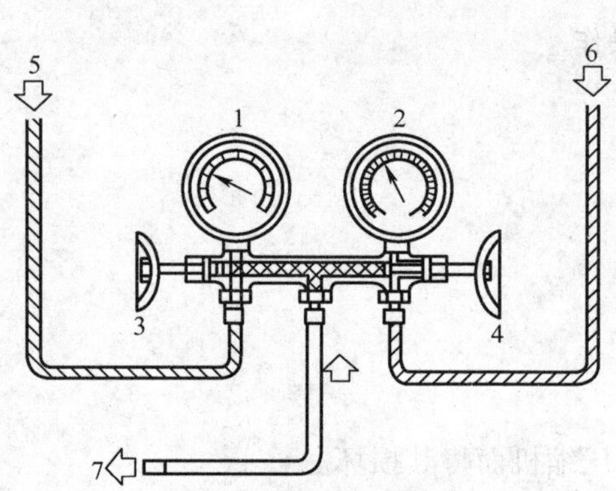

图 2-91　制冷液的排出

1—低压表　2—高压表

3—低压表阀门　4—高压表阀门

5—接低压维修阀　6—接高压维修阀

7—通大气

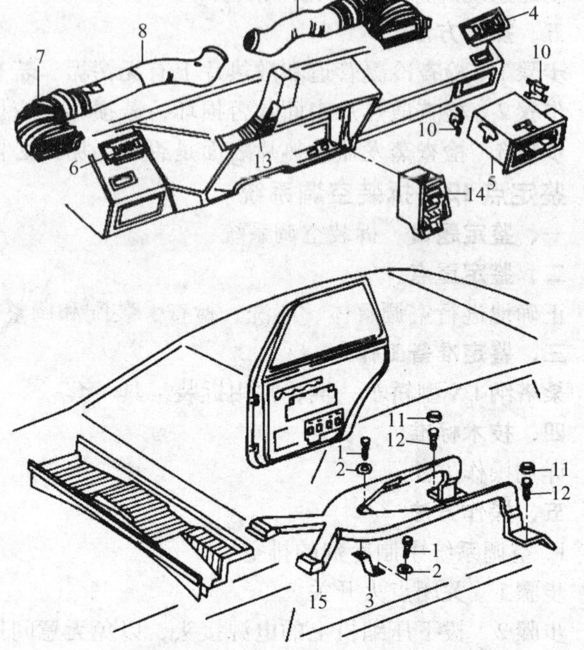

图 2-92　空调出风口的拆卸

1、12—自攻螺钉　2—垫圈　3—固定板　4—右出风口

5—空调开关箱　6—左出风口　7—橡胶弯管

8—仪表板风道左空气软管　9—仪表板风道右空气软管　10—卡子

11—螺钉盖　13—空气通道　14—中间出风口　15—地板风管

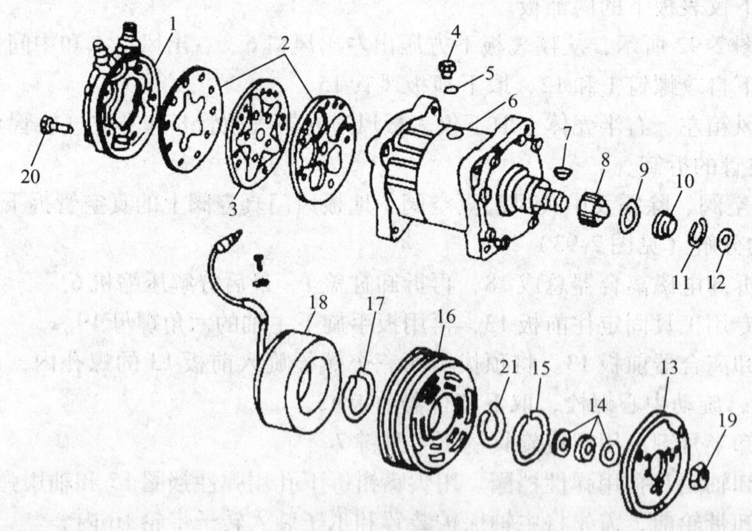

图 2-93　压缩机的分解

1—缸盖　2—密封垫　3—阀板　4—注油孔塞　5、9—O 形圈　6—压缩机　7—半月键

8—油封　10—油封座　11、15、17—卡环　12—毡环　13—前板　14—垫圈

16—转子带轮　18—离合器总成　19—六角螺母　20—螺栓　21—轴用弹性挡圈

步骤 11　用尖嘴钳取下轴油封座上的孔用弹性挡圈。

步骤 12　用轴油封座专用拆卸器取下轴油封座 10。

步骤 13　将油封拆卸器插入油封 8 中，将油封 8 的弹簧向下压，同时旋转油封拆卸器直至把它啮合在油封 8 的保持架槽里，再把油封提出。

步骤 14　拆卸缸盖 1。旋下全部螺栓后，用一把小锤子和衬垫刮刀轻撬缸盖 1 的周边，直至缸盖 1 与阀板 3 脱开。

步骤 15　从缸体上取下阀板 3 及密封垫。

5. 压缩机的装配

按拆卸相反的顺序进行配装。

6. 压缩机的安装

步骤 1　安装压缩机时，必须确定离合器带轮、发动机带轮的带槽对称面在一个平面内。

步骤 2　以规定力矩拧紧固定螺栓。M10 螺栓的拧紧力矩为 45N · m，M12 螺栓的拧紧力矩为 80N · m，M8 螺栓的拧紧力矩为 25N · m。

步骤 3　散热器与风扇之间应保持一定的距离，对于塑料风扇该值至少为 20mm。

步骤 4　压缩机托架和软管之间应留有 15mm 间隙。

步骤 5　检查燃油系统及冷却系统，应无渗漏现象。

步骤 6　调整压缩机传动带的张紧度，用手指以 98N 的力压下时，传动带挠度应为 8 ~ 12mm。

注意事项：

1）拆除制冷管路时，要避免与制冷剂接触，要戴橡胶手套、防护镜，保护手和眼睛。

2）不允许将制冷剂排到通风差的空间，必须用抽吸设备排出室外。

3）不允许充入制冷剂后进行熔焊或点焊操作。

鉴定范围 4　新能源汽车动力系统维修操作技能

鉴定点 1　在充电站对电动汽车快速充电

一、鉴定题目　在充电站对电动汽车快速充电

二、鉴定重点

对电动汽车进行快速充电，步骤规范。

三、鉴定准备工作

电动轿车一辆，充电站。

四、技术标准

安全、规范。

五、操作方法

步骤 1　关闭点火开关并拔出点火钥匙，从车内拉动位于仪表板上的快速充电口开启拉手，如图 2-94 所示。

步骤 2　从车外打开快速充电口小门盖。

步骤 3　松开塑料卡扣。

步骤 4　打开塑料盖。

步骤 5　将充电站充电手柄连接到快速充电口，如图 2-95 所示。

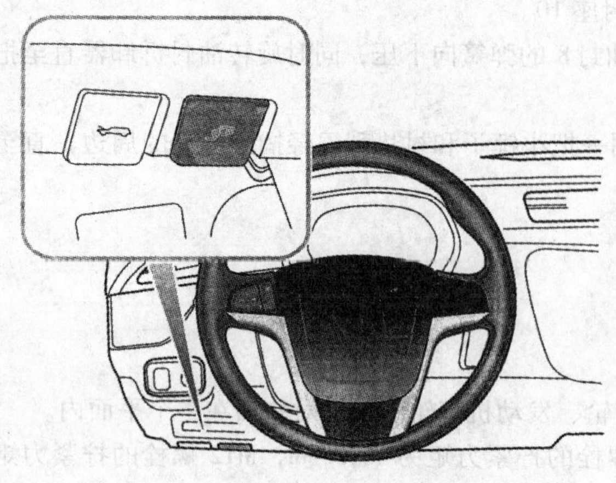

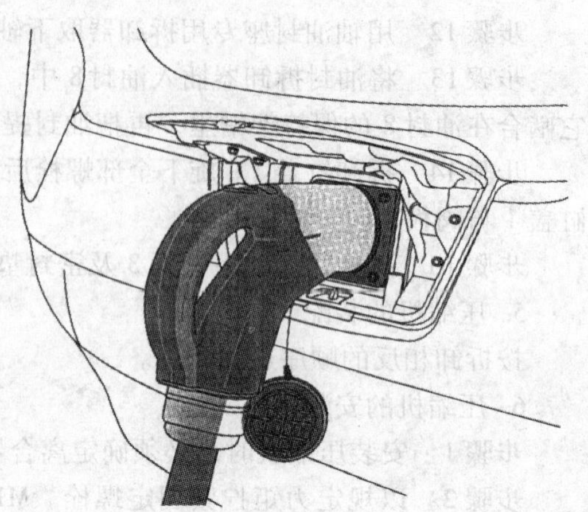

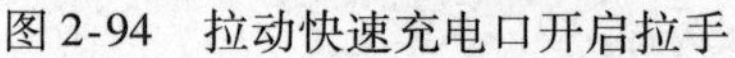

图 2-94　拉动快速充电口开启拉手

图 2-95　将充电手柄连接到快速充电口

步骤 6　组合仪表上的红色充电连接指示灯点亮。

步骤 7　打开充电桩电源，使车辆充电。

步骤 8　在充电过程中，仪表上黄色充电状态指示灯会闪烁。同时，组合仪表上的蓄电池电量表条形格会相应点亮，实时显示蓄电池电量。

步骤 9　充电完成后，先关闭充电装置，再将充电手柄拔下，并将车身快速充电口塑料盖盖好。

步骤 10　将车身快速充电口小门合上并盖好。

鉴定点 2　使用家庭电源对电动汽车慢速充电

一、鉴定题目　使用家庭电源对电动汽车慢速充电

二、鉴定重点

使用家庭电源对电动汽车慢速充电，步骤规范。

三、鉴定准备工作

电动轿车一辆，家庭电源。

四、技术标准

安全、规范。

五、操作方法

步骤 1　选择 220V/16A 且有可靠接地的三相插座。

步骤 2　用手轻按慢速充电口小门右侧中间部位，小门轻微弹出，拉开小门。

步骤 3　松开塑料卡扣。

步骤 4　打开塑料盖。

步骤 5　从行李箱的随车工具箱中取出 3PIN 交流充电线。

步骤 6　将充电手柄与车身慢速充电口的充电插座相连接。

步骤 7　将 3PIN 交流充电线插头接入家庭电源。

步骤 8　在 3PIN 交流充电线连接完成后，在仪表上的红色充电连接指示灯会点亮。

步骤 9　在充电过程中，仪表上的黄色充电状态指示灯会闪烁。

步骤 10　充电完成后，先拔掉 3PIN 交流充电线插头，再断开充电手柄与车身慢速充电口充

电插座的连接。

步骤 11　将车身慢速充电口塑料盖和慢速充电口小门一次合上并盖好。

注意：充电供电电压为常用居民用电 220V/16A 包含相线（L）、零线（N）、地线（E）。充电线的地线用于连接供电设备地线和车辆车身地线，起保护作用。

慢速充电时供电设备或者接线板需要达到 3.3kW/16A 以上的功率和熔丝要求。

鉴定点 3　使用交流充电桩对电动汽车慢速充电

一、鉴定题目　使用交流充电桩对电动汽车慢速充电

二、鉴定重点

使用交流充电桩对电动汽车进行慢速充电，步骤规范。

三、鉴定准备工作

电动轿车一辆，交流充电桩。

四、技术标准

安全、规范。

五、操作方法

说明：需到当地授权售后服务中心购买 7PIN 交流充电线。

步骤 1　用手轻按慢速充电口小门右侧中间部位，小门轻微弹出，拉开小门。

步骤 2　松开塑料卡扣。

步骤 3　打开塑料盖。

步骤 4　将 7PIN 交流充电线一端的充电手柄与车身慢速充电口的充电插座相连接。

步骤 5　将 7PIN 交流充电线另一端的充电手柄与慢速充电桩充电插座相连接，接入电网。

步骤 6　在充电线连接完成后，仪表上的红色充电连接指示灯会点亮。

步骤 7　在充电过程中，仪表上的黄色充电状态指示灯会闪烁。

步骤 8　充电完成后，先断开充电手柄与充电桩插座的连接，再断开充电手柄与车身慢速充电口充电插座的连接。

步骤 9　将车身慢速充电口塑料盖和慢速充电口小门一次合上并盖好。

鉴定点 4　动力电池的维护与更换

一、鉴定题目　动力电池的维护与更换

二、鉴定重点

对动力电池进行维护与更换。

三、鉴定准备工作

电动轿车一辆，维修工具一套。

四、技术标准

安全、规范。

五、操作方法

步骤 1　蓄电池的维修

1）蓄电池位于发动机舱内，为免维护型，不需添加电解液，如图 2-96 所示。

2）车辆长时间停放会导致蓄电池放电，建议断开车辆蓄电池负极电缆。在连接或断开车辆蓄电池负极电缆之前，应确保点火开关已经关闭。

步骤 2　蓄电池的更换

1）仅限换装与原蓄电池同类型和同规格的蓄电池。

2）使用后的蓄电池对环境有害，不可随意丢弃，必须由专业机构处理。

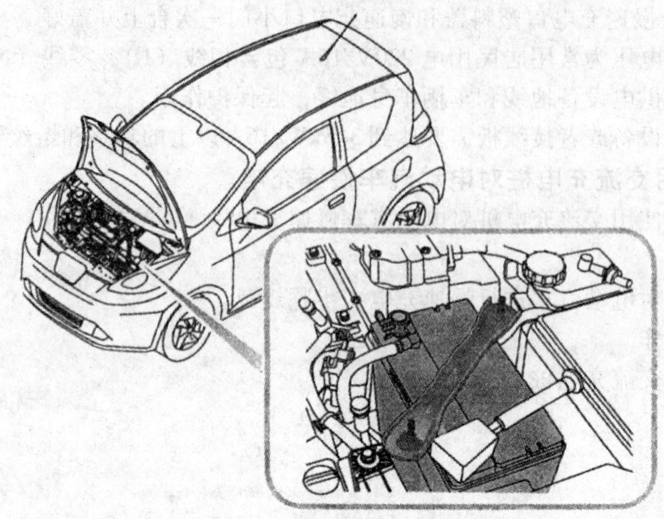

图 2-96　蓄电池的安装位置

初级模拟试卷

应知试卷

说明：

1. 本试卷以《国家职业技能标准》为命题依据。
2. 本试卷的考核内容无地域限制。
3. 本试卷只适应于本等级鉴定。
4. 本试卷命题遵循学以致用的原则。

职业技能鉴定国家题库统一试卷

汽车修理工初级理论知识试卷

注 意 事 项

1. 考试时间：120min。
2. 请首先按要求在试卷的标封处填写您的姓名、准考证号和所在单位的名称。
3. 请仔细阅读各种题目的答题要求，在规定的位置填写您的答案。
4. 不要在试卷上乱写乱画，不要在标封区填写无关的内容。

	一	二	总 分
得 分			

得 分	
评分人	

一、单项选择题（第1题～第160题。选择一个正确的答案，并将相应的序号填在括号内。每题0.5分，总计80分）。

1. 千分尺的精度比游标卡尺的精度（　　）。

A. 低　B. 相同　C. 高　D. 差

2. 用游标卡尺测量工件某部位时，卡尺与工件应垂直，并记下（　　）。

A. 最小尺寸　B. 最大尺寸　C. 平均尺寸　D. 任意尺寸

3. 用游标卡尺测量工件，读数时先读出与游标零刻线对齐的（　　）刻线读数，再加上游标上的读数。

A. 尺身　B. 游标　C. 活动套筒　D. 固定套筒

4. 利用量缸表可以测量发动机气缸直径、曲轴轴承的圆度误差和圆柱度误差，其测量精度为（　　）mm。

A. 0.05　B. 0.02　C. 0.01　D. 0.005

5. 用百分表测量工件时，应先校表，使百分表量头（　　）。

A. 与工件有一微小间隙

B. 与工件刚接触，但指针不偏转

C. 抵住工件表面使量头产生一定位移，即指针有一定偏转

D. 与工件既可以接触，也可以不接触

6. 用量缸表测量气缸直径时，如果大指针顺时针转动离开“0”位，则表示气缸直径(　　)标称尺寸的缸径。

A. 小于　B. 等于　C. 大于　D. 大于或等于

7. 用量缸表测量气缸直径时，如果大指针逆时针转动离开“0”位，则表示气缸直径(　　)标称尺寸的缸径。

A. 小于　B. 等于　C. 大于　D. 小于或等于

8. 常用的台虎钳规格为（　　）mm。

A. 0 ~25　B. 25 ~50　C. 100 ~150　D. 200 ~250

9. 常用的台虎钳有（　　）和固定式两种。

A. 齿轮式　B. 回转式　C. 蜗杆式　D. 齿条式

10. 划线的基准工具是（　　）。

A. 划针　B. 样冲　C. 角尺　D. 划线平板

11. 锯削薄板时用（　　）钢锯条。

A. 细齿　B. 一般齿　C. 粗齿　D. 超粗齿

12. 锯削薄壁管子时用（　　）钢锯条。

A. 粗齿　B. 超粗齿　C. 超细齿　D. 细齿

13. 为了使缸盖螺母紧固符合规定要求，应当选用（　　）。

A. 活动扳手　B. 套筒扳手　C. 梅花扳手　D. 扭力扳手

14. 锉刀粗锉时，可用（　　）。

A. 交叉法　B. 平面法　C. 推锉法　D. 换位法

15. 锉削平面时，锉身在加工面做（　　）运动。

A. 直线　B. 圆弧　C. 直角　D. 急回

16. 金属材料在外力作用下抵抗变形和破坏的能力称为（　　）。

A. 塑性　B. 韧性　C. 强度　D. 疲劳

17. 金属材料疲劳破坏是在（　　）载荷作用下产生的。

A. 交变　B. 大　C. 轻　D. 冲击

18. 金属材料受到外力作用时产生显著的永久性变形而不断裂的能力称为（　　）。

A. 塑性　B. 韧性　C. 强度　D. 疲劳

19. 金属材料在无限多次交变载荷作用下不发生断裂的最大应力称为（　　）。

A. 塑性　B. 韧性　C. 强度　D. 疲劳强度

20. 金属材料在冷状态或热状态下承受锤锻或压力而发生塑性变形的能力称为（　　）。

A. 铸造性能　B. 可锻性　C. 焊接性　D. 切削性

21. 铸铁具有良好的铸造性能、耐磨性和（　　）。

A. 淬透性　B. 可锻性　C. 焊接性　D. 切削性

22. 目前汽车上较为常用的玻璃主要有钢化玻璃和（　　）。

A. 隔热玻璃　B. 隔音玻璃　C. 夹层玻璃　D. 防爆玻璃

23. 橡胶可制成常用的（　　）。

A. 密封制品　B. 隔热衬垫　C. 滤芯　D. 夹层玻璃膜片

24. 汽油抗爆性能的指标是（　　）。

A. 蒸发性　　B. 辛烷值　　C. 清洁性　　D. 十六烷值

25. 车用汽油的牌号是按照（　　）的大小来划分的。

A. 蒸发性　　B. 辛烷值　　C. 黏度　　D. 十六烷值

26. 选择汽油牌号的主要依据是发动机的（　　）。

A. 压缩比　　B. 转速　　C. 平均有效压力　　D. 燃烧室结构

27. 我国生产的轻柴油的牌号是根据柴油的（　　）来划分的。

A. 黏度　　B. 闪点　　C. 馏程　　D. 凝点

28. 根据不同地区和季节，一般选用柴油的凝点应比最低气温低（　　）以上，以保证柴油不凝固。

A. 1~2℃　　B. 3~5℃　　C. 2~3℃　　D. 3~4℃

29. 发动机机油使用性能级别（使用级），在没有说明书的情况下主要根据（　　）选择。

A. 发动机的强化程度　　B. 气温

C. 发动机的工况　　D. 发动机技术状况

30. 在选用防冻液时，其冰点要比车辆运行地区的最低气温低（　　）。

A. 1℃　　B. 2℃　　C. 3℃　　D. 5℃

31. 主视图是从（　　）观察物体所得到的图形。

A. 从前向后　　B. 从上向下　　C. 从左向右　　D. 从后向前

32. 国家标准中图纸幅面有（　　）种。

A. 3 种　　B. 6 种　　C. 5 种　　D. 不限

33. 尺寸线用（　　）绘制。

A. 粗实线　　B. 点画线　　C. 虚线　　D. 细实线

34. 重合剖面的轮廓线用（　　）绘制。

A. 虚线　　B. 细实线　　C. 点画线　　D. 粗实线

35. 零件表达方法中，只画出切断处断面的图形叫（　　）。

A. 局部视图　　B. 斜视图　　C. 断面图　　D. 剖视图

36. （　　）是指允许零件尺寸的变动范围。

A. 上极限偏差　　B. 下极限偏差　　C. 公差　　D. 极限尺寸

37. 下列答案中，（　　）是配合的基准制之一。

A. 基孔制　　B. 间隙配合　　C. 过盈配合　　D. 过渡配合

38. 下列符号中表示形状公差的是（　　）。

A. //　　B. ∠　　C. ⊥　　D. ○

39. 基本视图中，投影关系反映宽相等的两视图是（　　）。

A. 左视图和主视图　　B. 俯视图和主视图

C. 右视图和后视图　　D. 俯视图和左视图

40. 基本视图中，投影关系反映高平齐的两视图是（　　）。

A. 左视图和主视图　　B. 俯视图和主视图

C. 仰视图和左视图　　D. 俯视图和右视图

41. 液压控制阀是液压系统中重要的（　　）。

A. 动力元件　　B. 控制元件　　C. 执行元件　　D. 辅助装置

42. （　　）是液压传动装置中的辅助装置。

A. 液压缸　B. 油箱、油管　C. 单向阀　D. 液压泵

43. 液压泵是液压系统中的（　　）。

A. 执行元件　B. 动力元件　C. 控制元件　D. 辅助装置

44. 液压缸的作用是将油液的（　　）。

A. 机械能转化为压力能　B. 储存

C. 压力能转化为压力能　D. 压力能转化为机械能

45. 单向阀的作用是（　　）。

A. 接通电路　B. 关闭油路

C. 控制油路　D. 允许油液按一个方向流动，不能反向流动

46. 液压传动以（　　）作为工作介质。

A. 油液　B. 水　C. 气体　D. 固体

47. 对液压系统中的油液压力、流量、流动方向进行控制和调节的装置称（　　）。

A. 控制元件　B. 能源装置　C. 执行元件　D. 辅助装置

48. 控制油液流动方向以改变执行机构的运动方向的阀称为（　　）。

A. 流量控制阀　B. 方向控制阀　C. 压力控制阀　D. 控制阀

49. 压力控制回路是控制整个系统或某条支路中（　　）的单元回路。

A. 油液压力　B. 油液速度　C. 油液流量　D. 油液方向

50. 汽车上的液力耦合器属于（　　）。

A. 液压传动　B. 容积式液压传动

C. 动力式液压传动　D. 能量转换

51. 汽车产品型号中的主参数代号是代表汽车的（　　）。

A. 车辆长度　B. 发动机排量　C. 座位数　D. 总质量

52. 曲柄连杆机构把燃烧气体作用在（　　）上的力转变为曲轴的转矩，并通过曲轴对外输出机械能。

A. 活塞顶　B. 活塞销　C. 活塞环　D. 连杆

53. 四冲程发动机一个工作循环，曲轴旋转两周，凸轮轴旋转（　　）。

A. 两周　B. 半周　C. 一周　D. 四周

54. 曲柄连杆机构的零件按其结构特点和运动形式分为缸体曲轴箱组、活塞连杆组和(　　)。

A. 曲轴组　B. 飞轮组　C. 气缸体　D. 曲轴飞轮组

55. 气缸垫的作用是（　　）。

A. 封闭气缸与气缸盖的接合面　B. 保证气缸和燃烧室的密封

C. 密封燃烧室　D. 防止气缸盖螺栓松动

56. 若拆除发动机上原有的节温器，则发动机工作时冷却液（　　）。

A. 只进行大循环　B. 只进行小循环

C. 大循环小循环同时存在　D. 循环通道被堵

57. 散热器的作用是将发动机水套内流出的冷却液的热量传递给（　　）。

A. 水泵　B. 风扇　C. 节温器　D. 空气

58. 发动机配气相位是指进、排气门的实际开闭时刻，通常用（　　）来表示。

A. 凸轮轴转角　B. 曲轴转角　C. 活塞上止点　D. 活塞下止点

59. 称为汽油发动机经济混合气的是（　　）。

A. 理论混合气　B. 稍稀混合气　C. 过稀混合气　D. 稍浓混合气

60. 机油细滤器能滤掉很细小的杂质和胶质，经过机油细滤器的机油直接流向（　）。

A. 发动机的润滑表面　B. 主油道

C. 机油泵　D. 油底壳

61. 变速器传动比大于1时，其输出转速（　），转矩（　）。

A. 增加　降低　B. 降低　增加　C. 先增加　后降低　D. 不变

62. 轿车转向系统中多采用（　）转向器。

A. 循环球式　B. 齿轮齿条式　C. 蜗轮蜗杆式　D. 蜗杆曲柄指销式

63. 4WD的含义是（　）。

A. 两轮驱动　B. 两轮转向　C. 四轮驱动　D. 四轮转向

64. 东风EQ1092型汽车变速器第一轴前端支撑在（　）。

A. 离合器分离套筒内　B. 曲轴后端中心孔内

C. 变速器壳前端　D. 变速器壳后端

65. 汽车转向系统中各连接零件和传动副之间存在着一定间隙，这使转向盘在转向轮发生偏转前能转过一定角度，这段角行程称为（　）。

A. 转向盘自由行程　B. 转向盘行程

C. 自由行程　D. 有效行程

66. 前束的作用是减少（　）对轮胎的影响。

A. 主销后倾　B. 主销内倾　C. 车轮外倾　D. 子午线轮胎

67. 单级主减速器的（　）齿轮安装在差速器壳上。

A. 主动锥　B. 从动锥　C. 行星　D. 半轴

68.（　）装置用于使行驶中的汽车减速停车。

A. 驻车制动　B. 行车制动　C. 辅助制动　D. 液压制动

69. 当汽车左转向时，由于差速器的作用，左右两侧驱动轮转速不同，转矩的分配为（　）。

A. 左轮大于右轮　B. 右轮大于左轮　C. 左、右轮相等　D. 右轮为零

70. 非独立悬架两侧车轮由一根整体式车桥相连，车轮和车桥一起通过弹性元件连接在（　）。

A. 车身下面　B. 车架下面　C. 主减速器下面　D. 传动轴下面

71.（　）之间的间隙反映在离合器踏板上，称为离合器踏板自由行程。

A. 分离叉的内端面与分离套筒端面　B. 分离叉的内端面与分离轴承端面

C. 分离杠杆的内端面与分离套筒端面　D. 分离杠杆的内端面与分离轴承端面

72.（　）的作用是根据发动机的不同负荷，配制不同成分和数量的可燃混合气，供给气缸燃烧，以满足发动机所需功率的要求。

A. 化油器　B. 汽油泵　C. 进气管　D. 消声器

73. 四冲程六缸发动机做功间隔角为（　）。

A. 90°　B. 120°　C. 180°　D. 360°

74.（　）的作用是保证气门做往复运动时气门与气门座正确密合。

A. 气门弹簧　B. 气门导管　C. 推杆　D. 挺柱

75. 调整驱动桥时，应（　）。

A. 先调整锥齿轮啮合间隙　B. 先调整齿轮啮合印痕

C. 先调整轴承预紧度　　D. 先调整齿轮间隙和印痕，再调整预紧度

76. 机油泵可以将（　　）内的机油压送到发动机的各润滑表面。

A. 油底壳　　B. 柴油箱　　C. 集滤器　　D. 变速器

77. 东风 EQ1092 型汽车的转向桥主要由前轴、转向节、主销和（　　）四部分组成。

A. 轮毂　　B. 车轮　　C. 转向轴　　D. 横拉杆

78. 职业道德通过（　　），起着增强企业凝聚力的作用。

A. 协调员工之间的关系　　B. 增加职工福利

C. 为员工创造发展空间　　D. 调节企业与社会的关系

79. 我国生产的某种轮胎的标记为 9.00 - 20，数字和横线依次表示（　　）。

A. 断面宽度、高压胎、轮胎直径　　B. 断面宽度、低压胎、轮辋直径

C. 轮辋直径、超低压胎、轮胎直径　　D. 轮胎直径、低压胎、轮辋直径

80. 已知解放 CA6102 型发动机的配气相位角 $\alpha = 12°$，$\beta = 68°$，$\gamma = 42°$，$\delta = 18°$，则该进气门开启持续角为（　　）。

A. 234°　　B. 240°　　C. 260°　　D. 266°

81. 汽车电气设备的基本特点是两个电源、低压直流（　　）。

A. 并联多线、负极搭铁　　B. 并联单线、负极搭铁

C. 并联单线、正极搭铁　　D. 并联多线、正极搭铁

82. 汽车用电源的电压通常采用（　　），直流电源的电压主要是从蓄电池充电来考虑的。

A. 12 V　　B. 48 V　　C. 56V　　D. 10kV

83. 发电机转速和负载变化时，（　　）能保持汽车电气系统的电压稳定。

A. 电动机　　B. 发电机　　C. 蓄电池　　D. 起动机

84. 蓄电池的极板有正极板与负极板两种，正、负极板均由（　　）组成。

A. 二氧化铅　　B. 铅锑合金　　C. 海绵状铅　　D. 栅架和活性物

85. 在发动机运转及汽车行驶的大部分时间里，由（　　）为各用电设备供电，同时还进行充电。

A. 交流发电机　　B. 蓄电池

C. 电动机　　D. 交流发电机和蓄电池同时

86. 交流发电机中用来产生三相交流电的装置是（　　）。

A. 转子　　B. 定子　　C. 整流器　　D. 电刷

87. 交流发电机的整流器由（　　）硅二极管、正散热板、后端盖（或负散热板）等组成，接成三相桥式整流电路。

A. 24 只　　B. 12 只　　C. 9 只　　D. 6 只

88. 在发动机起动时，使起动机驱动齿轮啮入飞轮齿环，而在发动机起动后，使驱动齿轮与飞轮齿环脱离，起保护作用的装置是（　　）。

A. 交流电动机　　B. 直流串励电动机

C. 传动机构（或单向离合器）　　D. 控制装置（即开关）

89. 无论哪种点火系统，产生点火高压电的装置都是（　　）。

A. 分电器　　B. 点火线圈　　C. 电容器　　D. 附加电阻

90. 在发动机转速变化时自动调节点火提前角的装置是（　　）。

A. 离心式调节器　　B. 真空式调节器

C. 辛烷调节器　　D. 离心式和真空式调节器同时起作用

91. (　　) 的作用是在保证气缸密封的同时将高压电引入燃烧室，产生电火花，点燃可燃混合气。

A. 配电器　　B. 点火线圈　　C. 火花塞　　D. 断电器

92. 风窗玻璃刮水器由 (　　) 驱动，通过联动机构，实现刮水器的刮水片在风窗玻璃的外表面来回摆动。

A. 直流电动机　　B. 发动机　　C. 发电机　　D. 蓄电池

93. (　　) 是测量发动机进气量的装置，它将吸入的空气量转换成电信号送给 ECU，作为决定喷油量的基本信号之一。

A. 温度传感器　　B. 节气门位置传感器

C. 空气流量传感器　　D. 氧浓度传感器

94. (　　) 是用于电子控制燃油喷射装置的反馈控制系统的传感器。

A. 温度传感器　　B. 空气流量计

C. 爆燃传感器　　D. 氧浓度传感器

95. (　　) 是读出专用存储器，其存储内容一次写入后就不能改变，但可以调出使用。

A. RAM　　B. ROM　　C. A/D　　D. I/O

96. 更换滤清器滤芯的步骤为 (　　)。

A. 起动发动机使之运转，待达到正常的工作温度 (80℃以上) 后，将发动机熄火，在热车状态下放出油底壳和滤清器内的机油。通过油底壳放油螺孔将旧机油放净后，用滤清器扳手卸下滤清器滤芯。准备好同样的滤芯，先在滤芯的 O 形圈上涂抹一层机油，再用手将滤芯拧至拧不动为止。不要用滤清器的扳手拧紧，以防损坏 O 形圈，造成漏油。

B. 直接更换

C. 起动发动机使之运转，待达到正常的工作温度 (80℃以上) 后，将发动机熄火，在热车状态下放出油底壳和滤清器内的机油。通过油底壳放油螺孔将旧机油放净后，用滤清器扳手卸下滤清器滤芯。准备好同样的滤芯，先在滤芯的 O 形圈上涂抹一层机油，用扳手将滤芯拧至拧不动为止。

D. 以上都对

97. 机油油位应位于油标尺 (　　)。

A. 上刻线　　B. 下刻线　　C. 上下刻线之间　　D. 以上都不对

98. 如果冷却液液位 (　　)，则冷却液量为合适。

A. 在 max 线上　　B. 在 min 线下

C. 处于 max 线或 min 线　　D. 在 max 线和 min 线之间

99. 齿轮油油位应不低于孔边 (　　)。如果油量不足，应补充齿轮油，使油位达到规定值，并检查有无漏油现象。

A. 15mm　　B. 10mm　　C. 5mm　　D. 20mm

100. 驱动桥齿轮油的检查与更换：拧下油位检查孔螺塞，检查油位与检查孔边的距离是否为 (　　)。

A. 0~10mm　　B. 0~15mm　　C. 10mm　　D. 15mm

101. 当滤芯积存干燥的灰尘时，用压力不高于 (　　) 的压缩空气，从滤芯内侧开始，上下均匀地沿斜角方向吹净滤芯内外表面的灰尘。

A. 10kPa　　B. 200kPa　　C. 500kPa　　D. 60kPa

102. 汽车行驶 (　　) 后需对空气滤清器进行维护。

A. 3500 ~ 4000km　B. 4500 ~ 5000km　C. 5000 ~ 7000km　D. 7500 ~ 8000km

103. 汽车行驶（　　）km 后应该更换空气滤清器滤芯。

A. 3000　B. 5000　C. 10000　D. 30000

104. V 带张紧度用拇指以（　　）的力按压 V 带的中部进行检查。

A. 98 ~ 147N　B. 98N 以下　C. 147N　D. 200N

105. 火花塞间隙应在（　　）。

A. 0.5 ~ 0.6mm　B. 0.7 ~ 0.9mm　C. 0.9 ~ 1.0mm　D. 1.5 ~ 2.6mm

106. 对待职业和岗位，（　　）并不是爱岗敬业所要求的。

A. 树立职业理想　B. 干一行，爱一行，专一行

C. 遵守企业的规章制度　D. 一职定终身，不改行

107. 蓄电池电解液应高出极板（　　）。

A. 10 ~ 15mm　B. 15 ~ 20mm　C. 20 ~ 25mm　D. 25 ~ 30mm

108. 检查灯光时需要（　　）配合检查前照灯、转向灯、制动灯等灯光装置。

A. 5 人　B. 2 人　C. 3 人　D. 4 人

109. 检查轮胎的气压时通常参考（　　）。

A. 手册　B. 书籍

C. 轮胎的侧壁数值　D. 手册、书籍和轮胎的侧壁数值

110. 检查制冷剂是否泄漏时（　　）。

A. 发动机转速约为 1000r/min　B. 发动机转速约为 2000r/min

C. 发动机转速约为 3000r/min　D. 发动机转速约为 4000r/min

111. 六缸发动机在全面调整轴承间隙时，必须从（　　）开始，四道主轴承按 2、3、1、4 的顺序，七道主轴承按 3、4、5、2、6、1、7 的顺序。

A. 左边　B. 右边　C. 两端　D. 中间

112. 下列关于勤劳节俭的论述中，正确的选项是（　　）。

A. 勤劳一定能使人致富　B. 勤劳节俭有利于企业持续发展

C. 新时代需要巧干，不需要勤劳　D. 新时代需要创造，不需要节俭

113. 企业生产经营活动中，要求员工遵纪守法是（　　）。

A. 约束人的体现　B. 保证经济活动正常进行所决定的

C. 领导者人为的规定　D. 追求利益的体现

114. 在企业的活动中，（　　）不符合平等尊重的要求。

A. 根据员工技术专长进行分工

B. 对待不同服务对象，采取一视同仁的态度

C. 师徒之间要平等和互相尊重

D. 取消员工之间的一切差别

115. 正确阐述职业道德与人的事业的关系的选项是（　　）。

A. 没有职业道德的人不会获得成功

B. 要取得事业的成功，前提条件是要有职业道德

C. 事业成功的人往往并不需要较高的职业道德

D. 职业道德是人获得事业成功的重要条件

116. 利用口诀法进行气门间隙的调整时（发动机的工作顺序为 1-2-4-3）：当第一缸活塞处于压缩上止点位置时，可调的气门的状态为（　　）。

A. 1 双、2 排、4 不、3 进　　B. 3 双、4 排、2 不、1 进

C. 2 双、4 排、3 不、1 进　　D. 1 双、2 排、3 不、4 进

117. 在调整柴油机喷油器喷油压力时，应先压动油泵手柄，排除留存在油管和喷油器内的空气，再以（　　）的速度压动油泵手柄，旋动压力调节螺钉即可。

A. 10 次/min　　B. 40 次/min　　C. 60 次/min　　D. 120 次/min

118. 在检查柴油机喷油器喷雾质量时，应以（　　）的速度压动油泵手柄，观察喷油器喷出的油雾束，油雾束应细小均匀，无油滴飞溅现象。

A. 10 次/min　　B. 40 次/min　　C. 60 次/min　　D. 120 次/min

119. 检查散热器箱盖压力阀时应在发动机（　　）时，将 50kPa 的压缩空气从散热器放水管处引入，若气压在 5min 内不降低，则表明散热器箱盖压力阀密封正常，否则应更换。

A. 工作　　B. 不工作　　C. 刚起动　　D. 怠速

120. 汽车一级维护的周期为（　　）。

A. 行驶 1000km　　B. 行驶 1500km

C. 行驶 2000～3000km　　D. 行驶 5000km

121. 清除冷却系统积垢时，先放掉冷却系统内的冷却液，拆除节温器，把碱性溶液加入冷却系统中，铸铁机体需保留 10～12h，钢质机体需保留（　　），然后起动发动机，怠速工作 15～20min，打开放水开关，在发动机工作状况下放出溶液，再用清水冲洗即可。

A. 10～12 天　　B. 2～3h　　C. 2～3 天　　D. 10～12h

122. 离合器分离杆端面高度误差大于（　　）时，应予以调整。

A. 0.2mm　　B. 0.02mm　　C. 2mm　　D. 20mm

123. 在调整点火正时时通常以发动机的（　　）为基准缸。

A. 第一缸　　B. 压缩缸　　C. 排气缸　　D. 第六缸

124. 交流发电机的转子旋转时，在定子绕组三相绕组中便产生频率相同、幅值相等、相位差为（　　）的三相正弦交流电动势。

A. 60°　　B. 120°　　C. 180°　　D. 360°

125. 为使汽车全车线路排列整齐，便于安装、拆卸和绝缘保护，避免由于振动和牵拉而引起导线损坏，将汽车各电器之间的导线按最短路径排列，并用绝缘带把同一路径的若干导线包扎起来称为（　　）。

A. 插接件　　B. 导线　　C. 线束　　D. 线路

126. 发动机配气相位是指进、排气门的实际开闭时刻，通常用（　）来表示。

A. 曲轴转角　　B. 凸轮轴转角　　C. 活塞上止点　　D. 活塞下止点

127. 当气门座圈工作面低于气缸盖平面（　　）时，气门座圈松动，应换气门座圈。

A. 0.5mm　　B. 1.0mm　　C. 1.5mm　　D. 2.0mm

128. 发动机排气门锥角一般为（　　）。

A. 30°　　B. 45°　　C. 60°　　D. 90°

129. 发动机活塞在高温下，沿轴向产生（　）的膨胀变形。

A. 上下相等　　B. 上小下大　　C. 上大下小　　D. 两端大，中间小

130. 在拆卸气缸盖时，应从（　　）逐步松开并拆下缸盖螺栓。

A. 两端向中间呈对称顺序分两次　　B. 两端向中间呈对称顺序分三次

C. 中间向两端呈对称顺序分两次　　D. 中间向两端呈对称顺序分三次

131. 采用液压挺柱后，发动机配气机构气门传动组的冲击和噪声减小或消除了，其主要原

因是在此结构中没有了（ ）。

A. 推杆　B. 摇臂　C. 气门间隙　D. 气门弹簧

132. 打开发动机进排气气门主要靠（ ）。

A. 凸轮的推力　B. 气门弹簧的弹力　C. 凸轮轴惯性力　D. 偏心轮的推力

133. 火花塞的间隙应在（ ）之间。

A. 0.7～0.9mm　B. 0.2～0.4mm　C. 1.0～1.2mm　D. 1.5～2mm

134. 钻汽车离合器摩擦片铆钉孔时，对含铜丝的摩擦片，铆钉埋头孔的深度为摩擦片厚度的（ ）。

A. 1/2　B. 1/4　C. 3/4　D. 2/3

135. 安装汽车万向传动装置时，（ ）的两端应在同一平面内。

A. 十字轴　B. 传动轴　C. 万向节叉　D. 套筒和滚针

136. 安装钢板弹簧总成时，在使其对正吻合后，以规定力矩将钢板弹簧（ ）对称均匀地拧紧。

A. U 形螺栓　B. 中心螺栓　C. 卡子螺栓　D. 螺栓

137. 变速器第一轴、第二轴轴承孔的公共轴线的平行度误差小于或等于（ ）。

A. 0.001mm　B. 0.01mm　C. 0.1mm　D. 1mm

138. 调整驱动桥时，应（ ）。

A. 先调整轴承预紧度　B. 先调整齿轮啮合印痕

C. 先调整锥齿轮啮合间隙　D. 先调整齿轮间隙和印痕，再调整预紧度

139. 解放 CA1092 型汽车变速器位于空档时，（ ）。

A. 第一轴、第二轴和中间轴都转动　B. 第一轴转动，中间轴、第二轴不转动

C. 第一轴和中间轴转动，第二轴不转动　D. 第一轴、第二轴转动，中间轴不转动

140. 活塞销的选配设有四级修理尺寸，即（ ），一般按下限选配。

A. +0.04mm，+0.08mm，+0.12mm，+0.16mm

B. −0.04mm，+0.08mm，−0.12mm，−0.16mm

C. +0.04mm，−0.08mm，+0.12mm，+0.16mm

D. −0.04mm，−0.08mm，−0.12mm，−0.16mm

141. 膜片弹簧离合器的压盘（ ），热容量大，不易产生过热。

A. 较大　B. 较小　C. 较薄　D. 较厚

142. 汽车万向传动装置的十字轴万向节主要由十字轴、万向节叉、（ ）组成。

A. 套筒　B. 滚针　C. 套筒和滚针　D. 双联叉

143. 一般汽车的主销内倾角为（ ）。

A. 3°～5°　B. 5°～8°　C. 8°～10°　D. 10°～12°

144. 轮胎的尺寸 34×7，其中×表示（ ）。

A. 低压胎　B. 高压胎　C. 超低压胎　D. 超高压胎

145. 为避免汽车转向沉重，主销后倾角一般不超过（ ）。

A. 2°　B. 4°　C. 5°　D. 3°

146. 鼓式制动器可分为非平衡式、平衡式和（ ）三种。

A. 自动增力式　B. 单向助势式　C. 双向助势式　D. 双向自动增力式

147. 发动机起动不着，加速时易熄火，怠速不稳等故障现象的原因是（ ）。

A. 混合气过稀　B. 混合气过浓　C. 来油不畅　D. 怠速不良

148. 汽油发动机急加速时有轻微回火现象，高速时发动机乏力，这是由于（　　）。

A. 混合气过稀　B. 混合气过浓　C. 来油不畅　D. 怠速不良

149. 汽车停车时发动机怠速良好，但行驶时，变速杆移至空档就熄火，该故障原因是（　　）。

A. 混合气过稀　B. 加速不良　C. 来油不畅　D. 怠速不良

150. 柴油发动机运转不稳，这种故障往往伴随着排气管排出（　　）。

A. 白烟并产生敲击声　B. 白烟而不产生敲击声

C. 黑烟并产生敲击声　D. 黑烟而不产生敲击声

151. 发动机需要稀混合气的工况是（　　）。

A. 怠速　B. 大负荷　C. 加速　D. 中负荷

152. 蓄电池自行放电的原因是（　　）。

A. 电压不足　B. 电流不足　C. 电解液过浓　D. 极板间短路

153. 蓄电池经常充电不足，存电少，是因为（　　）。

A. 不充电　B. 充电电流过大　C. 充电电流过小　D. 充电电流不稳

154. 发电机不发电的原因是（　　）。

A. 蓄电池故障　B. 调节器故障　C. 起动机故障　D. 发动机故障

155. 电控汽油喷射发动机回火是指汽车在行驶中，发动机有时回火，动力（　　）。

A. 明显下降　B. 不变　C. 有所下降　D. 下降或不变

156. 电控汽油喷射发动机怠速不稳是指发动机在怠速运转时（　　）。

A. 转速过高　B. 转速过低　C. 转速忽高忽低　D. 突然熄火

157. 连接蓄电池的导线有漏电的地方，会导致（　　）。

A. 充电电流过大　B. 充电电流过小

C. 充电电流平稳　D. 蓄电池自行放电

158. 离合器踏板无自由行程，将会引发的故障是（　　）。

A. 离合器打滑　B. 离合器分离不彻底

C. 离合器有异响　D. 起步时发抖

159. 汽车发动机废气排放中的 CO 超标，可能的原因是（　　）。

A. 怠速转速太低　B. 点火时间过早　C. 混合气太稀　D. 混合气太浓

160. 离合器打滑的原因之一是（　　）。

A. 离合器踏板自由行程过大　B. 摩擦片过薄

C. 摩擦片过厚　D. 从动盘翘曲

得　分	
评分人	

二、**判断题**（第 1 题 ~ 第 40 题。将判断结果填入括号中。正确的填“√”，错误的填“×”。每题 0.5 分，满分 20 分。）

（　　）1. 扭力扳手是一种可读出所施力矩大小的专用扳手，可用于紧固对扭紧力矩有要求的螺母或螺栓。

（　　）2. 千斤顶缺油时，可以用制动液或其他油液代替液压油。

（　　）3. 使用台虎钳夹紧工件时，不准用锤子敲击或套上管子转动手柄，以免丝杠、螺母或钳身受力过重而损坏。

(　　) 4. 连杆校验仪能够检验连杆的弯曲、扭曲、双重弯曲的程度及方位，并能校正连杆的弯曲与扭曲。

(　　) 5. 划线平板上允许用锤子敲各种物体，但要保持平板清洁。

(　　) 6. 细锉刀适用于锉软金属。

(　　) 7. 若钻孔的孔径超过30mm，则应先钻小孔，小孔直径应超过大钻头的横刃宽度，然后再扩孔。

(　　) 8. 进行钻孔操作时，为保护双手，必须戴手套。

(　　) 9. 铰削余量越大越好，这样可以保证孔铰得光洁。

(　　) 10. 铰削操作时，为保证孔光洁，应正反向旋转铰刀。

(　　) 11. 淬透性是指金属材料在热处理中获得淬透层深度的能力。

(　　) 12. 橡胶具有优良的弹性和较高的强度和刚度，还具有耐磨、耐腐蚀和绝缘性能好等优点。

(　　) 13. 汽油的辛烷值越高，抗爆性越好，牌号越小。

(　　) 14. 液力传动油也称为自动变速器油，是汽车液力自动传动系统的工作介质。

(　　) 15. 汽车常用轴承按照工作时的摩擦性质分为滑动轴承和滚动轴承两类。

(　　) 16. 图样中的尺寸以厘米为单位。

(　　) 17. 绘制同一机件的各个基本视图时，比例可以不同。

(　　) 18. 机件的同一尺寸一般只标注一次。

(　　) 19. 正投影是投影线与投影面垂直时得到的投影。

(　　) 20. 主视图反映了物体的高和宽。

(　　) 21. 粗糙度是反映零件加工表面微观平面度的指标。

(　　) 22. 符号“//”表示形状公差中的平面度。

(　　) 23. 符号“○”表示位置公差中的同轴度。

(　　) 24. 基准孔的下极限偏差为零。

(　　) 25. 基准轴的下极限偏差为零。

(　　) 26. 画图时，可以采用任意比例。

(　　) 27. 过渡配合中存在过盈现象。

(　　) 28. 公差是允许的尺寸变动量。

(　　) 29. 图样中所标注的尺寸与画图比例有关。

(　　) 30. 半剖视图是剖切物体1/4后得到的剖视图。

(　　) 31. 液压缸是液压传动系统中的动力元件。

(　　) 32. 液压控制阀是液压系统中的重要控制元件。

(　　) 33. 把油液的液压能转换成机械能的装置称为执行元件。

(　　) 34. 控制和调节工作液体压力的阀称为流量控制阀。

(　　) 35. 速度控制回路是控制和调节液压执行元件运动速度的单元回路。

(　　) 36. 汽车上的液压制动系统、动力转向系统均属于容积式液压传动系统。

(　　) 37. 气门间隙是指气门与气门座之间的间隙。

(　　) 38. 多缸发动机各气缸的总容积之和称为发动机的排量。

(　　) 39. 汽车悬架装置中，导向机构是用来传递力和力矩的。

(　　) 40. 气门的主要作用是控制进、排气道的开闭，密封气缸。

职业技能鉴定国家题库统一试卷

汽车修理工初级理论知识试卷答案

一、单项选择题（第1题～第160题，共80分。评分标准：每答对一题给0.5分，答错或漏答不给分也不扣分）

1. C	2. A	3. A	4. C	5. C	6. A	7. C	8. C	9. B	10. D
11. A	12. D	13. D	14. A	15. A	16. C	17. A	18. A	19. D	20. B
21. D	22. C	23. A	24. B	25. B	26. A	27. D	28. B	29. A	30. D
31. A	32. C	33. D	34. B	35. C	36. C	37. A	38. D	39. D	40. A
41. B	42. B	43. B	44. D	45. D	46. A	47. A	48. B	49. A	50. C
51. B	52. A	53. C	54. D	55. A	56. C	57. D	58. B	59. B	60. D
61. B	62. B	63. C	64. B	65. A	66. C	67. B	68. B	69. A	70. B
71. D	72. A	73. B	74. A	75. C	76. A	77. A	78. A	79. B	80. C
81. B	82. A	83. C	84. D	85. A	86. B	87. D	88. C	89. B	90. A
91. C	92. A	93. C	94. D	95. B	96. A	97. C	98. D	99. A	100. B
101. C	102. D	103. D	104. A	105. B	106. D	107. A	108. B	109. D	
110. A	111. D	112. B	113. B	114. D	115. D	116. A	117. C	118. D	
119. B	120. A	121. C	122. A	123. A	124. B	125. C	126. C	127. C	
128. B	129. C	130. B	131. C	132. A	133. A	134. D	135. C	136. A	
137. C	138. A	139. C	140. A	141. D	142. C	143. B	144. B	145. D	
146. A	147. A	148. A	149. A	150. C	151. D	152. D	153. B	154. B	
155. A	156. C	157. D	158. A	159. D	160. B				

二、判断题（第1题～第40题，共20分。评分标准：答对一题给0.5分，答错或漏答不给分也不扣分）

1. √	2. ×	3. √	4. √	5. ×	6. ×	7. √	8. ×
9. ×	10. ×	11. √	12. ×	13. ×	14. √	15. √	16. ×
17. ×	18. √	19. √	20. ×	21. √	22. ×	23. ×	24. √
25. ×	26. ×	27. √	28. √	29. ×	30. ×	31. ×	32. √
33. √	34. ×	35. √	36. √	37. ×	38. ×	39. √	40. √

应会试卷

职业技能鉴定国家题库统一试卷

汽车修理工初级操作技能考核准备通知单

一、考场准备

1. 操作场地应光线充足，整洁无干扰，具有安全防火措施。
2. 操作场地应具有地沟和车辆举升机。
3. 考评员与考生比例为1∶3。

二、材料、设备准备

试题一：汽车维护

1. 夏利 TJ7100 型轿车一辆。
2. 呆扳手、梅花扳手、金属直尺、活扳手、鲤鱼钳各一个。
3. 棉纱若干。

试题二：汽车修理

1. 解放 CA6102 型发动机一台。
2. 扭力表一块。
3. 呆扳手、梅花扳手、套筒扳手各一把。

职业技能鉴定国家题库统一试卷

汽车修理工初级操作技能考核试卷

考生姓名：　　　　　　　准考证号：　　　　　　　工作单位：

一、说明

(1) 本试卷的命题编制是从实际出发，以可行性、技术性和通用性为原则。
(2) 本试卷依据《中华人民共和国职业技能鉴定规范》编制。
(3) 本试卷适用于考核初级汽车修理工。
(4) 本试卷无地域限制。
(5) 本试卷含汽车维护、修理试题各一道。
(6) 汽车维护试题 40 分，汽车修理试题 60 分，试卷满分为 100 分。

二、试题

试题一：汽车维护

离合器踏板自由行程的检查与调整

考核要求：

1. 按正确的操作规程检查离合器踏板自由行程。
2. 正确调整离合器踏板自由行程，使之符合技术标准。

考核时间：20min。

试题二：汽车修理

气缸盖的拆装

考核要求：按正确的操作规程完成侧置凸轮轴式发动机气缸盖的拆卸与安装。

考核时间：40min。

职业技能鉴定国家题库统一试卷

汽车修理工初级操作技能考核评分记录表

考生姓名：　　　　　　　准考证号：　　　　　　　工作单位：

试题一：汽车维护

序号	作业项目	考核内容	配分	评分标准	评分记录	扣分	得分
1	检查	量出离合器踏板完全放松时，离合器踏板至底板的距离	5	测量方法不正确扣3分			
				测量结果不正确扣2分			
		量出用手轻推离合器踏板感到稍有阻力时，离合器踏板至底板的距离	5	测量方法不正确扣3分			
				测量结果不正确扣2分			
		计算离合器踏板自由行程	5	计算结果错误扣5分			
2	调整	调整离合器踏板自由行程	10	调整方法不正确扣5分			
				调整结果不正确扣5分			
		调整完毕，再次检查离合器踏板自由行程	10	检查方法不正确扣5分			
				未检查扣5分			
3	安全文明生产	遵守安全操作规程，正确使用工具、量具，操作现场整洁	5	不符合要求，每项扣1分，扣完为止			
		安全用电，无人身、设备事故		因违规操作发生重大人身或设备事故，此题按0分计			
4	分数总计		40				

技术标准：离合器踏板自由行程为15～30mm。

评分人：　　　　年　月　日　　　　　　　　核分人：　　　　年　月　日

试题二：汽车修理

序号	作业项目	考核内容	配分	评分标准	评分记录	扣分	得分
1	拆卸	拆卸气门室罩及摇臂组件	25	每出现一次操作错误扣5分			
		拆卸气缸盖紧固螺栓		螺栓拆卸方法不正确扣10分			
		取下气缸盖及气缸垫		操作方法不正确扣10分			
2	安装	安装气缸垫	30	气缸垫安装方向不正确扣8分			
		安装并紧固气缸盖		螺栓紧固方法不正确扣10分			
				紧固力矩不符合要求扣8分			
		安装其他机件		每出现一次操作错误扣4分			
3	安全文明生产	遵守安全操作规程，正确使用工具、量具，操作现场整洁	5	不符合要求，每项扣1分，扣完为止			
		安全用电，无人身、设备事故		因违规操作发生重大人身或设备事故，此题按0分计			
4	分数总计		60				

技术标准：

1. 按先两边后中间的顺序交叉对称拆卸气缸盖螺栓。
2. 气缸垫的安装方向正确。
3. 由中间向两边交叉对称分次拧紧气缸盖螺栓，拧紧力矩为100～120N·m。

评分人：　　　　年　月　日　　　　　　　　核分人：　　　　年　月　日

中级知识篇

应知单元

鉴定范围1　汽车发动机

鉴定点1　汽车二级维护前的检测作业程序

问：汽车二级维护前的检测作业程序是怎样的？

答：汽车二级维护前首先要进行检测。汽车进厂后，根据汽车技术档案的记录资料（包括车辆运行记录、维修记录、检测记录、总成修理记录等）和驾驶人反映的车辆使用技术状况（包括汽车动力性、异响、转向、制动情况，以及燃料、机油消耗情况等），确定所需检测的项目，依据检测结果及车辆实际技术状况进行故障诊断，从而确定附加作业。对确定后的附加作业项目与基本作业项目一并进行二级维护。二级维护过程中要进行过程检验，过程检验项目的技术要求应满足有关的技术标准或规范。二级维护作业完成后，需要经过维护企业进行竣工检验。竣工检验合格的车辆，在维护企业填写汽车维护竣工出厂合格证和汽车技术维护档案后方可出厂。二级维护工艺过程如图3-1所示。

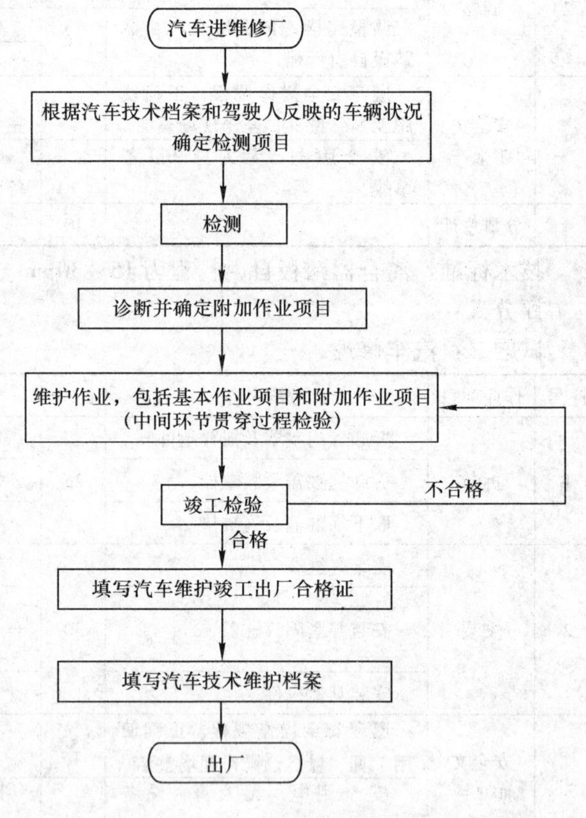

图3-1　二级维护工艺过程

鉴定点2　气门座圈修理的技术要求

问：气门座圈修理的技术要求有哪些？

答：1）座圈压入后，上端平面与基体平面平齐。当出现下列情况之一时，必须更换气门座圈。

① 气门座圈表面有裂纹、斑点或严重烧蚀现象。

② 气门座圈工作面低于气缸盖平面1.5mm。

③ 气门座圈松动。

2）气门座圈轴承孔的圆柱度误差应小于0.05mm，圆度误差应小于0.02mm，表面粗糙度值小于$Ra1.25\mu m$。

3）气门座圈与轴承孔的过盈量应符合要求。

鉴定点3　曲轴、连杆轴承间隙调整的要点

问：曲轴、连杆轴承间隙调整的要点有哪些？

答：1）检查轴承松紧度时，通常在轴承上涂薄薄一层机油，将连杆装在相应的轴颈上，按规定力矩拧紧轴承螺栓，然后用手甩动连杆，连杆应能转动数圈。

2）沿曲轴轴线扳动连杆，应无间隙感。连杆轴承应与轴承座及轴承盖密合，凸点完好，轴瓦两端的挤压高度大于或等于0.03mm。

3）连杆轴颈与轴承的配合间隙应符合原厂规定。

4）用手工刮削的轴承要求接触面积大于或等于轴承内部总面积的75%。

5）在轴承表面上涂以清洁的机油，将轴承装在连杆轴颈上，按规定力矩拧紧螺母。将连杆放平，使其在杆身重量的作用下徐徐下垂，用手握住连杆小端，沿轴向扳动时应无松旷感。

鉴定点4　活塞环装配的技术要求

问：活塞环装配的技术要求有哪些？

答：1）活塞环的弹力、漏光度应符合下列技术标准要求：

① 一般要求活塞环外围工作面在开口处30°范围内不许漏光。

② 其他部位每处的漏光弧长所对应的圆心角不得超过25°。

③ 同一环上漏光弧长所对应的圆心角总和不超过45°。

④ 漏光处的缝隙应小于或等于0.03mm。

2）活塞环的侧隙、背隙和端隙应符合技术标准要求。

3）活塞环端面平整，装入环槽内应转动灵活，不卡滞。

鉴定点5　曲轴轴承、连杆轴承的刮削要点

问：曲轴轴承、连杆轴承的刮削要点有哪些？

答：1. 曲轴轴承的刮削要点

1）清洁曲轴轴承座孔，检查轴承座孔的磨损情况。

2）校正水平线。

3）刮削轴承。

4）检查刮削后曲轴轴承的配合间隙。

2. 连杆轴承的刮削要点

1）清洁连杆轴承座孔，检查轴承座孔的磨损情况。

2）检查接触痕迹，确定刮削部位。

3）刮削轴承。

4）检查轴承刮削后的松紧度。

鉴定点6　汽车零件检验后的分类

问：汽车零件检验后分为哪几类？

答：汽车零件检验后分为可用件、待修件和报废件三类。

(1) 可用件　使用后磨损轻微的零件，其尺寸公差、形状公差、位置公差和配合关系均在大修技术标准中的许用尺寸和许用配合要求范围内，不经修理即可继续装车使用。

(2) 待修件　通过各种修理工艺恢复公称尺寸、几何形状、力学性能及配合关系的零件。

(3) 报废件　指耗损严重，尺寸公差、形状公差、位置公差和配合关系超过了许用尺寸或许用配合要求，甚至接近或超过维修技术数据中规定的使用极限，无修复价值的零件。

鉴定点 7　气缸磨损的原因

问：气缸磨损的原因有哪些?

答：(1) 气缸轴向磨损　气缸轴向磨损成锥形的原因主要是发动机工作时，气缸上部压力大、温度高，机油膜易被破坏，磨损较气缸下部大。另外，气缸表面还存在着腐蚀磨损和磨料磨损。腐蚀磨损主要是由燃烧过程中产生的二氧化硫等物质引起的，磨料磨损主要是由空气中的灰尘、机油中的机械杂质和发动机自身的磨屑等硬质颗粒造成的。

(2) 气缸径向磨损　气缸径向磨损成不规则的椭圆形，与发动机的工作条件、结构、修理装配质量等因素有关。

鉴定点 8　气缸盖产生裂纹的主要原因

问：气缸盖产生裂纹的主要原因是什么?

答：1) 车辆在严寒季节停车后冻裂。

2) 发动机过热时，突然添加温度低的冷却液，气缸盖因受热应力突变而产生裂纹。

3) 气缸盖铸造时残余应力的影响及气缸盖在生产中壁厚过薄，强度不足。

鉴定点 9　气缸盖腐蚀的主要原因

问：气缸盖腐蚀的主要原因是什么?

答：气缸盖腐蚀的主要原因是使用了不符合要求的冷却液。被腐蚀的部位一般从冷却液孔向四周呈辐射状延伸，最终导致发动机漏液，相邻气缸间窜气，使发动机无法正常工作。

鉴定点 10　气缸盖击伤的主要原因

问：气缸盖击伤的主要原因是什么?

答：气缸盖击伤的主要原因是异物落入气缸。当发动机工作时，坚硬的异物在燃烧室中高速反复撞击，造成活塞上平面及气缸盖损伤，严重时可以使气缸盖出现裂纹、活塞破碎，致使发动机严重受损。

鉴定点 11　气缸盖螺纹孔损坏的主要原因

问：气缸盖螺纹孔损坏的主要原因是什么?

答：1) 装配时螺栓没有拧正。

2) 使用了螺纹已损坏的螺栓。

3) 螺栓的拧紧力矩过大。

4) 非贯通螺孔内有污物，致使螺栓拧入时损坏螺纹。

鉴定点 12　气缸盖翘曲变形的主要原因

问：气缸盖翘曲变形的主要原因是什么?

答：1) 气缸盖工作时受热不均匀。

2) 装配时气缸盖螺栓的拧紧力矩不均匀。

3) 螺栓的拧紧顺序不符合规定。

4) 螺纹孔中污物清理不净。

5) 在高温下拆卸气缸盖或者气缸衬垫不平等。

鉴定点 13　气缸体腐蚀的主要原因

问：气缸体腐蚀的主要原因是什么?

答：气缸体腐蚀的主要原因与气缸盖腐蚀的主要原因相同。修理时，应先选择钻孔铆填金属的方法进行修复，当无法修复或腐蚀面较大时，应作报废处理。

鉴定点 14　气缸体螺纹孔损坏对发动机的影响

问：气缸体螺纹孔损坏后对发动机有哪些影响？

答：气缸体上任何一处螺纹孔损坏后都将使相应的零件不能得到必要的紧固，影响发动机工作的可靠性，严重的还会导致发动机损坏。具体影响为：

1）气缸体上平面螺纹孔损坏后会导致发动机漏冷却液、漏气、漏油，并经常冲坏气缸垫。

2）气缸体后平面螺纹孔损坏后会导致飞轮壳在安装时产生变形，影响传动系统的正常工作。

3）油道螺纹孔损坏后将使发动机的润滑得不到保证，无法持续工作。

4）主轴承盖螺纹孔损坏后将导致气缸体报废。

鉴定点 15　气缸体上平面、下平面产生翘曲变形的原因

问：气缸体上平面、下平面产生翘曲变形的原因是什么？

答：其原因除与气缸盖平面翘曲变形的原因相同外，还有气缸体是发动机各零部件的装配基体，承受各种不同的拧紧力矩。各工作零部件的冲击载荷是导致气缸体产生翘曲变形的又一重要原因。

鉴定点 16　曲轴变形的原因

问：曲轴变形的主要原因是什么？

答：1）主轴承间隙过大，发动机在爆燃或超负荷等冲击条件下工作，使曲轴过分振动。

2）少数气缸不工作或工作不均衡。

3）各道主轴承盖的松紧度不一致，使曲轴受力不均。

4）气缸体主轴承座孔同轴度误差过大。

5）驾驶操作不当，拖带挂车时起步过猛。

6）曲轴存放不合理，长时间无支撑横放。

鉴定点 17　曲轴轴颈表面出现擦伤和烧伤的原因

问：曲轴轴颈表面出现擦伤和烧伤的原因是什么？

答：擦伤产生的原因是机油不清洁或发动机内残存有金属屑等坚硬杂物；烧伤的原因是机油压力不足或轴颈与轴承之间的间隙过小等。

鉴定点 18　凸轮轴异常损坏的原因

问：凸轮轴异常损坏的原因是什么？

答：1）承受不均匀负荷。

2）机油油质不好或压力不足。

鉴定点 19　汽车发动机凸轮轴修理的技术条件

问：汽车发动机凸轮轴修理的技术条件有哪些？

答：1）凸轮表面的累积磨损量（包括修理加工磨削量）不超过 0.8mm 时，允许用直接修磨的方法修复凸轮；超过 0.8mm 而需要修理时，可在凸轮的局部或全部表面敷以补偿修复层。

2）凸轮轮廓的升程曲线应符合原设计规定，但个别区段内的升高量允许有小于或等于 0.02mm 的超差。

3）以两端支承轴颈的公共轴线为基准，凸轮基圆的径向圆跳动误差应小于或等于 0.05mm。

4）凸轮斜角应符合原设计规定。

5）通过凸轮升程最高点和轴线的平面，相对于正时齿轮键槽中心平面的角度偏差不得超过 ±45′。

6）同一根凸轮轴的各支承轴颈的直径应修磨为同一级修理尺寸。

7）支承轴颈直径缩小量超过使用限度时，可敷以补偿修复层，使轴颈直径恢复至原设计尺寸或修理尺寸。

8）支承轴承的圆柱度公差为0.005mm。

9）以两端支承轴颈的公共轴线为基准，中间各支承轴颈的径向圆跳动公差为0.025mm。

10）安装正时齿轮的轴颈，其尺寸应符合原设计规定。以两端支承轴颈的公共轴线为基准，其轴颈的径向圆跳动公差和轴向止推端面的轴向圆跳动公差为0.03mm。

11）驱动汽油泵的偏心轮直径允许比原设计规定的最小极限尺寸小1.0mm。

12）机油泵的驱动齿轮不得缺损，轮齿工作表面不得有剥落现象，齿厚不得比原设计规定的最小极限尺寸小0.50mm。

13）支承轴颈的表面粗糙度值大于或等于 *Ra*0.8μm，凸轮和驱动机油泵的偏心轮的表面粗糙度不大于 *Ra*1.6μm，轴向止推端面的表面粗糙度不大于 *Ra*3.2μm，其他加工面的表面粗糙度应符合原设计规定。

14）凸轮轴的凸轮和支承轴颈部位补偿修复层的性能应满足使用要求。

15）应对凸轮轴进行探伤检查，除凸轮表面堆焊层可以有不连续成片的鱼鳞状裂纹外，不得有其他裂纹。

16）凸轮轴的所有表面不得有毛刺、氧化皮、焊渣、气孔、渣眼、油垢和脱壳等缺陷。螺纹损伤不得超过两牙。

鉴定点 20　装配发动机前清洗零件时的注意事项

问：装配发动机前清洗零件时应注意哪些事项？

答：在装配发动机前应彻底清洗气缸体和曲轴；油道必须用清水冲洗干净，最后用压缩空气吹干，以保证润滑油道的畅通、清洁。

发动机有许多零件是铝制的，所以清洗时不应使用有腐蚀作用的清洗剂。

鉴定点 21　气缸体、气缸盖的检测要点

问：气缸体、气缸盖的检测要点有哪些？

答：1）清除气缸体各结合面上的衬垫残留物，用漂洗性能好、稳定性高且具有一定消泡性的清洁剂清洗气缸体及零件。

2）检查气缸体表面有无裂纹及破损现象。气缸体表面裂纹及破损最常用的检测方法是水压试验法。检测时水的试验压力对未修补过的气缸体、气缸盖来说为300～400kPa，对已修补过的气缸体、气缸盖来说则为400～500kPa，且3min内不得渗漏。

3）气缸体与气缸盖结合面的平面度误差应符合要求。

4）测量各气缸磨损情况（见图3-2）。在测量气缸磨损情况时，要分析其磨损性质。沿活塞行程磨成倒锥形的属于正常磨损，其他则属于非正常磨损。气缸测量的内容主要是测量它的圆度误差和圆柱度误差。

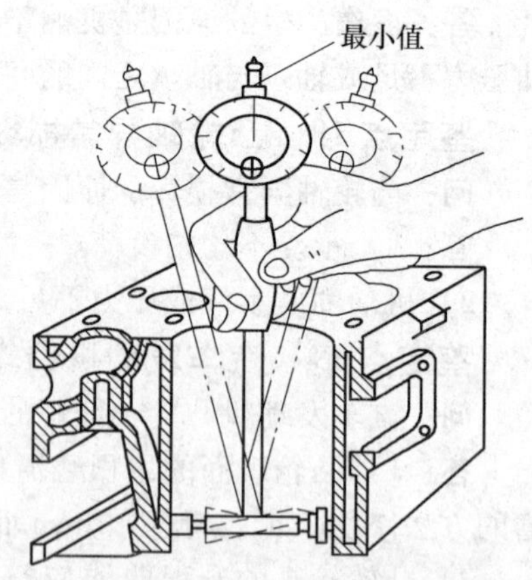

图3-2　测量气缸磨损情况

鉴定点 22　发动机气缸体与气缸盖修理的技术要求

问：发动机气缸体与气缸盖修理的技术要求有哪些？

答：1）气缸体与气缸盖不应有油污、积炭、水垢及杂物。

2）对水冷式气缸体与气缸盖，用0.35～0.45MPa的压力做持续5min的水压试验，不得渗漏。

3）汽油发动机气缸体上平面到曲轴轴承孔轴线的距离不应比原设计基本尺寸小0.40mm。

4）所有结合平面不应有明显的凸出、凹陷、划痕或缺损。气缸体上表面和气缸盖下表面的平面度误差应符合相关规定。

5）气缸体曲轴、凸轮轴轴承孔的同轴度误差应符合原设计规定。凡能用减摩合金补偿同轴度误差的，以气缸体两端曲轴轴承孔的公共轴线为基准，所有曲轴轴承孔的同轴度公差为ϕ0.15mm；以气缸体两端凸轮轴轴承孔的公共轴线为基准，所有凸轮轴轴承孔的同轴度公差为ϕ0.15mm。

6）气缸体后端面对曲轴两端轴承孔的公共轴线的轴向圆跳动误差小于或等于0.20mm。

7）燃烧室容积不小于原设计最小极限值的95%，同一台发动机的气缸盖燃烧室容积之差应符合原设计规定。

8）气缸体、气缸盖各接合面经加工后的表面粗糙度值应小于或等于Ra1.6μm。

9）气缸盖上装火花塞或喷油器和预热塞的螺孔螺纹损伤不多于一牙，气缸体与气缸盖上的其他螺孔螺纹损伤不多于两牙。修复后的螺孔螺纹应符合装配要求。各定位销、环孔及装配基准面的尺寸和几何公差应符合原设计规定。

10）选用的气缸套、气门导管、气门座圈及密封件应符合相应的技术要求。

11）气门导管轴承孔内径应符合原设计尺寸或分级修理尺寸。气门导管与轴承孔的配合过盈量一般为0.02～0.06mm。

12）进、排气门座圈轴承孔内径应符合原设计尺寸或修理尺寸。气门座圈轴承孔的表面粗糙度值小于或等于Ra3.2μm，圆度公差为0.0125mm，与座圈的配合过盈量一般为0.07～0.17mm。

13）镶装干式气缸套的轴承孔内径应为原设计尺寸或同一级修理尺寸。

① 轴承孔的表面粗糙度值小于或等于Ra1.6μm，圆柱度公差为0.01mm。

② 气缸套与轴承孔的配合过盈量应符合原设计规定，无规定者，一般为0.05～0.10mm。

③ 有凸缘的气缸套配合过盈量可采用0.05～0.07mm，无凸缘的气缸套可采用0.07～0.10mm。

④ 气缸套上端面应不低于气缸体上平面，也不得高出0.10mm。

14）湿式气缸套轴承孔的内径应为原设计尺寸或同一级修理尺寸。湿式气缸套与轴承孔的配合间隙为0.05～0.15mm，安装后气缸套上端面应高出气缸体上平面，并应符合原设计规定。

15）同一气缸体各气缸或气缸套的内径应为原设计尺寸或同一级修理尺寸，气缸壁表面粗糙度值小于或等于Ra1.6μm。干式气缸套的气缸圆度公差为0.005mm，圆柱度公差为0.0075mm；湿式气缸套的气缸圆柱度公差为0.0125mm。

16）加工后，气缸的轴线对气缸体两端曲轴轴承孔公共轴线的垂直度公差为0.05mm。

鉴定点23　发动机曲轴修理的技术要求

问：发动机曲轴修理的技术要求有哪些？

答：1）曲轴修复前应进行探伤检查，不得有裂纹，但轴颈上沿油孔四周有长度不超过5mm的短浅裂纹或有未延伸到轴颈圆角和油孔处的纵向裂纹（轴颈长度小于或等于40mm时，裂纹长度不超过10mm；轴颈长度大于40mm时，裂纹长度不超过15mm）时，仍允许修复。

2）曲轴滑动轴承轴颈磨损后，应按分级修理尺寸修理。

3）补偿修复轴颈时，可采用金属喷涂、电振动堆焊、镀铁、镀铬等方法。其他部位磨损超限后，根据情况，除可采用上述方法外，也可以采用焊条电弧焊等方法进行恢复性修理。补偿修复层应均匀适当，力学性能应满足使用要求。

4）曲轴修磨后，同名轴颈必须为同级修理尺寸。

5）曲轴主轴颈及连杆轴颈端面磨损超限后，应修复至原设计规定的轴颈宽度。

6）曲轴修复后，以两端主轴颈的公共轴线为基准，此时：

① 中间各主轴颈的径向圆跳动公差为0.05mm。

② 各连杆轴颈轴线对主轴颈轴线的平行度公差，整体式曲轴为ϕ0.01mm，组合式曲轴为ϕ0.03mm。

③ 与止推轴颈及正时齿轮配合的端面的轴向圆跳动公差为0.05mm。

④ 飞轮凸缘的径向圆跳动公差为0.04mm，外端面的轴向圆跳动公差为0.06mm。

⑤ 带轮轴颈的径向圆跳动公差为0.05mm。

⑥ 正时齿轮轴颈的径向圆跳动公差为0.03mm。

⑦ 变速器第一轴轴承孔的径向圆跳动公差为0.06mm。

⑧ 采用回油槽防漏的油封轴颈的径向圆跳动公差为0.10mm，采用油封圈防漏的油封轴颈的径向圆跳动公差为0.05mm。

7）各主轴颈及连杆轴颈的圆柱度公差为0.005mm。

8）连杆轴颈的回转半径应符合原设计规定的公称尺寸，整体式曲轴的极限偏差为±0.15mm，但同一曲轴的各回转半径差不得超过0.20mm，组合式曲轴的极限偏差应符合原设计要求。

9）以装正时齿轮的键槽中心平面为基准，连杆轴颈的分配角度偏差为±30′。

10）起动爪螺孔螺纹损伤不得多于两牙。

11）主轴颈及连杆轴颈表面粗糙度值应小于或等于$Ra0.4\mu m$，圆角处表面粗糙度值应小于或等于$Ra0.8\mu m$。

12）主轴颈和连杆轴颈两端的圆角半径应符合原设计规定。但采用金属喷涂和电镀修复的曲轴，修竣后的圆角半径允许适当减小。

13）组合式曲轴必须按原位装配，装配后各滚动轴承轴颈同轴度应符合原设计规定。

14）曲轴油道应清洁畅通，油孔应有倒角。

15）修复后的曲轴不得有焊渣、毛刺、金属飞溅等杂物，加工表面不得有肉眼可见的刻痕、黑点、碰伤、凹陷、孔眼及其他缺陷，但用振动堆焊修复的曲轴表面允许有细微的龟裂纹。

16）曲轴必须进行平衡试验，其不平衡量应符合原设计规定。

鉴定点24　拆卸正时带轮时的注意事项

问：拆卸正时带轮时应注意哪些事项？

答：1）若正时带轮拆卸后需继续使用，为保证按原方向组装，拆卸前应用粉笔在正时带背面标上转动方向。

2）应将张紧轮弹簧安装螺栓拧回三圈。

3）拆卸凸轮轴正时带轮螺栓时，应先用专用工具固定凸轮轴正时带轮，再拆下凸轮轴正时带轮螺栓。

鉴定点25　安装正时带轮时的注意事项

问：安装正时带轮时应注意哪些事项？

答：1）安装凸轮轴正时带轮螺栓时，应先用专用工具固定驱动盘，如图3-3所示。

2）安装张紧轮弹簧和垫片时，应把螺栓充分紧固，然后退回三圈。

3）当钩张紧轮弹簧时，不要使弹簧端部损坏张紧轮带轮的外缘。

4）应把张紧轮弹簧锁紧螺栓拧至规定力矩。

鉴定点 26　装配与调整配气机构时的注意事项

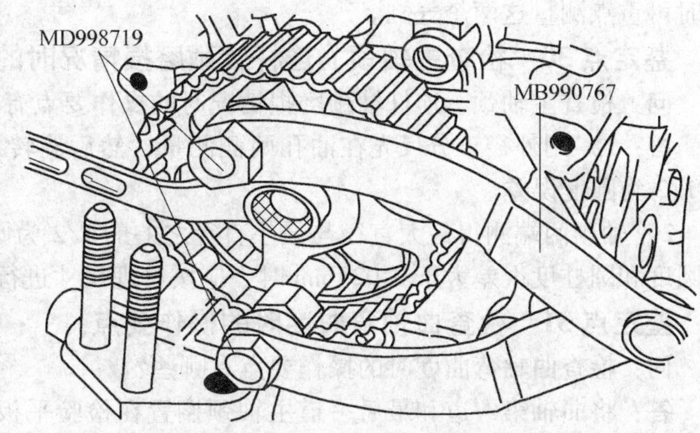

图 3-3　安装凸轮轴正时带轮

问：装配与调整配气机构时应注意哪些事项？

答：1）装配前必须对各零件进行清洗、检验。

2）各零件必须按原位装入，不得装错。

3）安装凸轮轴时，第一气缸凸轮必须朝上。凸轮轴转动时，活塞不可置于上止点，以防损坏气门及活塞顶部。

4）装凸轮轴油封及气门杆油封时，在油封外周及唇边涂机油，并用专用工具安装到合适位置。

5）各紧固件必须按规定的顺序和拧紧力矩进行拧紧。

鉴定点 27　装配气缸盖时的注意事项

问：装配气缸盖时应注意哪些事项？

答：1）在安装气缸盖之前，要将曲轴转动到第一缸的上止点位置。

2）更换所有密封条和密封衬垫，并注意衬垫的位置。

3）气缸盖衬垫上刻有“OPEN TOP”字样的一面应该正对着气缸盖安装。

4）应按规定顺序分四次交叉对角拧紧气缸盖、气门罩盖螺栓，拧紧力矩要符合相关规定。

5）安装气缸垫时，有标号（配件号）的一面必须可见。

鉴定点 28　装配气缸体时的注意事项

问：装配气缸体时应注意哪些事项？

答：1）装配时应更换所有的密封件。

2）拧紧主轴承盖紧固螺栓时，不能一次拧紧，应分几次从两端到中间逐步拧紧。

3）三号轴瓦是推力轴承，轴承盖中半片轴瓦无油槽，气缸体轴承座上半片轴瓦上有油槽，装配时应记清。

4）三号轴瓦两端有半圆形止推环，定位及开口的安装方向必须朝向轴瓦，且轴瓦不能互换。

鉴定点 29　气缸磨损检测的要点

问：检查气缸磨损情况时的要点有哪些？

答：1）测量时，必须使测杆与气缸中心线垂直，并应稍微摆动表杆，量缸表指示的最小读数即为正确的气缸直径。

2）用量缸表在某方向测量，记住表针所指刻度。旋转表面，使“0”对准表针所指刻度。将这个刻度作为测量的基数，然后将测杆在此横截面上转动 90°，此时，表针所指刻度与“0”位刻度之差的 1/2 即为该气缸的圆度误差。

3）在用量缸表测量上部之后，将测杆下移到气缸中部和下部，再次测量。

4）对于多缸发动机，应取误差最大的一个缸为准。一般发动机前、后两缸磨损量最大，测量时可重点测量这两个气缸。

鉴定点 30　检查主轴颈、连杆轴颈磨损情况时的操作要点

问：检查主轴颈、连杆轴颈磨损情况时的操作要点有哪些？

答：1）用外径千分尺先在油孔两侧测量，然后旋转 90°再测量，最大直径与最小直径之差的 1/2 为圆度误差。

2）轴颈两端测得最大直径与最小直径之差的 1/2 为圆柱度误差。当曲轴主轴颈与连杆轴颈的圆度和圆柱度误差大于 0.025mm 时，应按修理尺寸进行磨修。

鉴定点 31　检查曲轴弯曲度时的操作要点

问：检查曲轴弯曲度时的操作要点有哪些？

答：将曲轴第一道和最后一道主轴颈搁置在检验平板的 V 形架上，使百分表触头垂直地触及中间一道主轴颈，如图 3-4 所示。转动曲轴，此时百分表指针所指示的最大摆差即为曲轴主轴颈的弯曲度偏差。

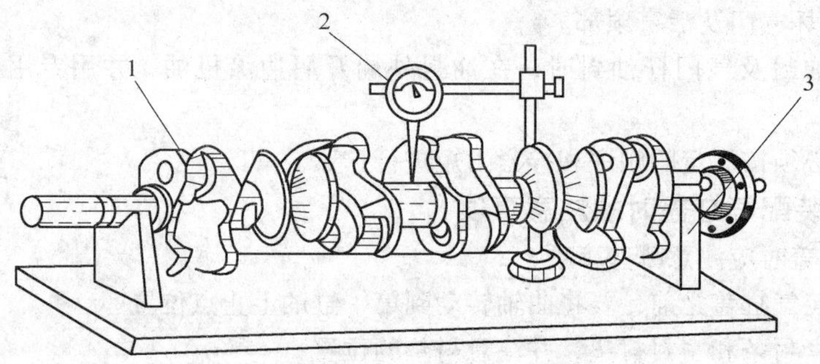

图 3-4　曲轴弯曲度的检查
1—曲轴　2—百分表　3—V 形架

一般要求中型货车的曲轴弯曲度偏差应小于或等于 0.15mm，轿车的曲轴弯曲度偏差应小于或等于 0.06mm，否则，应予以校正。

鉴定点 32　检查曲轴表面裂纹

问：曲轴表面裂纹一般出现在什么位置？检查曲轴表面裂纹有哪几种方法？用磁力探伤仪检测曲轴表面的原理是什么？

答：1）曲轴的裂纹一般出现在应力集中的部位，如主轴颈或连杆轴颈与曲柄臂相连的过渡圆角处，一般表现为横向裂纹，有时会在轴颈中的油孔附近出现沿轴向延伸的裂纹。

2）检查曲轴裂纹常用的方法有磁力探伤、超声波探伤、X 射线探伤和浸油敲击等。

3）用磁力探伤仪检查时，使磁力线通过被检查的部位，如果轴颈表面有裂纹，在裂纹处磁力线会偏散而形成磁极，将磁性铁粉撒在表面上，铁粉会被磁化并吸附在裂纹处，从而显现出裂纹的位置和大小。

鉴定点 33　滚柱式电动燃油泵

问：滚柱式电动燃油泵由哪些部件组成？其工作原理是什么？

答：滚柱式电动燃油泵主要由直流电动机、滚柱式油泵、安全阀和单向阀组成，如图 3-5 所示。

其工作原理为：由转子、滚柱和泵体围成的腔室的容积大小随转子转动发生变化，在容积由小变大的一侧燃油被吸入，在容积由大变小的一侧燃油被压出，如图 3-6 所示。起动时，只要起动开关起作用，燃油泵就一直工作。

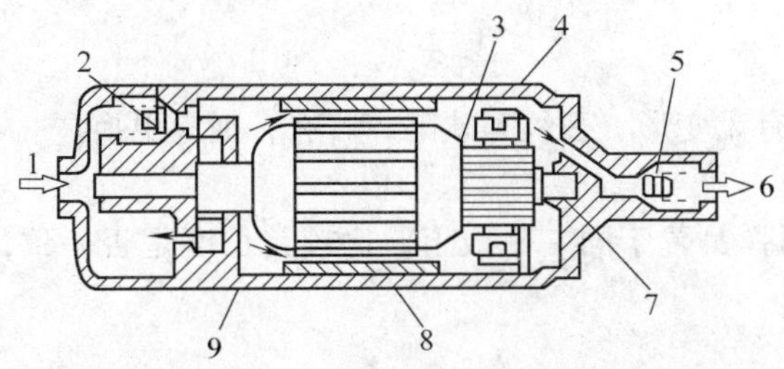

图 3-5　滚柱式电动燃油泵
1—进油口　2—安全阀　3—电枢　4—泵壳　5—止回阀
6—出油口　7—电枢轴　8—永久磁铁　9—泵体

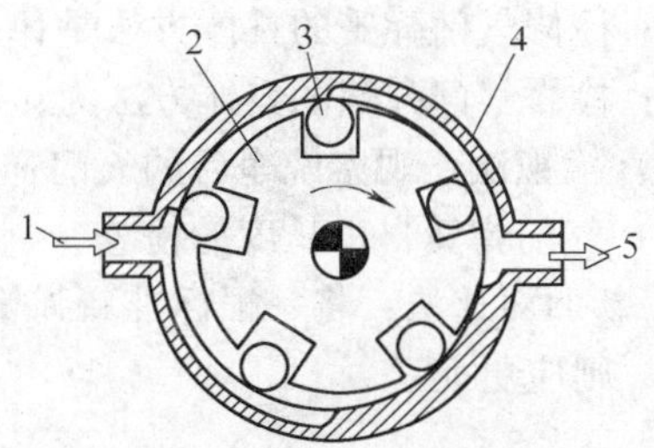

图 3-6　滚柱式电动燃油泵的工作原理
1—进油口　2—盘形转子　3—滚柱
4—泵体　5—出油口

鉴定点 34　齿轮式燃油泵

问：齿轮式燃油泵由哪些部件组成？其工作原理是什么？

答：齿轮式燃油泵主要由直流电动机、主动齿轮、从动齿轮和辅助装置组成。主动齿轮与泵体（包括从动齿轮）偏心安装。另外，辅助装置包括安全阀、单向阀、进油口和出油口等。图 3-7 所示为桑塔纳 2000GSi 型轿车装备的齿轮式燃油泵。

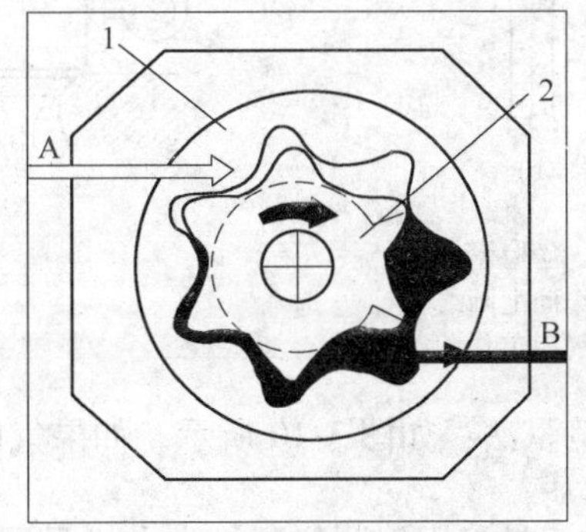

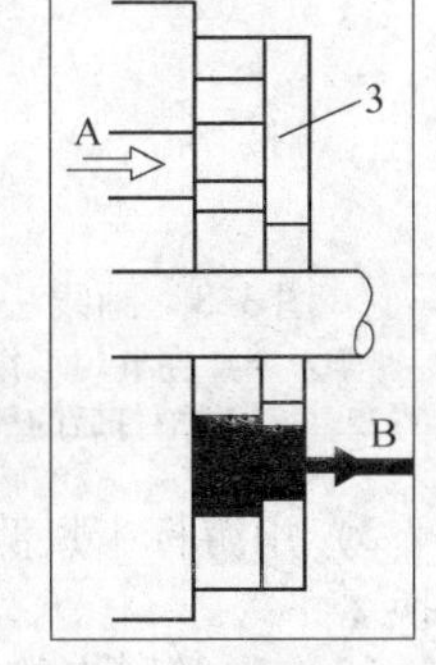

图 3-7　桑塔纳 2000GSi 型轿车装备的齿轮式燃油泵
1—从动齿轮　2—主动齿轮　3—泵壳
A—进油口　B—出油口

电动机转动时，带动主动齿轮转动，主动齿轮又带动从动齿轮转动。由于主动齿轮与从动齿轮不同心，使主动齿轮的外齿、从动齿轮的内齿和两侧面的泵壳三者之间所形成腔室的容积在进油口处周期性地变化，在出油口处周期性地减小，使燃油从进油口一侧吸入，从另一侧的出油口处压出，通过电动机内部经单向阀从出油口排出。相对于进气管真空度，系统的工作油压恒定为300kPa。

鉴定点 35　气门与气门座的密封性试验

问：如何进行气门与气门座的密封性试验？

答：气门与气门座磨光后，需进行密封性试验。具体的试验方法有以下几种：

（1）渗油法　将气门放入相配的气门座中，将汽油或煤油浇在气门顶面上，观察有无渗漏现象，若无渗漏现象，则表明密封良好。

（2）画线法　画线法检验密封性如图 3-8 所示。用软铅笔在气门工作面上画若干条分布均匀的竖线，然后将气门插入气门座内，轻敲或转动，取出气门，观察所画竖线是否均匀切断。如果有线条未被切断，则表明密封不严，需重新研磨。

（3）拍打法　将气门在相配气门座上轻拍数次，然后观察气门与气门座工作面有无明亮又完整的光环，若有，则表明已达到密封要求。

（4）用检验仪器检查　采用带有气压表的气门密封性检验仪进行检验，如图 3-9 所示。

先将检验仪的空气容筒紧紧地压在装有气门的气门座上，捏动橡胶气囊，使空气筒内具有 60 ~ 70kPa 压力，此时停留 30s，如果气压表指示压力不下降，则密封性合格。

鉴定点 36　气门弹簧的检修

问：检修气门弹簧的具体方法是什么？

答：检修气门弹簧的具体方法为：

（1）检视法　观察洗净后的气门弹簧外表有无变形、裂纹等缺陷，若有，则应更换。

（2）气门弹簧自由长度的检查

1）新旧对比法：将一根标准新弹簧与被测弹簧置于同一平板上，比较其长度是否一致，若不一致，则应更换。

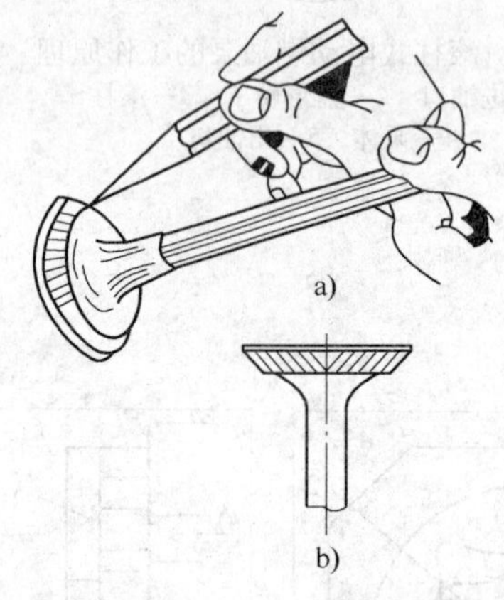

图 3-8　画线法检验密封性

a）在气门工作面上画线

b）拍打后的气门工作面

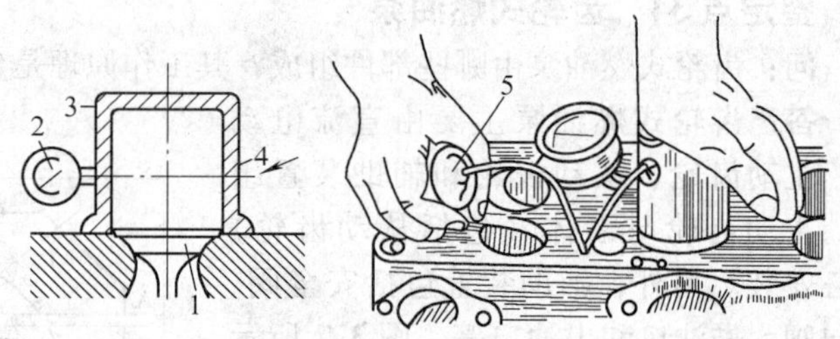

图 3-9　用检验仪检查

1—气门　2—气压表　3—空气容器

4—与橡胶气囊相同的启口　5—橡胶气囊

2）用游标卡尺测量法：如图 3-10 所示，如果气门弹簧自由长度不符合规定尺寸，则应予以更换。

（3）弹簧弹力的测量　用检测仪测量弹力（见图 3-11），将弹簧压至规定长度，台秤上所示弹力即为所测弹簧的弹力。

（4）气门弹簧弯曲和扭曲变形的检验方法　如图 3-12 所示，将气门弹簧放至平板上，用直角尺检查其弯曲和扭曲变形情况，当 $\delta \leqslant 1.5$mm，弹簧轴线偏移角 $\alpha \leqslant 2°$ 时为合格，否则应更换。

（5）气门弹簧的选配　气门弹簧的弹性必须符合技术条件规定。

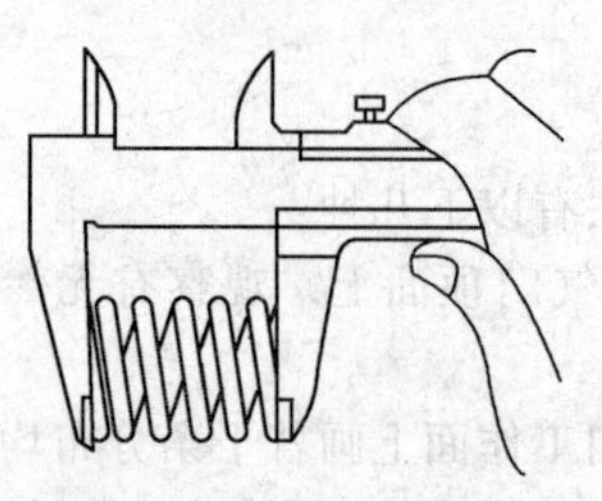

图 3-10　气门弹簧自由长度的检测

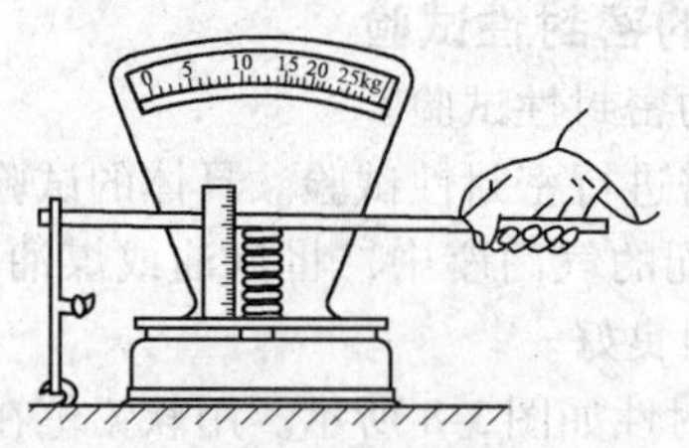

图 3-11　弹簧弹力的测量

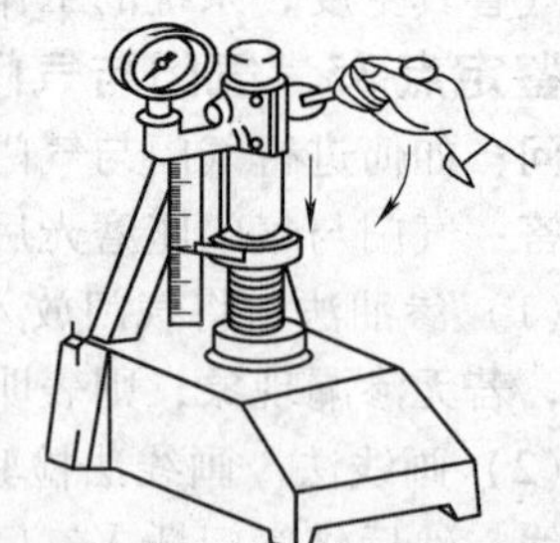

图 3-12　气门弹簧弯曲和扭曲变形情况的检查

鉴定点 37　连杆弯曲或扭曲变形的原因

问：连杆弯曲或扭曲变形的原因是什么？

答：连杆在工作中承受着活塞传来的气体压力、离心力和惯性力的作用，尤其当发动机工作不正常时（如超负荷、爆燃、用汽车惯性起动发动机等），会引起连杆弯曲、扭曲以及双重弯曲变形。

另外，镗缸时如果定位不准，也会遗留下连杆弯曲的隐患。连杆弯曲会导致发动机活塞偏缸，引起气缸敲缸、拉缸、偏磨等故障。

鉴定点38　组装活塞连杆组时的注意事项

问：组装活塞连杆组时需要注意哪些事项？

答：1）必须把同一缸号的活塞连杆，按活塞顶箭头和连杆铸造标记朝前的方向组装。

2）必须使用同种类型的活塞销及同样重量级别的活塞。

3）按标记安装连杆轴承盖，并按规定力矩分四次拧紧螺栓。

鉴定点39　曲轴飞轮组的动平衡

问：曲轴飞轮组做动平衡试验时的技术要求是什么？

答：曲轴的动平衡试验应在专用的动平衡机上进行。曲轴一般都带有平衡重，进行动平衡试验时，可在曲轴平衡重或曲柄臂上用钻孔或铣削的方法取得平衡。曲柄臂上钻孔深度不宜过深，否则会使平衡效果变差。应在曲柄臂外缘表面上对称钻孔，深度一般不超过15mm。

鉴定点40　装配与调整气缸体和曲柄连杆机构时的注意事项

问：装配与调整气缸体和曲柄连杆机构时的注意事项有哪些？

答：1）曲轴与气缸体在装配前必须彻底清洁，各油道应看不到油污存在。

2）将已清洗干净的气缸体倒置在工作台上。

3）把轴承按原来的位置安置在轴承座上，轴瓦上的油孔应和座上的油孔对准，其偏差不得超过0.5mm。轴承全部装复后，用手扳动曲臂，曲轴应能转动。各道轴承之间的间隙应符合规定。复查曲轴轴向间隙，应符合规定。

4）为了防止曲轴漏油，应注意以下几点：

① 曲轴轴颈与轴承之间的间隙不得过大，若过大，则会使机油从间隙中大量流失，并造成曲轴后端漏油。在装配时，对轴承的松紧度应逐道检查。

② 安装定位油封前，应检查油封与曲轴是否同心，如果不同心，则会因松紧不一致而漏油。

③ 油封松紧度应适当，过松时会漏油，过紧时会使轴颈摩擦阻力增大而发热，严重时会烧坏油封。

鉴定点41　气缸修理级别（尺寸）的确定

问：气缸的修理级别是多少？其具体尺寸如何确定？

答：在气缸磨损超过允许限度后，或缸壁上有严重的刮伤、沟槽和麻点时，均应将气缸按修理级别镗削修理，并选配与气缸相符合且加大尺寸的活塞及活塞环，以恢复正确的几何形状和正常的配合间隙。

捷达车型的气缸修理尺寸分为两级。它是在气缸直径标准尺寸的基础上，每加大0.25mm为一级，逐级递增至0.50mm。

桑塔纳车型气缸修理尺寸分为三级。它是在气缸直径标准尺寸的基础上，加大0.25mm、0.50mm、1.00mm。

气缸修理尺寸的计算公式为

修理尺寸＝气缸最大直径＋镗、珩磨余量

其中，镗、珩磨余量一般取0.10～0.20mm。

将计算出的修理尺寸与修理级数对照，如果与某一修理级数相符，则可按该级数修理；如果与修理级数不相符，比如计算出的修理尺寸在两级修理级数之间，则应按其中大的修理级数对气缸进行修理。

鉴定点42　喷油器

问：喷油器由哪些零件组成？其工作原理是什么？

答：喷油器一般分为轴针式喷油器和球阀式喷油器两种类型。

1. 轴针式喷油器

轴针式喷油器主要由喷油器外壳、滤网、电接头、电磁线圈、回位弹簧、衔铁、针阀、喷油轴针、上下密封圈组成，如图3-13所示。当喷油器的电磁线圈无电流通过时，针阀在弹簧的作用下将喷油器的阀口关闭，喷油器不喷油。当电磁线圈通电时，线圈产生磁场，电磁吸力将铁心吸起上移，与铁心一体的针阀同时上移，喷油器的阀口被打开，燃油从精密的环形喷口以雾状喷出。

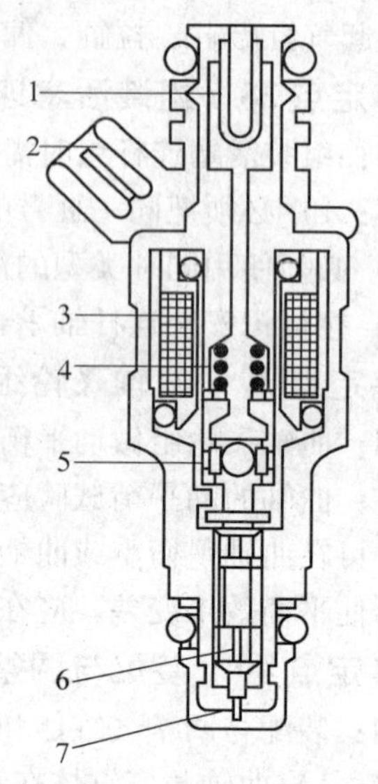

图3-13　轴针式喷油器
1—滤网　2—电接头　3—电磁线圈　4—回位弹簧　5—衔铁　6—针阀　7—轴针

2. 球阀式喷油器

球阀式喷油器的结构如图3-14所示。它与轴针式喷油器的主要区别在于针阀的结构。球阀式喷油器的针阀由钢球、导杆和衔铁用激光焊接成整体。

为了保证燃油密封，轴针式喷油器的针阀必须有较长的导向杆，而球阀式喷油器的针阀具有自动定心作用，无须较长的导向杆。因此，球阀式喷油器的针阀质量小，只有普通轴针式喷油器针阀的1/2。这是采用短的空心导杆来实现的，且具有较高的燃油密封能力，明显优于轴针式喷油器的针阀。

当喷油脉冲输入电磁线圈时，产生电磁吸力，固定在针阀上的衔铁向上吸起，针阀抬离阀座，燃油开始通过计量孔喷出。当喷油脉冲终止时，电磁吸力消失，针阀在弹簧力的作用下返回阀座，于是喷油结束。因此，每次喷油量取决于输入电磁线圈的电流脉冲宽度。

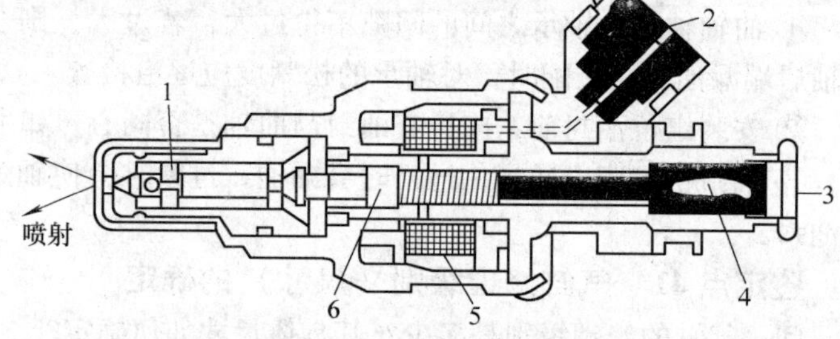

图3-14　球阀式喷油器
1—球阀　2—线束插接器　3—入口　4—进油滤网　5—电磁线圈　6—衔铁

鉴定点43　汽油压力调节器

问：汽油压力调节器的结构是怎样的？其工作原理是什么？

答：汽油压力调节器安装在燃油分配管上，是一种膜片控制的溢流调节器，如图3-15所示。它有一个金属外壳，一个膜片将内部空间分成弹簧室和燃油室。燃油泵输送的燃油从进油口进入并充满燃油室；弹簧室经一根通气管与节气门后部的进气管相通，内有一根螺旋弹簧对膜片施加一个作用力；燃油

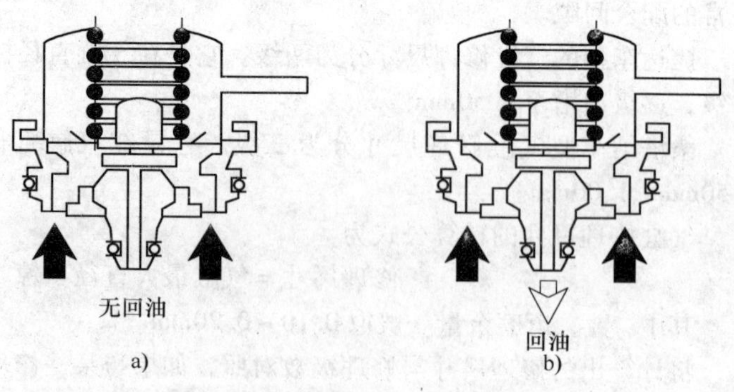

图3-15　汽油压力调节器
a）无真空　b）有较大真空度时

室直接与供油管路相通。

当输入的汽油压力高于弹簧预紧力与进气管压力之和时，汽油推动膜片向上压缩弹簧，打开回油阀，部分汽油流回油箱，油压降低。当输入的汽油压力低于弹簧预紧力与进气管压力之和时，回油阀关闭，油压升高。

鉴定点 44　汽油压力缓冲器

问：汽油压力缓冲器的结构是怎样的？其工作原理是什么？

答：汽油压力缓冲器是由膜片和弹簧组成的缓冲装置。膜片将内腔分为汽油室和空气室，空气室内有压力弹簧和调节螺钉。

脉动油压进入缓冲器后，通过膜片传给弹簧，从而起到缓冲作用。调节螺钉可以控制燃油压力的大小。

鉴定点 45　翼片式空气流量计

问：翼片式空气流量计的结构是怎样的？其工作原理是什么？

答：（1）结构　翼片式空气流量计由翼板、电位计和接线插头三部分组成，如图 3-16 所示。计量板与缓冲板刚性连接，计量板的轴端连接一个电位计。

（2）工作原理　随着通过传感器的空气流量变化，计量板旋转的相对角度也发生变化，电位计的电阻随之改变，从而送给电控单元一个变化的电压信号。

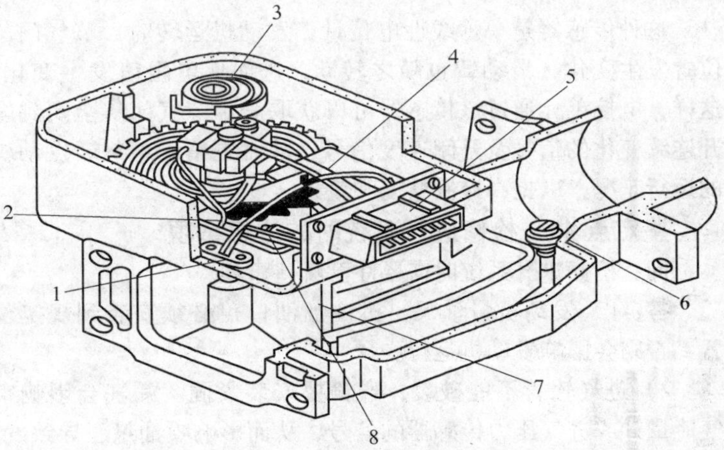

图 3-16　翼片式空气流量计

1—进气温度传感器　2—动触点　3—卷簧　4—电位计　5—插接器　6—调整螺钉　7—旋转翼片　8—静触点

鉴定点 46　温度传感器

问：温度传感器的结构是怎样的？其工作原理是什么？

答：温度传感器有进气温度传感器和冷却液温度传感器两种。

1. 进气温度传感器

进气温度传感器的作用是检测进气温度，向电控单元输送进气温度信号，作为燃油喷射和点火正时的修正信号。

进气温度传感器的内部是一个热敏电阻，外部由环氧树脂密封，通常安装在空气滤清器之后的进气软管上或空气流量计上。

2. 冷却液温度传感器

冷却液温度传感器检测发动机冷却液温度，用于喷油量修正。它安装在发动机缸体或缸盖的水套上，与冷却液直接接触，用于测量发动机的冷却液温度。其内部装有负温度特性的热敏电阻。温度越低，热敏电阻的阻值越大；温度越高，热敏电阻的阻值越小。电控单元根据这一变化便可测得发动机的冷却液温度，进行喷油量修正。

鉴定点 47　节气门位置传感器

问：节气门位置传感器的结构是怎样的？其工作原理是什么？

答：节气门位置传感器用于检测节气门的开度，并将其转换成电信号输送给电控单元，作为电控单元判定发动机运转工况的依据。

常用的节气门位置传感器有开关触点式和滑动电阻式。

1. 开关触点式节气门位置传感器

它主要由活动触点、怠速触点、功率触点、节气门轴、控制杆、导向凸轮槽等组成。活动触点可在导向凸轮槽内移动，导向凸轮由固定在节气门轴上的控制杆驱动。

怠速时，节气门处于关闭状态时，活动触点与怠速触点相接触，可以检测节气门全关闭状态。全负荷时，活动触点与曲率触点相接触，可以检测节气门全开状态。部分负荷时，活动触点与哪个触点都不接触，通过活动触点所处的不同位置，可以检测节气门的不同开度。

2. 滑动电阻式节气门位置传感器

它主要由滑动臂、碳膜电阻、连接端子等组成，如图3-17所示。

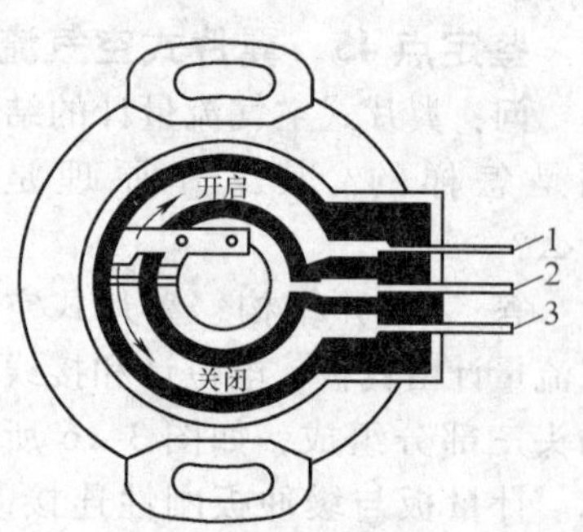

图3-17 滑动电阻式节气门位置传感器

1—基准电压 2—节气门开度输出电压 3—搭铁

这种传感器是一种线性电位计。发动机运转时，节气门的位置发生变化，滑动臂也随之转动，进而使电阻值发生变化。这样，电控单元通过该传感器可以获取表示节气门从全闭到全开连续变化的信号及开闭速度信号，从而更精确地判断发动机的运行工况，以提高控制精度和效果。

鉴定点48 检修进气系统时的注意事项

问：检修进气系统时需要注意哪些事项？

答：1）发动机量油尺、机油加油口盖必须安装到规定位置，否则会影响发动机运行。

2）进气软管不能破裂，喉箍要安装紧固。漏气会影响空气流量计或进气压力传感器的信号，从而影响喷油量，导致发动机怠速不稳，易熄火，动力性和加速性能差。

3）真空管不能破裂、扭结，也不能插错。真空管插错会使发动机怠速不稳，甚至使各缸无规律地交替工作，或工作性能不良。

4）喷油器应安装到位，密封圈完好。喷油器上部密封不良会漏油，造成严重事故；下部密封不良会造成漏气，使发动机真空度下降。运行不良还会使进气压力传感器信号增强，进而使喷油量增加，混合气偏浓。

鉴定点49 检修电控系统时的注意事项

问：检修电控系统时需要注意哪些事项？

答：1）拆卸和安装传感器和信号开关的插接器前，应先将点火开关关闭。

2）拆卸和安装发动机电子控制系统（ECU）的插接器前，应先将点火开关关闭，再拆下蓄电池负极柱上的电桩线。

3）安装蓄电池时应特别注意，正、负极不可接反。

4）拆下蓄电池负极电桩线后，发动机ECU中的所有故障码都会被清除。因此，若有必要，应在拆蓄电池负极电桩线前，读取故障码。

5）不可用起动电源帮助起动。

6）不可用水冲洗发动机室。

7）检测控制系统中输入信号和发动机控制系统输出信号时，不可用汽车上的灯泡作试灯。

8）万用表有指针型和液晶显示型两种，检测控制系统电阻时必须使用内阻为10MΩ以上的液晶显示万用表。

9）不可用刮火的方法来判断是否有电或是否为相线。

10）晴天拆卸、安装发动机 ECU 时，应注意防止静电。

11）车上不宜安装功率超过 8W 的无线电台。

12）在车身上使用电弧焊时，应先断开蓄电池负极电桩线。

鉴定点 50　蜡式节温器的结构与工作原理

问：蜡式节温器的结构与工作原理是什么？

答：蜡式节温器在橡胶管和感应体之间装有石蜡，为提高导热性，石蜡中常掺有铜粉或铝粉。其结构如图 3-18 所示。

其工作原理为：

1）常温时，石蜡呈固态，弹簧将主阀门推向上方，使之压在阀座上，主阀门关闭，而副阀门随着主阀门上移，离开阀门座，小循环通路打开，如图 3-19a 所示。

2）当发动机冷却液温度升高时，石蜡逐渐变成液态，其体积膨胀，迫使胶管收缩，对推杆锥状端产生上举力，固定不动的推杆对胶管、节温器外壳产生向下的反推力。当发动机冷却液达到一定温度时，这个反推力可以克服弹簧预压力，主阀门开始打开，部分冷却液开始进行大循环。当冷却液温度超过一定值时，主阀门完全打开，而副阀门正好完全关闭小循环的通路，这时来自气缸盖出液口的冷却液沿出液管全部进入散热器冷却，进行大循环，如图 3-19b 所示。

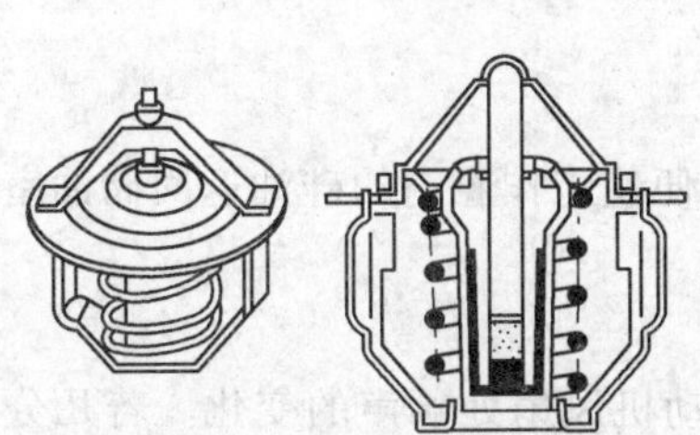

图 3-18　蜡式节温器的结构

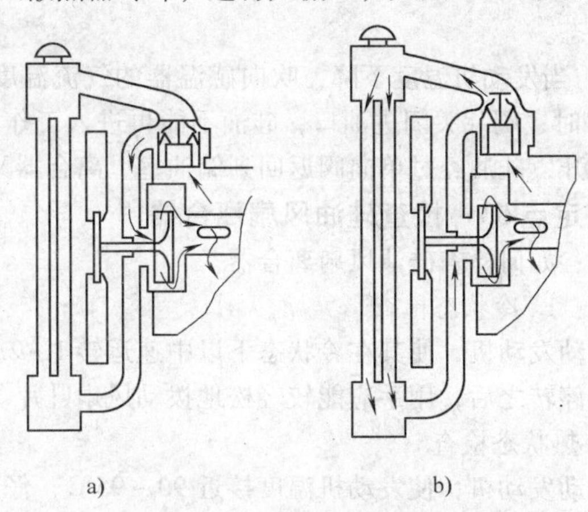

图 3-19　蜡式节温器的工作原理
a）小循环　b）大循环

鉴定点 51　检测节温器

问：如何检测节温器？

答：不同车型的节温器阀门的开启温度不同，检测方法如图 3-20 所示。

将节温器放在盛水的容器中，用温度计测量水温，观察节温器的工作情况。对东风 EQ6102 型发动机的节温器，当水温低于 65℃时其阀门关闭，当水温达到 68～72℃时其阀门开启，当水温达到 80～85℃时其阀门全开，阀门升起高度不应小于 9mm。

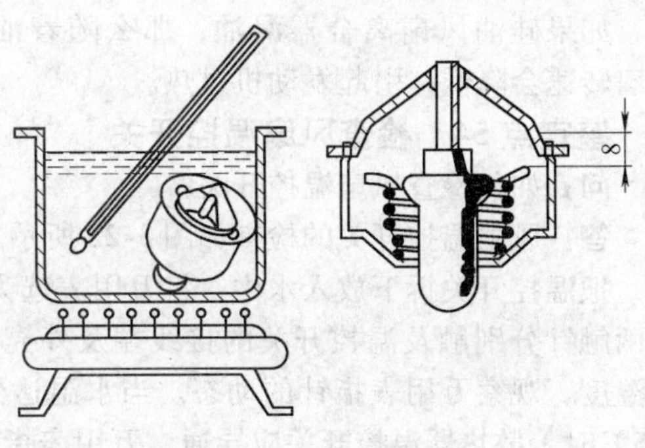

图 3-20　节温器的检测

注意：在使用中，不允许随意拆除节温器。

鉴定点 52　硅油风扇离合器的结构与工作原理

问：硅油风扇离合器的结构与工作原理是什么？

答：硅油风扇离合器由从动板、控制阀、阀片、传动销、感温器、前盖、壳体、主动板、轴承、螺钉、驱动轴、单向阀等组成，如图 3-21 所示。

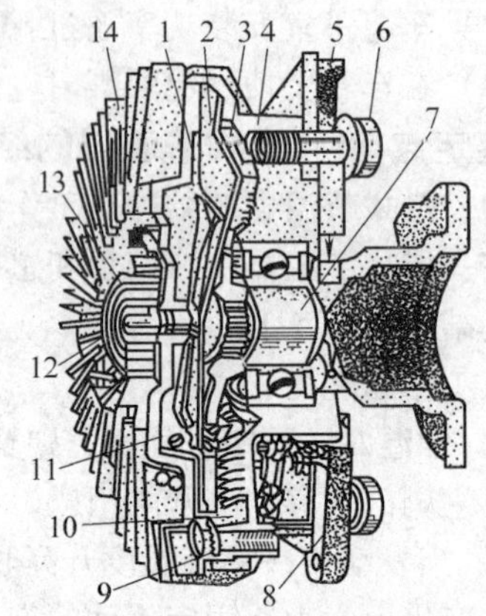

图 3-21　硅油风扇离合器的结构示意图

1—阀片　2—从动板　3—主动板　4—壳体　5—锁止块　6—螺栓　7—主动轴　8—风扇　9—密封垫片　10—工作腔　11—储油室　12—阀片轴　13—感温器　14—前盖

其工作原理为：

1）从动板上有一小孔，常温下被控制阀片挡住，硅油不能进入工作室，风扇离合器处于分离状态。由于驱动轴与水泵轴连接，风扇装在离合器壳体上，所以，当发动机工作时，虽然驱动轴转动，但是风扇却随着离合器壳体在驱动轴上打滑。

2）随着发动机温度升高，气流温度也增加，感温器发生偏转，通过阀片传动销带动控制阀偏转一个角度。当气流温度超过65℃时，从动板上的进油口打开，硅油进入工作室。于是，主动板、从动板及壳体之间的缝隙内进入了黏度很高的硅油，即风扇离合器处于啮合状态。

3）当发动机温度下降，吹向感温器的气流温度低于35℃时，阀片关闭进油口，硅油不能再进入工作室。工作室内的硅油在离心力的作用下将单向阀顶开，硅油经过单向阀返回到储油室，离合器又恢复到分离状态。

鉴定点 53　检查硅油风扇离合器

问：如何检查硅油风扇离合器？

答：1. 冷状态检查

起动发动机，使其在冷状态下以中速运转 1～2min，以便使工作腔内的硅油返回储油室，在发动机停转之后，用手应能较轻松地拨动风扇叶片。

2. 热状态检查

起动发动机，使发动机温度接近 90～95℃，仔细听发动机风扇处响声的变化。若几分钟内噪声明显增大，风扇转速迅速提高，则达到全速时应使发动机停转，用手拨动风扇叶片，感觉较费力为正常。

3. 检查硅油风扇离合器是否损坏或渗漏

如果硅油风扇离合器漏油，那么随着油量减少，风扇转速会降低，引起发动机过热。

鉴定点 54　检查风扇温控开关

问：如何检查风扇温控开关？

答：风扇温控开关的检查如图 3-22 所示。

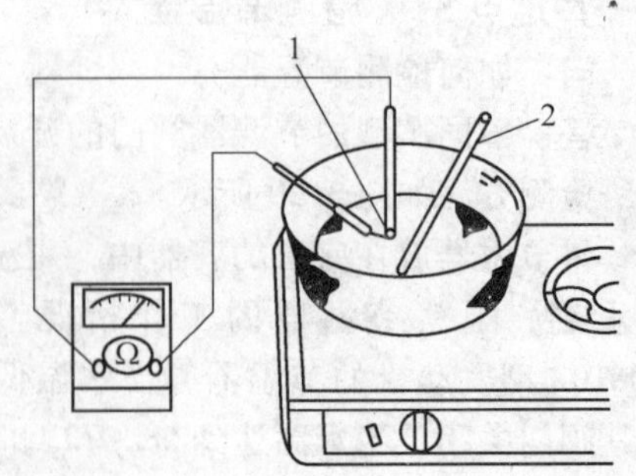

图 3-22　风扇温控开关的检查

1—温控开关　2—温度计

把温控开关拆下放入水中，将万用表选为电阻档，把两触针分别触及温控开关的接线端及外壳，改变水的温度，观察万用表指针的动态。当水温达到 92℃ ±0.5℃时，散热器温控开关应导通，万用表指针指示接通；当水温降至 87℃ ±2℃时，散热器温控开关应断开，万用表指示断开。

鉴定点 55　水泵的结构与工作原理

问：水泵的结构与工作原理是什么？

答：水泵主要由泵体、叶轮和水泵轴组成。叶轮一般是径向或向后弯曲的，其数量一般为 6 ~9 片。AJR 型发动机水泵的结构如图 3-23 所示。

当叶轮旋转时，水泵中的冷却液被叶轮带动一起旋转，在离心力作用下，冷却液被甩向叶轮边缘，然后经外壳上与叶轮成切线的出水管压送到发动机水套内。与此同时，叶轮中心处的压力降低，散热器中的冷却液便经进水管进入叶轮中心部分。如此连续地运转，冷却液在水路中不断地循环，如图 3-24 所示。

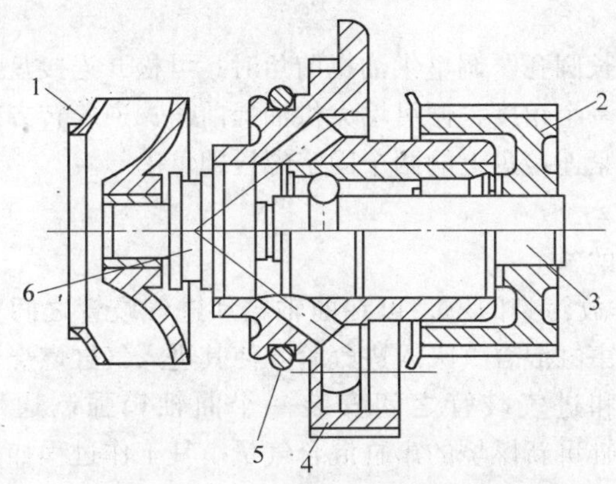

图 3-23　AJR 型发动机水泵的结构
1—叶轮　2—齿带轮　3—水泵轴承
4—轴承座　5—O 形圈　6—水封

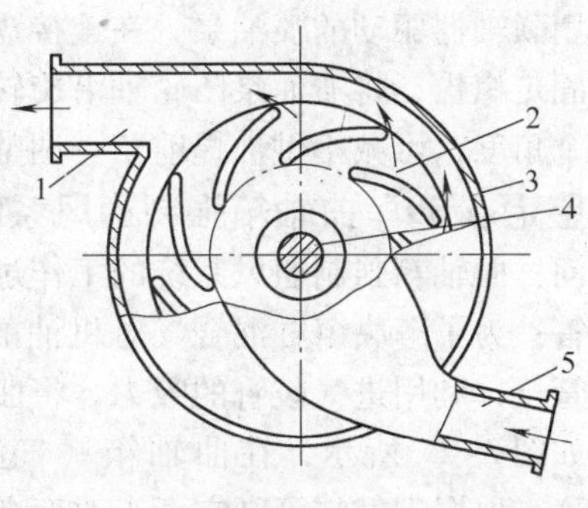

图 3-24　水泵工作原理示意图
1—出水管　2—叶轮　3—水泵壳体
4—水泵轴　5—进水管

鉴定点 56　齿轮式机油泵

问：齿轮式机油泵的结构与原理是什么？

答：1. 结构

齿轮式机油泵的壳体内装有一个主动齿轮和一个从动齿轮，主动齿轮由伸到壳体外的主动轴驱动。齿轮的齿顶与壳体内壁之间的间隙很小，主、从动齿轮啮合后，将壳体内腔分成进油腔和出油腔，壳体上的进油口和出油口分别与进油腔和出油腔相通。

2. 工作原理

发动机工作时，齿轮旋转，进油腔的容积由于齿轮脱离啮合而增大，腔内产生一定的真空度，机油便从进油口进入进油腔并将其注满。齿轮旋转时，把齿间所存的机油带到出油腔。在出油腔齿轮处于啮合状态时，出油腔容积减小，油压升高，机油便经出油口被不断地压出。

鉴定点 57　更换飞轮齿圈

问：更换飞轮齿圈的要点是什么？

答：1）检查飞轮上与离合器摩擦片相结合的面，若有擦伤现象，则应车削修复，或把飞轮齿圈翻面使用，但齿牙需修正倒角。如果飞轮上齿圈的齿严重损坏，则应更换飞轮齿圈。

2）拆装飞轮齿圈时，必须使用液压式压力机，这是因为飞轮与齿圈是过盈配合。装配齿圈前，必须先将齿圈放在废机油中加热到大约 300℃，并将其内圆有倒角的一面朝向飞轮放置，趁热用压力机压装好。

鉴定点 58　调整喷油泵供油提前角

问：如何调整喷油泵供油提前角？

答：在检查供油正时时，如果发现供油提前角过小或过大，就要进行调整。常用的调整方法有：

1. 转动泵体

将正时齿轮和花键轴头直接装入进行驱动的喷油泵，大多用三角固定板或法兰盘与机体相连。三角固定板和法兰盘上分别有三个或四个长圆孔。

如果检查的供油正时不准，只需松开相应的三个或四个固定螺栓，通过长圆孔适当转动泵体来调整供油提前角即可。

调整时，将泵体逆着驱动轮的旋转方向转动一个角度，就可使供油提前角增大。若将泵体顺着驱动轮旋转方向转动一个角度，则可使供油提前角减小。

2. 转动泵轴

用联轴器驱动的喷油泵，在连接盘上有两个长圆孔。调整供油提前角时，可松开连接盘上的两个固定螺栓，将喷油泵凸轮轴沿旋转方向转动一个角度，便可增大供油提前角；逆旋转方向转动一个角度，可减小供油提前角。调整完毕，拧紧连接盘上的两个固定螺栓即可。

鉴定点 59　曲轴箱强制通风系统

问：曲轴箱强制通风系统的工作过程是怎样的？

答：为了解决窜缸混合气对机油的稀释及排放污染问题，可在曲轴箱和进气歧管之间安装一根管子，利用进气歧管的吸力，将曲轴箱内的窜缸混合气吸入进气管，使其进入气缸燃烧。

如图 3-25 所示，在曲轴箱（气缸盖罩）和进气歧管之间安装一个曲轴箱强制通风阀（PCV），根据进气歧管真空度来改变允许进入气缸重新燃烧的窜缸混合气量。其工作过程如下：

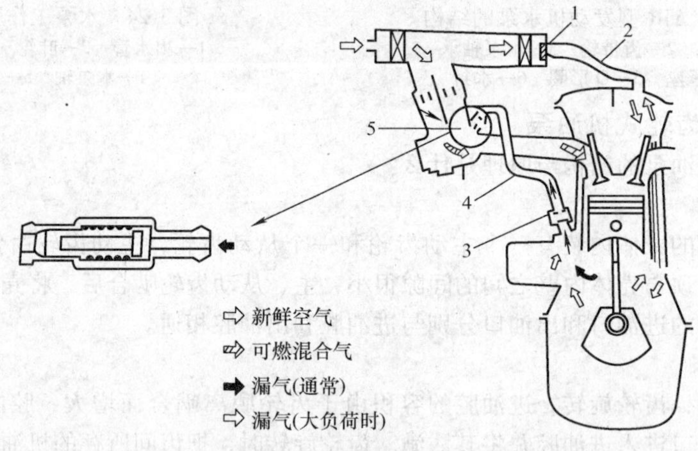

图 3-25　曲轴箱强制通风系统

1—漏气过滤器　2—漏气上导管　3—机油分离器（在油底壳内）　4—漏气下导管　5—PCV 阀

1）发动机停机或回火时，PCV 阀在自身重量的作用下关闭，如图 3-26 所示。

2）发动机怠速运转或减速时，进气管真空度很大，PCV 阀向上移动（打开），如图 3-27所示。但由于真空通道仍然狭窄，因此窜缸混合气量还很少。

3）发动机正常运转时，进气管真空度正常，真空通道较宽，PCV 阀部分打开，如图 3-28所示。

4）发动机加速或高负荷时，PCV 阀完全打开，真空通道也完全打开，如图 3-29 所示。此时，尽管实际产生的这种气体很多，但是全负荷时，PCV 阀允许通过的窜缸混合气仍很少。所以，当产生的窜缸混合气超过 PCV 阀吸入能力时，部分窜缸混合气通过连接空气滤清器和气缸盖罩的管道，从空气滤清器吸入进气歧管。

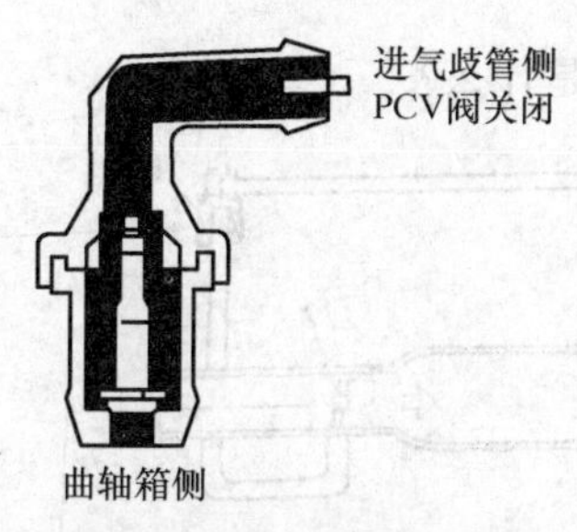

图 3-26　PCV 阀关闭

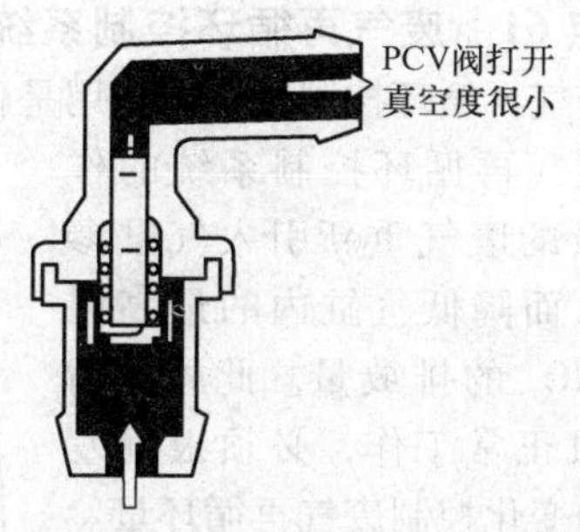

图 3-27　PCV 阀向上移动（打开）

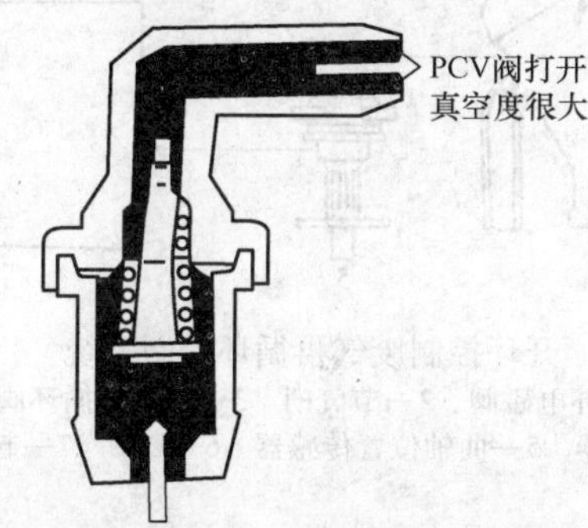

图 3-28　PCV 阀在发动机正常运转时

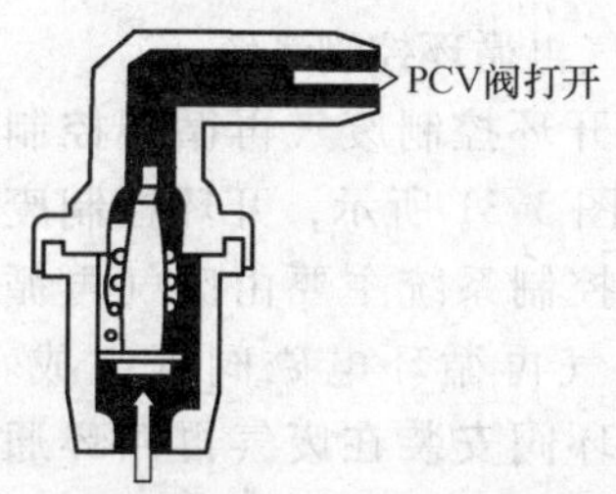

图 3-29　PCV 阀完全打开

鉴定点 60　汽油蒸气排放控制系统

问：汽油蒸气排放控制系统的作用是什么？其工作原理是什么？

答：汽油蒸气排放控制系统的作用是收集汽油箱内蒸发的汽油蒸气，并将汽油蒸气导入气缸参与燃烧，从而防止汽油蒸气直接排入大气而造成污染。同时，它还根据发动机工况，控制导入气缸参与燃烧的汽油蒸气量。

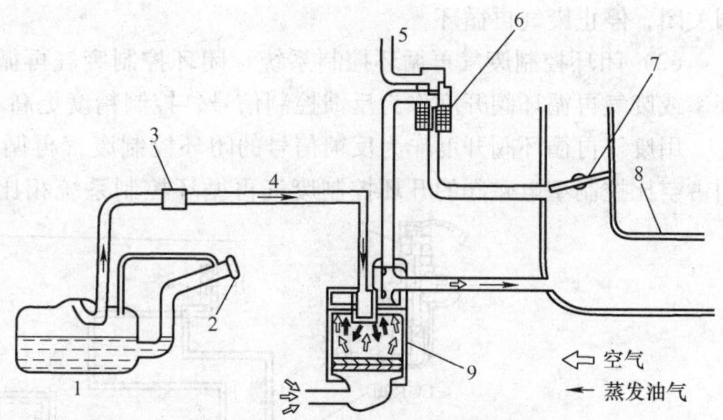

图 3-30　汽油蒸气排放控制系统

1—油箱　2—油箱盖　3—单向阀　4—蒸气通气管路　5—接大气　6—活性炭罐控制电磁阀　7—节气门　8—进气歧管　9—活性炭罐

汽油蒸气排放控制系统如图 3-30所示。活性炭罐与油箱之间设有排气管和单向阀，汽油箱内的汽油蒸气超过一定压力时，顶开单向阀经排气管进入活性炭罐，活性炭罐内的活性炭将汽油蒸气吸附在炭罐内。当发动机工作时，活性炭罐内的汽油蒸气经定量排放孔、吸气管进入进气管。活性炭罐的上端设有一个真空控制阀。真空控制阀为膜片阀，膜片上方为真空室，控制阀用来控制定量排放孔的开闭。真空控制阀与进气管之间的真空管路中设有受 ECU 控制的电磁阀，用以调节真空控制阀上方真空室的真空度，改变真空控制阀的开度，从而控制吸入进气管的汽油蒸气量。为防止活性炭罐内的燃油蒸气被吸入进气管后使混合气变浓，活性炭罐下方设有进气滤芯并与大气相通，使部分清洁空气与活性炭罐内的汽油蒸气一起被吸入进气管。

鉴定点 61 废气再循环控制系统

问：废气再循环控制系统的作用是什么？其工作原理是什么？

答：废气再循环控制系统的作用是将适量的废气重新引入气缸参与燃烧，从而降低气缸内的最高温度，减少 NO_x 的排放量。此外，为保证发动机正常工作，必须根据发动机工况的变化控制废气再循环量。

目前，采用 ECU 控制的废气再循环控制系统主要有两种类型，即开环控制废气再循环控制系统和闭环控制废气再循环控制系统。

(1) 开环控制废气再循环控制系统 如图 3-31 所示，开环控制废气再循环控制系统主要由废气再循环阀和废气再循环电磁阀等组成。废气再循环阀安装在废气再循环通道中，用以控制废气再循环量。废气再循环电磁阀安装在通向废气再循环阀的真空通道中。ECU 根据发动机冷却液温度、节气门开度、转速和起动等信号来控制电磁阀的通电或断电。ECU 不给废气再循环电磁阀通电时，控制废气再循环阀的真空通道接通，废气再循环阀开启，进行废气再循环；ECU 给废气再循环电磁阀通电时，控制废气再循环阀的真空通道被切断，废气再循环阀关闭，停止废气再循环。

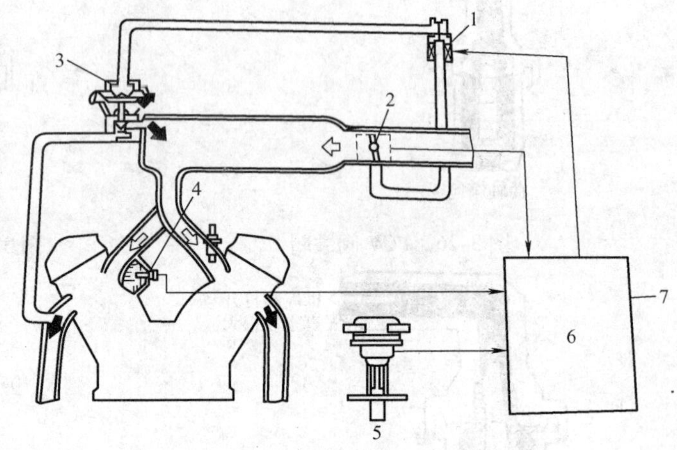

图 3-31 开环控制废气再循环控制系统

1—废气再循环电磁阀 2—节气门 3—废气再循环阀 4—冷却液温度传感器 5—曲轴位置传感器 6—ECU 7—起动信号

(2) 闭环控制废气再循环控制系统 闭环控制废气再循环控制系统将检测得到的废气再循环率或废气再循环阀开度作为反馈控制信号，控制精度更高。

用废气再循环阀开度作为反馈信号的闭环控制废气再循环控制系统如图 3-32 所示。它与采用占空比控制型电磁阀的开环控制废气再循环控制系统相比，只是在废气再循环阀上增设了一

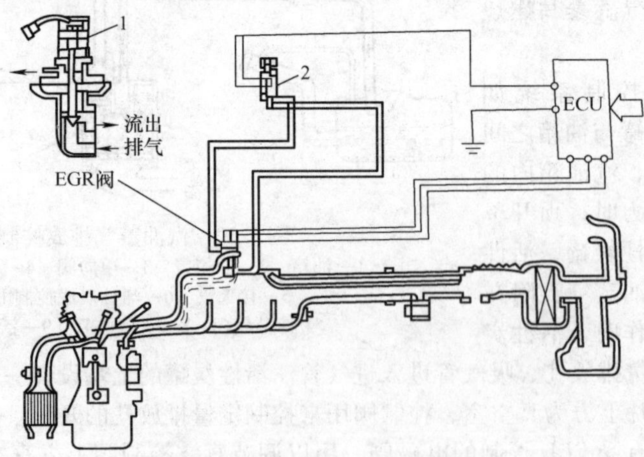

图 3-32 用废气再循环阀开度反馈信号控制的废气再循环控制系统

1—废气再循环阀开度传感器 2—废气再循环电磁阀

个废气再循环阀开度传感器。当闭环控制废气再循环控制系统工作时，ECU 可根据废气再循环阀开度传感器的反馈信号修正电磁阀的开度，使废气再循环率保持在最佳值。

废气再循环阀开度传感器为电位计式，其工作原理与电位计式节气门位置传感器类似。废气再循环阀开度传感器与 ECU 之间有三条连接线路，分别为电源线、搭铁线和信号线。ECU 通过电源线给废气再循环阀开度传感器提供 5V 的标准电压，废气再循环阀开度传感器将废气再循环阀开启高度的变化转换为电信号，经信号线输送给 ECU。

在用废气再循环率作为反馈信号的闭环控制废气再循环控制系统中，ECU 根据废气再循环率传感器信号对废气再循环电磁阀实行反馈控制，如图 3-33 所示。废气再循环率传感器安装在进气总管中的稳压箱上，新鲜空气经节气门进入稳压箱，参与再循环的废气经废气再循环电磁阀进入稳压箱，传感器检测稳压箱内气体中的氧浓度（氧浓度随废气再循环率的增加而降低），并将其转换成电信号输送给 ECU，ECU 根据此反馈信号修正废气再循环电磁阀的开度，使废气再循环率保持在最佳值。

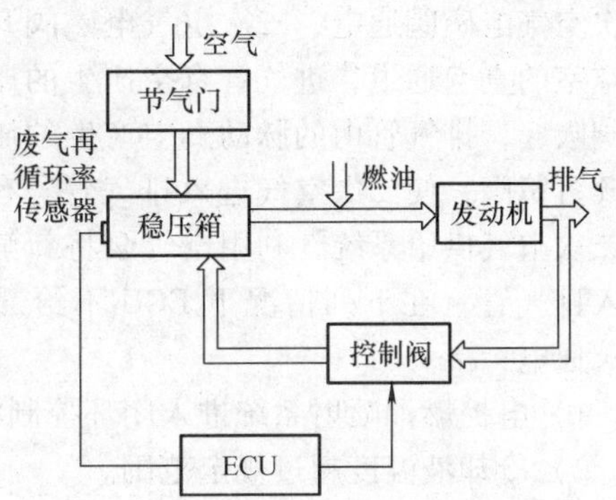

图 3-33　用废气再循环率反馈控制的废气再循环控制系统

鉴定点 62　三元催化转换器

问：三元催化转换器的作用及工作原理是什么？

答：三元催化转换器安装在排气管中部，其作用是利用转换器中的三元催化剂，将发动机废气中的有害气体转变为无害气体。

三元催化转换器一般为整体不可拆卸式。丰田雷克萨斯 LS400 型轿车三元催化转换装置如图 3-34所示。该车型装配 V 型发动机，左右排气管上各装一个三元催化转换器。目前，三元催化转换器内装用的三元催化剂一般为铂（或钯）与铑贵重金属的混合物。

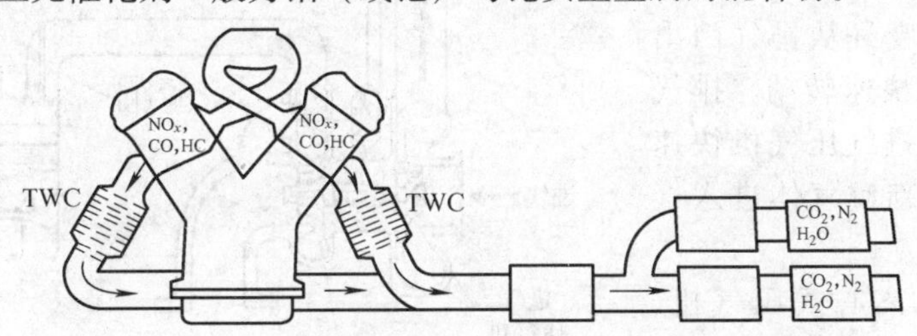

图 3-34　丰田雷克萨斯 LS400 型轿车三元催化转换装置

发动机排出的废气流经三元催化转换器时，三元催化剂不仅可使废气中的 HC 和 CO 有害气体进一步氧化，生成无害气体 CO_2 和 H_2O，而且能促使废气中的 NO_x 与 CO 反应生成无害的 CO_2 和 N_2 气体。

鉴定点 63　二次空气供给系统

问：二次空气供给系统的作用是什么？其工作过程是怎样的？

答：二次空气供给系统的作用是在一定工况下，将新鲜空气送入排气管，促使废气中的一氧化碳和碳氢化合物进一步氧化，从而降低一氧化碳和碳氢化合物的排放量，同时加快三元催化转换器升温。

二次空气供给系统如图 3-35 所示。二次空气控制阀由舌簧阀和膜片阀组成，来自空气滤清器的二次空气进入排气管的通道受膜片阀控制，膜片阀的开闭用进气歧管的真空度驱动，其真空通道由 ECU 通过电磁阀控制。装在二次空气控制阀中的舌簧阀是一个单向阀，主要用于防止排气管中的废气倒流。

点火开关接通后，蓄电池即向二次空气电磁阀供电，ECU 控制二次空气电磁阀搭铁回路。二次空气电磁阀不通电时，关闭通向膜片阀真空室的真空通道，膜片阀弹簧推动膜片下移，关闭二次空气供给通道，不允许向排气管内提供二次空气。ECU 给二次空气电磁阀通电，二次空气电磁阀开启膜片阀真空室的真空通道，进气管真空产生的压力差将膜片阀吸起，排气管内的脉动真空产生的压力差即可吸开舌簧阀，使二次空气进入排气管。有些发动机的二次空气供给系统，利用空气泵将新鲜空气强制送入排气管。在下列情况下 ECU 不给二次空气电磁阀通电：

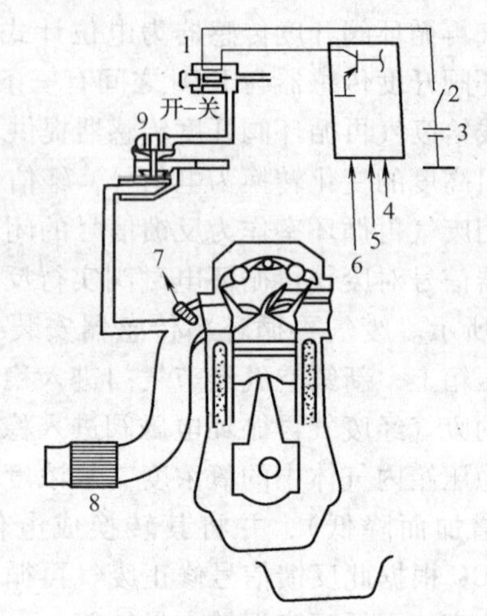

图 3-35　二次空气供给系统

1—二次空气电磁阀　2—点火开关　3—电源
4—发动机转速传感器　5—发动机冷却液温度传感器
6—节气门位置传感器　7—氧传感器
8—催化转换器　9—二次空气控制阀

1）电控燃油喷射系统进入闭环控制状态。

2）冷却液温度超过规定范围。

3）发动机转速和负荷超过规定值

4）ECU 出现有故障。

鉴定点 64　废气涡轮增压系统

问：废气涡轮增压系统的作用是什么？其结构如何？其工作原理是什么？

答：废气涡轮增压系统的作用是利用排气的能量，将空气压缩后送入气缸，从而提高发动机的动力性、经济性。高速废气从排气门出来，推动排气涡轮快速转动，排气涡轮通过轴又带动进气压气机快速转动，被加压后的新鲜气体进入气缸，如图 3-36 所示。

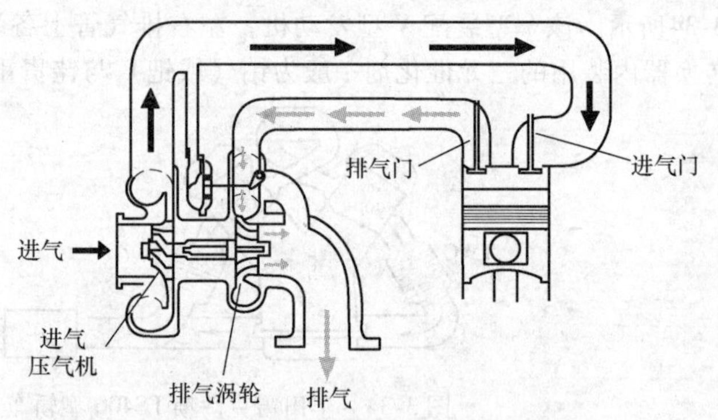

图 3-36　废气涡轮增压系统的工作原理

涡轮增压器由离心式压气机、径流式涡轮机、中间体三部分组成，如图 3-37所示。涡轮增压器轴由两个浮动轴承支撑在中间体上。中间体内有润滑、冷却轴承的油道及防止机油漏入压气机或涡轮机中的密封装置。全浮动轴承与转子轴和中间壳之间均有间隙，当转子轴高速旋转时，具有一定压力的机油充满这两个间隙，对其进行润滑和冷却。浮动轴承在内外两层油膜中随转子轴同向旋转，转速比转子轴转速低约 30%。

涡轮增压器的机油来自发动机的主油道，冷却液来自发动机冷却系统。

中冷器用于冷却增压后的空气，提高增压效果，如图 3-38 所示。

为了防止增压过高，设有废气旁通阀，如图 3-39 所示。增压过程中压力过大会导致过分爆燃或发动机损坏，甚至毁掉发动机。

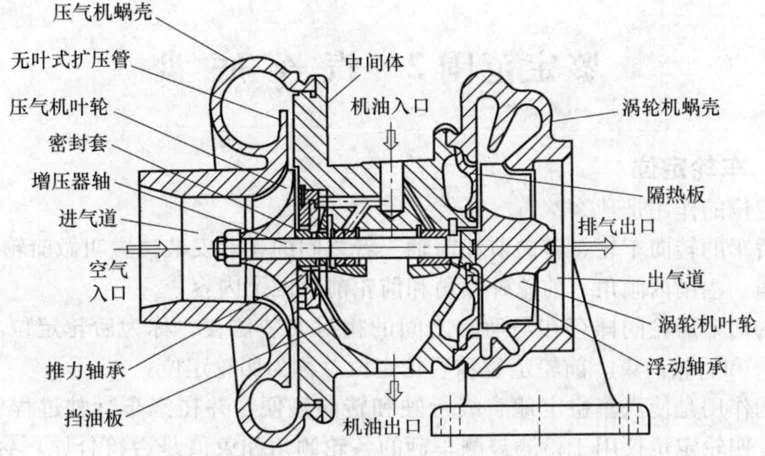

图 3-37　涡轮增压器的结构

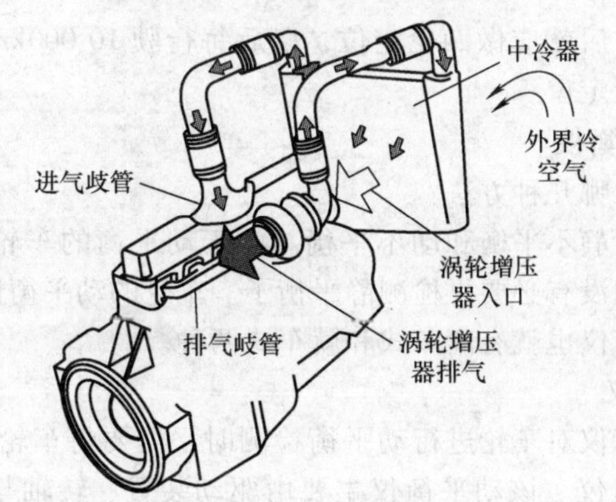

图 3-38　中冷器

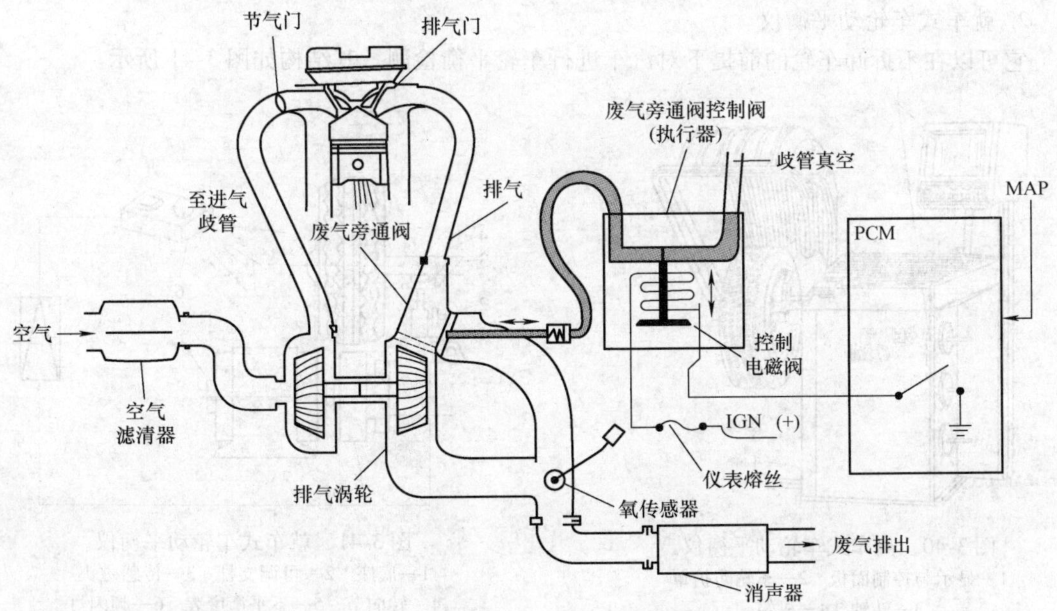

图 3-39　废气旁通阀

鉴定范围2 汽 车 底 盘

鉴定点1 车轮定位

问：车轮定位的作用是什么？

答：四轮轿车的转向车轮、转向节和前轴三者之间的相对安装位置叫做前轮定位。前轮定位包括主销后倾角、主销内倾角、前轮外倾角和前轮前束四个内容。

四轮轿车的两个后轮同样存在与后轴之间的相对安装位置，称为后轮定位。后轮定位包括车轮外倾（角）和后轮前束。前轮定位和后轮定位总称为四轮定位。

四轮定位的作用是使汽车稳定地直线行驶和转向轻便，并在汽车行驶过程中减少轮胎和转向机件的磨损。四轮定位仪用于检测被测车辆的各轮倾角和束值是否符合原厂标准，若不符合，可做随机调整。

一般新车在驾驶三个月后就应做四轮定位，以后每行驶 10 000km、更换轮胎或减振器以及发生碰撞后都应及时做四轮定位。

鉴定点2 车轮动平衡仪

问：车轮动平衡试验有哪几种方法？

答：车轮的不平衡包括静不平衡和动不平衡。由于动平衡的车轮一定处于静平衡状态，因此，只要检测了动平衡，就没有必要再检测静平衡了。车轮的动平衡试验有离车式和就车式两种方法。相应地，车轮动平衡仪也就有离车式和就车式两种。

1. 离车式车轮动平衡仪

利用离车式车轮动平衡仪对车轮进行动平衡检测时，需要将车轮从车上拆下。图 3-40 所示为常见的离车式车轮动平衡仪。该动平衡仪主要由驱动装置、转轴与支承装置、显示与控制装置、制动装置和防护罩组成。

2. 就车式车轮动平衡仪

它可以在不拆卸车轮的前提下对汽车进行车轮平衡检测。其结构如图 3-41 所示。

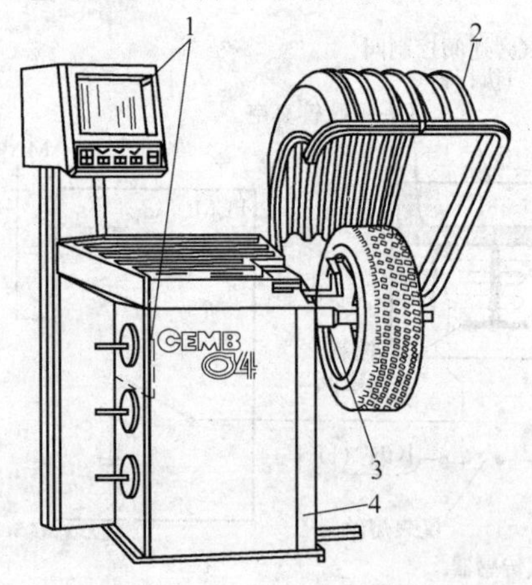

图 3-40 离车式车轮动平衡仪

1—显示与控制面板 2—车轮防护罩
3—转轴 4—机箱

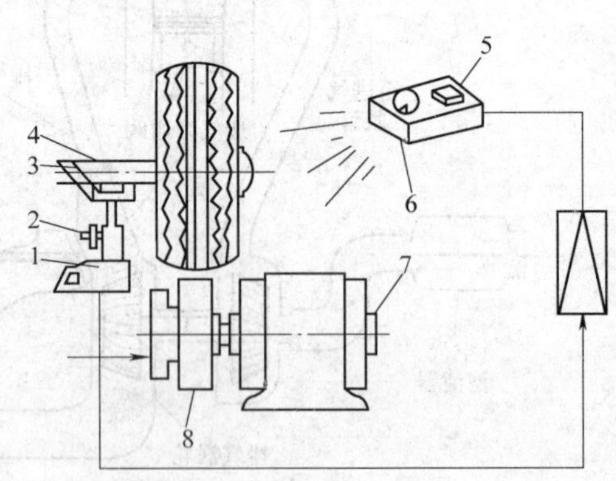

图 3-41 就车式车轮动平衡仪

1—底座 2—可调支杆 3—传感磁头
4—转向节 5—不平衡度表 6—频闪灯
7—电动机 8—转轮

鉴定点3　检查与调整前轮转向角

问：如何检查与调整前轮转向角？

答：1. 检查方法

1）将前桥顶起，使前轮处于直线位置。

2）在左右两侧轮胎下面各垫一块木板和白纸（固定在板上），将木尺紧靠轮胎外边缘，用铅笔在纸上画出与车轮平行的直线，再把转向盘向右转到底划出第二条线，然后用游标万能角度尺测量出右转向角。

3）用同样的方法检查左转向角。

2. 调整方法

1）当转向角不符合规定时，可旋出或旋入转向节上的转向角限位螺栓，或转动转向节壳上的一个调整螺栓进行调整。调整完毕，必须旋紧锁紧螺母。

2）转向角最简易的检查调整方法是：将转向盘向左或向右打到底，前轮胎不与翼子板、钢板、直拉杆等机件碰擦，并有 8～10mm 的距离为合适。各种车辆规定不同的转向角，就是为了既保证转向的灵活性，又保证轮胎不与其他机件碰擦。

鉴定点4　检测转向盘的自由转动量

问：如何检测转向盘的自由转动量？

答：用转向参数测量仪检测转向盘的自由转动量时，首先定好零点，然后从中间位置将转向盘向左转动到车轮似动非动时，记下测量值；回到中间位置，然后将转向盘向右转动到车轮似动非动时，记下测量值。取两次测量结果的最大值作为其自由转动量，并与国家标准 GB 7258—2012《机动车运行安全技术条件》中的有关规定进行对比，从而判断其是否合格。转向盘自由转动量如图 3-42所示。

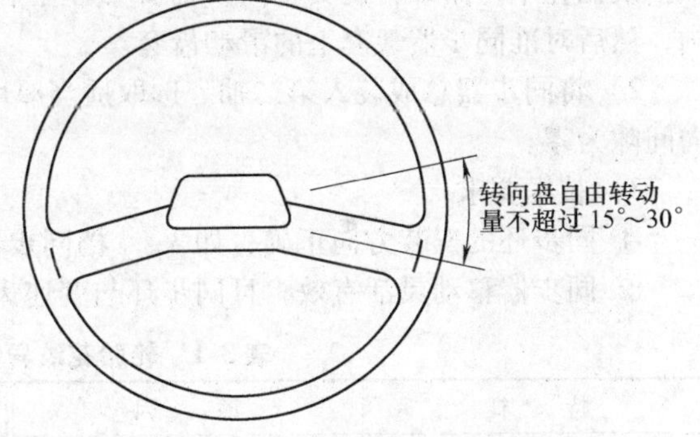

图 3-42　转向盘自由转动量

鉴定点5　转向轮侧滑量的检测

问：什么是转向轮的侧滑量？如何检测转向轮的侧滑量？

答：转向轮侧滑实际上是指转向轮外倾角与转向轮前束综合作用的结果。理想的情况是：转向轮外倾角引起的外张力的反作用力（即内侧力或内侧滑）与转向轮前束产生的内向力的反作用力（即外侧力或外侧滑）相互抵消，保持转向轮沿正直方向转动。但是，转向轮外倾角和前束值在使用过程中会发生变化，当两个参数的平衡被破坏时，转向轮就不可能纯粹地向正前方滚动，而会向外侧滑或向内侧滑。

侧滑量是指汽车直线行驶位移量为 1km 时，前轮（转向轮）横向位移量。转向轮侧滑将影响汽车直线行驶的稳定性，所以通常运用动态检测法进行检测。也就是使汽车以一定的行驶速度通过侧滑试验台，从而测量转向轮的横向侧滑量。机动车转向轮的横向侧滑量应小于或等于 5m/km。

鉴定点6　驻车制动性能的检验

问：驻车制动性能检验的具体参数是多少？

答：在空载状态下，驻车制动装置应能保证汽车在坡度为 20%（总质量为整备质量 1.2 倍以下的机动车为 15%），轮胎与路面间的附着系数大于或等于 0.7 的坡道上，在正、反两个方向保持固定不动，时间不少于 5min。对于允许挂接挂车的汽车，其驻车制动装置必须使汽车能在满载状态下停在坡度为12%的坡道（坡道上轮胎与路面间的附着系数应大于或等于0.7）上。

鉴定点7　轮胎磨损程度的检测

问：如何检测轮胎的磨损程度？

答：轮胎磨损程度的检测包括胎面花纹深度的检测和轮胎异常磨损的检测。

1. 轮胎花纹深度的检测。

胎面磨耗标识位于胎面花纹沟底部，当胎面磨损到此处时，花纹沟断开，表明必须停止使用并送去翻新。为便于用户找到磨耗标识，通常在磨耗标识对应的胎肩处标出“TWI”或者“△”等符号。

2. 轮胎异常磨损的检测

通过检测轮胎的异常磨损，可以发现轮胎故障的早期征兆和原因，以便及时排除影响轮胎寿命的不良因素，防止轮胎早期磨损和损坏。轮胎异常磨损，除磨损过快外，还有其他特征，见表3-1。轮胎异常磨损的原因除气压过高或过低外，主要是底盘技术状况变坏，如前轮定位不良、轮毂轴承松旷、横拉杆球节和主销衬套间隙过大、车轮不平衡、轮辋变形或不配套、车桥或车架变形和钢板弹簧技术状况不良等。

鉴定点8　更换手动变速器同步器

问：更换手动变速器同步器的具体步骤及要求是什么？

答：1）将同步器弹簧放入3、4档同步器毂孔及5、6档同步器毂孔中，把定位块从小面装入推块的孔中，用螺钉旋具将同步器弹簧压下，从一侧将带有定位块的推块插入同步器毂切槽内，然后对准同步器毂套上的滑动齿套。

2）将同步器总成装入第二轴。选取适当厚度的卡环对同步器毂进行限位，使同步器毂的轴向间隙为零。

3）技术要求

① 同步环的安装方向正确，如3、4档同步器，同步环应朝向3档齿轮。

② 同步器移动灵活有效，且同步环与变速齿轮端面间隙符合要求。

表3-1　轮胎花纹异常磨损的特征和原因

特　征	原　因	特　征	原　因
胎冠过度磨损	气压过高	单侧磨损	前轮外倾角失准，后桥壳变形
胎肩过度磨损	气压过低	杯形（贝壳形）磨损	悬架部件和连接车轮的部件（球节、车轮轴承、减振器、弹簧衬套等）磨损，车轮不平衡
锯齿（羽毛）状磨损	前束失准，主销衬套或球节松旷	第二道花纹过度磨损（只出现在子午线轮胎上）	轮辋太窄，轮胎太宽，不配套

鉴定点9　膜片弹簧离合器

问：膜片弹簧离合器的结构是怎样的？其工作原理是什么？

答：膜片弹簧离合器的结构如图3-43所示。它主要由以下几个部分组成：

（1）主动部分　离合器的主动部分包括飞轮、离合器盖、压盘等。它们与发动机曲轴连在一起，并始终与曲轴一起转动。

（2）从动部分　从动部分由减振弹簧、花键轴套、波形片、摩擦片等组成，如图3-44所示。

（3）压紧机构　主要是膜片弹簧，以离合器盖为依托，将压盘压向飞轮，从而将从动盘压紧。

离合器盖通过螺栓固定在发动机飞轮上，压盘弹簧通过压盘将从动盘紧压在发动机飞轮上，从动盘的键槽套在变速器的输入轴上。当发动机旋转时，带动离合器盖和压盘旋转，通过从动盘和飞轮间产生的摩擦力带动从动盘旋转，将动力传给变速器。

分离杠杆装在离合器盖和压盘上，当踩下制动踏板时，通过分离叉、分离套筒和分离轴承推动分离杠杆，分离杠杆将压盘向后移动，压在从动盘上的压力消失，离合器从动盘和飞轮间的摩擦力消失，动力传递中止。其工作过程如图3-45所示。

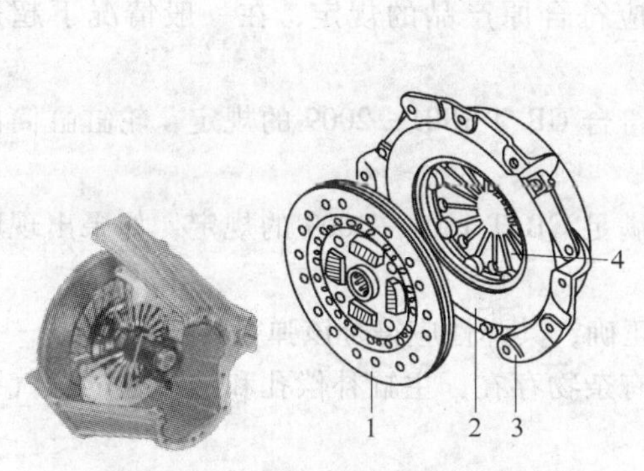

图3-43　膜片弹簧离合器的结构

1—从动盘　2—压盘　3—离合器盖　4—膜片弹簧

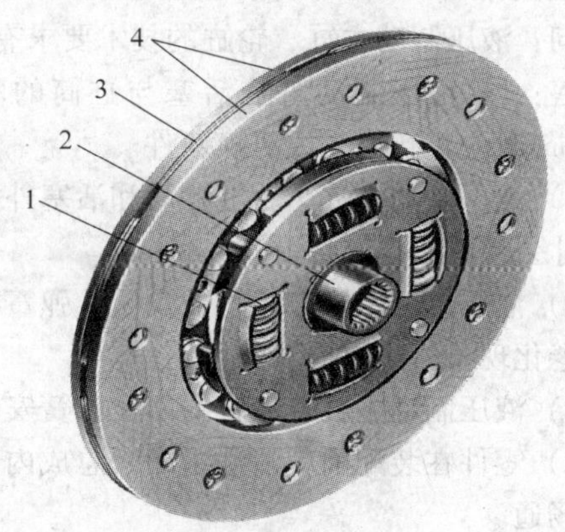

图3-44　从动盘总成

1—减振弹簧　2—花键轴套　3—波形片　4—摩擦片

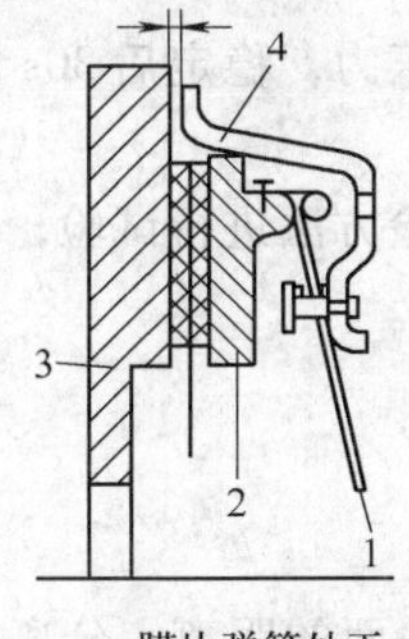

膜片弹簧处于自由状态，离合器盖与飞轮接合面有一定的距离

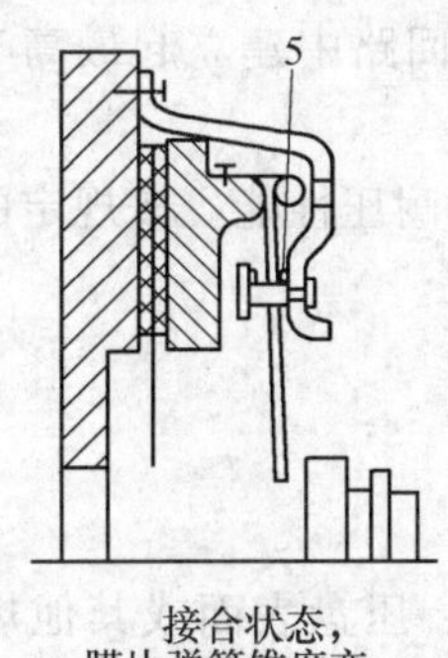

接合状态，膜片弹簧锥度变小

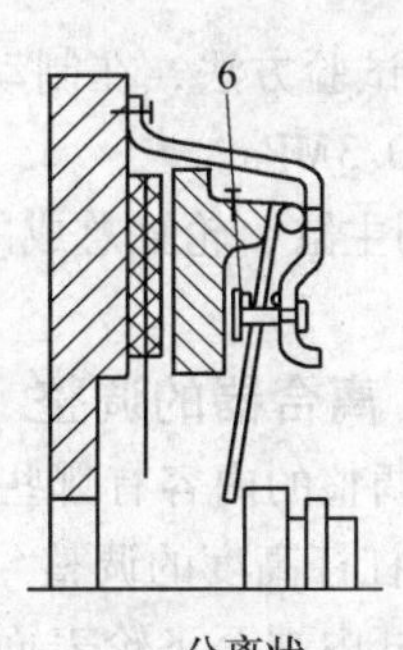

分离状态，膜片弹簧呈反形

图3-45　离合器的工作过程

1—膜片弹簧　2—压盘　3—飞轮　4—盖　5—后钢丝支承圈　6—前钢丝支承圈

鉴定点 10　检查、更换从动盘的操作要点

问：检查、更换从动盘的操作要点有哪些？

答：1）摩擦片上若有轻微的油污，可用煤油清洗干净后，用喷灯火焰烘干。

2）摩擦片有轻微硬化、烧损现象时，可用砂布打磨。

3）从动盘磨损严重，铆钉头埋入深度不符合规定（桑塔纳车型为 0.30mm），有裂纹、脱落、严重烧损或油污时，应予更换。

4）在半径为 120～150mm 处测量，从动盘的翘曲量应小于或等于 0.80mm，各铆钉不得松动，从动盘花键毂与变速器第一轴的配合间隙应小于或等于 0.60mm。

鉴定点 11　检查、更换压盘的操作要点

问：检查、更换压盘的操作要点有哪些？

答：压盘工作平面烧蚀、龟裂、划伤不严重时，可用磨石将其打磨光滑。沟槽深度超过 0.50mm 或平面度误差超过 0.12～0.20mm 时应磨削修复，但磨削总量不能超过限度，一般为 1.0～1.5mm。磨削后的压盘应重新进行平衡。

鉴定点 12　液压制动主缸、轮缸的技术要求

问：液压制动主缸、轮缸的技术要求有哪些？

答：1）液压制动主缸活塞与缸筒的配合间隙应符合原产品的规定，在一般情况下超过 0.12mm 时应进行修复或更换新件。

2）液压制动主缸、轮缸缸筒和活塞外径公差应符合 GB/T 1801—2009 的规定，轮缸缸筒内孔尺寸公差应按规定选取。

3）液压制动主缸和轮缸的皮碗、弹簧密封圈应满足 GB/T 1801—2009 的规定，如果出现磨损或老化现象，应更换新件。

4）液压制动主缸、轮缸的回位弹簧安装位置应正确，其弹性应符合该弹簧的技术要求。

5）零件在装配前应清洗干净，总成内部不允许有杂物存在，主缸补偿孔和加油盖的通气孔必须畅通。

6）液压制动主缸、轮缸总成的密封性能。

① 当制动液加至储液室最高位置时，在制动过程中主缸总成不得发生渗油、溅油和溢油等现象。

② 按规定的试验方法，在制动回路中建立起最高工作压力，稳定后 30s 内各制动腔压力下降应小于或等于 0.3MPa。

7）液压制动主缸、轮缸总成的耐压性能。按规定的试验方法进行试验，各部位应无任何泄漏及异常现象。

鉴定点 13　离合器的调整

问：离合器调整的内容有哪些？

答：1. 分离杠杆高度的调整

调整分离杠杆内端至飞轮表面、压盘表面或其他规定平面的距离。分离杠杆高度及高度差应符合原厂规定。

2. 离合器踏板自由行程的调整

分离杠杆内端（或膜片弹簧内端）与分离轴承的间隙在离合器踏板上的反映应符合规定。

1）对于机械式操纵机构，一般通过分离叉拉杆调整螺母调整拉杆或钢索长度，使离合器踏板自由行程符合规定。

2）对于液压式操纵机构，离合器踏板自由行程一般是主缸活塞与其推杆之间的间隙和分离杠杆内端与分离轴承之间的间隙之和在离合器踏板上的反映。离合器踏板自由行程的调整实际上就是这两处间隙的调整。调整时先调整主缸活塞与推杆的间隙。例如，北京 BJ2020 型汽车通过偏心螺柱调整推杆伸出长度，使其与活塞的间隙为 0.5～1.0mm，测量反映到离合器踏板上的自由行程应为 3～6mm。通过调整分离叉推杆长度来调整分离轴承与分离杠杆间的间隙，使离合器踏板自由行程总量符合要求。

鉴定点 14　变速器

问： 变速器的结构及工作原理是什么？

答： 1. 普通变速器的结构

普通变速器由变速传动机构和变速操纵机构两大部分组成。变速传动机构主要由输入轴、输出轴、中间轴、齿轮组、同步器、轴承和变速器壳等组成。变速操纵机构主要由变速操纵杆、拨叉、拨叉轴、锁止装置和变速器盖等组成。

2. 普通变速器的工作原理

普通齿轮式变速器利用不同齿数的齿轮啮合传动实现转速和转矩的改变。由齿轮传动原理可知，一对齿数不同的齿轮啮合传动时可以变速，并且两齿轮的转速与齿轮的齿数成反比。

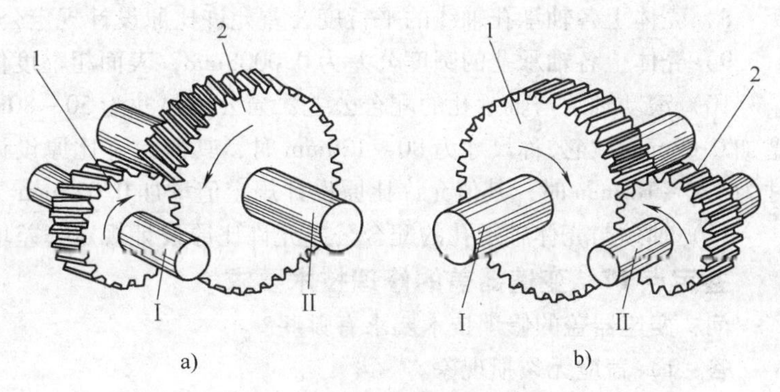

图 3-46　齿轮传动的基本原理

a）减速传动　b）加速传动

Ⅰ—输入轴　Ⅱ—输出轴

1—主动齿轮　2—从动齿轮

如图 3-46a 所示，当小齿轮为主动齿轮带动大的从动齿轮转动时，输出轴（从动齿轮）的转速就会降低，称为减速传动。如图 3-46b 所示，当以大齿轮为主动齿轮，带动小的从动齿轮转动时，输出轴（从动齿轮）的转速就升高了，称为加速传动。这就是齿轮变速的基本原理。

一对齿轮传动只能得到一个固定的传动比，从而得到一种输出转速，并构成一个档位。为了扩大变速器输出转速的变化范围，普通齿轮式变速器通常都采用多组大小不同的齿轮啮合传动，这样就构成了多个不同的档位。

鉴定点 15　变速器轴的检修要点

问： 变速器轴的检修要点有哪些？

答： 1）用百分表测量各轴中部的径向圆跳动量。要求输入轴、输出轴及中间轴和倒档轴的径向圆跳动量小于或等于 0.025mm，使用极限为 0.06mm，若超过使用极限，则说明轴的直线度超差，应予以校正或更换。

2）轴颈的磨损量可用外径千分尺测量，各轴颈及轴承的配合应符合要求，若超过使用极限，则应换用新件。

3）将变速器轴的花键插入与之配合的机件中，用手检查时不应有松旷过大的感觉。也可用百分表检查，配合间隙应小于或等于 0.8mm；用游标卡尺测量花键厚度，磨损量应小于或等于 0.4mm。

4）将变速器轴放在垫有平板的 V 形架上，用百分表测量变速器各轴的直线度误差，应小于或等于0.07mm，超过标准时应校正或更换。

鉴定点16　变速器壳体的修理技术要求

问：变速器壳体的修理技术要求有哪些？

答：1）壳体应无裂损现象。壳体上所有联接螺孔的螺纹损伤不得多于两牙。

2）壳体上平面长度小于或等于250mm时，其平面度公差为0.15mm；壳体上平面长度大于250mm时，平面度公差为0.20mm。

3）壳体前端面对输入、输出轴轴承孔公共轴线的轴向圆跳动公差：当端面最大可测直径为50～120mm时，为0.80mm；当端面最大可测直径为120～250mm时，为0.10mm；当端面最大可测直径为250～500mm时，为0.12mm；当端面最大可测直径大于500mm时，为0.15mm。

4）壳体后端面对输入、输出轴轴承孔公共轴线的轴向圆跳动公差应为0.15mm。

5）壳体前、后端面的平面度公差，分别小于或等于3）、4）项规定的轴向圆跳动公差。

6）壳体上平面与输入、输出轴轴承孔公共轴线的平行度公差为0.20mm。

7）壳体上各轴承孔轴线间尺寸偏差的绝对值，允许比原设计规定增加0.02mm。

8）壳体上各轴承孔轴线的平行度公差允许比原设计规定公差增加0.02mm。

9）壳体上各轴承孔的圆度公差为0.0008mm，表面粗糙度值一般小于或等于*Ra*1.6μm。

10）滚动轴承与轴承孔的配合公差：当公称尺寸为50～80mm时，其值允许比原设计规定值增加0.02mm；当公称尺寸为80～120mm时，其值允许比原设计规定值增加0.04mm；当公称尺寸为120～180mm时，其值允许比原设计规定值增加0.025mm。

11）轴颈与壳体轴承孔的配合公差允许比原设计规定公差增加0.015mm。

鉴定点17　变速器盖的修理技术要求

问：变速器盖的修理技术要求有哪些？

答：1）盖应无裂损现象。

2）盖与壳体的结合平面长度、平面度公差应符合规定值。

3）盖上变速杆中部球形承孔直径允许比原设计规定值增加0.50mm。

4）拨叉轴与盖（或壳体）承孔的配合间隙为0.04～0.20mm。

鉴定点18　变速器齿轮与花键的修理技术要求

问：变速器齿轮与花键的修理技术要求有哪些？

答：1）齿轮的啮合面上不允许有明显的缺陷或不规则磨损。

2）接合齿轮或相配合的滑动齿轮齿端部位磨损量不得超过齿宽的15%。

3）常啮合齿轮的啮合侧隙为0.15～0.50mm，接合齿轮的啮合侧隙为0.10～0.40mm。各齿轮的啮合印痕应在轮齿啮合面中部，且大于或等于啮合面的60%。

4）各轴花键与滑动齿轮键槽的侧隙允许比原设计规定值增加0.15mm。

5）各轴花键与齿座、凸缘及其他非滑动部件的花键槽侧隙，应符合原设计规定。

鉴定点19　检修变速器换档操纵机构

问：检修变速器换档操纵机构的技术要求有哪些？

答：1）检查变速杆、换档连杆及内选档杆的磨损及变形情况。内选档杆轴颈磨损严重或其前端选档销钉轴间宽度磨损量超过0.20mm时，应更换新件。

2）检查换档接合器的连接部位是否松旷，若松旷，则应更换新件。

3）检查拨叉的弯曲、扭曲变形情况，检查变速叉下端的磨损情况。

4）检查拨叉轴的直线度及磨损情况，拨叉轴在平板上用百分表检查，其直线度误差应小于或等于0.20mm，否则，应进行冷压校正或更换。拨叉轴导向切槽的磨损量应小于或等于0.50mm，拨叉轴上的定位及互锁凹槽沿轴向的磨损量应小于或等于0.30mm，拨叉轴的轴颈磨损量应小于或等于0.08mm（配合间隙应小于或等于0.20mm），否则，应更换拨叉轴。

鉴定点20　变速器齿轮啮合侧隙的检查

问：变速器齿轮啮合侧隙的检查方法是什么？检查技术参数有哪些？

答：在输出轴与输入轴按标准中心距安装好后，固定住一个轴上的齿轮，转动另一个轴上的齿轮，用百分表测量转动齿轮的摆动量，该摆动量即为两齿轮的啮合侧隙。啮合侧隙的标准值为0.05～0.15mm，使用极限为0.25mm，超过极限时应更换齿轮。

鉴定点21　齿轮的检修

问：变速器齿轮的损伤方式有哪些？如何检修？

答：齿轮损伤表现为：齿面、齿顶、齿轮中心孔、花键齿磨损，齿面疲劳脱落、有斑点，严重时会出现轮齿断裂、破碎等现象。

1）齿轮的齿面上出现明显的疲劳斑点、划痕或阶梯形磨损时，应更换齿轮；斑点较小时，可用磨石修磨后继续使用。

2）齿轮端面的磨损长度不允许超过齿长的15%，否则应更换齿轮。

3）齿轮的啮合面应在齿高的中部，接触面积不得小于齿轮工作面的60%。

4）齿轮与齿轮、齿轮与轴及花键的啮合间隙要符合原厂的规定。

鉴定点22　拨叉轴及锁止装置的检修

问：检修拨叉轴及锁止装置的方法是什么？检修技术要求有哪些？

答：1）用百分表检查拨叉轴的直线度误差，中部的径向圆跳动误差不得大于0.20mm，或将拨叉轴放在平板上用塞尺测量，其缝隙宽度不得大于0.10mm。超过标准时，应冷压校正或更换拨叉轴。

2）检查拨叉轴与导孔的配合间隙，极限值为0.30mm，超限时可在磨削加工后镀铬修复或更换拨叉轴。

3）拨叉轴自锁或互锁凹槽轴向磨损量不得大于0.50mm，径向磨损量不得大于0.70mm，超过标准时可堆焊修复或更换拨叉轴。

4）锁止钢球、定位销磨损严重，锁止弹簧过软（弹簧放入孔中应与孔的边缘平齐）或折断时，均应换用新件。

鉴定点23　检修同步器组件

问：检修同步器组件的步骤是什么？检修技术参数有哪些？

答：检修同步器组件的步骤及技术参数为：

1）将同步器拆下，用清洗液清洗干净。

2）检视同步器锥环与锥盘的磨损情况。锥环与锥盘应无刮伤和严重磨损现象，锥环内锥面螺纹槽深不得小于0.1mm，否则，应更换同步器。

3）检查同步器锥环的制动作用。将锥环内锥面涂少量齿轮油后与外锥面接触并压紧，相对转动，松手后内锥面不应自动从锥面滑出。取出检查，内外锥面的接触面积应大于80%，否则，应更换同步器。

4）检查同步器的后备行程。锁销式惯性同步器的后备行程是锥盘的大端和锥环端面的高度差。锥环端面与锥盘端面间隙为0.30mm。锁环式惯性同步器后备行程的测量方法是：将同步锥、同步环压靠在一起，用塞尺测量同步环大端面与同步锥结合齿前端面之间的距离。

鉴定点 24 装配变速器总成时的注意事项

问：装配变速器总成时的注意事项有哪些？

答：1）装配前必须对零件进行认真的清洗，除去污物、毛刺、铁屑等。尤其要注意的是，齿轮上的机油油孔应保持畅通。

2）装配轴承时，应涂质量优良的机油进行预润滑。修理总成时，应更换所有的滚针轴承。

3）对零件的工作表面不能用硬金属直接锤击，避免齿轮轮齿出现运转噪声。

4）注意同步器锁环或锥环的装配位置。在装配过程中，若使用原件，则应将其原位装复，以保证两原件的接触面积。因此，在变速器解体时，应对同步器各原件做好装配记号，以免装错。

5）组装中间轴和输出轴时，应注意各档齿轮、同步器花键毂、止推垫圈的方向及位置，以保证齿轮的正确啮合。

6）安装轴承时，只允许用压套垂直压在轴承的内圈上，禁止施加冲击载荷。

7）装入油封前，需在油封的刃口涂少量的润滑脂，要垂直压入，并注意安装方向。

8）变速器装配后，要检查各齿轮的轴向间隙和各齿轮副的啮合间隙及啮合印痕。常啮合齿轮的啮合间隙为0.15~0.40mm，滑动齿轮的啮合间隙为0.15~0.50mm，输入轴的轴向间隙小于或等于0.15mm，其余各轴的轴向间隙小于或等于0.30mm，各齿轮的轴向间隙小于或等于0.40mm。

9）装配密封衬垫时，应在密封衬垫的两侧涂以密封胶，以确保密封效果。

10）安装变速器盖时，各齿轮和拨叉均应处于空档位置。必要时，可分别检查各个常用档的齿轮副是否处于全长啮合。

11）按规定的力矩拧紧各部位的螺栓。

鉴定点 25 自动变速器的分类

问：自动变速器如何分类？

答：1）按汽车驱动方式的不同，可分为后驱动自动变速器和前驱动自动变速器。

2）按前进档的位数不同，可分为三个前进档、四个前进档、五个前进档等自动变速器。

3）按齿轮变速器的类型不同，可分为普通齿轮式和行星齿轮式两种自动变速器。

4）按变矩器的类型不同，可分为有锁止离合器和无锁止离合器两种自动变速器。

5）按控制方式不同，可分为全液控制和电液控制两种自动变速器。

鉴定点 26 自动变速器的结构和工作原理

问：自动变速器的结构和工作原理是什么？

答：目前，轿车绝大部分自动变速器采用电子控制辅助液压控制系统完成换档。它主要由液力变矩器、行星齿轮变速器、液压控制系统、电子控制系统、变速器壳体等组成（见图3-47）。发动机的动力经液力变矩器变速变矩，再经过行星齿轮变速器进一步变速变矩输出动力。

自动变速器的工作原理如图3-48所示。电子控制单元（ECU）根据发动机的节气门开度、汽车车速等各种运转参数，按照预先设定的控制程序发出换档等控制信号，通过各种电磁阀（换档电磁阀、油压电磁阀等）来操纵阀体总成的工作，完成换档等控制任务。

1. 液力变矩器

液力变矩器主要由泵轮、涡轮和导轮等组成，如图3-49所示。液力变矩器的壳体通过螺栓固定在发动机飞轮上，而泵轮和壳体制成一体，涡轮上套装有从动轴（变速器输入轴），液力变矩器内充满工作液。飞轮转动时带动泵轮转动，泵轮将工作液甩出冲击涡轮，在液力冲击下，涡轮开始转动，从而带动从动轴转动，液力变矩器将发动机动力传给变速器。

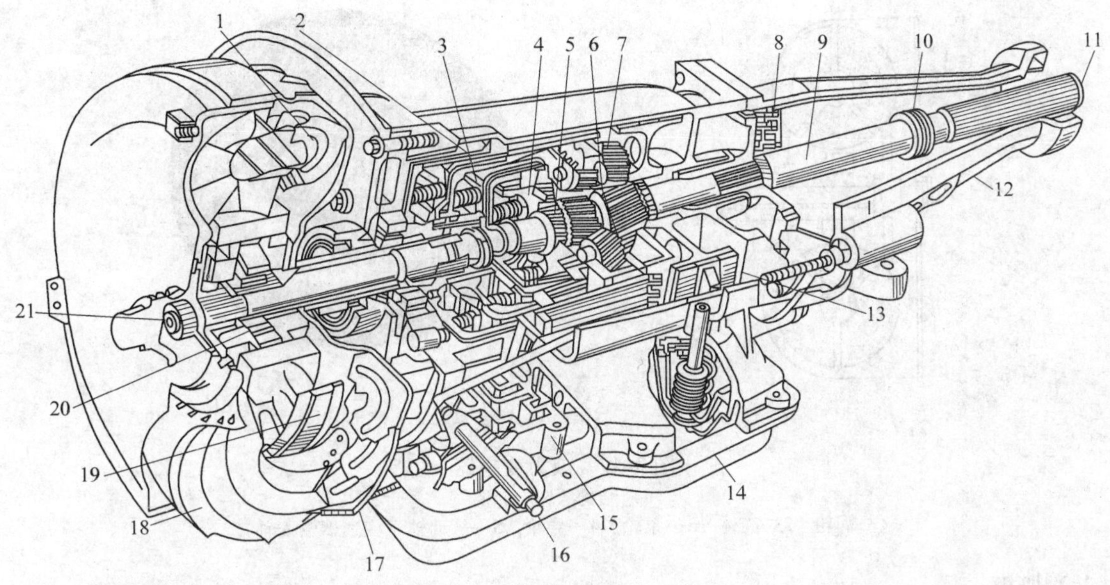

图 3-47　典型的自动变速器结构

1—泵轮　2—单向离合器　3—第二离合器　4—第三离合器　5—太阳轮　6—前行星齿轮组　7—后行星齿轮组　8—调速器　9—输出轴　10—速度表驱动齿轮　11—至传动轴　12—辅加外壳　13—制动带　14—变速器油底壳　15—阀体　16—手动变换机构　17—变矩器　18—涡轮　19—定子　20—导轮　21—输入轴

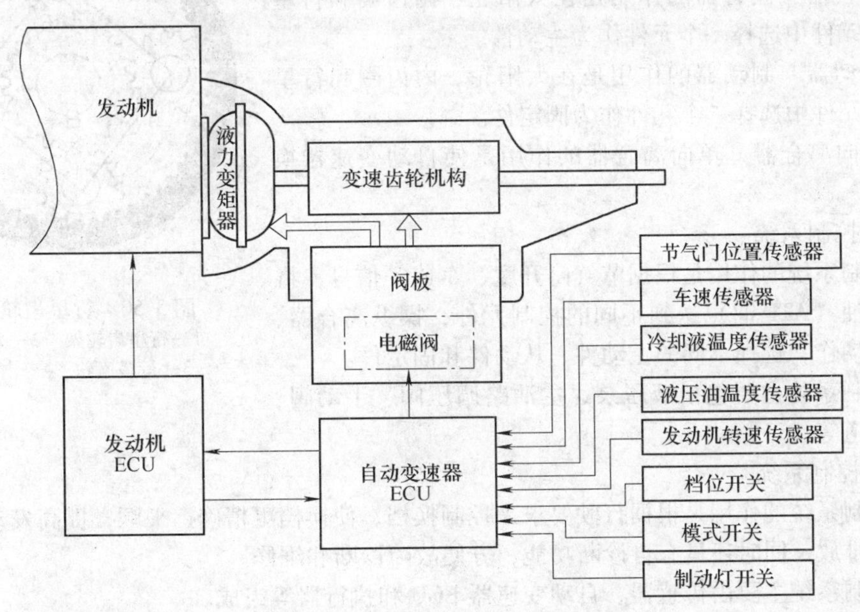

图 3-48　自动变速器的工作原理

2. 行星齿轮变速器

行星齿轮变速器主要由行星齿轮机构、离合器、制动器和单向离合器等组成。

(1) 行星齿轮机构　行星齿轮变速器内一般设置 2 组或 3 组行星齿轮机构，以实现自动变速器的多档位控制。行星齿轮机构主要由太阳轮、内齿圈、行星齿轮和行星齿轮架等组成，如

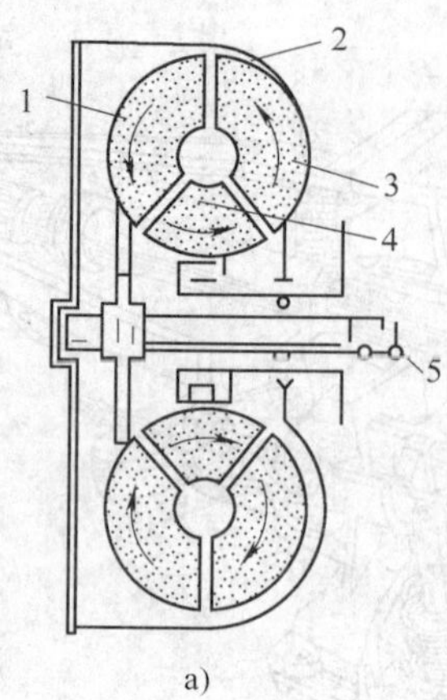

a）　b）

图 3-49　液力变矩器

a）结构　b）外形

1—涡轮　2—壳体　3—泵轮　4—导轮　5—从动轴（变速器输入轴）

图 3-50所示。

从太阳轮、内齿圈和行星齿轮架三个元件中选择一个元件作为主动件，再选择一个作为从动件，剩余的一个作为固定件，即可获得一个传动比（即一个档位）。

（2）离合器　离合器的作用是在太阳轮、内齿圈和行星齿轮架三个元件中选择一个元件作为主动件。

（3）制动器　制动器的作用是在太阳轮、内齿圈和行星齿轮架三个元件中选择一个元件作为固定件。

（4）单向离合器　单向离合器的作用是使自动变速器换档平顺。

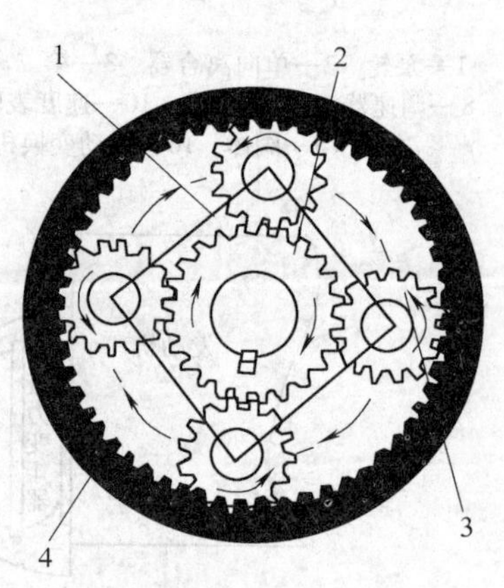

图 3-50　行星齿轮机构

1—行星齿轮架　2—太阳轮

3—行星齿轮　4—内齿圈

3. 液压控制系统

液压控制系统的作用是根据节气门开度、车速等信号，将自动变速器油（ATF 油）送到不同的控制元件，操纵离合器、制动器等的动作，选择不同的主动件、从动件和固定件。

液压控制系统主要包括液压泵、主油路调压阀、手动阀、换档阀和油道等。

4. 电子控制系统

电子控制系统的作用是根据行驶要求来控制换档，使换档更精确、平顺，提高发动机燃油经济性，减少排放，同时还具有自诊断功能，方便故障诊断和维修。

电子控制系统主要由传感器、自动变速器 ECU 和执行器等组成。

鉴定点 27　自动变速器液压试验时的注意事项

问：自动变速器液压试验时的注意事项有哪些？

答：1）试验时，发动机和自动变速器要达到正常工作温度。

2）要由两个人配合，一人进行试验，另一人在外面观察车轮的情况。

3）必须保证油压表、油管等连接良好，不能渗漏，并将油压表放在便于观察的位置。

4）连接油管及导线要远离汽车或发动机的旋转部件。

鉴定点 28 自动变速器失速试验时的注意事项

问：自动变速器失速试验时的注意事项有哪些？

答：1）失速试验时间不得超过 5s。

2）进行完一个档位的试验后，不得立即进行下一个档位的试验，应待油温下降后才能进行。

3）试验结束后不要立即熄火，应将变速杆置于空档或停车档，让发动机怠速运转 1min 左右，以使自动变速器油温度正常。

4）如果在试验中发现驱动轮因制动力不足而转动，则应立即松开加速踏板，停止试验。

5）试验要由两人配合进行，一人进行试验，另一个在车外观察车轮或车轮垫木的情况。

鉴定点 29 自动变速器时滞试验时的注意事项

问：自动变速器时滞试验时的注意事项有哪些？

答：1）时滞试验时，使发动机和自动变速器达到正常工作温度。

2）进行完一个档位的试验后，使发动机怠速运转 1min 左右，再做试验。

3）共做三次试验，取平均值。

鉴定点 30 自动变速器油的种类及选用原则

问：自动变速器油的种类及其选用原则是什么？

答：目前，世界各国普遍使用美国生产的自动变速器油，主要有通用公司生产的 Dexron、Dexron Ⅰ、Dexron Ⅱ型和福特公司生产的 E、F 型。我国的部分国产汽车和进口汽车多采用美国通用公司生产的 Dexron Ⅱ型和福特公司生产的 F 型自动变速器油。

自动变速器油的型号不同，其摩擦因数也不同，因此，既不能错用，也不能混用。如果规定使用通用 Dexron Ⅱ型自动变速器油而错用了福特 F 型自动变速器油，则会使自动变速器发生变速冲击，以及制动器、离合器突然啮合的现象；反之，规定用福特 F 型自动变速器油而错用了通用 Dexron Ⅱ型自动变速器油，则会出现自动变速器的离合器、制动器打滑，加速摩擦片的早期磨损。

鉴定点 31 自动变速器联动装置的调整

问：自动变速器联动装置的调整方法是什么？

答：1. 节气门拉索的调整

常用的气门拉索有双调节螺母式、锁止片式、隔套式及调整螺钉式等。其中，对于双调节螺母式节气门拉索，通过两个调节螺母的前后移动，改变拉索外套端与节气门轴间的距离来实现对拉索张紧程度的调节。

2. 空档起动开关的调整

使变速杆位于空档位置，拆下控制轴杆，松开固定空档起动开关的固定螺钉，转动空档起动开关，直至标记对齐。不同型号的自动变速器的对齐标记不一样。其中，刻线式的对齐标记是变速杆轴上的针尖端与空档起动开关上的刻度线对齐，双定位线式的对齐标记是控制轴杆的两边缘与两凸线外缘对齐，销孔式的对齐标记是空档起动开关上的凹坑与控制轴杆上的圆孔对正。标记对正后，按规定力矩拧紧固定螺钉。

鉴定点 32 液力变矩器的检修

问：检修液力变矩器的具体方法及技术参数是什么？

答：1. 外检液力变矩器

检查液力变矩器外部有无损坏和裂纹，轴套外径有无磨损现象，驱动油泵的轴套缺口有无损伤现象。若有异常，则应更换液力变矩器。

装上维修专用工具，使其贴合在液力变矩器毂缺口和单向离合器的外座圈中，转动驱动杆，检查单向离合器工作是否正常。单向离合器在逆时针方向转动时应锁住，而在顺时针方向应能自由转动。若有异常，则说明单向离合器损坏，应更换液力变矩器。

2. 检测传动板与齿圈

用百分表测量传动板偏摆量，最大偏摆量不应超过0.20mm；检查齿圈有无变形和断齿。

3. 检测液力变矩器轴套偏摆量

暂时将液力变矩器装在传动板上，然后在传动板上放置百分表，对液力变矩器轴套偏摆量进行测量。若偏摆量超过0.30mm，则可通过重新调整液力变矩器的安装方位进行校正，并在校正后的位置上做一记号，以保证安装正确。若校正后偏摆量仍超标或无法校正，则应更换液力变矩器。

鉴定点33　单级主减速器

问：单级主减速器的结构及作用是什么？

答：图3-51所示为上海桑塔纳轿车单级主减速器。主减速器装于变速器壳体内，没有专门的主减速器壳体。由于省去了变速器到主减速器之间的万向传动装置，所以变速器输出轴即为主减速器主动轴。主减速器由主、从动锥齿轮组成。主动锥齿轮与变速器输出轴制为一体，用双列圆锥滚子轴承和圆柱滚子轴承支撑在变速器壳体内。环状的从动锥齿轮靠凸缘定位，并用螺钉与差速器壳连接。差速器壳由一对圆锥滚子轴承支撑在变速器壳体上。

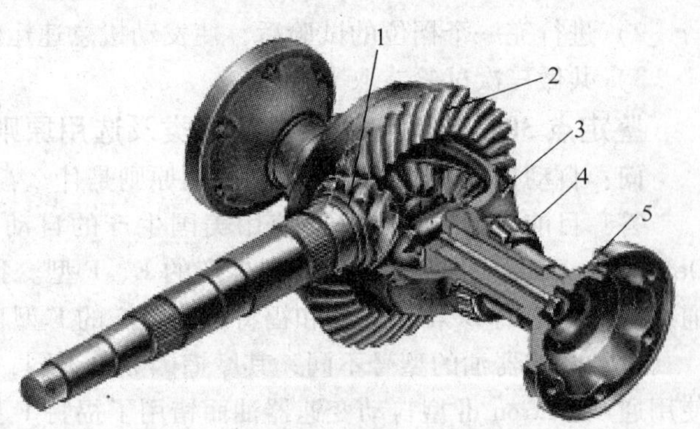

图3-51　桑塔纳轿车单级主减速器

1—主动锥齿轮　2—从动锥齿轮　3—差速器　4—圆锥滚子轴承　5—凸缘轴

主减速器的作用是将输入的转矩增大，将转速降低，并将动力传递方向改变后（横向布置发动机的除外）传给差速器。

鉴定点34　差速器的结构与工作原理

问：差速器由哪些零件组成？其工作原理是什么？

答：1. 差速器的结构

图3-52所示为行星锥齿轮式差速器。它由四个行星锥齿轮、三个主减速器齿轮、两个半轴锥齿轮、十字形行星锥齿轮轴、差速器壳、行星锥齿轮球面垫片和半轴锥齿轮推力垫片组成。

在中型以下的货车或轿车上，因差速器传递的转矩较小，故可用两个行星齿轮，相应的行星齿轮轴为一根直轴。上海桑塔纳轿车差速器即采用这种结构，如图3-53所示。

差速器壳为整体框架结构。行星齿轮轴装入差速器壳后用止动销定位。半轴齿轮背面也制成球面，其背面的推力垫片与行星齿轮背面的推力垫片制成一个整体，称为复合式推力垫片。螺纹套用来紧固半轴齿轮。

2. 工作原理

当汽车直线行驶时（见图3-54），地面作用在两侧车轮上的阻力基本相等，经半轴、半轴齿轮作用在行星齿轮上的反作用力也相等，行星齿轮只随差速器壳绕半轴轴线转动（公转），而不产生绕自身轴线的旋转（自转）。行星齿轮公转时拨动两个半轴齿轮以相同的速度旋转，此时，

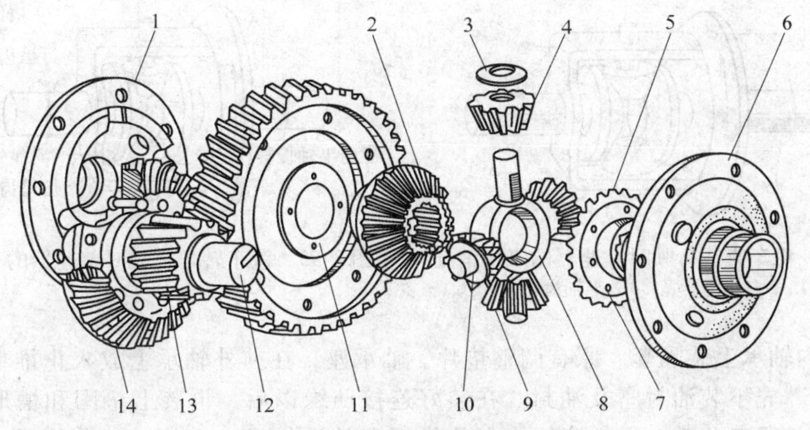

图 3-52 行星锥齿轮式差速器

1、6—差速器壳 2、5—半轴锥齿轮 3、10—行星锥齿轮球面垫片 4、9—行星锥齿轮 7、11—半轴锥齿轮推力垫片 8—行星锥齿轮轴（十字形） 12、13、14—主减速器齿轮

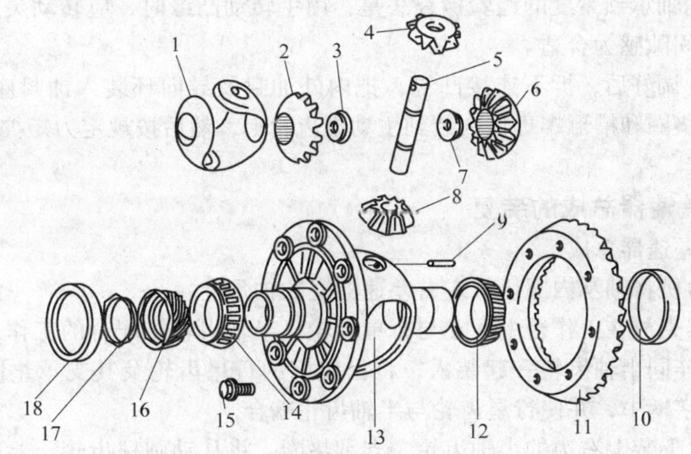

图 3-53 上海桑塔纳轿车差速器

1—复合式推力垫片 2、6—半轴齿轮 3、7—螺纹套 4、8—行星齿轮 5—行星齿轮轴 9—止动销 10、12、14、18—圆锥滚子轴承 11—主减速器从动锥齿轮 13—差速器壳 15—螺栓 16—车速表齿轮 17—车速表齿轮锁紧套筒

差速器起传力作用。

当汽车转弯时（见图 3-55），外轮的行程大于内轮行程，左右驱动轮所受阻力不同，迫使差速器行星齿轮产生自转。此时，行星齿轮既随差速器公转，又有相对的自转。外轮的转速等于公转转速加自转转速，使外驱动轮的转速加快，内驱动轮的转速相应减慢，避免了车轮发生滑拖现象。

鉴定点 35 主减速器的装配及轴承预紧度的调整

问：如何装配主减速器？如何调整轴承预紧度？

答：1）用压力机把前外轴承的外圈压入轴承座。若原零件没有损伤，则可重新装用，但轴承外圈应保持原配对，不可混装。

2）用压力机把前内轴承的内圈压到主动锥齿轮轴颈上，使其紧靠边齿轮大端端部，并把后轴承的内圈压上，压靠台肩。

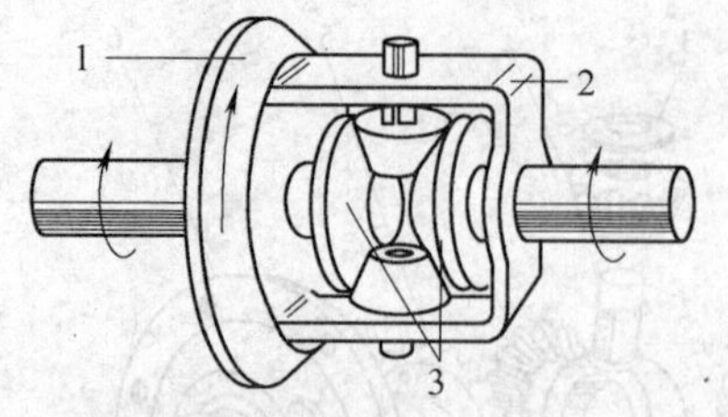

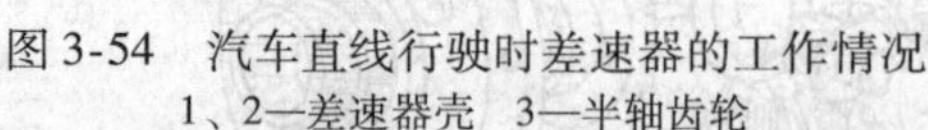

图 3-54　汽车直线行驶时差速器的工作情况
1、2—差速器壳　3—半轴齿轮

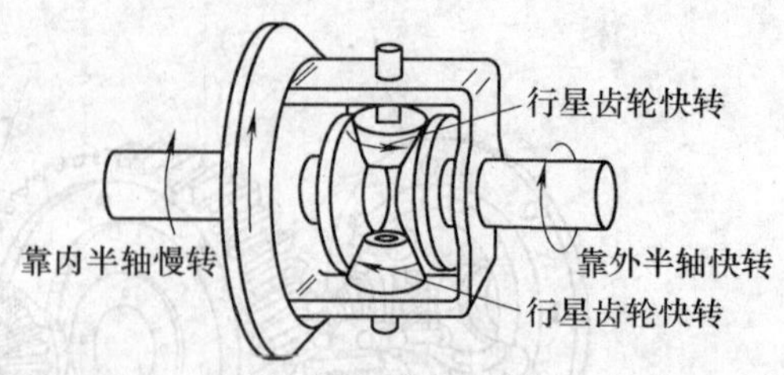

图 3-55　汽车转弯行驶时差速器的工作情况

3）在前内轴承上装隔套、原有调整垫片、轴承座，在前外轴承上放入止推垫圈和主动锥齿轮连接凸缘，先不装油封座及油封。在装好连接凸缘以后，再装上垫圈和槽形螺母，用规定力矩将螺母拧紧。此时，用弹簧秤钩在凸缘螺孔处沿切线方向拉动。若能以 16.7 ~ 33.3N 的力使其转动，则说明轴承的预紧度是合适的。若不符合上述要求，则可增减调整垫片，直到合适为止。调整垫片的厚度有 0.50mm、0.25mm、0.15mm、0.10mm 四种。

4）主动锥齿轮轴承预紧度的经验检查法是：用手转动凸缘时，应转动灵活无阻滞现象，沿轴向推拉凸缘，无间隙感为合适。

5）轴承预紧度调好后，拆下连接凸缘，把内外油封及导向环装入油封座内，再将油封座、衬垫、连接凸缘、垫圈和槽形螺母依次装到主动锥齿轮上，然后按规定力矩拧紧槽形螺母，插入开口销并将其锁好。

鉴定点 36　差速器总成的装复

问：如何装复差速器总成?

答：1）用压力机将轴承内圈压入左右差速器壳的轴颈上。

2）把左差速器壳放在工作台上，在与行星齿轮、半轴齿轮相配合的工作表面涂上机油，将半轴齿轮支承垫圈连同半轴齿轮一起装入，将已装好的行星齿轮及其支承垫圈的十字轴总成装入左差速器壳的十字柄中，并使行星齿轮与半轴齿轮啮合。

3）在行星齿轮上装上右边的半轴齿轮、支承垫圈，将从动圆柱齿轮、差速器右壳合到左壳上，注意对准壳体上的标记。从右向左装入螺栓，以规定力矩拧紧螺母。

4）检查半轴齿轮与支承垫片之间的间隙，此间隙应小于或等于 0.5mm，如果不符合要求，则需更换新的支承垫片。

5）将调整好的差速器总成装入主减速器壳中，装上两端的轴承外圈、轴承盖及调整螺母，通过调整螺母调整差速器轴承的预紧度。使轴承滚子处于正确位置，且轴承上应涂抹适量的机油。正确的预紧度应当是用 0.98 ~ 3.4N · m 的力矩能灵活转动差速器总成（用弹簧秤钩在从动锥齿轮紧固螺栓上，测量时的切向拉力应为 11.3 ~ 25.9N），最后用锁片将螺栓锁紧。

鉴定点 37　差速器总成的检查与调整

问：如何检查、调整差速器总成?

答：1）差速器壳应无裂损现象，壳体与行星齿轮、半轴齿轮的接触面应光滑无沟槽。

2）十字轴承孔的垂直度误差应小于或等于 0.05/100。两轴线应相交，其位置度误差应小于或等于 0.20mm。每一轴线应与半轴齿轮轴承孔轴线位于同一平面，其位置度误差均应小于或等于 0.30mm。

3）如果以差速器壳与从动锥齿轮结合的圆锥面及端面为基准进行测量，半轴齿轮轴承孔及差速器轴承轴颈表面的径向圆跳动误差一般应小于或等于 0.08mm。

4）半轴齿轮及轴承之间结合端面对壳体轴承轴颈轴线的轴向圆跳动误差均应小于或等于0.05mm。

5）半轴齿轮轴颈与差速器壳的配合间隙以及十字轴轴颈与差速器壳、行星齿轮的配合间隙均应符合原厂或修理技术条件的规定。

鉴定点38　主、从动锥齿轮啮合间隙与啮合印痕的检测和调整

问：主、从动锥齿轮啮合间隙与啮合印痕的检测和调整方法是什么？

答：1. 标准印痕和啮合印痕间隙

主、从动锥齿轮应沿齿长方向接触，其位置应控制在轮齿的中部偏向小端，离小端端部2~7mm；接触痕的长度大于或等于齿长的50%，齿高方向的接触痕应大于或等于齿高的50%，一般应距齿顶0.80~1.60mm；啮合间隙为0.15~0.50mm。每一对锥齿轮副啮合间隙的变动量不得大于0.15mm。

2. 啮合印痕的检查方法

在从动齿轮上相隔120°的三处，用红丹油在轮齿的正反面各涂三个齿，再用手对从动锥齿轮稍施加阻力并正反向各转动主动锥齿轮数圈，观察从动锥齿轮的啮合印痕，应符合要求。

3. 主减速器的调整方法

1）先调整轴承预紧度，再调整啮合印痕，最后调整啮合间隙。

2）在对啮合印痕和啮合间隙进行调整的过程中，不得变更轴承预紧度。

3）在保证啮合印痕的前提下调整啮合间隙，不符合要求的应成对更换。

鉴定点39　桥壳的修理技术要求

问：桥壳的修理技术要求有哪些？

答：1）桥壳应无裂损现象，桥壳上各部位螺纹损伤不得多于两牙。

2）桥壳上的通气孔应畅通。

3）钢板弹簧座定位孔磨损量小于或等于1.50mm。

4）钢板弹簧座厚度减少量小于或等于2mm。

5）油封轴颈的径向磨损量小于或等于0.15mm，油封轴颈端面磨损后，轴颈位的长度应大于油封的厚度。

6）应对半轴套管进行探伤检查，不得有裂纹。

7）桥壳轴承孔与半轴套管的配合及其伸出长度应符合原设计规定。

8）滚动轴承与桥壳的配合应符合原设计规定。

9）非分段式桥壳以两端内轴颈公共轴线为基准，当桥壳前端面直径大于300mm时，其端面平行度公差为0.40mm；当桥壳前端面直径小于或等于300mm时，其端面平行度公差为0.30mm。外轴颈径向圆跳动误差超过0.30mm时应予以修校，修校后的径向圆跳动公差为0.08mm。

10）分段式桥壳以桥壳的结合圆柱面、结合平面及另一端内锥面为支承，内外轴颈径向圆跳动误差超过0.25mm时应予以修校，修校后的径向圆跳动公差为0.08mm。桥壳与减速器壳结合平面直径大于200mm时，其轴向圆跳动公差为0.10mm；桥壳与减速器壳结合平面直径小于或等于200mm时，其轴向圆跳动公差为0.08mm。

11）桥壳与制动底板结合平面及圆柱面对桥壳轴线的轴向圆跳动公差及径向圆跳动公差均为0.10mm。

鉴定点40　半轴的修理技术要求

问：半轴的修理技术要求是什么？

答：1）应对半轴进行探伤检查，不得有裂纹。

2）半轴花键应无明显扭曲现象。

3）以半轴轴线为基准，半轴中部未加工面的径向圆跳动公差为1.30mm，花键外圆柱面的径向圆跳动公差为0.25mm，半轴凸缘内侧轴向圆跳动公差为0.15mm。

4）半轴花键与半轴齿轮及凸缘键槽的侧隙不得大于原设计规定（0.15mm）。

鉴定点41　主减速器的修理技术要求

问：主减速器的修理技术要求有哪些？

答：1. 主减速器壳

1）壳体应无裂损现象。壳体上各部位的螺纹损伤不得多于两牙。

2）差速器左、右轴承孔同轴度公差为0.10mm。

3）圆柱主动齿轮轴承（或侧盖）孔轴线及差速器轴承孔轴线对减速器壳前端面的平行度公差：当轴线长度在200mm以上时，其值为0.12mm；当轴线长度小于或等于200mm时，其值为0.10mm。

4）主减速器壳纵轴线对横轴线的垂直度公差：当纵轴线长度在300mm以上时，其值为0.16mm；当纵轴线长度小于或等于300mm时，其值为0.12mm。纵、横轴线应位于同一平面（双曲线齿轮结构除外），其位置度公差为0.08mm。

5）主减速器壳与侧盖的配合及圆柱主动齿轮轴承与减速器壳（或侧盖）的配合应符合原设计规定。

2. 主、从动锥齿轮

1）齿轮不应有裂纹，齿轮工作表面不得有明显的斑点、剥落、缺损。

2）以主动锥齿轮壳后轴承孔轴线为基准，前轴承孔的径向圆跳动公差及各端面的轴向圆跳动公差为0.06mm。

3）主动锥齿轮轴承预紧力应符合原设计规定或主动锥齿轮轴承的轴向间隙小于或等于0.05mm。

4）主动锥齿轮花键与凸缘键槽的侧隙小于或等于0.20mm。

5）主动锥齿轮前后轴承与轴颈、轴承孔的配合应符合原设计规定。

6）从动锥齿轮与其轴，铆接的应铆接可靠，螺栓联接的，联接螺栓的拧紧力矩应符合原设计规定。

7）从动锥齿轮端面对其轴线的轴向圆跳动公差为0.10mm。

8）主、从动锥齿轮啮合齿隙为0.15～0.50mm。

9）主、从动锥齿轮接触痕迹应达到沿齿长方向接触，位置控制在齿的中部偏小端，离小端端面2～7mm，接触痕迹的长度大于或等于齿长的50%，齿高方向的接触痕迹应大于或等于有效齿高的50%，一般应离齿顶0.80～1.60mm。

3. 主、从动圆柱齿轮

1）齿轮不应有裂纹，齿轮工作表面不得有明显的斑点、剥落、缺损。

2）主动圆柱齿轮轴承与轴颈的配合间隙不得大于原设计规定的0.012mm。

3）主、从动圆柱齿轮啮合齿隙为0.15～0.70mm。

鉴定点42　差速器的修理技术要求

问：差速器的修理技术要求有哪些？

答：1）差速器壳应无裂损现象，壳体与行星齿轮、半轴齿轮垫片的接触面应光滑、无沟槽。

2）十字轴承孔轴线长度在160mm以上时，两轴线垂直度公差为0.10mm；十字轴承孔轴线长度小于或等于160mm时，垂直度公差为0.06mm。两轴线应相交，其位置度公差为0.15mm；每一轴线又应与半轴齿轮轴承孔轴线位于同一平面内，其位置度公差为0.20mm。

3）整体式十字轴与差速器壳及行星齿轮的配合间隙应分别小于或等于0.10mm和0.25mm，分开式十字轴与差速器壳及行星齿轮的配合间隙应分别小于或等于0.05mm及0.18mm。

4）分别以左右差速器壳内外圆柱面的轴线及对接面为基准，或者以差速器壳与圆柱或从动锥齿轮结合的圆柱面的轴线及端面为基准，与差速器轴承配合的轴颈径向圆跳动公差为0.08mm，与差速器轴承结合端面的轴向圆跳动公差为0.05mm，半轴齿轮轴承孔的径向圆跳动公差为0.08mm，与半轴齿轮垫片结合平面的轴向圆跳动公差为0.08mm，与从动锥齿轮（或从动圆柱齿轮）结合面的轴向圆跳动公差为0.10mm，与从动锥齿轮（或从动圆柱齿轮）配合的外圆柱面的径向圆跳动公差为0.08mm。

5）差速器壳联接螺栓拧紧力矩应符合原设计规定。

6）差速器轴承与壳体及轴颈的配合应符合原设计规定。

7）差速器壳轴承孔与半轴齿轮轴颈的配合间隙为0.05～0.25mm。

8）行星齿轮端隙应符合原设计规定。

鉴定点43　万向节的检修

问：万向节的检修方法是什么？

答：1）检查十字轴轴颈表面，若有严重损伤现象，如金属剥落、明显凹陷或滚针压痕深度大于0.10m以上，均应更换。若轴颈表面有轻微剥落，可用磨石打光剥落表面后继续使用。

2）滚针轴承油封损坏，或滚针断裂、缺针都应更换新件。

3）检查万向节十字轴与滚针轴承的配合间隙。检查时，将十字轴夹在台虎钳上，滚针轴承壳套在十字轴颈上，用百分表测头抵住轴承壳外表面最高点，用手上下推动滚针轴承壳，百分表上指针移动变化值即为该轴承与十字轴配合的间隙值。当轴承间隙超过规定值极限时，应予以更换。

鉴定点44　传动轴的检修

问：传动轴的检修方法是什么？

答：1. 传动轴直线度的检查

可利用万向节叉和花键轴上的中心孔，两端用顶尖顶起来，用百分表测量轴管外圆的径向圆跳动误差。也可以将轴管两端用V形架支起来，用百分表测量轴管外圆的径向圆跳动误差。当传动轴的弯曲量超过规定值时，可在压力机上冷压校直。

2. 轴承的检查

若发现轴承滚珠、滚道上有烧蚀或金属剥落等现象，应予以更换。将轴承拿在手上进行空转，观察轴承转动是否轻便灵活。

（1）检查轴承的径向间隙　将轴承放在平板上，使百分表的测头抵住轴承外座圈，然后一只手把轴承内圈压紧，另一只手推动轴承外圈，此时，百分表指针所指的数值即为轴承的径向间隙。

（2）检查轴承的轴向间隙　将轴承外圈搁在两垫块上并使轴承内圈悬空，再在轴承内圈上放一块平铁板，然后将百分表测头抵住平铁板中央，上下推动轴承内圈，此时，百分表指针所指示的数值即为该轴承的轴向间隙。

3. 检查中间支承轴承座内表面

检查中间支承轴承座内表面的磨损情况，磨损深度大于0.05mm时应予以更换。

4. 检查前后油封盖、支架等

检查前后油封盖是否磨损，支架是否裂损，橡胶环是否腐蚀老化，视需要及时更换或修复。

鉴定点 45　机械转向系统

问：机械转向系统的组成及工作原理是什么？

答：1. 机械转向系统的组成

机械转向系统包括转向操纵机构、转向器和转向传动机构三个基本组成部分。

1）转向操纵机构即驾驶人操纵转向器的工作机构，主要由转向盘、转向轴、转向管柱等组成。

2）转向器的作用是将转向盘的转动变为齿条轴的直线运动或转向摇臂的摆动，降低传动速度，增大转向力矩并改变转向力矩的传递方向。常用的转向器有循环球式、齿轮齿条式等几种。

3）转向传动机构由各种杆和臂组合而成，如转向摇臂、转向节臂、转向直拉杆、转向横拉杆等。

2. 工作原理

机械转向系统将人力作为唯一的转向动力源。其中，所有传力件都是机械的。当需要转向时，驾驶人对转向盘施加一个转向力矩，该力矩通过转向轴输入转向器。经转向器放大后的力矩和减速后的运动传到转向横拉杆，再传给固定于转向节的转向节臂，使转向节和它所支撑的转向轮偏转，从而改变汽车的行驶方向，如图 3-56 所示。传力路线为：转向盘→转向轴→转向器→转向横拉杆→转向节臂→转向节→转向轮。

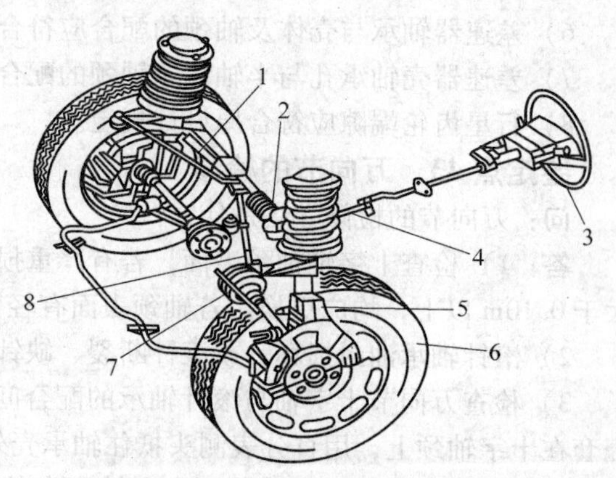

图 3-56　机械转向系统

1—轴向减振器　2—机械转向系统　3—转向盘　4—转向轴　5—转向节　6—转向轮　7—转向节臂　8—转向横拉杆

鉴定点 46　动力转向系统

问：液压式动力转向系统的组成及工作原理是什么？

答：汽车动力转向系统是在驾驶人的控制下，借助于汽车发动机产生的液体压力或电动机驱动力来实现车轮转向的，所以也称为转向动力放大装置。它是在机械转向系统的基础上加设一套转向加力装置而形成的。在正常情况下，汽车转向所需能量，只有一小部分由驾驶人提供，而大部分是由发动机（或电动机）通过转向加力装置提供的。

液压式动力转向系统（见图 3-57）的转向加力装置包括转向液压泵、转向液压油管、转向液压油罐以及位于整体式转向器内部的转向控制阀及转向动力缸等。当转向器工作时，转向器输入轴带动转向器内部的转向控制阀转动，使转向动力缸产生液压作用力，帮助驾驶

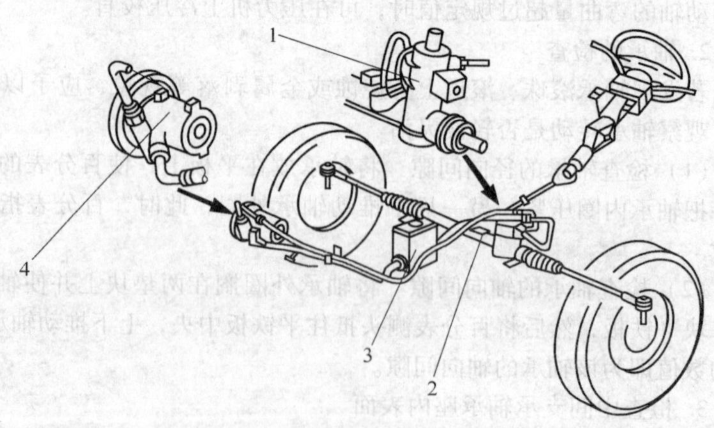

图 3-57　液压式动力转向系统

1—转向控制阀　2—齿轮齿条转向器　3—转向液压油罐　4—转向液压泵

人转向操纵。这样，为了克服地面作用于转向轮上的转向阻力矩，驾驶人加于转向盘上的转向力矩，要比采用机械转向系统时所需的转向力矩小得多。另外，采用液压动力转向系统还能提高汽车行驶的安全性。

鉴定点 47　齿轮齿条式转向器

问：齿轮齿条式转向器是由什么组成的？

答：齿轮齿条式转向器（见图 3-58）的小齿轮与转向轴相连接，齿条横向布置，两端各通过一段横拉杆、球头销与转向节相连。齿条外装有防尘罩。转向器壳体通过螺栓与车身固定。转动转向盘时，小齿轮使齿条横向移动，经过横拉杆、球头销、转向节传力使前轮偏转。齿轮齿条式转向器结构简单、紧凑，操纵轻便、灵敏，在轻型车上应用极其广泛，如奥迪、捷达、桑塔纳和夏利等轿车。部分微型货车以及南京依维柯轻型货车等，也都采用了齿轮齿条式转向器。

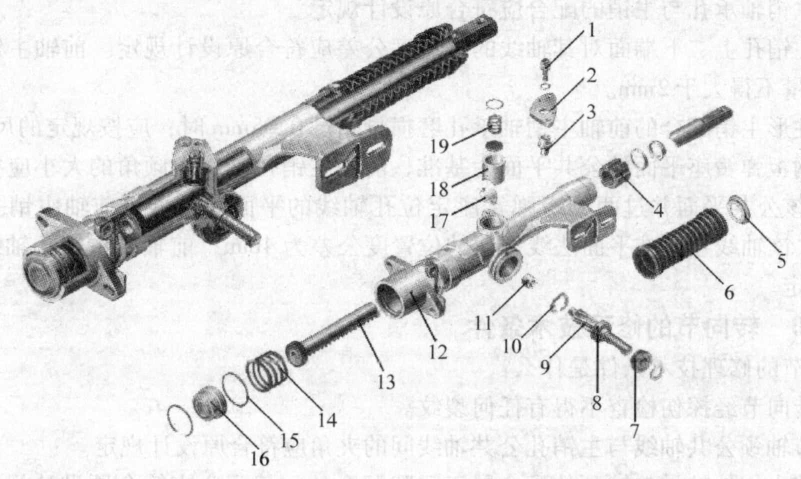

图 3-58　上海桑塔纳轿车齿轮齿条式转向器

1—调整螺钉　2—盖板　3—调整螺钉座　4—衬套　5—防尘护套挡圈　6—防尘护套　7—密封座套　8—球轴承　9—转向齿轮　10—挡圈　11—滚针轴承　12—转向器壳　13—转向齿条　14—弹簧　15—O 形密封圈　16—挡盖组件　17—压块衬片　18—压块　19—补偿弹簧

鉴定点 48　循环球式转向器

问：循环球式转向器是由什么组成的？

答：循环球式转向器（见图 3-59）是目前国内外应用最广泛的转向器之一。该转向器具有两对传动副：一对是蜗杆和螺母（一个平面制成齿条），另一对是齿扇和齿条。蜗杆上方连着转向轴，转动转向盘，蜗杆会随之转动。螺母是套装在蜗杆上的，二者之间靠钢球传力。螺母外观呈方形，转动转向盘时，蜗杆通过钢球传力给螺母，使螺母沿蜗

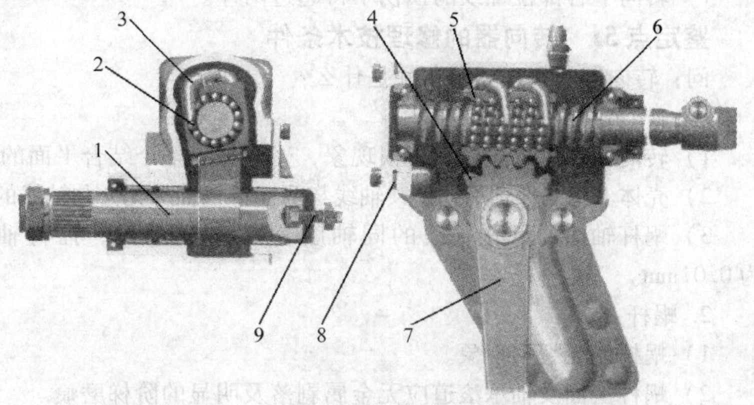

图 3-59　解放 CA1092 型汽车循环球式转向器

1—转向垂臂轴　2—钢球　3—导管　4—齿扇　5—转向螺母　6—转向螺杆　7—转向垂臂　8—调整垫片　9—调整螺钉

杆移动，齿条便带动齿扇使转向摇臂摆转，从而驱动摇臂轴转动，实现汽车转向。钢球传力使螺杆与螺母之间的滑动摩擦变为滚动摩擦，使转向操纵轻便，机件磨损更小。

鉴定点 49　前轴的修理技术条件

问：前轴的修理技术条件是什么?

答：1）前轴经探伤检查不得有任何裂纹。

2）当钢板弹簧座平面横向长度小于或等于160mm 时，其平面度公差为0.4mm；大于160mm时，其平面度公差为0.5mm。修理后，钢板弹簧座厚度减少量不得大于2mm。

3）当钢板弹簧座平面横向长度小于或等于160mm 时，两钢板弹簧座平面在其公共平面法线方向的位置度公差为0.8mm；大于160mm 时，位置度公差为1.0mm。

4）钢板弹簧座上U形螺栓轴承孔及定位孔的磨损量不得大于1mm。

5）前轴主销轴承孔与主销的配合应符合原设计规定。

6）前轴主销孔上、下端面对其轴线的垂直度公差应符合原设计规定。前轴主销孔端面修理后，厚度减少量不得大于2mm。

7）与圆柱形主销配合的前轴主销轴承孔磨损量超过0.05mm 时，应按规定的尺寸修理。

8）以两钢板弹簧座平面的公共平面为基准，前轴主销孔轴线内倾角的大小应符合原设计规定；以垂直于该公共平面并过两钢板弹簧座定位孔轴线的平面为基准，前轴主销孔轴线扭转角不得大于30′，该轴线在基准平面法线方向的位置度公差为4mm；前轴两主销孔轴线间的距离应符合原设计规定。

鉴定点 50　转向节的修理技术条件

问：转向节的修理技术条件是什么?

答：1）转向节经探伤检查不得有任何裂纹。

2）转向节轴颈公共轴线与主销孔公共轴线间的夹角应符合原设计规定。

3）转向节内、外轴承与轴颈的配合属于间隙配合的，其配合应符合原设计规定；属于过渡配合的，当公称尺寸小于或等于40mm 时，最大间隙应小于或等于0.040mm；当公称尺寸大于40mm 时，最大间隙应小于或等于0.055mm。

4）转向节衬套与主销的配合及衬套与转向节主销孔的配合应符合原设计规定。

5）转向节上、下主销轴承孔轴线的同轴度公差应符合原设计规定。

6）转向节内侧两端面对转向节主销孔公共轴线的垂直度公差应符合原设计规定。

7）转向节各部位螺纹的损伤不得超过两牙。

鉴定点 51　转向器的修理技术条件

问：转向器的修理技术条件是什么?

答：1. 壳体及盖

1）转向器壳体及盖应无裂损现象，壳体与盖整个结合平面的平面度公差为0.10mm。

2）壳体上两蜗杆轴承孔公共轴线与两摇臂轴轴承孔公共轴线的垂直度公差应符合规定。

3）蜗杆轴两轴承孔轴线的同轴度公差为0.02mm，摇臂轴两轴承孔轴线的同轴度公差为0.01mm。

2. 蜗杆

1）蜗杆应无裂损现象。

2）蜗杆齿面及轴承滚道应无金属剥落及明显的阶梯磨痕。

3）蜗杆轴承与壳体配合的最大间隙不得大于原设计规定的0.02mm。

4）蜗杆轴承与蜗杆轴配合的最大间隙不得大于原设计规定的0.006mm。

3. 摇臂轴

1）摇臂轴经探伤检查不得有裂纹，端部花键应无明显扭曲现象。

2）滚轮经探伤检查不得有裂纹，齿应无金属剥落和明显的阶梯磨痕。

3）摇臂轴端部螺纹的损伤不得超过两牙。

4）摇臂轴支承轴颈的径向圆跳动公差为0.05mm。

5）循环球式转向器转向螺母的滚道应无金属剥落现象；钢球规格及数量应符合原设计规定，直径差小于或等于0.01mm；球与滚道的配合间隙不得大于0.05mm。

6）转向指销工作锥面应无金属剥落现象，更换时应成对更换，指销装入滚道后的距离应符合设计规定。

7）摇臂轴轴承与摇臂轴配合的最大间隙不得大于原设计规定的0.005mm。

8）摇臂轴轴承与壳体及与侧盖配合的最大间隙不得大于原设计规定的0.018mm。

9）更换摇臂轴轴承时，该轴承与壳体及与摇臂轴的配合应符合原设计规定。

4. 转向器的装配与调整

1）双销式转向器在装合转向蜗杆时，不得任意变更转向器上盖调整垫片的厚度，若有变更，装合后必须保证蜗杆中心在转向器壳内的正确位置。

2）装合转向摇臂轴前，转动转向轴所需力矩一般应小于或等于0.8N·m。

3）转向器装合后，应按原设计要求进行检验。其摇臂轴轴向间隙及转动转向轴所需力矩应符合原设计规定，在全程内应转动灵活，无漏油现象。

鉴定点52　转向操纵机构的修理技术条件

问：转向操纵机构的修理技术条件是什么？

答：1）转向轴、转向传动轴、万向节叉、十字轴经探伤检查不得有裂纹。

2）转向轴的直线度公差应符合规定。

3）转向管柱与支座的最小过盈量不得小于原设计规定的0.015mm。

4）转向管柱与衬套的配合应符合原设计规定。

5）转向轴与衬套配合的最大间隙不得大于原设计规定的0.08mm。

6）转向万向节滑动叉与转向十字轴轴承及十字轴轴颈与轴承配合的最大间隙不得大于原设计规定的0.028mm。

7）滑动叉花键套与转向传动轴花键配合的最大间隙不得大于原设计规定的0.10mm。

8）转向操纵机构应转动灵活无卡滞现象，且装配齐全，紧固可靠。

鉴定点53　转向传动机构的修理技术条件

问：转向传动机构的修理技术条件是什么？

答：1）转向摇臂、直拉杆、转向轴、转向传动轴、万向节叉、十字轴经探伤检查不得有裂纹。

2）转向轴的直线度公差应符合规定。

3）转向管柱与支座的最小过盈量不得小于原设计规定的0.015mm。

4）转向管柱与衬套的配合应符合原设计规定。

5）转向轴与衬套配合的最大间隙不得大于原设计规定的0.08mm。

6）转向万向节滑动叉与转向十字轴承配合的最大间隙及十字轴轴颈与轴承配合的最大间隙不得大于原设计规定的0.028mm。

7）滑动叉花键套与转向传动轴花键配合的最大间隙不得大于原设计规定的0.10mm。

8）转向操纵机构应转动灵活无卡滞现象，且装配齐全，紧固可靠。拉杆、转向节臂及球头销经探伤检查不得有裂纹。

9）转向摇臂的花键应无明显扭曲现象。转向摇臂装入摇臂轴后，其端面应高出摇臂轴花键端面 2～5mm。

10）直拉杆应无明显变形，横拉杆的直线度公差为 2mm。

11）球头销及与其相配合的各部位应无明显磨损现象。装合横、直拉杆时，应保证各球头销轴颈小端低于锥孔上端面 1～2mm。装合后，各球头销应转动灵活，不松旷、不卡死。

鉴定点 54　转向器轴承预紧度与啮合间隙的调整

问：如何调整转向器轴承预紧度与啮合间隙？

答：1. 调整蜗杆轴承预紧度

1）用内六角扳手将转向器下盖上的调整螺栓拧到底，然后再退回 1/8～1/4 圈。

2）以 50N·m 的力矩拧紧调整螺栓的锁紧螺母。

3）调整后，蜗杆应转动灵活，轴向推拉应无间隙感觉，否则，应重新调整。

2. 调整转向器啮合间隙

1）转动蜗杆，使指销与其中间位置相啮合。

2）将转向器侧盖上的调整螺栓拧到底，再退回 1/8 圈，按规定力矩拧紧其锁紧螺母。

鉴定点 55　悬架系统的种类

问：悬架分为哪几种类型？

答：1）按照控制形式的不同，悬架可分为被动式悬架和主动式悬架两大类。目前，多数汽车上采用的是被动式悬架。

2）根据汽车导向装置的不同，悬架又可以分为独立悬架和非独立悬架。

鉴定点 56　非独立悬架

问：非独立悬架的特点是什么？它由哪几部分组成？

答：非独立悬架的结构特点是：两侧的车轮由一根整体式车桥相连，车轮连同车桥一起通过弹性悬架与车架（或车身）连接。当一侧车轮因道路不平而发生跳动时，必然引起另一侧的车轮在汽车横向平面内发生摆动。

非独立悬架装置中以弹性元件最为普遍。汽车悬架最常用的弹性元件是叶片式弹簧，它由形状弯曲且具有弹性、长度不一的钢板组成，俗称钢板弹簧，如图 3-60 所示。

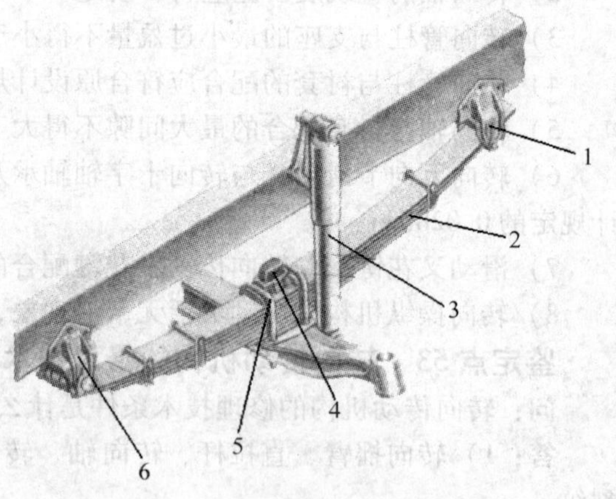

图 3-60　东风 EQ1092 型汽车前悬架

1—后支架　2—前钢板弹簧总成　3—减振器　4—橡胶缓冲块　5—U 形螺栓　6—前支架

鉴定点 57　独立悬架

问：独立悬架的特点是什么？它由哪几部分组成？

答：独立悬架的结构特点是：车桥做成断开的，每一侧的车轮可以单独通过弹性悬架与车架（或车身）连接。其优点是：两侧车轮可以单独跳动，互不影响，在不平道路上可以减少车架和车身的振动，并有助于消除转向轮不断偏摆的不良现象；悬架所受到的冲击载荷小，可以提高汽车的平均行驶速度；发动机总成的位置可以降低和前移，使汽车重心下降，从而提高汽车行驶稳定性。但独立悬架结构复杂，制造成本高，保养维修不便，轮胎较易磨损。

独立悬架大多采用圆盘弹簧和扭杆弹簧，以圆盘弹簧应用最为广泛。独立悬架按车轮的运动方式分为车轮在横向平面内摆动的横臂式独立悬架、车轮在纵向平面内摆动的纵臂式独立悬架、车轮沿主销轴线移动的麦弗逊式独立悬架。

1. 横臂式独立悬架

横臂式独立悬架可分为单横臂式（见图3-61）和双横臂式（见图3-62）两种。双横臂式独立悬架又有双横臂等长和双横臂不等长两种。不等长双横臂式独立悬架通过合理设计杆件长度，可将主销内倾角、车轮外倾角、轮距的变化控制在允许范围内，因此在汽车上使用比较广泛。

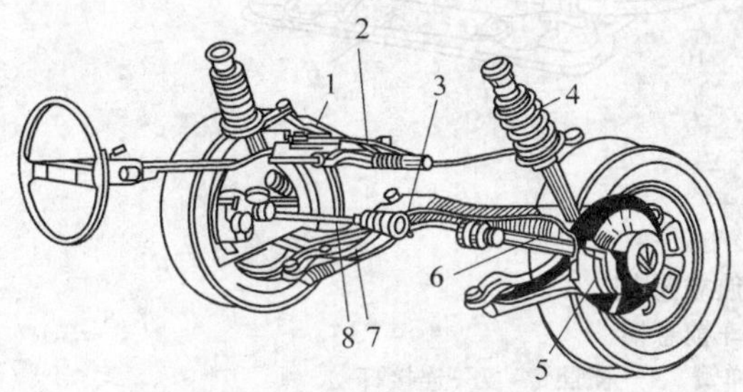

图3-61　单横臂式独立悬架（桑塔纳轿车）
1—横拉杆　2—转向避振器　3—支架
4—支柱　5—制动器　6—悬架臂
7—稳定杆　8—传动轴

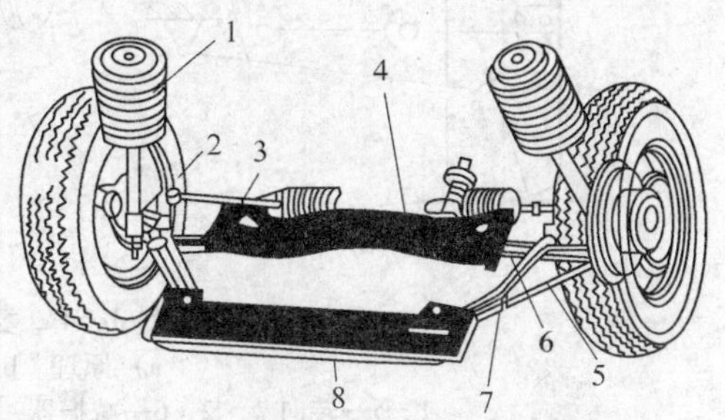

图3-62　双横臂式独立悬架（标致轿车）
1—圆盘弹簧　2—车轮　3—转向拉杆
4—主横梁　5—前杆　6—后杆
7—稳定杆　8—前横梁

2. 纵臂式独立悬架

纵臂式独立悬架（见图3-63）有单纵臂式和双纵臂式之分。双纵臂式独立悬架的转向节与两个纵摆臂采用铰链式连接，纵臂通过纵臂轴扭杆弹簧连接，扭杆弹簧内端固定在车架上。车轮所受的纵向力、侧向力及力矩由车架上的管状横梁传递给车架。这种悬架的两个纵摆臂一般长度相等，形成平行四连杆机构。因此，车轮上下跳动时车轮的定位参数保持不变，可用作转向桥。

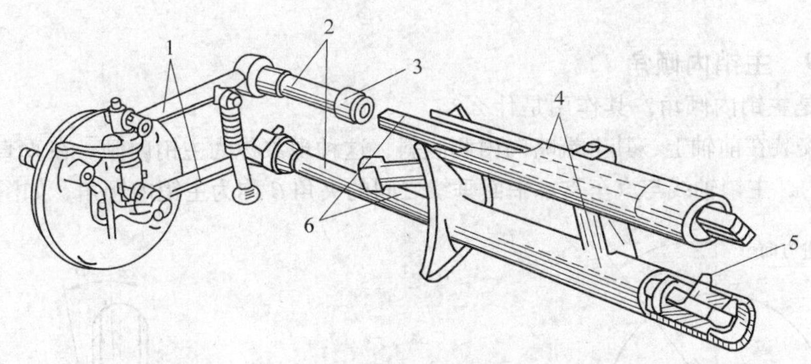

图3-63　纵臂式独立悬架
1—纵摆臂　2—摆臂轴　3—衬套　4—管状横梁　5—螺钉　6—扭杆弹簧

3. 麦弗逊式独立悬架

麦弗逊式独立悬架（见图3-64）由减振器、螺旋弹簧、横摆臂和转向节等组成。螺旋弹簧与减振器装于一体，构成悬架的弹性支柱，支柱上端与车身采用挠性连接（连接点为A点），支柱下端与转向节采用刚性连接，横摆臂的外端与转向节下端采用铰链连接（连接点为B点）。它没

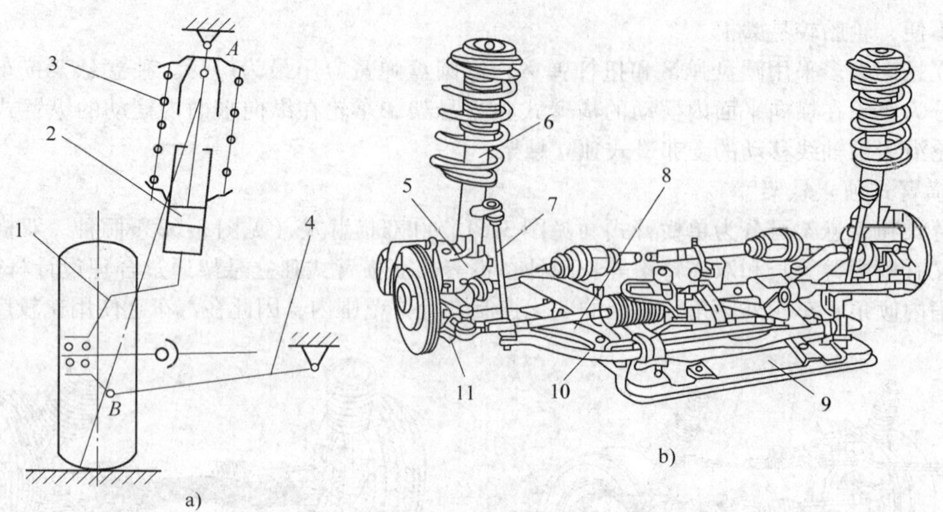

图 3-64 麦弗逊式独立悬架

a）原理 b）富康轿车前悬架

1、5—转向节 2、6—减振器 3—螺旋弹簧 4—横摆臂 7—连接杆

8—三角臂 9—前拖架 10—横向稳定杆 11—球头销

有传统意义上的主销，主销的轴线为 AB 的连线，车轮跳动时轮距、车轮外倾角、主销的倾角都有变化，合理的杆系布置可将其控制在很小的范围内。其因结构简单，布置紧凑，用于前悬架时能增大两前轮的内侧空间，故目前广泛应用于发动机前置前轮驱动轿车的前悬架中。

鉴定点 58 主销后倾角

问：什么是主销后倾角？其作用是什么？

答：主销安装在前轴上，其上端略向后倾斜，这种现象称为主销后倾。在垂直于汽车支承平面的纵向平面内，主销轴线与汽车支承平面垂线之间的夹角 γ 称为主销后倾角，如图 3-65所示。

主销后倾角的作用是形成回正力矩，保证汽车直线行驶的稳定性，并使汽车转向后回正操纵轻便。

鉴定点 59 主销内倾角

问：什么是主销内倾角？其作用是什么？

答：主销安装在前轴上，其上端略向内侧倾斜，这种现象称为主销内倾。在垂直于汽车支承平面的横向平面内，主销轴线与汽车支承平面垂线之间的夹角 β 称为主销内倾角，如图 3-66所示。

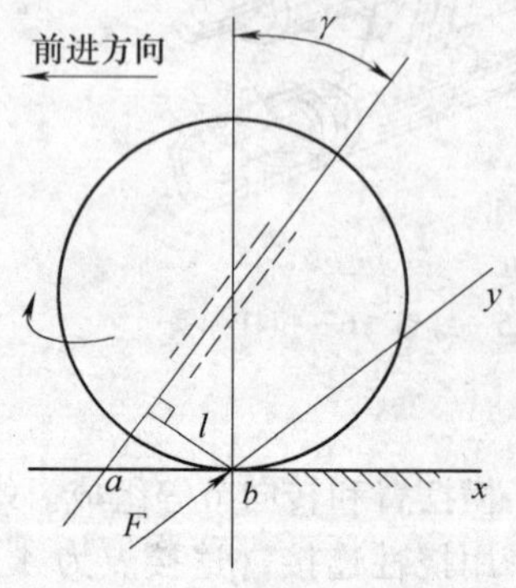

图 3-65 主销后倾角

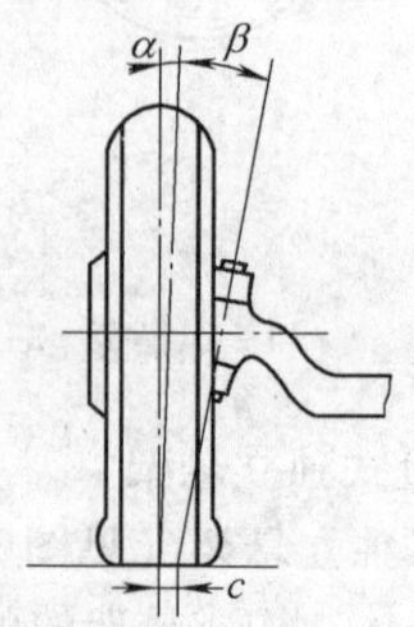

图 3-66 主销内倾角

主销内倾角的作用：

1）主销内倾角具有使转向轮转向操纵轻便的作用。

2）主销内倾角具有使转向轮自动回正的作用。

鉴定点 60　车轮外倾角

问：什么是车轮外倾角？其作用是什么？

答：转向轮安装在转向节上时，其旋转平面上端向外倾斜，这种现象称为转向车轮外倾。车轮旋转平面与垂直于车辆支承面的纵向平面之间的夹角 α 称为车轮外倾角，如图 3-67所示。

车轮外倾角的作用是提高车轮工作的安全性和转向操纵的轻便性。

鉴定点 61　车轮前束

问：什么是车轮前束？其作用是什么？

答：车轮安装在车桥上，两前车轮的中心平面不平行，其前端略向内侧收束，这种现象称为前轮前束。两前轮后端距离 A 大于前端距离 B，其差值称为前轮前束值，如图 3-68 所示。

前轮前束的作用是消除因车轮外倾所造成的不良后果，保证车轮不向外滚动，防止车轮侧滑和减轻轮胎的磨损。由于车轮外倾，汽车行驶时两个车轮的滚动类似于两个锥体的滚动，其轨迹不再是直线，而是逐渐向各自的外侧滚开。

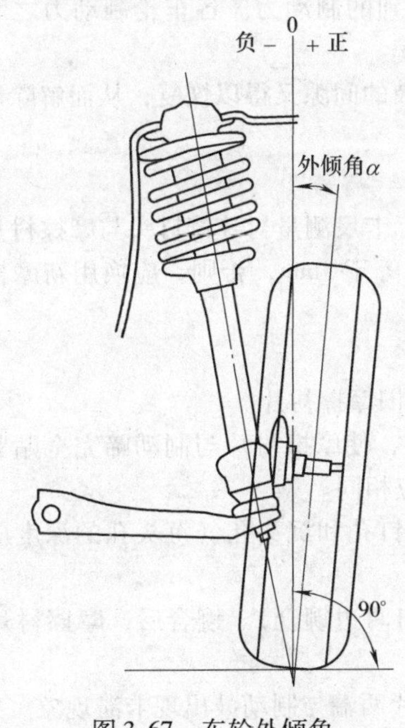

图 3-67　车轮外倾角

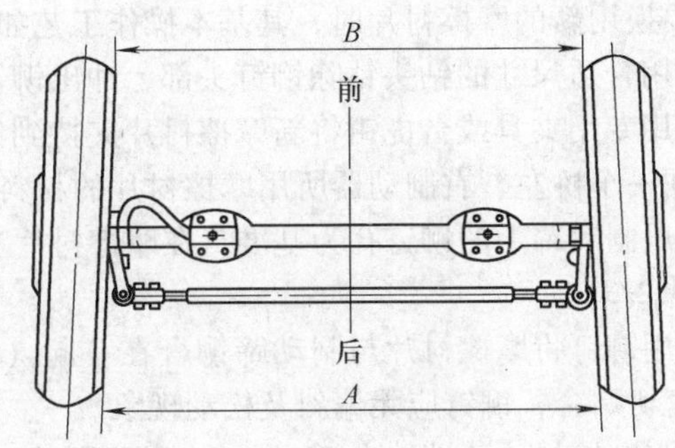

图 3-68　前轮前束

鉴定点 62　鼓式车轮制动器

问：鼓式车轮制动器分为哪几类？其结构如何？其工作原理是什么？

答：1. 分类

按制动时两侧制动蹄对制动鼓径向力的平衡情况，鼓式制动器可以分为非平衡式、平衡式和自动增力式三种类型。

2. 结构

（1）非平衡式制动器　非平衡式制动器的制动鼓与轮毂连接，随车轮旋转。制动底板用螺栓固定在后桥壳的凸缘（前桥在转向节凸缘）上不能转动，其上部装有制动轮缸或凸轮，下部装有两个偏心支承销。制动蹄下端圆孔套在偏心支承销上，上端嵌入制动缸活塞凹槽中或顶靠在凸轮上，两制动蹄通过复位弹簧紧压轮缸活塞或凸轮。

（2）平衡式车轮制动器　前后制动蹄均设计为助势蹄的制动器称为平衡式制动器。只在前进制动时两蹄为助势蹄，倒车制动时两蹄均为减势蹄的平衡式制动器，称为单向助势平衡式车轮制动器。在前进制动和倒车制动时两蹄都为助势蹄的平衡式制动器，称为双向助势平衡式车轮制动器。

（3）自动增力式车轮制动器　自动增力式车轮制动器可以分为单向自动增力式和双向自动增力式两种。单向自动增力式只在汽车前进制动时起自动增力作用，使用单活塞式轮缸；双向自动增力式在前进制动时和倒车制动时都能起自动增力作用，使用双活塞轮缸。

3. 工作原理

制动时，驾驶人踩下制动踏板，推杆推动主缸活塞，迫使制动液经管路进入制动轮缸，推动轮缸活塞克服回位弹簧的拉力，使制动蹄绕支承销转动而张开，消除制动蹄与制动鼓之间的间隙后压紧在制动鼓上。这样，不旋转的制动蹄摩擦片对旋转着的制动鼓就产生一个摩擦力矩，其方向与车轮旋转方向相反，大小取决于轮缸的张力、摩擦因数及制动鼓和制动蹄的尺寸。制动鼓将力矩传到车轮后，由于车轮与路面的附着作用，车轮即对路面产生一个向前的制动力，同时，路面也会给车轮一个向后的反作用力，这个力就是车轮受到的制动力。各车轮制动力之和就是汽车受到的总制动力。在制动力作用下汽车减速，直至停车。

放松制动踏板，在回位弹簧的作用下，制动蹄与制动鼓的间隙又得以恢复，从而解除制动。

鉴定点 63　检查、更换制动摩擦衬片

问：检查、更换制动摩擦衬片的方法是什么？

答：敲击及直观检查摩擦衬片，应无裂纹；用深度游标卡尺测量衬片铆钉头与摩擦衬片表面间的距离，应大于或等于 0. 80mm，摩擦衬片厚度应大于或等于 9mm，否则，应换用新摩擦衬片或制动蹄总成。摩擦衬片铆钉松动时应重新铆合。

需要换用新的摩擦衬片时，其基本操作工艺如下：

1）用合适尺寸的钻头钻除铆钉头部，冲出铆钉，取下旧摩擦衬片。

2）用专用夹具或台虎钳将新摩擦衬片夹持到制动蹄上，使摩擦衬片与制动蹄完全贴紧。要注意，同一车桥左、右制动器所用摩擦衬片的材料及厚度应相同。

3）以制动蹄上的铆钉孔为基准，在摩擦衬片上钻出铆钉孔和沉头孔（沉头孔的深度应为衬片厚度的2/3）。

4）用铆钉将摩擦衬片与制动蹄铆合在一起（由中间向两边铆合）。铆合后，摩擦衬片与制动蹄应密切贴合，铆钉应无偏斜及松动现象。

5）将摩擦衬片两端锉出 75°坡口，以防制动时摩擦衬片两端与制动鼓出现卡滞现象。

6）用专用光磨机光磨摩擦衬片端面，使其外径比制动鼓内径大 1. 0 ~ 1. 5mm。光磨后将制动蹄放入制动鼓中进行靠合检查时，制动蹄的两端应与制动鼓先接触，摩擦衬片与制动鼓的接触面积应符合要求。

鉴定点 64　风冷单缸式空气压缩机的结构及工作原理

问：风冷单缸式空气压缩机由哪几部分组成？其工作原理是什么？

答：风冷单缸式空气压缩机主要由缸体、曲轴箱、曲轴、活塞、连杆、气缸阀盖总成、空气滤清器等组成。

发动机运转时，空气压缩机即随之运转。当活塞下行时，进气阀门被吸开，外界空气经空气滤清器、进气口进入气缸。当活塞上行时，进气阀门在弹簧力的作用下关闭，气缸内的空气被压缩并顶开出气阀门，压缩空气经出气口和气管送到储气筒。当储气筒内的气压达到700～740kPa时，卸荷柱塞顶开进气阀门，使空气压缩机气缸与大气相通不再泵气，卸掉活塞上的载荷，从而减少发动机的功率损失。

鉴定点65　限压阀

问：限压阀的结构及工作原理是什么？

答：限压阀是一种简单的压力调节装置。其作用是当前后制动管路压力 p_1 和 p_2 由零同步增长到一定值时，限压阀自动将后轮制动器管路中的液压（或气压）定在该位不变。

液压式限压阀的结构如图3-69所示。它串联在制动主缸（或制动控制阀）与后轮制动器的管路之间。阀体上有三个口（一个A口和两个B口），A口与制动主缸连通，B口通两后轮缸。阀体内有滑阀和有一定预紧力的弹簧，在弹簧作用下滑阀抵靠在阀体内左端。轻踩制动踏板时，输入压力 p_1 较低，滑阀保持开启状态，因而 $p_2=p_1$，即限压阀尚未起限压作用。当制动踏板压力增大，并与 p_1 同步增长到一定值 p_s（开始限压的液压力）时，作用在滑阀左方的压力便大于右方弹簧的预紧力，于是滑阀向右移动压缩弹簧，关闭A口与B口，使后轮与主缸隔绝。此后，p_1 再增加，p_2 保持定值 p_s，不再随 p_1 增长。限压阀多用于质心高度与轴距比值较大的轻型汽车上。

鉴定点66　感载比例阀

问：感载比例阀的结构及工作原理是什么？

答：感载比例阀有液压和气压两种形式。图3-70所示为液压式感载比例阀。该阀的阀体安装在车身上，其中的活塞为两端承压面积不等的差径结构，其右部空腔内有阀门。杠杆的一端用拉力弹簧与后悬架连接，另一端压在差径活塞上。不制动时，活塞在弹簧通过杠杆施加的推力 F 的作用下处于右极限位置。阀门因其杆部顶触螺塞而开启，使左右阀腔连通。制动时，来自主缸且压力为 p_1 的制动液由进油口A进入，并通过阀门从出油口B输出至后轮轮缸，输出压力 $p_2=p_1$。因活塞右端面承压面积大于左端面承压面积，故 p_1 和 p_2 对活塞的作用力不等。当活塞左右两端面液压力之差大于推力 F 时，活塞左移，使其上的阀座与阀门接触而达到平衡状态，此后，p_2 增量将小于 p_1 的增量。

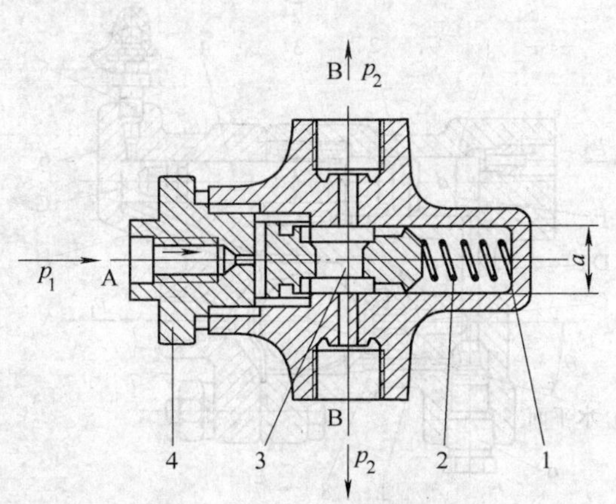

图3-69　液压式限压阀的结构

1—阀体　2—弹簧　3—滑阀　4—接头

A—进油口（通制动主缸）　B—出油口（通轮缸）

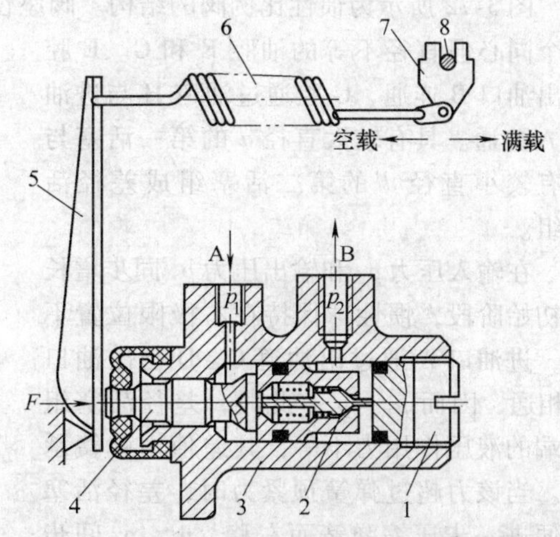

图3-70　液压式感载比例阀

1—螺栓　2—阀门　3—阀体　4—活塞　5—杠杆

6—感载拉力弹簧　7—摇臂　8—后悬架横向稳定杆

鉴定点 67　惯性阀

问：惯性阀的结构及工作原理是什么？

答：惯性阀有惯性限压阀和惯性比例阀两种类型。

1. 惯性限压阀（见图 3-71）

阀体内有一个惯性球，球的支承面相对于水平面的仰角大于零，汽车处于水平路面时为 10°～13°。由于角度大于零，惯性球即在自身重力作用下处于下极限位置，并将阀门推到与阀盖相接触的位置，使阀门与阀座之间保持一定间隙。此时，进油口 A 与出油口 B 连通。

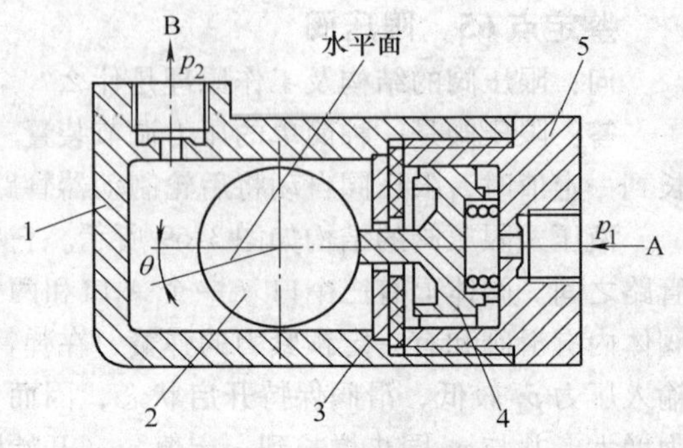

图 3-71　惯性限压阀的结构
1—阀体　2—惯性球　3—阀座
4—阀门　5—阀盖
A—进油口　B—出油口

汽车在水平路面上制动时，来自主缸的压力油由进油口 A 输入，再从出油口 B 输出，输出压力 p_2 即等于输入控制压力 p_1。当路面对车轮的制动力使汽车产生减速度时，惯性球也具有相同的减速度。在控制压力 p 较低，减速度较小，球向前的惯性力沿支承面的分力不足以平衡球的重力沿支承面的分力时，阀门便保持开启，$p_2=p_1$。当 p_1 增大到一定值 p_s，使制动力和减速度增大到支承面上的力相互平衡时，阀门弹簧便通过阀门将球推向左上方，阀门抵靠阀座，切断液流通路。此后，p_1 继续增大，球的惯性力增大，阀门对阀座的压紧力也因 p_1 的增大而加大，而 p_2 则保持 p_s 不变。

汽车在上坡路上制动时，由于支承面仰角的增大，惯性球重力沿支承面的分力也增大，使得惯性阀开始起作用所需的控制压力 p_s 更大，即限定的输出压力 p_2 值更高。这正与汽车上坡时后轮附着力的加大相适应。相反，在下坡路上制动时，后轮附着力减小，惯性球所限定的值也正好相应地减小。

2. 惯性比例阀

图 3-72 所示为惯性比例阀的结构。阀座位于惯性球的左方，惯性球兼作阀门。阀体上部有两个同心但直径不等的油腔 E 和 G。E 腔与出油口 B 连通，G 腔通过油道 H 与进油口 A 连通。具有较大直径 d 的第一活塞与具有较小直径 d' 的第二活塞组成差径活塞组。

在输入压力 p_1 和输出压力 p_2 同步增长的初始阶段，惯性球保持在右极限位置不动，进油口 A 通过出油道 C、D 与出油口 B 相通，因而 $p_2=p_1$。此时，差径活塞组两端的液压作用力不等，其差值由弹簧承受。当该力超过弹簧预紧力时，差径活塞组便进一步压缩弹簧而右移，p_1、p_2 间步增长到一定值 p_s 时，惯性球沿倾斜角的支承面向上滚压靠阀座，油腔 E 和 G 便互相隔绝，差径活塞组停止右移。

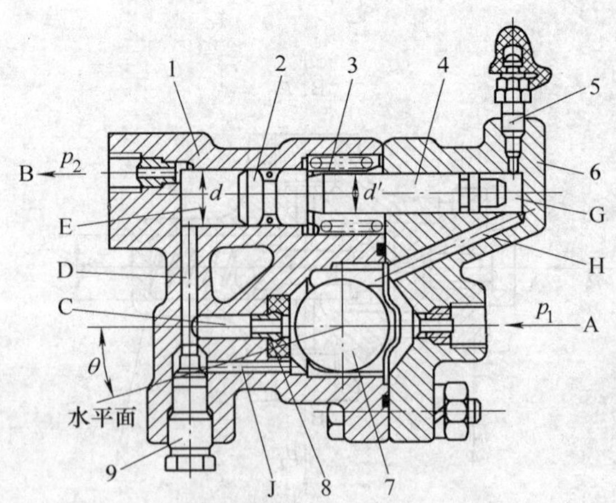

图 3-72　惯性比例阀的结构
1—前阀体　2—第一活塞　3—弹簧　4—第二活塞　5—放气阀
6—阀体　7—惯性球　8—阀座　9—旁通锥阀
A—进油口　B—出油口　C、D、H、J—油道　E、G—油腔

此后，输入压力 p_1 与输出压力 p_2 成比例增长。在某些情况下不需要惯性比例阀起作用时，可将旁通锥阀旋出，使旁通油道 J 与出油道 D 连通，于是阀门被短路，差径活塞组也失去作用。

鉴定点 68　制动器的拆卸技术条件

问：制动器的拆卸技术条件有哪些？

答：1）拆卸时，应使用专用机具、工具。不允许敲击、碰撞主要零件的基准面或精加工面。对于不能互换、有装配规定或有平衡要求的零部件，拆卸时应做好标记。

2）具有防抱死制动装置（ABS）的制动器，其传感器、控制阀、齿圈等零部件必须用专用容器盛放，防止丢失或损坏。

3）具有自动调整间隙装置的制动器，其调节杠杆、拉索、行星齿轮等全部零部件必须单独存放，防止丢失和损坏。

4）制动器解体后，要用吸尘器清除制动底板和制动鼓里面的灰尘，所有零件的油污及杂质应彻底清除。不允许使用碱性溶液清洗制动器摩擦片，不能让制动器摩擦片接触油类，预润滑轴承、含粉末冶金轴承及油封等橡胶件不允许在易使其变质的溶液和油中浸泡或清洗。

鉴定点 69　制动器的装配技术条件

问：制动器的装配技术条件有哪些？

答：1）制动器的各个螺栓、螺母、垫圈、开口销、锁紧垫片等零件及金属锁线均应按原厂规定选用并装配齐全，各个接合面间衬垫的材质和规格应符合原厂规定。

2）连接件的重要螺栓、螺母应无裂纹、损坏或变形现象。装配时，应按规定拧紧力矩和拧紧顺序拧紧螺栓及螺母。

3）修理后的零部件应经过检验，合格后方可安装。制动鼓经修理后应进行探伤检查，不允许有裂纹及影响质量和使用性能的夹渣、气孔等缺陷。

鉴定点 70　制动鼓的修理技术条件

问：制动鼓的修理技术条件有哪些？

答：1）制动鼓的测量及判定

① 在相互成直角的摩擦表面的宽窄两边缘处测量制动鼓的磨损量，在圆周上每隔45°的各点且在最深沟槽的底部测量制动鼓的直径。

② 直径超过报废尺寸，或虽未超过报废尺寸，但经过切削加工后，直径超过安全修理尺寸的制动鼓，应更换。

③ 带有锥度或圆度误差超过155μm 的制动鼓，应更换。

④ 制动鼓摩擦表面由于制动热能引起内部组织结构变化而产生硬点时，应更换。

⑤ 制动鼓出现任何裂纹时，应更换。

2）制动鼓的切削

① 在对制动鼓进行切削加工时，同轴上左、右制动鼓必须用相同的方法切削加工到相同的直径，以保证两个车轮上的制动效果相同。

② 切削时不得采用一次深切削的方法，要采用多次浅切削的方法。

③ 切削时主轴线速度为150m/min；粗切削时的每转横向进给量为0.15 ~0.2mm，精切削时每转的横向进给量小于或等于0.05mm。

3）制动鼓切削后不得有裂纹和变形，其尺寸必须符合原生产厂的要求。

4）制动鼓摩擦表面的圆柱度误差小于或等于0.05 mm，表面粗糙度小于或等于规定值。

5）制动鼓摩擦表面对与轮毂接合的圆柱面及平面的径向圆跳动误差小于或等于0.10 mm，对于轮毂轴承位的径向圆跳动误差小于或等于0.12mm。

6）制动鼓的壁厚差小于或等于1.00 mm，同轴上的左右制动鼓的直径差值不得大于规定的数值。

鉴定点 71　制动蹄总成的修理技术条件

问：制动蹄总成的修理技术条件有哪些？

答：1）拆卸制动鼓后，检查各制动蹄、制动蹄回位弹簧、压紧弹簧及支承销，判明故障原因。

2）制动蹄摩擦片

① 检查制动蹄摩擦片的厚度。当制动蹄摩擦片的磨损量超过原生产厂规定的磨损量或磨损到距铆钉头0.80mm时，应更换制动蹄摩擦片。

② 检查制动蹄摩擦片表面。当制动蹄摩擦片有裂纹、老化或烧蚀现象时，应更换制动蹄摩擦片。

③ 制动蹄摩擦片的安装。用清洁剂彻底冲洗制动蹄摩擦片，消除全部毛刺和不平点。从新摩擦片的中心开始安装和紧固连接铆钉，交替向外直到两端。检查制动蹄和摩擦片之间的间隙，任意两个铆钉之间的间隙均应小于或等于0.02mm。黏结摩擦片时，其黏结表面必须洁净，黏结剂及黏结强度应符合原生产厂要求。

④ 制动蹄摩擦片同轴左右轮应同时成组更换。

⑤ 制动蹄摩擦片的技术要求及摩擦性能应符合GB 5763—2008的有关规定。

3）制动蹄

① 制动蹄有裂纹、表面变形或脱焊时，应更换制动蹄。

② 制动蹄上的铆钉孔呈椭圆形时应修理或更换。

③ 清洁制动蹄及消除全部毛边和不平点。

④ 制动蹄与支承销的配合间隙应符合原生产厂的技术要求。原生产厂无要求时，其配合间隙的使用极限不得大于0.30mm。

鉴定点 72　检测制动鼓的磨损情况

问：如何检测制动鼓的磨损情况？

答：1）用弓形内径规检测制动鼓的圆度，圆度误差应小于或等于0.125mm，否则应镗削修理。

2）工作表面沟槽不明显时，应对制动鼓进行镗削加工。镗削后，制动鼓的内径应小于或等于规定值，且同一车桥上左、右制动鼓的内径差应小于或等于1mm。制动鼓内径超过使用极限时，应换用新件。

3）轮毂轴承孔轴线的径向圆跳动误差应不超过0.5mm，不得有裂纹和变形现象。

鉴定点 73　检修制动控制阀

问：如何检修制动控制阀？

答：1）将制动控制阀放在平台上用塞尺检查，制动阀壳体接合面的平面度误差应小于或等于0.10mm，否则，应用砂布进行修磨。

2）阀门压痕深度超过0.50mm时，各弹簧将会断裂或弹力明显衰减，应换用新件。

3）大修解体后，制动阀各种橡胶密封圈及膜片均应换用新件。

4）推杆与衬套配合松旷时，应换用新衬套。

鉴定点 74　盘式制动器

问：盘式制动器的类型有哪几种？其由哪些部分组成？其工作原理是什么？

答：（1）类型　盘式制动器按制动钳摩擦衬块的挤压方式不同，可分为钳盘式和全盘式两种类型。

（2）结构　钳盘式制动器的结构如图 3-73 所示。制动盘固定在轮毂上，制动钳横跨制动盘固定在转向节上。制动钳内装有活塞，活塞后面有充满制动液的制动轮缸。

（3）工作原理　踩下制动踏板以后，制动轮缸内的液压力上升，活塞被微量顶出，摩擦衬块夹紧制动盘产生制动力。

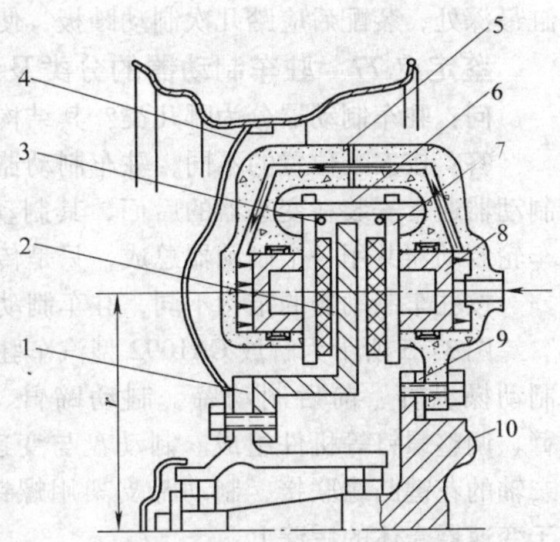

图 3-73　钳盘式制动器的结构

1—轮毂凸缘　2—制动盘　3—复位弹簧　4—轮辐　5—钳体　6—导向支承销　7—制动块　8—活塞　9—调整垫片　10—转向节或桥壳凸缘

鉴定点 75　制动器传动装置的结构及工作原理

问：汽车制动器传动装置的结构及工作原理是什么？

答：汽车制动传动装置的作用是将驾驶人施加于制动踏板上的力放大后传到制动器，并控制制动器的工作以获得所需要的制动作用。

汽车制动器基本的制动传动装置有机械式、液压式和气压式。

1）机械式传动装置通过拉线或拉杆的张开或收拢制动蹄，主要用在驻车制动器的控制中。

2）液压式传动装置以制动液为动力，控制制动蹄的张开或收拢。

3）气压式传动装置以压缩空气为动力，控制制动蹄的张开或收拢。

液压制动传动装置（见图 3-74）一般由制动踏板、制动主缸、制动油管及制动轮缸等组成。制动主缸是储油和形成液压力的场所，制动轮缸是把液压力转换成机械推力的装置。

制动时，驾驶人踩下制动踏板，使制动主缸的活塞工作，将油液从主缸中压出并经油管同时分别进入前后各车轮轮缸内，使轮缸活塞向外移动，从而将制动蹄压靠到制动鼓（盘）上，使汽车制动。

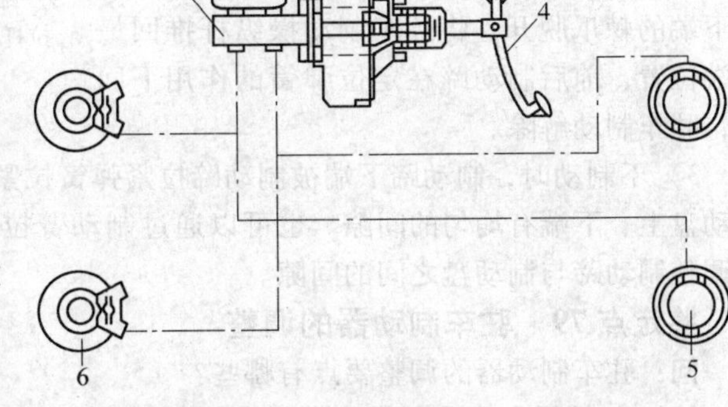

图 3-74　液压制动传动装置

1—制动主缸　2—储液室　3—真空助力器　4—制动踏板　5—鼓式制动器　6—盘式制动器

鉴定点 76　检修及调整盘式制动器

问：检修及调整盘式制动器的方法及技术参数是什么？

答：1. 制动块的检修

制动块磨损至极限或有不均匀磨损现象时应换新件。为保证同轴的左右轮制动力平衡，左右轮的制动块应同时更换。

2. 制动盘的检修

制动盘磨损变薄至极限尺寸时应换新件。桑塔纳轿车的新制动盘厚度为 12mm，极限尺寸为 10mm。制动盘的端面圆跳动误差一般在 0.05～0.10mm 之间。当制动盘有较大的翘曲变形、较深的沟槽或厚度偏差较大时，应对制动盘进行切削加工或更换新件。

3. 调整

盘式车轮制动器均装有间隙自调机构，不需要专门调整。但是，装配分泵时需将活塞推至轮缸最深处，装配后应踏几次制动踏板，使分泵充满制动液，间隙也自调到规定值。

鉴定点77　驻车制动器的分类及结构

问：驻车制动器分为哪几类？其结构如何？

答：按安装位置的不同，驻车制动器可分为中央制动式和车轮制动式两种。中央制动式驻车制动器通常安装在变速器的后面，其制动力矩作用在传动轴上；车轮制动式驻车制动器通常与车轮制动器共用一个制动器总成，只是传动机构是相互独立的。

按驻车制动器的结构不同，驻车制动器可分为鼓式、盘式、带式和弹簧作用式。

图3-75所示为解放CA1092型汽车驻车制动器及机械式传动机构。该驻车制动器主要由驻车制动操纵杆、前后制动蹄、制动蹄臂、拉杆臂、调整螺钉等机件组成。制动盘与变速器第二轴的花键凸缘联接，制动蹄支架用螺钉固定于变速器壳体的后壁上。

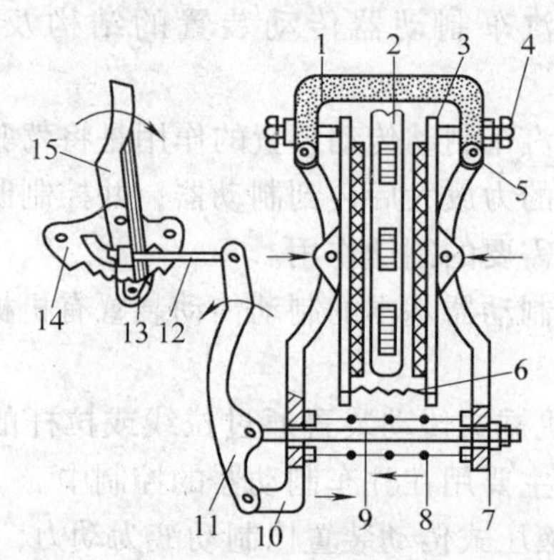

图3-75　解放CA1092型汽车驻车制动器及机械式传动机构

1—支架　2—制动盘　3—制动蹄　4—调整螺钉　5—销　6—拉簧　7—后制动蹄臂　8—定位弹簧　9—蹄臂拉杆　10—前制动蹄臂　11—拉杆臂　12—传动拉杆　13—棘爪　14—扇形齿板　15—驻车制动操纵杆

鉴定点78　驻车制动器的工作原理

问：驻车制动器的工作原理是什么？

答：1）当向后拉动驻车制动操纵杆时，操纵杆通过传动拉杆带动拉杆臂沿逆时针方向摆动，推动前制动蹄臂和制动蹄后移，同时通过蹄臂拉杆拉动后制动蹄臂，压缩定位弹簧，使后制动蹄前移，两制动蹄即夹紧制动盘，产生制动作用，并由棘爪将操纵杆锁止在制动位置。

2）按下驻车制动操纵杆上端的拉杆按钮，使下端的棘爪脱开，将驻车制动操纵杆推回最前端位置，前后制动蹄在定位弹簧的作用下回位，驻车制动解除。

3）不制动时，制动蹄下端被制动蹄拉紧弹簧拉紧，上端由制动蹄螺钉限制，使制动蹄片与制动盘上、下端有均匀的间隙。也可以通过制动臂拉杆后端的调整螺母和两个制动蹄调整螺钉来调整制动蹄与制动盘之间的间隙。

鉴定点79　驻车制动器的调整

问：驻车制动器的调整要点有哪些？

答：1. 鼓式车轮驻车制动器的装配调整步骤

在此以桑塔纳轿车为例介绍鼓式车轮驻车制动器的调整步骤。

1）松开驻车制动操纵杆，用力踩一下制动踏板，使后轮制动器具有正常的蹄鼓间隙。

2）将驻车制动操纵杆拉紧两齿。

3）旋转调整螺母和限位垫圈，直至用手不能转动后轮为止。

4）松开驻车制动操纵杆，支起后桥，车轮应能自由转动。

2. 盘式车轮驻车制动器的调整步骤

在此以解放CA1092型汽车为例介绍盘式车轮驻车制动器的调整步骤。

1）拧紧调整螺钉和调整螺母，使制动蹄与制动盘接触。

2）脱开传动杆与拉杆臂，用调整螺母调整间隙，用调整螺钉调整制动蹄两端间隙的均匀性，使蹄片与制动盘间隙均为0.40mm。

3）将驻车制动操纵杆推至完全放松制动的位置，调整传动杆的长度，使其销孔与拉杆臂的销孔重合，穿上销子。

3. 驻车制动器调整完之后进行制动效能的检查

1）驻车制动器调整后，在行驶过程中不允许摩擦片与制动盘（鼓）有摩擦或咬住的现象。

2）空车停在坡度为20%的坡道上，拉起驻车制动操纵杆，然后放手，可使车辆停住不动。这时，驻车制动操纵杆行程相当于全行程的2/3，拉动3~5齿时便起制动作用。

3）使车辆停在平坦、干燥的路面上，当发动机保持中速运转时拉紧驻车制动操纵杆，换入二档，缓慢起步，发动机应被迫熄火（此方法只宜在试验离合片的接合与分离作用时一并使用）。

鉴定范围3　汽 车 电 器

鉴定点1　汽车二级维护前电气设备的检测诊断项目与技术要求

问：汽车二级维护前电气设备的检测诊断项目与技术要求有哪些？

答：（1）检查点火提前角　发动机的转速为800r/min时，点火提前角为9°；转速为1200r/min时，点火提前角应为13°±1°。

（2）检查分电器重叠角　分电器重叠角应小于或等于3°。

（3）检查触点闭合角　触点闭合角应为36°~42°（对应的触点间隙为0.35~0.50mm）。

（4）检查点火电压　发动机转速应为1200r/min时，点火电压应为8~10kV，且各缸差值应小于或等于2kV，点火波形正常。

（5）检查单缸转速降　发动机转速为1200r/min时，单缸发动机断火转速降应大于或等于90r/min，且各缸相差不超过25%。

（6）检查起动电压、电流　起动前，蓄电池电压应大于或等于12V；稳定电压应大于或等于9V。起动电流稳定值应该为100~150A，蓄电池内阻应小于或等于20mΩ。

（7）检查蓄电池充电电流及充电电压　充电电流应为10~25A，充电电压应为13.8~14.2V。

鉴定点2　蓄电池的维护

问：蓄电池的维护工作有哪些？

答：1）观察蓄电池外壳表面有无电解液漏出。

2）检查蓄电池在车上安装得是否牢靠，导线接头与电桩的连接是否紧固。

3）经常清除蓄电池盖上的灰尘泥土，擦去蓄电池顶上的电解液，疏通加液盖上的通气小孔，清除蓄电池电桩和导线接线头的氧化物。清洁方法如图3-76所示。

4）紧固蓄电池安装架，电桩与线头应紧固，并涂上润滑脂，方法如图3-77所示。

5）定期检查和调整电解液的相对密度及液位。一般每行驶1000km或冬季行驶10~15天，夏季行驶5~6天，应检查电解液的液位。橡胶壳蓄电池电解液液位应高出极板10~15mm。检查方法如图3-78所示。

蓄电池采用塑料外壳时，呈半透明状，电解液液位应在厂方标明的上下刻线之间，不足时，应及时添加蒸馏水或补充液。添加调整用补充液的方法如图3-79所示。

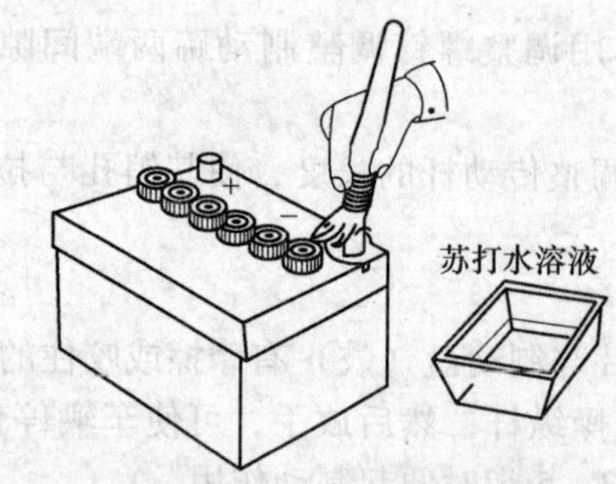

图 3-76　清洁蓄电池外表

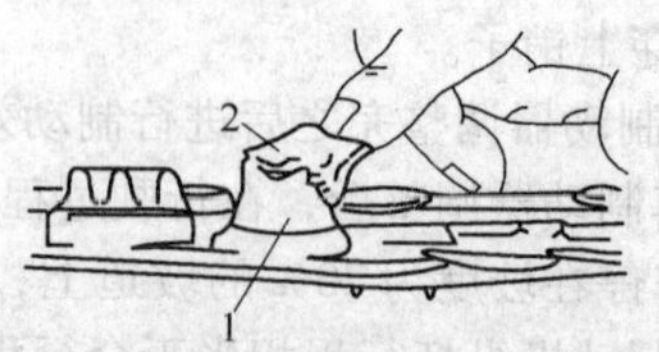

图 3-77　给蓄电池电桩涂润滑脂
1—接线柱　2—油脂（或凡士林）

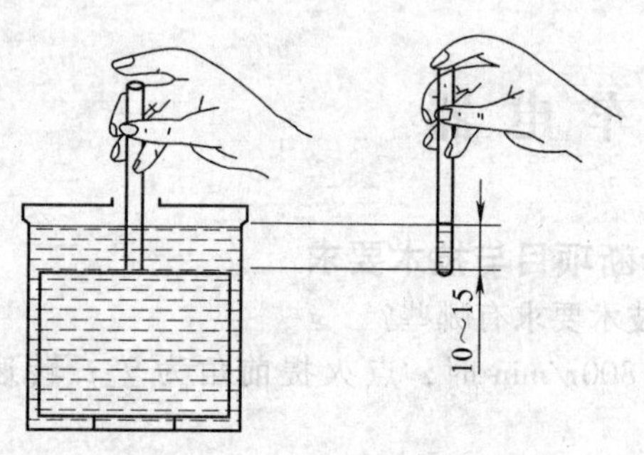

图 3-78　检查蓄电池电解液液位

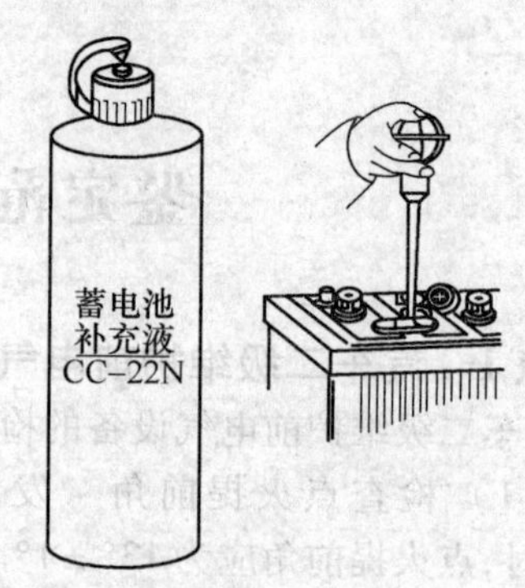

图 3-79　添加调整用补充液的方法

当电解液相对密度低于标准值时，应补加稍高相对密度（一般为 1.4g/cm³）的电解液并充电调整。测量电解液相对密度的方法如图 3-80 所示。

6）经常检查蓄电池放电程度，超过规定值时应立即充电。普通蓄电池存电量常采用两种方法检查。

① 用单格电池式高率放电计测量单格电压。单格电池式高率放电计由一个 3V 电压表和一个定值负载电阻组成，如图 3-81 所示。

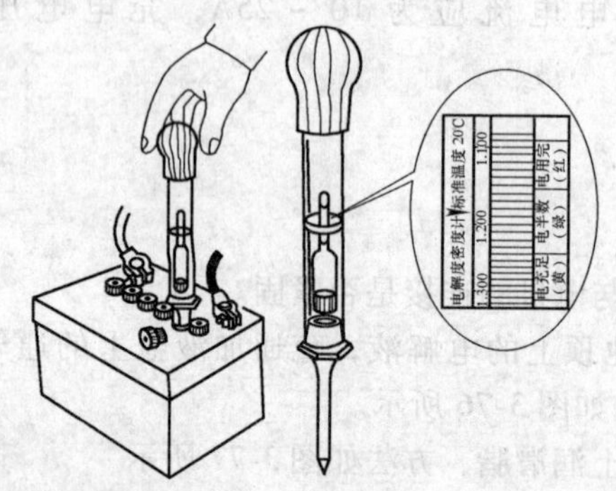

图 3-80　测量电解液相对密度

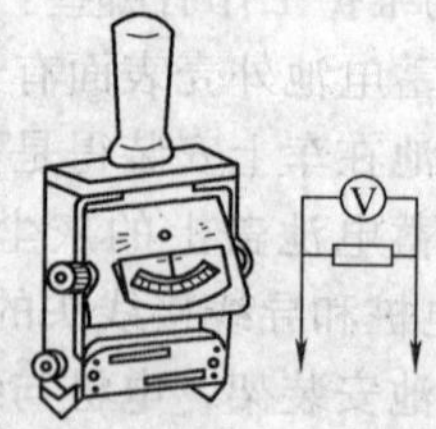

图 3-81　单格电池式高率放电计

测量时，应将两叉尖紧压在单格电池正、负极桩上放电，历时 5s 左右，查看蓄电池能保持的端电压。一般技术状况良好的蓄电池，单格电压应在 1.5V 以上，并在 5s 内保持稳定。若单格电压在 5s 内下降至 1.7V，则说明存电量足；若单格电压在 5s 内下降到 1.6V，则表明放电 25%

的额定容量；若单格电压在5s内下降到1.5V，则表明放电50%的额定容量；若单格电压在5s内迅速下降，则说明该单格电池有故障，应进行修理。

② 用整体式高率放电计测试蓄电池电压。图3-82所示为12V整体式高率放电计与测试方法。

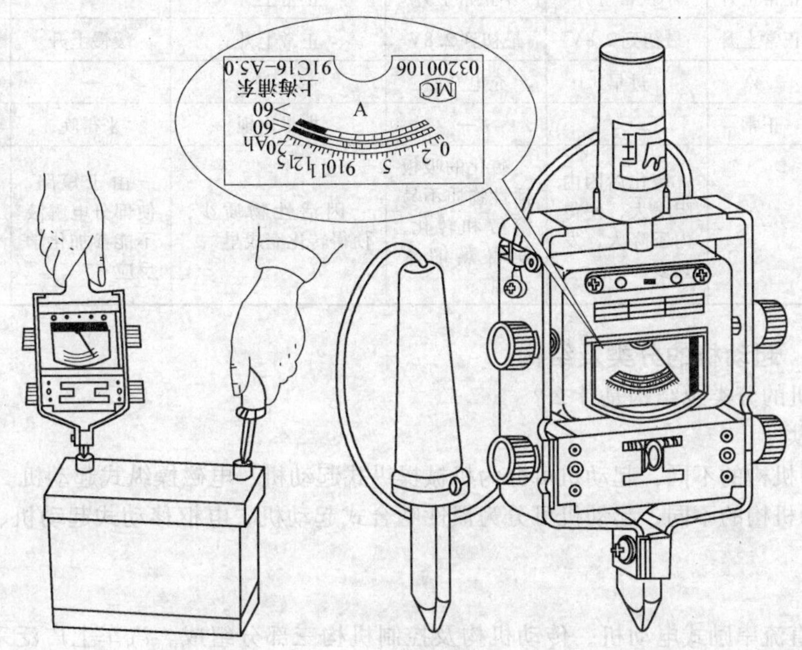

图3-82　12V整体电池式高率放电计与测试方法

这种放电计可用于新型整体式蓄电池的测试。测试时，用力将放电计触针刺入正负极，保持15s。若蓄电池电压能保持在9.6V以上，则说明其电性能良好；若蓄电池电压稳定在11.6～10.6V，则说明蓄电池存的电量足；若蓄电池电压迅速下降，则说明蓄电池已损坏。

7）蓄电池要防冻防晒。冬季严寒条件下，电解液黏度上升，活性物质细孔收缩，化学变化减弱，蓄电池容量减小。另外，低温条件下，还可能引起电解液结冰，冻坏极板和外壳。因此，严寒条件下，应做好保温工作。夏季炎热条件下，应避免蓄电池受阳光暴晒，减少电解液水分蒸发，应经常检查电解液液位，随时添加蒸馏水。

鉴定点3　蓄电池充电时的注意事项

问：蓄电池充电时的注意事项有哪些？

答： 1）严格遵守充电方法中的充电规范。

2）配制和注入电解液时，要严格遵守安全操作规则和器皿的使用规则。

3）充电时，接线要可靠，防止产生火花；停止充电时，应先切断充电机交流电源。

4）充电时打开液盖，保持充电场所通风良好。

5）初充电工作应连续进行，不可长时间中断。

6）充电过程中，要注意各单格电池的温升，可采用风冷和水冷的方法控制温度。

7）充电过程中，要注意各单格电池的电压和相对密度，及时判断充电程度和技术状况。不同技术状况的蓄电池充电时的表现见表3-2。

8）充电室要安装通风设备，严禁用明火取暖，充电机和蓄电池应隔室放置。

表 3-2　不同技术状况的蓄电池充电时的表现

比较的内容	蓄电池的技术状况					
	正常	一般硫化	严重硫化	活性物质严重脱落	一般短路	严重短路
电解液相对密度	正常上升	上升慢	根本不上升	正常上升（混浊）	上升缓慢	不上升
电解液温度	正常上升	不正常上升	不正常上升	正常上升	—	上升快
端电压	正常上升	最初到 2.8V	最初到 2.8V	正常上升	缓慢上升	不上升
气泡出现	2.4V	过早	充电开始	2.4V	—	不产生气泡
终止现象	正常	—	—	提早出现	来得晚	—
说明	—	硫化后因内阻增大，使得内压降大，发热多	硫化的吸板活性物质不易溶解和转化，使得蒸馏水干涸	因活性物质少，使得转化完成早	由于短路，使部分电解液不能参加化学反应	由于严重短路，电解液不能参加化学反应

鉴定点 4　起动机的分类及结构

问： 起动机的分类及结构是什么？

答： 1. 分类

1）按控制机构的不同，起动机可分为机械操纵式起动机、电磁操纵式起动机。

2）按传动机构的不同，起动机可分为惯性啮合式起动机、电枢移动式起动机、强制啮合式起动机。

2. 结构

起动机由直流串励式电动机、传动机构及控制机构三部分组成。汽车上广泛采用的起动机为电磁操纵强制啮合式起动机，如图 3-83 所示。

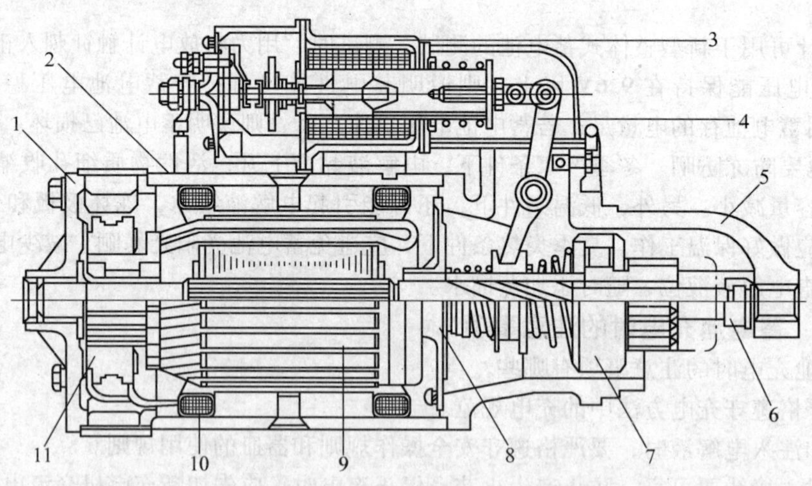

图 3-83　电磁操纵强制啮合式起动机

1—前端盖　2—外壳　3—电磁开关　4—拨叉　5—后端盖　6—限位螺母
7—离合器　8—中间支承板　9—电枢　10—磁场绕组　11—电刷

鉴定点 5　起动机的性能参数

问： 起动机的性能参数有哪些？

答： 1）额定值主要有两个参数：额定功率、额定电压。

2）空转试验主要有三个参数：空转电压、空转最大电流、空转速度。

3）全制动试验主要有三个参数：全制动试验电压、全制动电流、全制动转矩。

鉴定点6　起动机性能的测试方法

问：起动机性能的测试方法是什么？

答：起动机整机应在试验台上进行性能测试，项目包括空转试验和全制动试验。

1. 空转试验

将起动机夹紧在试验台上，并接好试验电路，保证电路的电压降小于或等于0.3V。合上开关，起动机转动应均匀、无抖振现象，电刷与换向器之间应无火花，同时记录电流表和电压表的示数，并测量转速值，试验时间应不超过1min。然后，核对记录数据与原技术标准。如果电流大而转速低，则表明存在装配过紧方面的机械故障，或电枢和励磁绕组仍有搭铁、短路等电气故障；若电流与转速都小，则表明电路中有接触不良之处。

2. 全制动试验

将起动机夹紧在专用试验架上，装好扭力杠杆和弹簧秤，接好电路。合上开关，在5s内观察单向离合器是否打滑，并立即记录电流表数值及电压表和弹簧秤的示数，然后与原技术标准相对照。如果力矩小而电流大，则表明电枢和励磁绕组中有搭铁短路故障；如果力矩和电流都小，则表明电路中有接触不良之处。

鉴定点7　发电机的结构

问：发电机是由什么组成的？

答：硅整流发电机主要由转子、整流器、前后端盖、风扇、带轮、电刷及电刷架等组成，如图3-84所示。

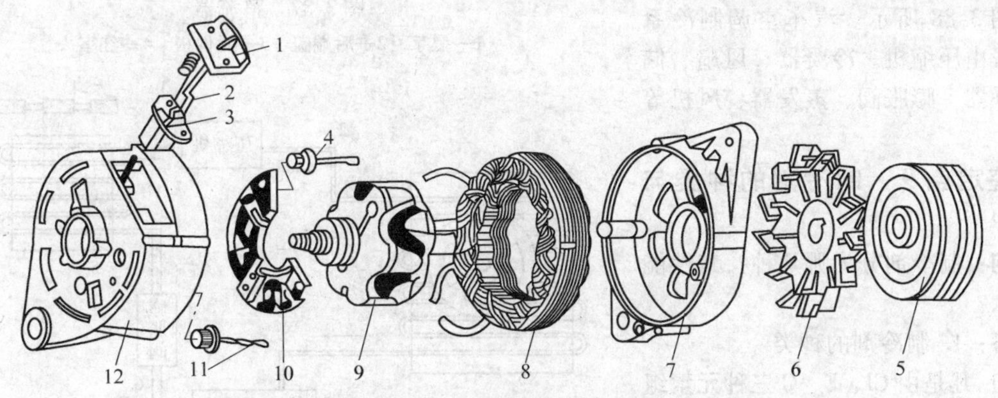

图3-84　硅整流发电机

1—电刷弹簧压盖　2—电刷　3—电刷架　4—硅二极管（阳）　5—带轮
6—风扇　7—前端盖　8—定子总成　9—转子　10—散热板
11—硅二极管（阴）　12—后端盖

1. 转子总成（见图3-85）

转子总成由转子轴、集电环、爪极、励磁绕组等组成。发动机带轮带动发电机带轮旋转，当励磁绕组通电时，转子就产生旋转的磁场，切割定子。

2. 定子总成（见图3-86）

定子绕组由铁心和定子绕组组成。固定的定子绕组切割转子产生旋转磁场（磁力线），定子绕组上就产生交流电动势。

电刷架总成的任务就是给转子绕组供给直流电，使转子产生磁场。

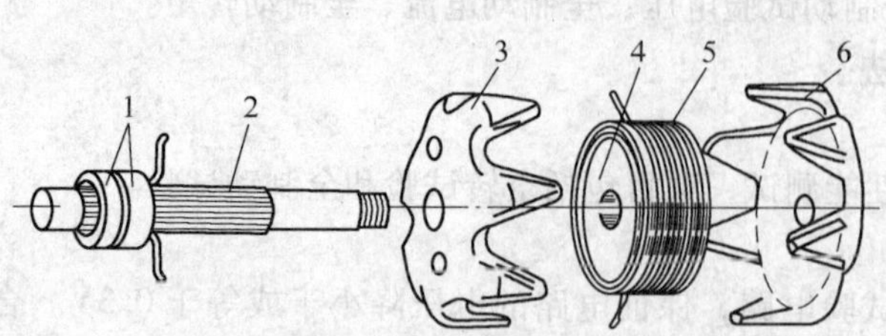

图 3-85 转子总成
1—集电环 2—转子轴 3、6—爪极 4—磁轭 5—励磁绕组

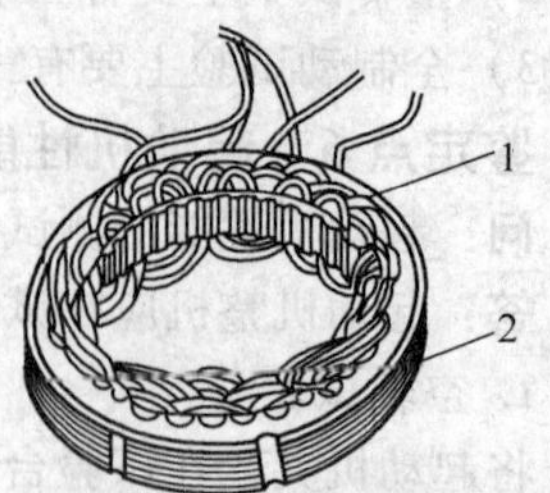

图 3-86 定子总成
1—定子绕组 2—铁心

3. 整流器

整流器中一般由装在后端盖上的三只负二极管和装在元件板上的三只正二极管组成桥式整流电路。其作用就是将定子产生的交流电整流为直流电，如图 3-87 所示。

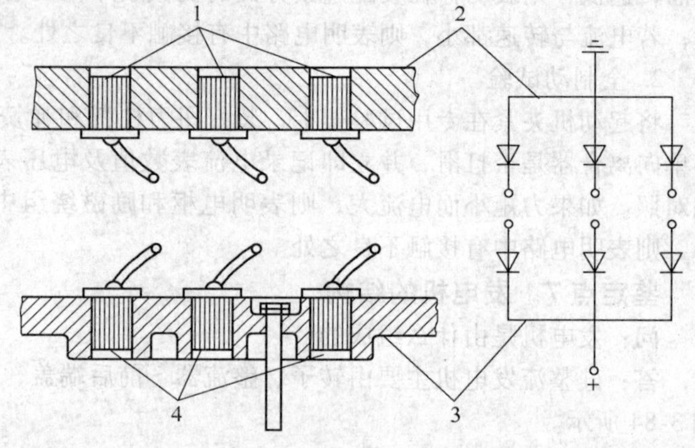

图 3-87 整流器
1—黑字 2—后端盖 3—元件板 4—红字

鉴定点 8 汽车空调制冷系统的组成

问：汽车空调制冷系统由哪几部分组成?

答：汽车空调制冷系统的热力循环如图 3-88 所示。汽车空调制冷系统一般由压缩机、冷凝器、风扇、储液干燥器、膨胀阀、蒸发器、风机等组成。

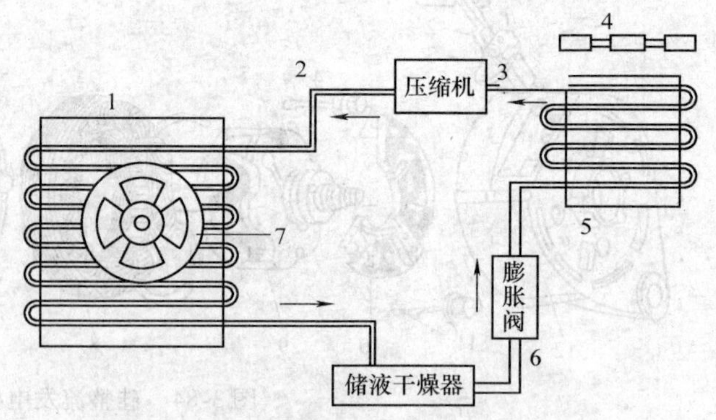

图 3-88 汽车空调制冷系统的热力循环
1—冷凝器 2—排气管 3—吸气管 4—风机
5—蒸发器 6—液管 7—风扇

鉴定点 9 制冷剂的种类与性能

问：制冷剂分为哪几种？其性能是什么？

答：1. 制冷剂的种类

1）凡是由 Cl、F、C 三种元素组成的制冷剂通称为 CFC 类，或氯氟（代）烃类。CFC 类包括 R11、R12、R13、R113、R114、R115 等。

2）凡是由 H、F、C 三种元素组成的制冷剂通称为 HFC 类，或不完全氟（代）烃类。HFC 类包括 R23、R32、R41、R125、R134、R143、R152 等。

3）凡是由 H、Cl、F、C 四种元素组成的制冷剂通称为 HCFC 类，或不完全氯氟（代）烃类。HCFC 类包括 R22、R123、R133 等。

为制冷剂命名时，通常用制冷剂 Refrigerant 的 R 代替 CFC 和 HFC 来表示制冷剂。然而，学术论文上用 CFC、HFC 和 HCFC 的较多，例如，用 CFC12 表示 R12，用 HFC134a 表示 R134a。

2. 制冷剂的性能

（1）CFC12　CFC12 在常温常压下为无色、无味、无毒的气体，在大气压力下蒸发温度为 -29.8℃，凝固温度为 -158℃。CFC12 化学性能较稳定，不易燃烧，与空气混合时不爆炸，对人体也无毒，但与火焰接触时会分解成有毒的气体。CFC12 本身虽然无毒，但是在排出时会使局部空间内的氧气浓度下降，易使人窒息。CFC12 在大气中会急剧蒸发，因而它喷在皮肤上时会迅速吸热蒸发，冻伤皮肤。此外，CFC12 的渗透能力极强，空调用的高压氟利昂胶管也会有轻微的渗漏。由于 CFC12 无臭、无味，因此渗漏时也不易被发现。

CFC12 与压缩机油即冷冻机油可以完全互溶，任意混合。因此，冷冻机油可以随 CFC12 在制冷系统中流动到各个部位。但 CFC12 与水几乎互不相溶，若制冷系统中混有水分，会使膨胀阀发生冰堵，以及使储液干燥器内的吸水物质过早失效。因此，应严禁水分进入制冷系统。

（2）HFC134a　其热力性质与 CFC12 相近。与 CFC12 一样，它的化学性质稳定，安全性能好，无色、无臭、无毒、无腐蚀性，不燃烧、不爆炸。其最大的特点是不含氯原子。另外，其蒸发潜热值高，定压比热大，具有较好的制冷能力；黏度较低，流动性好，分子直径与 CFC12 接近，饱和蒸气压力也与 CFC12 接近。

鉴定点 10　照明系统电路

问：照明系统的电路图是怎样的?

答：图 3-89 为灯光照明系统电路图。灯光组合开关在 I 档时，可控制仪表灯、示宽灯、尾

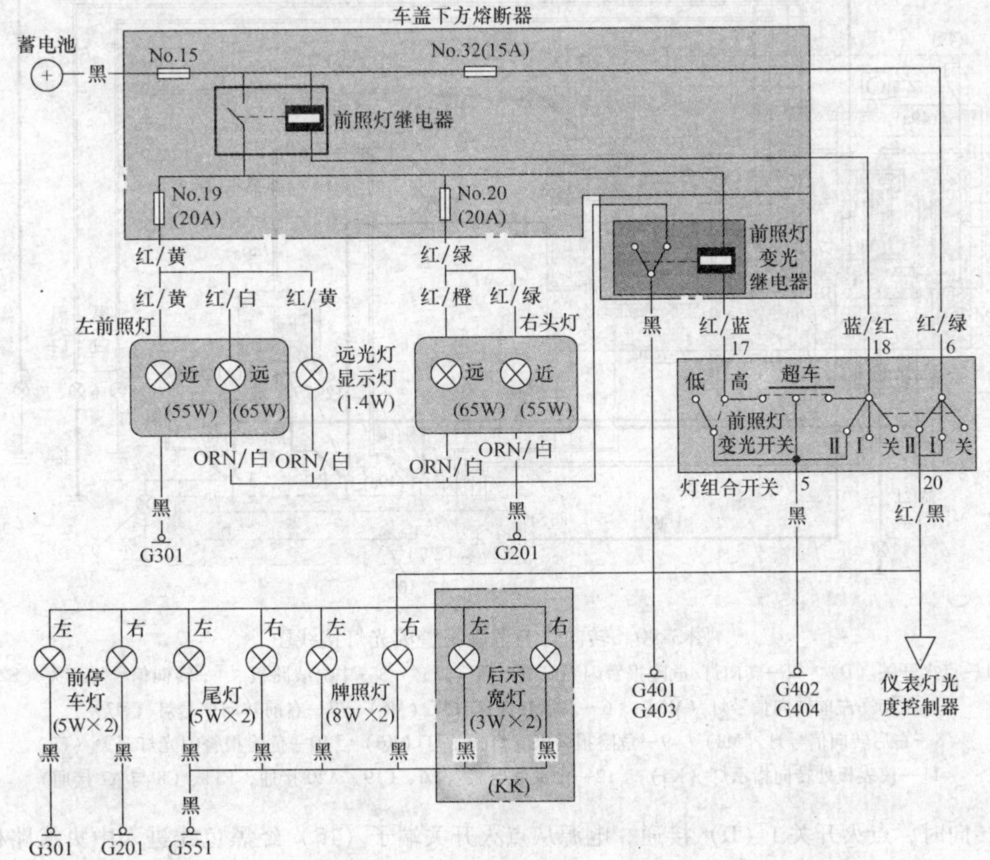

图 3-89　灯光照明系统电路图

灯、牌照灯；灯光开关在Ⅱ档时，上述灯继续亮的同时，灯光开关使前照灯继电器接通，前照灯近光灯工作。灯光开关中的前照灯变光开关可通过前照灯变光继电器控制远光灯工作：灯光开关向上时，前照灯变光继电器的磁化线圈通电，触点闭合，远光灯电路接通；灯光开关向下时，远光灯电路断开。此外，远光灯还可通过灯光开关中的超车档直接控制，在超车时使用。

鉴定点11　信号系统电路

问：信号系统电路图怎样的?

答：转向灯与警告灯信号系统由转向灯、闪光继电器、转向组合手柄开关、危险报警闪光灯开关等组成。如图3-90所示，四只转向灯5，6，7，8（左前转向信号灯M5、左后转向信号灯M6、右前转向信号灯M7、右后转向信号灯M8）兼作警告灯使用，功率均为21W，后转向信号灯与尾灯、制动灯和倒车灯等组合在一起。转向灯与危险报警闪光灯共用一只含有电子元件与继电器的复合继电器，位于中央线路板12号位置。转向信号灯系统使用S19熔丝，危险报警闪光灯使用S4熔丝。

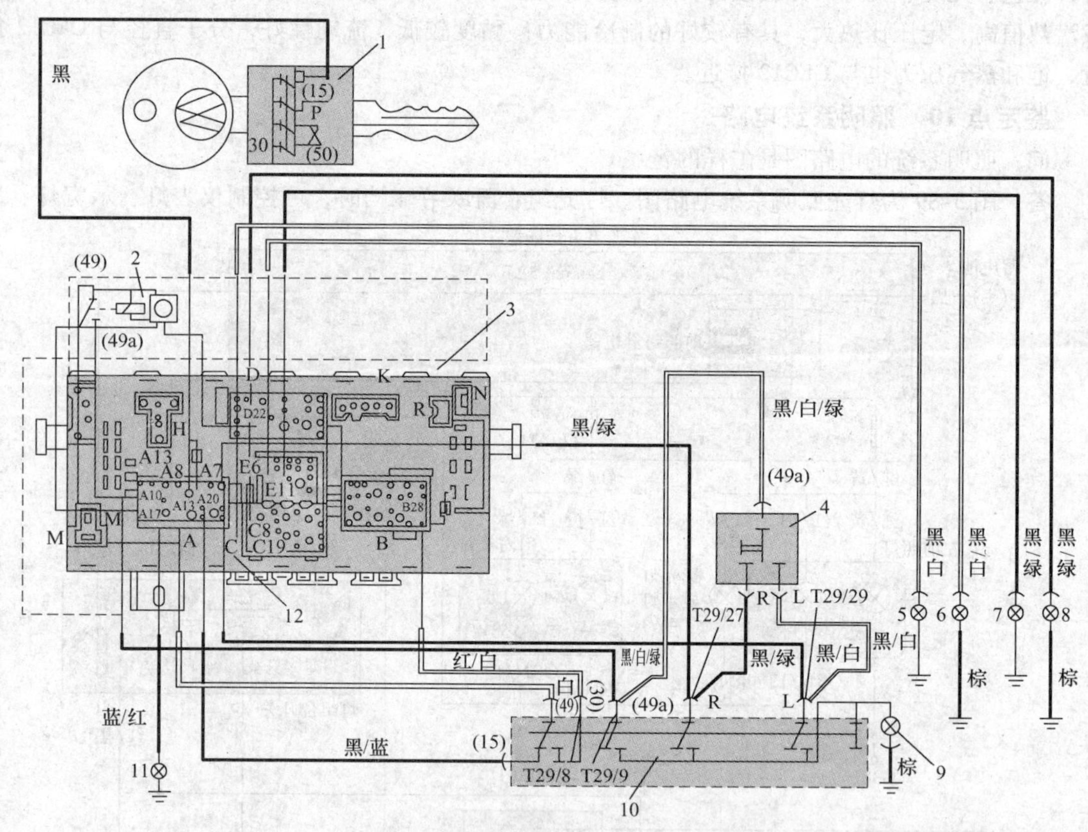

图3-90　转向灯与危险报警闪光灯接线图

1—点火开关（D）　2—转向灯/危险报警闪光灯继电器（J2）　3—中央线路板　4—转向信号灯开关（E2）
5—左前转向信号灯（M5）　6—左后转向信号灯（M6）　7—右前转向信号灯（M7）
8—右后转向信号灯（M8）　9—危险报警闪光灯指示灯（K6）　10—危险报警闪光灯开关（E3）
11—仪表板处转向指示灯（K5）　12—中央线路板（E6、C19、A20接通，E11、C8与A7接通）

转向时，点火开关1（D）接通，电源从点火开关端子（15）经黑色线进入中央线路板3的背面接点A8，经内部线路到接点S19，再从接点A13出来用黑/蓝线与危险报警闪光灯开关10（E3）的接线柱（15）相接。转向时，接线柱（15）与（49）接通，用白色线与中央线路板3

的A18相接，再经内部线路与继电器2的接线柱（49）相连。继电器接通后由接线柱（49a）经内部线路从A10出来，用黑/白/绿线与仪表板上的插座T29/29相接，再由黑/白/绿线与转向灯开关4（E2）的接线柱（49a）相接。

当右转向时，接线柱R用黑/绿线经仪表板插座T29/27与中央线路板3的接点A7相通，再经内部线路与接点C8、E11相通，然后用黑/绿线与右后转向信号灯8（M8）、右前转向信号灯7（M7）相通。

当左转向时，转向灯开关4（E2）的接线柱L用黑/白线与仪表板插座T29/29相连，再用黑/白线与中央线路板3的接点A20相通，经内部线路与接点E6、C19相通，再用黑/白线16、17与左前转向信号灯5（M5）、左后转向信号灯6（M6）相通。

在转向的同时，继电器2的接线柱（49a）由内部线路通向A17，用蓝/红线通向转向指示灯11（K5）。

当报警时，30号线电源经熔丝S4从中央线路板3的接点B28用红/白色线与仪表板插座T29/9相接，再与危险报警闪光灯开关10（E3）的接线柱（30）相接，此时E3同时接通各接线柱49、R、L，使所用转向信号灯闪亮，并使危险报警闪光灯指示灯9（K6）闪亮。

鉴定点12　仪表系统电路

问：仪表系统的电路图是怎样的？

答：桑塔纳3000系列轿车仪表板上主要有车速里程表、转速表、冷却液温度表、燃油表和ABS故障警告灯、制动装置警告灯、机油压力警告灯、冷却液液位警告灯、充电指示灯、远光指示灯、后窗加热器开关指示灯，另外还有雾灯开关、后窗加热器开关、危险报警闪光灯开关、空调开关，以及收放机、点烟器、杂物箱、电子钟、空调出风口等。仪表板夜间显示采用导光装置、透过式标度盘和导光指针，照明清晰、美观，富有立体感。该仪表板的主要特点是采用了薄膜印制电路板，容易检查和发现故障，维修方便。

桑塔纳3000系列轿车组合仪表盘的电路图如图3-91所示。

鉴定点13　点火线圈的检测

问：如何检测点火线圈？

答：1. 查看点火线圈的外表

绝缘盖破裂或外壳碰裂后，点火线圈会容易受潮而失去点火能力，应予以更换。

2. 用万用表测量

用万用表测量点火线圈的初级绕组、次级绕组以及附加电阻的电阻值，应符合规定，否则说明有故障。用绝缘电阻表检查接线柱与外壳的绝缘电阻，当采用500V绝缘电阻表测量时，阻值不得小于200MΩ。

3. 点火线圈的跳火强度试验

在点火线圈初级绕组、次级绕组、附加电阻值正常的情况下，应用跳火试验的方法进一步检验其性能。其方法是：用专用跨接线及夹子一端接点火线圈的“－”接线柱，另一搭铁夹子搭铁，然后接通点火开关，并用端部不间断地轻轻碰触搭铁点。当端部离开搭铁点时，若中央高压线端部产生强烈电火花，则说明点火线圈性能良好，否则，说明点火线圈存在故障，应予以更换。

鉴定点14　检修火花塞

问：如何检修火花塞？

答：1）怀疑某缸火花塞性能不良时，可进行单缸断火试验，或者定期进行单缸断火试验，根据发动机运转情况判断火花塞的好坏，若性能不良或有明显损坏，一般应予以更换。

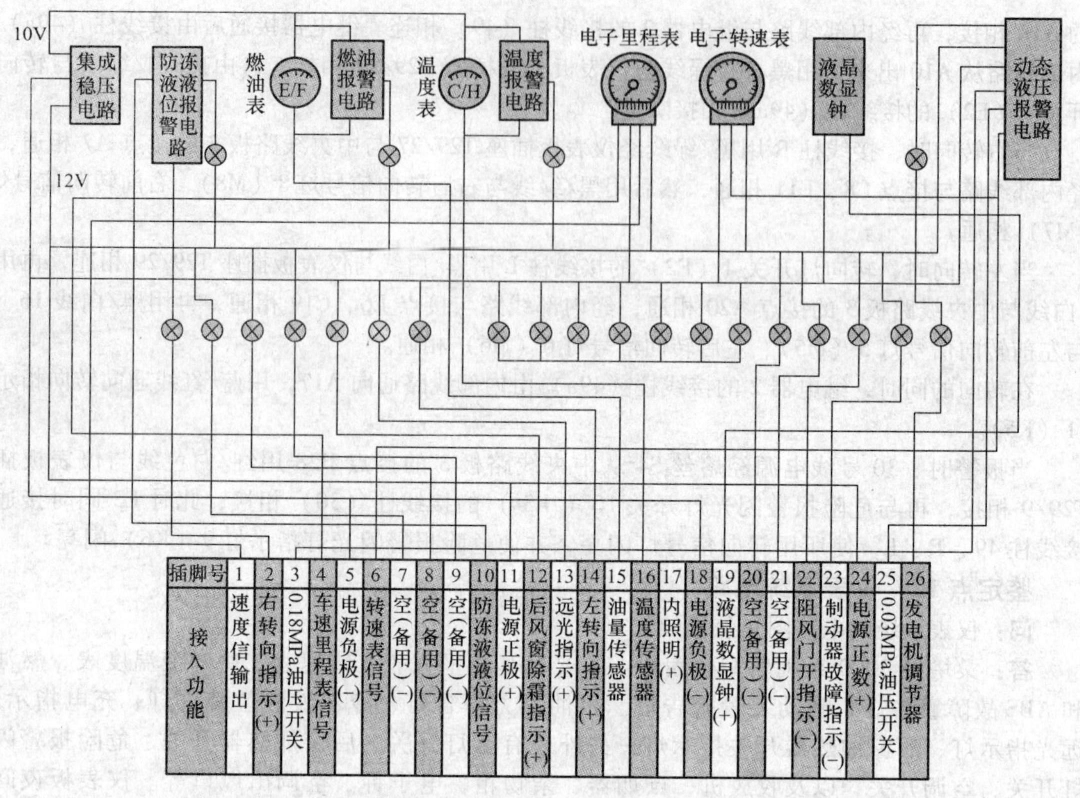

图 3-91　桑塔纳 3000 系列轿车组合仪表盘的电路图

2）定期拆下火花塞，观察绝缘体裙部颜色。

① 若呈浅褐色，并且干净，说明选型正确。

② 若为黑色，说明选用火花塞太冷。

③ 若呈灰白色，且电极有被烧蚀的痕迹，说明选用的火花塞太热。

3）检查并调整火花塞的间隙。测量时应用专用量规，不得使用普通塞尺。若间隙不符合规定值，可用专用工具扳动侧电极进行调整，如图 3-92 所示。

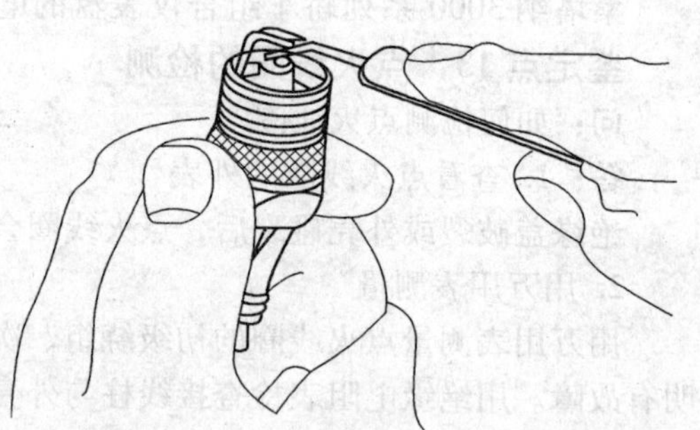

图 3-92　火花塞间隙的测量与调整

鉴定点 15　汽车空调制冷系统的常见故障

问：汽车空调制冷系统的常见故障有哪些？

答：汽车空调制冷系统的常见故障大致可分为系统不制冷、制冷不足（冷气量不足）、制冷系统间断工作和制冷噪声增大四种。

1. 系统不制冷

在起动发动机后，打开空调开关，无冷空气吹出，而是吹自然风，此时应该检查以下内容：

（1）汽车空调控制电路

1）检查空调电路总熔断器是否短路、断路。

2）检查急速控制转速范围。进口车辆的空调都装有空调怠速继电器（或在空调放大器中有空调怠速调整系统），调整怠速继电器直到发动机怠速达到 750r/min 时电磁离合器可以吸合为止。

3）检查恒温开关是否有故障。

4）检查压力开关。在原装进口空调系统上装有高、低压开关。

（2）制冷循环系统的工作情况　当对电路检查完毕，确认无问题后，还不能恢复制冷，可以从下面几个方面继续检查。

1）传动带太松，压缩机不转时，可将传动带重新调整后再试机。

2）制冷系统中没有制冷剂。在制冷系统中制冷剂全部泄漏后，即使压缩机工作，也不会有冷气吹出。这时要先找出制冷系统的泄漏部位，处理后再给制冷系统抽真空和充注氟利昂。

3）制冷系统堵死。如果制冷系统中某个部位完全堵死，没有制冷剂循环流动，也就失去了制冷作用，这时高低压组合表的低压侧呈真空指示。堵死的情况多出现在干燥过滤器或膨胀阀上，可更换干燥过滤器或膨胀阀。

4）压缩机损坏，打不出高、低压时，必须更换压缩机或打开压缩机进行修理。

5）制冷剂加得太多，蒸发压力太高，蒸发温度升高，不制冷时，只要放掉部分制冷剂即可。

2. 制冷不足（冷气量不足）

1）冷凝效果不好，冷凝器上有油污、杂物就会影响制冷系统向外散热，使系统高压会很高。通过冷凝器的空气量不足，也会产生此现象。

2）蒸发器的鼓风机鼓风量减少，带出的冷气量也会减少，因此要清洗或更换空气滤网，清除风道中的阻碍物。

3）制冷系统中的制冷剂不足，高压、低压表值偏低，玻璃观察窗有气泡翻腾。解决办法是补充制冷剂，直到看不到气泡为止。

4）制冷剂充入超量，使蒸发温度提高，因此必须放掉部分制冷剂。

5）压缩机长时间使用后磨损，效率降低，应修理或更换压缩机。

6）制冷系统中混有空气，压力表指示偏高，冷凝器温度偏高，散热效果不好时，必须放掉制冷剂，抽真空后再充入制冷剂。

7）循环管道尚未堵死，但不畅，使制冷剂循环量不够。一般情况下，半堵现象出现在干燥过滤器和膨胀阀上，必须更换干燥过滤器和膨胀阀。

3. 制冷系统间隙工作

1）最常见的是制冷系统中混入潮气，少量水汽在膨胀阀处结冰堵塞，造成系统不工作。待冰化掉后又能制冷，制冷后又在膨胀阀处结冰，往复循环，造成间隙制冷。解决方法是放掉制冷剂，在干燥的情况下将制冷系统抽空，时间相对长一点，然后充加制冷剂，同时必须更换干燥过滤器。

2）电路接触不良，也会产生此现象，因此要检查电路。

3）怠速继电器有故障，或者空调放大器怠速转速调得过高，发动机转速稍降，制冷系统就不工作。解决办法是调整怠速继电器或空调放大器转速。

4. 制冷系统噪声增大

1）最常见的原因是压缩机传动带松动，运转时发出尖啸声，只要调紧传动带即可。

2）压缩机吸盘与传动带轮之间打滑，也会发出刺耳的噪声。原因可能是电磁线圈电流减小造成吸力下降，或者是吸盘与传动带轮之间混有油垢而打滑。此时，必须更换电磁阀或清洗油垢。

3）压缩机内部磨损，造成噪声过大。解决办法是向压缩机内加约 0.09L 同样牌号的冷冻机油试一试。如果加了油后噪声仍然不减，则说明压缩机需大修或更换。

鉴定点16　往复式曲轴连杆压缩机的常见故障

问：往复式曲轴连杆压缩机的常见故障有哪些？

答：往复式曲轴连杆压缩机的不平衡惯性力较大，气流脉动大，因而振动也比较厉害。常见的故障如下：

1）进气接头及出气接头压板易松动，出现漏气现象。

2）轴封性能欠佳，易漏油、漏气。机内缺油较严重，在缺油情况下，高、低压阀片密封不严，甚至因缺油导致润滑不良，烧坏曲轴两端的支撑轴承。

3）离合板靠一只 M10 ×4 螺栓压在曲轴端，通过月牙键传递动力，经常出现月牙键外滑的现象，并发出不规则的噪声。

4）振动大，致使固定螺栓易松动甚至崩断。

鉴定点17　滑片式压缩机的常见故障

问：滑片式压缩机的常见故障有哪些？

答：这类压缩机工作效率高，但发热量比前几种压缩机大，机温较高。常见故障有滑片烧蚀、弹簧阀片失效。

鉴定范围4　新能源汽车动力系统

鉴定点1　串联式混合动力电动汽车

问：串联式混合动力电动汽车由哪几部分组成？其工作过程是怎样的？

答：串联式混合动力电动汽车由发动机、发电机、整流器、蓄电池组（或其他类型的动力电池）、牵引电动机、机械传动装置等组成，如图3-93所示。如果蓄电池组可外插电网充电，则属于插电式串联混合动力电动汽车。发动机和发电机之间采用机械连接，牵引电动机与机械传动装置（主减速器、差速器等）之间也采用机械连接，燃油箱与发动机之间采用管路连接，其余部分采用电缆连接。

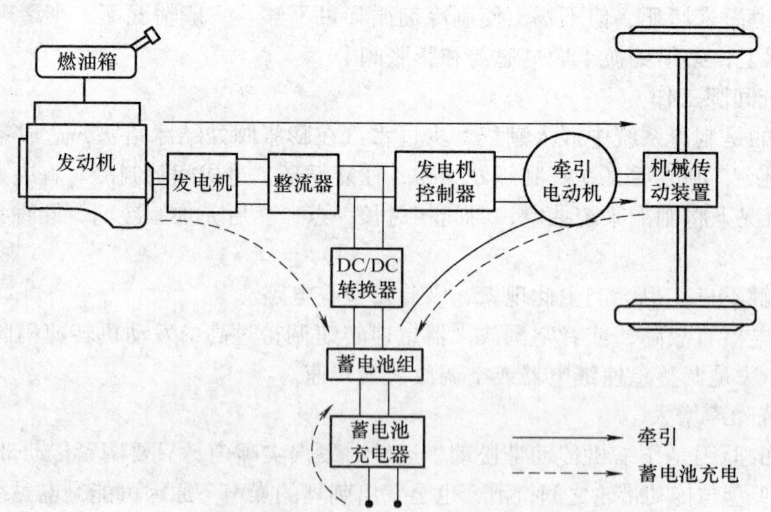

图3-93　串联式混合动力电动汽车的组成

发动机和发电机组有时称为辅助动力单元（Auxiliary Power Unit，APU）。其主要功能是将发动机输出的机械能通过发电机转化为电能。转化的电能或用于蓄电池充电，或经牵引电动机和机械传动装置驱动车辆行驶。

图 3-93 中带箭头的实线和虚线表达了车辆在行驶过程中能量的流动情况。从燃油箱、发动机、发电机、整流器流出的能量是单向的，既可以经电动机控制器、牵引电动机直到机械传动装置，提供车辆行驶所需要的能量，也可以经 DC/DC 转换器到达蓄电池组，提供维持蓄电池组 SOC 的能量。从蓄电池组、DC/DC 转换器、电动机控制器、牵引电动机直到机械传动装置，能量流动可以是双向的。根据路况及控制策略，牵引电动机被控制为电动机或发电机。在驱动时，它作为电动机使用，提供整车行驶所需要的动力；在制动减速时，它作为发电机使用，将整车动能的一部分转化为电能，经 DC/DC 转换器给蓄电池组充电。这样，就实现了能量的双向流动。

鉴定点 2　串联式混合动力电动汽车的运行工况

问：串联式混合动力电动汽车是如何运行的?

答：(1) 起动/正常行驶/加速运行工况　发动机通过发电机和蓄电池一起输出电能并传递给功率转换器，然后驱动电动机，再通过机械传动装置驱动车轮。起动/正常行驶/加速运行工况下的能量流动如图 3-94 所示。

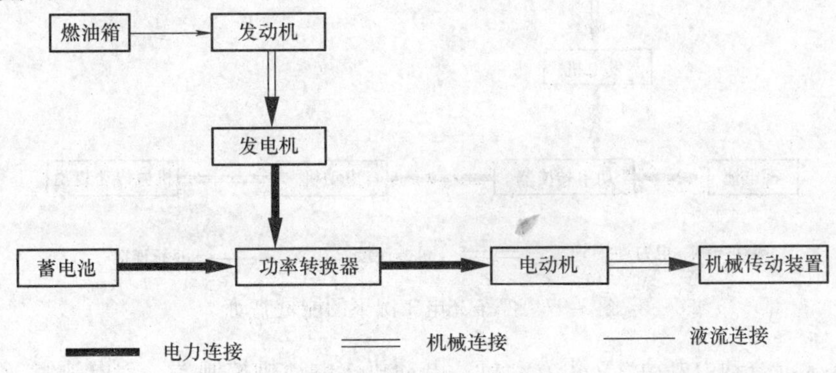

图 3-94　起动/正常行驶/加速运行工况下的能量流动

(2) 低负荷工况　发动机输出的功率大于车辆所需的功率，多余的能量通过发电机给蓄电池充电，直到 SOC 达到预定的限值。低负荷工况下的能量流动如图 3-95 所示。

(3) 减速/制动工况　电动机把驱动轮的动能转化为电能，并通过功率转换器给蓄电池充电。减速/制动工况下的能量流动如图 3-96 所示。

(4) 停车充电工况　停车时，发动机可通过发电机和功率转换器给蓄电池充电。停车充电工况下的能量流动如图 3-97 所示。

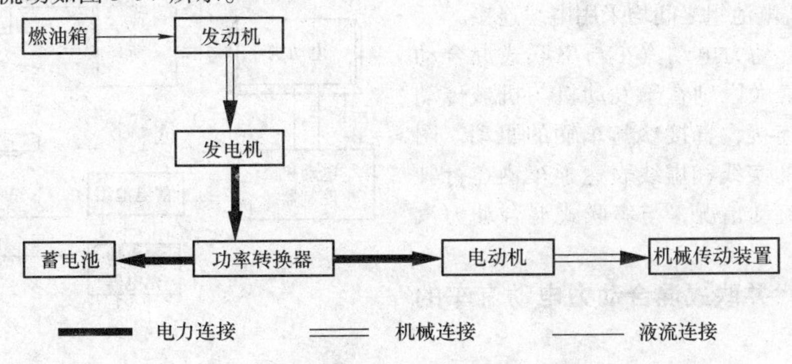

图 3-95　低负荷工况下的能量流动

鉴定点3　并联式混合动力电动汽车

问：并联式混合动力电动汽车由哪几部分组成？其工作过程是怎样的？

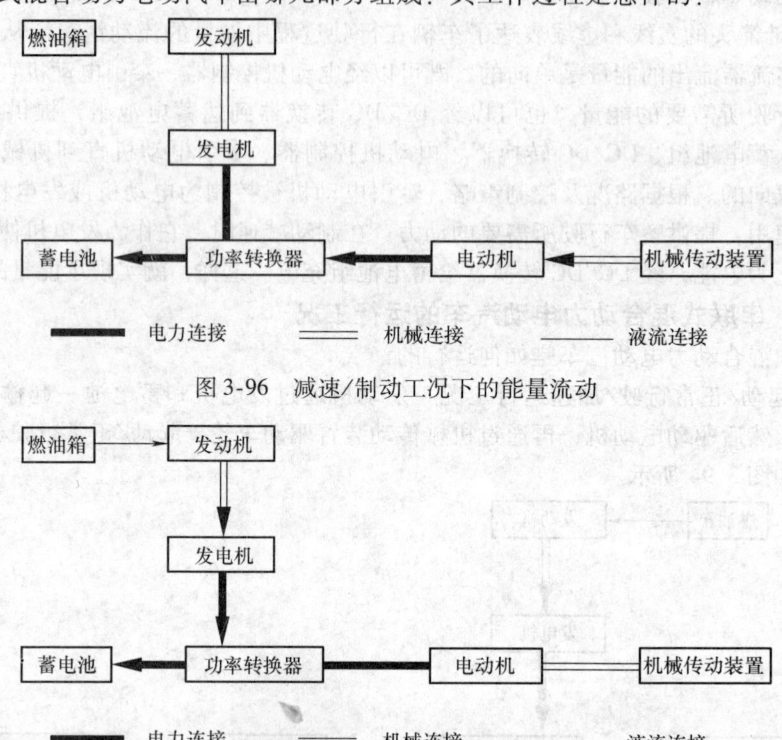

图3-96　减速/制动工况下的能量流动

图3-97　停车充电工况下的能量流动

答：并联式混合动力电动汽车由发动机、电动机、电动机控制器、蓄电池组（或其他类型的动力电池）、动力合成器、机械传动装置等组成，如图3-98所示。如果蓄电池组可外插电网充电，则属于插电式并联混合动力电动汽车。发动机与电动机的输出轴分别与动力合成器输入端进行机械连接，输出的动力通过动力合成器输出轴传递到机械传动装置（变速器、主减速器、差速器等），驱动车辆行驶。燃油箱与发动机之间采用管路连接，电动机与电动机控制器，以及电动机控制器与蓄电池组之间均采用电缆连接。

并联式混合动力电动汽车与串联式混合动力电动汽车的最大区别在于发动机与机械传动装置存在机械连接，直接参与车辆的驱动。图3-98中带箭头的实线和虚线表达了车辆在行驶过程中能量的流动情况，与串联式混合动力汽车情况类似。

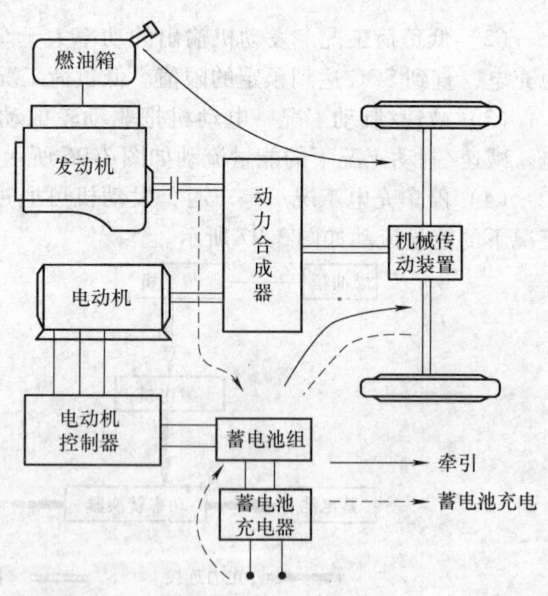

图3-98　并联式混合动力电动汽车的组成

鉴定点4　并联式混合动力电动汽车的运行工况

问：并联式混合动力电动汽车是如何运

行的？

答：（1）起动/加速工况　当车辆起动或节气门全开加速时，发动机和电动机同时工作，共同分担驱动车辆所需的动力，如发动机和电动机分别承担总功率的80%和20%。起动/加速工况下的能量流动如图3-99所示。

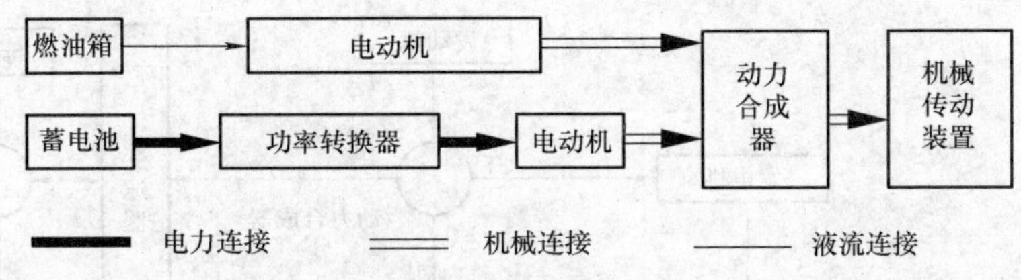

图3-99　起动/加速工况下的能量流动

（2）正常行驶工况　当车辆正常行驶时，电动机关闭，仅由发动机工作，提供车辆行驶所需的动力。正常行驶运行工况下的能量流动如图3-100所示。

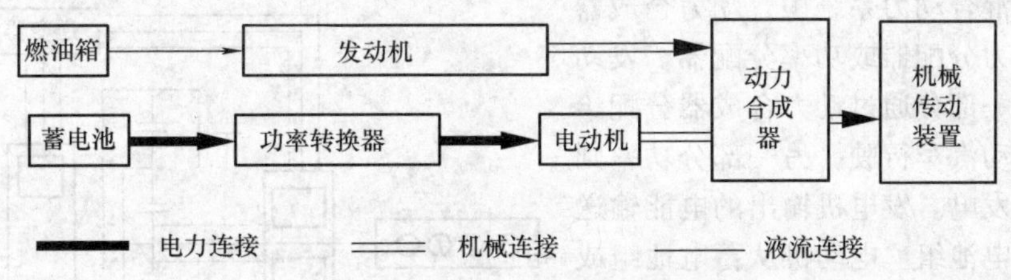

图3-100　正常行驶工况下的能量流动

（3）减速/制动工况　当车辆减速行驶或制动时，电动机工作于发电模式进行再生制动，通过功率转换器给蓄电池充电。减速/制动工况下的能量流动如图3-101所示。

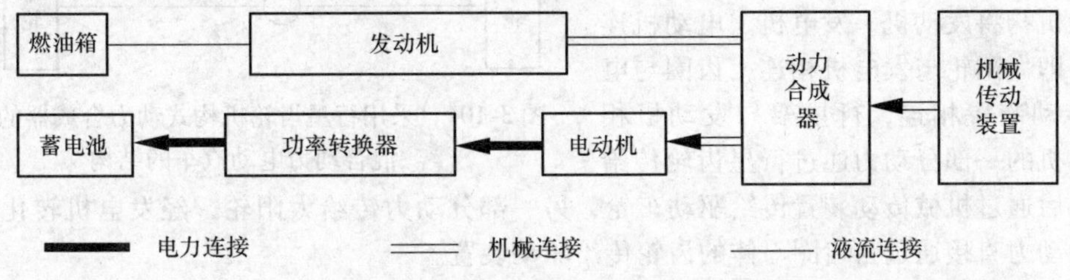

图3-101　减速/制动工况下的能量流动

（4）行驶中给蓄电池充电工况　当车辆轻载时，发动机输出功率驱动车辆行驶，同时发动机输出的多余功率驱动以发电状态工作的电动机发电而向蓄电池充电。行驶中给蓄电池充电工况下的能量流动如图3-102所示。

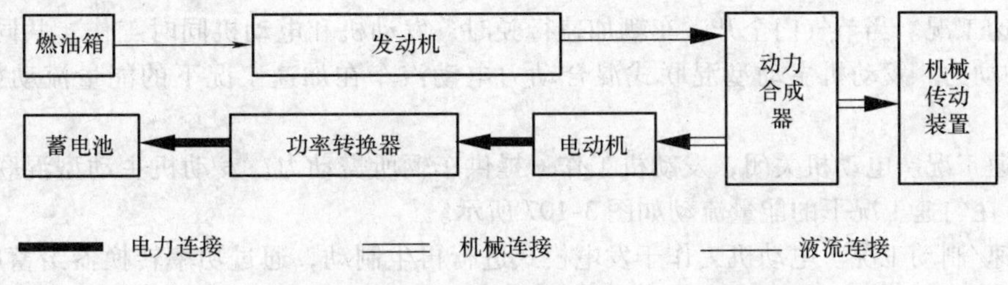

图3-102　行驶中给蓄电池充电工况下的能量流动

鉴定点5　混联式混合动力电动汽车

问： 混联式混合动力电动汽车由哪几部分组成？其工作过程是怎样的？

答： 混联式混合动力是在串联式混合动和并联式混合动的基础上综合而成的一种混合动力形式。混联式混合动力汽车的结构如图 3-103 所示。

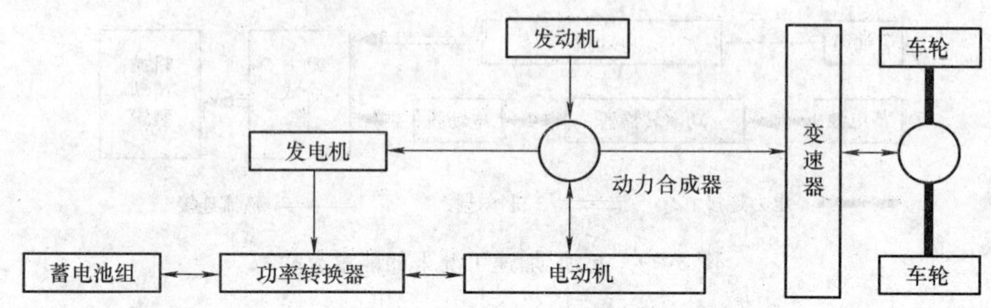

图 3-103　混联式混合动力电动汽车的结构

在混联式混合动力系统中，动力合成器一般也称为动力分配器或功率分配器。发动机输出的功率一部分通过动力合成器分配给传动装置，驱动汽车行驶，另一部分功率则分配给发电机发电。发电机输出的电能输送给电动机或蓄电池组。电动机从蓄电池组或发电机获取电能，产生驱动力，通过动力合成器传递给驱动桥。

混联式混合动力电动汽车的动力合成器一般采用行星齿轮机构。如图 3-104 所示，行星齿轮机构将发动机、发电机、电动机连接起来，即太阳轮与发电机相连，齿圈与电动机及传动装置相连，行星架与发动机相连。发动机的一部分动力通过行星齿轮传给齿圈，然后通过机械传动装置传给驱动车轮，另一部分动力传给太阳轮，经发电机转化为电能。电动机的动力直接通过与齿圈一体的齿轮传给驱动装置。

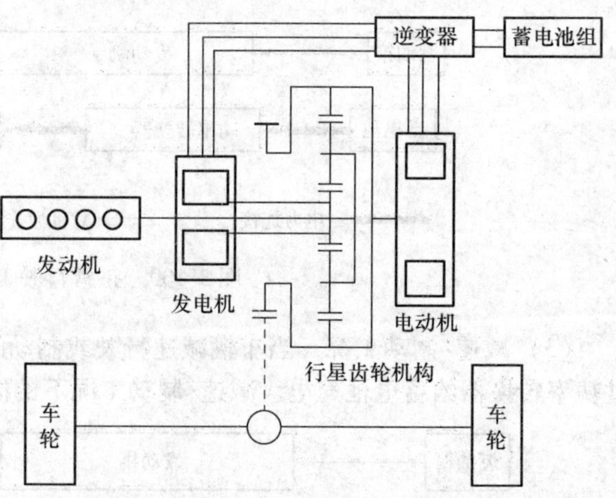

图 3-104　采用行星齿轮机构式动力合成器的混联混合动力电动汽车的结构

鉴定点6　混联式混合动力电动汽车的工况分析

问： 混联式混合动力电动汽车是如何运行的？

答：（1）发动机主动型混联式混合动力电动汽车的工作模式

1）起动工况。发动机关闭，由蓄电池给电动机提供电能驱动车辆。发动机主动型混联式混合动力电动汽车在起动工况下的能量流动如图 3-105 所示。

2）加速工况。当节气门全开，车辆加速行驶时，发动机和电动机同时工作，共同分担车辆行驶所需的动力。发动机主动型混联式混合动力电动汽车在加速工况下的能量流动如图 3-106 所示。

3）匀速工况。电动机关闭，发动机工作，提供车辆所需动力。发动机主动型混联式混合动力电动汽车在匀速工况下的能量流动如图 3-107 所示。

4）减速/制动工况。电动机工作于发电模式进行再生制动，通过功率转换器给蓄电池充电。发动机主动型混联式混合动力电动汽车在减速/制动工况下的能量流动如图 3-108 所示。

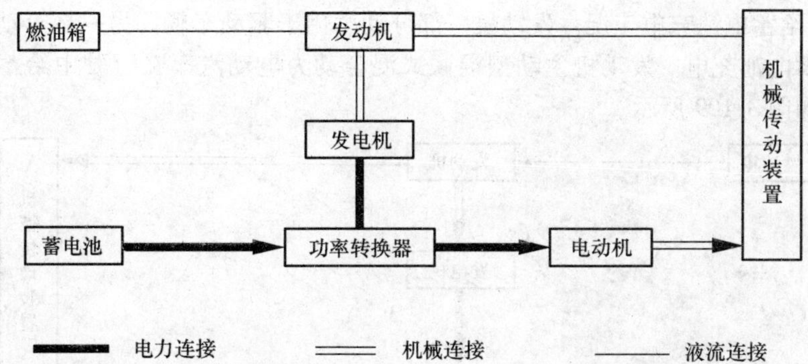

图 3-105　发动机主动型混联式混合动力电动汽车在起动工况下的能量流动

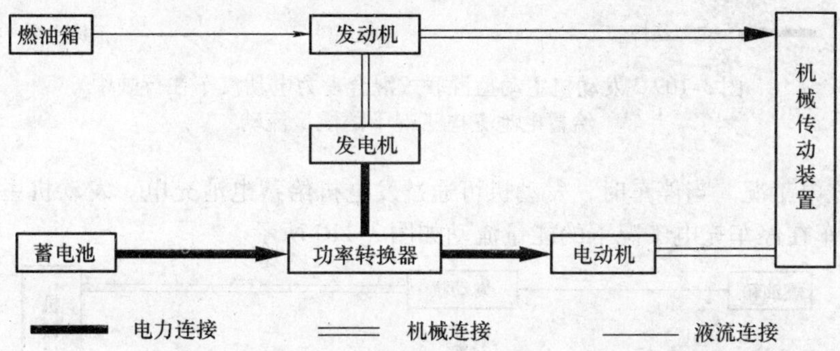

图 3-106　发动机主动型混联式混合动力电动汽车在加速工况下的能量流动

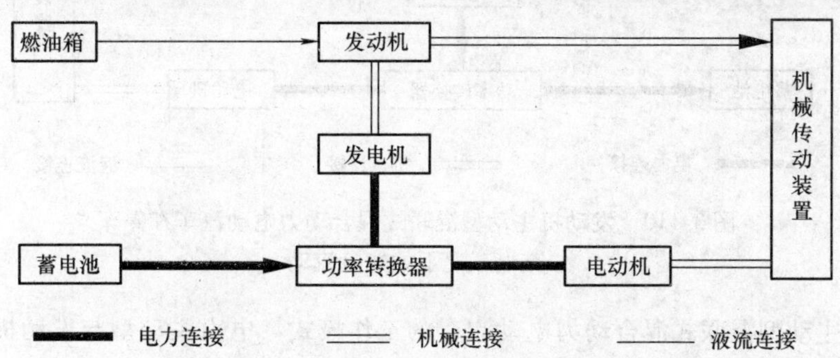

图 3-107　发动机主动型混联式混合动力电动汽车在匀速工况下的能量流动

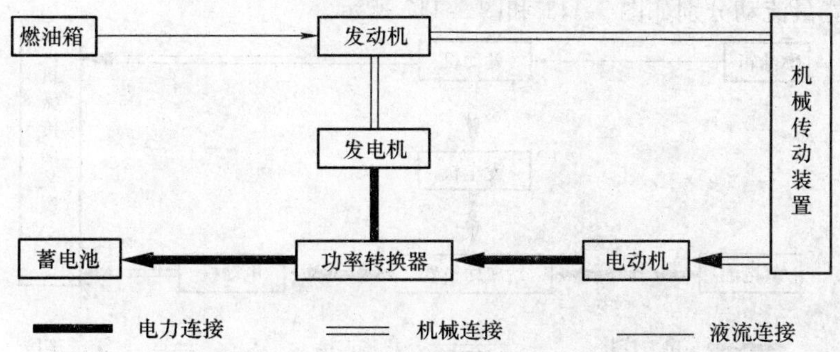

图 3-108　发动机主动型混联式混合动力电动汽车在减速/制动工况下的能量流动

5）行驶中给蓄电池充电工况。发动机一部分动力用于驱动车辆，另一部分动力由发电机经功率转换器给蓄电池充电。发动机主动型混联式混合动力电动汽车在行驶中给蓄电池充电工况下的能量流动如图3-109所示。

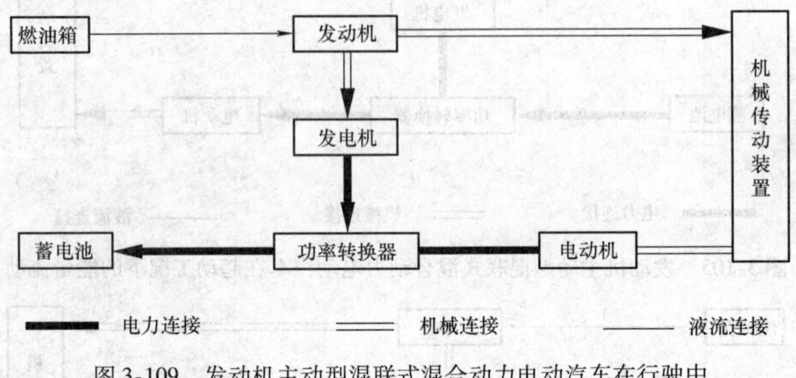

图3-109　发动机主动型混联式混合动力电动汽车在行驶中给蓄电池充电工况下的能量流动

6）停车充电工况。当停车时，发动机可通过发电机给蓄电池充电。发动机主动型混联式混合动力电动汽车在停车充电工况下的能量流动如图3-110所示。

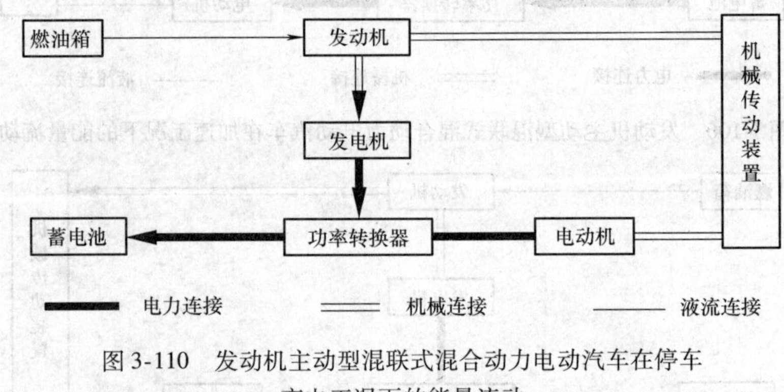

图3-110　发动机主动型混联式混合动力电动汽车在停车充电工况下的能量流动

（2）电力主动型混联式混合动力电动汽车的工作模式　电力主动型与发动机主动型的主要区别在于匀速工况和加速工况下的工作模式不同，其他工况下的工作模式是一样的。

在匀速和加速行驶时，电力主动型混联式混合动力电动汽车的发电机发电，提供电动机所需的电能。其能量流动分别如图3-111和图3-112所示。

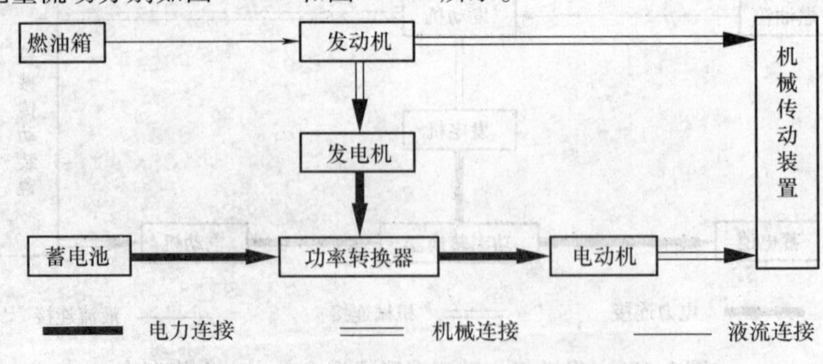

图3-111　电力主动型混联式混合动力电动汽车在加速工况下的能量流动

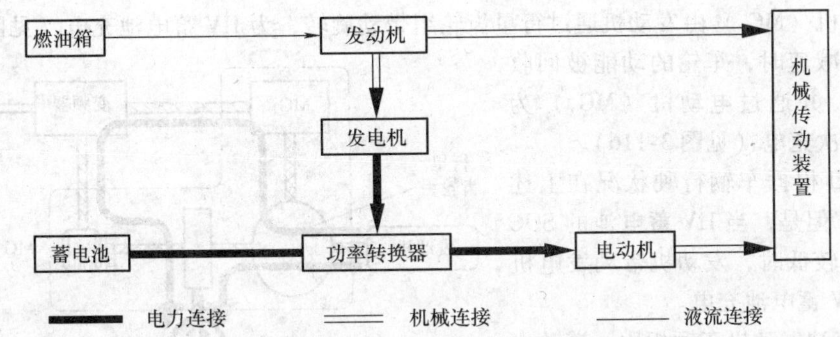

图 3-112　电力主动型混联式混合动力电动汽车在匀速工况下的能量流动

鉴定点 7　丰田普锐斯混合动力汽车变速驱动桥

问：丰田普锐斯混合动力汽车变速驱动桥的结构是怎样的？

答：其变速驱动桥由发电机（MG_1）、电动机（MG_2）和行星齿轮组组成。

（1）发电机　发电机由发动机带动旋转，产生高压电以驱动电动机（MG_2）或为 HV 蓄电池充电。同时，它还可以作为起动机起动发动机。

（2）电动机　电动机由发电机或 HV 蓄电池的电能驱动，产生车辆动力。制动期间，它产生电能为 HV 蓄电池再次充电（再生制动控制）。

（3）行星齿轮组　行星齿轮组以适当的比例分配发动机驱动力来直接驱动车辆和发电机。

鉴定点 8　丰田普锐斯混合动力汽车变频器

问：丰田普锐斯混合动力汽车变频器的作用是什么？它由哪几部分组成？

答：变频器总成用于将高压直流电（HV 蓄电池）转换为交流电［发电机（MG_1）和电动机（MG_2）用］，反之亦然。它包括增压转换器、DC－DC 转换器和空调变频器。

（1）增压转换器　增压转换器用于将 HV 蓄电池的最高电压从 DC 201.6V 增加到DC 500V，反之亦然（从 DC 500V 降到 DC 201.6V）。

（2）DC－DC 转换器　DC－DC 转换器用于将最高电压从 DC 201.6V 降到 DC 12V，为车身电气组件供电以及为备用蓄电池再次充电（DC 12V）。

（3）空调变频器　空调变频器用于将 HV 蓄电池的额定电压 DC 201.6 V 转换为AC 201.6 V，为空调系统中的电动变频压缩机供电。

鉴定点 9　丰田普锐斯混合动力汽车的工作模式

问：丰田普锐斯混合动力汽车的工作模式是什么？

答：根据行驶条件的不同，汽车在稳定运行过程中可能处于以下工作状态，最大限度地适应车辆的行驶状况。

1）电动机（MG_2）接收来自 HV 蓄电池的电能，以驱动车辆（见图 3-113）。

2）发动机通过行星齿轮组驱动车辆，同时通过行星齿轮组带动发电机（MG_1）旋转，为电动机（MG_2）提供产生的电能（见图 3-114）。

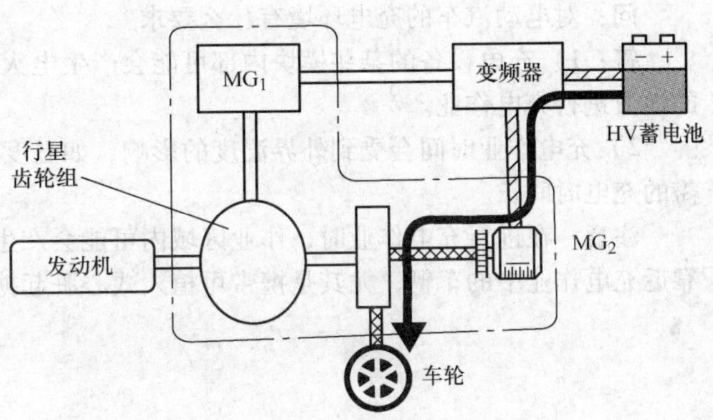

图 3-113　蓄电池供电

3）发电机（MG_1）由发动机通过行星齿轮组带动旋转，为 HV 蓄电池充电（见图 3-115）。

4）车辆减速时，车轮的动能被回收转换为电能，并通过电动机（MG_2）为 HV 蓄电池再次充电（见图 3-116）。

车辆 ECU 根据车辆行驶状况在上述模式间转换。但是，当 HV 蓄电池的 SOC（充电状态）较低时，发动机带动发电机（MG_1）为 HV 蓄电池充电。

与传统汽油发动机车辆相比，该动力传动系统具有更高的燃油经济性及低尾气排放量的特性。这种改进后的动力传动系统还避开了电动车辆的一些局限性，如较短的巡航里程或对外部充电设备的依赖性。

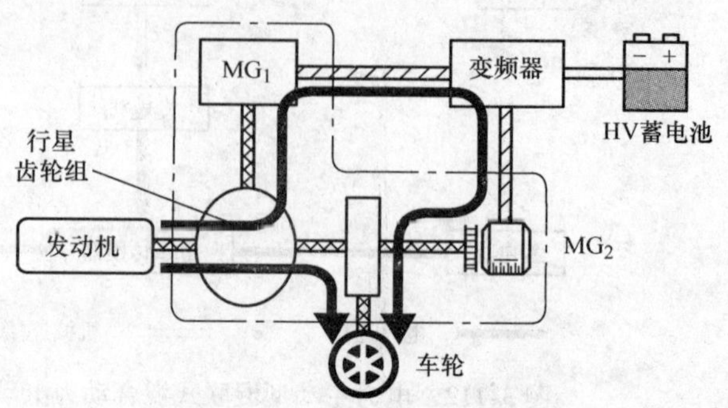

图 3-114　发动机驱动车轮

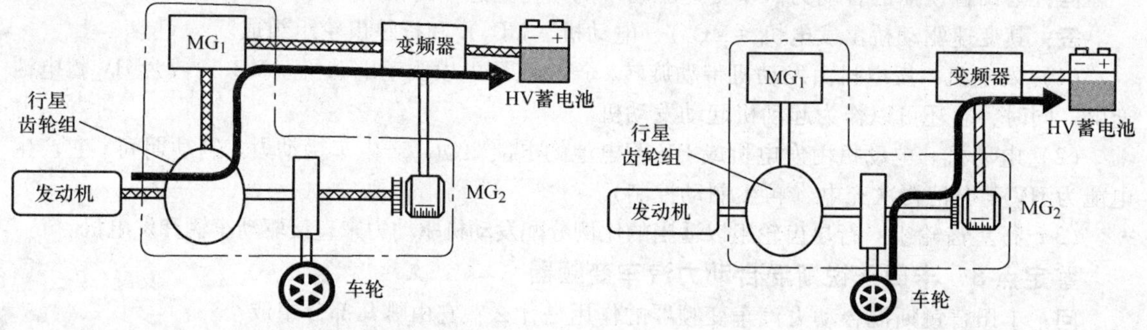

图 3-115　发动机发电

图 3-116　车轮的动能回收

鉴定点 10　电动汽车充电

问：电动汽车充电时应注意哪些事项？

答：1）在充电作业过程中，周围的人切勿靠近充电中的车辆。

2）先将充电手柄与车身插座连接，再对充电装置进行操作。

3）充电结束后，要先关闭充电装置，再将充电手柄与车身分离，并将车身充电口盖盖好。

4）在露天充电过程中，如果下雨，则应立即停止充电。

5）在充电过程中，不允许插入钥匙并进行起动等操作。

鉴定点 11　电动汽车充电环境要求

问：对电动汽车的充电环境有什么要求？

答：1）充电设备的某些模块内部可能会产生电火花，因此不能在加油站和有易燃、易爆物的地方进行充电作业。

2）充电作业时间会受到外界温度的影响，如温度低于 0℃时所需要的充电时间比 0℃以上所需的充电时间长。

注意：在进行充电作业时，作业区域内可能会产生电磁场干扰。禁止没经过专业培训的人员靠近充电作业中的车辆，尤其是携带可植入式心脏起搏器和心血管除颤器的人员。

应会单元

鉴定范围1　汽车发动机维修操作技能

鉴定点1　发动机无负荷时的功率测试

一、鉴定题目　发动机无负荷时的功率测试

二、鉴定重点

用正确的方法测试发动机无负荷时的功率。

三、鉴定准备工作

桑塔纳 LX 型轿车一辆，便携式无负荷测功仪（见图 3-117），常用工具一套。

四、技术标准

1）在用车发动机的功率不得低于原额定功率的 75%。

2）大修后发动机的功率不得低于原额定功率的 90%。

五、操作方法

步骤 1　仪器自校、预热。

1）按使用说明书使仪器预热 0.5h，然后进行自校。

2）把旋钮 1 拨向“检查”位置，左边时间（T）表头指针每 1s 摆动一次。

3）把旋钮 1 拨向“测试”位置，把旋钮 3 拨向“自校”位置，再缓慢旋转“模拟转速”旋钮 2，转速（n）表头指针慢慢向右偏转（模拟增加转速）。

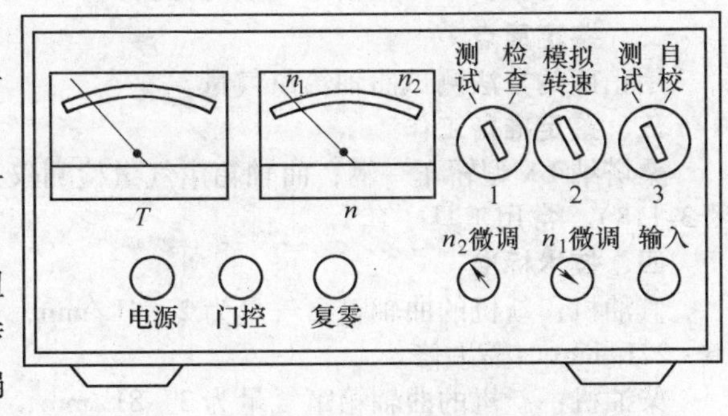

图 3-117　便携式无负荷测功仪面板

4）当指针偏转至起始转速 n_1 = 1000r/min 的位置时，门控指示灯即亮。继续增加模拟转速至 n_2 = 2800r/min 时，T 表即指示出加速时间，以表示模拟速度的快慢。

5）按下“复零”按钮，仪器表针回零，门控指示灯熄灭，表示仪器调整正常，否则，需微调 n_1、n_2 电位器。

步骤 2　预热发动机，安装转速传感器。

1）预热发动机至正常工作温度（85 ~ 95℃），并使发动机怠速正常。

2）将变速器置空档，然后把仪器转速传感器的两个接线卡分别接在分电器低压接线柱和搭铁电路上。

步骤 3　测加速时间。

1）迅速把加速踏板踩到底，发动机转速猛然上升，当 T 表指针显示出加速时间（或功率）时，应立即松开加速踏板，切忌发动机长时间高速空转。

2）记下读数，仪器复零。

步骤 4　重复三次，读数取平均值。

步骤 5　根据测定的结果，判断发动机技术状况。

鉴定点 2　单缸转速降的检测

一、鉴定题目　单缸转速降的检测

二、鉴定重点

用正确的方法测试单缸转速降。

三、鉴定准备工作

桑塔纳 LX 型轿车一辆，常用工具一套。

四、技术标准

发动机单缸转速最高下降与最低下降值之差应小于或等于平均下降值的 30%。如果转速下降值低于规定值，说明断火的气缸工作不良。转速下降值越小，则单缸功率越小。当下降值等于零时，单缸功率也等于零，即该缸不工作。

五、操作方法

步骤 1　起动发动机预热到正常工作温度。

步骤 2　调整怠速至正常平稳运转状态，观察发动机转速表并做记录。

步骤 3　拔下被测缸的分缸线，观察并记录转速表数据，求其差值。该差值即为被测缸的单缸转速降。

鉴定点 3　曲轴箱窜气量的检测

一、鉴定题目　曲轴箱窜气量的检测

二、鉴定重点

用正确的方法测试曲轴箱窜气量。

三、鉴定准备工作

桑塔纳 LX 型轿车一辆，曲轴箱窜气量检测仪（见图 3-118），常用工具一套。

四、技术标准

汽油机：新机的曲轴箱窜气量为 2～4L/min，达到 16～22L/min 时需大修。

柴油机：新机的曲轴箱窜气量为 3～8L/min，达到 18～28L/min 时需大修。

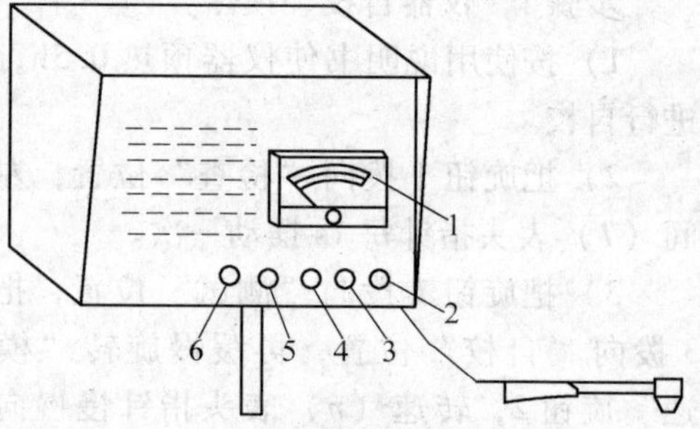

图 3-118　曲轴箱窜气量检测仪

1—指示仪表　2—顶测按钮　3—预调旋钮
4—档位开关　5—调零旋钮　6—电源开关

五、操作方法

步骤 1　打开电源开关，按仪器使用说明书的要求对检测仪进行预调。

步骤 2　密封曲轴箱（即堵塞机油尺口、曲轴箱通风进出口等），将取样探头插入机油加注口内。

步骤 3　起动发动机，待其运转平稳后，仪表箱仪表的指示值即为发动机曲轴箱在该转速下的窜气量。

鉴定点 4　气缸漏气量的检测

一、鉴定题目　气缸漏气量的检测

二、鉴定重点

用正确的方法检测气缸漏气量。

三、鉴定准备工作

东风 EQ6102 型发动机一台，气缸漏气量检测仪（见图 3-119），常用工具一套。

四、技术标准

如果测量值大于 246kPa，表明气缸活塞摩擦副的密封性合格；若检测仪读数值小于 246kPa，

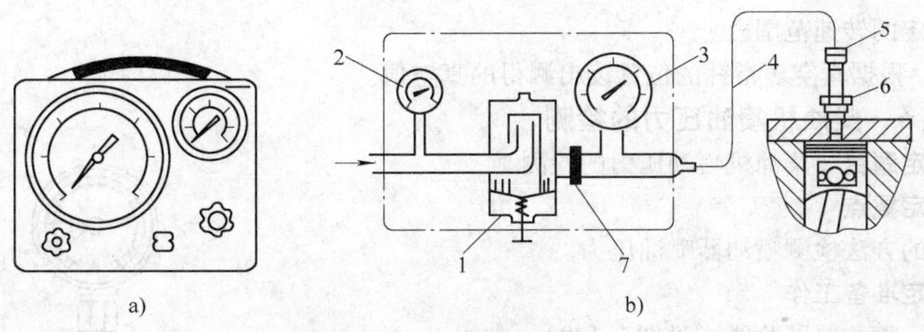

图 3-119　气缸漏气量检测仪

a）外形　b）结构

1—调压阀　2—进气压力表　3—测量表　4—橡胶软管

5—快速接头　6—充气嘴　7—校正孔板

则需换环或镗缸换活塞。

五、操作方法

步骤 1　将发动机预热至正常工作温度。

步骤 2　清除火花塞周围的脏物（最好用压缩空气吹净），然后拧下所有气缸的火花塞，并在火花塞孔上装好充气嘴。

步骤 3　接好压缩空气源，在检测仪出气口堵塞的情况下，用调压阀调节进气压力，使测量表指针指示 0.4MPa。

步骤 4　卸下分电器盖，安装好活塞定位盘，将分火头旋转至第一缸跳火位置。

步骤 5　为防止压缩空气推动活塞使曲轴转动，将变速器挂入高速档，拉紧驻车制动操纵杆。

步骤 6　把第一缸充气嘴接上快速管接头，向缸内充气，此时测量表上的压力读数反映该气缸的密封性。

步骤 7　摇转曲轴，使分火头（或指针）对准活塞定位盘上下气缸刻度线，按上述方法检测该气缸的漏气量。

步骤 8　按上述方法和点火次序检测其余各缸的漏气量。为使检测结果可靠，各气缸应至少检测两次，取其平均值作为最后的检测值。

鉴定点 5　进气歧管真空度的检测

一、鉴定题目　进气歧管真空度的检测

二、鉴定重点

用正确的方法检测进气歧管真空度。

三、鉴定准备工作

东风 EQ6102 型发动机一台，真空表一块，常用工具一套。

四、技术标准

1）根据 GB/T 3799.1—2005《商用汽车发动机大修竣工出厂技术条件　第 1 部分：汽油发动机》的规定，在正常工作温度和标准状态下，发动机怠速运转时，进气歧管真空度应符合原设计规定。

2）真空度波动范围：六缸汽油机一般不超过 3kPa，四缸汽油机一般不超过 5kPa。

五、操作方法

步骤 1　将真空表上的软管与发动机进气歧管直接连接，并将仪表垂直放置。

步骤 2　对点火系统、化油器做正确的调整后，起动发动机至正常工作温度，并将发动机怠

速调整在规定的转速范围内。

步骤3　根据真空表指针的位置读出测得的真空值。

鉴定点6　柴油机喷油压力的检测

一、鉴定题目　柴油机喷油压力的检测

二、鉴定重点

用正确的方法检测喷油器喷油压力。

三、鉴定准备工作

喷油器，喷油器试验器（见图3-120），常用工具一套。

四、技术标准

喷油器的喷油压力符合标准。

五、操作方法

步骤1　压动压油手柄，排除留在油管和喷油器内的空气。

步骤2　以60次/min的速度压动压油手柄，同时观察喷油过程中压力表上的读数。

步骤3　如果压力不符合规定，可调整喷油器上的喷油压力调节螺钉。调整后应拧紧锁止螺母。

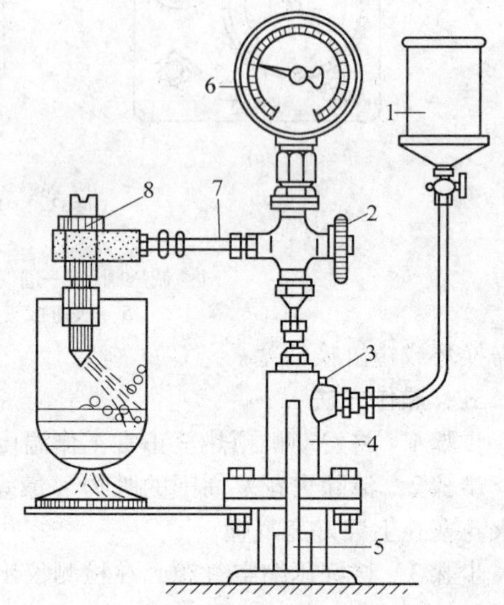

图3-120　喷油器试验器

1—油箱　2—止回阀　3—放气螺钉　4—油泵体　5—压油手柄　6—油压表　7—高压油管　8—喷油压力调节螺钉

鉴定点7　供油提前角的检测

一、鉴定题目　供油提前角的检测

二、鉴定重点

用正确的方法检测供油提前角。

三、鉴定准备工作

柴油发动机一台，常用工具一套。

四、技术标准

供油提前角符合技术要求。

五、操作方法

步骤1　拧松喷油泵的第一缸高压油管接头螺母。

步骤2　用手摇把或其他可以使曲轴转动的工具顺时针慢慢转动曲轴，直至出油阀内的油面开始有动作为止。

步骤3　观察V带轮减振器上的刻度盘与上止点指针所指的刻度值是否在16°~20°范围之内。

步骤4　松开空气压缩机与喷油泵之间联轴器的两个紧固螺栓。

步骤5　缓缓地转动供油自动提前器，如果想加大供油提前角，则将供油自动提前器向外旋转，反之向里旋转。

鉴定点8　发动机机油压力和机油品质的检测

一、鉴定题目　发动机机油压力和机油品质的检测

二、鉴定重点

用正确的方法检测发动机机油压力和机油品质。

三、鉴定准备工作

汽油发动机一台，常用工具一套。

四、技术标准

发动机机油压力和机油品质符合要求。

五、操作方法

1. 发动机机油压力的检测

步骤1　拔下机油压力开关导线。

步骤2　拧下机油压力开关，并拧上机油压力表。

步骤3　起动发动机（机油温度约为80℃）。怠速时机油压力最低为0.15MPa；转速为2000r/min时，机油压力为0.25～0.45MPa。

2. 机油品质的检测

步骤1　观察其透明度。若色泽通透略带杂质，说明还可以继续使用；若色泽发黑，闻起来带有酸味，此时应更换机油，因为机油已经变质，对发动机零件起不到保护作用了。

步骤2　检查其黏稠度。

沾一点机油在手上，用两根手指检查机油是否还具有黏性。如果手指感觉没有一点黏性而像水一样，说明机油已达到使用极限，需要更换机油。

鉴定点9　发动机起动电压、起动电流的检测

一、鉴定题目　发动机起动电压、起动电流的检测

二、鉴定重点

用正确的方法检测发动机起动电压、起动电流。

三、鉴定准备工作

汽油发动机一台，常用工具一套，万用表一块。

四、技术标准

发动机起动电压、起动电流符合要求，发动机能够正常起动。

五、操作方法

1. 发动机起动电压的检测

步骤1　按下仪表面板上的“50V”电压开关，将测试线的红、黑插片分别接到仪器直流电压的正、负极接线柱上。

步骤2　将测试线另一端的红、黑夹子分别接到蓄电池的正极和搭铁线上。

步骤3　接通起动机开关，此时仪表读数值即为发动机起动电压（汽油机的正常起动电压一般为12V）。

2. 发动机起动电流的检测

步骤1　按下仪表面板上的直流电流“300A”开关，先将仪器的两根粗备用线的插片端（区别正、负）牢固地拧在仪器直流电流300A的接线柱上。

步骤2　将两根粗备用线的另一端分别牢固地拧在备用的300A分流器两端。

步骤3　再自备两根粗备用线，将其一端分别与300A分流器的两端牢固连接，然后给自备的备用线区分极性，与被测起动机串联。

步骤4　接通起动开关使起动机运转，300A仪表指针应指示在规定的范围内，否则说明起动机绕组有短路或搭铁故障。

鉴定点10　曲轴几何误差的检测

一、鉴定题目　曲轴几何误差的检测

二、鉴定重点

曲轴弯曲变形的检测方法，曲轴扭曲变形的检测方法，曲轴、曲柄半径的检测方法，曲轴轴

颈磨损程度的检测方法，确定轴颈修理尺寸的方法。

三、鉴定准备工作

测量平台一块，万向磁力表座一个，框式水平仪一台；百分表一块，高度游标卡尺一把，外径千分尺一把；桑塔纳 2000GSI 型轿车 AFE 发动机曲轴一根；棉纱若干。

四、技术标准

中型货车的曲轴弯曲度，小于或等于 0.15mm，轿车的曲轴弯曲度小于或等于 0.06mm。

五、操作方法

1. 曲轴弯曲变形的检测

步骤 1　清洁并校验测量平台。

1）用棉纱清洁测量平台。

2）用框式水平仪检验测量平台是否水平。若测量平台不水平，则需进行调整。

步骤 2　支撑曲轴。

1）用棉纱清洁 V 形架，并将 V 形架放在测量平台上。

2）用棉纱清洁曲轴各道轴颈。

3）把曲轴首末端的主轴颈放在 V 形架上。

4）清洁高度游标卡尺并进行校正。

5）用高度游标卡尺检测曲轴首末端主轴颈最高素线的高度。

6）调整曲轴首末道主轴颈中心轴线，使其处于水平位置。

步骤 3　检验百分表。

1）检查百分表上边的挡帽和下边的测量触点是否反松。

2）用手提挡帽，再松开，百分表的长、短针应转动自如，无卡滞现象。

步骤 4　检验万向磁力表座。

1）检查磁力开关是否正常。

2）检查表架的灵活性、稳固性。

步骤 5　安装百分表。

1）将百分表安装在表架前端的圆孔内。

2）将螺栓锁紧。

步骤 6　压表。将百分表压在待测部位中部的最高素线上并与待测部位垂直，同时使百分表短针有一定的指示，再锁紧表架。

步骤 7　测量。

1）打开表座的磁力开关，固定磁力表座。

2）将曲轴慢慢旋转一圈，读出百分表的最大读数和最小读数。

步骤 8　计算，确定变形量。

1）径向圆跳动误差的计算方法：最大读数与最小读数之差的 1/2。

2）轴向圆跳动误差的计算方法：最大读数与最小读数之差。

3）将所得结果与技术标准相比较，确定变形量。

注意：

1）校验测量平台是否水平时应分段测量。如果水平仪的气泡偏向某一侧，就说明该侧高，应适当调整测量平台。如果水平仪的气泡位于中间，说明测量平台水平。

2）校正高度游标卡尺时，应将其放在测量平台上，向下移动游标使测量触点抵住测量平台，再锁住游标，若有误差，则读出误差。

2. 曲轴扭曲变形量的检测

步骤1 将曲轴首末端连杆轴颈旋转至水平位置。

步骤2 将百分表压在首端或末端连杆轴颈的最高素线上，找该轴颈的实际最高点，记录该读数。

步骤3 托住磁力表座总成底座，移至末端或首端的连杆轴颈上，用同样的方法测出末端或首端的连杆轴颈实际最高点的读数，并将其记录下来。

步骤4 计算确定变形量。将测出的数值代入下式：

$$\theta = 57\frac{\Delta A}{R}$$

式中 θ——扭转角度（rad）；

ΔA———首末端连杆轴颈最高点的差值（mm）；

R———曲柄半径（mm）。

步骤5 用计算出的 θ 值与技术要求相比较从而得出正确的结论。

3. 曲轴曲柄半径 R 的检测

步骤1 选择一根新的曲轴或已修配好的曲轴。

步骤2 将待测的连杆轴颈旋转至最高位置上，用高度游标卡尺测出该轴颈最高素线的高度 h_2。

步骤3 将待测的连杆轴颈旋转至最低位置上，用高度游标卡尺测出该轴颈最高素线的高度 h_1。将测出的值带入下式：

$$R = (h_2 - h_1)/2$$

4. 曲轴轴颈磨损量的检测及轴颈修理尺寸的确定

步骤1 摆放曲轴。清洁曲轴各段轴颈，将其竖直放在测量平台上或放在V形架上。

步骤2 校正外径千分尺。

1）清洁外径千分尺及标准棒。

2）松开外径千分尺上的转动手柄，旋转微分筒，将标准棒夹在测微螺杆和砧座之间，当标准棒接近测微螺杆时，再旋转棘轮，棘轮发出两三声响即可。

3）当标准棒的长度等于外径千分尺的第一个读数时，则外径千分尺无误差，不相等时，可调整外径千分尺或读出误差值，用加减误差的方法来测量。

步骤3 选择测量部位。每段轴颈选择靠两边的截面作为测量截面，但不能选择轴颈的过渡圆角处。

步骤4 测量。

1）分别在每个截面上找到磨损量最大的部位，用外径千分尺测得最小直径。

2）找到磨损量最小的部位，用外千分尺测得最大直径。

步骤5 计算。

1）圆度误差的计算方法：在同一截面上用最大直径减去最小直径，其差值的1/2即为该截面的圆度误差。用同样的方法求得另一截面的圆度误差。从两个圆度误差中选一个最大的作为该段轴颈的圆度误差。

2）圆柱度误差的计算方法：在所测得的两个截面的数值中，选出一个最大的直径，再到另一个截面选出一个最小的直径，最大直径与最小直径差值的1/2即为该轴颈的圆柱度误差。

3）将测得的数值与标准的技术要求相比较，从而得出结论。

步骤6 确定修理尺寸。

1）先计算出一个尺寸 $D_{计}$。$D_{计}=D_{小}-$加工余量（0.08～0.1mm），即用测出的最小直径减去加工余量，加工余量为0.08～0.1mm。

2）查该车型的维修手册，列出曲轴轴颈的各级修理尺寸。

3）用计算出来的尺寸 $D_{计}$ 与各级上的修理尺寸进行比较，从而确定出该轴颈的修理尺寸，即 $D_{计}\geqslant D_{某一级}$（等号的意思是接近于）。

注意：

1）连杆轴颈失圆的最大部位在各轴颈的内侧面上，即靠曲轴中心线的一侧。主轴颈的最大失圆磨损一般出现在靠近连杆轴颈的一侧。

2）在确定整个轴轴颈的修理尺寸时，应在所有的同类轴颈中选出一个最小的直径进行计算，不能以某一段轴颈代表全部轴颈。

鉴定点 11　气缸磨损程度及圆度、圆柱度误差的检测

一、鉴定题目　气缸磨损程度及圆度、圆柱度误差的检测

二、鉴定重点

气缸磨损程度及圆度、圆柱度误差的检测方法。

三、鉴定准备工作

气缸体一个；量缸表一块，内径千分尺、外径千分尺各一把。

四、技术标准

各缸直径之差不得超过0.05mm。气缸与活塞的配合间隙应为0.025～0.030mm。镗、磨后气缸的圆度和圆柱度误差应小于或等于0.005mm。

五、操作方法

步骤1：校表。

1）将量缸表的外径千分尺校准到被测气缸的标准尺寸。

2）将量缸表校准到外径千分尺尺寸，转动表盘，指针调零并记住小指针指示的毫米数。

步骤2：测量。

1）将量缸表在磨损量最大部位的横断面上旋转90°进行测量，两读数差值的1/2即为该气缸的圆度误差。

2）用同样的方法将量缸表下移至气缸中部和距气缸下边沿10mm左右处进行测量。

步骤3：计算。三处测量尺寸最大与最小读数差值的1/2，即为此气缸的圆柱度误差，如图3-121所示。

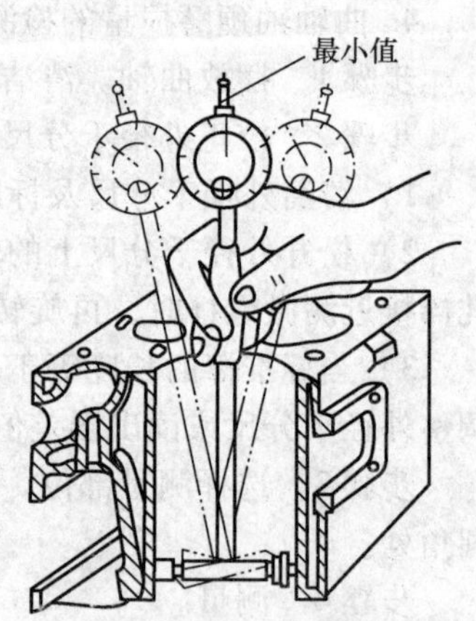

图 3-121　气缸磨损程度及圆度、圆柱度误差的检测

步骤4：确定修理尺寸。修理尺寸＝气缸最大磨损直径＋镗磨余量。镗磨余量一般取0.10～0.20mm。

鉴定点 12　气门座圈的修配

一、鉴定题目　气门座圈的修配

二、鉴定重点

1）了解气门座圈的修配技术标准。

2）掌握气门座圈的修配方法。

三、鉴定准备工作

东风EQ6100型发动机气缸体一个；冷冻箱一台（或氧乙炔焊焊枪一副）；常用钳工工具一套，深度游标卡尺一副，新气门座圈一个，软金属棒一根，甘油和黄丹粉适量。

四、技术标准

气门座圈经长期使用和多次铰磨后，其工作面会下陷，下陷到一定程度后，则会影响充气效率，并且降低气门弹簧的张力。因此，当气门座工作面的上边缘低于气缸体平面（或装入的气门顶平面低于气缸盖平面2mm）时，或气门座圈有裂纹、斑点、松动以及严重的烧蚀现象时，应镶换气门座圈。

五、操作方法

步骤1　用专用顶拔器或撬棒将旧的气门座圈从气缸盖中取出。

步骤2　拆卸后，清理气门座孔，先将积炭清除干净，然后再扩大座圈孔，使其适于安装加大尺寸的气门座圈。

步骤3　安装气门座圈。

1）检查清理气门座圈孔。

2）用喷灯火焰加热气门座圈孔四周，将气门座圈放在冰箱内，或用干冰使其冷却。进行冷处理时，操作人员要戴上合适的手套以防冻伤。

3）将带台阶的冲头垫在气门座圈上，在适当的过盈配合下，用压力机把气门座圈压入气缸盖上相应的气门座圈孔内，也可用锤子将其敲入。

4）检查气门座圈上端面，其应与气缸盖平面平齐，否则应将高出部分修平。

鉴定点13　曲轴轴向间隙的检测

一、鉴定题目　曲轴轴向间隙的检测

二、鉴定重点

用正确的方法检测曲轴的轴向间隙是否符合标准。

三、鉴定准备工作

解放CA1092型发动机一台；常用工具一套，挤压熔丝一个，千分尺一把；机油一桶，抹布一块。

四、技术标准

汽油机曲轴轴向间隙不得大于0.35mm，否则应更换止推垫片。

五、操作方法

1. 不解体发动机的检查方法

步骤1　拆下离合器壳底盖。

步骤2　把磁性表架固定在飞轮壳上，使百分表测头抵住飞轮表面。

步骤3　用螺钉旋具轴向撬动飞轮，同时观察百分表指针的摆动值，也可用塞尺进行测量，如图3-122所示。

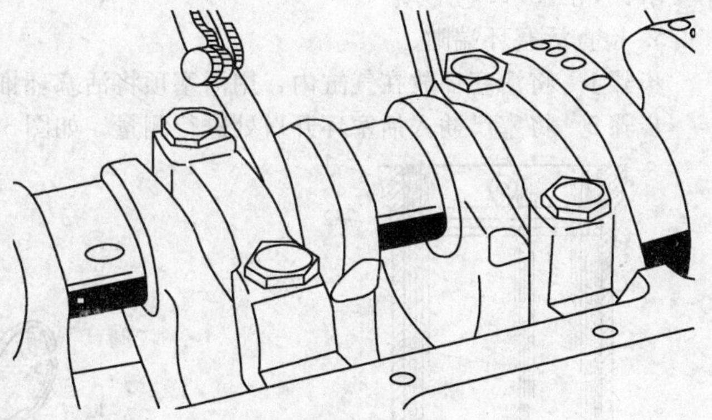

图3-122　曲轴轴向间隙的检查

2. 解体发动机的检查方法

发动机解体后检查时，可直接前后撬动曲轴，用塞尺或百分表进行测量。若轴向间隙超过规定极限，则必须检查止推垫片。

鉴定点14　活塞环的检验与更换

一、鉴定题目　活塞环的检验与更换

二、鉴定重点

用正确的方法检验活塞环。

三、鉴定准备工作

解放 CA6102 型发动机一台；常用工具一套，低压照明灯或手电筒一个，内径百分表一块；活塞环弹力检验仪一台，砂布一块。

四、技术标准

1）活塞环的弹力、漏光度应符合技术标准要求。

2）活塞环的侧隙、背隙和端隙应符合技术标准要求。

3）活塞环端面平整，装入环槽内应能转动灵活，不卡滞。

五、操作方法

为了保证活塞环与活塞环槽及气缸配合良好，在选配活塞环时，应进行下列检验。其中任意一项不符合要求时，均应重新选配。

1. 检验活塞环的弹力

步骤 1　把活塞环放在弹力检验仪上，使环的开口处于水平位置。

步骤 2　移动检验仪上的量块，把活塞环的开口间隙压缩到标准的端间隙，观察秤杆上量块的质量，应符合技术要求。

2. 检查活塞环漏光度

步骤 1　将活塞环平放在已镗磨的气缸内，用活塞顶部推正活塞环。

步骤 2　在活塞环上盖一个直径比缸径略小的用硬纸板做成的圆形遮光板，在气缸下部放置灯光照明设备，如图 3-123 所示。

步骤 3　观察活塞环外圆与气缸壁之间是否漏光。

步骤 4　用塞尺和游标万能角度尺测量其漏光度是否符合技术要求。

3. 检查活塞环背隙

活塞环背隙通常以环槽深度和活塞环径向厚度之差来表示。若背隙过小，则应重新选择一组活塞环。

4. 检查活塞环侧隙

将活塞环放在环槽内，围绕环槽滚动一周，应能自由滚动，然后用塞尺检测侧隙是否符合技术要求，如图 3-124 所示。

5. 检查活塞环端隙

步骤 1　将活塞环放在气缸内，用活塞顶将活塞环推正。

步骤 2　将塞尺插入活塞环开口处进行测量，如图 3-125 所示。

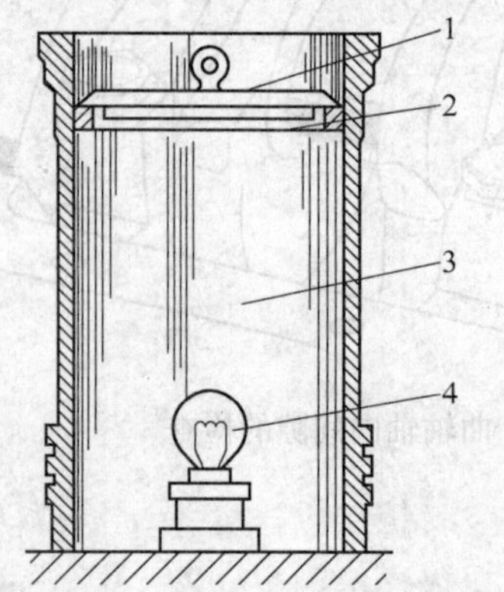

图 3-123　活塞环的漏光检查

1—遮光板　2—活塞环　3—气缸　4—灯泡

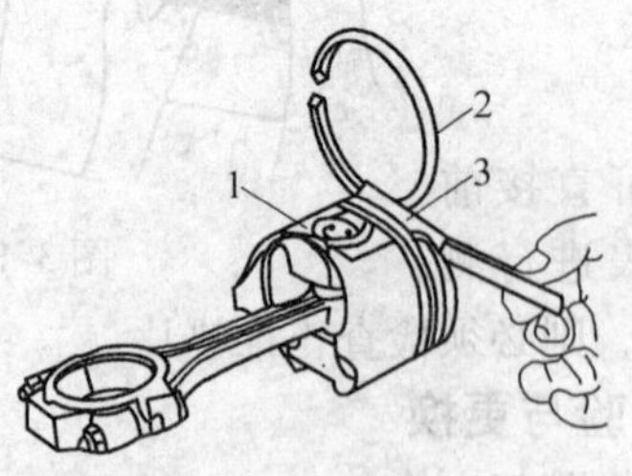

图 3-124　检查活塞环侧隙

1—活塞　2—活塞环　3—塞尺

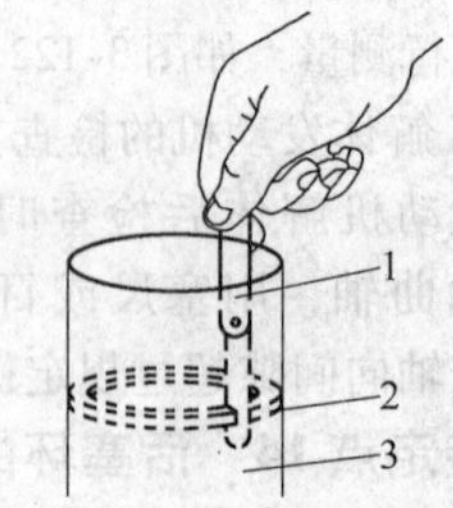

图 3-125　检查活塞环端隙

1—塞尺　2—活塞环　3—气缸

活塞环端隙过大时不能使用；端隙过小时，用细平锉或整形锉在活塞环开口处的一个端面上锉削，边锉边量，要求环开口处要修锉平整，无毛刺。

鉴定点 15　曲轴（连杆）轴承间隙的检测与调整

一、鉴定题目　曲轴（连杆）轴承间隙的检测与调整

二、鉴定重点

1）用正确的方法检测曲轴（连杆）轴承间隙是否符合标准。

2）根据检查结果正确地调整曲轴（连杆）轴承间隙。

三、鉴定准备工作

解放 CA1092 型发动机一台；常用工具一套，挤压熔丝一个，千分尺一把；机油一桶，抹布一块。

四、技术标准

1）主轴承、连杆轴承间隙值应符合规定。

2）主轴承和连杆轴承螺栓拧紧力矩应符合规定。

五、操作方法

1. 检查

步骤 1　检查欲拆检的轴承盖有无位置、方向标记，没有标记的应做好标记。

步骤 2　取下锁销或剔开锁片，用扭力扳手拆下轴承盖紧固螺栓，取下轴承盖。

步骤 3　用干净的抹布擦净轴瓦表面油污，取长度等于轴瓦宽度的 ϕ0.5mm 熔丝，沿曲轴轴向放置在轴瓦上，将轴承盖装复，按规定力矩拧紧螺栓。

步骤 4　将轴承盖拆下，取出经过挤压的熔丝，用 0～25mm 千分尺测量其厚度，并做记录。

步骤 5　在轴瓦表面涂抹新的机油后，将检查过的轴承盖装复，按规定力矩拧紧螺栓，锁好销子或锁片。检查轴承间隙时应在拆检装复一个后再拆检装复另一个。

步骤 6　最后，用扭力扳手按规定力矩对全部紧固主轴承螺栓和连杆轴承螺栓进行检查，上好锁销或锁片。

若轴承间隙过大，则需进行调整或更换。

2. 调整

步骤 1　拆下轴承盖，适当增减轴承盖两边的调整垫片，按规定力矩拧紧轴承盖螺栓。

步骤 2　转动曲轴（卸去全部火花塞），若用力不大，转动灵活，说明符合要求；若感到费力，说明间隙过小，可在轴承盖两边同时加上同等厚度的垫片再试；若感到太松，则可在轴承两边减去同等厚度的垫片再试，直到合适为止。

步骤 3　在轴瓦表面涂抹机油后，将调整后的轴承盖装复，按规定力矩拧紧螺栓，锁好销子或锁片。

全面调整轴承间隙时必须从中间开始，五道主轴承按 2、3、5、1、4 的顺序调整，七道主轴承按 3、4、5、2、6、1、7 的顺序调整。

鉴定点 16　发动机总成的拆卸

一、鉴定题目　发动机总成的拆卸

二、鉴定重点

1）拆卸顺序规范。

2）零部件摆放有序。

3）正确使用工具。

三、鉴定准备工作

桑塔纳轿车一辆，汽车修理工具一套。

四、技术标准

能够熟练掌握发动机的拆卸方法。

五、操作方法

1. 发动机总成的拆卸（从车上拆下）

步骤1　从蓄电池上拆下接地线（搭铁线）。

步骤2　将暖风开关拨到“暖气”位置。

步骤3　打开散热器盖。

步骤4　将水泵大循环进口处拆开，放出冷却液，并用容器将冷却液收集好以便以后使用。

步骤5　拔掉气缸盖冷却液出液口（往散热器去的一路）处的冷却液软管。

步骤6　拆下热敏开关（在三通接头处）和电扇上的连接电线。

步骤7　放松并拆下散热器顶部左、右角上的固定支架，将散热器连同冷却风扇和护风罩整体一起取出。

步骤8　拔掉交流发电机接线插头，使其脱线。

步骤9　拆卸化油器的进油管、出油管及回油管。

步骤10　从分电器盖上拆下中心高压线、分火高压线及其他接线插头。

步骤11　拆卸空气滤清器，并用薄膜封住化油器上口。

步骤12　拆卸化油器节气门操纵拉索和片簧插片。

步骤13　拆卸真空连接管路：从真空罐上拔下真空管，从分电器真空提前装置上拔下真空管，从进气歧管上拔下制动真空加力用真空管。

步骤14　取下电路接线或脱开插接套：拆卸热敏开关接线，拆卸进气歧管电预热塞接线，拆卸电源接线柱的接线。

步骤15　从化油器上拔下冷却液软管。

步骤16　拆卸冷却液温度表传感器上的电线，并从机油压力开关上拔下电线。

步骤17　松开支架上的紧固螺栓，拆卸离合器操纵钢丝绳。

步骤18　松开发动机左、右支承架橡胶缓冲块上的固定螺栓。

步骤19　拆卸发动机前支架固定螺栓。

步骤20　拆卸排气管夹头的联接螺栓。

步骤21　拆下起动电动机的接线。

步骤22　拆下起动电动机的固定螺栓。

步骤23　松开发动机与变速器的联接螺栓。

步骤24　将吊座夹头放在发动机后端，旋紧联接螺栓。

步骤25　拆卸同步带防护罩。

步骤26　放入吊架，在主轴带轮端将销子插入第三号位第三孔中，在飞轮端将销子插入八号位第二孔。插销与吊钩均用弹簧开口销锁住。

步骤27　起吊发动机稍许，使发动机脱离发动机支座，再次拧紧吊座夹头的支承螺栓。

步骤28　拔出发动机与变速器的联接螺栓，使发动机脱离变速器。转动发动机机体，并将发动机逐渐吊起。这时操作应十分细心，以免在吊起过程中碰坏有关结构件。

步骤29　用托架将发动机固定在装配架上。

2. 发动机的分解

(1) V带及同步带的拆卸

步骤1　旋松发电机撑紧臂的固定螺栓，拆卸水泵、发动机的V带。

步骤2　拆卸水泵带轮、曲轴带轮，拆卸同步带上的防护罩，注意观察正时标记。

步骤3　旋松同步带张紧轮紧固螺母，转动张紧轮的偏心轴，使同步带松弛，取下同步带。

步骤4　拆下曲轴同步带轮、中间轴同步带轮，拆下同步带后防护罩。

步骤5　旋松同步带张紧轮紧固螺母，转动张紧轮的偏心轴，使同步带松弛，取下同步带。

步骤6　拆下主轴同步带轮、中间轴同步带轮。

步骤7　拆下同步带后防护罩。

(2) 发动机外部附件的拆卸

步骤1　拆卸水泵上尚未拆卸的连接管。

步骤2　拆卸水泵、发电机、起动机、分电器、汽油泵、燃油滤清器、机油滤清器、化油器、进气歧管、排气歧管、火花塞等。

(3) 发动机机体的解体

步骤1　放出油底壳内的机油，拆下油底壳，更换机油密封衬垫。

步骤2　拆卸机油泵、机油滤清器。

步骤3　拆卸气门室罩，更换气门室罩密封垫。

步骤4　拆下气缸盖，应从两端向中间分次、交叉拧松螺栓。

步骤5　拆卸离合器总成。

鉴定点17　气门的检修

一、鉴定题目　气门的检修

二、鉴定重点

1) 利用正确的方法检测气门组件。

2) 利用正确的方法选配和修理气门组件。

三、鉴定准备工作

待检修的气门组；外径千分尺、百分表、气门光磨机、“00”号砂布、V形架等必要的工、量具以及专用工具。

四、技术标准

见操作方法。

五、操作方法

1. 气门杆磨损的检修

气门杆磨损量用外径千分尺测量，如图3-126所示。在气门杆磨损量最大的部位和气门杆尾部未磨损部位进行对比测量，测得的磨损量不得超过0.04mm，否则应换新件。

2. 气门杆端面磨损的检修

步骤1　将气门放置在两个V形架上，用百分表检查其端面，百分表指针摆差不得大于0.03mm。

步骤2　当百分表指针摆差大于0.03mm时，可用气门光磨机将气门杆端磨平，如图3-127所示。

3. 气门工作面磨损的检修

步骤1　检查砂轮是否平整，按气门杆外径选择夹头，并装夹好气门。

步骤2　按气门规定锥角调整夹架。

步骤3　光磨前，先打开冷却液开关，开动夹架电动机，观察气门是否摇摆，然后开动砂轮电动机。

步骤4　操纵纵、横向进给手柄，使砂轮缓慢接触气门工作面，然后停止进给。

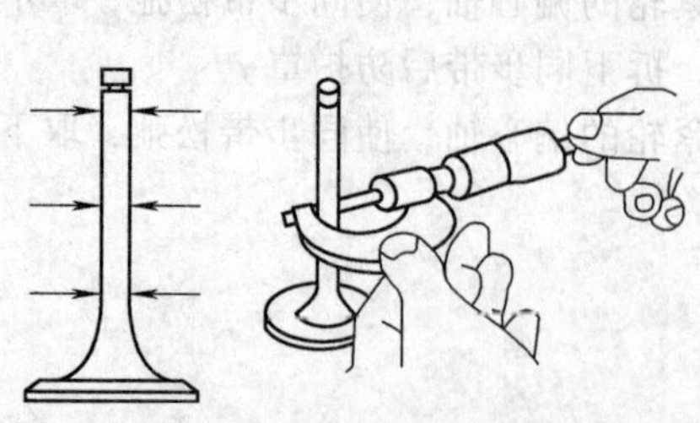

图 3-126　气门杆磨损量的测量

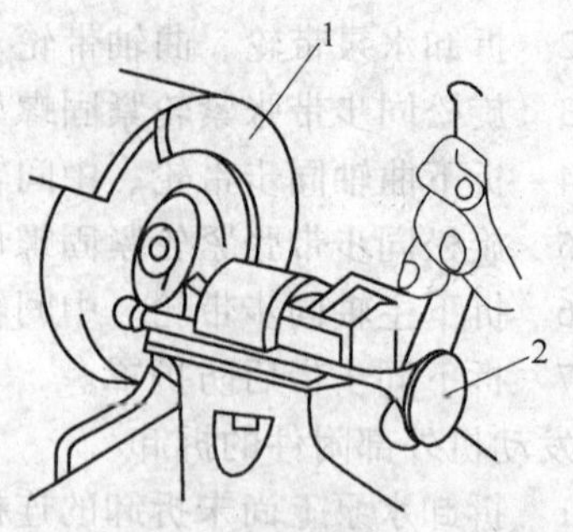

图 3-127　将气门杆端面磨平

1—气门光磨机　2—气门

步骤 5　左右转动横向手柄，使气门工作面在砂轮面上左右慢慢移动，并进行 3 ~ 5 次空走刀，直至没有火花为止。

步骤 6　用“00”号砂布磨光气门工作面。

步骤 7　关闭冷却泵和砂轮电动机。

4. 气门杆弯曲的检修

用百分表检测气门杆的弯曲变形情况，如图 3-128 所示。其操作方法如下：

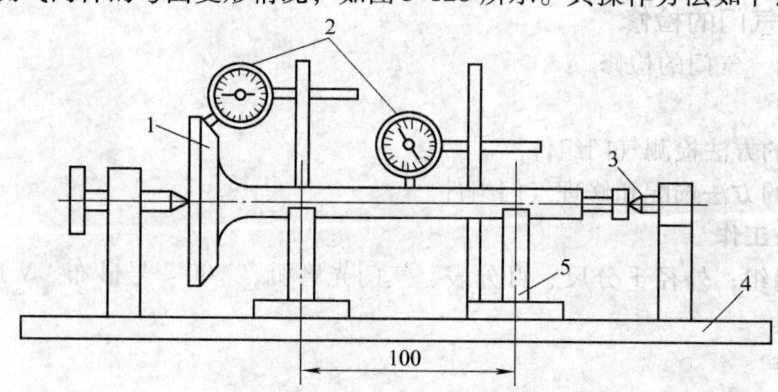

图 3-128　气门杆弯曲变形情况的检测

1—气门　2—百分表　3—顶尖　4—平板　5—V 形架

步骤 1　将气门置于相距 100mm 的两个 V 形架上，用支承钉顶住气门两端面。

步骤 2　将百分表触头抵在气门杆中间，转动气门杆一圈，百分表所示最大与最小读数之差即为气门杆的弯曲度。

步骤 3　将百分表触头抵在气门头平面上，转动气门一圈，百分表所示最大与最小读数之差即为气门头部的摆差。

步骤 4　若气门杆弯曲度超过 0. 03mm，摆差超过 0. 05mm，应予以冷压校正。

鉴定点 18　气门座的检修

一、鉴定题目　气门座的检修

二、鉴定重点

利用正确的方法修理气门座。

三、鉴定准备工作

1）待检修的气门座。

2）气门铰刀一套，光磨机、细砂布等必要的工具、量具以及专用工具。

四、试题分析

气门座损伤是冲击引起的塑性变形，同时还受到高温气体的烧蚀。

五、操作方法

步骤1　气门座的检查。气门杆磨损后，如果工作表面磨损得过宽，超过2mm，或气门座工作面烧蚀出现斑点、凹陷，下陷到一定程度，则应进行铰削或磨削；如果气门座圈有裂纹、松动和严重烧蚀现象，则应重镶气门座。

步骤2　气门座的铰削。气门座的铰削应在气门导管修配后进行，分为以下几个步骤：

（1）选择铰刀和铰刀导杆　根据气门直径和气门导管内径来选择铰刀和铰刀导杆。气门座铰刀和铰刀导杆如图3-129所示。

（2）砂磨硬化层　将1号砂布垫在铰刀下面砂磨硬化层。

（3）粗铰

1）铰削气门座的方法如图3-130所示。铰削时，导杆要保持正直，两手用力要均匀，转动要平稳，将气门工作面的烧蚀、斑点、凹陷等缺陷铰去。

2）以铰削东风EQ6100—1型气门座为例。按图3-131所示的气门座铰削顺序进行粗铰。用45°粗刃铰刀铰削工作面；用75°座面铰刀铰削15°上斜面；用15°座面铰刀铰削75°下斜面。

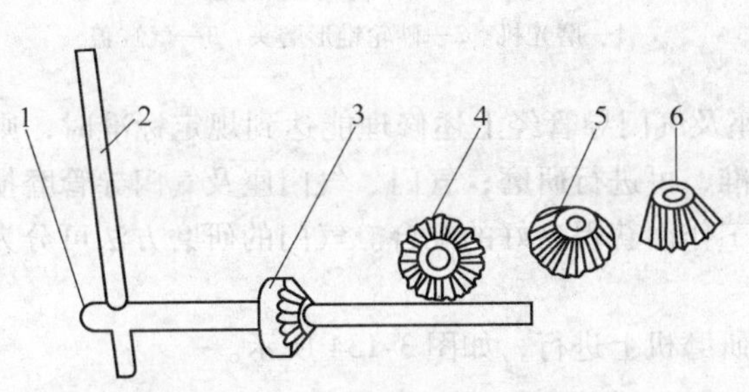

图3-129　气门座铰刀和铰刀导杆
1—铰刀刀杆　2—铰刀把　3—45°细刃铰刀
4—15°座面铰刀　5—45°粗刃铰刀　6—75°座面铰刀

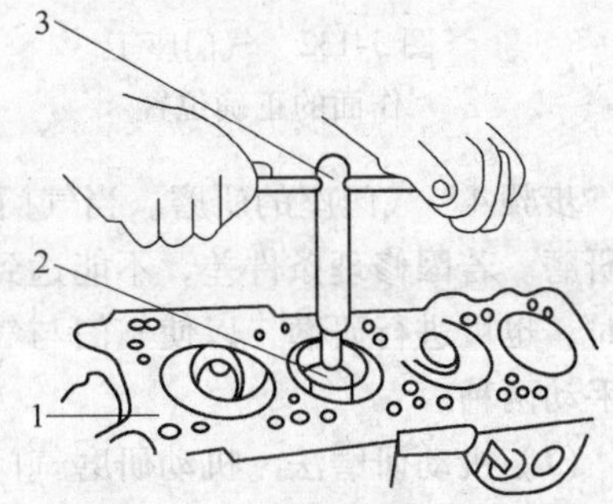

图3-130　铰削气门座的方法
1—气缸盖　2—铰刀　3—铰刀刀杆

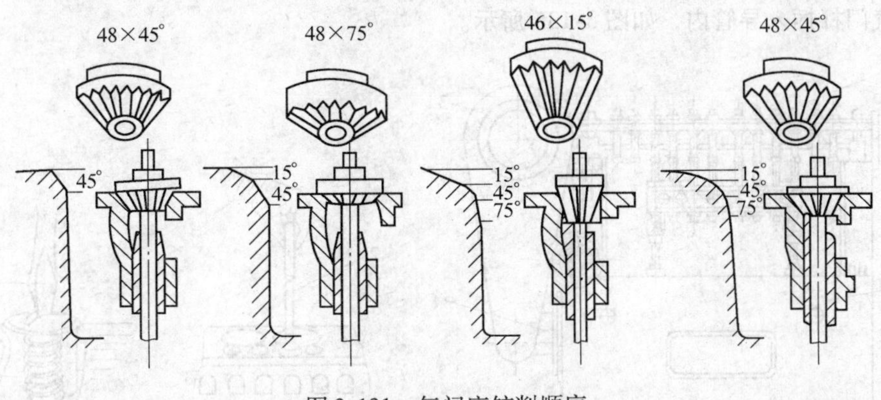

图3-131　气门座铰削顺序

（4）试配和修整气门座工作面　用相配合的气门进行试配，气门座工作面的正确位置如图3-132所示。气门与气门座的接触面应位于气门座的中下部。进气门接触面宽度为1～2mm，排气门接触面宽度为1.5～2.5mm。如果接触面位置和尺寸不符合要求，可进行修铰。其方法如下：

1）接触面偏上时，用75°座面铰刀铰上口，使接触面下移。

2）接触面偏下时，用15°座面铰刀铰下口，使接触面上移。

（5）精铰　用45°精刃铰刀进行精铰或在铰刀下垫细砂布进行光磨，以达到表面粗糙度要求。

步骤3　气门座的磨削。气门座工作面也可用高速砂轮机进行磨削。它主要利用砂轮来代替铰刀，以小型电动机作为动力。用气门座磨光机（见图3-133）磨气门速度快、质量高，特别是用于磨削硬度高的气门座时效果更好。

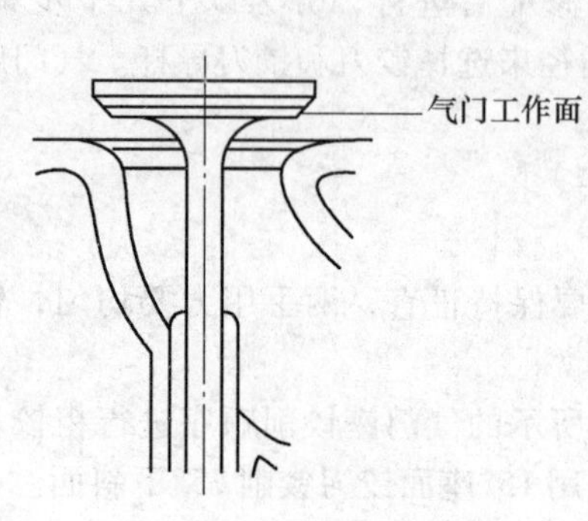

图3-132　气门座工作面的正确位置

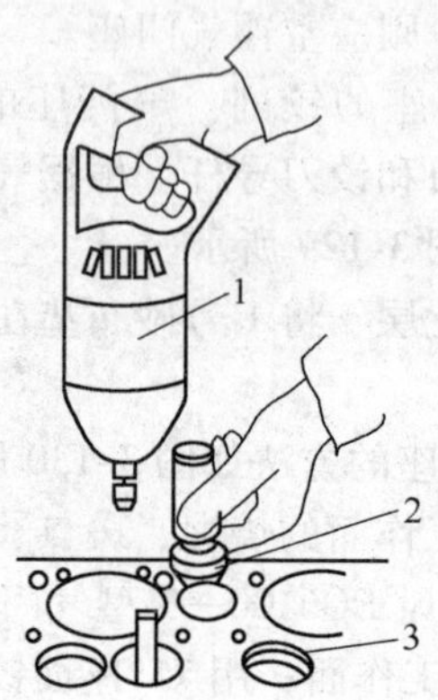

图3-133　气门座磨光机

1—磨光机　2—砂轮锥形磨头　3—气缸盖

步骤4　气门座的研磨。当气门、气门座及气门导管经上述修理能达到规定标准时，则不需要研磨。若因修理条件差，不能达到规定标准，可进行研磨；气门、气门座及气门导管磨损量不大时，也可进行研磨，以使气门与气门座的工作面获得良好的配合。气门的研磨方法可分为机动和手动两种。

（1）机动研磨法　机动研磨气门在气门研磨机上进行，如图3-134所示。

（2）手工研磨法

1）研磨前，将气门、气门座及气门导管清洗干净，按顺序给气门做标记。

2）在气门工作面上涂上一层薄薄的研磨砂，在气门杆上涂上少许机油，套上一只细软螺旋弹簧，将气门杆插入导管内，如图3-135所示。

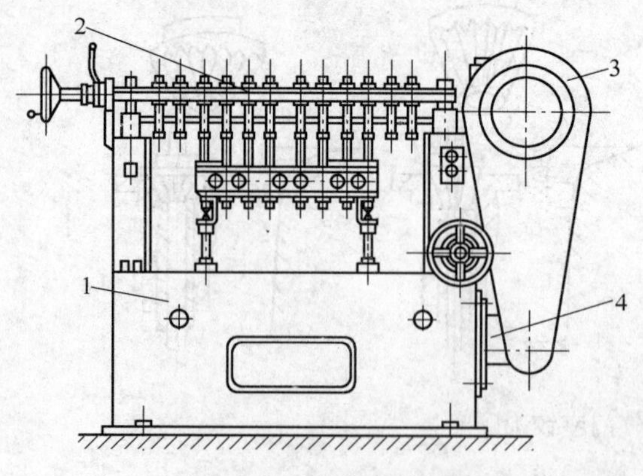

图3-134　气门研磨机

1—机体　2—摆动和往复机构　3—减速器　4—电动机

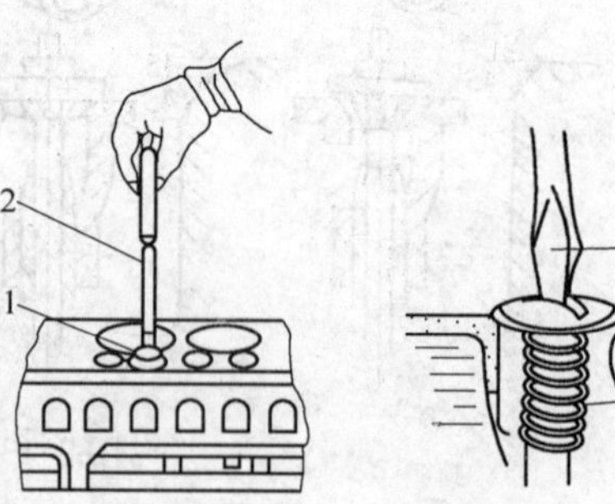

图3-135　手工研磨气门

1—橡胶碗　2—木柄　3—螺钉旋具　4—弹簧

3）利用橡胶捻子或螺钉旋具往复旋转气门，转角一般以10°～30°为宜，并适时地提起和转动气门，以改变接触位置。研磨要轻，不要用力敲击，以免出现砂痕，不要使研磨砂进入导管，以免磨损导管。

4）当气门和气门座工作面出现一条整齐无斑痕、麻点的接触带时，取出气门，洗掉粗研磨砂，换涂细研磨砂，继续研磨，直至工作面出现一条整齐、灰色、无光泽的环带时，再洗掉细研磨砂，涂上机油，继续研磨几分钟，然后进行密封性试验。

鉴定点19 凸轮轴磨损情况的检测

一、鉴定题目 凸轮轴磨损情况的检测

二、鉴定重点

利用正确的方法检测凸轮轴磨损情况。

三、鉴定准备工作

待检测的凸轮轴；外径千分尺、车床、百分表、V形架等必要的工具、量具以及专用工具。

四、技术标准

凸轮的磨损量不应超过规定值，凸轮的弯曲度符合要求。

五、操作方法

步骤1 凸轮磨损量的检测。通过用外径千分尺测量凸轮的全高与凸轮基圆直径的差值来确定凸轮的磨损量，如图3-136所示。凸轮磨损量超过规定值时应换用新件。

步骤2 凸轮轴弯曲变形情况的检测。将凸轮轴放在车床两顶尖间，或放在平台的V形架上，以两端轴颈为支点，如图3-137所示。将百分表触头抵在中间的轴颈上，并缓慢转动凸轮轴一周，如果百分表摆差超过0.10mm，则应采用冷压法予以校正。校正后的弯曲度应小于或等于0.03mm。

步骤3 凸轮轴轴颈的检测。凸轮轴轴颈磨损情况的检测如图3-138所示。用外径千分尺测量轴颈的圆度及圆柱度误差，超过规定值时，应按修理尺寸磨削轴颈，即缩小轴颈尺寸，配用相应修理尺寸的凸轮轴轴承。

步骤4 凸轮轴其他损伤的检修。

1）凸轮轴上驱动分电器及机油泵传动齿轮磨损的检修。东风EQ6100—1型汽车齿轮法向弧齿厚为3.14mm，如齿厚磨损量大于0.50mm，应换用新件。

2）凸轮轴上偏心轮表面磨损的检修。东风EQ6100—1型汽车偏心轮直径为ϕ40mm，小于ϕ38.66mm时，可堆焊修复或换用新件。

3）正时齿轮键与键槽磨损的检修。东风EQ6100—1型汽车键槽间隙宽超过0.12mm时，应换新键。

4）凸轮轴装配的正时齿轮固定螺母的螺纹损坏多于两牙时，可堆焊修复、重新车螺纹或换用新件。

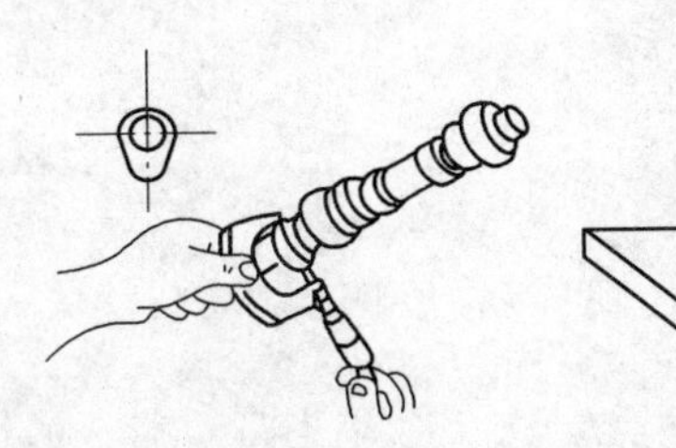

图3-136 测量凸轮的磨损量

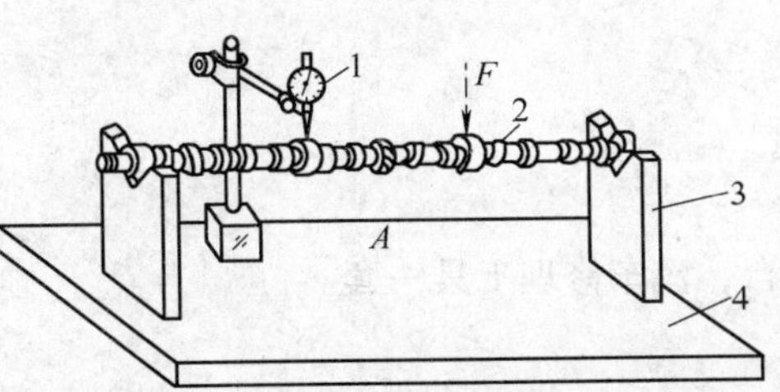

图3-137 凸轮轴弯曲情况的检查
1—百分表 2—凸轮轴
3—V形架 4—平板

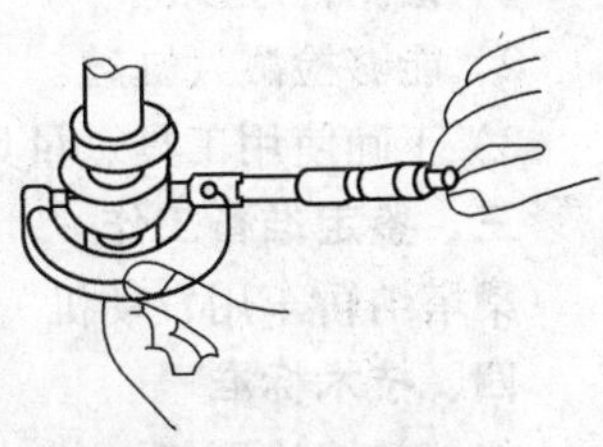

图3-138 凸轮轴轴径磨损情况的检测

鉴定点 20　拆卸、清洗气缸盖

一、鉴定题目　拆卸、清洗气缸盖

二、鉴定重点

1）拆装顺序规范。

2）零部件摆放有序。

3）正确使用工具。

三、鉴定准备工作

桑塔纳轿车用发动机一台，汽车修理工具一套。

四、技术标准

能够熟练拆装、清洗气缸盖。

五、操作方法

1. 气缸盖的拆卸

步骤 1　拆下同步带前护罩，拧下气门罩盖的紧固螺栓。

步骤 2　取下压条、支架、同步带护罩和气门罩盖。

步骤 3　拔下冷却液温度传感器上的插头。

步骤 4　拔下机油温度传感器的插头。

步骤 5　拔下氧传感器的插头。

步骤 6　旋下同步带后护罩的螺栓。

步骤 7　拔出火花塞插头，并放置在一边。

步骤 8　按照规定顺序松开气缸盖螺栓。

步骤 9　将气缸盖与气缸垫一起拆下。

2. 气缸盖的装配

按照与拆卸相反的顺序安装气缸盖，但应注意以下几点事项：

1）在安装气缸盖之前，要将曲轴转动到第一缸的上止点位置。

2）安装气缸垫时，有标号（配件号）的一面必须可见。

3）更换气缸盖紧固螺栓，不能重复使用已经按照拧紧力矩拧紧过的螺栓。

4）按顺序以 40N · m 的力矩拧紧气缸盖螺栓，然后用扳手再拧紧 180°。

5）更换损坏的衬垫。

6）对角拧紧气门罩盖与气缸盖的紧固螺栓，拧紧力矩为 10N · m。

鉴定点 21　气缸盖的检测

一、鉴定题目　气缸盖的检测

二、鉴定重点

1）检测程序规范。

2）能够检测气缸盖。

3）正确使用工具、量具。

三、鉴定准备工作

桑塔纳轿车用发动机一台，汽车修理工具一套。

四、技术标准

能够熟练检测气缸盖。

五、操作方法

1. 气缸盖变形的检测

气缸盖的变形主要为翘曲，变形程度可通过检测气缸盖平面的平面度误差获得，如图 3-139 所示。

步骤 1　将待测气缸盖倒放在检测平台上。

步骤 2　将金属直尺或刀口形直尺沿两条对角线和纵轴线贴靠在气缸盖下平面上。

步骤 3　在金属直尺或刀口形直尺与气缸盖下平面间的缝隙处插入塞尺，所测数值即为气缸盖的变形量。

步骤 4　气缸盖下平面的平面度误差在整个平面上应小于或等于 0.05mm。若有局部不平，可用刮研法修复。

2. 气缸盖裂纹的检修

气缸盖裂纹的检修经常采取水压试验法，如图 3-140 所示。

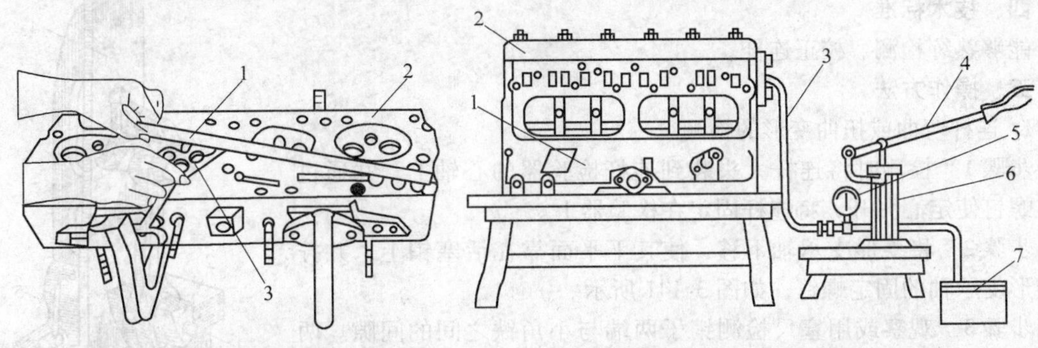

图 3-139　气缸盖变形的检测
1—金属直尺　2—气缸盖　3—塞尺

图 3-140　水压试验法
1—气缸体　2—气缸盖　3—水管　4—压力杆
5—压力表　6—水压机　7—散热器

步骤 1　将气缸盖、气缸体、气缸垫按要求装合在一起。

步骤 2　将水压机水管接在气缸体进水口处。

步骤 3　用水压机将水压入水套，压力在 0.2～0.4 MPa 时保持 5min。如果气缸盖表面、燃烧室等部位无水珠出现，表明无裂纹。

步骤 4　受力和受热不大的部位出现裂纹时，可用环氧树脂黏结法修复。当受力较大的部位出现裂纹时，应采用焊接法修复。

3. 燃烧室容积的检测

步骤 1　装上气缸盖上的全部火花塞，并将待测气缸盖倒放在检测平台上，使其保持水平。

步骤 2　用量杯向燃烧室注入 80%（体积分数）煤油和 20%（体积分数）机油的混合液。

步骤 3　当混合液的加入量约为燃烧室容积的 95% 时，停止加注，将中间带有圆孔的玻璃板盖在燃烧室平面上。

步骤 4　用注射器或滴管注入混合油，直至液面与玻璃板相接触。

步骤 5　混合油的总注入量即为燃烧室容积。若活塞顶部有凹坑，还应测量凹坑的容积并将其计入燃烧室容积。

4. 气缸盖厚度的检测

步骤 1　将待测气缸盖平放在检测平台上。

步骤 2　用高度游标卡尺测量气缸盖的厚度。

步骤 3　若气缸盖厚度仍在规定范围内，可对气缸盖进行修磨；若气缸盖厚度过小，则应更换气缸盖。

5. 气缸盖与进排气歧管结合平面（侧平面）的检修

平面度误差应小于或等于0.05mm，当超过此范围时应进行修磨。

鉴定点22　连杆弯曲或扭曲变形的检测及连杆的校正

一、鉴定题目　连杆弯曲或扭曲变形的检测及连杆的校正

二、鉴定重点

1）检测程序规范。

2）能够正确校正连杆。

3）正确使用工装设备。

三、鉴定准备工作

变形的连杆，连杆检验器，连杆压力器，常用工具一套。

四、技术标准

能够熟练检测、校正连杆。

五、操作方法

1. 连杆弯曲或扭曲变形的检测

步骤1　检测时将连杆大头装到连杆检验器的心轴上，并通过调整螺钉使定心张开，将连杆固定在检验器上。

步骤2　将菱形支承轴下移，使其下平面靠在活塞销上，并拧紧菱形支承轴的固定螺钉，如图3-141所示。

步骤3　观察或用塞尺检测销子两端与小角铁之间的间隙。两间隙之差反映了弯曲变形的方向和程度，即连杆大小头孔轴线的平行度误差。该误差应小于或等于极限值0.05mm。

步骤4　将小角铁下移，观察和测量活塞销两端与小角铁侧平面间的间隙，就可以检查出连杆扭曲变形程度。连杆大小头孔中心线在另一方向的平行度误差应小于或等于极限值0.10mm。

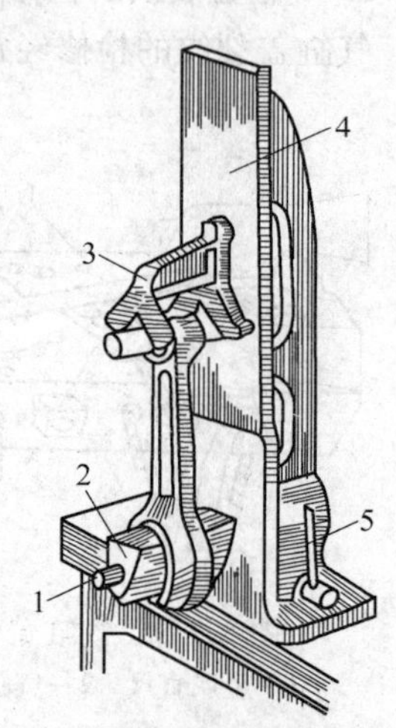

图3-141　连杆检验器

1—调整螺钉　2—菱形支承轴　3—量规　4—检验平板　5—锁紧支承轴扳杆

2. 连杆弯曲和扭曲变形的校正

（1）连杆弯曲变形的校正

步骤1　如图3-142a所示，将弯曲的连杆置于压具上，使弯曲的部位朝上，并对正丝杠部位放好垫块。

步骤2　施加压力，使连杆向已弯的反方向变形，并使连杆变形量达到已弯曲部位变形量的数倍以上。

步骤3　停止一定时间，等金属组织稳定后，再去掉外载荷。

步骤4　重新复查校正情况，确定是否需要再校正。

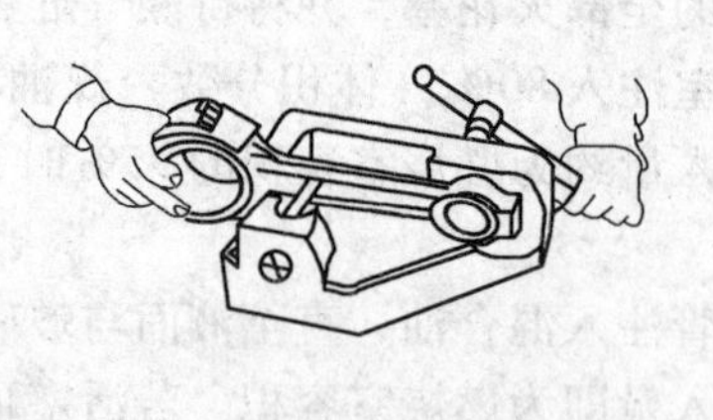

a)

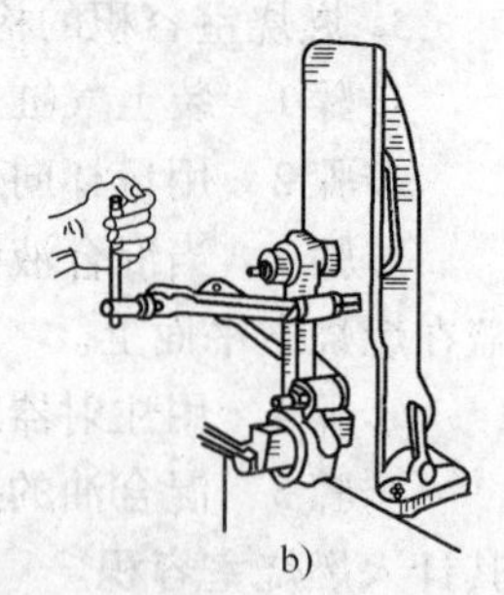
b)

图3-142　连杆弯曲和扭曲变形的校正

a）连杆弯曲的校正　b）连杆扭曲的校正

（2）连杆扭曲变形的校正

步骤1　将连杆大端盖装好，套在检验器的心轴上。

步骤2　用扳钳进行校正，直到合格为止，如图3-142b所示。

注意：为防止弹性失效，校正量较小时，校正施力过程应保持一段时间；校正量较大时，可用喷灯稍许加热。

鉴定点 23 检测、选配活塞

一、鉴定题目 检测、选配活塞

二、鉴定重点

用正确的方法检测、选配活塞。

三、鉴定准备工作

活塞、千分尺。

四、技术标准

1）活塞的修理尺寸是指活塞的直径较标准尺寸加大一个或几个修理级差。加大常用“+”表示，加大的数值一般刻在活塞顶上。活塞的修理尺寸应与气缸的加大级别相一致。同一台发动机上，应选用同一品牌、同一组的活塞，以便使材料、性能、质量、尺寸一致。同一组活塞的直径差不得大于0.025mm。

2）同一组活塞中，各活塞的质量应基本一致，质量差不得超过3%。活塞的质量超过规定时，可调整活塞的质量。

3）活塞裙部的圆度和圆柱度误差应符合相关规定。

4）由于活塞头部壁厚较厚，且温度明显高于其他部位，因此，对活塞的头部、裙部直径有一定的要求，以防止活塞顶部受热膨胀使头部外径过大，同时也可以保证活塞环工作可靠。

五、操作方法

1. 活塞的检测

步骤1 清除活塞环槽内的积炭。如果积炭将活塞环嵌在活塞环槽中不能转动，可将活塞总成浸泡在煤油中，待其软化后再进行清除和拆卸，如图3-143所示。

步骤2 检查活塞裙部的磨损情况。在与活塞销垂直的方向，用外径千分尺测量活塞裙部直径，如图3-144所示。测得的数值与标准尺寸的最大偏差量不得超过0.04mm，超过规定值时，在发动机大修时应更换全部活塞。

2. 选配活塞

根据活塞修理尺寸级别选配活塞。

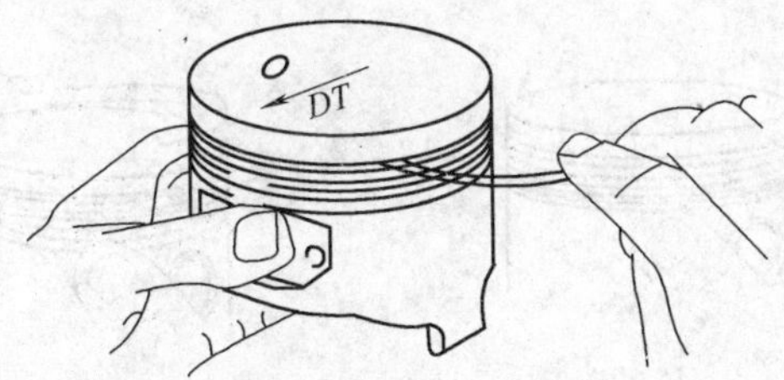

图3-143 清除活塞环槽内的积炭

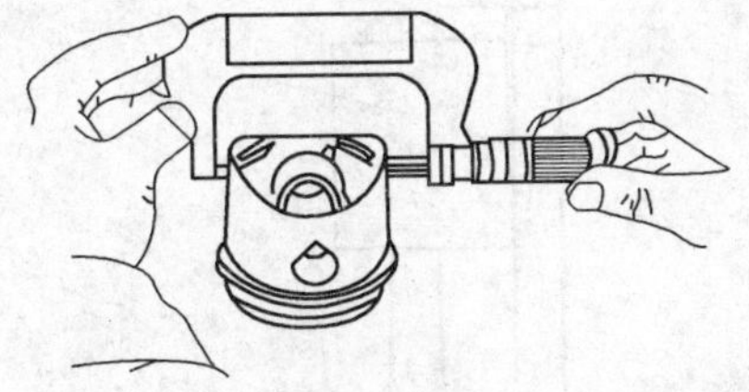

图3-144 测量活塞裙部尺寸

鉴定点 24 活塞连杆组的组装

一、鉴定题目 活塞连杆组的组装

二、鉴定重点

正确组装活塞连杆组。

三、鉴定准备工作

1）待组装的活塞连杆组一套。

2）塞尺、连杆检验器等必要的工具、量具以及专用工具。

四、技术要求

活塞连杆组各零件经修理、检验合格后，即可装配成组合件。装配前应进行彻底清洗，尤其要将连杆油道中的污垢清洗干净；安装活塞环时，应注意各道环的结构和安装方向。

五、操作方法（以东风 EQ6100—1 型发动机为例）

1. 组装

步骤 1　将活塞置于水中，加热到 70 ~ 80℃后取出，擦拭干净。

步骤 2　在座孔和活塞销上涂上一层薄薄的机油，用大拇指把活塞销推入座孔，并迅速通过连杆小头衬套孔，直至另一侧销座孔的锁环槽边。

步骤 3　装上活塞销两边的锁环。对于有磨损台阶的锁环，应予以更换。

2. 检验

步骤 1　锁环嵌入环槽中的深度应大于或等于锁环直径的 2/3，锁环与活塞销两端有 0.10 ~ 0.25mm 的间隙。

步骤 2　东风 EQ6100—1 型发动机活塞顶部有一小缺口，连杆和连杆盖上均有一个小凸点，装合时，三个标记应朝着同一侧，并且应朝向前。

步骤 3　检验连杆大端孔中心线和活塞中心线的垂直度。

1）将连杆大端孔装到连杆检验器的心轴上，使活塞裙部紧贴检验器平板，用塞尺测量活塞顶部边缘与平板间的间隙，如图 3-145 所示。

2）翻转 180°，重新测量一次。两次测量值之差值即为垂直度误差。垂直度值不得大于 0.08mm，达不到要求时，应找出原因，重新校正后再组装。

3. 安装活塞环

安装时应注意以下几个问题：

1）活塞环内缘阶梯形环槽应向上，外缘阶梯形环槽应向下。

2）为了避免可燃混合气从活塞环的开口间隙漏出，装配时应将环的对口方向互相错开。

3）装配油环时，先装衬环，后装刮片环（见图 3-146），上、下刮片环开口应错开 180°。

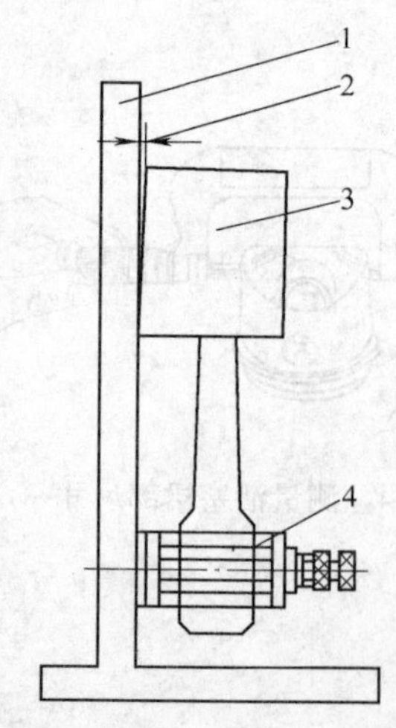

图 3-145　活塞连杆组装后垂直度的检验

1—平板主体　2—间隙（≤0.3mm）
3—活塞连杆组　4—可调定位心轴

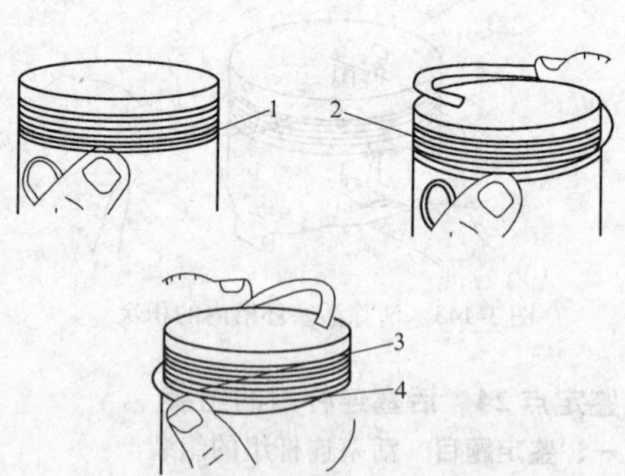

图 3-146　油环的安装方法

1—衬环　2、3—刮片环　4—刮片环端部

4）活塞环装入活塞后，环上应涂抹机油。

鉴定点25 检测电动燃油泵及其控制电路

一、鉴定题目 燃油泵及其控制电路的检测

二、鉴定重点

1）熟悉燃油泵及其控制电路。

2）掌握燃油泵及其控制电路的检测方法。

三、鉴定准备工作

丰田皇冠3.0型轿车一辆；数字式万用表，跨接导线；常用拆装工具一套，一字槽螺钉旋具和十字槽螺钉旋具各一把。

四、鉴定技术标准

1）燃油泵工作正常。

2）燃油泵控制电路无短路、断路现象，控制元件符合标准。

五、操作方法

燃油泵的控制电路因车型不同而不同，有油泵开关控制型、油泵ECU控制型、电阻器型、燃油泵驱动模块型等。在诊断故障之前一定要分清楚燃油泵控制电路的类型。控制电路的类型虽然不同，但是其诊断的基本方法和思路大同小异。

图3-147所示为丰田公司断路继电器控制的燃油泵电路。

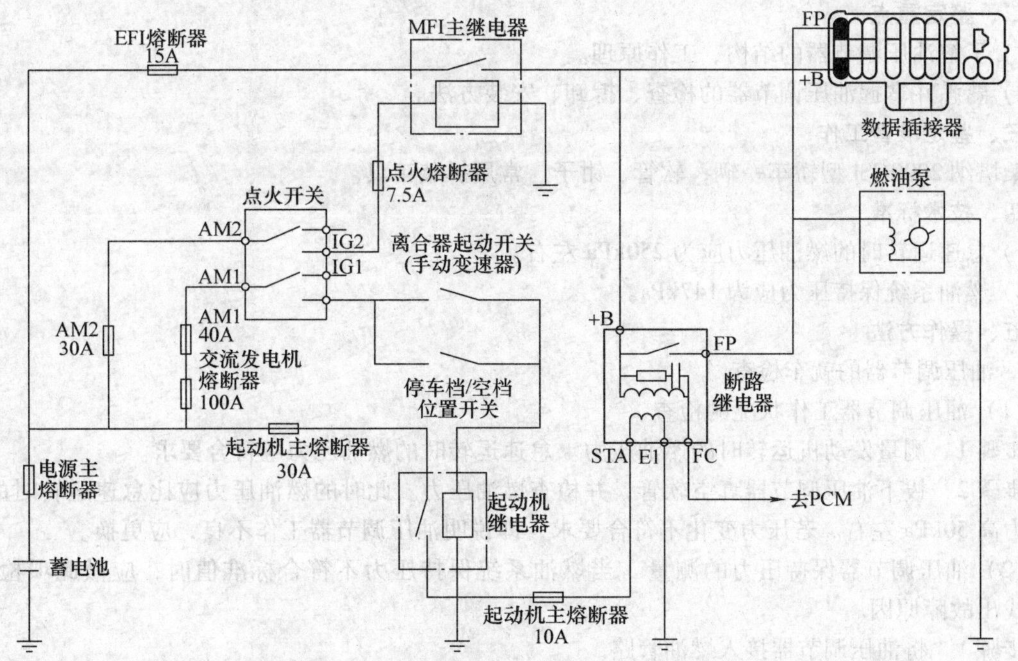

图3-147 丰田公司断路继电器控制的燃油泵电路

燃油泵不工作或工作不正常时的检查步骤如下：

步骤1 用跨接线短接数据插接器上的“FP”和“+B”端子，打开点火开关（发动机不起动）。打开油箱盖仔细听有无燃油泵运转的声音，或用手触摸油管有无油压脉动。

步骤2 若听不到燃油泵运转的声音或感觉不到油压脉动，说明燃油泵没有工作，应拆下跨接线，检查电源电压、主熔断器、EFI熔断器、MFI主继电器是否正常，电路、插接器有无断路或短路，若均正常，应拆检燃油泵。

步骤3　若燃油泵运转，说明燃油泵继电器、PCM及导线、插接器等不良，应分别进行检查。

（1）PCM的检查　测量各端子的电压，应符合厂家的要求，否则应更换PCM。

（2）燃油泵继电器的检查　拔下燃油泵继电器，测量各端子之间的电阻以检查其通断情况。

步骤4　燃油泵的检测。

如果电路连接正常，而燃油泵就是不工作，则应从车上拆下燃油泵，对燃油泵单独进行检查。

1）首先检查燃油泵电动机线圈电阻。测量燃油泵插接器两端子之间的电阻值（注意测试时间不可过长，以免烧坏线圈），一般为0.5～3Ω。如果电阻值不符，说明电动机线圈有短路、断路或电刷接触不良的故障，应更换燃油泵。

2）当确认燃油泵线圈电阻没有问题后，可将燃油泵直接接在蓄电池上进行运转试验。如果燃油泵不能转动或转动缓慢、转速不均匀，说明燃油泵有故障，应予以更换。注意在运转试验时，通电时间不可超过10s，防止在没有燃油对燃油泵电动机进行润滑的情况下，因长时间运转而造成燃油泵电动机过热损坏。

鉴定点26　检测、更换油压调节器

一、鉴定题目　油压调节器的检修

二、鉴定重点

1）了解油压调节器的结构、工作原理。

2）熟悉并掌握油压调节器的检查、拆卸、安装方法。

三、鉴定准备工作

桑塔纳2000GSi型轿车一辆；软管、钳子、常用拆装工具。

四、技术标准

1）怠速运转时的燃油压力应为250kPa左右。

2）燃油系统保持压力应为147kPa。

五、操作方法

1. 油压调节器的就车检查

（1）油压调节器工作状况的检查

步骤1　测量发动机运转时的燃油压力。怠速运转时的燃油压力应符合要求。

步骤2　拔下油压调节器真空软管，并检查燃油压力。此时的燃油压力应比怠速运转时的燃油压力高50kPa左右。若压力变化不符合要求，即说明油压调节器工作不良，应更换。

（2）油压调节器保持压力的测量　当燃油系统保持压力不符合标准值时，应做此项检查，以便找出故障原因。

步骤1　将油压调节器接入燃油管路。

步骤2　用一根短导线将电动燃油泵的两个检测插孔短接。

步骤3　打开点火开关（旋至“ON”位置），并保持10s，让电动燃油泵运转。

步骤4　关闭点火开关，拔去检测插孔上的短接导线。

步骤5　用包上软布的钳子将油压调节器的回油管夹紧。

步骤6　5min后观察燃油压力，该压力称为油压调节器保持压力。如果该压力仍然低于燃油系统保持压力标准值，说明燃油系统保持压力过低的故障不在油压调节器；相反，若此时压力大于保持压力，则说明油压调节器有泄漏故障，应更换。

2. 油压调节器的拆卸（见图3-148）

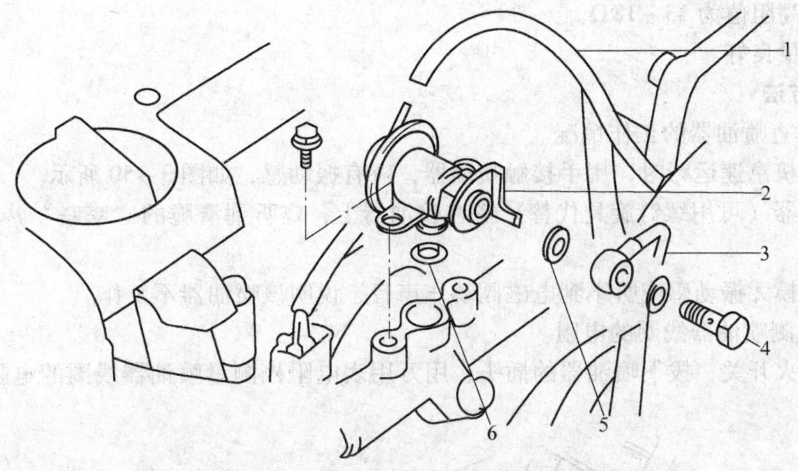

图 3-148　油压调节器的拆卸

1—真空软管　2—油压调节器　3—回油管　4—接头螺栓　5—O 形密封圈　6—垫片

步骤 1　释放燃油系统的油压。

步骤 2　拔下油压调节器上的真空软管。

步骤 3　拔下油压调节器上的回油管。

步骤 4　拆下油压调节器固定螺栓，从分配油管上拆下油压调节器。

3. 油压调节器的检验与安装

检查油压调节器，在常压状态下其进油口和出油口之间应不相通，否则，说明油压调节器泄漏，应更换。

步骤 1　换上新的 O 形密封圈，在密封圈上涂少许汽油。

步骤 2　将油压调节器压入分配油管。注意，不得将其安装歪斜，以防损坏 O 形密封圈，如图 3-149 所示。

步骤 3　按与拆卸时相反的顺序安装固定螺栓、回油管、真空软管。

步骤 4　预置燃油系统压力。

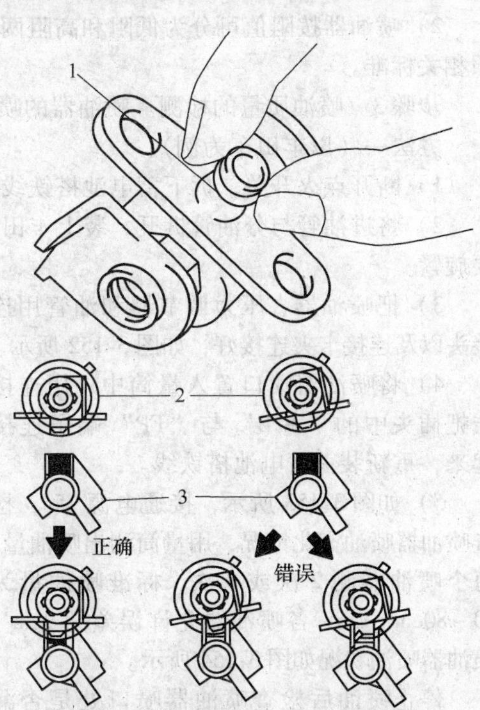

图 3-149　油压调节器的安装

1—O 形密封圈　2—油压调节器　3—分配油管

鉴定点 27　检测喷油器

一、鉴定题目　喷油器的检测

二、鉴定重点

1）熟悉喷油器的工作情况。

2）掌握喷油器的检测方法。

三、鉴定准备工作

丰田皇冠 3.0 型轿车一辆；数字式万用表，跨接导线；常用拆装工具一套，一字槽螺钉旋具和十字槽螺钉旋具各一把；燃油喷射清洗机、量筒。

四、鉴定技术标准

1）喷油器低阻值为 2 ~ 3Ω。

2）喷油器高阻值为13～18Ω。

3）喷油质量良好。

五、操作方法

步骤1　检查喷油器的工作情况。

1）当发动机怠速运行时，用手接触喷油器，应有振动感，如图3-150所示。

2）将听诊器（可用螺钉旋具代替）搭在喷油器上，应听到清脆的“嗒嗒”声（电磁阀开、关声）。

3）若用手摸无振动感或听不到电磁阀动作声音，说明该喷油器不工作。

步骤2　检测喷油器线圈的电阻。

1）断开点火开关，拔下喷油器的插头，用万用表电阻档测量喷油器线圈的电阻值，如图3-151所示。

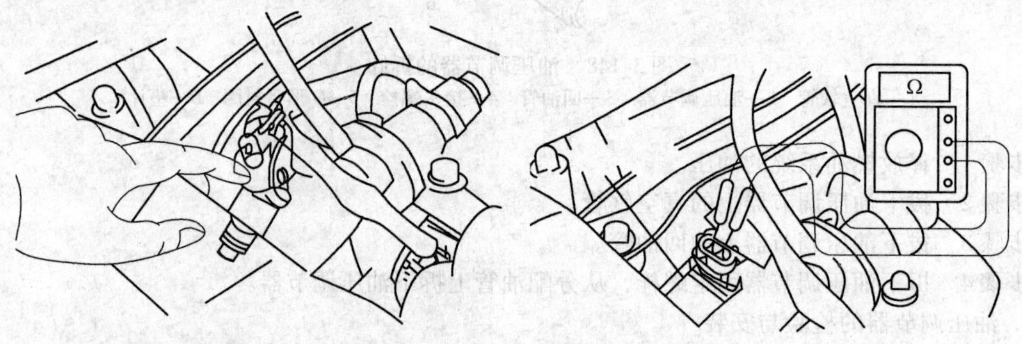

图3-150　用手指感觉检查喷油器的工作情况　　图3-151　检查喷油器线圈电阻

2）喷油器按阻值可分为低阻和高阻两种，低阻为2～3Ω，高阻为13～18Ω。检测时，应对照相关标准。

步骤3　喷油质量的检测。喷油器的喷油质量可按以下三种方法进行检测。

方法一（以丰田车为例）：

1）断开点火开关，拆下蓄电池搭铁线。

2）将进油管与分油管拆开，装上丰田车专用的软管连接头和检查用的软管，连接头和油管要旋紧。

3）把喷油器、压力调节器和油管用连接头以及连接卡夹连接好，如图3-152所示。

4）将喷油器喷口置入量筒中，用连接线把插头中的“+B”与“FP”端子连接起来，重新装上蓄电池搭铁线。

5）如图3-153所示，接通电源15s，检查喷油器喷油雾化情况，用量筒测出喷油量。每个喷油器测2次或3次，标准喷油量为70～80cm^3/15s，各喷油器允许误差为9cm^3。喷油器喷油状况如图3-154所示。

停止喷油后检查喷油器喷口处是否漏油，每分钟漏油不允许多于一滴。

方法二：将各喷油器拆下，全部放置在

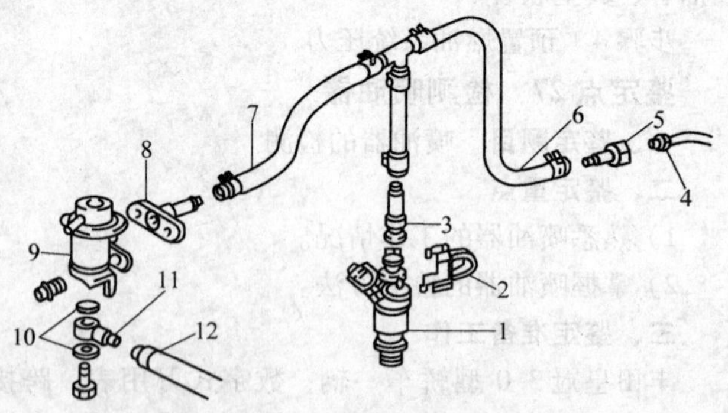

图3-152　安装喷油器测试件

1—喷油器　2—卡夹　3—接头　4—进油管

5、8、11、12—回油管　6、7—软管

9—燃油压力调节器　10—新垫圈

超声波喷油器清洗机上，直接观察喷油状况和喷油量。

方法三：有的气动式或电动式燃油喷射清洗机有专门检测单个喷油器喷油情况的油管、接头或喷油脉冲发生器。将单个喷油器安装在清洗机的出油管上，在喷油器插座上插上喷油脉冲发生器的控制线插头，调节清洗机输出油压，观察喷油状况以及是否漏油。

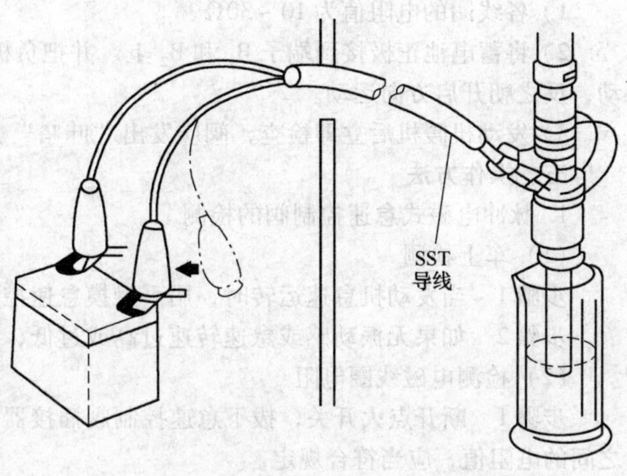

图 3-153　喷油器喷油量的检查

步骤 4　喷油控制信号的检查。脱开喷油器插接器，接通点火开关，检查插接器线束端电源线的电压，该电压应为蓄电池电压，若无电压，应检查点火开关至喷油器电源线之间的电路是否正常。

将一个 330Ω 的电阻串联一个发光二极管作试灯。断开点火开关，拔出喷油器电线插头，在线束插头上接上发光二极管试灯。发动机运行时观察发光二极管，信号正常时发光二极管闪烁。若发光二极管不闪烁，说明没有喷油脉冲控制信号，应检查喷油器至 ECU 的电路、传感器及 ECU。

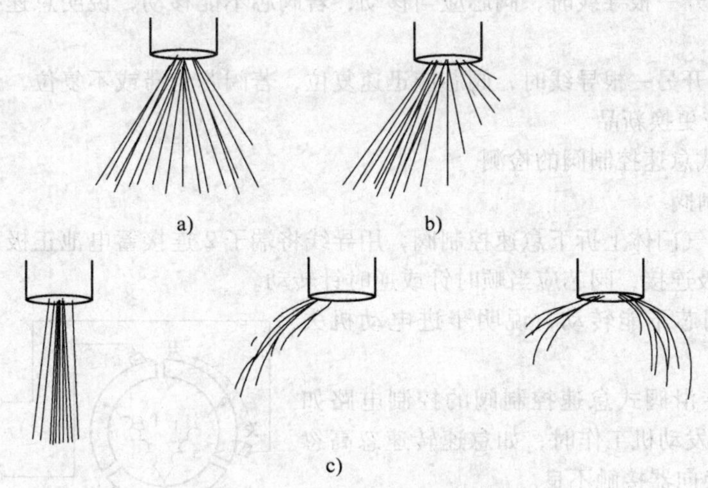

图 3-154　喷油器喷油状况

a）良好　b）尚可使用　c）差

鉴定点 28　检测怠速控制阀

一、鉴定题目　怠速控制阀的检测

二、鉴定重点

1）脉冲电磁式怠速控制阀的检测。

2）旋转滑阀式怠速控制阀的检测。

三、鉴定准备工作

丰田皇冠 3.0 型轿车一辆，数字式万用表一块，常用拆装工具一套。

四、技术标准

1）各线圈的电阻值为 10～30Ω。

2）将蓄电池正极接到端子 B_1 和 B_2 上，并把负极依次接 S_1、S_2、S_3、S_4，阀应朝关闭方向运动，反之朝开启方向运动。

3）发动机暖机后立即检查，阀应发出“咔嗒”声。

五、操作方法

1. 脉冲电磁式怠速控制阀的检测

（1）车上检测

步骤 1　当发动机怠速运转时，用手触摸怠速控制阀，应当有明显的振动感。

步骤 2　如果无振动感或怠速转速过高或过低，说明怠速控制阀失效，应更换。

（2）检测电磁线圈电阻

步骤 1　断开点火开关，拔下怠速控制阀插接器插头，用万用表电阻档检测插座上两个端子之间的电阻值，应当符合规定。

步骤 2　脉冲电磁式怠速控制阀只有一组线圈，阻值为 10～15Ω，若阻值不符合规定，应更换。

（3）检测怠速控制阀

步骤 1　从节气门体上拆下怠速控制阀，用导线将其中一个端子连接蓄电池正极，另一个端子连接蓄电池负极时，阀芯应当移动。

步骤 2　若阀芯不移动，说明怠速控制阀失效，应更换。

步骤 3　当断开一根导线时，阀芯应当移动，若阀芯不能移动，说明怠速控制阀失效，应更换新品。

步骤 4　当断开另一根导线时，阀芯应迅速复位，若阀芯卡滞或不复位，说明控制阀故障或复位弹簧失效，应更换新品。

2. 旋转滑阀式怠速控制阀的检测

（1）检测控制阀

步骤 1　从节气门体上拆下怠速控制阀，用导线将端子 2 连接蓄电池正极，然后依次将端子 1、3 与蓄电池负极连接，阀芯应当顺时针或逆时针转动。

步骤 2　若阀芯不能转动，说明步进电动机失效，应更换新品。

步骤 3　旋转滑阀式怠速控制阀的控制电路如图 3-155所示。当发动机工作时，如怠速转速忽高忽低，说明电刷与换向器接触不良。

步骤 4　若怠速转速偏低，说明线圈 L_2 断路或其连接的换向片与电刷接触不良；若怠速转速偏高，说明线圈 L_1 断路或其连接的换向片与电刷接触不良。

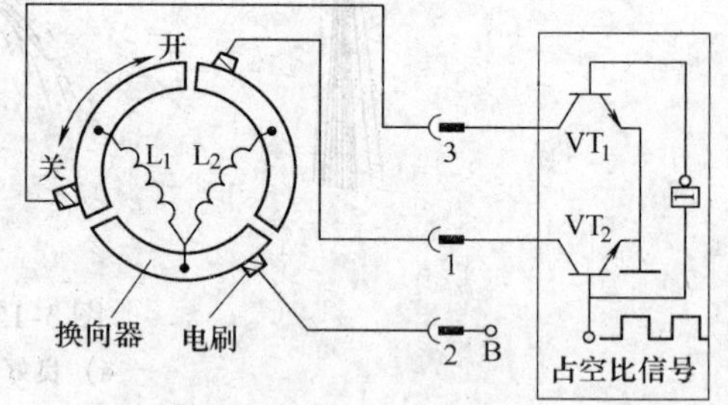

图 3-155　旋转滑阀式怠速控制阀的控制电路

（2）步进电动机的检查　将蓄电池电源电压以一定顺序输送给步进电动机各线圈，就可以使步进电动机转动。步进电动机的类型不同，其线圈形式、接线端的布置形式也就不同。在此以皇冠 3.0 轿车 2JZ-GE 型发动机怠速控制阀步进电动机为例说明其检查方法。

步骤 1　将步进电动机插接器端子 B_1 和 B_2 与蓄电器正极相连。

步骤 2　将端子 S_1、S_2、S_3、S_4 依次与蓄电池负极相接，此时步进电动机应转动，阀芯向外伸出，如图 3-156a 所示。

步骤 3　若将端子 S_1、S_2、S_3、S_4 按相反的顺序（$S_4 \rightarrow S_3 \rightarrow S_2 \rightarrow S_1$）与蓄电池负极相接，步进电动机应朝相反的方向转动，阀芯向内收回，如图 3-156b 所示。

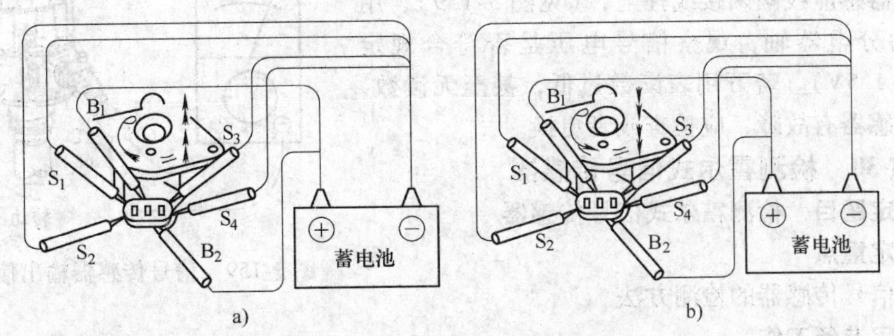

图 3-156　步进电动机的检查

鉴定点 29　检测磁感应式信号传感器

一、鉴定题目　检测磁感应式信号传感器

二、鉴定重点

磁感应式信号传感器的检测方法。

三、鉴定准备工作

装有磁感应式信号传感器的发动机一台，万用表一块，常用拆装工具一套。

四、技术标准

详见具体操作步骤。

五、操作方法

步骤 1　检测信号传感器间隙。

1）拆下蓄电池的负极导线。

2）拆下分电器盖。

3）用非磁性的黄铜测隙片测量信号转子和感应线圈凸起部分之间的间隙，如图 3-157 所示。当信号转子凸齿与传感器铁心对齐时，间隙一般为 0.2～0.4mm。

4）若间隙不正常，则松开铁心总成的两固定螺钉 A、B（见图 3-157），并以固定螺钉 A 为支点，稍微移动固定螺钉 B，加以调整，直至符合所规定的标准值为止。

步骤 2　检测信号传感器感应线圈电阻。拆下线束插接器，用万用表电阻档测量感应线圈的电阻，如图 3-158 所示。感应线圈电阻正常值，国产车一般为 500～800Ω，进口车一般为 130～180Ω，（各厂的信号传感器感应线圈的标准电阻有所不同，应查阅相关的维修手册），若不符合要求，应更换感应线圈。

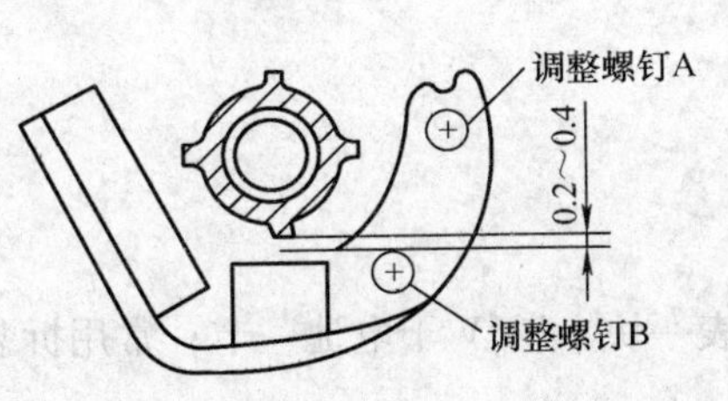

图 3-157　信号传感器间隙的检测

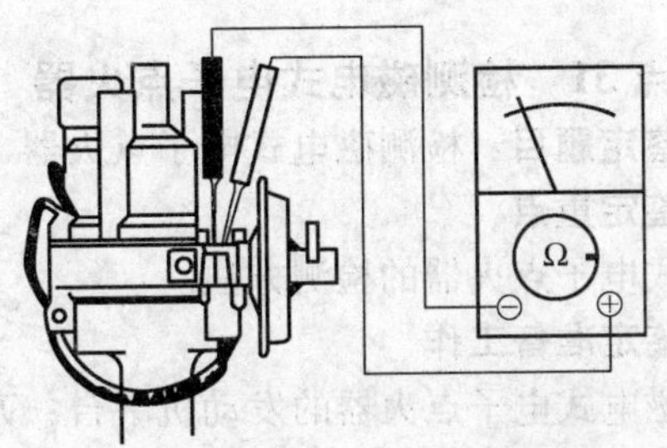

图 3-158　感应线圈电阻的检测

步骤3　检测信号传感器输出信号。信号传感器在工作时能产生交流信号电压，在检测时，可用万用表（0～10V）交流电压档测量。将两表笔分别接在分电器感应线圈两接线柱上，（见图3-159），用手快速转动分电器轴，观察信号电压是否符合规定（一般为1～1.5V）。若万用表读数过低，甚至无读数，说明信号传感器有故障，应检查或者更换。

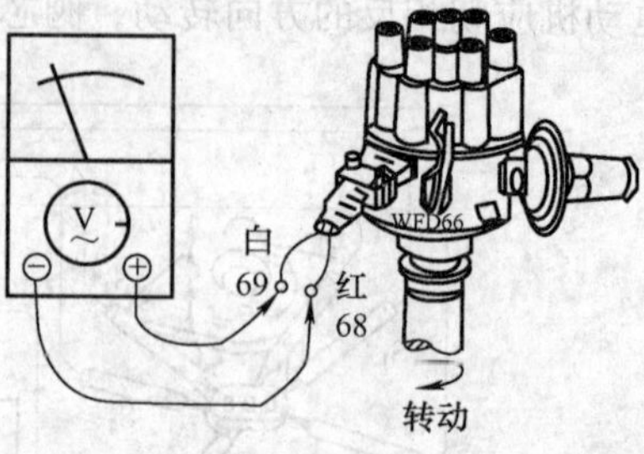

图3-159　信号传感器输出信号的检测

鉴定点30　检测霍尔式信号传感器

一、鉴定题目　检测霍尔式信号传感器

二、鉴定重点

霍尔式信号传感器的检测方法。

三、鉴定准备工作

装有霍尔式信号传感器的发动机一台，万用表一块，常用拆装工具一套。

四、技术标准

详见具体操作步骤。

五、操作方法

步骤1　霍尔信号电压的检测。打开点火开关，转动分电器转子，用万用表电压档检测霍尔式信号传感器“绿白”与“棕白”线端或点火控制器3、6端子上的电压，如图3-160所示。当叶片离开气隙时，电压表读数应小于0.4V，当叶片进入气隙时，电压表读数应大于9V，否则说明传感器已损坏。

步骤2　模拟信号。打开分电器盖，转动曲轴，使分电器触发叶片不在气隙中。接通点火开关，将螺钉旋具或钢片在霍尔传感器的气隙中轻轻地插入和拔出，模拟触发叶轮叶片在气隙中的动作。

若此时跳火器跳火，说明霍尔传感器、点火控制器、点火线圈及连接导线性能良好；若跳火器不跳火，在点火线圈、点火控制器及连接导线良好的前提下，说明霍尔传感器有故障或损坏，应更换。

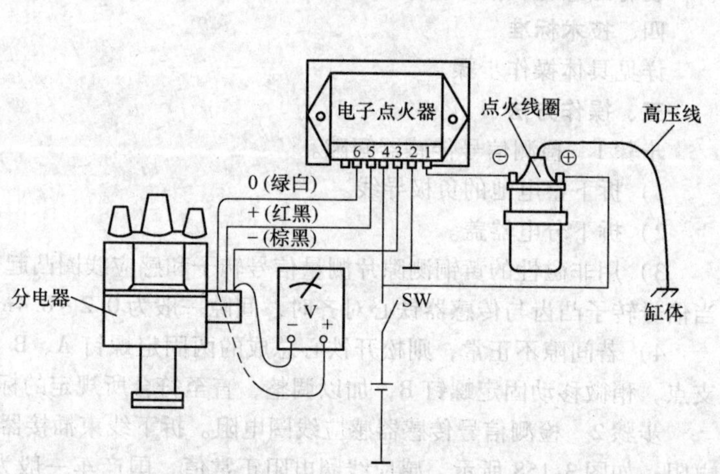

图3-160　霍尔信号电压的检测

鉴定点31　检测磁电式电子点火器

一、鉴定题目　检测磁电式电子点火器

二、鉴定重点

磁电式电子点火器的检测方法。

三、鉴定准备工作

装有磁电式电子点火器的发动机一台；万用表一块，1.5V干电池一节；常用拆装工具一套。

四、技术标准

详见具体操作步骤。

五、操作方法

步骤1　拆下分电器线束插接器。

步骤2　将1.5V干电池接在电子点火器2、3端子之间。

步骤3　打开点火开关（时间不超过5s），用万用表测量点火线圈负极接线柱与搭铁之间的电压，应为1~2V，如图3-161a所示。或拔下中央高压线，装上跳火器，此时跳火器应不跳火。

步骤4　立刻将干电池反接（时间不超过5s），用万用表测量点火线圈负极接线柱与搭铁之间的电压，应为12V左右，如图3-161b所示。装上跳火器，此时跳火器应跳火。

步骤5　若所测值与上述不符，则说明电子点火器有故障，应予以更换。

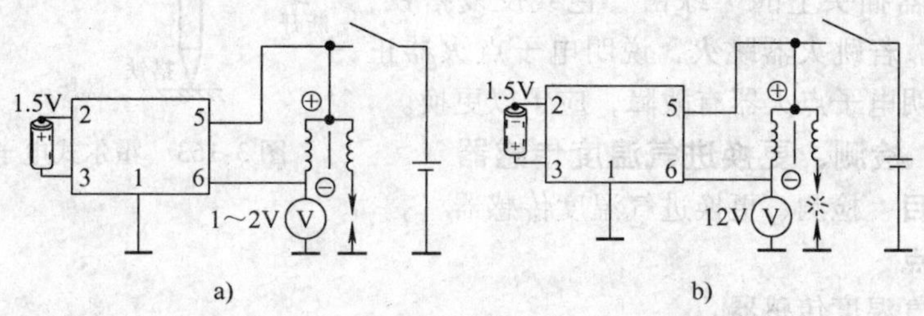

图3-161　磁感式电子点火器的检测

鉴定点32　检测霍尔式电子点火器

一、鉴定题目　检测霍尔式电子点火器

二、鉴定重点

霍尔式电子点火器的检测方法。

三、鉴定准备工作

装有霍尔式电子点火器的发动机一台；万用表一块；常用拆装工具一套。

四、技术标准

详见具体操作步骤。

五、操作方法

步骤1　测量电压。霍尔式电子点火器各端子的连接电路如图3-162所示。

(1) 检测1号端子电压　接通点火开关，当无点火信号输入时，1号端子电压应为12V。若点火线圈正极接线柱有12V电压，而1号端子上电压低或无电压，说明点火线圈初级绕组或电子点火器1号端子与点火线圈负极接线柱之间或线路的插头处有故障。

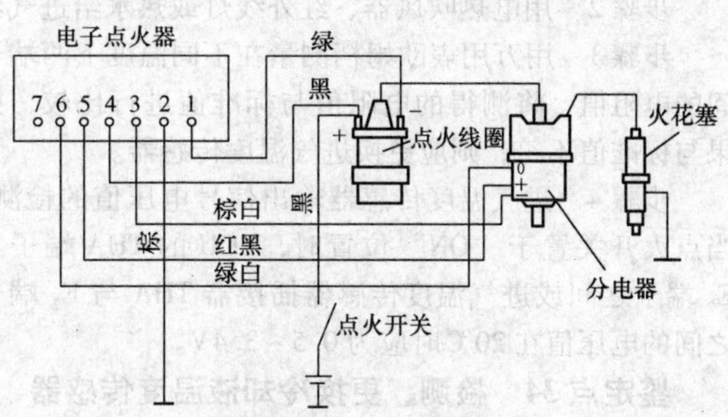

图3-162　霍尔式电子点火器各端子的连接电路

当输入点火信号时，1号端子电压应在0~12V之间跳变。若该端子电压在信号输入时，电压没有变化，则说明电子点火器已损坏，应予以更换。

(2) 检查2号端子电压　电子点火器内部电路通过2号端子搭铁，该端子与搭铁点之间的电压不超过0.5V。

(3) 检查3号端子电压　3号端子是点火控制器的“-”端，它与2号端子相通，对地电压应小于或等于0.5V。

（4）检查4号端子电压　4号端子是电子点火器的电源端子。接通点火开关时，4号端子应有12V电压，否则说明4号端子与点火线圈正极接线柱之间的线路或线路的插头处有故障。

（5）检查5号端子电压　5号端子是电子点火器输出的霍尔传感器电源端子，其电压应在10V左右。若电压低或无电压，说明电子点火器有故障，应予以更换。

步骤2　模拟信号。拔下分电器上的线束插接器，拔出分电器盖上的中央高压线，装上跳火器。接通点火开关，将插接器插头上的“绿白”色线反复搭铁，如图3-163所示。若跳火器跳火，说明电子点火器正常；反之，则说明电子点火器有故障，应予以更换。

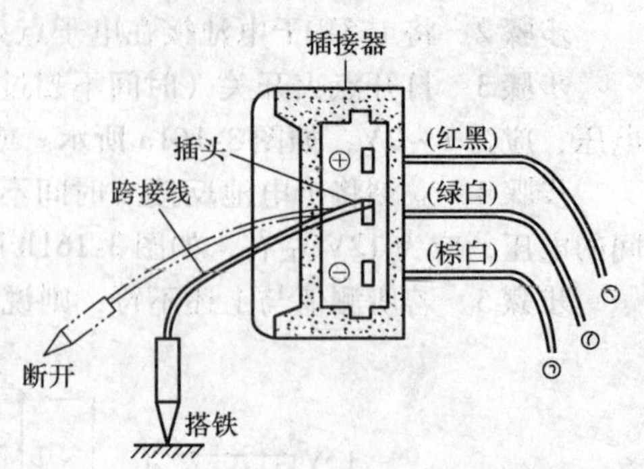

图3-163　霍尔式电子点火器的检测

鉴定点33　检测、更换进气温度传感器

一、鉴定题目　检测、更换进气温度传感器

二、鉴定重点

能够检测进气温度传感器。

三、鉴定准备工作

1）装备电控发动机的整车一辆或者能运转的电控发动机一台。

2）万用表一块，常用工具一套。

四、技术标准

电阻值随温度上升而下降。

五、操作方法

步骤1　进气温度传感器电阻的检测方法和要求与冷却液温度传感器电阻的检测方法和要求基本相同。单件检测时，点火开关置于“OFF”位置，拔下进气温度传感器导线插接器，并将传感器拆下，按图3-164所示进行检测。

步骤2　用电热吹风器、红外线灯或热水给进气温度传感器加热。

步骤3　用万用表欧姆档测量在不同温度下两端子间的电阻值，将测得的电阻值与标准值进行比较，如果与标准值不符，则应更换进气温度传感器。

步骤4　进气温度传感器输出信号电压值的检测。当点火开关置于“ON”位置时，ECU的THA端子与E_2端子之间或进气温度传感器插接器THA与E_2端子之间的电压值在20℃时应为0.5～3.4V。

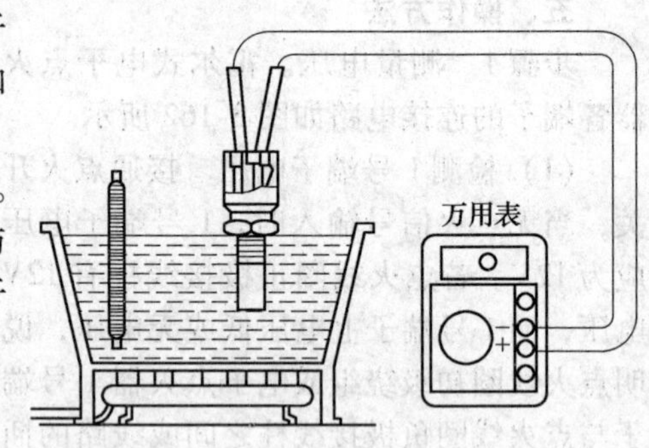

图3-164　进气温度传感器电阻的检测

鉴定点34　检测、更换冷却液温度传感器

一、鉴定题目　检测、更换冷却液温度传感器

二、鉴定重点

能够检测冷却液温度传感器。

三、鉴定准备工作

1）装备电控发动机的整车一辆或者能运转的电控发动机一台。

2）万用表一块，常用工具一套。

四、技术标准

电阻值随温度上升而下降。

五、操作方法

1. 检测电阻

步骤1　就车检测。点火开关置于“OFF”位置，拆卸冷却液温度传感器导线插接器，用数字式高阻抗万用表欧姆档，按图3-165所示测试传感器两端子（丰田皇冠3.0为THW和E_2端子，北京切诺基为B和A端子）间的电阻值。该电阻值与温度成正比，在热机时应小于1kΩ。

步骤2　单件检测。拔下冷却液温度传感器导线插接器，然后从发动机上拆下传感器。将该传感器置于烧杯内的水中，加热烧杯中的水，同时用万用表欧姆档测量在不同水温条件下冷却液温度传感器两接线端子间的电阻值，如图3-166所示。将测得的电阻值与标准值相比较，如果不符合标准，则应更换冷却液温度传感器。

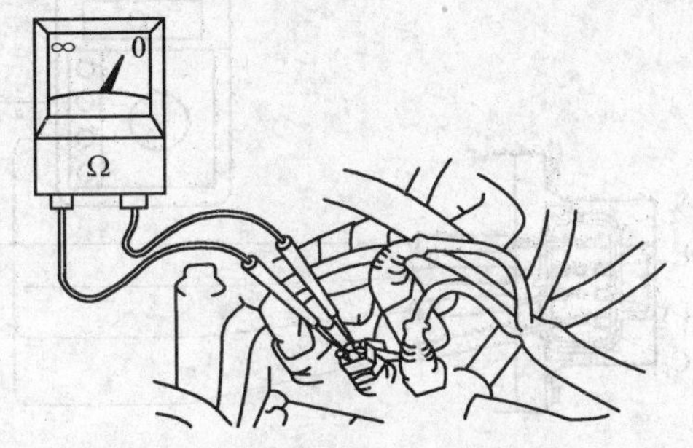

图3-165　冷却液温度传感器电阻的就车检测

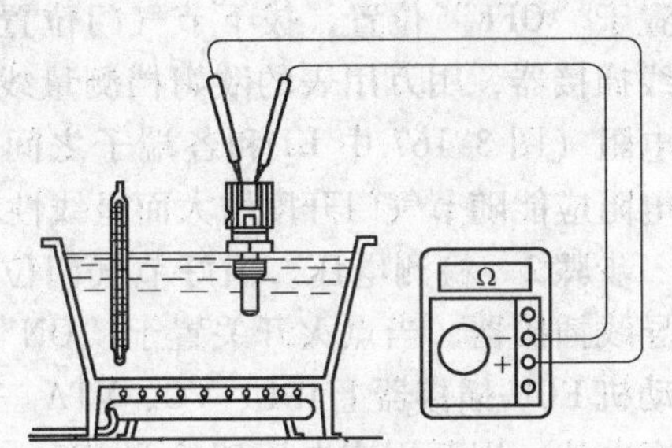

图3-166　测量冷却液温度传感器电阻

2. 电压的检测

装好冷却液温度传感器，将此传感器的导线插接器插好，当点火开关置于“ON”位置时，在冷却液温度传感器导线插接器THW端子（丰田车）与E_2间或ECU插接器THW端子与E_2间测试传感器输出电压信号。丰田车THW与E_2端子间电压在80℃时应为0.25～1.0V，所测得的电压值应与冷却液温度成正比。

鉴定点35　检测、更换节气门位置传感器

一、鉴定题目　检测、更换节气门位置传感器

二、鉴定重点

运用万用表检测线性可变电阻型节气门位置传感器。

三、鉴定准备工作

1）装备电控发动机的整车一辆或者能运转的电控发动机一台。

2）万用表一块，常用工具一套。

四、技术标准（见表3-3和表3-4）

表3-3　线性可变电阻型节气门位置传感器各端子间的电阻（皇冠3.0车）

限位螺钉与限位杆的间隙（或节气门开度）/mm	端子名称	电阻值/kΩ
0	VTA—E_2	0.34～6.30
0.45	IDL—E_2	0.50或更小
0.55	IDL—E_2	∞
节气门全开	VTA—E_2	2.40～11.20
	VC—E_2	3.10～7.20

表 3-4　节气门位置传感器各端子间的电压

端子	条件	标准电压/V
IDL—E_2	节气门全开	9～14
VC—E_2	—	4.0～5.5
VTA—E_2	节气门全闭	0.3～0.8
	节气门全开	3.2～4.9

五、操作方法

步骤 1　测量线性电位计的电阻。将点火开关置于"OFF"位置，拔下节气门位置传感器的导线插接器，用万用表的欧姆档测量线性电位计的电阻（图 3-167 中 E_2 和各端子之间的电阻），该电阻应能随节气门开度增大而呈线性增大。

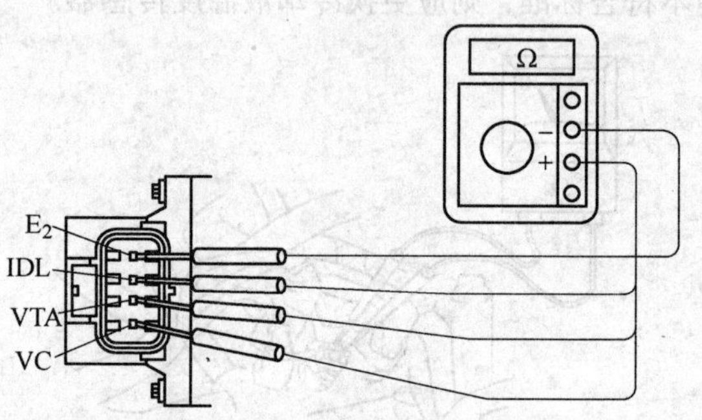

图 3-167　线性可变电阻型节气门位置传感器的检测

步骤 2　检测电压。插好节气门位置传感器的导线插接器，当点火开关置于"ON"位置时，发动机 ECU 插接器上 IDL、VC、VTA 三个端子处应有电势。用万用表电压档检测 IDL—E_2、VC—E_2、VTA—E_2 间的电压值，应符合表 3-5 中的规定。

鉴定点 36　废气再循环控制系统的检修

一、鉴定题目　废气再循环控制系统的检修

二、鉴定重点

1）了解废气再循环控制系统的结构。

2）熟悉并掌握废气再循环控制系统的检修方法。

三、鉴定准备工作

丰田轿车一辆，软管、钳子、常用拆装工具一套。

四、技术标准（废气不循环的条件）

1）发动机冷却液温度低于 50℃。

2）怠速或小负荷运转（转速低于 1000r/min）。

3）高速运转（转速高于 4500 r/min）。

4）突然加速或减速。

五、操作方法

1. 废气再循环控制系统工作状况的检查

步骤 1　起动发动机，使其以怠速运转。

步骤 2　将手指伸入废气再循环阀，按在膜片上（见图 3-168），检查其是否动作。

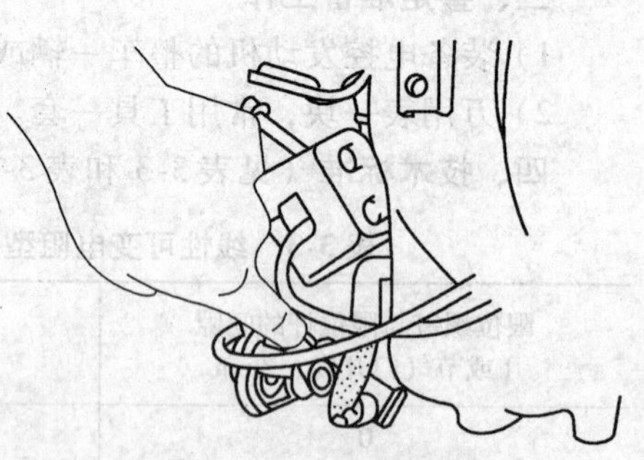
图 3-168　废气再循环系统工作状况的检查

步骤 3　在冷车状态下踩下加速踏板，使发动机转速上升至 2000r/min 左右，此时废气再循环阀应不开启，手指上应感觉不到膜片的动作。

步骤 4　在发动机热车后（冷却液温度高于 50℃），踩下加速踏板，使发动机转速上升至

2000r/min 左右，此时废气再循环阀应开启，手指应能感觉到膜片的动作。

若废气再循环阀不能按上述规律动作，则说明废气再循环控制系统工作不正常，应检查该系统各零部件。

2. 三通电磁阀的检查

步骤 1　拔下三通电磁阀的线束插头及真空软管，拆下三通电磁阀，如图 3-169 所示。

步骤 2　当电磁阀线圈不接通电源时，A—B、A—C 之间应不通气，B—C 之间应通气；否则，说明三通电磁阀损坏，应更换。

步骤 3　接上电源，A—B 之间应通气，A—C、B—C 之间应不通气；否则，说明三通电磁阀损坏，应更换。

3. 废气再循环阀的检查

步骤 1　让发动机以怠速运转。

步骤 2　拔下连接废气再循环阀与废气调整阀的真空软管。

步骤 3　用手动抽真空器对废气再循环膜片室施加约 19.95kPa 的真空度，如图 3-170 所示。

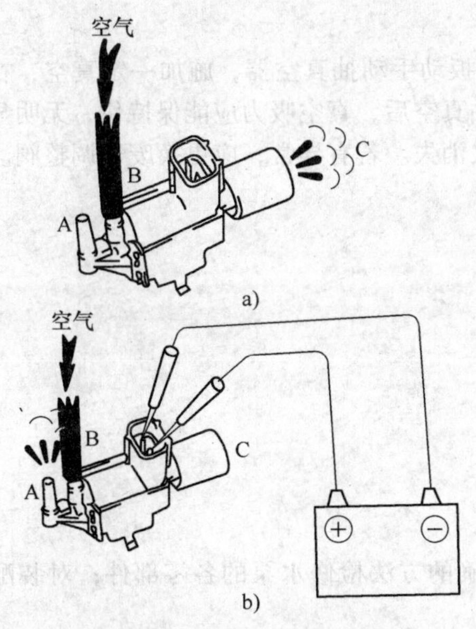

图 3-169　三通电磁阀的检查
a）不接通电源　b）接通电源

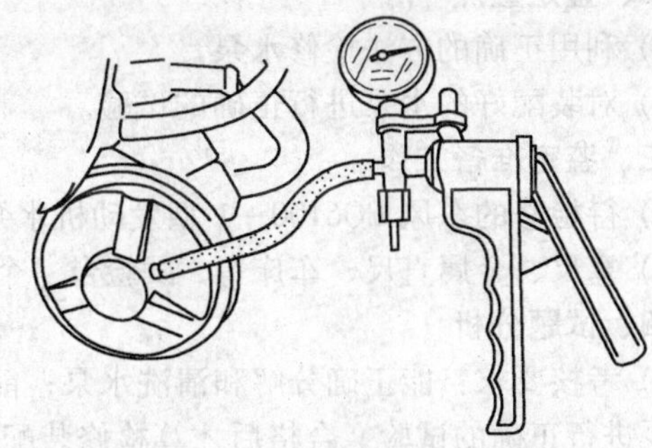

图 3-170　废气再循环阀的检查

1）若此时发动机怠速运转性能变坏甚至熄火，说明废气再循环阀工作正常。

2）若发动机运转性能无变化，说明废气再循环阀损坏，应更换。

4. 废气调整阀的检查

步骤 1　起动发动机并预热至正常工作温度。

步骤 2　拔下连接废气调整阀与废气再循环阀的真空软管，用手指按住真空管接口，如图 3-171a所示。

1）当发动机怠速运转时接口内应无真空吸力。

2）踩下加速踏板，使发动机转速上升至 2000r/min，此时接口内应有真空吸力。

3）若不符合上述要求，说明废气调整阀不正常，应拆卸检查。

步骤 3　拆下废气调整阀，在连接节气门体真空管的接口处接上手动抽真空器，用手指堵住

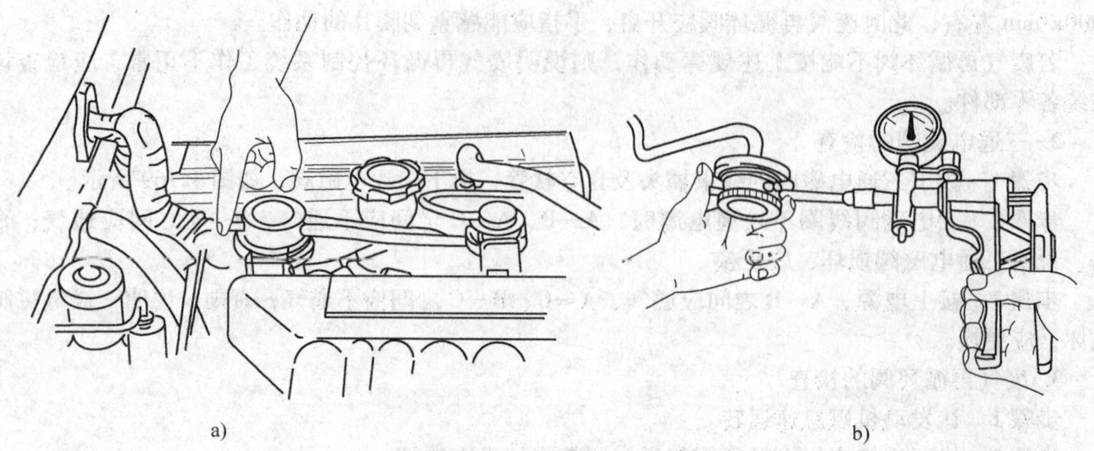

图 3-171　废气调整阀的检查

连接废气再循环阀的真空接口，如图 3-171b 所示。

步骤 4　向连接排气管的进气口内施加气压，同时扳动手动抽真空器，施加一定真空，在连接废气再循环阀的接口处应能感到有真空吸力；停止抽真空后，真空吸力应能保持住，无明显下降现象；放掉排气管进气口的压力，真空吸力也应随之消失。若有异常，应更换废气调整阀。

鉴定点 37　检修水泵

一、鉴定题目　水泵的检修

二、鉴定重点

1）利用正确的方法检修水泵。

2）对装配好的水泵进行正确的试验。

三、鉴定准备工作

1）待检修的东风 EQ6100—1 型发动机水泵一个。

2）塞尺、金属直尺、车床等，试验台一个。

四、试题分析

1）考核要求：能正确分解和清洗水泵；能利用正确的方法检修水泵的各零部件；对装配好的水泵进行正确的试验，合格后才算检修装配成功。

2）试题说明：本文以东风 EQ6100—1 型发动机水泵为例。

五、操作方法

1. 水泵的分解与清洗

步骤 1　松开水泵固定螺栓，取下泵盖及衬垫。

步骤 2　松开水泵叶轮固定螺栓，取出水泵叶轮。

步骤 3　取出水封密封垫圈及水封总成。

步骤 4　拆下风扇总成固定螺栓，取下风扇带轮。

步骤 5　拆下水泵轴前端开口销，松开固定螺栓，取出带轮轮毂。

步骤 6　退出开槽锥端螺钉，压出水泵轴及轴承总成。

步骤 7　用专用顶拔器或冲头将轴承从泵轴上压出或冲出。

步骤 8　清洗分解后的全部零部件。分解后的东风 EQ6100—1 型发动机水泵如图 3-172 所示。

2. 水泵零件的检修

步骤 1　水泵壳体的检修。

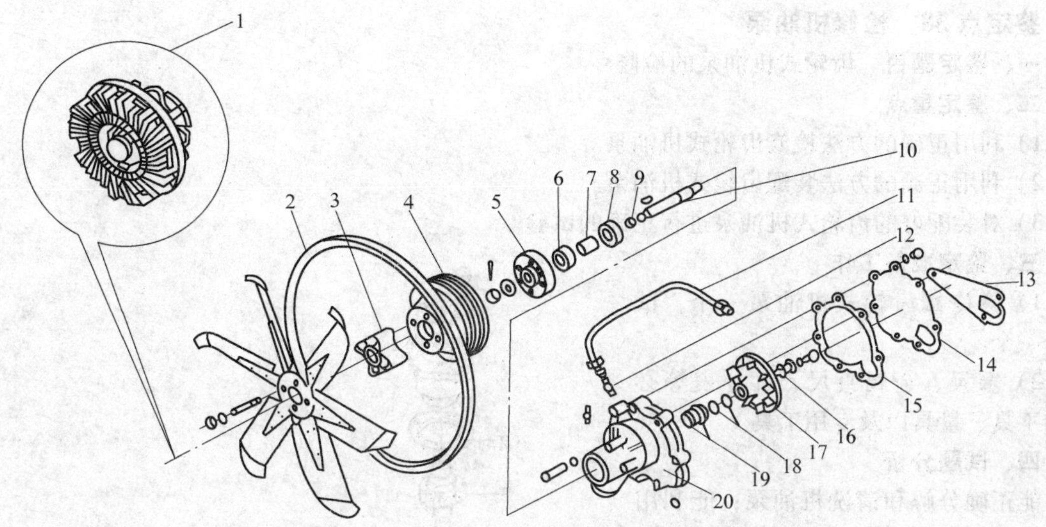

图 3-172　分解后的东风 EQ6100—1 型发动机水泵

1—风扇离合器总成　2—风扇 V 带　3—凸缘　4—带轮　5—轮毂　6、7、8—向心轴承　9—挡圈　10—水泵轴　11—小循环管总成　12—管接头　13—水泵垫片　14—水泵盖　15—衬垫　16—密封垫圈　17—水泵叶轮　18—水泵动环总成　19—水泵静环总成　20—水泵盖

1）水泵壳体砂眼可采用铸铁焊条焊接或用环氧树脂胶黏结。

2）水泵壳体平面发生翘曲变形。其接合面翘曲变形量超过 0.15mm 时，应车平或磨平，但车削或磨削总厚度应小于或等于 0.50mm。在装配时，根据车削或磨削厚度加厚水泵盖衬垫。

3）水泵壳轴承孔磨损。轴承孔由于经常压入压出轴承，座孔易发生磨损。轴承座孔发生磨损时，可采用压配和镶套法修复，然后镗出座孔。

步骤 2　水泵轴的检修。检查水泵轴与轴承内径的配合间隙，应小于或等于 0.03mm，若超过规定，应换用新件。水泵轴弯曲量超过 0.50mm 时，应冷压校正。

步骤 3　水泵叶轮的检修。水泵叶轮破裂时，应换新件。

步骤 4　水封的检修。水封圈外径磨损，水封老化、变形时，均应更换水封总成。

步骤 5　水泵叶轮与泵盖端面间隙应为 1.0 ~ 1.8mm，否则，应用垫片调整。

步骤 6　检查水泵叶轮与泵壳间隙应为 0.8 ~ 2.2mm，否则，应更换叶轮。

步骤 7　风扇离合器的检修。壳体及前盖有裂纹或变形时，应换用新件。主动板和从动板翘曲变形时，应校正。主动轴轴颈磨损时，应换用新件。球阀磨损、轴承损坏时，均应换用新件。检查双金属片感温器，在 65℃ 左右时，应受热变形，当温度降至 45℃ 时，不发生变形，否则，应换用新感温器。

3. 水泵装复后的试验

水泵装复后，经试验合格后方可装车使用。试验方法一般有以下两种：

1）经验试验法

① 用手转动带轮，泵轴转动应自如，叶轮与泵壳应无碰擦感觉。

② 用手转动带轮，测试径向间隙，应无松旷感觉；前后拉动带轮，测试轴向间隙，允许稍有旷动。

③ 堵住水泵进水孔，将水灌入水泵腔中，转动水泵轴，泄水孔应无漏水现象。

2）在试验台上按规定试验。

鉴定点 38　检修机油泵

一、鉴定题目　齿轮式机油泵的检修

二、鉴定重点

1）利用正确的方法检修齿轮式机油泵。

2）利用正确的方法装配齿轮式机油泵。

3）对装配好的齿轮式机油泵进行正确的试验。

三、鉴定准备工作

1）待检修齿轮式机油泵一个，试验台一个。

2）塞尺、金属直尺、百分表等必要的工具、量具以及专用工具。

四、试题分析

能正确分解和清洗机油泵；能利用正确的方法检修齿轮式机油泵的各零部件；对装配好的齿轮式机油泵进行正确的试验，合格后才算检修装配成功。

五、检修操作方法

由于齿轮式机油泵应用比较广泛，因此以齿轮式机油泵为例介绍机油泵的检修过程和方法及步骤。在此以东风 EQ6100—1 型发动机机油泵为例。

1. 机油泵的分解与清洗

步骤 1　拆下机油集滤器及油管。

步骤 2　拆下泵盖螺钉，取下泵盖。

步骤 3　取下套在从动轴上的从动齿轮。

步骤 4　用锉刀锉去联轴器上的铆钉头，将铆钉冲出，取下联轴器套。

步骤 5　轻敲主动轴外端，从泵腔中取出主动轴、主动齿轮和钢丝挡圈，再从主动轴上取下主动齿轮。

步骤 6　拧下泵盖上的限压阀螺栓，取出限压阀的柱塞和弹簧。

步骤 7　用汽油将上述零件清洗干净。分解后的东风 EQ6100—1 型发动机机油泵如图 3-173 所示。

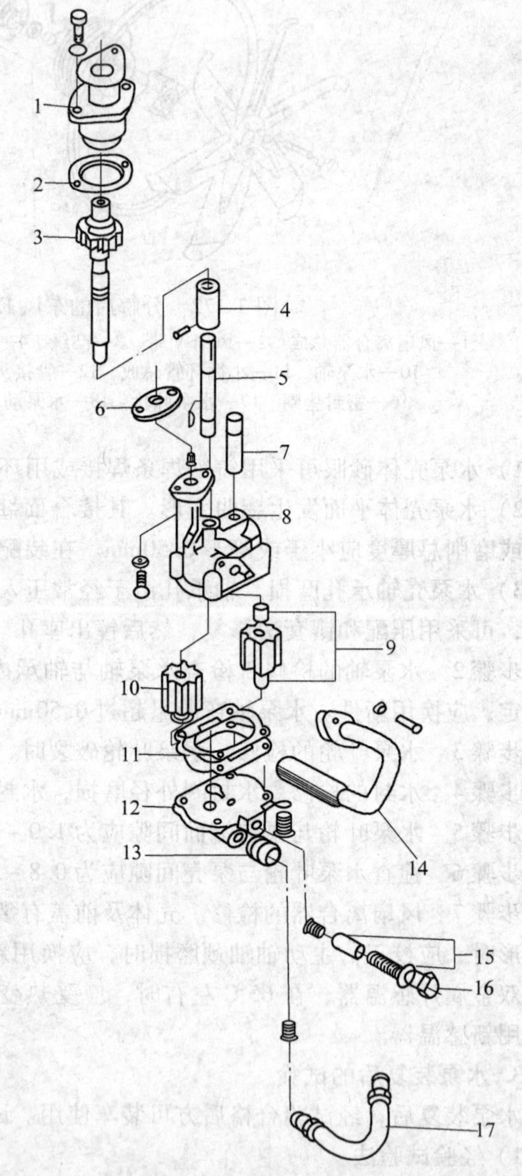

图 3-173　分解后的东风 EQ6100—1 型发动机机油泵

1—分电器　2—衬垫　3—分电器机油泵传动轴总成　4—联轴套　5—主动轴　6—机油泵衬垫　7—从动轴　8—机油泵体　9—从动齿轮及衬套　10—主动齿轮　11—调整垫片　12—机油泵盖　13—管接头　14—机油集滤器总成　15—限压阀柱塞弹簧及弹簧垫　16—限压阀螺塞　17—机油泵及油管总成

2. 机油泵零件的检修

步骤 1　直观检查泵体及泵盖，若发现裂纹，应进行焊修或换用新件。

步骤 2　用金属直尺和塞尺检测泵体及泵盖接合面的平面度误差（见

图 3-174)，若超过规定值，应进行磨削或研磨修复。

步骤 3　检查机油泵主动轴与孔的配合间隙，最大不得超过 0.15mm，否则，应对轴孔进行镶套修复。

步骤 4　泵盖上装有限压阀时，检查弹簧弹力及限压阀的密封性是否良好，若超过规定值或损坏，应换用新件。

步骤 5　用百分表检查机油泵轴的弯曲变形情况，其直线度误差在全长上超过 0.03mm 时，应进行校正。从动轴单面磨损时，可将磨损面调转 180°，再压入孔内继续使用。

步骤 6　机油泵主、从动齿轮破损，轮齿工作面剥落、磨成台阶状或轮齿磨损量超过 0.25mm 时，均应换用新齿轮。齿轮工作面若有轻微点蚀或毛刺，可用磨石磨光后继续使用。

3. 机油泵的装配

机油泵各零件维修以后应清洗干净，按与拆卸相反的顺序进行装配。装配时应注意以下几点：

1）检查主、从动齿轮与泵盖间的端面间隙，如图 3-175 所示。所测值加上机油泵盖垫片厚度即为齿轮与泵盖间的端面间隙，若超过规定范围，可通过增加或减少泵盖下垫片的方法进行调整。

2）检查主动轴轴向间隙，将主动轴齿轮靠紧齿轮室底部，用合适的塞尺在联轴器调整垫片处测量，其轴向间隙应为 0.03～0.08mm。装配时应注意，此间隙应略小于齿轮端面与泵盖的间隙，以免造成刮伤。

3）检查齿轮与泵体之间的间隙，即齿顶间隙，如图 3-175 所示。将塞尺插在齿顶与壳体之间进行测量，所测值应符合规定。

4）检查主、从动齿轮啮合间隙，如图 3-176 所示。用塞尺在齿轮圆周上互成 120° 的三等分点进行测量，啮合间隙应符合规定，否则，应成对更换齿轮。

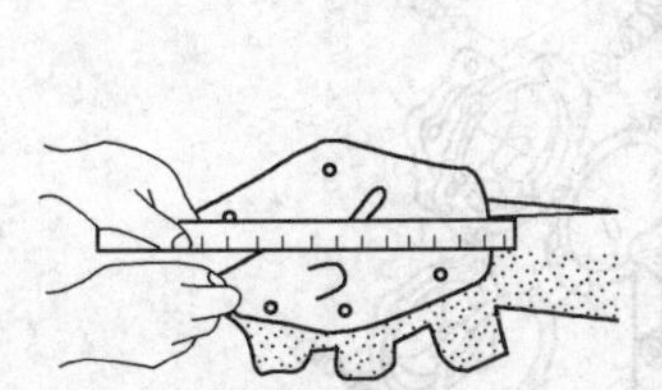

图 3-174　测量泵盖平面度误差

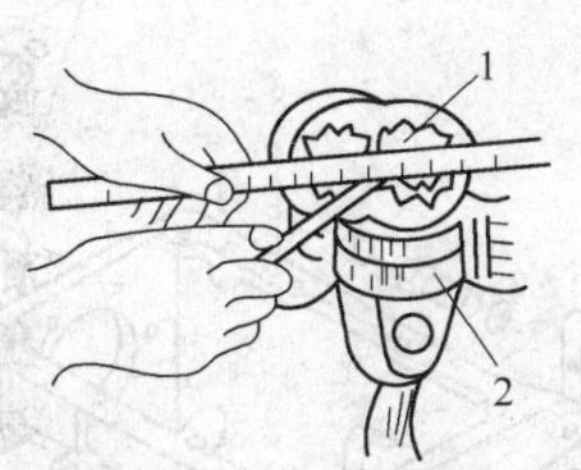

图 3-175　测量间隙
1—齿轮端面　2—泵体

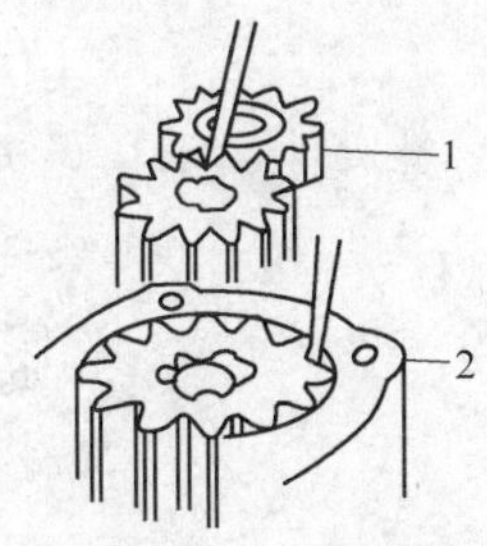

图 3-176　主、从动齿轮啮合间隙及齿顶间隙
1—测量齿轮啮合间隙　2—测量齿轮齿顶间隙

4. 机油泵的试验

机油泵装复后，经试验合格后方可装车使用。试验方法一般有以下两种：

(1) 经验试验法　用手转动主动轴，应转动灵活，无卡滞现象；向机油泵内注满干净的机油，堵住出油口，用手转动主动轴，应有明显的压力感，并有机油压出。

(2) 在试验台上试验　东风 EQ6100—1 型发动机机油泵试验范围为：当机油泵转速为 700r/min 时，量孔前压力为 400～500kPa，若不符合要求，应重新调整限压阀。调整方法是：增减限压阀螺塞下面的调整垫片，减少垫片厚度，机油泵的泵油压力升高，反之，泵油压力下降。也可以在限压阀弹簧座处增减垫片进行调整。调整无效时，应检测限压阀或重新检查齿轮与泵盖间的间隙等有关间隙。

鉴定范围2　汽车底盘维修操作技能

鉴定点1　变速器（三轴）的检修

一、鉴定题目　三轴式变速器的检修

二、鉴定重点

1）利用正确的方法检修三轴式变速器。

2）利用正确的方法装配三轴式变速器。

三、鉴定准备工作

待检修的三轴式变速器一个；塞尺、外径千分尺、百分表、游标卡尺等必要的工具、量具以及专用工具。

四、试题分析

1）考核要求：能正确分解三轴式变速器；能利用正确的方法检修三轴式变速器的各零部件。

2）试题说明：本文以东风 EQ1092 型汽车三轴式变速器的检修为例。

五、操作方法

1. 三轴式变速器的分解

（1）拆卸第一轴

步骤1　拧下放油螺塞，放净变速器内的齿轮油（热车放油）。

步骤2　拆下变速器的上盖总成。

步骤3　从变速器前端拆除锁线及第一轴轴承盖紧固螺栓，取下轴承盖，在用铜锤敲击第一轴的同时，向前拔出第一轴，并取出第二轴前轴承，如图 3-177 所示。

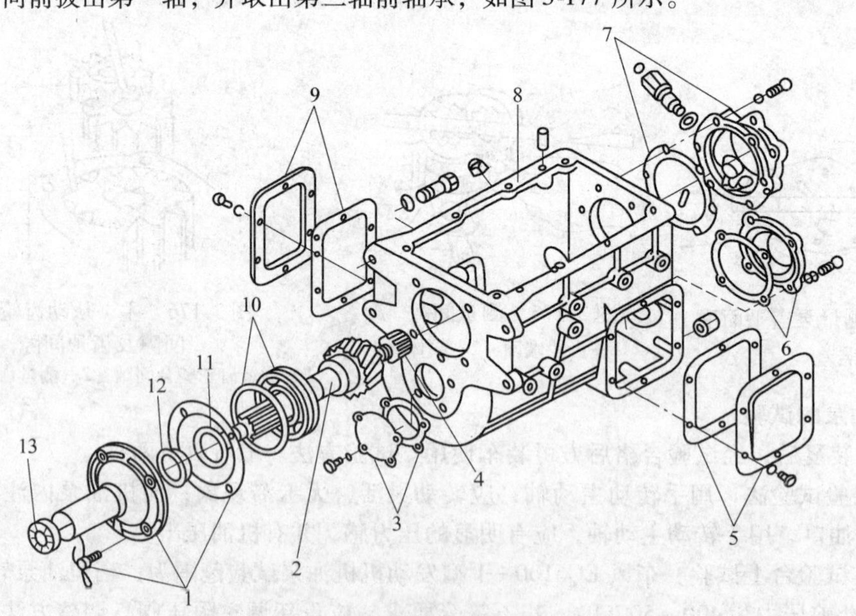

图 3-177　分解后的第一轴及壳体

1—第一轴承盖衬垫及锁线　2—第一轴　3—中间轴前轴承及衬垫　4—第二轴前轴承
5—倒档检查孔盖及衬垫　6—中间轴后轴承盖及衬垫　7—第二轴后轴承盖
8—变速器壳体　9—盖板　10—第一轴后轴承　11—轴承挡圈
12—油封总成　13—第一轴前轴承

（2）分解第二轴总成

步骤1 拆掉变速器第二轴后端锁紧螺母，拆下碟形弹簧、后端凸缘、后轴承盖、隔套及里程表主动齿轮。

步骤2 用铜锤敲击第二轴的前端，使第二轴后移一定距离，用轴承顶拔器拉出第二轴后轴承，第二轴总成即可从变速器壳体内取出。

步骤3 取下四、五档同步器总成。

步骤4 拆下四、五档固定齿座锁环，取下止推环，并取出固定齿座、四档齿轮的轴承挡圈、四档齿轮及轴承、止推环、三档齿轮及轴承，以及二、三档同步器总成。

步骤5 从第二轴后端取下倒档滑动齿轮，用螺钉旋具压下止推环锁销，转动并取下二档齿轮止推环、锁销、弹簧、二挡齿轮及轴承，并取下二、三档同步器总成。分解后的第二轴总成如图3-178所示。

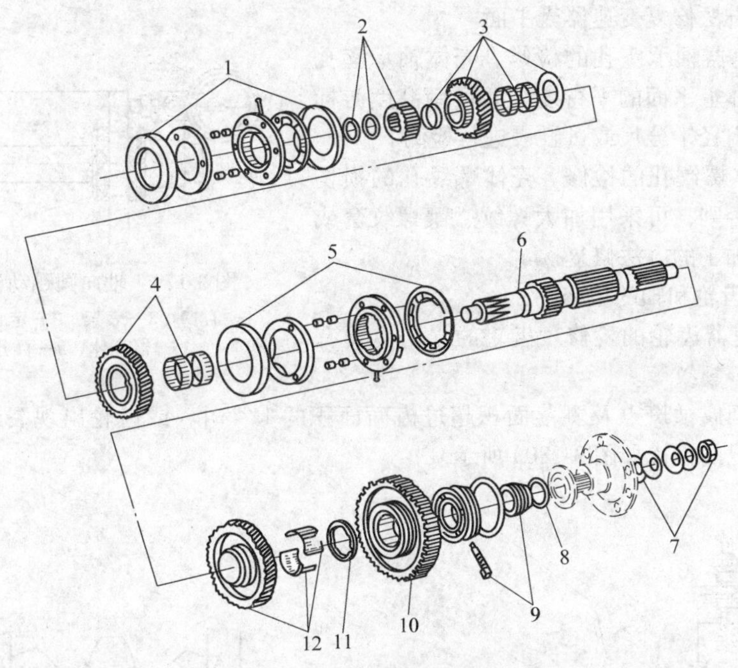

图3-178 分解后的第二轴总成

1—四、五档同步器总成 2—四、五档固定齿座及止销环 3—四档齿轮及轴承止推环挡圈 4—三档齿轮及轴承 5—二、三档同步器 6—第二轴 7—碟形弹簧及螺母 8—隔套 9—里程表从动齿轮 10—倒档齿轮 11—止推环 12—二档齿轮轴承

（3）拆卸倒档轴 拆下倒档检查孔盖，再拆倒档齿轮轴锁片，用专用工具从壳体上拉出倒档轴，从倒档检查孔取出倒档齿轮、轴承及隔套。

（4）分解中间轴

步骤1 从壳体上拆下中间轴前、后轴承盖，撬开后端螺母锁片，拧下螺母并取出锁片，用铜棒顶在中间轴前端，锤击铜棒，使中间轴总成带后轴从壳体向后脱出，用顶拔器从中间轴上拉下后轴承，将中间轴总成从壳体内部取出。

步骤2 解体中间轴总成：取下弹簧挡圈，在压力机上压出常啮合齿轮；取下弹性挡圈，在压力机上压出四档齿轮、三档齿轮、隔套及二档齿轮。

（5）分解变速器盖 拧出变速器顶盖紧固螺栓，拆下顶盖总成，用螺钉旋具撬出变速杆弹簧；旋下变速杆手柄，拆下防尘罩，拧出变速杆球节定位螺钉，抽出变速杆；拆下变速叉及导块止动螺钉锁线及止动螺钉，用铜棒依次敲击各变速器叉轴，使之顶出上盖前端轴承孔的塞片，并从轴承孔中取出，同时取出变速器自、互锁装置及变速叉和导块。

2. 三轴式变速器主要零件的检修

（1）变速器壳的检修

步骤1　变速器壳裂纹的检修。变速器壳体的裂纹可用检视法或敲击法检查。若裂纹处在受力不大的部位，可用环氧树脂胶黏结法、螺钉填补法或焊修法修复；若裂纹处在受力较大的部位，应更换变速器壳。

步骤2　变速器壳平面的检修。变速器壳上平面的翘曲变形情况，可在平板上用塞尺检查。平面度误差超过标准时，可采用铲、磨等方法修复。变速器壳体前后端面对第一、二轴轴承孔公共轴线的轴向圆跳动误差，可用百分表及心棒进行检测，如图3-179所示。当误差超过标准时，可采用铲、磨等方法修复变速器壳平面。

步骤3　变速器轴承座孔的检修。壳体轴承座孔轴线间及其与壳体上平面的平行度误差可用高度游标卡尺、百分表及内径千分尺或量缸表进行检测。

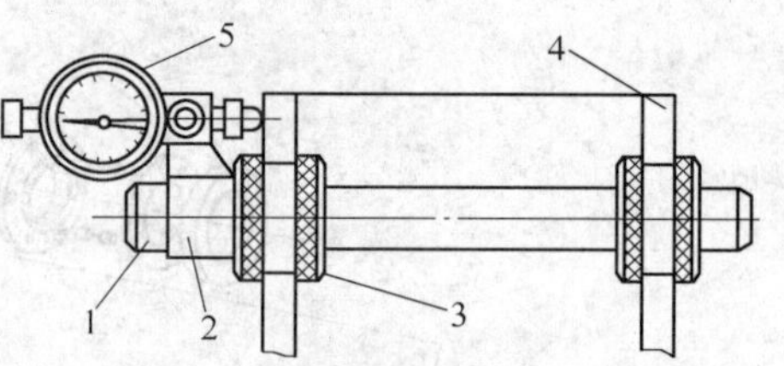

图3-179　轴向圆跳动误差的检验

1—心棒　2—表架　3—定心套　4—变速器壳体　5—百分表

步骤4　壳体螺纹孔的检修。壳体螺纹孔的损伤不得超过两牙，否则，可采用加大螺纹、镶螺纹套或焊补后重新钻孔加工的方法修复。

（2）变速器齿轮和轴的检修

步骤1　变速器齿轮的检修。齿轮的损伤主要有磨损、疲劳剥落、裂纹等。

齿轮的工作面腐蚀斑点及剥落面积超过齿面面积的1/4时，或齿轮出现裂纹时，应予以更换。齿轮磨损情况的检查如图3-180a所示。

图3-180　齿轮磨损情况的检查

常啮合齿轮齿厚磨损量不得超过0.25mm，接合齿轮齿厚磨损量不得超过0.40mm，齿轮内花键齿厚磨损量不得超过0.20mm，齿长磨损量不得超过原齿长的30%，否则，应予以更换。齿轮磨损情况的检查如图3-180b所示。

用百分表检查第二轴与倒档轴齿轮的花键侧隙，其公称尺寸为0.055～0.175mm，使用极限为0.30mm，若超过使用极限，应予以更换。

齿面有轻微斑点、划痕、磨损台阶或边缘破损时，可用磨石或砂轮修磨后使用。

步骤2　变速器轴的检修。变速器轴的损伤主要是弯曲、裂纹、轴颈磨损及花键齿磨损。

轴的弯曲程度可通过用百分表测量各轴中部的径向圆跳动误差来检查，如图3-181所示。第一轴、第二轴及中间轴的径向圆跳动技术要求为小于或等于0.025mm，使用极限为0.06mm，如超过使用极限，应予以校正或更换。

轴颈的磨损量可用外径千分尺测量，若超过使用极限，可换用新件。

(3) 轴承的检修　轴承应转动灵活，滚动体与内外滚道不得有斑痕，保持架应完好，径向间隙不得大于0.10mm，否则，应予以更换。大修时，应更换全部滚针轴承。

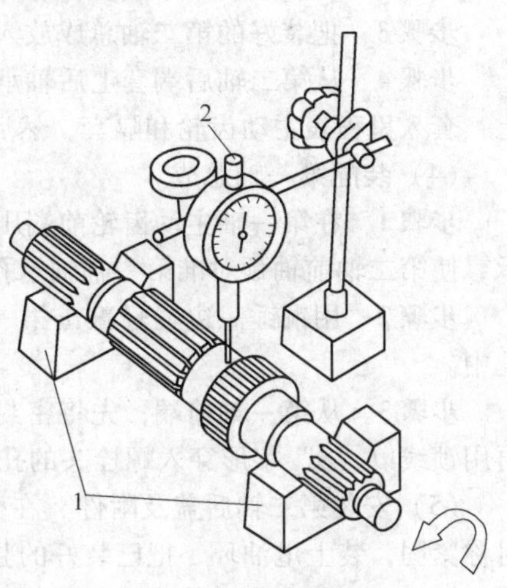

图3-181　检测轴的径向圆跳动误差

1—V形架　2—百分表

(4) 同步器的检修（以东风EQ1092型汽车采用的锁销式同步器为例）

步骤1　同步器锁销、锁环的检修。检查锁销的磨损情况，若锁销磨损严重，应更换同步器总成；检查锁环的磨损情况，若锥环锥面的磨损量超过规定值，应更换同步器总成。

步骤2　更换同步器。更换同步器后，如果使用原锥盘，则应检查锥盘和锥环的端面间隙，该间隙应该符合规定值。

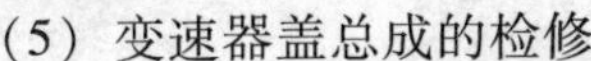

(5) 变速器盖总成的检修

步骤1　变速器盖的检修。变速器盖不得有裂纹，若有裂纹，可用环氧树脂胶黏结法、焊修法进行修复；变速器壳体接合面的平面度误差若超过标准，可用铲、磨等方法进行修复。

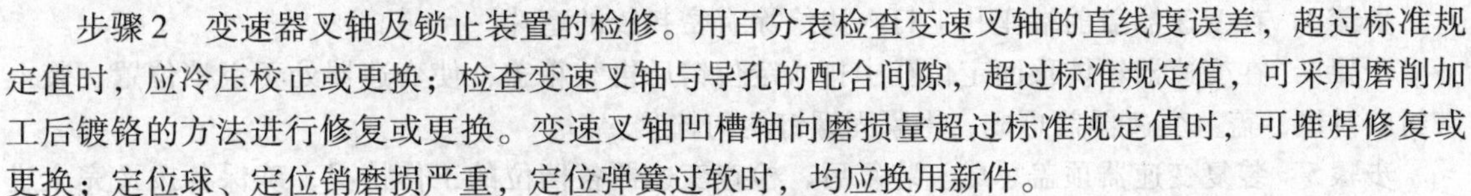

步骤2　变速器叉轴及锁止装置的检修。用百分表检查变速叉轴的直线度误差，超过标准规定值时，应冷压校正或更换；检查变速叉轴与导孔的配合间隙，超过标准规定值，可采用磨削加工后镀铬的方法进行修复或更换。变速叉轴凹槽轴向磨损量超过标准规定值时，可堆焊修复或更换；定位球、定位销磨损严重，定位弹簧过软时，均应换用新件。

步骤3　变速叉的检修。变速叉轴的弯曲变形情况可用专用量具检验，超过标准规定时，应予以校正。变速叉端面磨损量超过标准规定值时，可堆焊修复或更换；变速叉导块凹槽磨损量超过标准规定值时，可堆焊修复或更换；变速叉轴孔磨损量超过标准规定值时，应更换。

(6) 变速杆的检修　变速杆球节磨损量超过标准规定值时，可堆焊修复或更换。

3. 三轴式变速器的装配

(1) 安装中间轴总成

步骤1　在压力机上将二档齿轮、隔套、三档齿轮、四档齿轮、常啮齿轮及弹性挡圈等依次装到中间轴上。压入时应注意：齿轮的键槽必须对准半圆键；二档齿轮、四档齿轮的长毂朝前，三档齿轮、常啮齿轮的长毂朝后；弹性挡圈安装要到位。

步骤2　将变速器壳体固定在工作台上，把中间轴总成放入壳的中间轴承孔中，两端套上轴承，用专用工具把中间轴前后轴承压入轴承座孔内。中间轴后端轴承贴紧轴颈台阶后，套上锁片，并用螺母以147N·m的力矩拧紧，之后用锁片把螺母锁上，并装上前后轴承盖。

(2) 装倒档轴　在齿轮内放入新滚针轴承和隔套，从倒档齿轮窗口放入倒档齿轮，从变速器后端插入倒档齿轮轴。倒档齿轮轴到位后，卡上锁片，并用螺栓固定锁片，然后装倒档窗口盖板及相应的衬垫（涂胶），并用涂胶的螺栓对称拧紧。

(3) 装配第二轴总成

步骤1 将二档齿轮及轴承、二档齿轮止推环及锁紧装置装在第二轴的后端。

步骤2 在第二轴的前端，依次装上二、三档同步器总成（将滑动齿套凸出的一面朝向前端），三档齿轮及轴承，四档齿轮止推环，四档齿轮及轴承、挡圈，四、五档固定齿座，止推环及固定齿座锁环。

步骤3 把装好的第二轴总成放入壳体内，将四、五档同步器总成套在第二轴上。

步骤4 从第二轴后端套上后轴承，并用铜棒轻轻敲击，使轴承靠到第二轴花键部分的台肩上，套入里程表主动齿轮和隔套，然后在轴承外圈上装上挡圈。

(4) 装配第一轴总成

步骤1 在第一轴主动齿轮前端压入轴承，装上挡圈，在主动齿轮内孔中装入第二轴支承轴承，使第二轴前轴颈对准第一轴轴承孔。

步骤2 用铜锤一边轻轻敲击第一轴，一边用手转动，将第一轴后球轴承平顺装入壳体座孔中。

步骤3 从第一轴前端，先将密封纸垫安放在轴盖贴合处，套上轴承套，用螺栓对称紧固，再用锁线以“8”字形穿入螺栓头的孔中并拧紧。

(5) 安装第二轴后盖及附件 在壳体上装上第二轴后轴承盖，并加装新密封纸垫，用螺栓对称紧固，装上甩油环，把已装好的驻车制动器总成固定在轴承盖上，把驻车制动器的凸缘套在第二轴上，按规定力矩装上碟形垫圈。

(6) 装复变速器盖总成

步骤1 利用导向轴将自锁钢球压下，然后装入变速叉轴，套上相应的变速叉及导块，同时注意互锁钢球、互锁销不能泄漏。

步骤2 拧入变速叉及导块止动螺钉，拧紧后，用钢丝锁线分别将止动螺钉锁紧在叉轴上。

步骤3 在变速器盖前端座孔上打入边缘涂有密封胶的塞片。

步骤4 在变速器箱体顶面定位孔中打入定位销后再装箱盖，使变速器处于空档位置，装上密封胶衬垫，盖上变速器盖总成，将紧固螺钉均匀拧紧。

步骤5 装复变速器顶盖总成。装复后，检查变速器各档位的工作情况，确保各拨叉完全进入拨叉槽中。

鉴定点2 膜片弹簧式离合器的检修

一、鉴定题目 膜片弹簧式离合器的检修

二、鉴定重点

1）利用正确的方法分解膜片弹簧式离合器。

2）能够对零部件进行正确的检修。

三、鉴定准备工作

膜片弹簧式离合器一个；塞尺、外径千分尺、百分表、游标卡尺等必要的工具、量具以及专用工具。

四、技术标准

膜片弹簧式离合器的检修技术数据及标准见操作方法。

五、操作方法

1. 离合器的分解

步骤1 在离合器盖及飞轮上做装配记号。

步骤2 从发动机飞轮上拆下离合器。将心棒插入离合器从动盘及曲轴后端的滚针轴承孔

内，用对角线交叉法旋下螺栓，取下离合器盖及压板总成，再取下离合器从动盘。

步骤3　在离合器盖与压板及膜片弹簧之间做装配记号，进行分解。

步骤4　拆下膜片弹簧装配螺栓，将膜片弹簧、压盘及离合器盖分解。

2. 离合器从动盘的检修

从动盘是离合器的主要部件，其常见损伤有花键套的键齿磨损，钢片和花键毂之间的减振弹簧过软或折断，钢片与花键毂铆钉松动，钢片翘曲破裂，摩擦片磨损、烧蚀、硬化和破裂等。

步骤1　从动盘上摩擦片磨损情况的检查。从动盘上的摩擦片是离合器使用中的主要易损零件。摩擦片磨损情况可通过用游标卡尺测量铆钉头的深度来检查，如图3-182所示。铆钉头部的埋入深度 h 不得少于0.3mm，否则，应换用新摩擦片。

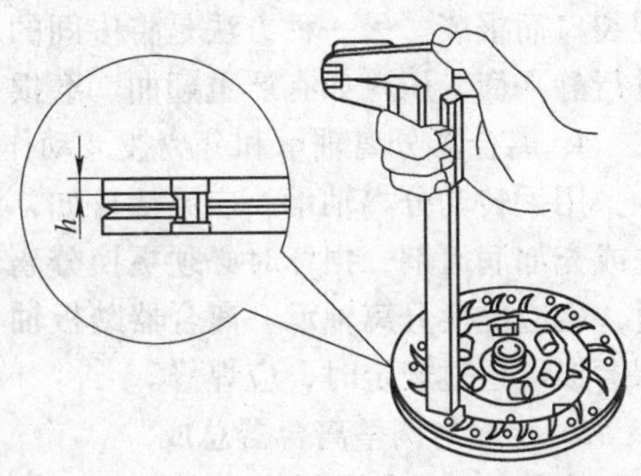

图3-182　从动盘摩擦片磨损情况的检查

步骤2　从动盘翘曲变形情况的检查。从动盘翘曲变形情况的检查可通过测量从动盘的轴向圆跳动误差来检查，用百分表在距边缘2.5mm处测量，其轴向圆跳动误差不应大于0.4mm，否则，应校正，如图3-183所示。

3. 离合器压盘的检修

压盘的损伤一般是工作平面磨损、擦伤、破裂、翘曲和销孔磨损等。离合器打滑和分离不彻底，容易使压盘受热产生翘曲变形或不均匀磨损。压盘平面度误差可用图3-184所示的方法测量，即将平面钢尺放置在压盘上，用塞尺在其缝隙处测量。压盘表面平面度误差不得超过0.12mm。

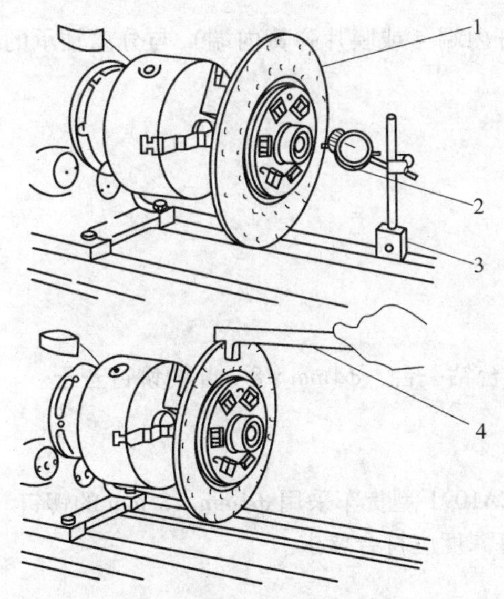

图3-183　从动盘轴向圆跳动误差的检测
1—从动盘　2—百分表
3—磁性支架　4—校正用夹具

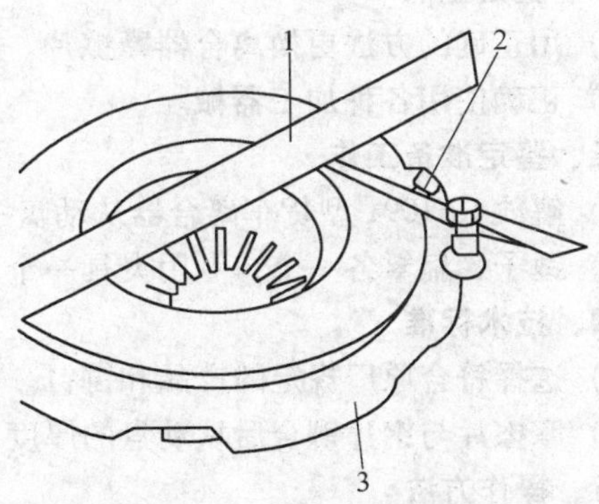

图3-184　压盘表面平面度的检测
1—平面钢尺　2—塞尺　3—压盘

摩擦片铆钉头露出，擦伤压盘表面，使压盘磨出沟槽，其槽深度不得超过0.30mm。压盘的翘曲或沟槽可在平面磨床上磨平或在车床上车平。但加工后的压盘厚度应大于或等于标准厚度

2mm。双片离合器的中间压盘销孔与传动销的配合间隙一般为0.50～0.67mm，若超出1mm，应根据具体损坏情况，采用下列修理方法：

1）加粗传动销，一般修理尺寸可分为若干级，每级为0.10mm，与销孔试配选用。

2）如果传动销与销孔磨损不太严重，可将销转位90°，使未磨损面转到工作面上使用。

3）销孔磨损间隙小于或等于1.5mm时，可用加粗的钢丝制成锥形分离弹簧，进行校正。

4）如销孔磨损严重，可用铜焊焊补后再钻孔。焊时要注意整个压盘预热，防止铸铁压盘出现裂口而报废。另一种方法是将中间的压盘转过一定角度再重新钻孔。压盘经过修理加工后，应进行静平衡。压盘如有严重翘曲、磨损、裂纹，应换用新件。

4. 离合器分离轴承和分离拨叉动作的检查

用手转动分离轴承，应灵活自如，没有过大的噪声和阻力。分离轴承为封闭式，不能拆卸清洗或充加润滑剂，损坏时必须更换分离轴承。内孔磨损量超过0.03mm或轴向间隙超过0.60mm时，也应更换分离轴承。离合器踏板轴与衬套磨损量超过0.50mm时，应更换衬套。分离杠杆内端磨损量超过规定时，应焊修。

5. 装配与调整离合器总成

步骤1　离合器的装配。装配时摩擦片要清洁，各活动关节及摩擦面应涂少许润滑脂；膜片弹簧式离合器的弹簧应按自由长度分组后在同向均匀搭配，以使压紧力均匀。

装配时应用专用工具，以防止离合器变形。为保证从动盘与曲轴的同轴度和便于安装变速器，离合器安装时可用该车型的变速器第一轴或专用导向轴插入从动盘，并用曲轴后端导向轴承孔定位。

步骤2　离合器的调整。

1）分离杠杆高度的调整，即调整分离杠杆内端至飞轮表面、压盘表面或其他规定平面的距离。分离杠杆高度及高度差应符合原厂规定。

2）离合器踏板自由行程的调整，即分离杠杆内端（或膜片弹簧内端）与分离轴承的间隙在离合器踏板上的反映应符合规定。

鉴定点3　离合器摩擦片的更换

一、鉴定题目　更换离合器摩擦片

二、鉴定重点

1）用正确的方法更换离合器摩擦片。

2）正确使用各种加工器械。

三、鉴定准备工作

1）解放CA1091型货车离合器从动盘一个，台钻一台，ϕ4mm×8 mm的铆钉若干。

2）锤子、扁錾各一个，专用夹具一个。

四、技术标准

1）选择符合原厂规定的产品和铆钉。解放CA1091型货车采用ϕ4mm×8 mm的铆钉。

2）摩擦片与钢片铆合后从动盘的厚度和铆钉深度应符合要求。

五、操作方法

步骤1　拆除旧片，先用直径比铆钉直径小0.4～0.5mm的钻头钻出铆钉头，再冲下旧铆钉，取下旧片。

步骤2　检查从动盘钢片与花键毂的接合情况，若松动，应予以铆紧或用新铆钉重新铆合。

步骤3　检查从动盘钢片的翘曲变形量，可把钢片放在专门平板上用百分表测量，若在直径240～300mm处其轴向圆跳动误差大于0.70mm，可用特制夹模进行冷压校正。

步骤4　换用的新摩擦片，其直径、厚度应符合原车要求，且两片应同时更换，质量应相同。同时，两摩擦片厚度差不应超过0.50mm。

步骤5　采用铆接法时，要采用与原车规定相符的铆钉铆接。

步骤6　钻铆钉孔时，要把两片新摩擦片同时放在从动盘钢片的一边，对正位置后用夹具夹紧，选用与钢片铆钉孔相适的钻头，按照钢片上各孔的位置将摩擦片钻透，再用与铆钉头直径相应的钻头在每片衬片的单面钻出沉孔。含钢丝的摩擦片沉孔深度为片厚的2/3，不含钢丝的摩擦片沉孔深度为片厚的1/2。

步骤7　摩擦片与从动盘的铆合一般采用单铆，即一颗铆钉只铆一片摩擦片。铆钉头的方向应交错排列，铆钉头应低于摩擦表面1mm以上。

步骤8　最后对铆好的摩擦片进行质量检查。在修理离合器时，还应对离合器盖、压盘、飞轮、分离杠杆、分离轴承等进行仔细的检验和必要的修理。

鉴定点4　自动变速器驱动桥总成的拆装

一、鉴定题目　自动变速器驱动桥总成的拆装

二、鉴定重点

1）熟悉高级轿车自动变速器驱动桥总成的结构。

2）正确拆装自动变速器驱动桥总成。

三、鉴定准备工作

1）奥迪轿车自动变速器驱动桥总成一台，配备全套拆装与检测专用工具。

2）自动变速器维修手册和有关资料。

3）进行拆装作业的专用工作台，备有放置零件的台架与器皿，压缩空气管道和清洗盘。

四、操作方法

1. 分解

步骤1　将外部已清洗过的自动变速驱动桥总成置于工作台（或支架）上，拆下油底壳固定螺栓，取下油底壳，放在专用清洗盘内。拆下滑阀体油液滤清器固定螺钉，拆下滤清器总成并放入零件箱内。

步骤2　自桥壳上拆下E形夹及停车杆。

步骤3　拆下滑阀体固定螺栓（内六角），用螺钉旋具小心地向上撬开速度调压阀油管。小心地抬起阀体，从驱动桥壳体上将其取下，妥善放置以防损坏。

注意事项：切勿碰伤阀体或弯曲、扭曲油管。

步骤4　用百分表检查蜗轮轴（输入轴）的轴向间隙，查阅手册，确定其是否符合规定，若不符，则应调整蜗轮轴和输出轴之间的止推垫圈，使其达到规定范围。

步骤5　松开前降档制动器调整螺钉的锁紧螺母，拧紧该调整螺钉，使前降档制动器将内部的零件夹紧，以便拆卸变速驱动桥油泵。

步骤6　拆下油泵固定螺栓。将两个螺纹接头呈对角拧入油泵固定螺栓孔中，将两件专用工具（惯性锤顶拔器）拧装在螺纹接头上，利用惯性锤的冲击作用，将油泵和垫片自桥壳中拆下（油泵垫片不可继续使用）。

注意事项：油泵背面有1号止推垫圈；拆卸时油泵必须使用专用工具，否则，损伤桥壳的环岸表面后会导致漏油。

步骤7　松开前降档制动器调整螺钉，并拆下前降档制动带和支座，取出桥壳的前离合器总成。

步骤8　拆下蜗轮（输入）轴和后离合器总成。2号止推垫圈位于后离合器前凹槽内，3号

止推垫圈位于变速驱动桥输出轴前端。止推垫圈具有不同的厚度，可供修理时选用。

步骤9　拆下驱动桥输出轴上的前排行星齿轮定位弹性卡环，取下前行星齿轮组、6号止推垫圈和中心轮驱动壳。

步骤10　拆下后行星齿轮总成和10号止推垫圈（位于总成后端），9号止推垫圈位于总成前端。

步骤11　从低档及倒档后带式制动器内拆下单向离合器的凸轮环，切勿丢失单向离合器的滚柱和弹簧（拆时将散落）。

步骤12　松开低档和倒档后制动器调整螺栓，并拆下制动带及其支承块，小心地从壳体内取出11号大止推垫圈。

步骤13　用卡环拆装钳拆下伺服油缸口处的弹性卡环（位于低档和倒档后制动器作用杆端部）。从伺服油缸中取出低档和倒档伺服活塞总成、弹簧和弹簧座。

步骤14　压下蓄能器盘，再拆下弹性卡环和储能器盘，以及弹簧、活塞。

步骤15　压下降档伺服油缸活塞杆导向盘，拆下弹性卡环，再拆下导向盘、回位弹簧及活塞。

步骤16　拆下变速驱动桥后盖固定螺栓，取下后盖。

步骤17　将专用工具紧固在中间轴齿轮上，用挠性套筒扳手拆下中间轴固定螺栓和垫圈。用中间轴齿轮顶拔器拉下齿轮和调整垫圈。

步骤18　从壳体和中间轴上拆下速度调压阀支承座，取出低档和倒档制动器支承块销钉，切勿丢失。拆下停车爪枢轴、停车爪回位弹簧，从壳体内取出速度调压阀总成。

注意事项：防止阀门漏出丢失。

步骤19　用卡环钳拆下中间轴轴承处的弹性卡环，用惯性锤顶拔器将中间轴从桥壳上拆出，并拆下中间轴轴承座。用同一方法拆下输出轴。

步骤20　全部解体后，将所有零件和总成均彻底清洗干净，可用酒精清洗。要求将各总成、零部件分别清洗，按顺序摆放，不得混淆，以备检验与修理。

2. 输出轴的装合及垫片厚度的调整

步骤1　将输出轴、轴承及调整垫片装入驱动桥壳体内，以专用螺母作为压装工具将输出轴齿及轴承压装到位。

步骤2　保持输出轴和齿轮总成不动（可用两个螺钉将一根扳杆固定在输出轴齿轮上），装上输出轴垫圈和螺母，按照规定力矩拧紧。装毕，拆下扳杆。

步骤3　把百分表支架装在驱动桥壳体上，使百分表触头对着输出轴中孔上黏着的钢球，用专用工具推、拉并同时转动输出轴，将输出轴轴承装合到位。推、拉输出轴时，检查百分表读数，按照实测值查阅维修手册，按原厂规定选取相应厚度的调整垫片。

步骤4　重新拆下输出轴螺母、垫圈和齿轮，安装选取的新调整垫片，再依顺序装合。固定输出轴，按规定力矩拧紧轴端紧固螺母。

步骤5　用扭力扳手转动输出轴，检查输出轴的转动力矩（注意：所测力矩不是开始转动所需的力矩）。若转动力矩过小，则换装一个比原厚度薄约0.05mm的调整垫片；若转动力矩过大，则换装一个比原厚度厚约0.05mm的调整垫片，直至转动力矩达到规定值。

3. 轴的装合及转动力矩的调整

步骤1　用专用工具将中间轴装入驱动桥壳体。

步骤2　安装速度调压阀总成和支承座，按规定力矩拧紧固定螺栓。仔细将停车爪轴与倒档后制动带支承块和速度调压阀支承座上相应的孔对正。

步骤 3　安装中间轴调整垫片和齿轮，按照安装输出轴螺母的方法，装合中间轴垫圈和螺母，并按规定力矩拧紧螺母。

步骤 4　用专用工具推、拉中间轴齿轮并同时转动中间轴，根据百分表测量值选取与更换相应的轴向间隙调整垫片，并重新进行装合。

步骤 5　检查与调整中间轴端隙，用百分表检测，通过增减调整垫片厚度的方法，直至达到规定值。端隙过大时，中间轴将轴向窜动，有噪声；端隙过小时，轴承工作温度过高，会发热。

步骤 6　安装调整好中间轴后，安装输出轴及其调整垫圈和螺母，并按规定力矩紧固螺母。

4. 变速驱动桥的装合

步骤 1　装好输出轴齿轮、垫圈和螺母，按规定力矩拧紧。

步骤 2　安装停车爪、回位弹簧和枢轴。

步骤 3　给 11 号止推垫片（大的）涂润滑脂后将其装入驱动桥壳体后部。

步骤 4　以专用工具将单向离合器装入凸轮圈总成中（暂勿拆下专用工具）。

步骤 5　将低档和倒档后制动带支承杆装入驱动桥壳体，并将支承杆和制动伺服油缸的作用杆相连接。

步骤 6　回旋低档和倒档制动带调节螺钉，使制动带达到最大张开程度。

步骤 7　仔细将单向离合器凸轮圈总成（连同专用工具）与低、倒档离合器和单向离合器毂对正。向内推动凸轮圈总成，并顺着单向离合器超载工作的方向转动凸轮圈。当单向离合器滑阀安装到位时，专用工具自行脱落在单向离合器毂上，这时再拆除专用工具。

步骤 8　给 10 号止推垫圈涂润滑脂后将其装在后排行星架后部，再同行星架一起装入驱动桥壳体内与行星齿圈相结合。

步骤 9　给 9 号止推垫圈涂润滑脂后将其粘装在后行星架前部。给 8 号、7 号止推垫圈涂油液后装在驱动桥壳上，再装上弹性卡环和公用太阳轮。

步骤 10　安装驱动壳总成，使公用太阳轮与后行星架的齿轮相啮合，再将前行星轮总成装入前行星轮齿圈内。

步骤 11　给 6 号止推垫圈涂润滑脂后将其粘装在前行星轮总成与齿圈后部表面上，再一起装入驱动桥壳体内，使太阳轮与前行星齿轮相啮合。

步骤 12　将前行星齿轮总成与齿圈用弹性卡环固定在驱动桥输出轴上（勿忘装 4 号和 5 号止推垫圈）。

步骤 13　给 3 号止推垫圈涂润滑脂后将其粘装在输出轴前端。

步骤 14　将离合器总成、前离合器毂、蜗轮轴和 2 号止推垫圈装入驱动桥壳体内。

步骤 15　将后离合器总成与其花键毂对正，轻转后离合器及蜗轮轴，使摩擦片键齿与花键齿相啮合。当完全啮合时，组装各件将自行落座在离合器花键毂上。

步骤 16　将直接档离合器总成与前离合器毂对正，慢慢向后移动蜗轮轴（并轻转），使前离合器摩擦片与钢压片相接合。当前离合器自行落座时，即安装到位。

步骤 17　将降档制动带和支承杆装入桥壳内，并套装在前离合器毂上。拧紧制动带调整螺钉，使离合器及齿轮机构处于桥壳内中心位置。

步骤 18　在油泵衬垫周围 2 处或 3 处涂少许润滑脂后，将其黏附在桥壳结合面上。

步骤 19　将一端为锥形的导向螺栓拧入驱动桥壳上油泵固定螺栓的螺孔内，安装油泵并使其导向螺栓滑落到位。旋入油泵固定螺栓，取下导向螺栓，按拧紧顺序与规定力矩紧固后，应检查蜗轮（输入）轴是否转动灵活自如，若不能转动，则表明其中的止推垫圈装错位置，必须再次分解变速器驱动桥，找出原因予以排除。若 3 号止推垫圈换用的是与原厚度不同的新垫圈，则用百分表检测蜗轮（输入）轴端隙，再次核实其是否有误。

5. 变速驱动桥装合质量的检验

向各油孔中依次吹入206kPa干燥洁净的压缩空气进行检验。专用工具为带橡胶接头的空气枪，将喷嘴紧压在孔口即可。

步骤1　前离合器的检验。将压缩空气吹入前离合器作用孔时，离合器应发出“砰”的一声响，表明其工作性能良好。若无此响声，必有漏气之处（有时可听到桥壳内“嗞嗞”的漏气声）。出现此种现象时，必须将变速驱动桥解体，找出原因并予以排除，否则，在三档行驶时，前离合器将发生打滑现象。

步骤2　后离合器的检验。吹入压缩空气时，后离合器立即接合并发出“砰”的响声。放出压缩空气后，若离合器立即分离，表明其工作性能良好。若出现不接合现象并伴有“嗞嗞”的漏气声，必须找出原因并予以排除。

步骤3　伺服油缸的检验。向作用油孔吹入压缩空气时，制动带应立即抱紧（制动），向放松油孔吸入压缩空气时，制动带应立即放松（解除制动），否则，表明伺服缸工作不良，应查明原因并予以排除。

注意事项：试验时，不要将手放在油缸摇臂和制动带的前方，以防其弹出伤人。

步骤4　蓄能器的检验。向其作用孔及放松孔吹入压缩空气，即能判断其工作性能是否良好。

注意事项：手与面部切勿正对蓄能器，以防其弹出伤人（一般是由于弹性卡环未完全入槽）。

6. 变速驱动桥总装配

步骤1　将阀体上的速度调压阀油管与变速驱动桥上相应的孔对正，用螺钉旋具轻击油管，使其插入该孔中。

步骤2　把阀体放置在桥壳上，并对正位置。

步骤3　将停车杆一端装入停车爪，另一端装入阀体上的支持臂中，再装上E形夹。

步骤4　用快速扳手装上阀体固定螺栓（7个），并按规定力矩拧紧。

步骤5　安装油液滤清器和固定螺栓。

步骤6　检查油底壳螺栓孔上表面是否平整，若不平整，应用锤子轻敲使其平整，以确保密封。

步骤7　将温室硫化密封胶涂在油底壳接合表面和各螺栓孔处，用快速扳手按规定力矩安装油底壳固定螺栓。

步骤8　用以上方法安装后盖及差速器盖。

步骤9　安装自动变速器油润滑油泵驱动毂。

步骤10　将变矩器装在变速驱动桥内，并与蜗轮轴、导轮支承座、液压泵驱动毂及液压泵驱动齿轮相接合。

7. 变速驱动桥装车

步骤1　将变速驱动桥置于专用拆装千斤顶上，插好安全链条。

步骤2　在车下将变速驱动桥移至与发动机对齐。

步骤3　将变速驱动桥移向发动机，并将变矩器的导向柱插入曲轴导向孔中，用多用途润滑脂润滑变矩器导向柱。

步骤4　插入1个或2个变矩器壳体固定螺栓，以固定变速驱动桥位置。

步骤5　将变矩器前移，使其与柔性板孔相对齐。

步骤 6　若变矩器是原车所配的，则应使柔性板与变矩器的装配标记对齐。

步骤 7　装好变矩器，按规定顺序与力矩拧紧周围的固定螺栓（可通过右侧挡泥板孔转动曲轴）。

步骤 8　安装发动机、起动机总成。

步骤 9　安装发动机左支架及其固定螺栓。

步骤 10　安装支架隔振垫贯穿螺栓。

步骤 11　将发动机安装支架装到十字架上。

步骤 12　连接停车及空档安全开关。

步骤 13　装上左挡泥板及孔塞。

步骤 14　清洁、润滑传动轴防护套，并将其装在传动轴万向节上。

步骤 15　安装传动轴整体。安装时应把万向节支撑好，以防止其内部零件损伤。安装好内万向节，再装外万向节，并将外万向节花键轴插装入转向节总成内。

步骤 16　转向节与下球节接触时，必须按规定力矩拧紧转向节螺栓。

步骤 17　更换车速表中小齿轮表接头的油封，并将其接头总成装入变速器驱动桥右延伸壳内。

步骤 18　安装轮毂垫圈及螺母，按规定力矩拧紧。

步骤 19　紧固锁紧螺母，以便安装和紧固锁销。

步骤 20　安装车轮总成，注意对正装配标记，按规定力矩拧紧车轮螺母。

步骤 21　在发动机罩盖下安装三个变矩器壳体螺栓。

步骤 22　移去发动机支撑物。

步骤 23　对于由 ECU 控制的变矩器，应将其电线插头插接到变速驱动桥上。

步骤 24　连接变速器驱动桥冷却软管。

步骤 25　连接节气门杆系，并进行调整。

步骤 26　连接与调整变速杆系。

步骤 27　连接蓄电池负极导线。

步骤 28　向变速器驱动桥内加注 5L 新的自动变速器油。

步骤 29　在发动机运转和变速杆位于停车位的情况下，调整变速器油油位至油尺规定位置。

步骤 30　进行路试及路试检查。

鉴定点 5　自动变速器液压试验

一、鉴定题目　自动变速器液压试验

二、鉴定重点

1）熟悉并掌握自动变速器液压试验的方法及步骤。

2）能根据自动变速器液压试验的结果判断故障原因。

三、鉴定准备工作

雷克萨斯 400 型轿车一辆；垫木若干，油压表一块。

四、试题分析

1）如果所有档位油压均高，则为主油路调压阀故障。

2）如果所有档位油压均低，则为油泵或主油路调压阀故障。

3）如果某一档位油压偏低，则为该档油路堵塞或泄漏。

五、操作方法

液压试验即测量自动变速器的油路压力。进行该项试验时，油温应处于正常工作温度。安全

起见，测量油路压力时，一定要由两人配合，即一人进行试验，另一人站在车外观察车轮或车轮垫木的情况。具体的试验程序如下：

步骤1　预热自动变速器油。

步骤2　拆下自动变速器壳体上的测试塞，并连接上油压表。

步骤3　拉紧驻车制动操纵杆，并用三角木块将四个车轮挡住。

步骤4　起动发动机并检查怠速转速是否正常。

步骤5　将制动踏板踩到底，将变速杆换入D位。

步骤6　在发动机怠速运转的情况下，检查并记录油路压力，然后，将加速踏板踩到底，在发动机转速达到失速转速时，迅速记录油路最高压力。

步骤7　用同样的方法对变速杆置于R位时的油路压力进行检测。

步骤8　对记录结果进行分析，从而判断故障原因。

鉴定点6　自动变速器失速试验

一、鉴定题目　自动变速器失速试验

二、鉴定重点

1）了解并掌握自动变速器失速试验的方法及步骤。

2）能根据自动变速器失速试验的结果判断故障原因。

三、鉴定准备工作

雷克萨斯400型轿车一辆；垫木若干，转速表一块；使汽车发动机和自动变速器均达到正常工作温度；确认汽车的行车制动和驻车制动性能良好；自动变速器的油位应正常。

四、鉴定技术标准

几种常见车型自动变速器的失速转速标准见表3-5。

表3-5　几种常见车型自动变速器的失速转速标准

车型	自动变速器的型号	发动机型号或排量	失速转速/（r/min）
日产	L4N71B	VG30	2300～2600
马自达929	R4N—EL	JE	1950～2250
克莱斯勒	A415	1.6L	2250～2450
雷克萨斯400	A341E	IUZ—FE	2050～2350

五、操作方法

步骤1　将汽车停放在宽阔的水平地面上，前后车轮用三角木块塞住。

步骤2　无发动机转速显示的，应安装发动机转速表。

步骤3　拉紧驻车制动操纵杆，左脚用力踩住制动踏板。

步骤4　起动发动机，将变速杆拨入D位。

步骤5　在左脚踩紧制动踏板的同时，用右脚将加速踏板踩到底，迅速读取此时发动机的最高转速，读取发动机转速后，立即松开加速踏板。

步骤6　将变速杆拨入P位或N位，使发动机怠速运转1min以上，以防止自动变速器油因温度过高而变质。

步骤7　将变速杆拨入R位，做同样的试验。

步骤8　根据失速转速结果判断故障原因。

1）不同车型的自动变速器都有其失速转速标准，若失速转速与标准值相符，说明自动变速

器的油泵、主油路油压及各个变速执行元件的工作基本正常。

2）若失速转速高于标准值，说明主油路油压过低或变速执行元件打滑。

3）若失速转速低于标准值，则可能是发动机动力不足或液力变矩器有故障。

六、注意事项

1）失速试验时，时间不得超过5s。

2）进行完一个档位的试验后，不得立即进行下一个档位的试验，待油温下降后才能进行。

3）试验结束后不要立即熄火，应将变速杆置入空档或停车档，让发动机怠速运转几分钟，以使自动变速器油温度恢复正常。

4）如果在试验中发现驱动轮因制动力不足而转动，应立即松开加速踏板，停止试验。

鉴定点7 自动变速器时滞试验

一、鉴定题目 自动变速器时滞试验

二、鉴定重点

1）熟悉并掌握自动变速器时滞试验的方法及步骤。

2）能根据自动变速器时滞试验的结果判断故障原因。

三、鉴定准备工作

雷克萨斯400型轿车一辆；垫木若干，秒表一块。

四、鉴定技术标准

大部分自动变速器N—D迟滞时间小于1.2s，N—R迟滞时间小于1.5s。

五、操作方法（见图3-185）

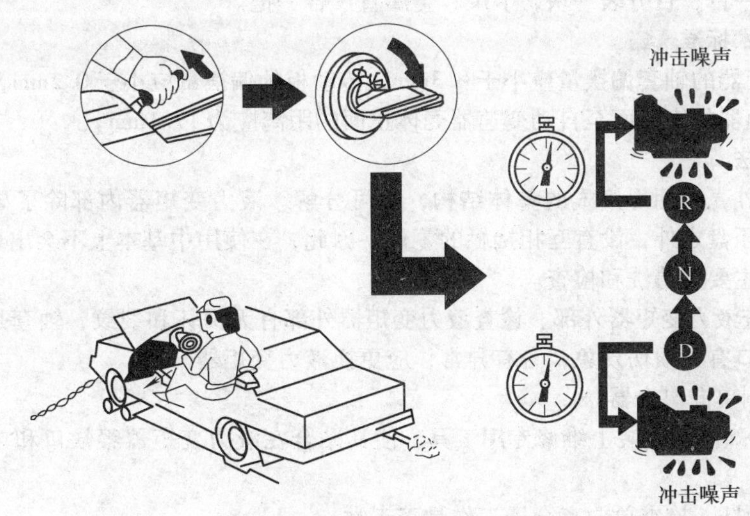

图3-185 自动变速器时滞试验

步骤1 驾车行驶一段时间，使发动机和自动变速器达到正常工作温度（50~80℃）。

步骤2 将汽车停放在水平路面上，拉紧驻车制动操纵杆。

步骤3 将变速杆分别置于N位和D位，检查其怠速情况。D位怠速应略低于N位怠速（约低50r/min），若不正常，应按规定予以调整。

步骤4 将自动变速器变速杆从N位拨至D位，用秒表测量从拨动变速杆开始到感觉汽车振动为止所需的时间，该时间称为N—D迟滞时间。

步骤5　将变速杆拨至N位，使发动机怠速运转1min后，再做一次同样的试验。

步骤6　共做三次试验，取平均值作为N—D迟滞时间。

步骤7　按上述方法，将变速杆由N位拨至R位，测量N—R迟滞时间。

步骤8　根据结果判断故障。

1）大部分自动变速器N—D迟滞时间小于1.2s，N—R迟滞时间小于1.5s。

2）若N—D迟滞时间过长，则说明主油路油压过低，前进离合器磨损严重或超速档单向离合器工作不良。

3）若N—R迟滞时间过长，则说明倒档油路油压过低，倒档离合器或倒档制动器磨损严重，超速档单向离合器工作不良。

六、注意事项

1）时滞试验时，使发动机和自动变速器达到正常工作温度。

2）进行完一个档位的试验后，使发动机怠速运转1min后再做试验。

3）共做三次试验，取其平均值。

鉴定点8　液力变矩器的检修

一、鉴定题目　液力变矩器的检修

二、鉴定重点

1）了解液力变矩器的结构、工作原理。

2）熟悉并掌握液力变矩器的清洗、检修方法。

三、鉴定准备工作

液力变矩器一台；百分表一块，卡尺、金属直尺各一把。

四、鉴定技术标准

1）液力变矩器的轴套偏摆量应小于0.3mm，传动板的偏摆量应小于0.2mm。

2）液力变矩器的安装面至自动变速器壳体正面的距离应为17.1mm。

五、操作方法

液力变矩器外壳采用焊接式的整体结构，不可分解。液力变矩器内部除了导轮的单向离合器和锁止离合器压盘之外，没有互相接触的零件，因此，在使用中基本上不会出现故障。液力变矩器的维修工作主要是清洗和检查。

步骤1　检查液力变矩器外部。检查液力变矩器外部有无损坏和裂纹，轴套是否磨损，驱动液压泵的轴套缺口有无损伤现象，若有异常，应更换液力变矩器。

步骤2　检测单向离合器。

1）如图3-186所示，装上维修专用工具，使其贴合在液力变矩器毂缺口和单向离合器的外座圈中。

2）转动驱动杆，检查单向离合器工作是否正常。

3）在逆时针方向转动时应锁住，而在顺时针方向转动时应能自由转动。若有异常，说明单向离合器损坏，应更换液力变矩器。

步骤3　检测传动板与齿圈。用百分表测量传动板偏摆，最大偏摆量不应超过0.20mm；检查齿圈有无变形和断齿。

步骤4　检测液力变矩器轴套偏摆量。

1）将液力变矩器装在传动板上，安装百分表，如图3-187所示。

2）若偏摆量超过0.30mm，可通过重新调整液力变矩器的安装方位进行校正，并在校正后的位置做一记号，以保证安装正确。若无法校正，应更换液力变矩器。

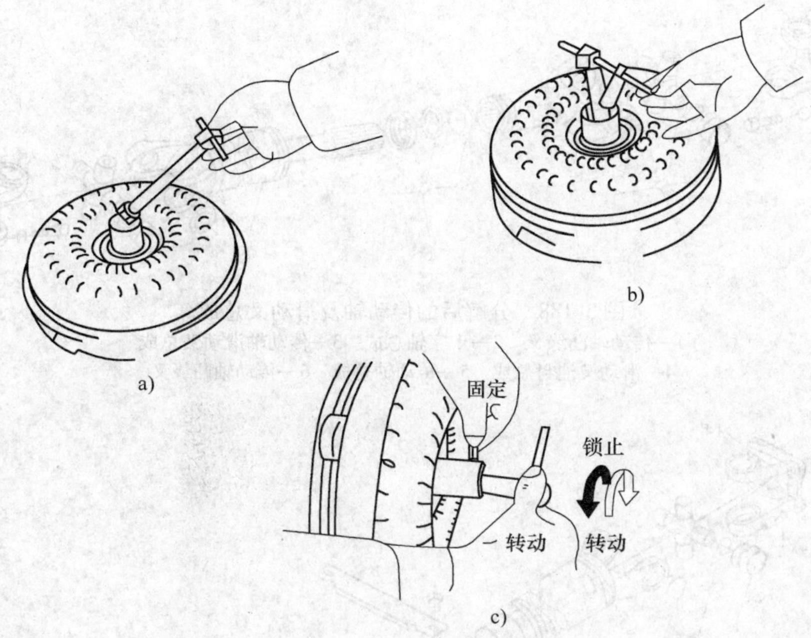

图 3-186　单向离合器的检测

a）装上维修专用工具　b）、c）转动驱动杆

六、注意事项

能正确使用工具、量具，零部件放置整齐并保持清洁。

鉴定点 9　传动轴的检修

一、鉴定题目　传动轴的检修

二、鉴定重点

1）利用正确的方法分解传动轴。

2）利用正确的方法检修传动轴的主要零部件。

3）对检修好的传动轴进行正确装配和试验。

三、鉴定准备工作

待检修的传动轴一根；铜棒、锤子、百分表等必要的工具、量具以及专用工具；动平衡机一台。

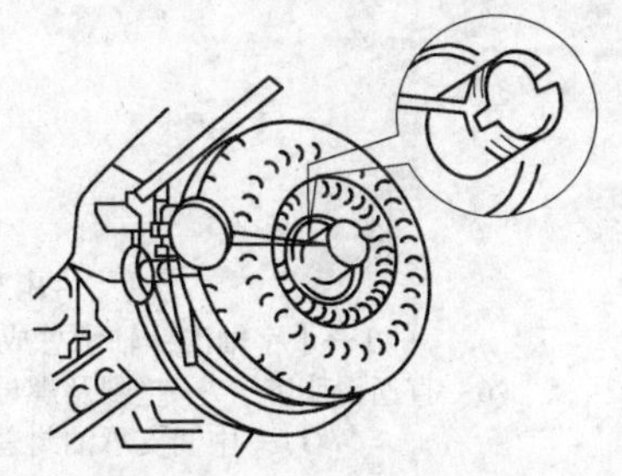

图 3-187　液力变矩器轴套偏摆量的检测

四、试题分析

1）考核要求：能正确分解传动轴；能利用正确的方法检修传动轴的各零部件；对装配好的传动轴进行正确试验，合格后才算检修装配成功。

2）试题说明：本试题使用东风 EQ1092 型汽车传动轴。在分解传动轴总成前，应检查总成上的标记是否齐全、清晰。如果标记不齐全或不清晰，应在拆检前做出清晰的标记。

五、操作方法

1. 传动轴的分解

步骤 1　滑动花键副的分解。如图 3-188 所示，只要拧开滑动叉油封盖，就可以把花键轴从滑动叉中拔出来，取下油封、油封垫片、油封盖。

步骤 2　万向节的分解，以最后一个万向节为例。用卡簧钳把每个耳孔内的卡簧取出来；用左手把传动轴的一端抬起，右手拿锤子轻轻敲击耳根部，将一个滚针轴承震出来；将传动轴转过

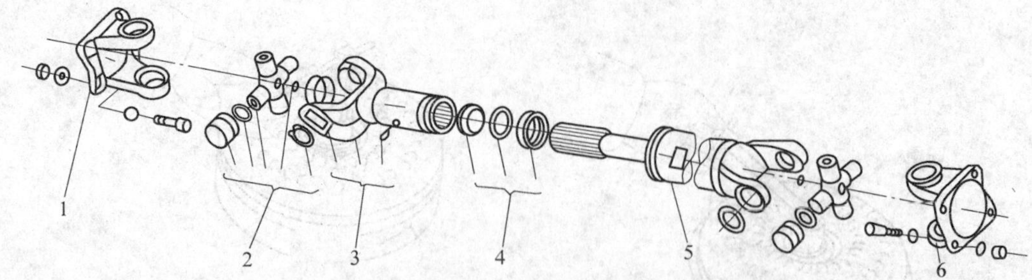

图 3-188　分解后的传动轴及滑动叉总成

1—传动轴凸缘叉　2—十字轴总成　3—传动轴滑动叉总成
4—滑动叉油封总成　5—传动轴总成　6—传动轴凸缘叉

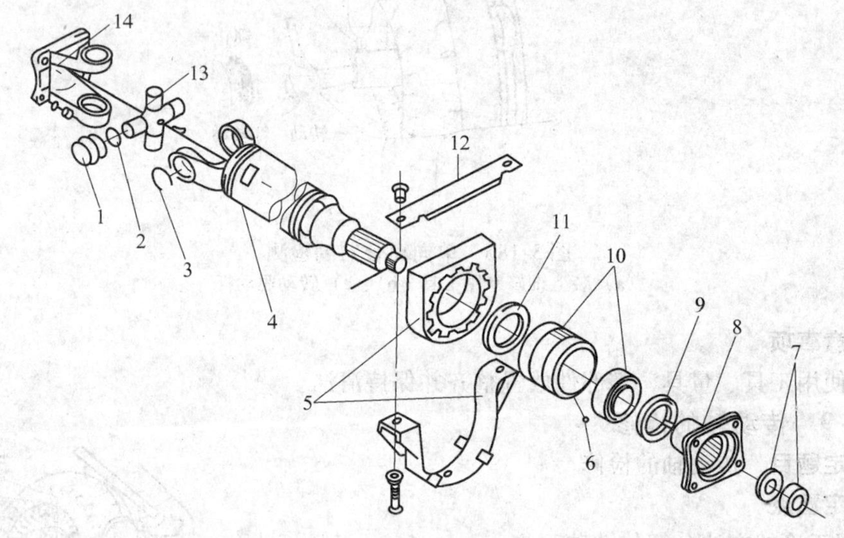

图 3-189　分解后的中间传动轴及支承总成

1—十字轴滚针轴承总成　2—防尘圈　3—卡簧　4—中间传动轴总成　5—中间支架总成
6—直通滑脂嘴　7—垫圈及螺母　8—中间传动轴凸缘　9—中间支承油封　10—中间支承轴承及轴泵座
11—中间支承油封总成　12—中间支承上盖板　13—十字轴　14—传动轴凸缘叉

180°，用同样的方法将凸缘叉上的另一滚针轴承震出，并把凸缘叉取下来；左手抓住十字轴，将传动轴一端抬起，右手拿锤子轻轻敲击万向节叉耳根部，将一个滚针轴承震出来；将传动轴转过180°，用同样的方法将万向节叉上的另一滚针轴承震出并把十字轴取下来。

步骤 3　中间支承的分解。如图 3-189 所示，拔出开口销，拧下槽形螺母，取出垫圈；用锤子轻轻敲击凸缘背面边缘，松动后把凸缘从中间花键轴上拔出来；在轴承座的前端放置一块垫板，用手轻轻敲击垫板，将整个中间支承从中间花键轴上打出来；把橡胶垫环从轴承座上压出来；把轴承座夹在台虎钳上，用铜棒、锤子把两边的油封打出来，再取出轴承。

2. 十字轴式普通万向传动装置主要零件的检修

步骤 1　万向节的检修。

1）检查十字轴轴颈表面，若有严重损伤，超过标准规定，应更换新件；若轴颈表面有轻微剥落，可用磨石打光剥落表面后继续使用。

2）滚针轴承油封失效，或滚针断裂、缺针时，都应更换新件。

3）检查万向节十字轴承的配合间隙。检查时，将十字轴夹在台虎钳上，将滚针轴承壳套在十字轴颈上，用百分表抵住轴承壳外表面最高点，用手上下推动滚针轴承壳，百分表指针变化值即为该轴承与十字轴配合的间隙，如图3-190所示。当间隙值超过规定值时，应更换十字轴。

步骤2　传动轴及滑动叉的检修。

1）中间传动轴、传动轴弯曲度的检测。可利用万向节叉和花键轴上的中心孔，两端用顶尖顶起来，用百分表测量轴管外圆的径向圆跳动误差。当弯曲超过规定时，可在压力机上冷压校直。

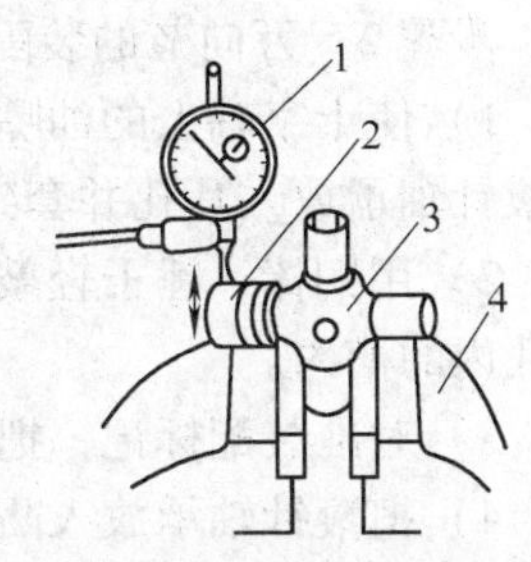

图3-190　检测万向节轴承与十字轴的配合间隙
1—百分表　2—万向节轴承　3—十字轴　4—台虎钳

2）传动轴花键轴、花键套的检修。花键齿磨损主要表现在配合副配合侧隙上，检测方法如图3-191所示。把滑动叉夹持在台虎钳上，将花键轴按装配标记插入滑动叉，并使部分花键露在外面。转动花键轴，用百分表测出花键侧面读数的变化值，若超过规定值，可根据实际情况换用新件或采用局部更换法进行修复。

3）传动轴中间支承轴承轴颈磨损的修复。当传动轴中间支承轴承轴颈处磨损量超过规定值时，可根据实际情况采用堆焊等方法修复或更换新件。

步骤3　传动轴中间支承轴承及支架的检修。

1）轴承的检查。若发现轴承滚珠、滚道上有烧蚀、金属剥落等现象，应予以更换。测量轴承的径向间隙，如图3-192所示。将轴承放在面板上，使百分表的触头抵住轴承外座圈，然后，

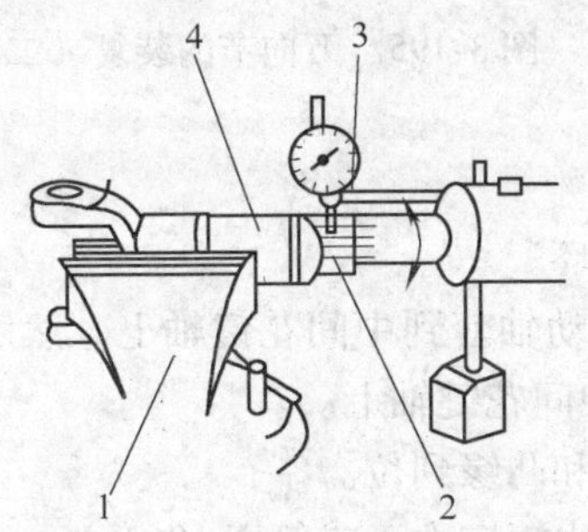

图3-191　检测传动轴花键轴与花键套的配合间隙
1—台虎钳　2—传动轴花键　3—百分表　4—花键套

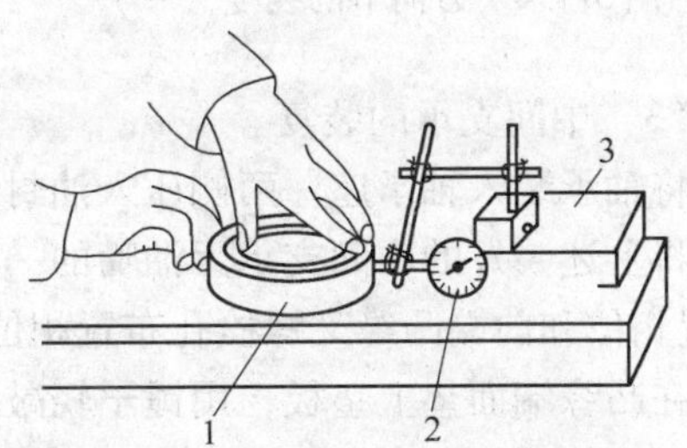

图3-192　测量轴承的径向间隙
1—轴承　2—百分表　3—检验中板

一只手把轴承内圈压紧，另一只手推动轴承外圈，此时百分表指针指示的数值即为轴承的径向间隙。测量轴承的轴向间隙，如图3-193所示。将轴承外圈搁在两垫块上并使轴承内圈悬空，再在轴承内圈上放一块平铁板，然后使百分表触头抵住平铁板中央，上下推动轴承内圈，此时百分表指针指示的数值即为轴承的轴向间隙。如果轴承的轴向间隙和径向间隙超过规定值，应及时更换轴承。

2）检查中间支承轴承座内表面的磨损情况，如超过规定，应予以更换。

3）检查前后油封盖是否磨损，支架是否裂损，橡胶环有无腐蚀老化现象，视需要及时更换或修复不符合要求的零件。

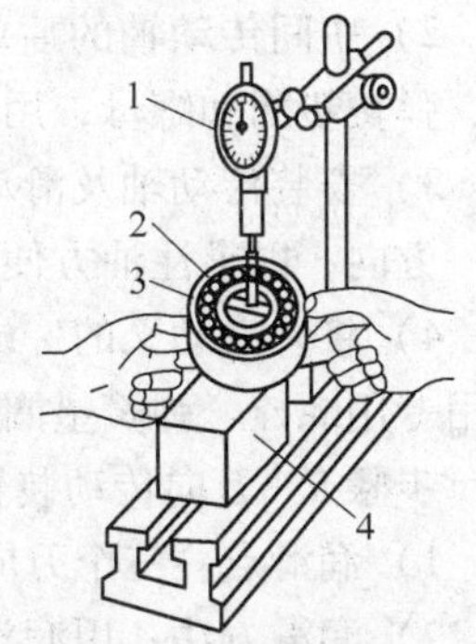

图3-193　测量轴承轴向间隙示意图
1—分度值为0.01mm的指示表　2—中板　3—轴承　4—垫块

3. 十字轴式普通万向传动装置的装配与试验

步骤1　滑动花键副的装配。先将油封盖、油封垫片、油封套在花键轴上，对准滑动叉上和传动轴轴管上的装配标记，把滑动叉套到花键轴上，装好油封、油封垫片，拧紧油封盖。

步骤2　万向节的装配，以中间万向节为例。

1）使十字轴上的油嘴朝向油管一方，并和滑动叉上的油嘴同相位，插入万向节叉耳孔内，把滚针轴承放入耳孔并套到十字轴轴颈上，如图3-194所示。

2）用铜棒、锤子轻敲滚针轴承外底面，使轴承进入耳孔并到位，用卡簧钳把卡簧装入叉子耳孔内的槽内。

3）对准装配标记，把凸缘叉套到十字轴的另一对轴颈上，如图3-195所示。

4）把滚针轴承放入凸缘叉耳孔，并套到十字轴轴颈上，用铜棒、锤子轻敲轴承使其进入耳孔并到位，用卡簧钳把卡簧装入耳孔槽。要注意卡簧一定要整个厚度进入槽底，否则，会在传动轴传动中弹出，发生轴承脱落事故。

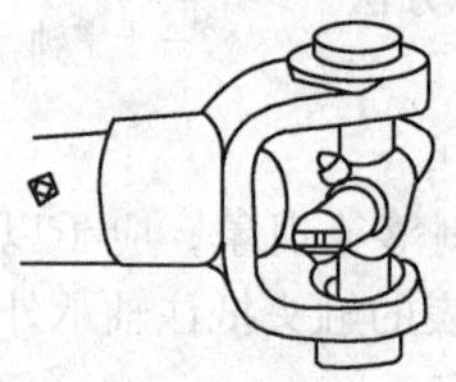

图3-194　万向节的装复（一）

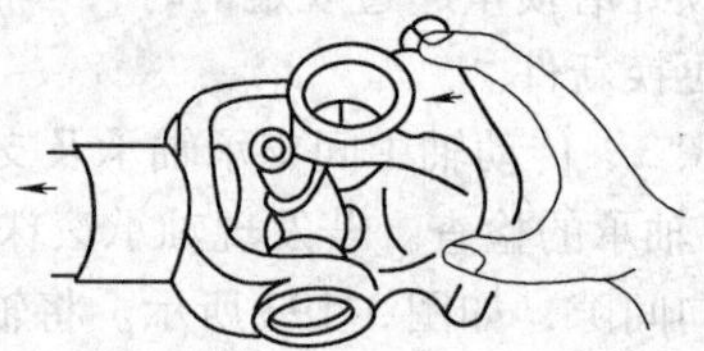

图3-195　万向节的装复（二）

步骤3　中间支承的装复。

1）将轴承装入轴承座，两侧压入油封，装上橡胶垫环。

2）将上述装好的中间支承无油嘴的一侧面对中间传动轴套到中间花键轴上，然后使凸缘螺栓孔布置相位和前端凸缘叉螺栓孔布置相位一致，套到中间花键轴上。

3）在凸缘端面垫上垫板，用锤子轻敲，使中间支承和凸缘到位。

4）放上垫圈，拧紧螺母，装上开口销。螺母的拧紧力矩应大于或等于196N·m。

步骤4　万向传动装置的装车。安装万向传动装置时应从前端开始，逐步往后装。

1）先装中间传动轴及支承总成。把前端的凸缘叉装到驻车制动鼓上，装上弹簧垫圈和螺母，用88～108N·m的力矩拧紧螺母。

2）中间传动轴的后端通过中间支承，用支架和上盖板装到车架横梁上，装上螺栓、平垫圈、弹簧垫圈和螺母，用88～108N·m的力矩拧紧螺母。

3）安装传动轴及滑动叉总成。安装前应先注意一下油嘴的朝向，尽可能与前传动轴的油嘴同一方向，以求注油方便。

4）将有滑动叉的一端与中间传动轴的后端凸缘连接，另一端与后桥的凸缘连接。注意：应使用专用螺栓、弹簧垫圈和螺母。

步骤5　万向传动装置的润滑。

1）润滑点：三个万向节，滑动花键孔，中间支承。

2）润滑方法：用润滑脂枪通过油嘴加注润滑脂，加注至能从油封刃口处看到新润滑脂挤出，或中间支承气孔有新润滑脂挤出为止。

步骤6　传动轴总成的平衡试验。传动轴总成修复后，在装车前应进行动平衡检查和调整，使装复后的传动轴动平衡在规定的范围内。试验应在动平衡机上进行。

鉴定点 10　蜗杆指销式转向器的检修

一、鉴定题目　蜗杆指销式转向器的检修

二、鉴定重点

1）利用正确的方法分解蜗杆指销式转向器。

2）利用正确的方法检修蜗杆指销式转向器。

三、鉴定准备工作

待检修的蜗杆指销式转向器一个；塞尺、金属直尺、百分表等必要的工具、量具以及专用工具。

四、试题分析

1）考核要求：能正确分解蜗杆指销式转向器；能利用正确的方法检修蜗杆指销式转向器的各零部件。

2）试题说明：以东风 EQ1092 型汽车蜗杆指销式转向器为例。

五、操作方法

1. 转向器的分解

（1）从车上拆下转向器

步骤 1　在转向器摇臂与摇臂轴间做好装配标记，然后拆下转向摇臂夹紧螺栓，用顶拔器拉下转向器摇臂。切不可用锤子猛烈敲击转向垂臂，以防损坏内部零件。

步骤 2　拆下转向万向节滑动叉与转向蜗杆间的夹紧螺栓，使转向蜗杆与万向节滑动叉分离。

步骤 3　拆下转向器固定螺栓，从车上取下转向器总成，并将其外部清洗干净。

（2）转向器的分解

步骤 1　拧下放油螺栓，放出转向器中的机油，然后将螺塞重新装回原位并拧紧，以防丢失。

步骤 2　将两个 M14 螺母并在一起拧入转向器侧盖上的双头螺柱，拆下双头螺柱（见图 3-196），再拆侧盖上的其余六个螺栓，取下侧盖。

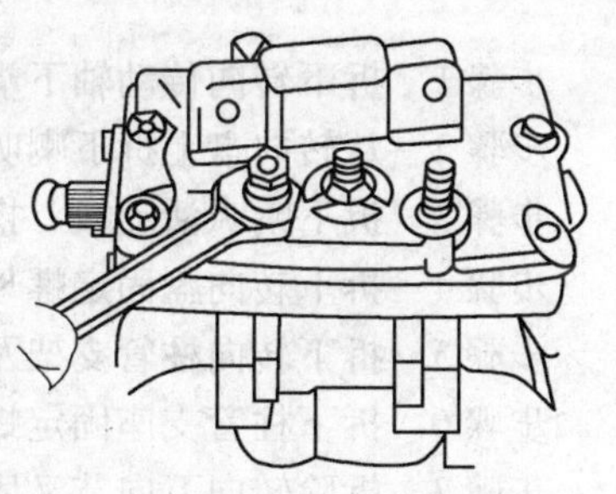

图 3-196　拆卸转向器侧盖螺栓

步骤 3　从转向器中取出摇臂。

步骤 4　拧下转向器下盖紧固螺栓，取下转向器下盖。

步骤 5　用铜锤或木锤轻轻敲击蜗杆花键端，按图 3-197 所示取出蜗杆等零件（敲击时蜗杆应处于垂直位置，以防损坏油封等）。

步骤 6　拆下转向器上盖紧固螺栓，取下上盖、油封等零件。

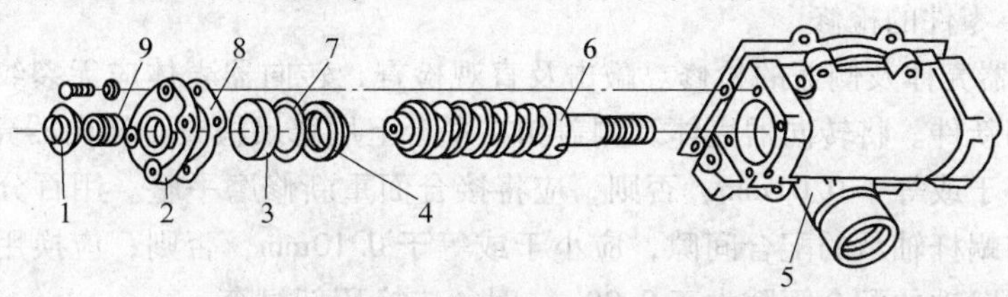

图 3-197　取出转向蜗杆

1—螺母　2—下盖　3—垫块　4—蜗杆轴承　5—转向器壳体
6—螺杆　7—密封圈　8—衬垫　9—调整螺塞

（3）转向操纵机构的分解（见图 3-198）

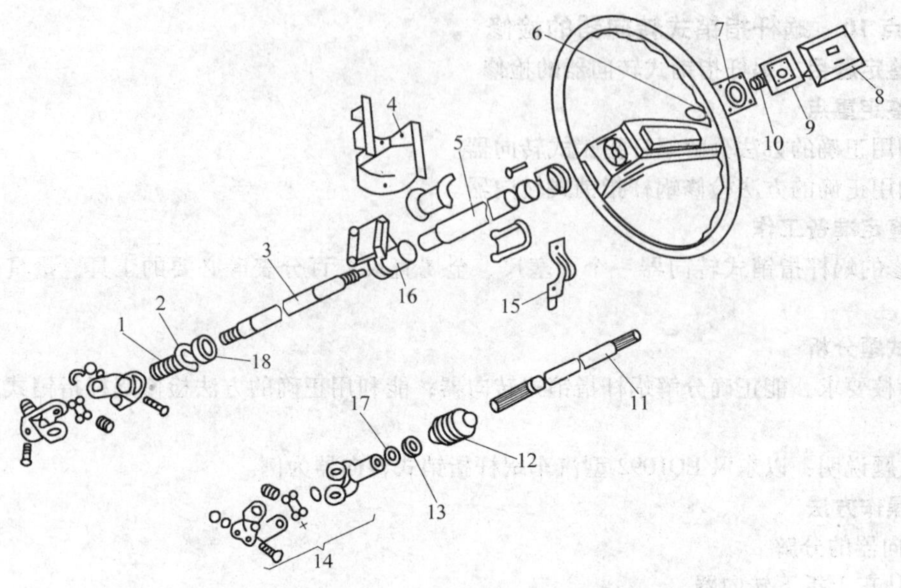

图 3-198　分解后的东风 EQ1092 型汽车转向操纵机构

1—转向轴弹簧　2—挡圈　3—转向轴　4—连接支架　5—转向拉管　6—转向盘紧固螺母　7—底板　8—喇叭按钮盖　9—喇叭活动板　10—搭铁弹簧　11—转向传动轴　12—花键护套　13—防尘罩　14—万向节　15—固定支架　16—柱管支架　17—滑动叉油封　18—转向轴轴承

步骤 1　拆下转向传动轴下端的万向节滑动叉及其油封、防尘罩和花键护套。

步骤 2　从转向盘上拆下喇叭按钮盖。

步骤 3　拆下喇叭活动板、搭铁弹簧、底板及导电弹簧等零件。

步骤 4　拆下转向盘固定螺母、垫片及转向盘等。

步骤 5　拆下转向柱管支架及橡胶垫。

步骤 6　拆下柱管支座固定螺栓，从车上取下转向柱管、转向轴及转向传动轴等零件。

步骤 7　拆除转向万向节叉固定螺栓，使转向轴及转向传动轴与万向节分离（可用铜锤适当敲击）。

步骤 8　拆除轴承挡圈，用铜锤轻轻敲击转向轴上端，从转向柱管内取出转向轴及轴承。

步骤 9　检查万向节转动是否灵活，有无卡滞现象，必要时可拆除十字轴轴承限位卡环，对万向节进行解体。解体后将各零件清洗干净，然后进行检修。凡油封及密封圈、防尘罩等橡胶零件均不得用汽油等烃类油料清洗。

2. 转向器主要零件的检修

步骤 1　转向器壳体及侧盖的检修。敲击及直观检查，转向器壳体应无裂纹，若有裂纹且无法修补时，应换用新件。将转向器壳体及侧盖扣在平台上用塞尺检查，转向器壳体及侧盖接合面的平面度误差应小于或等于 0.01mm，否则，应将接合面重新修磨平整。用百分表或游标卡尺等测量转向器壳体与蜗杆轴承的配合间隙，应小于或等于 0.10mm，否则，应换用新件。转向摇臂轴衬套磨损，与摇臂轴的配合间隙大于 0.20mm 时，应换用新衬套。

步骤 2　蜗杆的检修。用探伤法检验蜗杆，应无裂纹；直观检视蜗杆齿面及轴承滚道，应无金属剥落及明显的阶梯磨痕，否则，应换用新件。用游标卡尺测量蜗杆与轴承的配合间隙，应小于或等于 0.10mm，不符合要求时，可电镀修复或换用新件。

步骤3　摇臂轴的检修。探伤法检验时，摇臂轴应无裂纹；用外径千分尺测量，油封轴颈的磨损量应小于或等于0.15mm，否则，应换用新件。指销应转动灵活，其表面不得有金属剥落现象，否则，应成对更换指销及其轴承。更换指销及其轴承时，应使用压力机及专用压套，不允许用锤击法进行更换。换用新件时，用专用环规进行检查，两指销高度之差不得超过0.03mm。摇臂轴花键有两齿以上变形、扭曲、损坏时，应更换摇臂轴。

步骤4　其他零件的检修。用检视法检查转向器蜗杆推力轴承滚道及钢球表面，若存在疲劳点蚀、保持架变形或有裂纹以及钢球从保持架中脱出等现象，应换用新的轴承。油封及密封圈损坏造成密封不良时，也应更换新件。

鉴定点11　检查与更换减振器

一、鉴定题目　检查与更换减振器

二、鉴定重点

用正确的方法检查与更换减振器。

三、鉴定准备工作

桑塔纳LX型轿车一辆，汽车维修工具、量具以及专用工具。

四、试题分析

损坏的减振器在车辆行驶过程中通常会发出异响，并且会明显感觉出车辆颠簸时减振器不起作用。减振器失效一般还存在漏油现象，可以用肉眼观察到。损坏的减振器一般不做修理，而是将其从车身上拆下，更换新的减振器。

五、操作方法

步骤1　使车辆着地。

步骤2　拆下车厢内减振器盖板。

步骤3　从车上拆下弹簧上支点螺母，如图3-199所示。

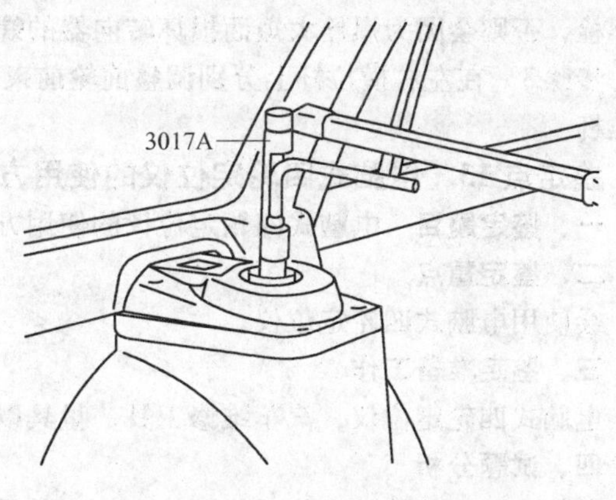

图3-199　拆下弹簧上支点螺母

步骤4　慢慢抬高车辆底盘。

步骤5　从后轴上拆下弹簧支柱。

步骤6　从下支架上取出弹簧支柱，同时将轮胎下压。

步骤7　小心地将支架从车轮与轮罩之间移出，不要碰坏弹簧和轮罩上的油漆。

注意：不要同时拆两边的弹簧支柱，否则会使桥架上的轴套受压过大。

鉴定点12　检查和调整前轮前束

一、鉴定题目　检查和调整前轮前束

二、鉴定重点

用正确的方法检查和调整前轮前束。

三、鉴定准备工作

桑塔纳LX型轿车一辆，汽车维修用工具、量具以及专用工具。

四、技术标准

前轮前束为-3～-1mm。

五、操作方法

1. 前轮前束的检查（见图3-200）

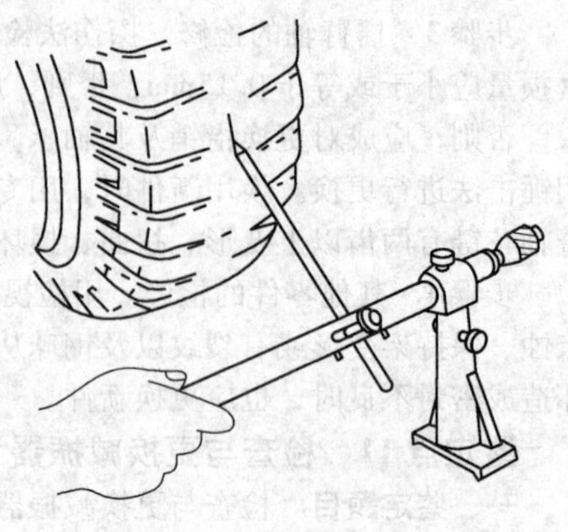
图 3-200　前轮前束的检查

步骤 1　首先检查轮胎的胎压是否正常，悬架是否处于完好的技术状态，车轮轮毂的轴承预紧度是否合适，横直拉杆是否松旷。若不符合规定，必须给予修复，然后再检查。

步骤 2　使汽车处于直线行驶状态，在左右轮胎的前侧与轮轴中心线等高处的胎冠中心用粉笔做好测量的标记，用金属直尺测量两标记之间的距离 A。

步骤 3　使车辆向前行至轮胎前侧的标记转至正后方与轮轴中心线同高时，停止移动，测量两标记间的距离 B，计算前束值 $B-A$。也可以用前束尺支在轮胎内侧凸出最高点且与轮轴轴线等高处测量，操作步骤和上述一致，从前束尺上读出前束值。

2. 前轮前束的调整

将上面的检测结果与本车标准前轮前束值对比，若所测前轮前束值不符合规定，必须进行调整。前轮前束可通过改变横拉杆长度来进行调整。在此以桑塔纳轿车为例进行介绍。

步骤 1　使转向盘处于中间位置，旋出盖上前端的螺栓，将带钩的专用工具置于左右横拉杆的紧固螺母上。

步骤 2　将专用螺栓和作为衬垫的间隔件固定到标有“L”标记的转向器孔内（不得使用一般螺栓，否则会因为螺栓太短而损坏转向器的螺纹）。

步骤 3　在左右横拉杆上分别调整前轮前束值，注意使两边横拉杆的长度相等，调好后紧固横拉杆。

鉴定点 13　电脑式四轮定位仪的使用方法

一、鉴定题目　电脑式四轮定位仪的使用方法

二、鉴定重点

会使用电脑式四轮定位仪。

三、鉴定准备工作

电脑式四轮定位仪，汽车维修工具、量具以及专用工具。

四、试题分析

在检测汽车的前轮定位时，被检车辆应满足以下要求：

1）前后轮胎气压及胎面磨损基本一致。

2）前后悬架系统的零部件完好，不松旷。

3）转向系统调整适当，不松旷。

4）前后减振器性能良好，不漏油。

5）汽车前后高度与标准值的差小于或等于 5mm。

6）制动系统正常。

五、操作方法

1. 检测前的准备

步骤 1　把汽车开上举升平台，托起四个车轮，把汽车举升 0.5m（第一次举升）。

步骤 2　托起车身适当部位，把汽车举升至车轮能够自由转动（第二次举升）。

步骤 3　拆下各车轮，检查轮胎磨损情况。

步骤 4　检查轮胎气压，不符合标准时应充气或放气。

步骤 5　做车轮的动平衡，动平衡完成后，把车轮装好。

步骤 6　检查车身高度，检查车身四个角的高度和减振器技术状况。若车身不平，应先调平。同时，检查转向系统和悬架是否松旷，若松旷，则应先紧固或更换零件。

2. 检测步骤

步骤 1　把传感器支架安装到轮辋上，再把传感器（定位校正头）安装到支架上，并按使用说明书的规定调整。

步骤 2　开机进入测试程序，输入被检测汽车的车型和生产年份。

步骤 3　轮辋变形补偿。在转向盘位于直行位置的情况下，使每个车轮旋转一周，即可把轮辋变形误差输入电脑。

步骤 4　降下第二次举升量，使车轮落到平台上，把汽车前部和后部向下压动 4 次或 5 次，使其受压力弹跳。

步骤 5　用制动锁压下制动踏板，使汽车处于制动状态。

步骤 6　把转向盘左转至电脑发出“OK”声，输入左转角度，然后把转向盘右转至计算机发出“OK”声，输入右转角度。

步骤 7　把转向盘回正，电脑屏幕上显示出后轮的前束及外倾角数值。

步骤 8　调正转向盘，并用转向盘锁锁住转向盘使之不能转动。

步骤 9　把安装在四个车轮上的定位校正头的水平仪调到水平线上，此时，电脑屏幕上显示出转向轮的主销后倾角、主销内倾角、转向轮外倾角和前束的数值。

步骤 10　调整主销后倾角、车轮外倾角及前轮前束，调整方法可按电脑屏幕提示进行。若调整后仍不能解决问题，则应更换有关零部件。

步骤 11　进行第二次压力弹跳。将转向轮左右转动，把车身反复压下后，观察屏幕上的数值有无变化，若数值无变化，应再次调整。

步骤 12　若第二次检查未发现问题，则应将调整时松开的部位紧固。

步骤 13　拆下定位校正头和支架，进行路试，检查四轮定位检测调整效果。

鉴定点 14　鼓式车轮制动器的装配与调整

一、鉴定题目　鼓式车轮制动器的装配与调整

二、鉴定重点

1）能够正确安装鼓式车轮制动器。

2）能够对鼓式车轮制动器的间隙进行调整。

三、鉴定准备工作

桑塔纳 LX 型轿车一辆，汽车维修工具、量具以及专用工具。

四、技术标准

技术标准见操作方法。

五、操作方法

1. 车轮制动器的装配

步骤 1　将制动底板安装到转向节上。

步骤 2　在制动蹄支承销孔、制动凸轮轴支承销孔内涂抹适量润滑脂，然后将凸轮轴和制动蹄支承销安装到制动底板上，再将制动调整臂安装在凸轮轴上。安装好制动凸轮轴后，应检测其轴向间隙，间隙值超过 0.70mm 时，应改变垫片厚度进行调整。安装制动蹄支承销时，应使两销端部标记相对。

步骤 3　将制动蹄安装到支承销上，装好支承销垫板及开口销，并用专用弹簧钩或弹簧钳挂

好制动蹄复位弹簧。

步骤4　在转向节轴颈处均匀涂抹少许机油，依次装上带圆柱销的油封内座圈、油封、轴承内圈，最后装上轮毂制动鼓总成并装入外轴承，然后安装内轴承油封、油封座圈及内轴承。

步骤5　用砂纸对制动蹄及制动鼓摩擦表面进行清洁后，将制动鼓及轮毂安装到转向节轴颈上，压装好轮毂外轴承。

步骤6　调整轮毂轴承预紧度。如图3-201所示，调整轮毂轴承预紧度时，应边转动轮毂边以180~220N·m的力矩拧紧调整螺母，同时转动车轮，使轴承滚子处于正确位置，然后将调整螺母退回1/4圈，用锁紧螺母锁住。此时，轮毂及制动鼓总成应能自由转动而无明显的轴向松动和摆动现象，最后装上锁止垫圈及锁片，并以180~220N·m的力矩拧紧锁止螺母。此时，制动鼓应转动灵活，且无轴向间隙感觉。

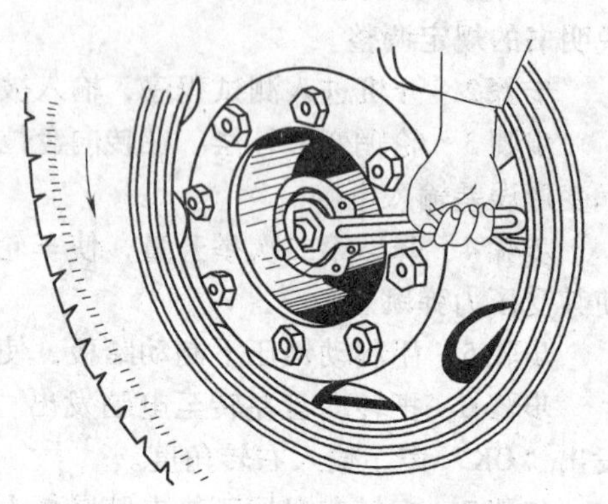

图3-201　调整轮毂轴承预紧度

调整至符合要求后，用锁片将锁止螺母锁住。应先放好减摩垫片，以120~150N·m的力矩拧紧调整螺母，然后转动轮毂2~3圈，重新以120~150N·m的力矩拧紧调整螺母，随后将调整螺母慢慢向回松退，至转动轮毂的力矩为2~5N·m时（在轮胎螺栓处用弹簧秤拉动轮毂转动的力为15~35N），插入开口销将调整螺母锁止。

步骤7　安装好前轮毂盖及制动气室，当制动推杆连接叉与制动调整臂销孔不能对正时，可视情况转动推杆连接叉或对调整臂进行调整，严禁用拉动连接叉的方法对正销孔。

2. 车轮制动器的调整

车轮制动器装配完毕，并调好轮毂轴承预紧度后，应对制动器间隙进行调整。其方法如下：

步骤1　拆下制动鼓上的检查孔片，松开制动蹄支承销固定螺母和凸轮轴支架紧固螺母。

步骤2　反复拧动制动蹄支承销和调整臂的蜗杆轴，使制动蹄摩擦片与制动鼓完全贴合。

步骤3　拧紧凸轮轴支架和制动蹄支承销轴的紧固螺母。

步骤4　将调整蜗杆轴松回3响或4响（2/3~1转），使制动鼓自由转动。此时，制动蹄与制动鼓之间的间隙，支承销端为0.25~0.45mm，凸轮端为0.40~0.55mm，且同一端两蹄间隙之差应小于或等于0.10mm。制动气室推杆的行程应为25mm±5mm。制动蹄与制动鼓磨损使推杆行程大于40mm时，应进行局部调整，即通过转动制动调整臂上的蜗杆轴将间隙调整合适。此时，不得转动制动蹄支承销，也不允许通过拧动推杆连接叉改变推杆行程。

鉴定点15　空气压缩机的检修

一、鉴定题目　空气压缩机的检修

二、鉴定重点

能够对空气压缩机进行正常的检修。

三、鉴定准备工作

空气压缩机一台，汽车维修工具、量具以及专用工具。

四、技术标准

技术标准见操作方法。

五、操作方法

步骤1　对整机进行清洁和检查。

步骤2　拆下缸盖螺塞，检查是否窜机油，用压缩空气吹通气道和接头。

步骤3　检查片状活门与活门座的密封情况，必要时进行研磨或更换。

步骤4　检查活塞环的密封性。当发动机转速为900～1 000r/min时，35L容积的储气筒在8min内压力应低于0.7MPa。窜入储气筒的机油超过3mL/h时，表示活塞环密封能力过低，应分解检查。

步骤5　测量活塞与气缸壁之间的间隙，若超过0.2 mm，且圆柱度误差超过0.1 mm，圆度误差超过0.05mm，应镗缸并换用加大的活塞、活塞环。若磨损不严重，则只需更换新活塞环。装活塞环时其斜面应向上，环口平分错开，相邻两环环口位置不得对应，以免漏气。

步骤6　检查并刮配连杆轴承，涂油装好后应转动灵活，无晃动间隙。

步骤7　检修活塞销。活塞销与连杆衬套的配合，要求不加机油，用拇指可轻松推入；活塞销与销座的配合，要求用木棒可轻轻敲入。

步骤8　检查气缸盖是否翘曲或有沟槽，必要时应在平台上用气门砂研磨。用平尺测量缸盖与缸体接合平面的平面度误差，不得超过0.05mm。缸盖螺栓的拧紧力矩为12.17 N·m。紧固时，应交叉分2次或3次均匀拧紧。

步骤9　清除排气阀表面污物；对于磨损过度的阀片，应换新件。

鉴定点16　盘式制动器的拆装

一、鉴定题目　盘式制动器的拆装

二、鉴定重点

能够正确拆装盘式制动器。

三、鉴定准备工作

桑塔纳LX型轿车一辆，汽车维修工具、量具以及专用工具。

四、技术标准

装配后符合盘式制动器维修技术标准。

五、操作方法

1. 制动钳的拆卸

步骤1　拆卸前，先从主缸储液室中放出2/3的制动液，以防止其在维修时溢出，然后顶起汽车，拆下前车轮。当制动钳被拆下时，安装并用手拧紧两个带耳螺母以固定制动盘，并使其平面朝向制动盘。

步骤2　安装C形卡箍，把卡箍的固定端放在制动钳外壳上，且将有螺纹的一端放在外侧衬块上。拧紧C形卡箍，直到活塞被推至缸孔内足够远的距离时为止，使制动钳能和制动盘脱离。

步骤3　如果不需要拆下制动钳，则应转向下一步。如果制动钳需要完全拆下来大修，则应拆下制动软管和制动钳的开口，以防止制动液流失和被污染。

步骤4　拆下制动钳螺栓的衬套后，可拆下制动钳。如果制动软管仍然连接在制动钳上，则应将制动钳用钢丝或绳索捆绑在一起，以保护制动软管不受损坏，然后，从制动钳上拆下制动摩擦块。

2. 制动钳的安装

步骤1　安装时，应先均匀地在衬套的内表面上涂一层润滑脂，然后安装制动钳、制动钳螺栓和衬套。如果用手可以使螺栓顺利穿过衬套，可安装紧固制动钳并将制动软管连接到制动钳上，对制动液压系统进行放气；如果不能用手使螺栓穿过衬套，则应先拆下螺栓和衬套，检查制动钳缸孔是否被腐蚀，用干净的酒精清洁制动钳缸孔，然后安装并润滑衬套，安装制动钳螺栓。

步骤2　将制动钳装复并放气后，应踩几次制动踏板，使制动摩擦块定位。按标记安装车轮，拧紧车轮带耳螺母。

3. 制动盘的拆卸

拆下制动钳并用钢丝或绳索将其挂在一边。在制动盘与轮毂间做标记后，再将制动钳拆下。若制动盘有划痕，应对其进行修复、打磨、抛光，最后用酒精清洁其表面。

4. 制动盘的安装。

安装时，按拆卸相反的顺序进行组装。

鉴定点17　检修制动主缸和制动轮缸

一、鉴定题目　检修制动主缸和制动轮缸

二、鉴定重点

能够正确地检修制动主缸和制动轮缸。

三、鉴定准备工作

桑塔纳 LX 型轿车一辆，汽车维修工具、量具以及专用工具。

四、技术标准

检修后的制动主缸和制动轮缸应符合技术要求。

五、操作方法

1. 制动主缸与真空助力器的检修

上海桑塔纳 LX 型轿车采用对角布置的双管路液压制动系统。其制动主缸与真空助力器的结构如图 3-202 所示。

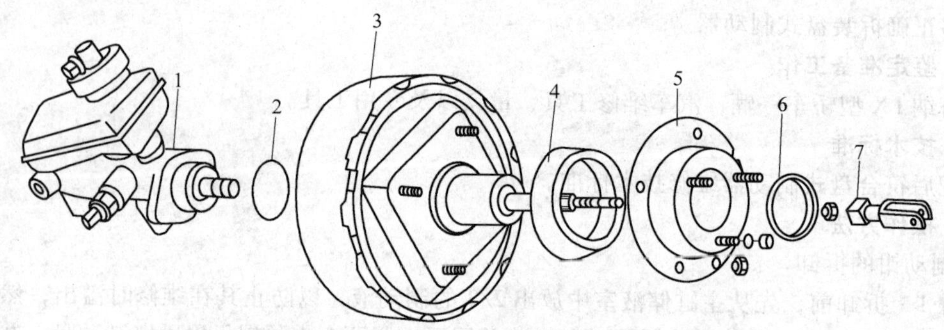

图 3-202　上海桑塔纳 LX 型轿车制动主缸与真空助力器的结构
1—制动主缸　2、6—密封圈　3—真空助力器　4—密封垫
5—安装支架　7—连接叉

(1) 制动主缸与真空助力器的检验　在制动液充足的情况下，车辆制动性能不良，松开制动轮缸上的放气阀放气时出油无力，或车辆出现全轮制动卡滞现象，表明制动主缸损坏。

如果使用过程中制动踏板沉重，应检查真空助力器的工作性能。其方法是：在发动机熄火后，用力踩动制动踏板数次，消除真空助力器中留有的真空，然后将制动踏板踩到一定位置保持不动，起动发动机。此时，应感到制动踏板有所下降，否则，表明真空助力器工作不良或失效。有条件时，也可用专用仪器对真空助力器进行检验。

(2) 制动主缸与真空助力器的更换　上海桑塔纳 LX 型轿车制动主缸及真空助力器损坏时，应换用新的总成，不允许进行解体修理。其更换步骤如下：

步骤 1　用抽液瓶尽可能多地抽出储液罐中的制动液，然后拧开制动轮缸上的放气阀，踩动制动踏板，排出制动主缸中的制动液。

步骤 2　从制动主缸上拆下连接各轮缸的管路，并拆下储液罐。

步骤 3　拆下真空助力器上的真空管。

步骤4　拆下真空助力器安装支架与制动踏板支架间的固定螺母，将制动主缸、真空助力器及安装支架从车上一起取下。

步骤5　拧下真空助力器与安装支架间的固定螺母，使真空助力器与支架分离。

步骤6　拆除制动主缸与真空助力器间的固定螺母，使真空助力器与制动主缸分离。

步骤7　换用新件后，将制动主缸与真空助力器重新安装好。安装过程中应注意：制动踏板推杆的长度应符合要求，所有固定位置均应涂上白色固体润滑剂，制动主缸与真空助力器间的O形橡胶密封圈应换用新件，各紧固螺母应以规定力矩拧紧。

2. 制动轮缸的检修

(1) 桑塔纳LX型轿车前轮缸的检修

步骤1　前轮轮缸的拆卸。放出制动液（方法与拆卸制动主缸时相同），然后按照更换制动摩擦片的操作步骤取出制动钳体。拆除制动软管，取下制动钳体及轮缸。在活塞对面垫上木块（以防损伤活塞），然后向轮缸进油口通入压缩空气，将活塞从缸筒中压出，如图3-203所示。从活塞上取下防尘罩，用螺钉旋具小心地从缸筒中取出密封圈。

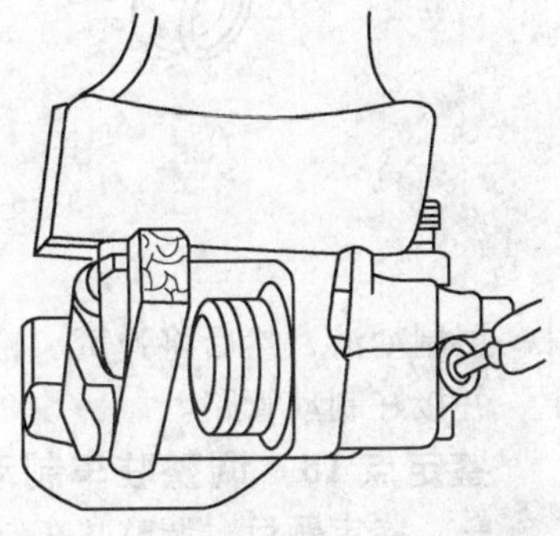

图3-203　将活塞从缸筒中压出

步骤2　前轮轮缸主要零件的检修。活塞与缸筒配合面出现划痕、缸筒直径磨损量超过0.10mm或缸筒与活塞的配合间隙大于0.15mm时，应更换制动钳总成。拆卸后，活塞密封圈及防尘罩应换用新件。

步骤3　前轮轮缸的安装。在活塞外表面及轮缸工作表面涂抹一层制动液，并将活塞密封圈装入缸筒的切槽中。将防尘罩套装到活塞底部（注意安装方向，如图3-204所示），然后用螺钉旋具把防尘罩的内密封唇边压入缸筒的槽口内（见图3-205），将活塞压入制动钳缸筒中。按拆卸的相反顺序将制动钳安装到车上。

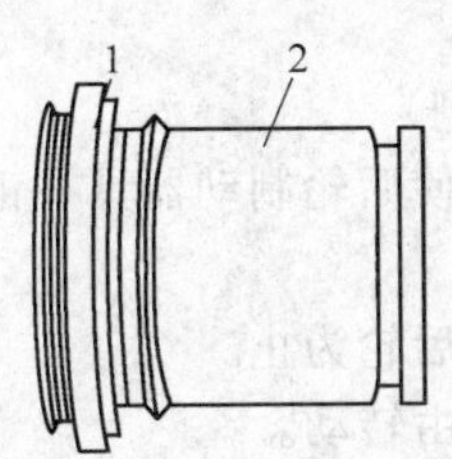

图3-204　在活塞上安装防尘罩
1—防尘罩　2—活塞

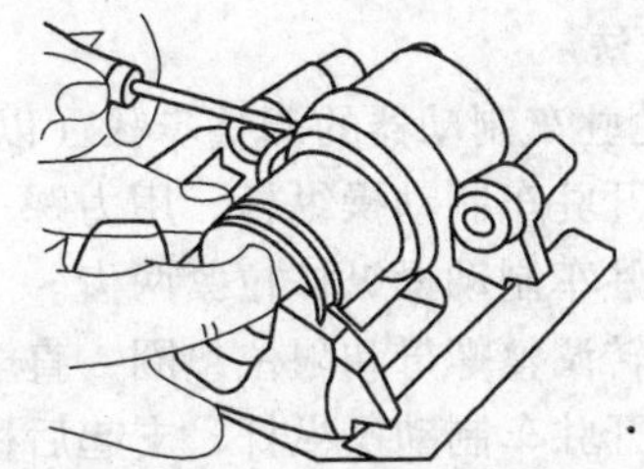

图3-205　将防尘罩的内密封唇边压入缸筒的槽口

(2) 后轮轮缸的检修

步骤1　后轮轮缸的拆卸。放出制动液后，按照拆卸桑塔纳LX型轿车后轮制动器的方法拆除车轮、制动毂及制动蹄。拆下与后轮轮缸相连的制动管接头，拧下轮缸固定螺栓，从制动底板上取下制动轮缸。取下轮缸两端的防尘罩，按图3-206所示顺序取出轮缸活塞、活塞密封圈及弹簧。

步骤2　后轮轮缸主要零件的检修。橡胶防尘罩破裂、密封圈老化或磨损严重造成轮缸漏油时，均应换用新件。缸筒磨损量超过0.08mm或缸筒与活塞配合面出现划痕及锈斑时，应更换轮缸总成。

步骤3　后轮轮缸的装配。将密封圈安装到活塞上（刃口向内），并在活塞及密封圈表面涂

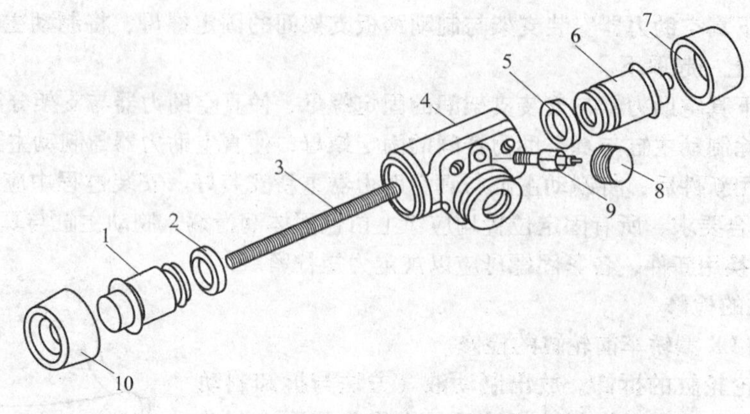

图 3-206　后轮轮缸的分解

1、6—活塞　2、5—活塞密封圈　3—弹簧　4—泵体
7、8、10—防尘罩　9—放气阀

抹一层制动液，然后将弹簧、轮缸活塞及防尘罩依次安装到缸筒中，将后轮轮缸安装在制动底板上，并接好制动管路。

鉴定点 18　调整驻车制动器

一、鉴定题目　调整驻车制动器

二、鉴定重点

能够正确地调整驻车制动器。

三、鉴定准备工作

桑塔纳 LX 型轿车一辆，汽车维修工具、量具以及专用工具。

四、技术标准

技术标准见操作方法。

五、操作方法

1. 鼓式车轮驻车制动器的调整步骤（以桑塔纳轿车为例）

步骤 1　松开驻车制动操纵杆，用力踩一下制动踏板，使后轮制动器具有正常的蹄鼓间隙。

步骤 2　将驻车制动操纵杆拉紧两齿。

步骤 3　旋转调整螺母和限位垫圈，直至用手不能转动后轮为止。

步骤 4　松开驻车制动操纵杆，支起后桥，车轮应能自由转动。

2. 盘式驻车制动器的调整（以解放 CA1092 型汽车为例）

步骤 1　拧紧调整螺钉和调整螺母，使制动蹄与制动盘接触。

步骤 2　脱开传动杆与拉杆臂，用调整螺母调整间隙值，用调整螺钉调整蹄两端间隙的均匀性，使蹄片与制动盘间隙均为 0.40mm。

步骤 3　将驻车制动操纵杆推至完全放松制动的位置，调整传动杆的长度，使其销孔与拉杆臂的销孔重合，穿上销子。

3. 驻车制动调整完之后进行制动效能的检查

步骤 1　驻车制动调整后，在行驶过程中不允许摩擦片与制动盘（鼓）有摩擦或咬住的现象。

步骤 2　空车停在 20% 坡道上，拉起驻车制动操纵杆，然后放手，车辆应停住不动。这时驻车制动操纵杆行程相当于全行程的 2/3，拉动 3 ~ 5 齿时便起制动作用（见技术标准）。

步骤 3　使车辆停在平坦、干燥的路面上，当发动机保持中速运转时拉紧驻车制动操纵杆，换入二档，缓慢起步，发动机应被迫熄火（此方法只宜在试验离合片的接合与分离作用时一并使用）。

鉴定点 19　主减速器主、从动锥齿轮啮合间隙的检查与调整

一、鉴定题目　主减速器主、从动锥齿轮啮合间隙的检查与调整

二、鉴定重点

1）主减速器主、从动锥齿轮啮合间隙的检验。

2）主减速器主、从动锥齿轮啮合间隙的调整。

三、鉴定准备工作

1）桑塔纳 LX 型轿车减速器总成一只。

2）百分表及表座、扭力扳手、呆扳手、梅花扳手、套筒扳手各一个。

四、技术标准

主、从动锥齿轮应沿齿长方向接触，其位置应控制在轮齿的中部偏向小端，离小端端部 2 ~ 7mm，接触印痕的长度应小于或等于齿长的 50%，齿高方向的接触印痕应小于或等于齿高的 50%，一般应距齿顶 0.80 ~ 1.60mm。

五、操作方法

步骤 1　主减速器主、从动锥齿轮啮合间隙的检测。使百分表的触头垂直于从动锥齿轮牙齿大端的凸面调零，固定主动锥齿轮不动，来回轻轻推动从动锥齿轮，表针指数即为啮合间隙值。用同样的方法对沿圆周均布的四个齿进行测量，或在齿面上放一根细熔丝，转动齿轮让熔丝在齿间轧过去，然后用千分尺测量熔丝的厚度即为其啮合间隙值。

步骤 2　主减速器主、从动锥齿轮啮合间隙的调整。

（1）调整口诀　“大进从，小出从，顶入主，根出主”。调整时要保证啮合间隙大于或等于最小值。

（2）齿轮位移方法

1）主动锥齿轮的移动：可通过增加或减少后轴承内圈与主动锥齿轮之间的垫片来实现主动锥齿轮的轴向移动。

2）从动锥齿轮的移动：从动锥齿轮轴承就是差速器的轴承，将轴承两侧的调整螺母左右分别拧进或退出相同的圈数，就可以在不改变轴承预紧度的情况下移动从动锥齿轮。

注意：

1）先调整轴承预紧度，再调整啮合印痕，最后调整啮合间隙。

2）在调整啮合印痕的过程中，不得改变轴承预紧度。

3）如果不符合要求，应成对更换齿轮。

鉴定点 20　差速器的检修

一、鉴定题目　差速器的拆装

二、鉴定重点

差速器的拆装方法。

三、鉴定准备工作

桑塔纳 2000 轿车差速器一只，顶拔器等汽车维修工具一套。

四、技术标准

技术标准见操作方法。

五、操作方法

桑塔纳 2000 型轿车差速器如图 3-207 所示。

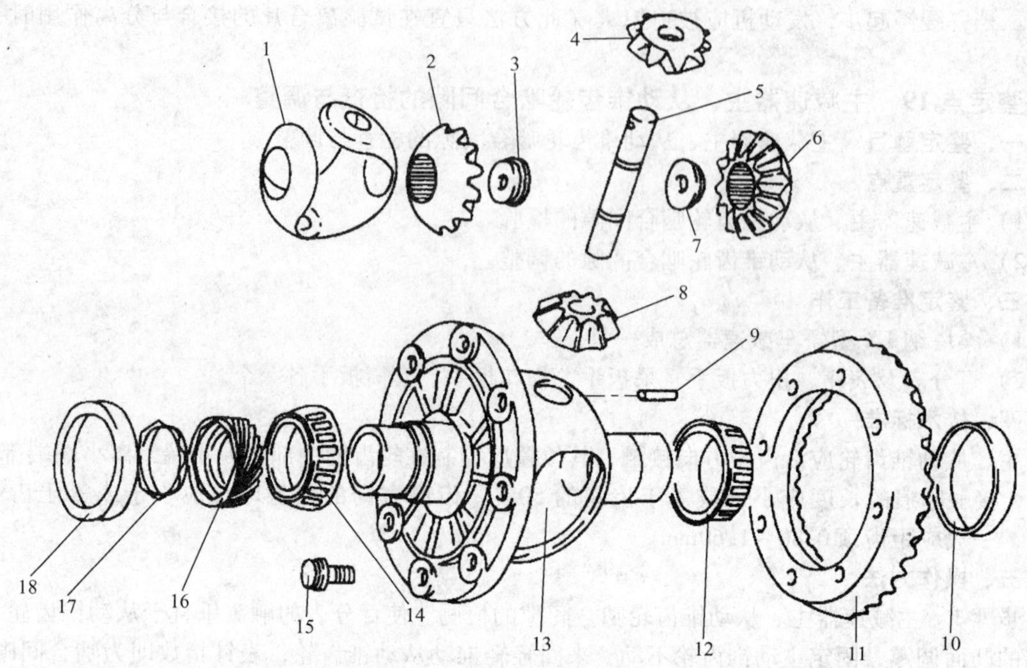

图 3-207 桑塔纳 2000 型轿车差速器

1—复合式推力垫片 2、6—半轴齿轮 3、7—螺纹套 4、8—行星齿轮 5—行星齿轮轴 9—止动销 10、12、14、18—圆锥滚子轴承 11—主减速器从动锥齿轮 13—差速器壳 15—螺栓 16—车速表齿轮 17—车速表齿轮锁紧套筒

步骤 1 半轴齿轮和行星齿轮的拆卸。

1）拆卸变速器，然后依次拆下差速器、从动锥齿轮、行星齿轮轴的止动销（见图 3-208）。

2）先取下行星齿轮轴，再取下行星齿轮和半轴齿轮。

步骤 2 半轴齿轮和行星齿轮的安装。

1）在安装之前，检查复合式止推垫片是否损坏，若有损坏，应进行更换。

2）通过半轴凸缘将半轴齿轮固定在差速器壳上，如图 3-209 所示。

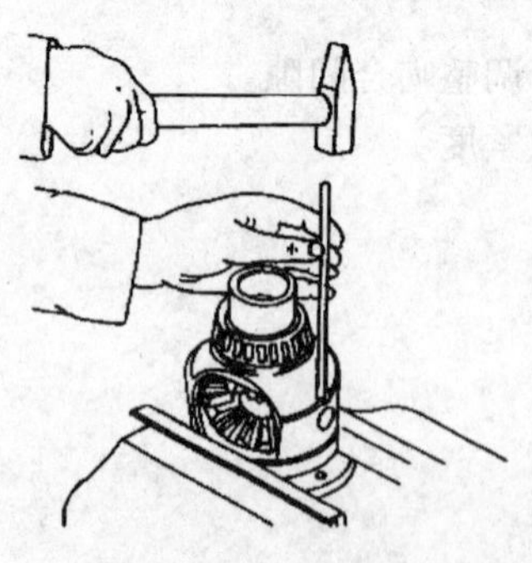

图 3-208 拆下行星齿轮轴的止动销

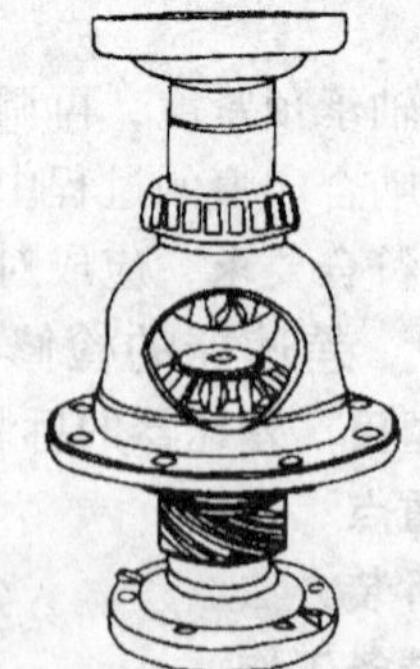

图 3-209 安装半轴齿轮

3）将行星齿轮放在适当的位置，接着转动半轴凸缘使行星齿轮进入差速器壳，如图 3-210 所示。

4）装上行星齿轮轴（见图 3-211），并在行星齿轮轴上安装止动销。

5）取下差速器半轴凸缘，用120℃的温度加热，将从动锥齿轮装在差速器壳上。将差速器装在变速器壳体内，装上半轴凸缘，安装变速器。

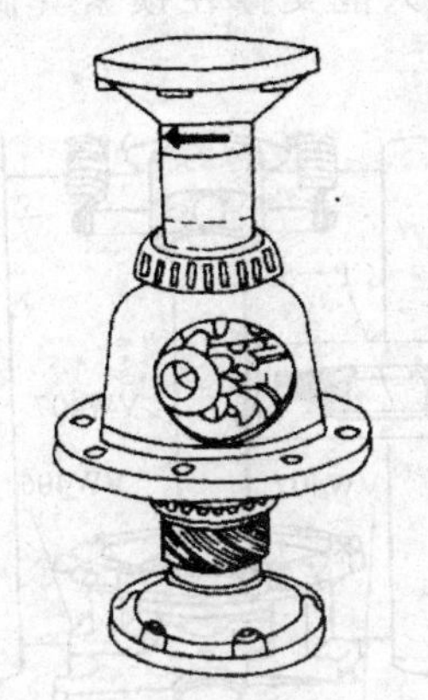

图3-210 安装行星齿轮

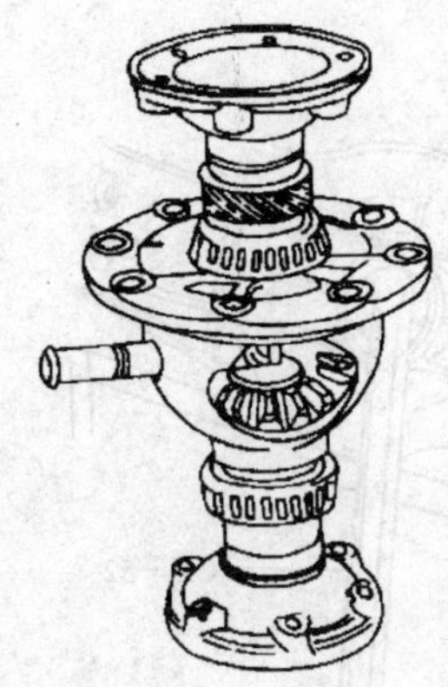

图3-211 安装行星齿轮轴

步骤3 差速器壳的拆卸。

1）拆卸变速器，拆下差速器。拆下差速器轴承（与从动锥齿轮相对的一边），如图3-212所示。

2）拆下差速器另一侧的轴承（见图3-213），同时取下车速里程表主动齿轮和锁紧套筒。

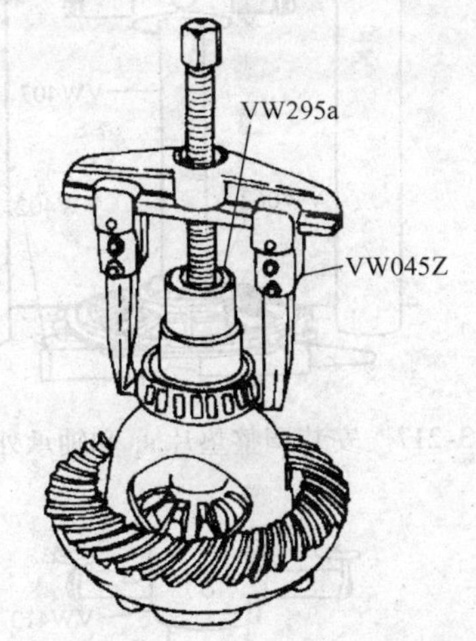

图3-212 拆下一侧差速器轴承

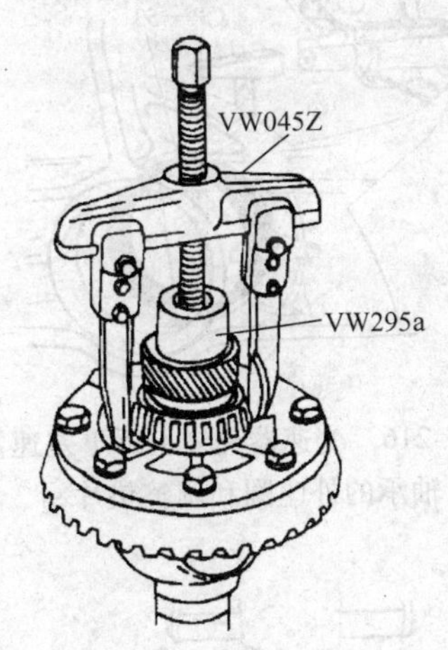

图3-213 拆下另一侧差速器轴承

3）拆下变速器侧面的密封圈，如图3-214所示。

4）从主减速器盖上拆下差速器轴承的外座圈和调整垫片 s_1，如图3-215所示。

5）从变速器壳体上拆下差速器轴承的外座圈和调整垫片 s_2，如图3-216所示。

注意：当更换差速器轴承时，需一起更换轴承外座圈，同时必须计算出从动锥齿轮的调整垫片 s_1 和 s_2 的厚度。

步骤4 差速器壳的安装。

1）计算从动锥齿轮调整垫片 s_1 和 s_2 的厚度。装上调整垫片 s_2 和差速器轴承外座圈。

2）装上调整垫片 s_1 和轴承外座圈，如图3-217所示。

3）装上变速器的侧面密封圈。将差速器轴承加热至120℃（与从动锥齿轮相对的一面）并装在差速器壳上，将差速器轴承压到位，如图 3-218 所示。

4）将差速器另一轴承加热至 120℃，并装在差速器壳上，将轴承压到位，如图 3-219 所示。

5）装上车速里程表主动齿轮和锁紧套筒（VW433a 只能支撑在锁紧套筒上，以免齿轮受损）。

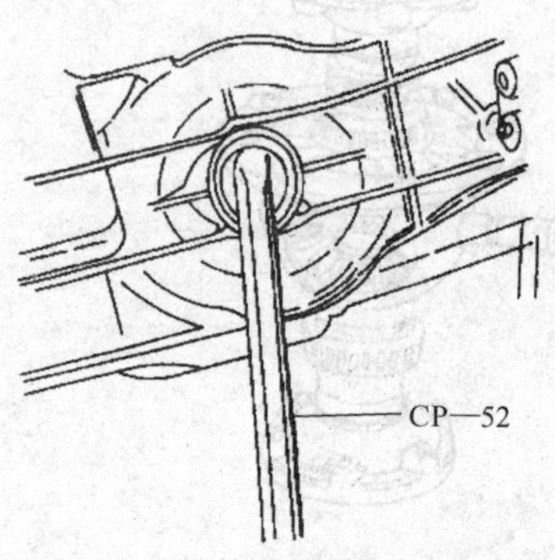

图 3-214　拆下变速器侧面的密封圈

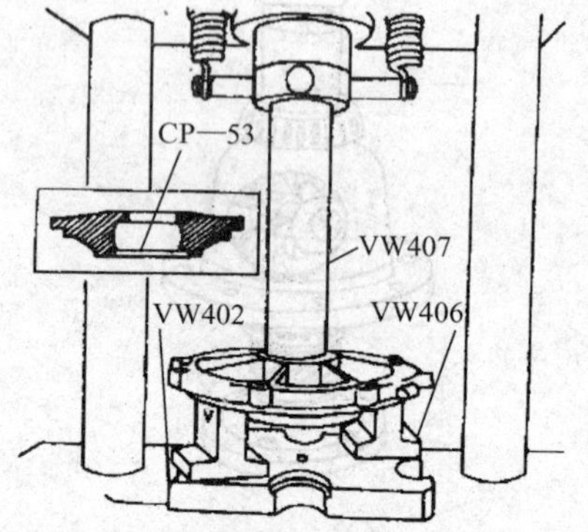

图 3-215　从主减速器盖上拆下差速器轴承的外座圈和调整垫片 s_1

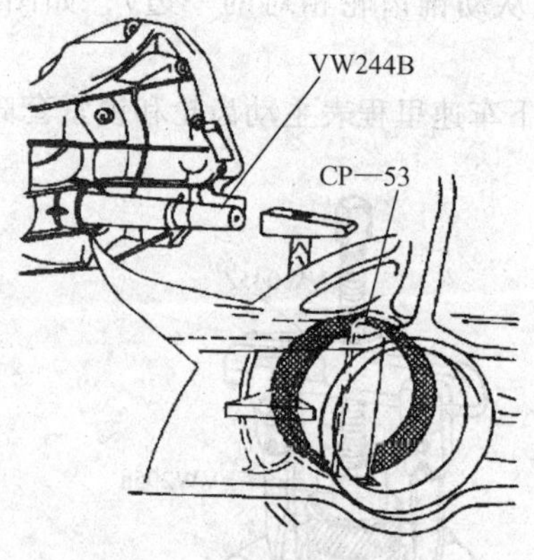

图 3-216　变速器壳体上拆下差速器轴承的外座圈和调整垫片 s_2

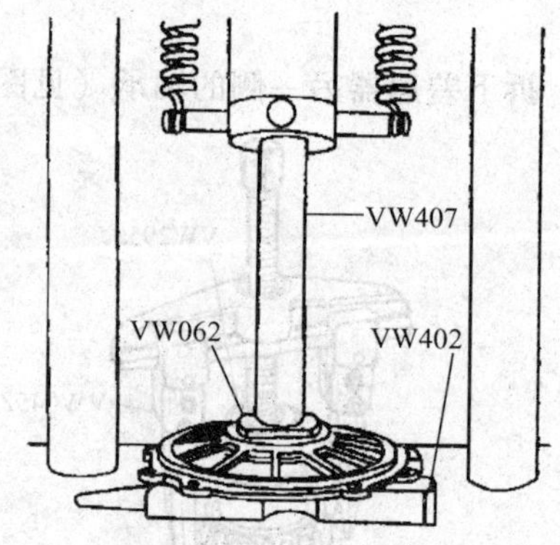

图 3-217　安装调整垫片 s_1 和轴承外座圈

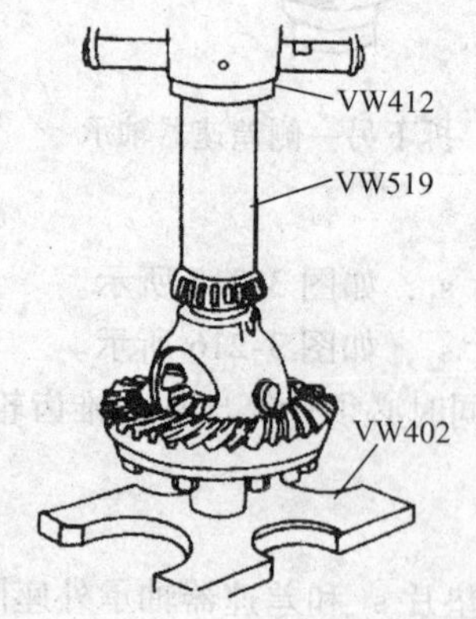

图 3-218　压入差速器一侧的轴承

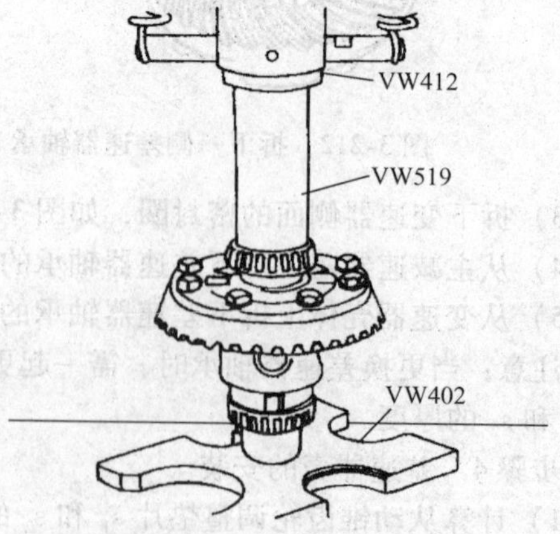

图 3-219　压入差速器另一侧的轴承

6）用适当的齿轮油润滑差速器轴承。将差速器装入变速器壳体内，装上主减速器盖。拆下变速器后盖和轴承支座，将专用工具 VW521/4、VW521/8 和扭力扳手一起装在差速器上，如图 3-220 所示。

7）转动差速器，通过扭力扳手检测摩擦力矩，对新的轴承来说最小应为 2.5N·m。

注意：检查摩擦力矩时必须将差速器轴承用适当的齿轮油润滑。

8）调整从动锥齿轮，装上变速器后盖和轴承支座，装上半轴凸缘并给变速器加油，安装变速器。

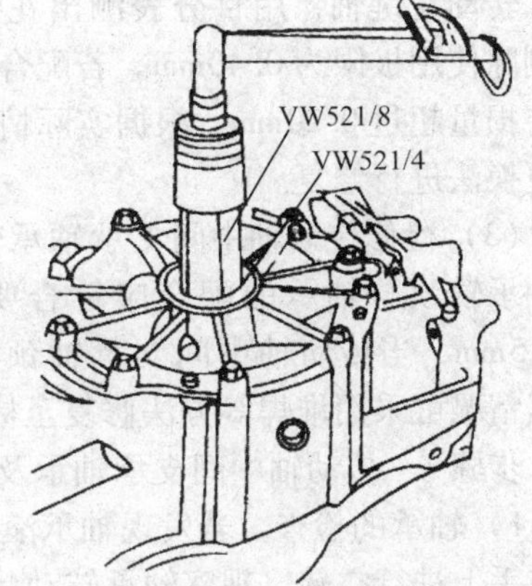

图 3-220　安装专用工具和扭力扳手

鉴定点 21　万向传动装置的检修

一、鉴定题目　万向传动装置的检修

二、鉴定重点

十字轴万向传动装置的检修方法。

三、鉴定准备工作

十字轴万向传动装置一根，汽车维修工具一套。

四、技术标准

技术标准见操作方法。

五、操作方法

步骤 1　十字轴式万向节的检修。

1）检查十字轴轴颈表面，若有金属剥落、明显凹陷或滚针压痕，均应更换十字轴。若十字轴轴颈表面有轻微剥落现象，可用磨石打光后继续使用。

2）滚针轴承油封失效，或滚针断裂、缺针时，应更换滚针轴承。

3）检查万向节十字轴与滚针轴承的配合间隙。检查时，将十字轴夹在台虎钳上，将滚针轴承壳套在十字轴颈上，使百分表抵住轴承壳外表面最高点，用手上下推动滚针轴承壳，百分表指针指示变化值即为该轴承与十字轴配合的间隙值，如图 3-221 所示。万向节轴承的径向间隙使用极限为 0.250mm。当万向节轴承径向间隙超过规定极限时，应更换万向节轴承。

步骤 2　传动轴及伸缩套的检修。

（1）检修中间传动轴、主传动轴弯曲度　可利用万向节叉和花键轴上的中心孔，将两端用顶尖顶起来，用百分表测量轴管外圆的径向圆跳动误差。也可以将轴管两端用 V 形架支起来，用百分表测量轴管外圆的径向圆跳动误差，如图 3-222 所示。轴管全长径向全跳动误差极限为 1.50mm。当传动轴的弯曲程度超过规定时，可在压力机上冷压校直。

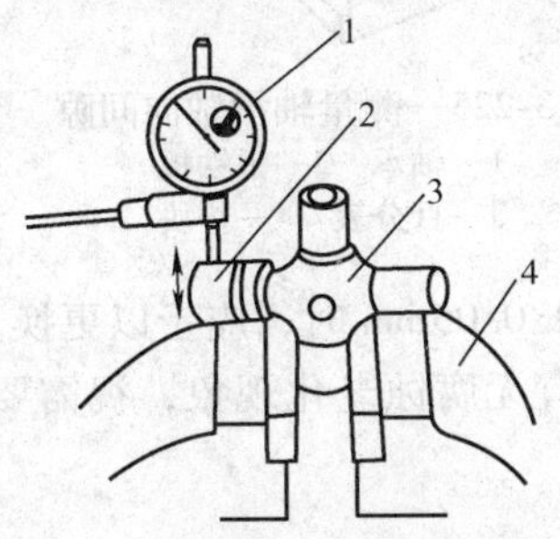

图 3-221　检查万向节轴承与十字轴的配合间隙

1—百分表　2—万向节轴承　3—十字轴　4—台虎钳

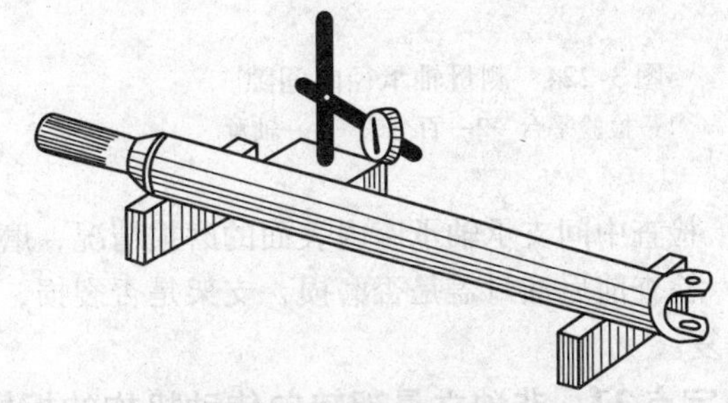
图 3-222　检查中间传动轴、主传动轴的弯曲度

（2）检修传动轴花键轴、伸缩套　传动轴花键轴、伸缩套的主要损伤是花键齿磨损或横向裂纹。键齿磨损主要表现在配合副配合侧隙增大。该配合副配合侧隙的检查方法如图3-223所示。把伸缩套夹持在台虎钳上，将花键轴按装配标记插入伸缩套，并使部分花键露在外面，转动花键轴，用百分表测出花键侧面的读数变化值。配合侧隙使用极限为0.40mm。若配合侧隙超过规定值或花键齿宽磨损量超过0.20mm，根据实际情况，可换用新件或采用局部更换法进行修复。

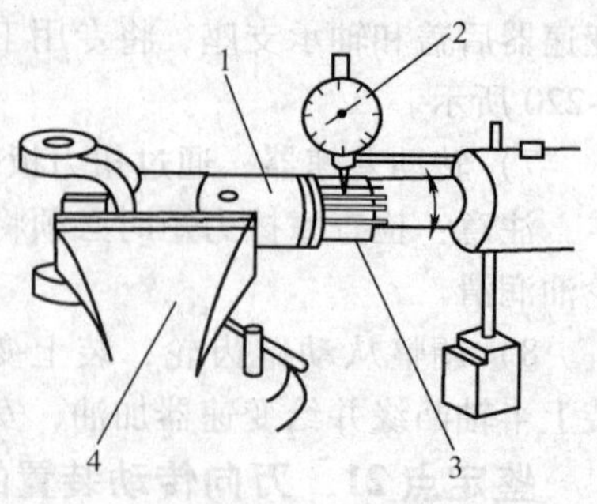

图3-223　检查传动轴花键轴与花键套的配合间隙

1—伸缩套　2—百分表

3—花键轴　4—台虎钳

（3）检修传动轴中间支承轴承轴颈磨损　传动轴中间支承轴承轴颈与轴承的配合应符合要求，间隙最大不得超过0.015mm，当传动轴中间支承轴颈处磨损量超过规定值时，根据情况可采用堆焊等方法修复至标准尺寸或予以更换。

步骤3　传动轴中间支承轴承及支架的检修。

1）轴承的检查。若发现轴承滚子、滚道上有烧蚀、金属剥落等现象，应更换轴承；将轴承拿在手上进行空转，观察轴承转动是否轻便灵活。

检查轴承的径向间隙，方法如图3-224所示。将轴承放在平板上，使百分表的测头抵住轴承外座圈，然后一只手把轴承内圈压紧，另一只手推动轴承外圈，此时百分表上指针指数即为轴承的径向间隙。

检查轴承的轴向间隙，方法如图3-225所示。将轴承外圈放在两垫块上并使轴承内圈悬空，再在轴承内圈上放一块平铁板，然后将百分表测头抵住平铁板中央，上下推动轴承内圈，此时百分表指针指数即为该轴承的轴向间隙。中间支承轴承间隙的使用极限为0.50mm。若中间支承轴承的轴向间隙或径向间隙过大，则应更换轴承。

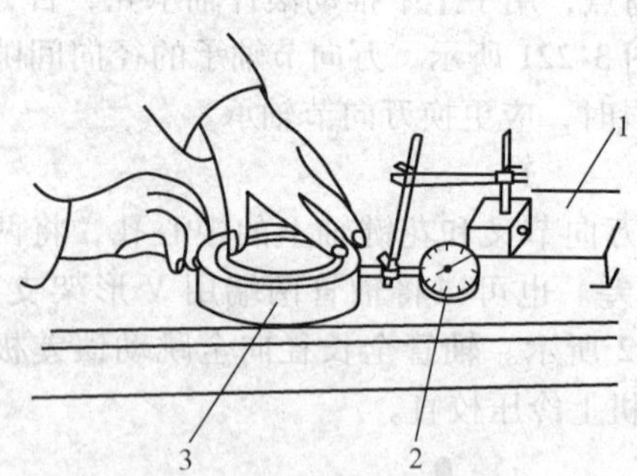

图3-224　测量轴承径向间隙

1—检验平台　2—百分表　3—轴承

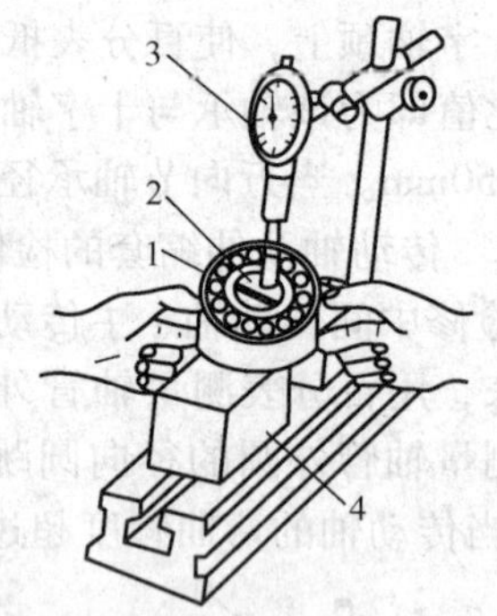

图3-225　测量轴承轴向间隙

1—轴承　2—平铁板

3—百分表　4—垫块

2）检查中间支承轴承座内表面的磨损情况，磨损深度大于0.05mm时，应予以更换。

3）检查前后油封盖是否磨损，支架是否裂损，橡胶垫环有无腐蚀老化现象，视需要予以更换或修复。

鉴定点22　非独立悬架转向传动机构的拆检

一、鉴定题目　非独立悬架转向传动机构的拆检

二、鉴定重点

非独立悬架转向传动机构的拆装和调整方法。

三、鉴定准备工作

东风 EQ1108G 型汽车一辆，汽车维修工具一套，清洗剂、机油、润滑脂、棉纱若干。

四、技术标准

技术标准见操作方法。

五、操作方法

步骤 1　拆卸。

1）如图 3-226 所示，拆下横拉杆球头紧固螺母 10 的开口销，旋下紧固螺母，用顶拔器从转向梯形臂锥孔中拉下球头销 5 及横拉杆 12，旋下横拉杆紧固螺栓，取下横拉杆 12。

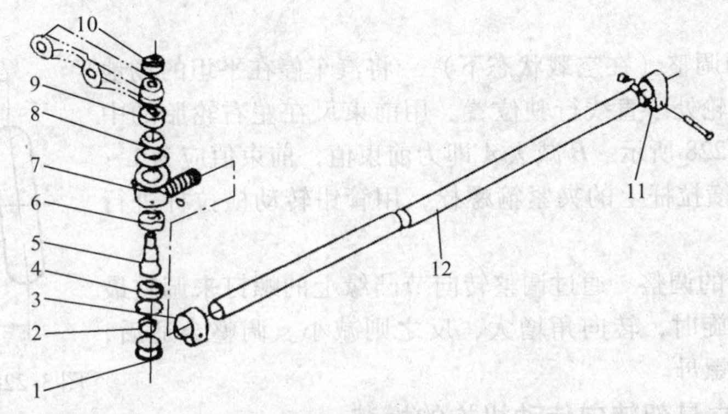

图 3-226　转向横拉杆分解图

1—螺塞　2—弹簧　3—限位套　4—上球头座　5—球头销　6—下球头座　7—横拉杆接头　8—防尘罩　9—密封圈　10—螺母　11—卡箍　12—横拉杆

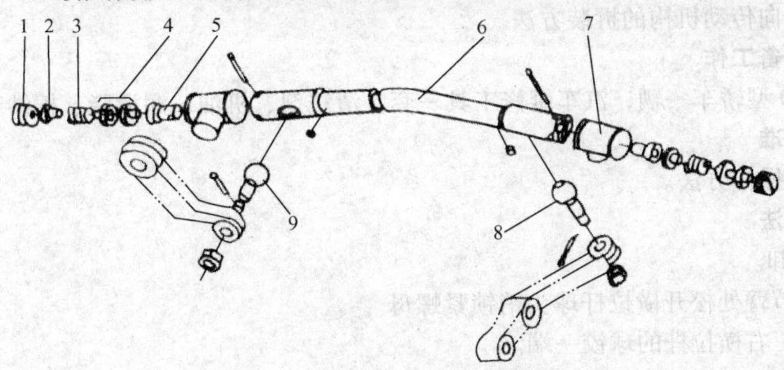

图 3-227　转向直拉杆分解图

1—螺塞　2—弹簧座　3—弹簧　4—球头销座　5—止推垫　6—直拉杆　7—防尘罩　8、9—球头销

2）取下密封圈 9 及防尘罩 8，拆下固定球头销调整螺塞 1 的开口销，用螺钉旋具旋出调整螺塞，从横拉杆接头中取出球头销 5 等零件。

3）如图 3-227 所示，拆下直拉杆两端的开口销，旋出球头销调整螺塞 1，取出弹簧座 2、弹簧 3、球头销座 4 等零件，取下球头销 9。

4）拆卸直拉杆总成，方法与拆卸横拉杆的方法相同。

5）从转向器上拆下摇臂（拆前要做好标记）。

6）从转向节上拆下转向节臂、转向节梯形臂。

步骤 2　装配。

1）横、直拉杆的装配。在清洗吹干后的球头销及球头销座配合表面涂抹适量润滑脂，然后按图 3-226 和图 3-227 所示顺序在横、直拉杆两端安装好球头销等零件。装配后，调整球头销预紧度，将调整螺塞拧到底再退回 1/4～1/2 圈，使螺塞上的槽与开口销孔对正，穿入开口销锁止。此时，用手扳动球头销，应转动灵活且无松旷感觉，否则，应重新调整。

2）将转向传动机构装到车上，安装横、直拉杆时，两端接头旋入的长度应相同，各球头销螺母应以 200～500N·m 的力矩旋紧。对正记号，将转向摇臂安装到转向摇臂轴上。更换新件时，如果原标记被破坏，可将转向盘转到中间位置，并使前轮处于直线行驶状态，然后将转向摇臂安装到摇臂轴上，同时应做好标记。

步骤 3　调整。

（1）前轮前束的调整（在空载状态下）　将汽车停在平坦的场地上，顶起前桥，使车轮处于直线行驶位置。用前束尺在左右轮胎的中间位置测量，如图 3-228 所示。*B* 减去 *A* 即为前束值，前束值应为 1～5mm，否则，应松开横拉杆上的夹紧箍螺栓，用管钳转动横拉杆进行调整。

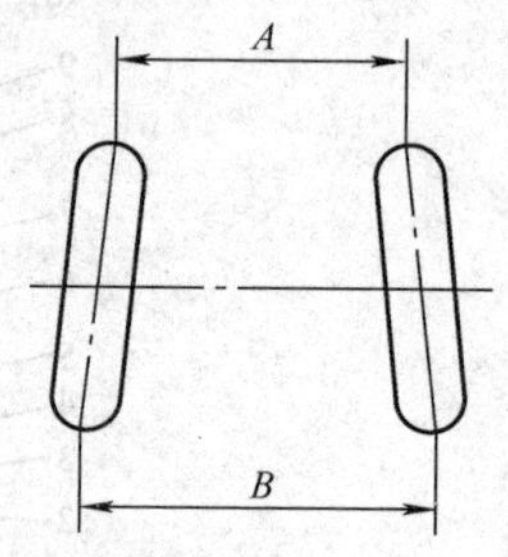

图 3-228　测量前轮前束值

（2）最大转向角的调整　通过调整转向节凸缘上的螺钉来调整最大转向角，螺钉向里旋时，转向角增大，反之则减小。调整合适后，旋紧限位螺钉的锁紧螺母。

鉴定点 23　独立悬架转向传动机构的拆装

一、鉴定题目　独立悬架转向传动机构的拆装

二、鉴定重点

独立悬架转向传动机构的拆装方法。

三、鉴定准备工作

桑塔纳 2000 型轿车一辆，汽车维修工具一套，清洗剂、机油、润滑脂、棉纱若干。

四、技术标准

技术标准见操作方法。

五、操作方法

步骤 1　拆卸。

1）从转向节臂处松开横拉杆球头销锁紧螺母。

2）拆下左、右横拉杆的球铰一端。

3）拆下左、右横拉杆与支架的联接螺母，取下左、右横拉杆总成。

4）松开调整螺母，卸下左、右横拉杆球铰。

步骤 2　装配。

1）在横拉杆外端安装好调整螺母及球接头，将其长度调整合适（左横拉杆的长度为 597.6mm + 8mm，右横拉杆的长度为 553.9mm + 8mm），并旋紧夹紧箍螺杆，以保证前轮处于直行位置时转向器在中间位置啮合。

2）将转向支架安装到转向器齿条上，并用连接板固定好横拉杆内端。安装时，各螺栓应按规定力矩拧紧。

3）将球头销装入转向臂销孔中，拧紧其紧固螺母。将传动机构装好后，转向盘应无明显的自由行程，否则应查明原因并予以排除。

鉴定点 24　动力转向液压泵的拆装

一、鉴定题目　动力转向液压泵的拆装

二、鉴定重点

动力转向液压泵的拆装方法。

三、鉴定准备工作

桑塔纳2000型轿车一辆，汽车维修工具一套，清洗剂、机油、润滑脂、棉纱若干。

四、技术标准

技术标准见操作方法。

五、操作方法

转向液压泵及其附件如图3-229所示。

步骤1　拆卸。

1）拆卸液压泵上回油软管的高压软管泄放螺栓（见图3-230），排放ATF油。

2）拆卸转向液压泵前支架上的张紧螺栓，如图3-231所示。

3）拆卸转向液压泵后支架上的固定螺栓，如图3-232所示。

4）松开转向液压泵中心支架上的固定螺栓，如图3-233所示。

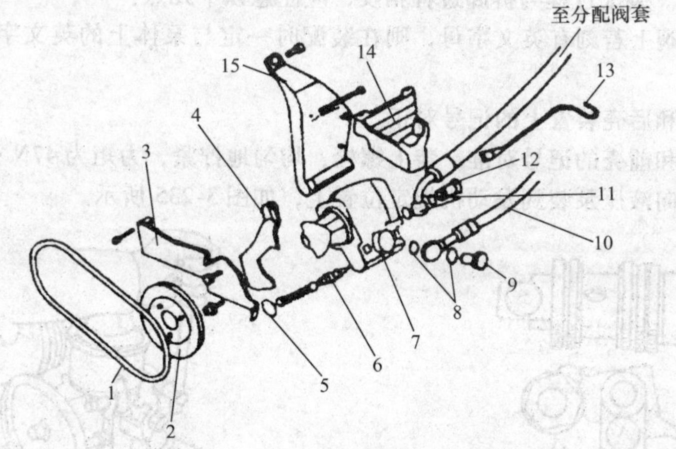

图3-229　转向液压泵及其附件

1—V带　2—带轮　3—夹紧夹板　4—前摆动夹板　5—密封环　6—压力和流量限制阀　7—叶轮泵　8—密封环　9、12—管接头螺栓　10—进油管　11—密封环　13、15—支架　14—后摆动夹板

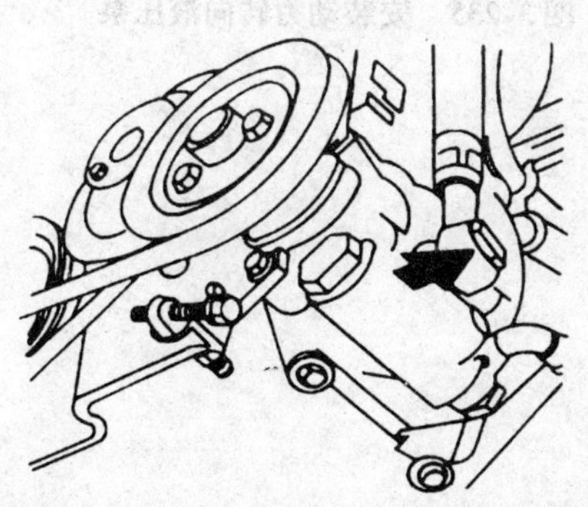
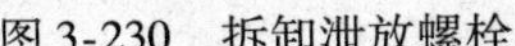

图3-230　拆卸泄放螺栓

图3-231　拆卸转向液压泵前支架上的张紧螺栓

5）把转向液压泵固定在台虎钳上进行分解。

① 拆掉液压泵带轮，松开液压泵螺栓。

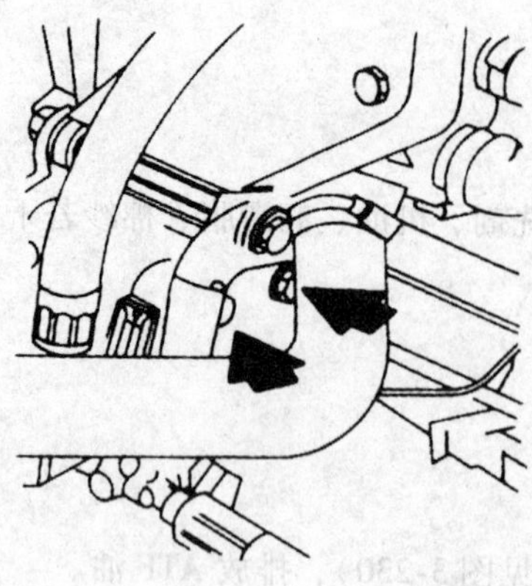
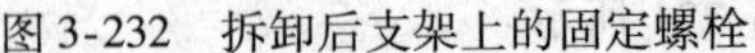

图 3-232　拆卸后支架上的固定螺栓

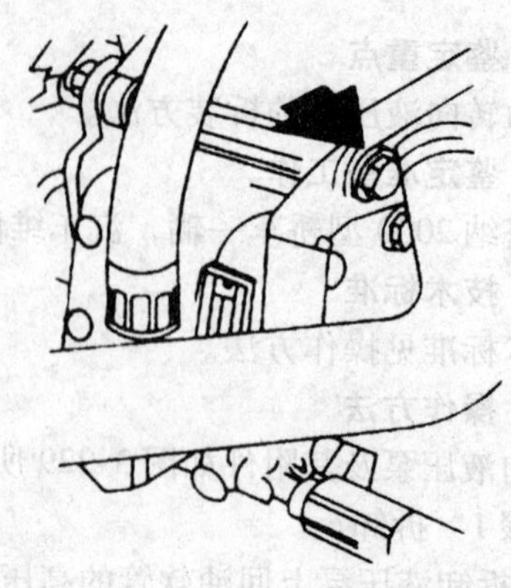

图 3-233　拆卸中心支架上的固定螺栓

② 取出锭子、转子、叶片和转子轴。

步骤 2　装配。装配过程与拆卸过程相反，应注意以下几点：

1）流量控制阀上若刻有英文字母，则在装配时一定与泵体上的英文字母对齐，如图 3-234 所示。

2）将固定环和后壳装置上的记号对正。

3）将固定环和前壳的记号对准，装上螺栓，均匀地拧紧，力矩为 47N · m。

4）将动力转向液压泵装到发动机规定位置上，如图 3-235 所示。

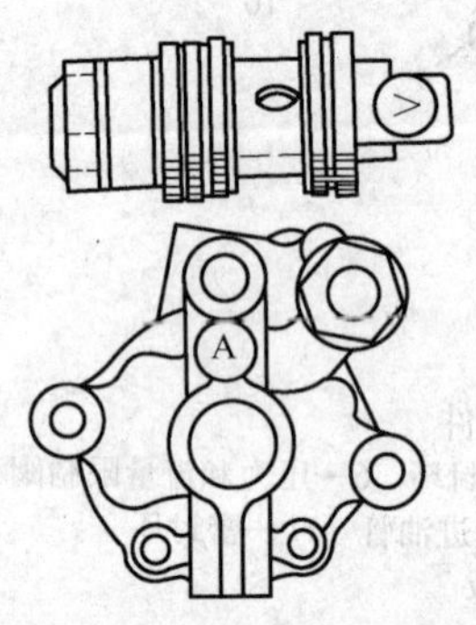

图 3-234　对正英文字母

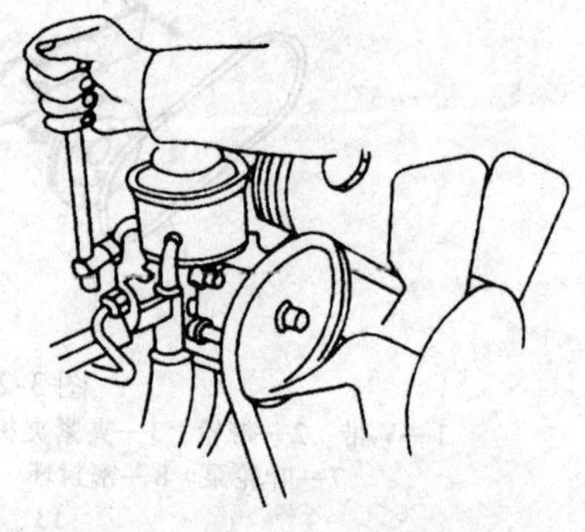

图 3-235　安装动力转向液压泵

鉴定点 25　制动助力器的检修

一、鉴定题目　制动助力器的检修

二、鉴定重点

制动助力器的检修方法。

三、鉴定准备工作

丰田卡罗拉轿车一辆，汽车维修工具一套。

四、技术标准

技术标准见操作方法。

五、操作方法

丰田卡罗拉轿车制动助力器如图 3-236 所示。

步骤 1　检查制动助力器总成。

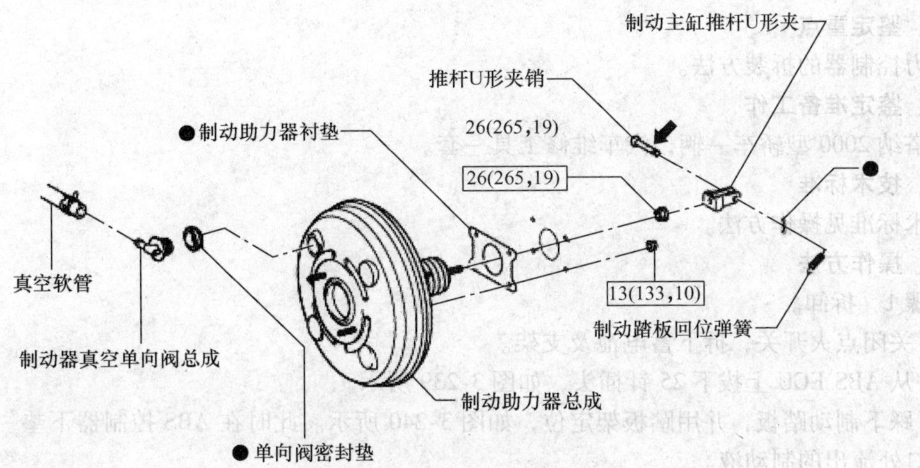

图 3-236　丰田卡罗拉轿车制动助力器

（1）气密性检查　起动发动机并在 1 或 2min 后关闭发动机，慢慢踩下制动踏板数次，如图 3-237所示。

如果第一次可以将制动踏板踩到底，但第二次和第三次不能踩到底，则说明助力器气密性良好。

（2）操作检查　点火开关置于“OFF”位置时踩下制动踏板数次，检查并确认踩下制动踏板时踏板行程余量没有改变。

踩住制动踏板，然后起动发动机，如果制动踏板稍稍下移，说明操作正常。

步骤 2　检查单向阀。

1）断开真空软管。

2）拆卸制动真空单向阀总成。

3）拆卸单向阀密封垫。

4）分离制动管路。

5）拆卸制动助力器总成。

6）检查制动器真空单向阀总成。

检查并确认从助力器到发动机有气流通过，但从发动机到助力器无气流通过，如图 3-238所示。如果结果不符合规定，应更换制动器真空单向阀总成。

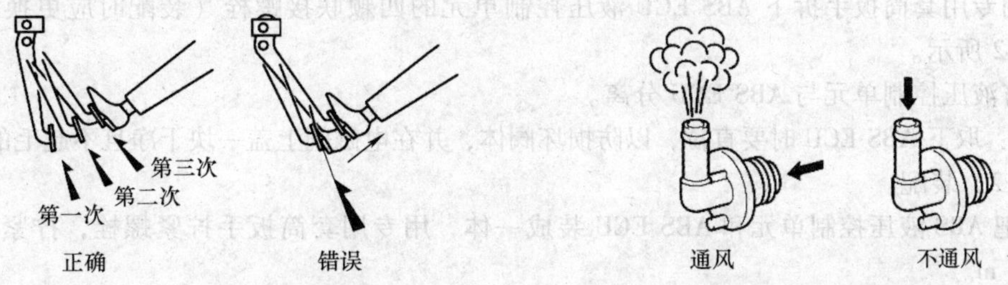

图 3-237　踩制动踏板数次　　　图 3-238　单向阀的检查

鉴定点 26　压力控制器的拆装

一、鉴定题目　压力控制器的拆装

二、鉴定重点

压力控制器的拆装方法。

三、鉴定准备工作

桑塔纳 2000 型轿车一辆，汽车维修工具一套。

四、技术标准

技术标准见操作方法。

五、操作方法

步骤 1　拆卸。

1）关闭点火开关，拆下蓄电池及支架。

2）从 ABS ECU 上拔下 25 针插头，如图 3-239 所示。

3）踩下制动踏板，并用踏板架定位，如图 3-240 所示。此时在 ABS 控制器下垫一块布，吸干从开口处流出的制动液。

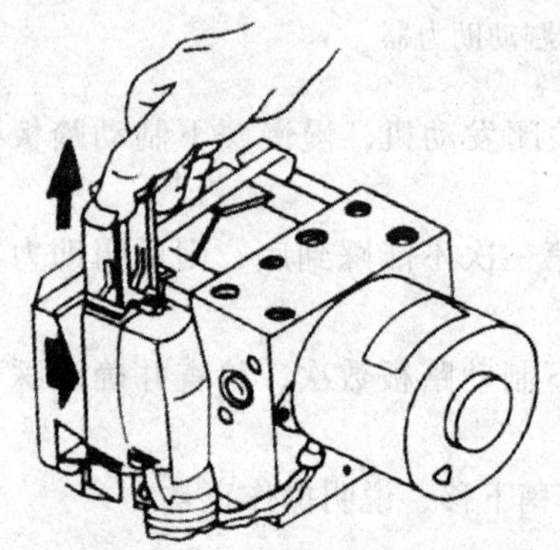

图 3-239　拔下 ABS ECU 插头

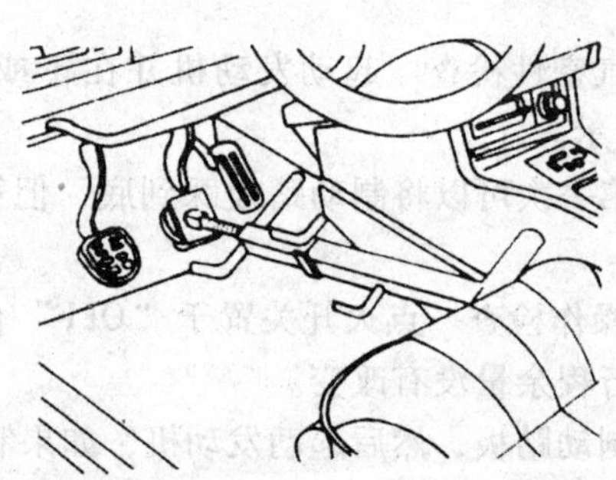

图 3-240　用踏板架固定制动踏板

4）如图 3-241 所示，拆下连接制动主缸和液压控制单元的油管 5 和 6，并做记号。拆下油管后立即用密封塞将液压调节单元开口部位塞住。用绳索把制动油管挂在高处，使油管接头处高于制动储液罐内的油位。

5）拆下液压控制单元通到各轮缸的制动油管 1 ~ 4，并做记号。拆下油管后立即用密封塞将液压调节单元开口部位塞住。

6）把 ABS 控制器从支架上拆下来，并进行分解。

① 压下接头侧的锁止扣，拔下控制单元上液压泵电线插头。

② 用专用套筒扳手拆下 ABS ECU 液压控制单元的四颗联接螺栓（装配时应更换新螺栓），如图 3-242 所示。

③ 将液压控制单元与 ABS ECU 分离。

注意：取下 ABS ECU 时要直拉，以防损坏阀体，并在电磁阀上盖一块干净且不起毛的布。

步骤 2　装配。

1）把 ABS 液压控制单元和 ABS ECU 装成一体，用专用套筒扳手拧紧螺栓，拧紧力矩不得超过 4N · m。

2）插好液压泵电线插头。

3）将 ABS 控制器装到支架上，以 10N · m 的力矩拧紧固定螺栓。

4）拆下液压接口处的密封塞，装上通到主缸及各轮缸的制动油管，以 20N · m 的力矩拧紧管接头。

5）插上 ABS ECU 线束插头。

6）对 ABS 充液和放气。

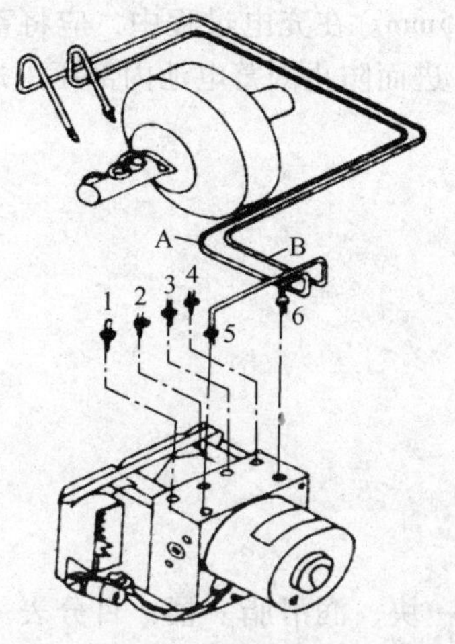

图 3-241　拆下连接制动主缸和液压控制单元的油管

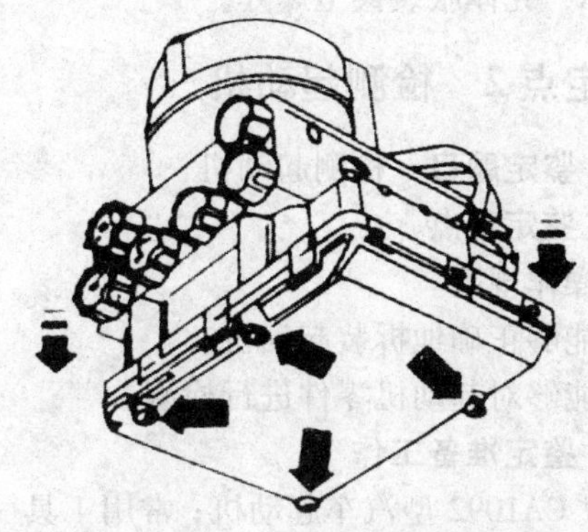

图 3-242　拆下 ABS ECU 与液压控制单元的联接螺栓

鉴定范围 3　汽车电器维修操作技能

鉴定点 1　铅蓄电池的充电

一、鉴定题目　铅蓄电池的充电

二、鉴定重点

1）操作规范。

2）能够正确地对铅蓄电池进行充电。

三、鉴定准备工作

充电机，适量电解液，汽车维修工具一套。

四、技术标准

技术标准见操作方法。

五、操作方法

步骤 1　加注电解液。按蓄电池生产厂家的要求或气温条件，在蓄电池内加注规定密度的电解液，静置 6 ~ 8h 后，再将液位调整到高出极板（或防护片）顶部 10 ~ 15mm。

步骤 2　连接充电电路。将被充电蓄电池（或蓄电池组）与充电机连接 [蓄电池（或蓄电池组）的正极与充电机正极相接，蓄电池的负极与充电机负极相接]，并使充电机可靠接地。

步骤 3　选择充电电流，开始充电。可按规定值选择初充电第一阶段的充电电流，也可按蓄电池额定容量进行选择。初充电第一阶段的充电电流应为额定电流的 1/15。

1）先将充电机的输出电流调节至最小，打开充电机后，再将输出电流调节至第一阶段充电电流，至单格电池电压升高到 2. 4V 左右，电解液内开始出现气泡时为止。

2）紧接着第一阶段，将充电电流减小至第一阶段充电电流的 1/2，直到蓄电池充足电为止。初充电时间为 50 ~ 70h。

步骤4 调整电解液相对密度至规定值。在充电完成2h后测量电解液相对密度，若不符合要求，可用蒸馏水（相对密度过高时）或相对密度为1.4（相对于水）的稀硫酸（相对密度过低时）调整。同时，调整电解液液位高出极板顶部10～15mm。在充电过程中，应将蓄电池加液孔上的螺塞拧下，以便于充电后期产生的气体顺利逸出，进而防止因蓄电池内部压力过高，造成极板损坏，壳体胀裂甚至爆炸。

鉴定点2 检测起动机

一、鉴定题目 检测起动机

二、鉴定重点

1）操作规范。

2）能够正确地拆装起动机。

3）能够对起动机零件进行检测。

三、鉴定准备工作

解放CA1092型汽车起动机；常用工具一套，万用表一块，润滑脂一桶；百分表一块，试灯一盏。

四、技术标准

1）起动机运转灵活，起动有力，不打滑，无异响。

2）电刷良好，轴承无明显松旷现象，螺栓紧固可靠。

3）空载特性：端电压为12V时，转速大于或等于5000r/min，空载电流大于或等于90A。

4）制动特性：端电压大于或等于7.5V时，制动电流应大于或等于850A，制动力矩大于或等于34N·m。

五、操作方法

解放CA1092型汽车起动机零部件的拆卸、分解如图3-243所示。

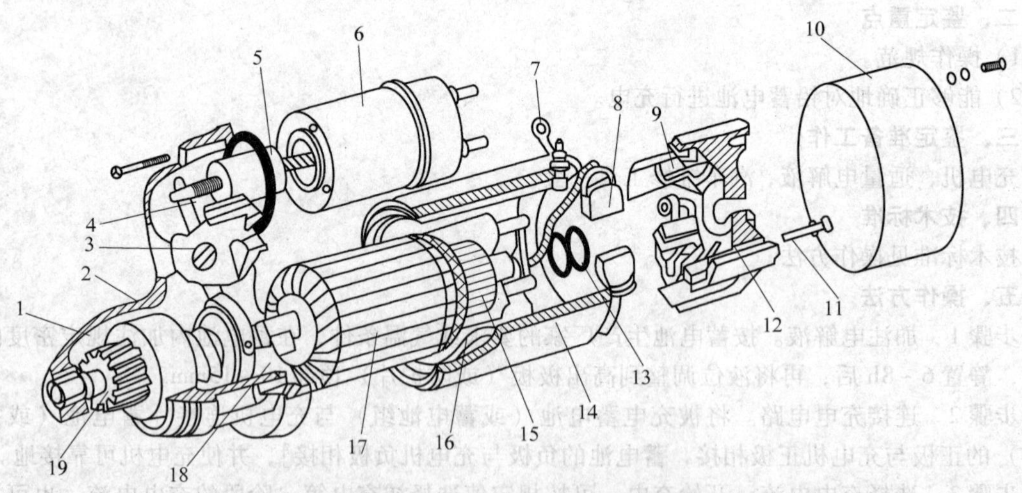

图3-243 解放CA1092型汽车起动机零部件的拆卸、分解

1—前端盖 2—滚柱式离合器 3—拨叉销轴 4—拨叉 5—活动铁心 6—电磁开关 7—导电片 8—电刷 9—电刷架 10—防尘器 11—穿心螺钉 12—后端盖 13—止推垫圈 14—外壳 15—磁极铁心 16—励磁绕组 17—电枢总线 18—中间支承板 19—驱动齿轮

1. 起动机的分解

步骤1　拆下连接电磁开关接线柱与电动机接线柱的导电片，旋出固定电磁开关的螺钉，取下电磁开关。

步骤2　旋出防尘盖固定螺钉，取下防尘盖，用专用钢丝钩取出电刷。

步骤3　旋出两个穿心螺钉，取下后端盖及外壳。

步骤4　拆下中间支承板，将电枢连同传动机构与前端盖分离。

步骤5　拆下电枢轴上的卡簧，将传动机构与电枢分离。

清洁解体后的电气绝缘部件只能用沾有少量汽油的干净棉纱擦拭，机械部件可放入汽油、煤油或清洗液中清洗。

2. 起动机的检修

（1）检修电枢绕组

步骤1　若电枢绕组断路，一般可通过目测观察到，断路处可用焊接法修复。

步骤2　检验电枢绕组搭铁。用万用表 $R\times10\text{k}\Omega$ 档检查各换向片与电枢轴（或铁心）的绝缘情况，如图3-244a 所示。如果万用表指示值为零，或图3-244b 所示的220V 交流指示灯亮，均表明电枢绕组（或换向器）已搭铁，一般应更换电枢总成。

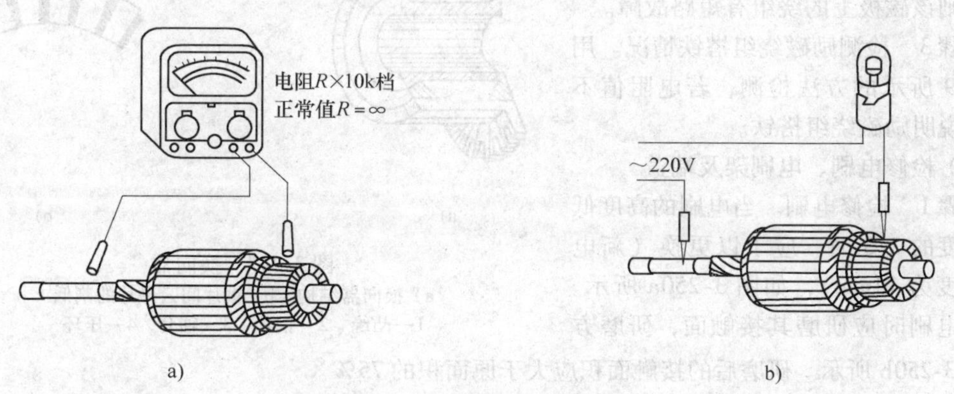

图3-244　电枢绕组搭铁的检验
a）用万用表检验　b）用试灯检验

（2）检修换向器

步骤1　检修换向器表面。若换向器表面脏污，可用干净的棉纱沾少量汽油将其擦拭干净；若换向器表面不平或轻微烧蚀，可用“00”号砂纸打磨（见图3-245）；若换向器表面严重烧蚀或有过深的沟槽，可选择尽量小的加工余量车削。当换向器换向片的厚度小于2mm 时，应更换换向器或电枢总成。

步骤2　换向器圆柱面对电枢轴的径向圆跳动误差为0.05mm 时，检验方法如图3-246 所示。转动电枢，百分表显示的最大值与最小值之差超过0.05mm 时，应车削复圆。

步骤3　换向器铜片间绝缘层的割低。检查需要将绝缘层割低的换向器的深度是否为0.5～0.8mm（见图3-247），如果不在该范围内，可用薄钢锯条锯削。

（3）检修电枢轴　用百分表检测电枢轴中间轴颈处的径向圆跳动误差，应小于或等于0.05mm；铁心表面最大圆跳动误差应小于0.15mm，否则应校正。

（4）检修励磁绕组

步骤1　检测励磁绕组断路故障。用万用表 $R\times1\Omega$ 档，按图3-248 所示的方法进行检测，若阻值为∞，说明励磁绕组断路。这一般是由脱焊或虚焊造成的，重新焊牢即可。

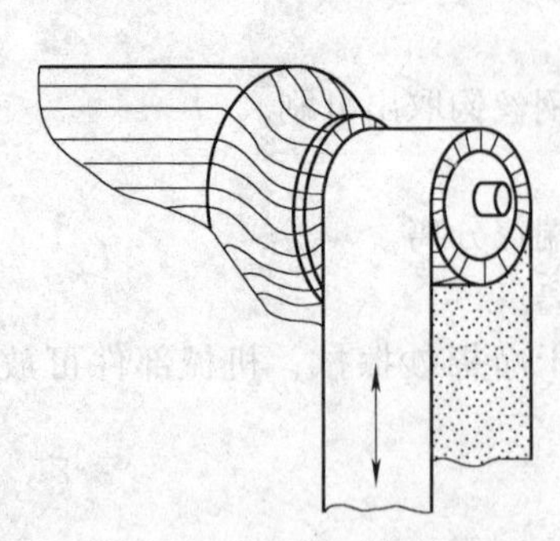

图 3-245　用砂纸打磨换向器表面

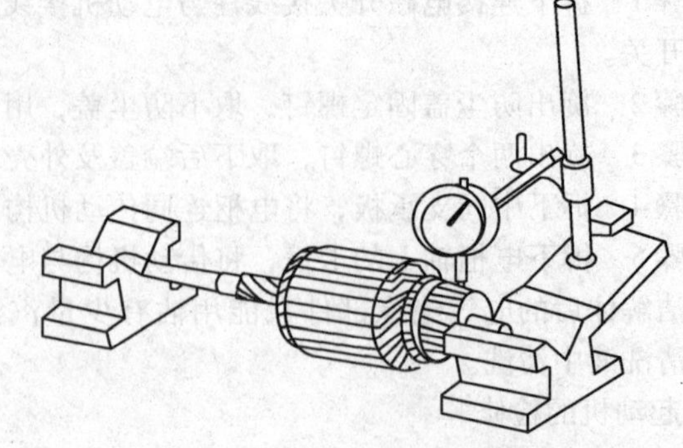

图 3-246　换向器径向圆跳动误差的检测

步骤 2　检测励磁绕组短路故障。对励磁绕组通以 2V 的直流电，用钢片触试各磁极，若某磁极的吸力明显小于其他磁极，则该磁极上的绕组有短路故障。

步骤 3　检测励磁绕组搭铁情况。用图 3-249 所示的方法检测，若电阻值不为∞，说明励磁绕组搭铁。

（5）检修电刷、电刷架及端盖

步骤 1　检修电刷。当电刷的高度低于原高度的 2/3 时，应予以更换（新电刷的高度为 14mm），如图 3-250a 所示。更换的电刷时应研磨其接触面，研磨方法如图 3-250b 所示。研磨后的接触面积应大于原面积的 75%。

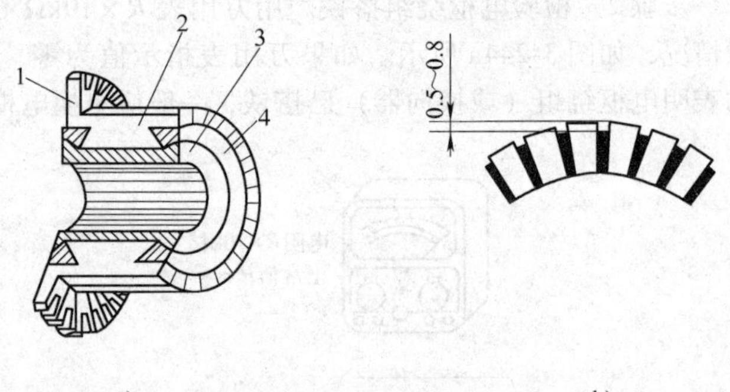

图 3-247　换向器
a）换向器结构　b）铜片间云母片的割低
1—凸缘　2—铜片　3—轴套　4—压环

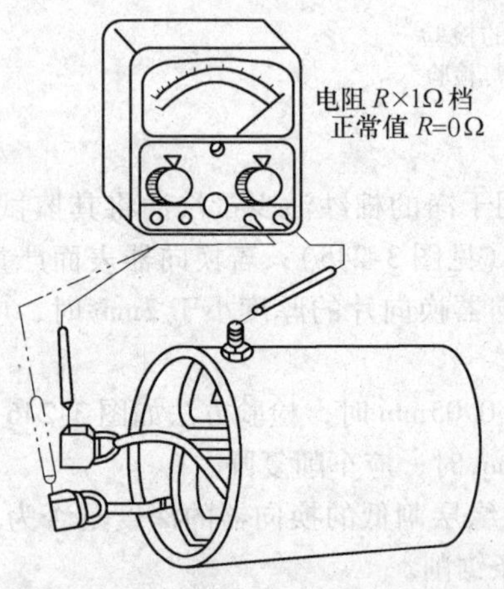

图3-248　励磁绕组断路故障的检测

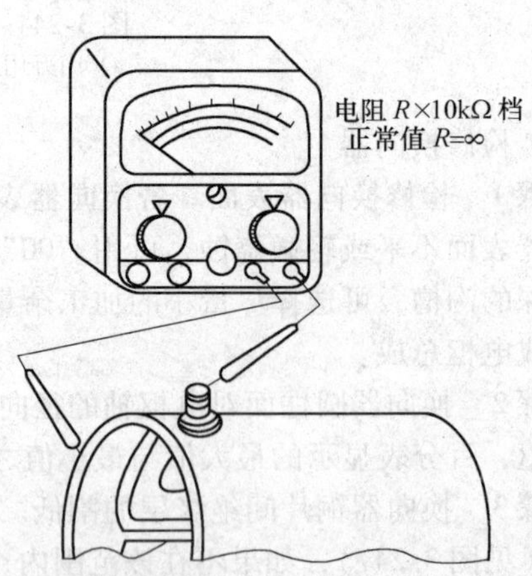

图 3-249　励磁绕组搭铁情况的检测

步骤 2　检测电刷弹簧压力。用弹簧秤测量电刷弹簧压力的方法如图 3-251 所示。若压力低于 14. 7N，应更换电刷弹簧。

步骤 3　检测绝缘电刷架。用图 3-252a或图 3-252b所示的方法检测，当试灯亮或万用表的示值不为∞时，表明绝缘电刷架的绝缘已损坏，应更换绝缘片。

步骤4　检修各滑动轴承与轴的配合间隙。前后端盖轴承与轴的配合间隙均为0.03～0.09mm，中间支承板轴承与轴的配合间隙为0.23～0.45mm，若有超差（用手感觉旷动量较大），应予以更换。更换的轴承与端盖的过盈量应为0.08～0.18mm，将轴承压入后，再用铰刀铰削至满足要求。

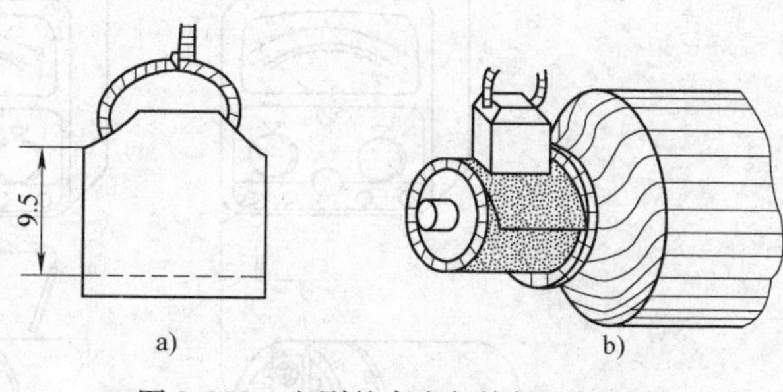

图3-250　电刷的高度与接触面的研磨
a）高度　b）研磨

（6）检修传动机构

步骤1　检查驱动齿轮。驱动齿轮端面应无崩角和碎裂现象，磨损量不应超过3mm，否则应更换新件。

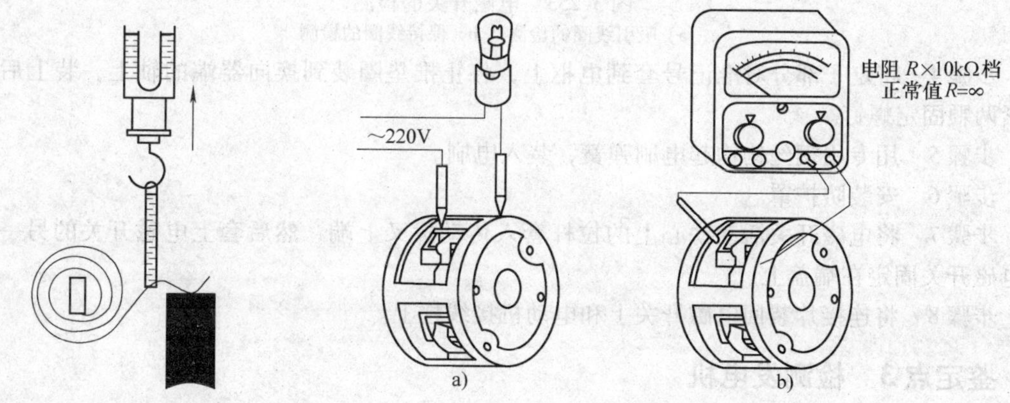

图3-251　用弹簧秤测量电刷弹簧压力的方法

图3-252　绝缘电刷架的检测
a）试灯法　b）用万用表检测

步骤2　检查离合器与电枢轴配合情况。离合器在轴上应移动自如，无卡滞现象，否则应清洁、修整配合部位，用锉刀修平碰痕或毛刺。

步骤3　检查离合器是否正常。用手转动驱动齿轮，应在一个方向上锁止，在另一个方向上转动自如，否则应更换离合器。

（7）检测电磁开关

步骤1　检测吸引线圈（见图3-253a）。将万用表表笔分别接S接线柱和电动机的主接线柱，测量其电阻值，并由此判定其技术状况（常见的12V起动机该线圈的阻值为0.6Ω左右）。

步骤2　保持线圈的检测（见图3-253b）。将万用表的表笔分别接S接线柱和壳体，根据测量结果判定其技术状况（常见的12V起动机，该线圈的电阻值为1Ω左右）。

3. 起动机的组装

将检修合格或更换的新零部件，按与解体时相反的顺序装配。

步骤1　将中间支承板、离合器、挡圈套到电枢轴上，安装电枢轴前端的卡环。

步骤2　将传动拨叉先套到离合器的拨叉套中，再将拨叉部分装入前端盖中，固定拨叉销轴螺栓。

步骤3　固定中间轴承板，以此为基础进行后续装配。

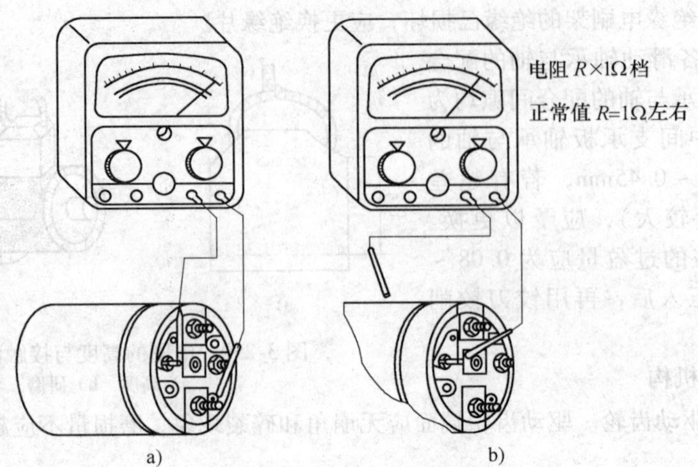

图 3-253 电磁开关的检测
a）吸引线圈的检测 b）保持线圈的检测

步骤 4 将定子部分对准记号套到电枢上，将止推垫圈装到换向器端的轴上，装上后端盖，旋紧两颗固定螺钉。

步骤 5 用专用钢丝钩钩起电刷弹簧，装入电刷。

步骤 6 安装防护罩。

步骤 7 将电磁开关活动铁心上的拉杆套入传动拨叉上端，然后套上电磁开关的另一部分，将电磁开关固定在端盖上。

步骤 8 将连接片装回电磁开关上和电动机接线柱上。

鉴定点 3 检测发电机

一、鉴定题目 发电机的检测

二、鉴定重点

正确地进行发电机的解体、清洗、检查、装配和调整。

三、鉴定准备工作

SA13VI 型发电机一台（与桑塔纳 2000GSi 型轿车配套）；常用拆装工具一套，专用扳手一把；数字式万用表一块；汽油 1L。

四、技术标准

1）额定电压为 13.5V。

2）额定输出电流为 96A。

3）在 12.7V、6000r/min、105℃的环境下能够长期工作。

4）最高工作转速为 18000r/min。

5）定子外径为 127mm。

6）单机质量为 5.6kg。

五、操作方法

1. 发电机的分解

步骤 1 拆卸发电机带轮：将发电机固定在台虎钳上，用专用扳手固定带轮，拧下紧固螺母（其拧紧力矩为 35N·m），取下带轮。

步骤 2 拆下轴承座架与外壳的联接螺栓，使轴承座架、转子与外壳分离，用专用顶拔器将转子从轴承座上取下。

步骤3 旋下二极管底板与外壳的联接螺钉，将二极管底板与定子一起从外壳内取出。

步骤4 用电烙铁熔开二极管底板与定子线圈的焊接点（75A 发电机为三点，90A 发电机为四点），使二者分离。熔开时，为避免电子元件过热，应用尖嘴钳夹住线头帮助散热。

步骤5 从外壳上拆下电刷架、调压器和滤波电容器。

2. 零部件的清洁

用干净的布沾少量汽油将转子与定子线圈及电刷擦拭干净。金属件可用汽油洗净擦干。

3. 发电机的检修

（1）定子的检修

步骤1 定子表面不得有刮痕，导线表面不得有碰伤、绝缘漆剥落现象，绕组不得有搭铁、短路和断路现象。

步骤2 搭铁的检查。用万用表分别测试定子铁心与绕组各端头（75A 为三个，90A 为四个）之间的电阻值。其数值应为无穷大，否则表明有搭铁故障。

步骤3 断路的检查。用万用表分别测试每两个绕组端头之间的电阻值，每次测得的电阻值均不得超过0.1Ω，否则表明有断路故障。对有故障的定子应进行检修或更换。

（2）转子的检修

步骤1 转子表面不得有刮痕，否则表明轴承松旷。轴承松旷时，应更换前后轴承。集电环表面应光洁平整，两集电环之间的槽内不得有油污和异物。转子绕组不允许有搭铁、短路或断路故障。

步骤2 搭铁的检查。用万用表检查集电环与转子之间的电阻值，其数值应为无穷大，否则有搭铁故障。

步骤3 断路及短路的检查。用万用表检查两集电环之间的电阻值，其数值应为3~4Ω，若大于此值（如为无穷大），则表明有断路故障；若电阻值小于3Ω，说明有短路故障。对于有故障的转子，应予以修理或更换。

（3）二极管底板的检修

步骤1 检查二极管正向电阻。万用表的负极表笔接二极管底板上的粗螺栓（B+），正极表笔依次接与定子绕组相接的各接合点（75A 为三点，90A 为四点），每次测量的电阻值均应为50~80Ω。

步骤2 检查二极管反向电阻。万用表正极表笔接散热架（负极），负极表笔依次与各接合点相接（75A 为三点，90A 为四点），每次测量的电阻值均需在1000kΩ 以上。

（4）检查励磁二极管 万用表负极表笔接二极管底板上的细螺栓（D+），正极表笔依次接各接合点（75A 为三点，90A 为四点），每次测量的电阻值均需为50~80Ω。

以上各项测量若有误差，必须更换二极管底板（二极管底板只能整体更换）。

（5）调节器的检修 调节器的好坏可用蓄电池或直流电源与直流试灯来检查。接12V 电压时试灯应亮，接16~18V 电压时，试灯应不亮，否则应更换调节器。

（6）电刷及电刷架的检修 新电刷的长度为13mm，允许磨损极限为5mm，超过此极限时应予以更换。电刷表面若有油污，应用干布擦拭干净。电刷在电刷架内应滑动自如。电刷架不能有裂纹、弹簧折断或生锈现象，否则应更换电刷架。

（7）集电环的检修 集电环表面若烧蚀严重或失圆，可用车床进行修整，其最大偏摆量应不超过0.05mm，最后用细砂布抛光并吹净粉屑。

（8）其他部件的检修 发电机壳体不得有裂纹。若轴承内缺油，应更换轴承，不宜加油后继续使用。V带槽内不能有毛刺，以免损伤V带。带轮轴孔与轴的配合过盈量为0.01~0.04mm，若松旷，应加工修复。转子轴承的轴向间隙和径向间隙应小于或等于0.20mm，否则应予以更换。

4. 发电机的装配

发电机的装配可按解体的相反顺序进行。在装配过程中应注意以下问题：

1）各绝缘衬套及绝缘垫圈不得漏装。

2）发电机前、后端盖及定子铁心应按装配标记对正装合。

3）各螺栓应按规定力矩拧紧。

4）装合后，转子在定子内应转动灵活自如，无碰擦现象，否则应拧松前、后端盖紧固螺栓，边转动转子边用木质器具轻轻敲击发电机端盖边缘，直至转子转动灵活时，再将紧固螺栓均匀拧紧。

5）硅整流发电机的所有接线必须连接正确，并谨防各接头接地；蓄电池负极必须搭铁；在将各电路连接好之前，最好不要转动发电机，以防烧坏二极管、熔丝及电路。

6）发电机装车后，应检查其传动带张紧力。方法为：用拇指以39.2~49N的力按压V带中间部位时，V带的挠度应为8~12mm，否则应将木棒放在发电机前盖处撬动调整，直至符合要求（不得在后盖处撬动，以防后盖变形而损坏元件），调好后将紧固螺栓锁紧。

5. 发电机的性能检验（在试验台上检验）

发电机组装完毕后，应进行技术性能检验。发电机试验电路如图3-254所示。

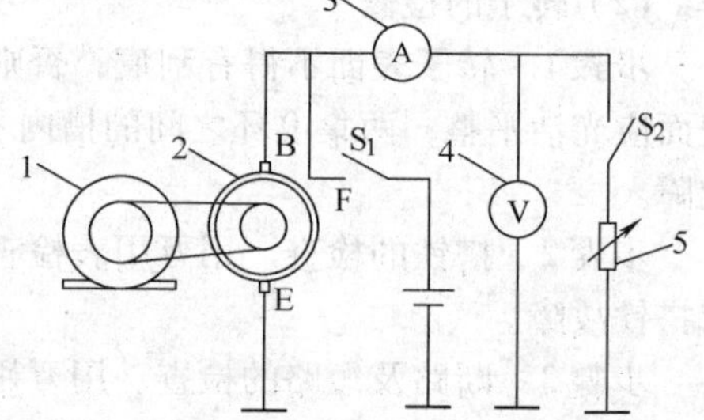

图3-254　发电机试验电路

1—可调速电动机　2—发电机

3—电流表　4—电压表　5—可调电阻

步骤1　空载检验。先将开关S_1闭合，由蓄电池对发电机进行励磁，再起动可调速电动机，然后断开开关S_1，并逐渐提高发电机的转速。当电压表指示的电压值达到12.5~14.5V时，发电机的转速应小于或等于1050r/min，否则应查明故障原因并予以排除。

步骤2　满载试验。发电机空载检验符合要求后，再进行满载试验。即接通开关S_2，逐渐提高发电机的转速并减小负载电阻值，当电压达到12.5~14.5V，并且输出电流达到104A时，发电机的转速不应超过6000r/min，否则应查明故障原因并予以排除。

鉴定点4　电动车窗的检修

一、鉴定题目　电动车窗的检修

二、鉴定重点

电动车窗开关、电动机的检修方法。

三、鉴定准备工作

丰田轿车一辆，常用拆装工具一套，数字式万用表一块。

四、技术标准

详见操作方法。

五、操作方法

图3-255所示为丰田轿车车窗系统图。丰田轿车车窗电路如图3-256所示。

图3-257所示为电动车窗控制装置。

图3-258所示为电动车窗开关插头。

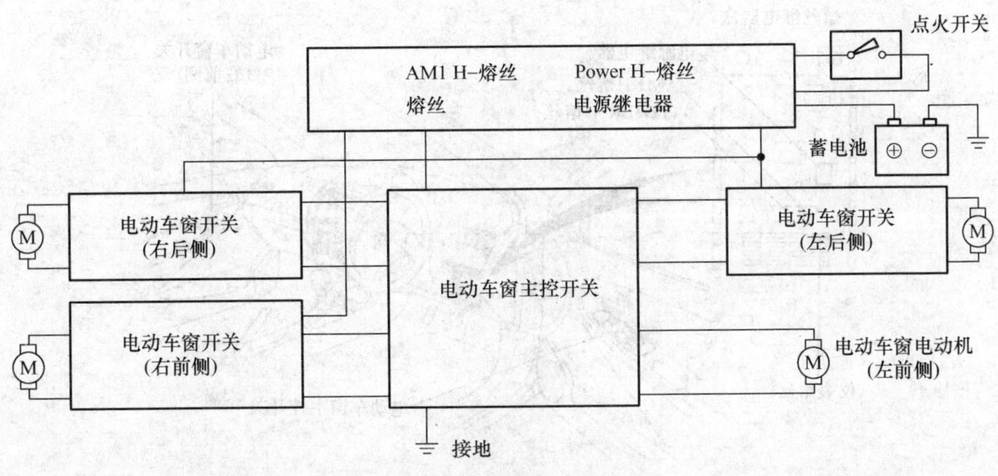

图 3-255　丰田轿车车窗系统

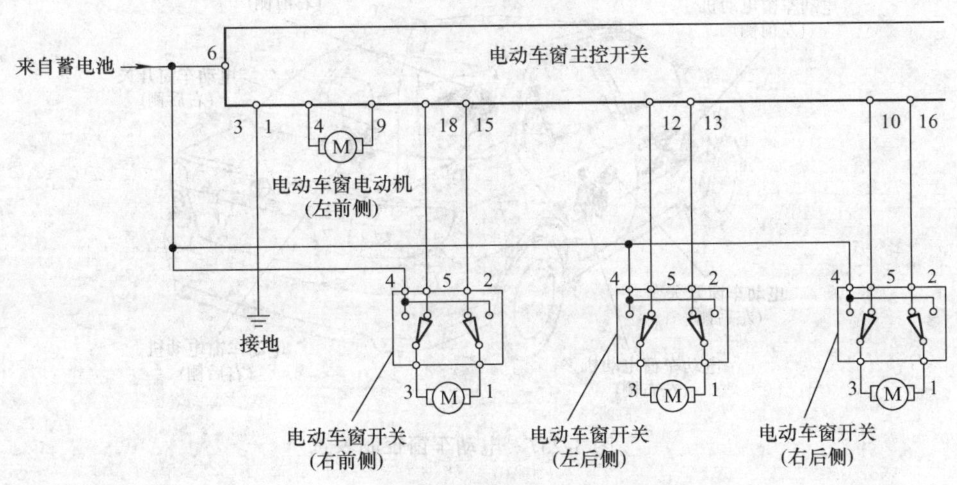

图 3-256　丰田轿车车窗电路

电动车窗一般故障的诊断见表 3-6。根据故障现象找出故障部位进行检查。

表 3-6　电动车窗一般故障的诊断

故障现象	可能的部位
电动车窗不能工作（全部）（电动车门锁不能工作）	AM1H 熔丝、电源继电器、POWERH 熔丝、仪表熔丝、线束
电动车窗不能工作（全部）（电动车门锁正常）	点火开关、电动车窗主控开关、线束、电动车窗电动机
AUTO DOWN（自动下降）功能不起作用	电动车窗主控开关、电动车窗电动机
仅一个车窗不能工作	电动车窗主控开关、电动车窗乘客侧开关、电动车窗电动机、线束
窗锁止系统不能工作	电动车窗主控开关

步骤 1　检查电动车窗主开关的导通性。如图 3-259 所示，若电动车窗主开关的导通性与表 3-7不符，则应更换电动窗主控开关。

步骤 2　检查开关照明灯。按图 3-260 所示检测，开关照明灯应亮，若不亮，则要更换电动车窗主控开关。

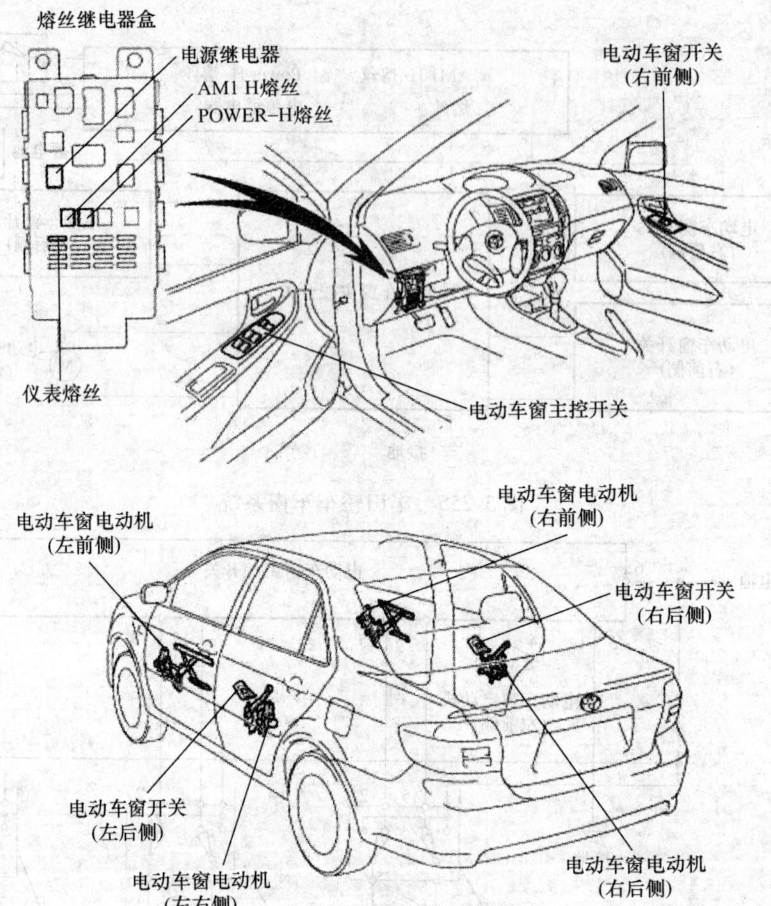

图 3-257 电动车窗控制装置

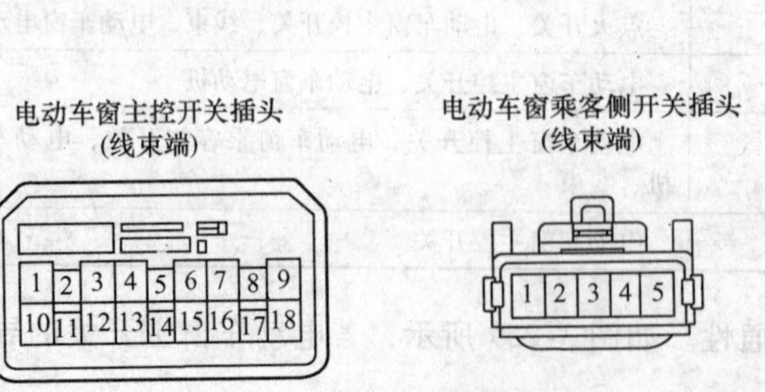

图 3-258 电动车窗开关插头

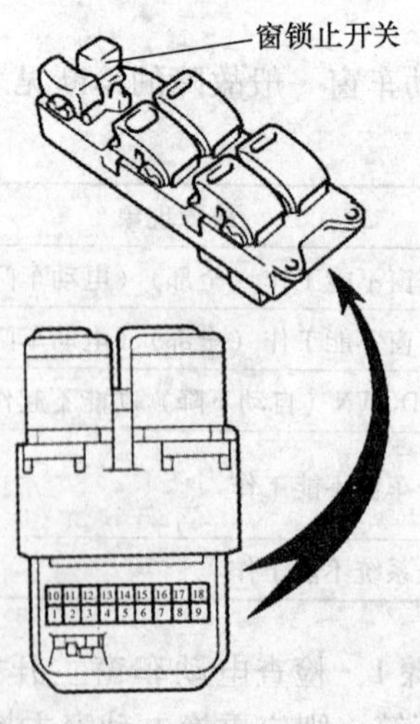

图 3-259 电动车窗主控开关

步骤3　检查电动车窗电动机。左前侧和右后侧的车窗电动机应以相同的步骤进行检测；右前侧和左后侧的车窗电动机应以相同的步骤进行检测。

表3-7　电动车窗主控开关导通性的诊断

检测项目	开关状态	端　子	正常状态
驾驶人侧车窗开关（车窗未锁和车门上锁）	UP	4—6—7	导通
		1—3—9	
	OFF	1—3—4	导通
		1—3—9	
	DOWN	1—3—4	导通
		6—7—9	
	AUTO	1—3—4	导通
		6—7—9	
右前侧车窗开关（车窗未锁）	UP	1—3—15	导通
		6—7—18	
	OFF	1—3—15	导通
		1—3—18	
	DOWN	1—3—18	导通
		6—7—15	
右前侧车窗开关（车窗上锁）	UP	6—7—18	导通
	OFF	15—18	导通
	DOWN	6—7—15	导通
左后侧车窗开关（车窗未锁）	UP	1—3—13	导通
		6—7—12	
	OFF	1—3—13	导通
		1—3—12	
	DOWN	1—3—12	导通
		6—7—13	
左后侧车窗开关（车窗上锁）	UP	6—7—12	导通
	OFF	12—13	导通
	DOWN	6—7—13	导通
右后侧车窗开关（车窗未锁）	UP	6—7—10	导通
		1—3—16	
	OFF	1—3—10	导通
		1—3—16	
	DOWN	1—3—10	导通
		6—7—16	

（续）

检测项目	开关状态	端子	正常状态
右后侧车窗开关（车窗上锁）	UP	6—7—10	导通
	OFF	10—16	导通
	DOWN	6—7—16	导通

（1）检查左前和右后电动车窗电动机　如图3-261所示，将端子4与蓄电池正极相连，端子5与蓄电池负极相连，电动机应顺时针旋转；反过来接线，电动机应逆时针旋转。若检测结果与上述不符，则应更换左前门电动车窗电动机。

（2）检查右前和左后电动车窗电动机　如图3-262所示，将端子5与蓄电池正极相连，端子4与蓄电池负极相连，电动机应顺时针旋转；反过来接线，电动机应逆时针旋转。若检测结果与上述不符，则应更换右前门电动车窗电动机。

步骤4　检查电动车窗过载保护（PTC）的工作情况。如图3-263所示，将直流400A的万用表表笔接到端子4或5的线束上，完全关闭车窗玻璃，在主控开关上按“UP”，进行电流切断检查。在车窗完全合60s后，电流经过4～90s后应由16～34A降到1A。切断电流60s后，当主控开关或乘客侧开关按“DOWN”时，玻璃应向下。

如果结果不符合上述要求，应更换电动机。

步骤5　检查电源继电器。如图3-264所示为电源继电器的内部结构，若其导通性与表3-8不符，则应更换电源继电器。

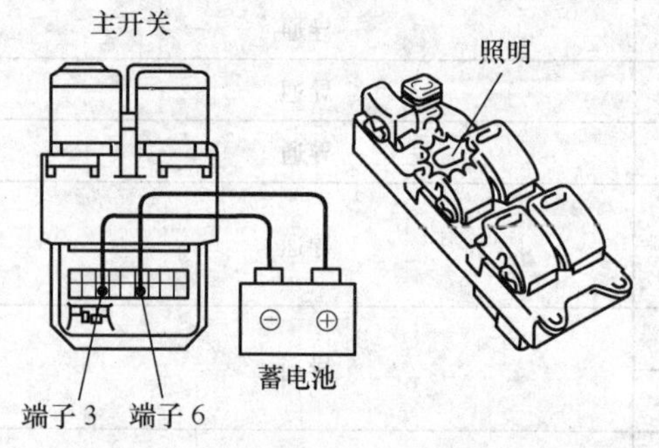

图3-260　检查开关照明灯

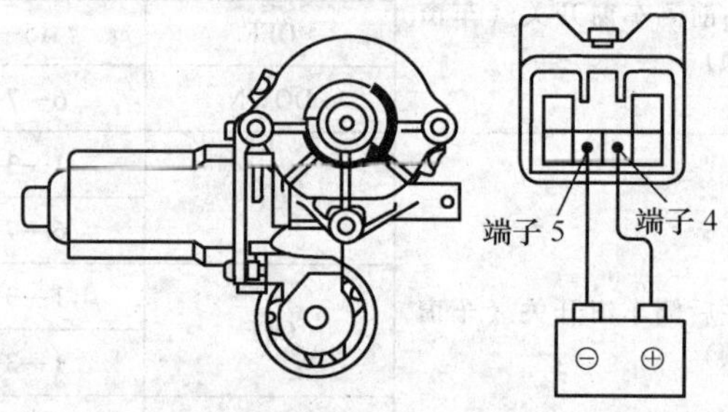

图3-261　左前和右后侧电动车窗电动机的检测

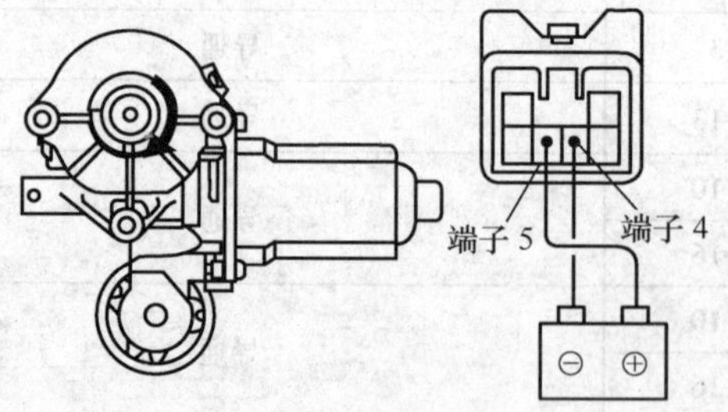

图3-262　右前和左后侧电动车窗电动机的检测

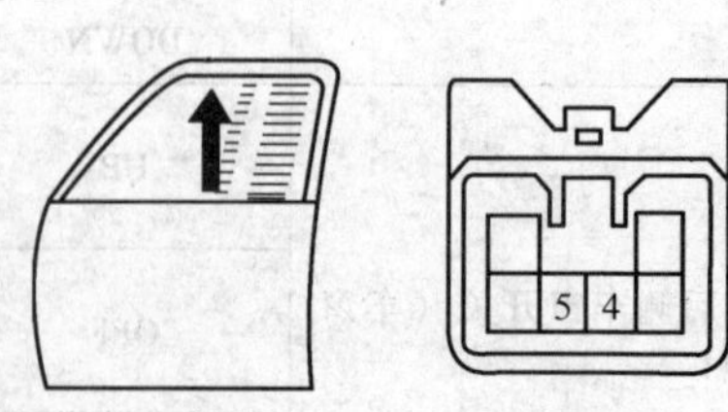

图3-263　电动机内置PTC的检测

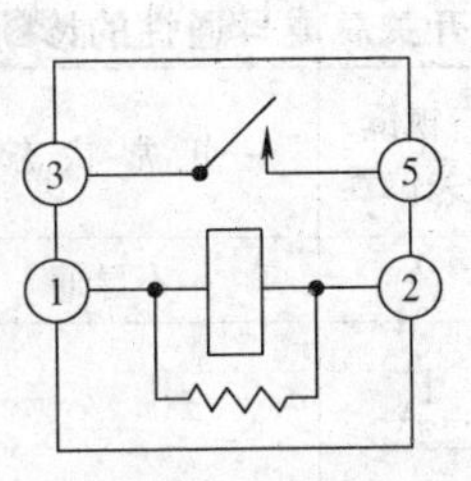

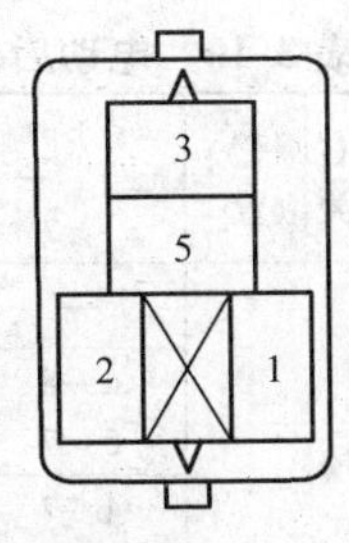

图 3-264　电源继电器的内部结构

表 3-8　电源继电器导通性的诊断

状　态	端　子	正常状态
常态	1—2	导通
端子 1、2 分别接蓄电池正、负极	3—5	导通

鉴定点 5　电动后视镜的检查

一、鉴定题目　电动后视镜的检查

二、鉴定重点

电动后视镜的检查方法。

三、鉴定准备工作

丰田威驰轿车一辆，常用拆装工具一套，数字式万用表一块。

四、技术标准

详见操作方法。

五、操作方法

电动后视镜系统各主要部件的位置如图 3-265 所示。

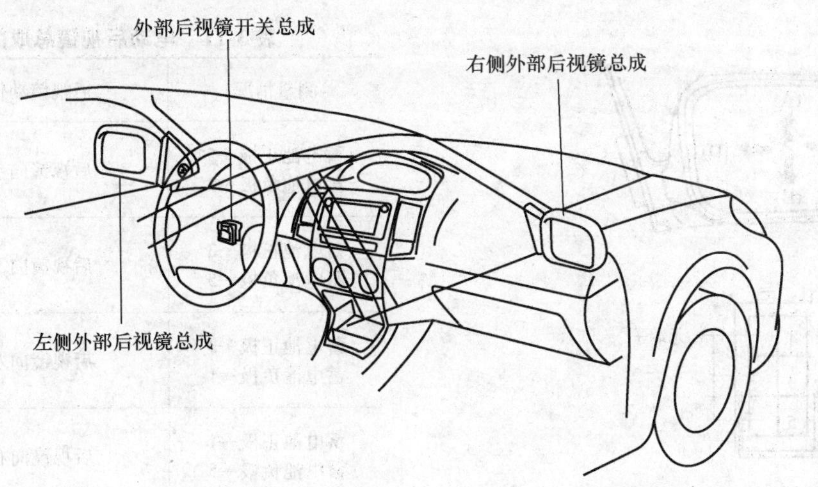

图 3-265　电动后视镜系统各主要部件的位置

电动后视镜系统一般故障的诊断见表 3-9。根据故障现象找出故障部位进行检查。

步骤 1　检查后视镜开关总成。如图 3-266所示，检测后视镜开关总成，如果导通性与表 3-10 不符，则更换后视镜开关总成。

表 3-9　电动后视镜系统一般故障的诊断

故障现象	可能的部位
后视镜不工作	外后视镜开关总成、外后视镜总成、线束
后视镜工作不正常	外后视镜开关总成、外后视镜总成、线束

步骤 2　后视镜总成的检查。断开后视镜插头（见图 3-267），加蓄电池电压检查后视镜镜面的动作情况，如果动作与表 3-11 不符，则更换后视镜总成。

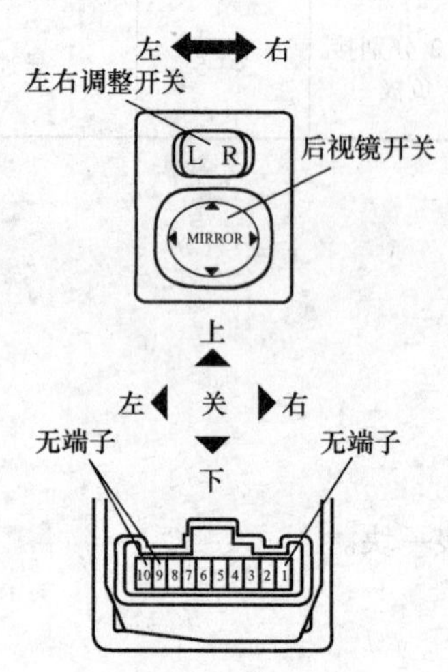

图 3-266　电动后视镜开关总成的检测

表 3-10　电动后视镜开关总成导通性的诊断

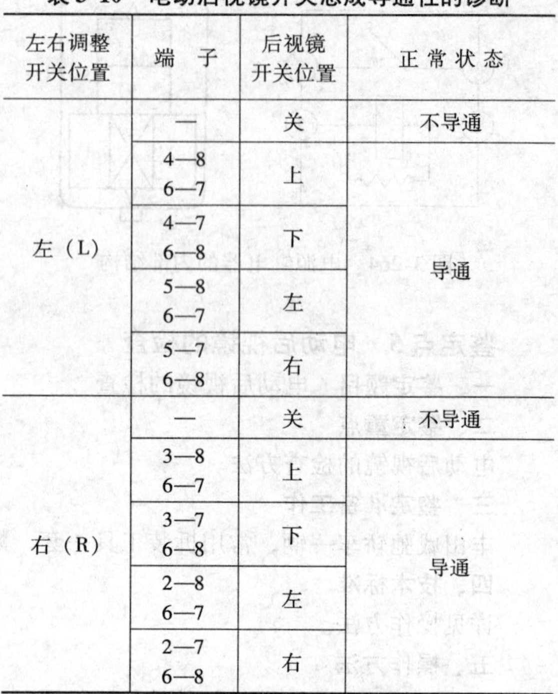

左右调整开关位置	端　子	后视镜开关位置	正 常 状 态
左（L）	—	关	不导通
	4—8 6—7	上	导通
	4—7 6—8	下	
	5—8 6—7	左	
	5—7 6—8	右	
右（R）	—	关	不导通
	3—8 6—7	上	导通
	3—7 6—8	下	
	2—8 6—7	左	
	2—7 6—8	右	

表 3-11　电动后视镜总成的诊断

测量情况	后视镜动作
蓄电池正极—5 蓄电池负极—3	后视镜向上
蓄电池正极—3 蓄电池负极—5	后视镜向下
蓄电池正极—3 蓄电池负极—1	后视镜向左
蓄电池正极—1 蓄电池负极—5	后视镜向右

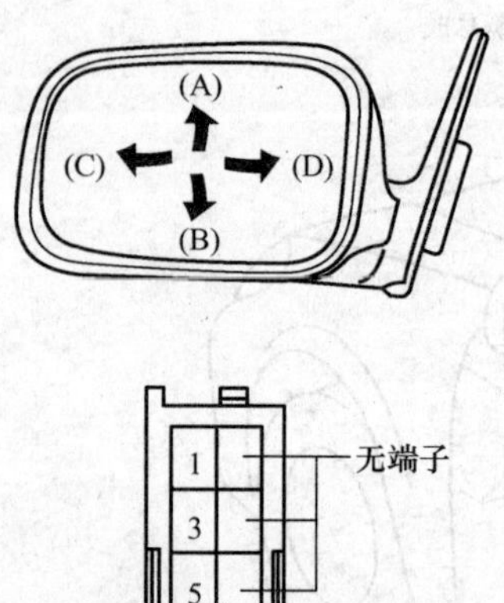

图 3-267　电动后视镜总成

鉴定点 6　刮水器电动机的检查

一、鉴定题目　刮水器电动机的检查

二、鉴定重点

刮水器电动机的检查方法。

三、鉴定准备工作

丰田轿车一辆，常用拆装工具一套，数字式万用表一块。

四、技术标准

详见操作方法。

五、操作方法

步骤 1　低速档的检查。如图 3-268 所示，把蓄电池正极与 1 号端子连接，蓄电池负极与 5 号端子连接，检测电动机在低速档位时的速度，如果不符合规定，则更换电动机。

步骤 2　高速档的检查。如图 3-269 所示，把蓄电池正极与 4 号端子连接，蓄电池负极与 5 号端子连接，检测电动机在高速档位时的速度，如果不符合规定，则更换电动机。

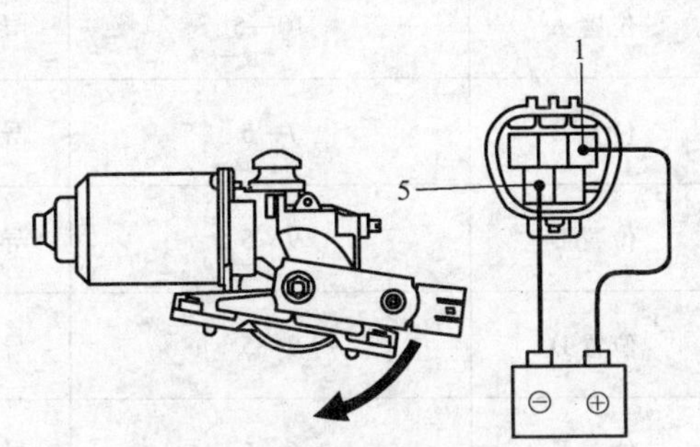

图 3-268　刮水器电动机低速档的检查

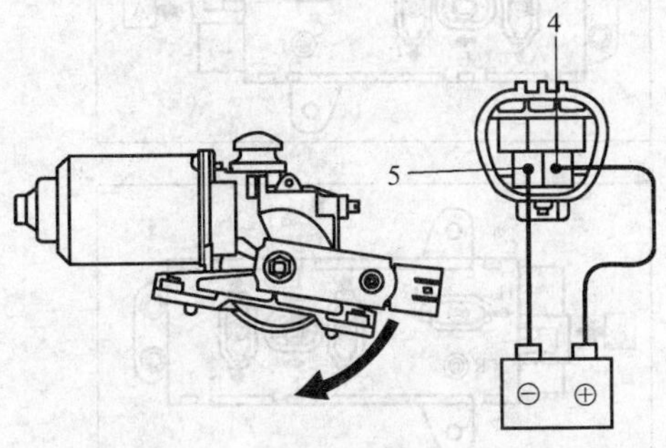

图 3-269　刮水器电动机高速档的检查

步骤 3　自动复位的检查。把蓄电池正极与 1 号端子连接，蓄电池负极与 5 号端子连接，让电动机在低速档位转动，然后断开 1 号端子使电动机在任意位置停止转动。

如图 3-270 所示，连接 1 号端子和 3 号端子，将蓄电池正极与 2 号端子连接，使电动机在低速档重新起动，检查自动复位工作是否正常，标准位置如图 3-271 所示。若不符合规定，则更换电动机。

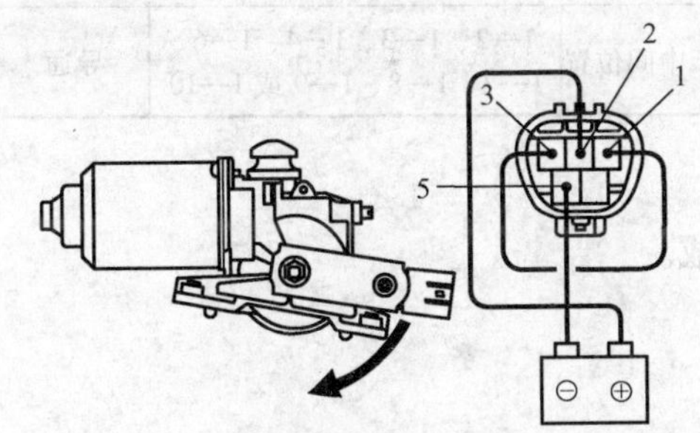

图 3-270　刮水器电动机自动复位的检查（1）

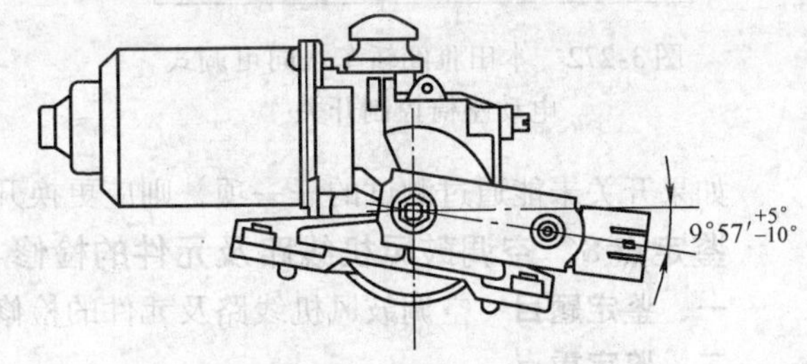

图 3-271　刮水器电动机自动复位的检查（2）

鉴定点 7　电动座椅电动机及开关的检查

一、鉴定题目　电动座椅电动机及开关的检查

二、鉴定重点

电动座椅电动机及开关的检查方法。

三、鉴定准备工作

本田雅阁轿车一辆，常用拆装工具一套，数字式万用表一块。

四、技术标准

详见操作方法。

五、操作方法

图 3-272 所示为本田雅阁轿车八向可调式电动座椅控制开关。

步骤 1　电动机及控制电路的检测。首先检查为否为机械传动的故障，如果不是，则检查电路是否断路、熔丝是否烧断、搭铁是否良好。

步骤 2 电动座椅控制开关的检查。拆卸座椅调节开关，把开关置于表 3-12 中所列的位置上。将电阻表的探针置于表 3-12 中所列端子上并记下读数，将读数与表 3-13 相对照。

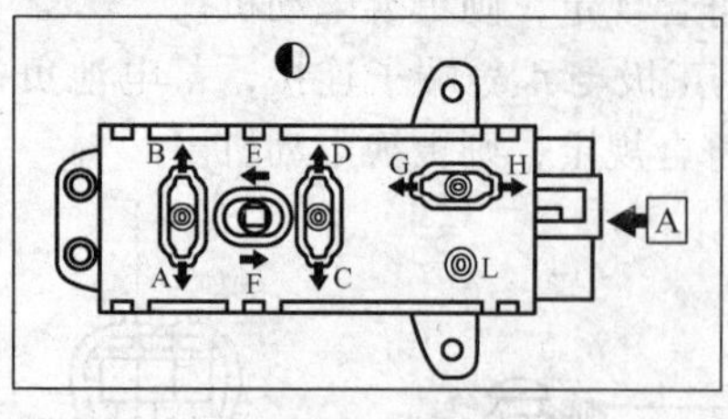

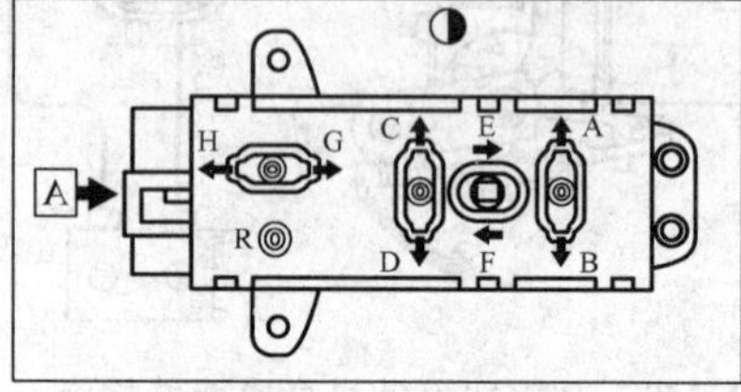

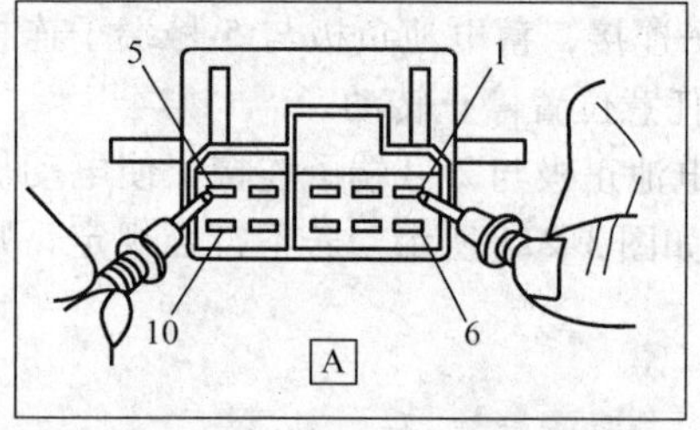

图 3-272 本田雅阁轿车八向可调式电动座椅控制开关

表 3-12 电动座椅控制开关导通性的诊断

开关位置	开关端子	正常状态
位置 A	10—5	导通
位置 B	7—5	导通
位置 C	9—5	导通
位置 D	8—5	导通
位置 E	6—5	导通
位置 F	3—5	导通
位置 G	2—5	导通
位置 H	4—5	导通
开关置于中间位置	1—2、1—3、1—4、1—6、1—7、1—8、1—9 或 1—10	导通

如果开关未能通过测试的任一项，则应更换开关总成。

鉴定点 8 空调鼓风机线路及元件的检修

一、鉴定题目 空调鼓风机线路及元件的检修

二、鉴定重点

空调鼓风机线路及元件的检修方法。

三、鉴定准备工作

空调系统工作正常的轿车一辆，万用表一块，汽车维修工具一套。

四、技术标准

详见操作方法。

五、操作方法

步骤 1 就车检修。起动发动机并以 1250 ~ 1500r/min 的转速保持怠速运转，打开空调 A/C 开关，把鼓风机开关置于“零”档，送风口应有微风出来。然后，接上风扇电机开关，从低档到高档分别拨动调速档，每档让风扇停留 5min，检查其吹出的风速是否有变化，若没有变化。则有可能是开关或调整电阻损坏。

步骤 2 鼓风机开关的检修。如图 3-273 所示，当风扇开关置于“0”档时，A、B、C、D、E、F、G 应都不导通；置于“1”档时，B、A、D 之间应相互导通；置于“2”档时，B、A、E 之间应相互导通；置于“3”档时，B、A、F 之间应相互导通；置于“4”档时，B、A、G 之间

应相互导通。否则，应更换鼓风机开关。

步骤3　鼓风机电动机的检修

（1）鼓风机电动机的拆卸

1）拆下仪表下镜镶板。

2）如图3-274所示，脱开鼓风机电动机上的插接器，松开3颗紧固螺钉，拆下鼓风机电动机。

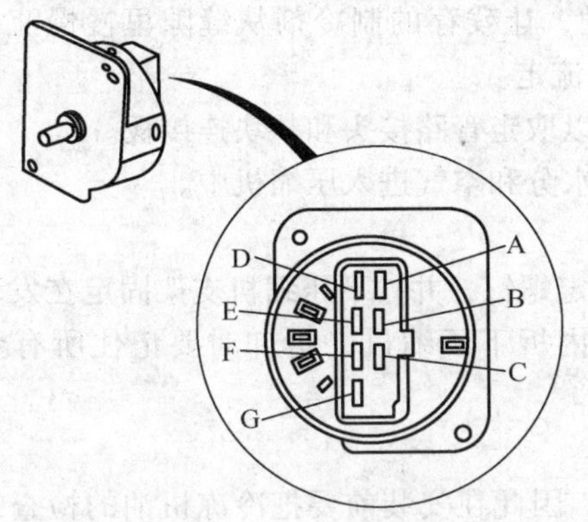

图3-273　鼓风机开关

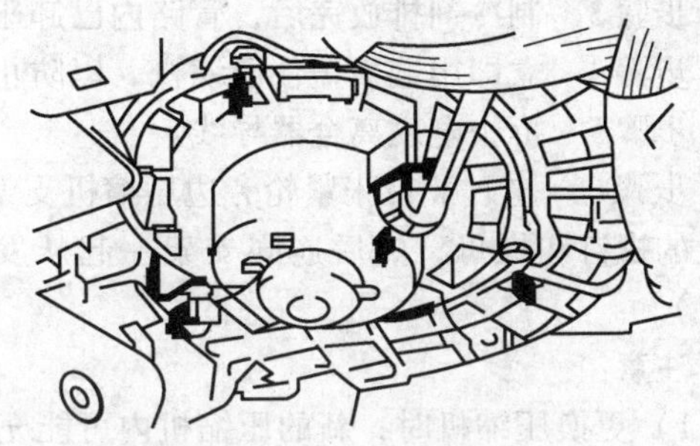

图3-274　拆卸鼓风机电动机

（2）鼓风机电动机的检修　如图3-275所示，将蓄电池正极与端子2相连，负极与端子1相连，然后检查电动机的运行情况。电动机运行应平稳无异响，否则应更换鼓风机电动机。

（3）鼓风机电阻器的检修　鼓风机电阻器安装在鼓风机壳外壳上，与鼓风机串联在一起，可用万用表检测。如图3-276所示，测量电阻器A的电阻值，应为3～4Ω（以捷达轿车为例），测量电阻器B的电阻值，应为0.8～1.21Ω，否则，表明出现故障，应更换鼓风机电阻器。

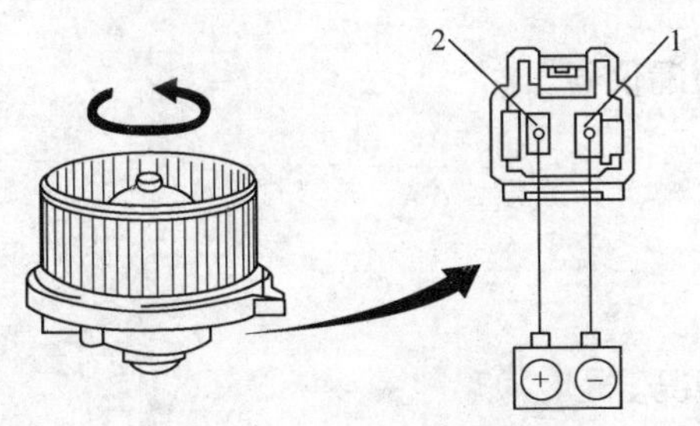

图3-275　鼓风机电动机的检查

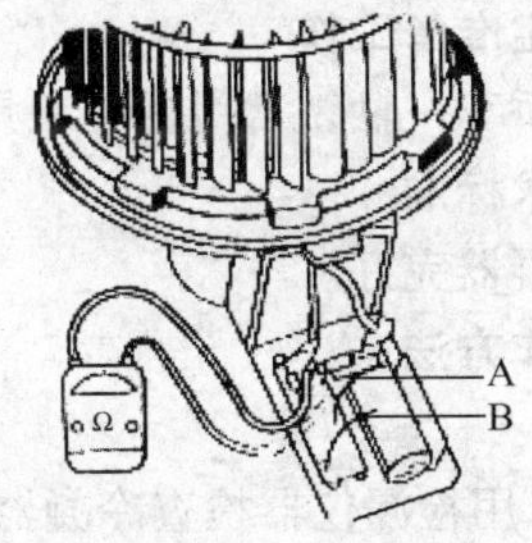

图3-276　检测鼓风机电阻

如图3-277所示，也可测量插接器插头2、3之间的电阻值，（应为3～4Ω）和4、5之间的电阻值（应为0.8～1.2Ω），它们之间应相互导通，否则应更换鼓风机电阻器。

（4）安装鼓风机　按与拆卸相反的顺序安装鼓风机。

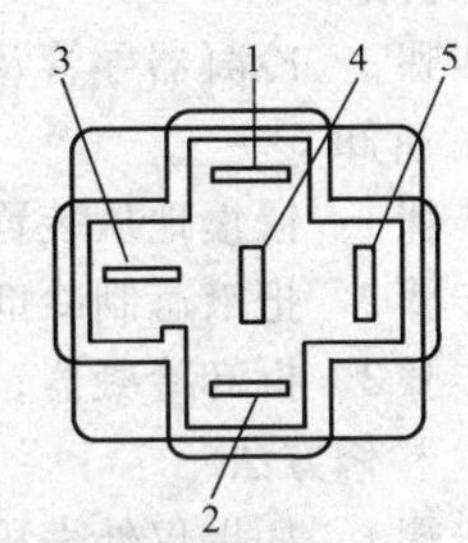

图3-277　鼓风机电阻器插接器的插头

鉴定点9　空调压缩机的拆卸与安装

一、鉴定题目　空调压缩机的拆卸与安装

二、鉴定重点

空调压缩机的拆卸与安装方法。

三、鉴定准备工作

空调系统工作正常的轿车一辆，汽车维修工具一套。

四、技术标准

详见操作方法。

五、操作方法

步骤1　排除空调管路内的制冷剂。有的汽车冷冻机油量已有标准，故不需测量，但有些车型的空调系统排放制冷剂时均需测量车辆流出的冷冻机油量。

步骤2　松开连接板螺栓，使连接板能前后松动，让残存的制冷剂从缝隙里慢慢流出。注意，排放制冷剂的流速不能太快，以防冷冻机油一起流走。

步骤3　制冷剂排放完后，管路内已卸压，即可以取走管路接头和整块连接板。

步骤4　立即用盖板盖住压缩机，以防止灰尘、水分和空气进入压缩机中。

步骤5　拆去电磁离合器导线。

步骤6　拧下V带张紧轮旁边压缩机支架上的固定螺钉，并拧下压缩机支架固定在发动机缸体上的螺钉和螺母，然后连同支架一起从发动机室内拆下压缩机（拆卸时要记住所有垫片的位置）。

注意：

1）更换压缩机时，新的压缩机内可能充有氮气，因此在安装前要把冷冻机油的检查螺钉松动几圈，让氮气慢慢地放出来，然后再拧紧螺钉，最后再往压缩机内加注一定量的冷冻机油。

2）安装的操作顺序正好与拆卸的顺序相反。但需要注意的是：安装时，垫片一定要重新安装在原来的位置上；加注冷冻机油之前，一定要先检查油位。

鉴定点10　空调冷凝器的检修

一、鉴定题目　空调冷凝器的检修

二、鉴定重点

正确地进行空调冷凝器的检修。

三、鉴定准备工作

桑塔纳轿车一辆，常用拆装工具一套，空调检漏仪器。

四、技术标准

空调冷凝器完好。

五、操作方法

1. 检查

步骤1　用检漏仪器检查冷凝器总成的泄漏情况。

步骤2　检查冷凝器导管内部是否脏堵或导管外部是否折瘪。检查时若发现压缩机排气压力过高，不能正常制冷，导管外部有结霜、结冰现象，说明导管内部脏堵（部分堵塞或全部堵塞）或外部折瘪。

步骤3　冷凝器导管及翅片外表有污垢、残渣时，会造成散热不良。

2. 拆卸

步骤1　慢慢地从装置中排出制冷剂。

步骤2　把液态制冷剂和排油软管从冷凝器进出口的螺纹接头上拆下来。

步骤3　拆卸冷凝器，拧下联接螺栓，取出衬垫。

3. 检修方法

步骤1　如果仅外表积污，冷凝器散热片被堵塞，可用水清洗，或用压缩空气吹。注意不要损伤冷凝器散热片。若发现散热片弯曲，可用螺钉旋具或手钳加以校正，不必拆卸冷凝器。

步骤2　如果冷凝器风机存在故障，也不必拆卸冷凝器，可修理风机。

步骤 3　如果冷凝器漏气或内部脏堵，应拆开冷凝器出口和入口的接头，并封闭管路。

步骤 4　如果冷凝器泄漏，可在泄漏处焊补。

步骤 5　如果冷凝器导管脏堵或导管外部折瘪，可将该处剖开修理，然后进行焊补或更换总成。

步骤 6　装复时要注意，切勿将出口和入口接错，并且要加注一定量的冷冻机油。

鉴定点 11　蒸发器的检修

一、鉴定题目　空调蒸发器的检修

二、鉴定重点

正确地检修空调蒸发器。

三、鉴定准备工作

桑塔纳轿车一辆，常用拆装工具一套，空调检漏仪器一台。

四、技术标准

空调蒸发器完好。

五、操作方法

1. 检查

步骤 1　检查蒸发器外表是否有积垢、异物等。

步骤 2　检查蒸发器是否损坏。

步骤 3　用检漏仪检查蒸发器是否泄漏。

步骤 4　观察排泄管路是否洁净、畅通。

2. 拆卸

步骤 1　拆下蓄电池的连接导线。

步骤 2　缓慢地从冷气系统排出制冷剂。

步骤 3　将吸入软管和液态制冷剂管从蒸发器的进口、出口接头处拆离下来，立即盖住开口，以防潮气进入系统内部。

3. 检修方法

步骤 1　清除外表积垢、异味物。

步骤 2　清洁排泄管路，并清除积聚在底板处的水分。

步骤 3　若蒸发器泄漏，应对泄漏处进行焊补。

步骤 4　装复时，切勿将入口和出口接错，要将温控元件或感温包牢固地装在合适的位置，膨胀阀和感温包要敷好保温材料，蒸发器内要加注一定量的冷冻机油。

鉴定点 12　空调系统压力的检测

一、鉴定题目　空调系统压力的检测

二、鉴定重点

1）将压力表组正确安装并连接到制冷系统，正确检测制冷系统高、低压力。

2）能根据检测的压力确定系统的工作状况，分析系统可能存在的故障。

三、鉴定准备工作

空调系统性能良好的轿车一辆，压力表组一套。

四、鉴定技术标准

1. 读取压力值

在发动机预热后并在下列条件达到稳定时，可从压力表组读取压力值。

1）将开关设定在内循环状态下，空气进口处的温度为 30～35℃。

2）发动机以1250r/min的转速运转。

3）鼓风机速度控制开关位于高速（HI）位置。

4）温度控制开关位于最冷（COOL）位置。

2. R134a制冷系统功能正常

压力表读数：低压侧为0.15～0.25MPa，高压侧为1.37～1.57MPa。

五、操作方法

步骤1　卸掉系统高、低压管路上的检修阀护帽。

步骤2　压力表组高、低压侧手动阀都关闭，蓝色的低压侧软管接低压检修阀，红色的高压侧软管接高压检修阀。

步骤3　起动发动机，调整发动机转速至1250r/min，起动空调器，将有关控制器调至最凉位置（风机亦应在最高速），按需要使发动机温度正常（运行5～10min）后，进行检测。

步骤4　压力表的读数，高、低压侧压力均很低（见图3-278），说明制冷剂不足。若空调系统工作一段时间出现此现象，原因可能是系统内某处出现泄漏，必须找出泄漏点并加以修补。

步骤5　压力表的读数，高、低压侧压力均过高，很可能是由制冷剂过多引起的，如图3-279所示。应从低压侧放出一部分制冷剂，直到压力表显示规定压力为止。若开始时正常，后来出现上述现象，说明冷凝器散热差，可检查冷凝器散热片是否堵塞，风扇V带是否过松，风扇转速是否正常，查明原因并予以排除。

步骤6　若经上述方法检测后，高、低压侧压力还是高，则原因可能是加注制冷剂的过程中没有将空气抽尽，系统内有空气，可更换干燥剂，清洁冷冻机油，重新加注制冷剂。

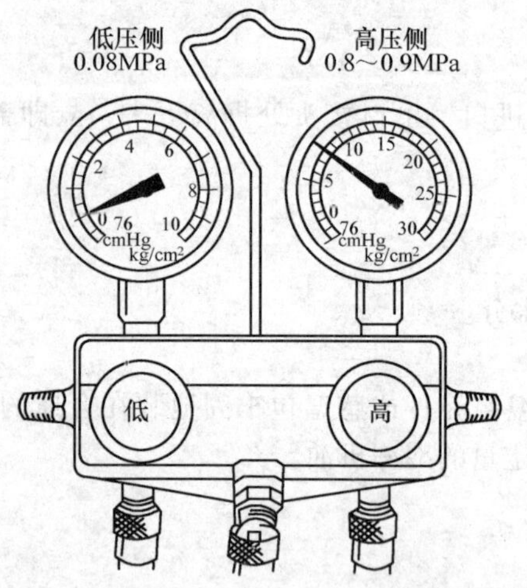

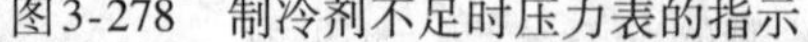

图3-278　制冷剂不足时压力表的指示

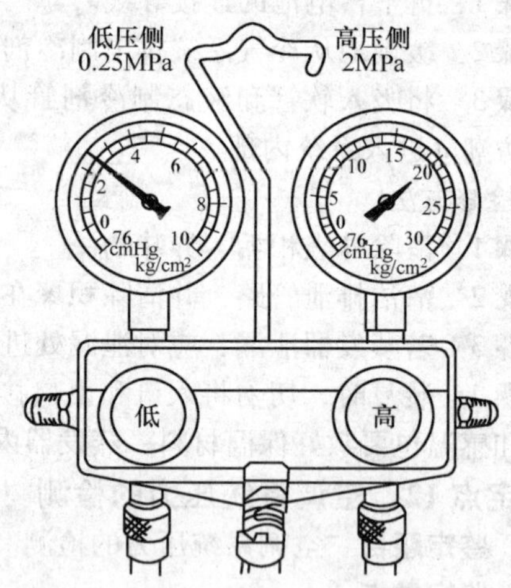

图3-279　制冷剂过多时压力表的指示

步骤7　压力表读数，低压侧偏高，高压侧偏低，增加发动机转速时，高低压变化都不大，如图3-280所示。这种情况一般是由压缩机工作不良造成的，应检查压缩机内的阀片是否损坏，活塞及活塞环是否磨损，查明原因并予以排除。

步骤8　压力表读数，低压侧出现真空，高压侧压力过低，如图3-281所示。这种情况多出现在膨胀阀感温包内的制冷剂完全泄漏，使膨胀阀打不开，制冷剂不流动，系统不能制冷。排除的方法是更换或拆修膨胀阀。

步骤9　检测完后，关掉发动机，卸掉压力表组，把检修阀的护帽旋回。

六、注意事项

1）R12 制冷系统与 R134a 制冷系统不可使用同一个压力表组。

2）检查过程中应注意旋转件，以免受伤。

3）压力表组的高、低压管位置不能接反。

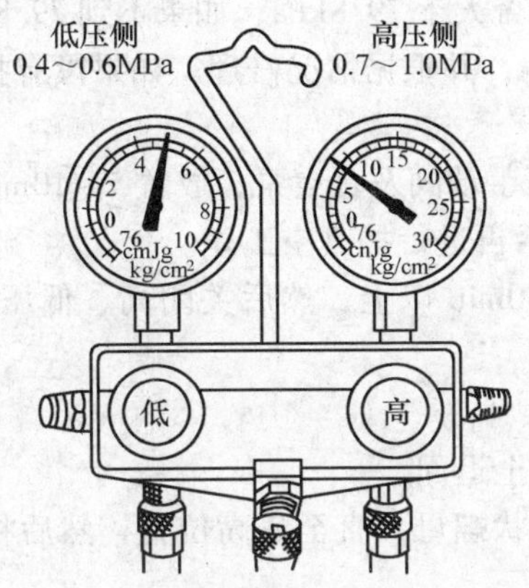

图 3-280　压缩机工作不良时压力表的指示

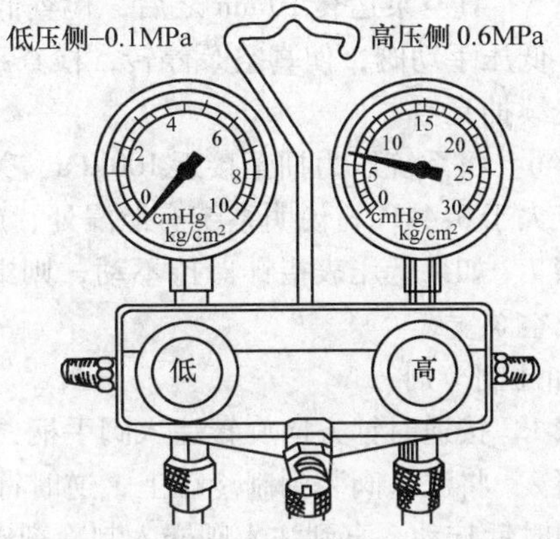

图 3-281　制冷剂不环流时压力表的指示

鉴定点 13　空调系统制冷液的补充

一、鉴定题目　空调系统制冷液的补充

二、鉴定重点

1）掌握放空系统内制冷剂的操作步骤。

2）掌握系统抽真空的方法。

3）掌握系统加注制冷剂的方法。

三、鉴定准备工作

空调系统工作正常的轿车一辆；压力表组一套，真空泵一台，注入阀一支，罐制冷剂三罐。

四、鉴定技术标准

1）排放制冷剂。注意，不能把制冷剂排放到大气中，要通过回收设备将从系统中排放出的制冷剂回收再利用。

2）空调系统一经开放必须抽真空，以去掉可能进入系统的空气和潮气。将各部件安装好后，系统需抽真空 30min。

3）对于一般轿车，制冷剂充注量为 0.8～1.1kg；对于小型面包车（有前后两个蒸发器），制冷剂充注量为 1.2～1.5kg。

五、操作方法

1. 放空制冷剂

步骤 1　将压力表组接入系统，调整控制器至最冷位置。

步骤 2　将发动机转速调至 1000～1200r/min，并运行 10～15min。

步骤 3　恢复发动机正常转速，然后关闭发动机。

步骤 4　缓慢地开启高、低压侧手动阀，让制冷剂经过中间软管排出。

步骤 5　中间软管开口端应裹上白抹布，若有冷冻机油排出，必显示在抹布上。这时，应关小手阀，至刚好无冷冻机油排出为止。

步骤 6　表座上高、低压力表读数均为一个大气压，说明系统已放空。

2. 系统抽真空

步骤1　将压力表组上的高、低压手阀打开，然后将中间软管接在真空泵进口上。

步骤2　拆除真空泵排气口护盖。

步骤3　起动真空泵。

步骤4　打开高、低压手动阀，观察压力表，表针应向下偏摆，略有真空显示。

步骤5　真空泵运转10min之后，检查低压表读数是否大于79.8kPa，如果不到79.8kPa，应关闭高、低压手动阀，使真空泵停转，检查系统是否泄漏，并根据情况修理。如果没有找到泄漏处，则继续抽真空。

步骤6　将系统压力抽至接近100kPa，关闭高、低压手动阀及真空泵，放置5～10min，如果压力上升大于3.4kPa，说明系统有泄漏处，应检查排除后再进行抽真空工序。

步骤7　如果低压表指针保持不动，则继续抽真空30min以上，然后关闭高、低压手动阀，再关闭真空泵。

3. 加注制冷剂

步骤1　按逆时针方向旋转注入阀手柄，直至阀针完全退回。

步骤2　将注入阀装到制冷罐上，逆时针方向旋转板状螺母，直至最高位置，然后将制冷剂注入阀顺时针拧动，直到注入阀嵌入制冷剂密封塞。

步骤3　将板状螺母按顺时针方向旋转到底，再将压力表组上的中间软管接到注入阀接头上，用手拧紧板状螺母。

步骤4　按顺时针方向旋转手柄，使阀针刺穿密封塞，再按逆时针方向旋转手柄，使阀针抬起。

步骤5　松开表座上的中间软管接头，放几秒钟气，再拧紧接头。

步骤6　打开表座上的高压侧手阀，观察低压表，看表针是否从真空范围转至压力范围。若系统堵塞，应找出原因予以排除后抽真空，再进行下一步。

步骤7　倒置制冷剂罐，使液态制冷剂进入系统。

步骤8　用手指敲击罐底，若果出现空筒声，说明罐已空。若制冷剂不足，可按上述步骤再注入另一罐，直到达到规定为止。

步骤9　关闭表座上的高压侧手阀，从中间软管上拆除注入阀，从系统上拆除压力表组，重新盖上所有的盖和帽。

步骤10　起动发动机，将发动机转速调整到1250r/min，保证表座上两手阀均处于关闭状态。

步骤11　将控制器调整到最冷位置，鼓风机要调至高速。

步骤12　打开表座上的低压侧手阀，使气态制冷剂进入系统。低压侧压力降至377kPa时，倒置制冷剂罐，快速充注制冷剂。

步骤13　用手指敲击罐底，如果出现空筒声，说明罐已空。若制冷剂不足，可按上述步骤再注入另一罐，直到达到规定为止。

步骤14　关闭表座上的低压侧手阀，从中间软管上拆除注入阀，从系统中拆除压力表组，重新盖上所有的盖和帽。

六、注意事项

1）严禁加错制冷剂。

2）制冷剂罐温度不应高于51.7℃，不许用明火和电阻加热器加热制冷剂罐。

3）低压侧压力低于337kPa时，不要倒置制冷剂罐。搬运制冷剂罐时，应带护目镜，应在通风、无火处排放制冷剂。

鉴定点 14　制冷系统修理后的性能试验

一、鉴定题目　制冷系统修理后的性能试验

二、鉴定重点

正确地进行制冷系统修理后的性能试验。

三、鉴定准备工作

桑塔纳轿车一辆，常用拆装工具一套。

四、技术标准

技术标准见操作方法。

五、操作方法

在汽车制冷系统修理之后，其制冷性能是否恢复，故障是否排除，可通过简单地检测一些项目的性能来进行判断。

步骤 1　把汽车停在阴凉处。

步骤 2　将高低压组合表的高压和低压两侧与压缩机对应的螺纹接头连接起来。

步骤 3　关闭汽车所有的门窗。

步骤 4　起动发动机，使压缩机转速维持在高速。

步骤 5　将控制装置调整到最冷位置。

步骤 6　把冷气窗口全打开。

步骤 7　当车厢内温度为 25 ~ 35℃时，压力表的读数，高压为 1450 ~ 1500kPa，低压为 105 ~ 310kPa。

步骤 8　测量冷气出口处的温度，用干湿球温度计求相对湿度。

步骤 9　观察检视窗口。

鉴定范围 4　新能源汽车动力系统维修操作技能

鉴定点 1　动力蓄电池组的更换

一、鉴定题目　动力蓄电池组的更换

二、鉴定重点

动力蓄电池组的更换方法。

三、鉴定准备工作

丰田混合动力汽车一辆，常用拆装工具一套。

四、技术标准

详见操作方法。

五、操作方法

步骤 1　拆卸。

1）检查故障码。注意：在蓄电池内进行拆卸或安装工作前，如果输出 P0AA6（混合动力蓄电池电压系统绝缘故障）故障码，则应先排除此故障。

2）松开两个卡爪并拆下行李箱装饰检修孔盖。

3）从蓄电池负极端子上断开电缆。注意：断开并重新连接电缆后，某些系统需要初始化。

4）拆卸维修塞把手。

5）拆卸发动机室 2 号左侧盖。

6）拆卸插接器盖总成。

7）检查端子电压。

8）安装插接器盖总成。

9）安装发动机室 2 号左侧盖。

10）拆卸行李箱地板垫。

11）拆卸备胎罩卡夹。

12）拆卸备胎罩总成。

13）拆卸行李箱 1 号装饰钩。

14）拆卸后地板装饰板。

15）拆卸行李箱后装饰罩。

16）拆卸行李箱左侧内装饰罩。

17）拆卸后窗台板装饰板总成。

18）拆下两个卡子和 2 号上背板孔盖。

19）拆下三个卡子和行李箱前装饰罩（见图 3-282）。

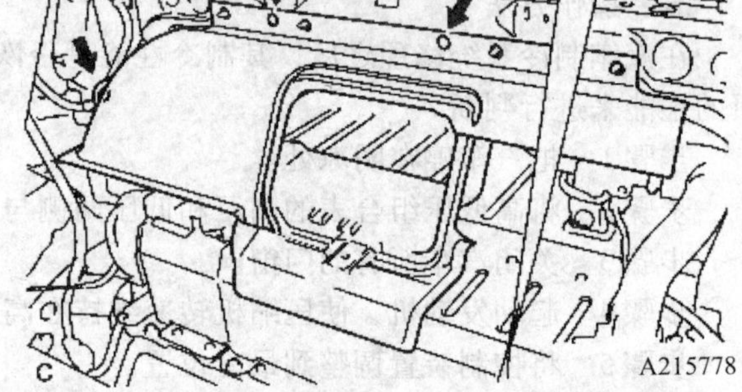

图 3-282　拆下三个卡子和行李箱前装饰罩

20）拆卸 1 号 HV 蓄电池进气管和 2 号 HV 蓄电池进气管。

21）拆卸蓄电池冷却鼓风机总成。

22）拆卸 5 号 HV 蓄电池进气管和 3 号 HV 蓄电池进气管（见图 3-283）。

注意：在拆卸蓄电池相关零件时需要佩戴绝缘手套。

23）拆下两个卡子和 4 号 HV 蓄电池进气管（见图 3-284）。

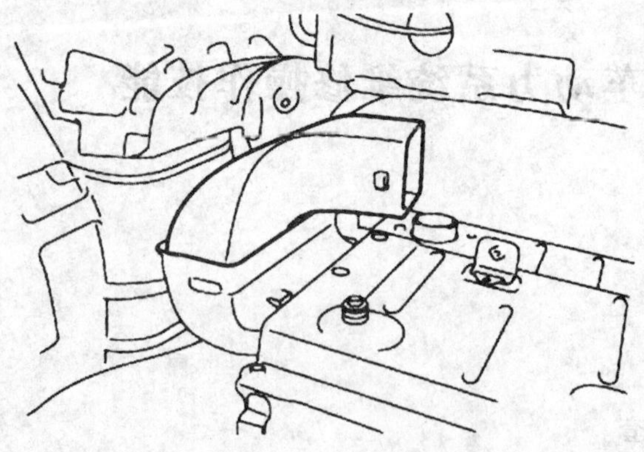

图 3-283　拆卸 3 号 HV 蓄电池进气管

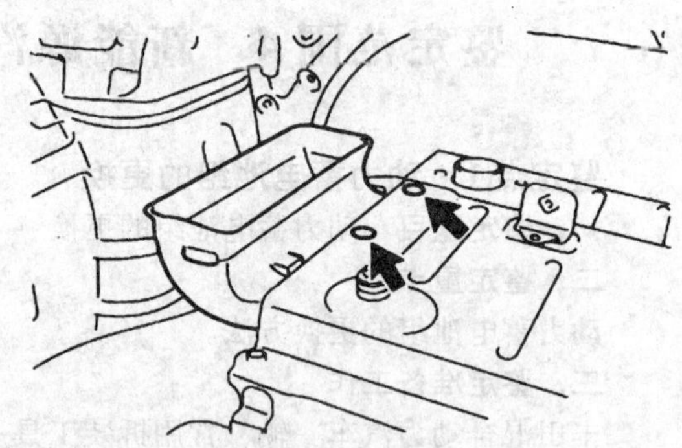

图 3-284　拆下两个卡子和 4 号 HV 蓄电池进气管

24）拆卸 2 号 HV 蓄电池排气管。

25）拆卸线束卡夹支架。

26）拆卸蓄电池上托架分总成。

27）断开线束组。

28）安装备胎罩总成和备胎罩卡夹。

29）安装行李箱地板垫。

30）拆卸 HV 蓄电池。

① 从 1 号蓄电池盖上断开线束卡夹。

② 分离两个卡爪并拆下接线盒盖。

③ 拆下螺母并断开线束组（AMD 电缆），断开蓄电池组线束插接器（见图 3-285）。

④ 拆下蓄电池绝缘垫橡胶的密封垫（见图 3-286）。

⑤ 从 HV 蓄电池上拆下六个固定螺栓。

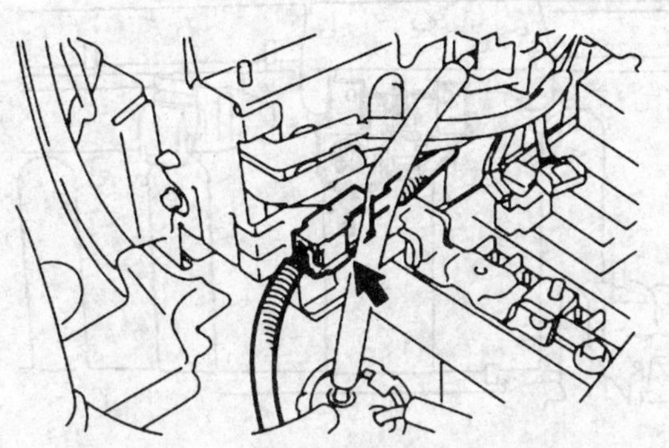

图 3-285　断开蓄电池组线束插接器

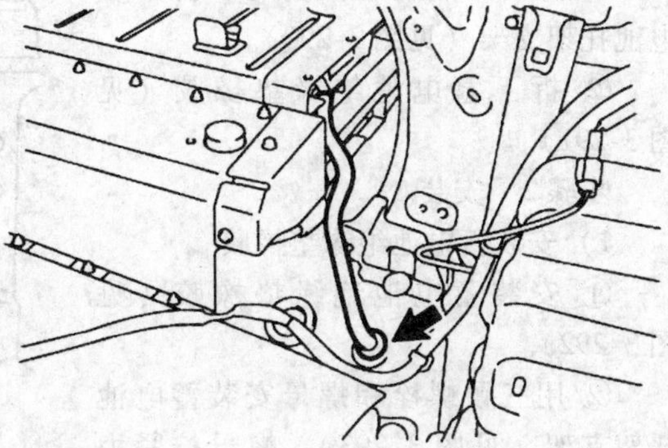

图 3-286　拆下蓄电池绝缘垫橡胶的密封垫

⑥ 准备一张 750mm × 500mm 或更大的硬纸板。

⑦ 用扒胎棒支撑 HV 蓄电池，插入硬纸板直到不能插入为止（见图 3-287）。

注意：移动蓄电池或其他零件时，用绝缘胶带捆绑线束组以防缠绕。

⑧ 将 HV 蓄电池和硬纸板拉向车辆后部。

⑨ 当 HV 蓄电池后端倾斜 45°时，用发动机吊链装置拆下 HV 蓄电池（见图 3-288）。

注意：用硬纸板或其他类似材料保护 HV 蓄电池和车身免受损坏。

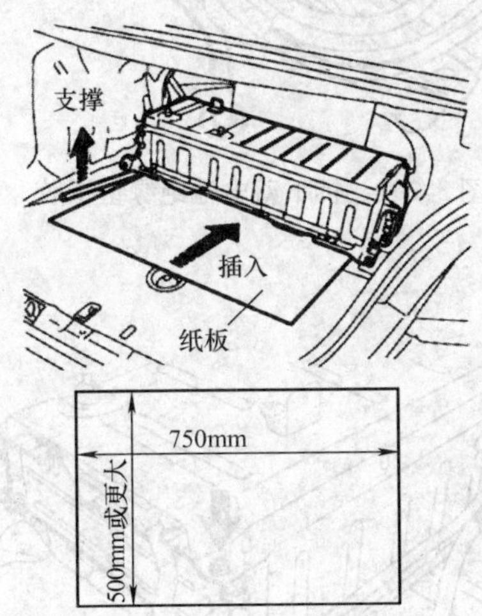

图 3-287　蓄电池插入硬纸板

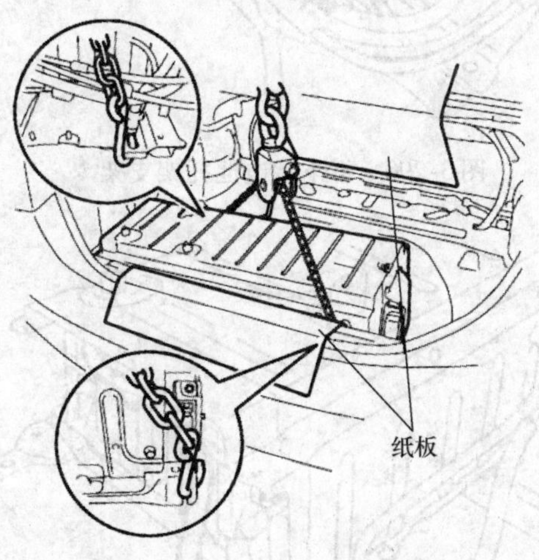

图 3-288　吊下 HV 蓄电池

31）拆卸 1 号蓄电池盖。

32）拆卸 5 号蓄电池托架面板。

33）拆卸 1 号 HV 蓄电池排气管。

34）拆卸噪声滤波器电容器。

35）拆卸 HV 继电器总成。

36）拆卸蓄电池 ECU。

37）拆卸混合动力车辆转换器。

38）从 HV 蓄电池上拆下螺母和逆变器端子（见图 3-289）。

39）拆卸蓄电池绝缘垫橡胶

① 拆下三颗螺栓及螺母，拆下蓄电池托架支架（见图 3-290）。

② 拆下蓄电池绝缘垫橡胶（见图 3-291）。

步骤 2　安装。

1）安装蓄电池绝缘垫橡胶

① 安装蓄电池绝缘垫橡胶（见图 3-292）。

② 用三颗螺栓和螺母安装蓄电池托架支架（见图 3-293）。螺母拧紧力矩为 8.0N·m。

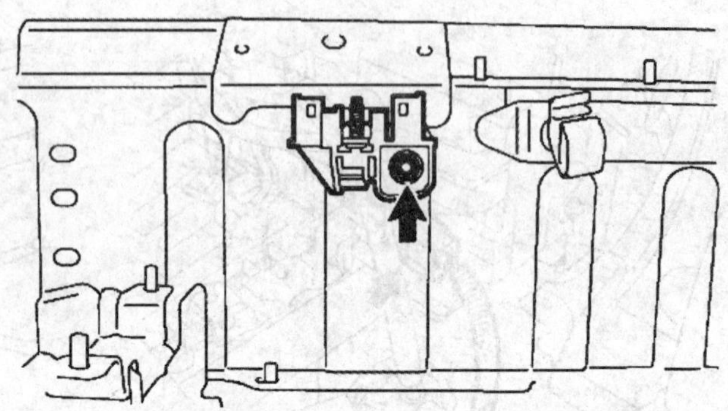

图 3-289　拆下逆变器端子

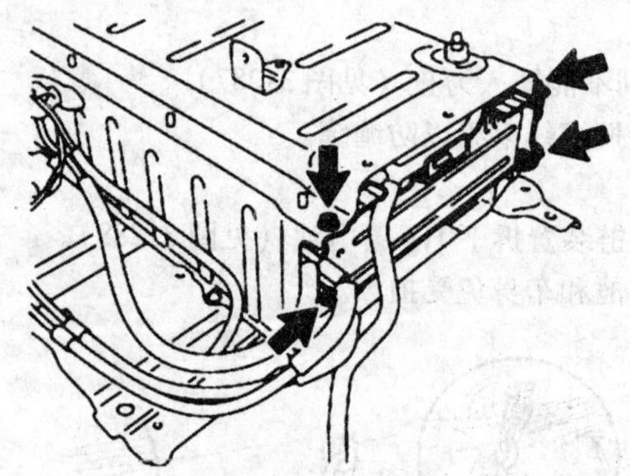

图 3-290　拆下蓄电池托架支架

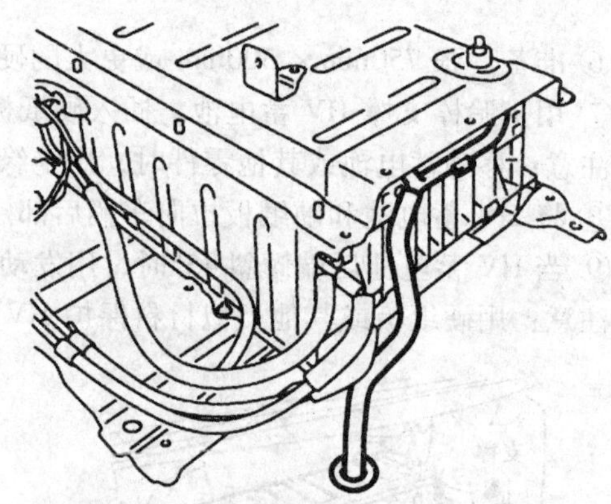

图 3-291　拆下蓄电池绝缘垫橡胶

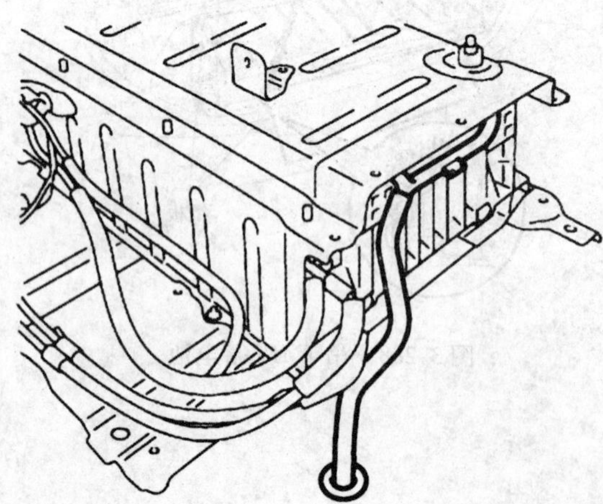

图 3-292　安装蓄电池绝缘垫橡胶

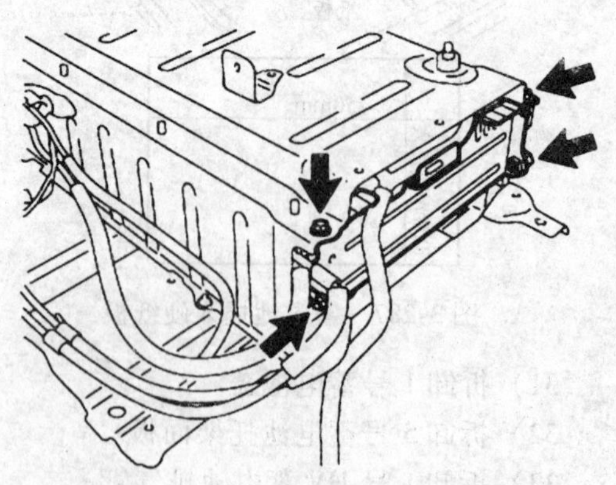

图 3-293　安装蓄电池托架支架

2）安装逆变器端子。用螺母将逆变器端子安装到 HV 蓄电池上，拧紧力矩为 8.0N·m。

3）安装混合动力车辆转换器。

4）安装蓄电池 ECU。

5）安装 HV 继电器总成。

6）安装噪声滤波器电容器。

7）安装 1 号 HV 蓄电池排气管。

8）安装 5 号蓄电池托架面板。

9）安装 1 号蓄电池盖。

10）安装 HV 蓄电池。

① 在行李箱内放一张硬纸板。

② 当 HV 蓄电池后端倾斜 45°时，用发动机吊链装置安装 HV 蓄电池（见图 3-294）。注意：用硬纸板或其他类似材料保护 HV 蓄电池和车身免受损坏。

③ 将 HV 蓄电池和硬纸板推向车辆前部。注意：将孔的位置与 HV 蓄电池固定螺栓对正。

④ 用扒胎棒支撑 HV 蓄电池并将硬纸板拉出。

⑤ 将六颗螺栓安装到 HV 蓄电池上，拧紧力矩为 19N·m 。

⑥ 用密封垫连接蓄电池绝缘垫橡胶（见图 3-295）。注意：安装密封垫后，应确保密封垫与车身之间无间隙。

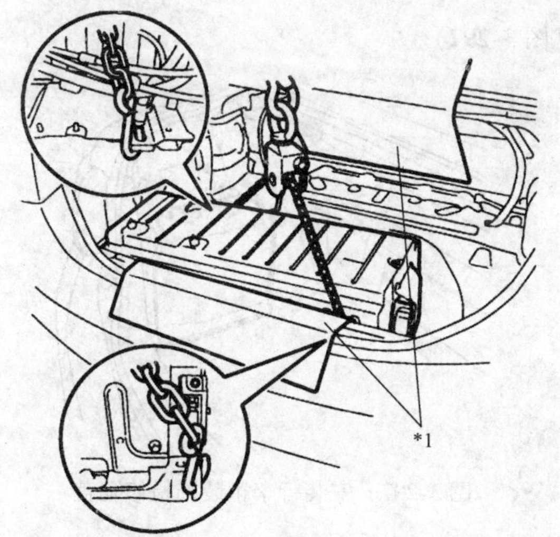

图 3-294　吊装 HV 蓄电池

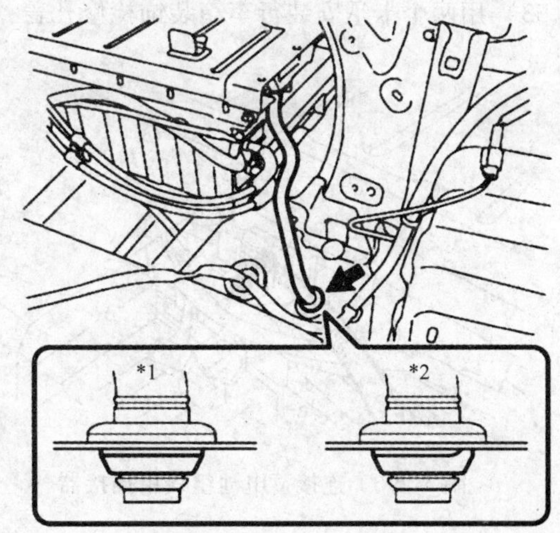

图 3-295　用密封垫连接蓄电池绝缘垫橡胶

⑦ 连接蓄电池组线束插接器。

⑧ 用螺母连接线束组（AMD 电缆）（见图 3-296）。螺母拧紧力矩为 9.0 N·m。

⑨ 接合两个卡爪以安装接线盒盖。

⑩ 将线束卡夹连接到 1 号蓄电池盖上。

11）拆卸行李箱地板垫。

12）拆卸备胎罩卡夹和备胎罩总成。

13）连接线束组。

14）安装蓄电池上托架分总成。

15）安装线束卡夹支架。

16）安装 2 号 HV 蓄电池排气管。

17）用两个卡子安装四号 HV 蓄电池进气管。

18）安装 3 号 HV 蓄电池进气管和 5 号 HV 蓄电池进气管。

19）安装蓄电池冷却鼓风机总成。

20）安装 2 号 HV 蓄电池进气管和 1 号 HV 蓄电池进气管。

21）用三个卡子安装行李箱前装饰罩。

22）用两个卡子安装 2 号上背板孔盖。

23）安装后窗台板装饰板总成。

24）安装行李箱左侧内装饰罩。

25）安装行李箱后装饰罩。

26）安装后地板装饰板。

27）安装行李箱 1 号装饰钩。

28）安装备胎罩总成。

29）安装备胎罩卡夹。

30）安装行李箱地板垫。

31）安装维修塞把手。

32）将电缆连接到蓄电池负极端子上。

33）用两个卡爪安装行李箱装饰检修孔盖（见图 3-297）。

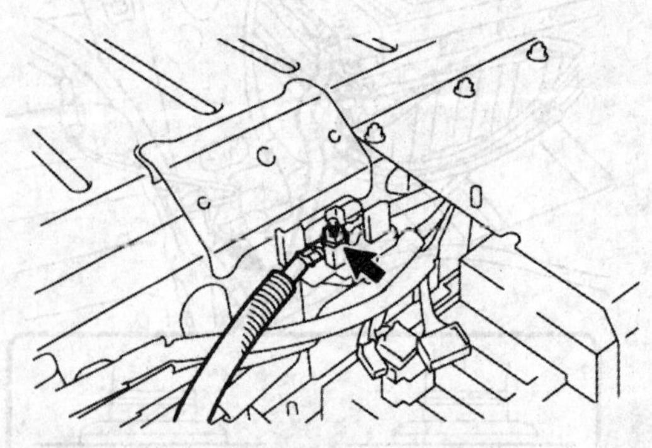

图 3-296　连接蓄电池组线束插接器

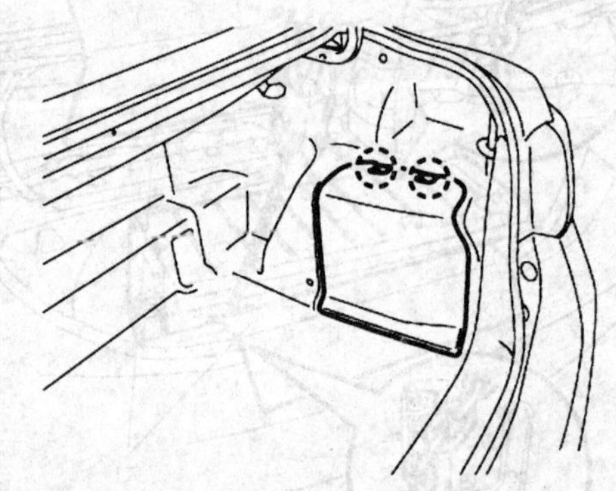

图 3-297　安装行李箱装饰检修孔盖

鉴定点 2　动力蓄电池散热风扇的更换

一、鉴定题目　动力蓄电池散热风扇的更换

二、鉴定重点

动力蓄电池散热风扇的更换方法。

三、鉴定准备工作

丰田混合动力汽车一辆，常用拆装工具一套。

四、技术标准

混合动力车辆控制 ECU 通过 HV 蓄电池总成内的四个温度传感器来监视蓄电池温度的升高。然后，混合动力车辆控制 ECU 使用占空比对冷却风扇进行无级驱动，从而使 HV 蓄电池总成的温度保持在规定范围内。

运行空调系统降低车厢温度时，如果 HV 蓄电池温度在正常范围内，则混合动力车辆控制 ECU 关闭蓄电池冷却风扇或将风扇转换为低速。该控制的目的是优先降低车厢温度，同时也冷却蓄电池模块。HV 蓄电池冷却风扇控制电路如图 3-298 所示。

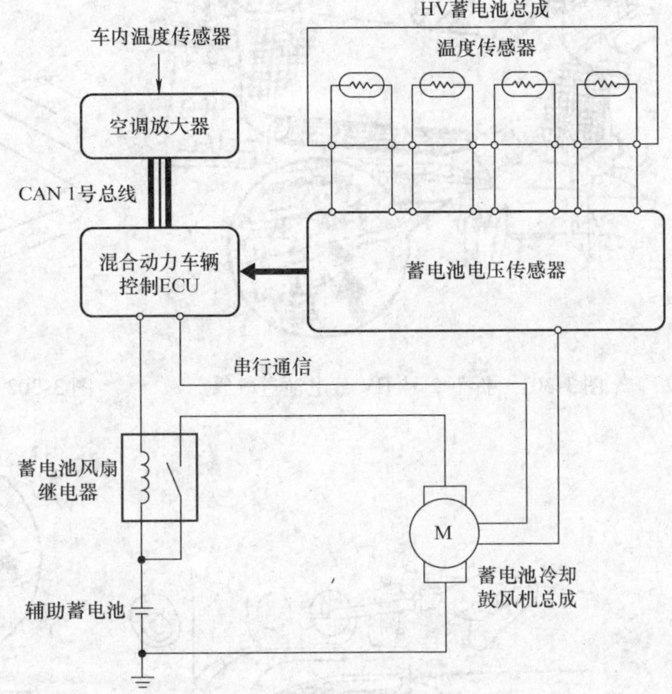

图 3-298　HV 蓄电池冷却风扇控制电路

五、操作方法

步骤 1　拆卸。

1）拆卸后窗台板装饰板总成。

2）拆下两个卡子和 2 号上背板孔盖。

3）拆下三个卡子和行李箱前装饰罩（见图 3-299）。

4）拆卸 1 号 HV 蓄电池进气管

① 拆下上背板孔盖。

② 从后窗遮阳帘总成上拆下两颗螺栓。

③ 拆下 1 号 HV 蓄电池进气管（见图 3-300）。

5）拆下两颗螺栓、卡子和 2 号 HV 蓄电池进气管（见图 3-301）。

6）拆卸蓄电池冷却鼓风机总成

① 从蓄电池冷却鼓风机总成上拆下螺栓。

② 从蓄电池冷却鼓风机总成上断开插接器（见图 3-302）。

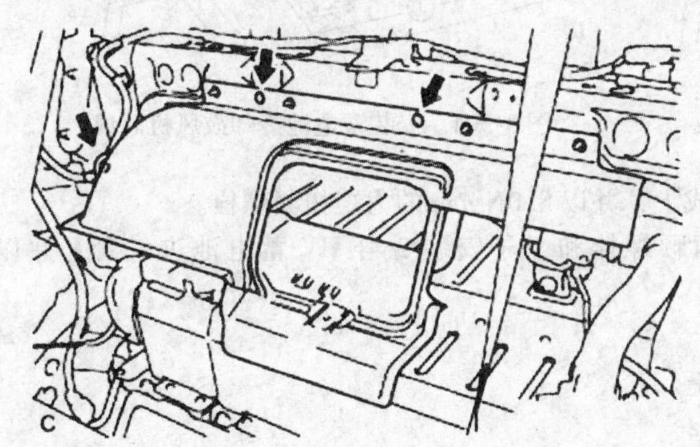

图 3-299　拆行李箱前装饰罩

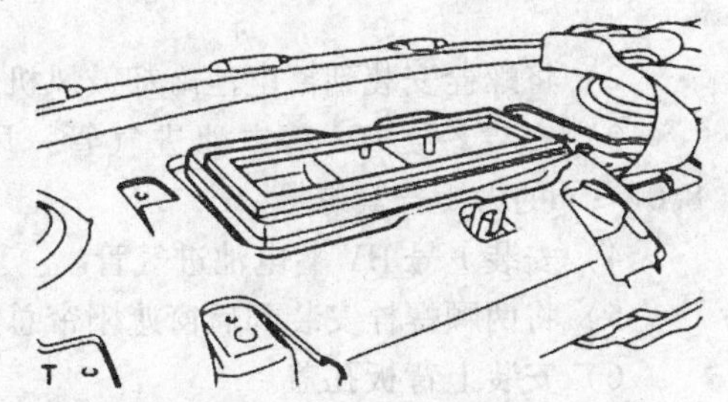
图 3-300　拆下 1 号 HV 蓄电池进气管

③ 拆下蓄电池冷却鼓风机总成，如图 3-303 所示。

注意：请勿触摸蓄电池冷却鼓风机总成的风扇；举起蓄电池冷却鼓风机总成时请勿握住线束。

步骤 2　安装。

1）安装蓄电池冷却鼓风机总成，如图 3-304 所示。

注意：请勿触摸蓄电池冷却鼓风机总成的风扇；举起蓄电池冷却鼓风机总成时请勿握住线

束；务必使蓄电池冷却鼓风机总成的切口与衬套接合牢固。

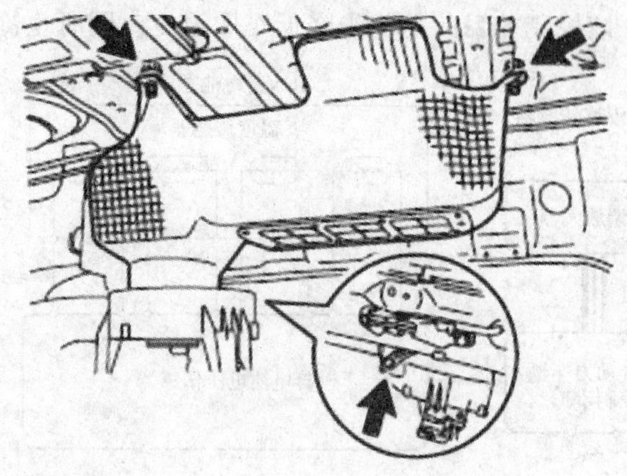

图 3-301　拆下 2 号 HV 蓄电池进气管

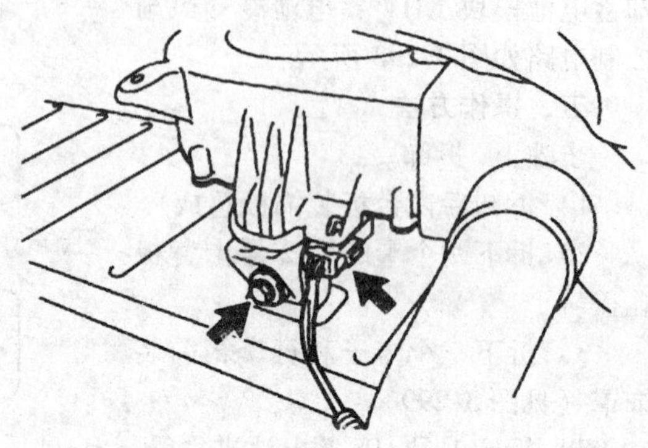

图 3-302　从蓄电池冷却鼓风机总成上断开插接器

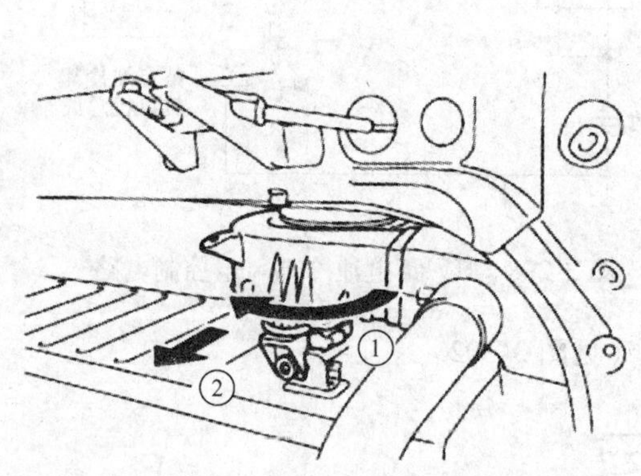

图 3-303　拆下蓄电池冷却鼓风机总成

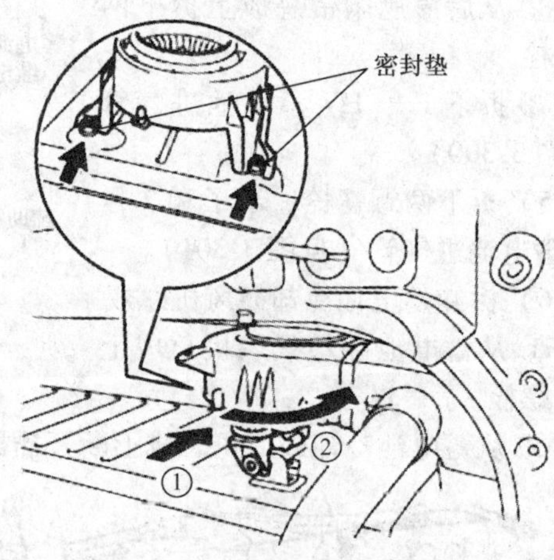

图 3-304　安装蓄电池冷却鼓风机总成

2）将螺栓安装到蓄电池冷却鼓风机总成上，并以 8.0N·m 的力矩扭紧螺栓。

3）安装 2 号 HV 蓄电池进气管：用两颗螺栓和卡子安装 2 号 HV 蓄电池进气管，并以 8.0N·m的力矩拧紧螺栓。

4）安装 1 号 HV 蓄电池进气管。

5）将两颗螺栓安装到后窗遮阳帘总成上。

6）安装上背板孔盖。

7）安装行李箱前装饰罩。

8）用三个卡子安装行李箱前装饰罩。

9）用两个卡子安装 2 号上背板孔盖。

10）安装后窗台板装饰板总成。

中级模拟试卷

应 知 试 卷

说明：

1. 本试卷以《国家职业技能标准》为命题依据。
2. 本试卷的考核内容无地域限制。
3. 本试卷只适应于本等级鉴定。
4. 本试卷命题遵循学以致用的原则。

职业技能鉴定国家题库统一试卷

汽车修理工中级理论知识试卷

注 意 事 项

1. 考试时间：120min。
2. 请首先按要求在试卷的标封处填写您的姓名、准考证号和所在单位的名称。
3. 请仔细阅读各种题目的回答要求，在规定的位置填写您的答案。
4. 不要在试卷上乱写乱画，不要在标封区填写无关的内容。

	一	二	总 分
得 分			

得 分	
评分人	

一、单项选择题（第 1 题 ~ 第 160 题。选择一个正确的答案，并将相应的字母填入题内的括号中。每题 0. 5 分，满分 80 分。）

1. 为了促进企业的规范化发展，需要发挥企业文化的（　　）功能。

A. 娱乐　　B. 主导　　C. 决策　　D. 自律

2. 爱岗敬业作为职业道德的重要内容，是指员工（　　）。

A. 热爱自己喜欢的岗位　　B. 热爱有钱的岗位

C. 强化职业责任　　D. 不应多转行

3. 在市场经济条件下，（　　），不违反职业道德规范中关于诚实守信的要求。

A. 通过诚实合法劳动，实现利益最大化

B. 打进对手内部，增强竞争优势

C. 根据服务对象来决定是否遵守承诺

D. 凡有利于增大企业利益的行为就做

4. 职业纪律是企业的行为规范，职业纪律具有（　　）的特点。

A. 明确的规定性　B. 高度的强制性　C. 普适性　D. 自愿性

5. 在日常接待工作中，符合平等尊重要求的是根据服务对象的（　）决定给予对方不同的服务方式。

A. 肤色　B. 性别　C. 国籍　D. 地位

6. 关于创新的论述，不正确的说法是（　）。

A. 创新需要“标新立异”　B. 服务也需要创新

C. 创新是企业进步的灵魂　D. 引进别人的新技术不算创新

7.《中华人民共和国劳动法》中权利和义务的关系是（　）。

A. 相辅相成的　B. 互为条件的

C. 相互统一的　D. 以上都对

8. 订立劳动合同要经过要约和（　）两个阶段。

A. 执行　B. 放弃　C. 讨论　D. 承诺

9. 劳动保护制度不包括（　）制度。

A. 劳动报酬　B. 安全卫生　C. 对女职工的保护　D. 未成年工人保护

10.（　）是合同内容的载体。

A. 合同的主体　B. 合同的形式　C. 合同的订立　D. 合同的解除

11. 精度为 0.05mm 的游标卡尺，其游标的刻线格数为（　）。

A. 10 格　B. 20 格　C. 30 格　D. 40 格

12. 细刮比粗刮时（　）。

A. 刀痕要窄，行程要长　B. 刀痕要宽，行程要长

C. 刀痕要窄，行程要短　D. 刀痕要宽，行程要短

13. 低压充气轮胎的胎压是（　）MPa。

A. >0.5　B. $0.5\sim0.7$　C. $0.15\sim0.45$　D. <0.15

14. 内胎充气轮胎是由外胎、内胎和（　）组成。

A. 胎圈　B. 胎面　C. 垫带　D. 缓冲层

15. 绘图时，尺寸线和尺寸界线所用的线型是（　）。

A. 细实线　B. 粗实线　C. 细点画线　D. 虚线

16. 孔、轴共有（　）个基本偏差。

A. 15　B. 20　C. 28　D. 30

17. 晶体晶体管具有（　）个 PN 结。

A. 1　B. 2　C. 3　D. 4

18. 放大电路中放大器有（　）个端子。

A. 2　B. 3　C. 4　D. 5

19. 液压传动可实现（　）。

A. 精确的定比传动　B. 无级调速　C. 远距离传送　D. 高效率传动

20. 下列回路中为压力控制回路的是（　）。

A. 调压回路　B. 调速回路　C. 换向回路　D. 同步回路

21. 轮胎应当定期做动平衡检查，用（　）检查。

A. 静平衡检测仪　B. 动平衡检测仪　C. 扒胎机　D. 测功机

22. 一般清洗用的化学溶液可采用（　）与热水的混合溶液。

A. 中性肥皂　B. 碱面　C. 稀酸　D. 酒精

23. 汽车底盘由传动系统、行驶系统、转向系统和（　　）四大部分组成。
A. 起动系统　　B. 润滑系统　　C. 冷却系统　　D. 制动系统
24. 最大爬坡度是车轮（　　）时的最大爬坡能力。
A. 满载　　B. 空载　　C. 小于5t　　D. 大于5t
25. 发动机冷却系统的部件中能对冷却液加压使其循环的是（　　）。
A. 节温器　　B. 散热器　　C. 水泵　　D. 风扇
26. 汽车发动机大多数使用（　　）水泵。
A. 齿轮式　　B. 柱塞式　　C. 机械离心式　　D. 以上均不对
27. 利用机油的黏性，使机油附着在运动零件表面，以提高零件的密封效果，这是机油的（　　）作用。
A. 润滑　　B. 冷却　　C. 密封　　D. 清洁
28. 发动机机油泵通常用外啮合齿轮泵，主要由齿轮、轴承、泵盖及（　　）等组成。
A. 叶片　　B. 柱塞　　C. 油管　　D. 传动轴
29. 汽车万向传动装置一般由万向节、（　　）和中间支承组成。
A. 变矩器　　B. 半轴　　C. 传动轴　　D. 拉杆
30. 在汽车正常行驶过程中，差速器不起差速作用时，两半轴（　　）。
A. 转速相同　　B. 差速　　C. 速度趋于零　　D. 速度等于零
31. 前轮定位包括（　　）、主销内倾、车轮外倾和前轮前束四个参数。
A. 主销前倾　　B. 主销后倾　　C. 主销外倾　　D. 主销左倾
32. （　　）是连接汽车转向系统转向摇臂和转向节臂的杆件。
A. 转向直拉杆　　B. 转向横拉杆　　C. 摇臂轴　　D. 转向节
33. 在使用过程中必须靠人力或电磁力拉动拨叉，强制使传动小齿轮轴向移动进入啮合或退出啮合的起动机是（　　）起动机。
A. 直接操纵式　　B. 惯性啮合式　　C. 移动电枢啮合式　　D. 强制啮合式
34. （　　）用来清除风窗玻璃上的雨水、雪或尘土，确保驾驶人能有良好的视线。
A. 电动刮水器　　B. 风窗玻璃清洗装置
C. 风窗除霜装置　　D. 以上都不对
35. 磁脉冲式转速与曲轴位置传感器安装在（　　）。
A. 曲轴前　　B. 分电器内　　C. 凸轮轴前　　D. 飞轮上
36. 氧化钛型氧传感器半导体材料二氧化钛的电阻值取决于（　　）。
A. 周围环境的氧浓度　　B. 周围环境的二氧化碳浓度
C. 周围环境温度的高低　　D. 周围环境气压的高低
37. 关于灭火器使用的说法正确的是（　　）。
A. 应将灭火器放在离可能发生火灾最近的地方
B. 不要把灭火器放在靠近门口的地方
C. 拉开灭火器开关前应使自己尽可能远离火源
D. 灭火器要专物专用，定期保养
38. 在火场的浓烟区被围困时，正确的做法是（　　）。
A. 低姿势行走　　B. 短呼吸　　C. 用湿毛巾捂住嘴　　D. 以上都正确
39. （　　）是保证和提高维修质量的先决条件。
A. 加强教育　　B. 抓技术管理

C. 应用新技术　　D. 推行管理新经验

40. 全面质量管理的基本方法就是（　　）。

A. PACD　　B. PADC　　C. PDCA　　D. PCDA

41. 对于东风 EQ1092F 型汽车，当发动机怠速运转转速为 500～600r/min 时，真空度应为（　　）kPa。

A. 50～70　　B. 70～90　　C. 90～110　　D. 110～130

42. 对于东风 EQ1092F 型汽车，发动机中速时，机油压力应大于或等于（　　）MPa。

A. 0.1　　B. 0.2　　C. 0.3　　D. 0.4

43.（　　）由维修企业进行，以检查、调整为中心内容。

A. 日常维护　　B. 一级维护　　C. 二级维护　　D. 三级维护

44. 汽车（　　）的行驶里程为 2000～3000km。

A. 日常维护　　B. 一级维护　　C. 二级维护　　D. 三级维护

45. 同一活塞环上漏光弧长所对应的圆心角总和不超过（　　）。

A. 15°　　B. 25°　　C. 45°　　D. 60°

46. 在进行桑塔纳发动机曲轴轴向间隙检查时，应先将曲轴用撬棒撬至一端，再用塞尺测量第（　　）道曲柄与推力轴承之间的间隙。

A. 1　　B. 2　　C. 3　　D. 4

47. 在进行连杆轴承间隙检查时，摇转曲轴，使被检连杆位于（　　）位置。

A. 最低　　B. 最高　　C. 中央　　D. 靠近最低位置

48. 用溢流法检测柴油机喷油提前角必须在（　　）上进行。

A. 喷油器试验器　　B. 喷油泵试验台

C. 台架　　D. 喷油泵试验台或台架

49. 喷油器试验器用油应为沉淀后的（　　）。

A. “0”号轻柴油　　B. 煤油　　C. 液压油　　D. 机械油

50. 待修件是指具有较好（　　）的零件。

A. 修理工艺　　B. 修理价值　　C. 使用价值　　D. 几何形状

51. 以下属于气缸盖腐蚀的主要原因的是（　　）。

A. 冷却液加注过多　　B. 使用了不符合要求的冷却液

C. 汽车工作条件恶劣　　D. 汽车长时间超时间、超负荷工作

52. 以下属于气缸体腐蚀的主要原因的是（　　）。

A. 冷却液加注过多　　B. 使用了不符合要求的冷却液

C. 汽车工作条件恶劣　　D. 汽车长时间超时间、超负荷工作

53. 发动机变形将导致其与轴承孔轴线（　　）的变化。

A. 平行度　　B. 垂直度　　C. 同轴度　　D. 对称度

54. 以下属于曲轴轴承螺纹损伤的原因的是（　　）。

A. 装配时螺栓没有拧正　　B. 异物碰撞

C. 工具使用不当　　D. 螺栓重复使用

55. 以下属于凸轮轴轴承螺纹损伤的原因的是（　　）。

A. 装配时螺栓没有拧正　　B. 异物碰撞

C. 工具使用不当　　D. 螺栓重复使用

56. 发动机气缸有（　　）级修理尺寸。

A. 2　　B. 4　　C. 5　　D. 6

57. 发动机气缸体裂纹和破损检测最常用的方法是（　　）法。

A. 磁力探伤　　B. 荧光探伤　　C. 敲击　　D. 水压试验

58. 发动机曲轴各轴颈的圆度误差和圆柱度误差一般用（　　）来测量。

A. 游标卡尺　　B. 百分表　　C. 外径千分尺　　D. 内径千分尺

59. 将发动机凸轮轴支于平台上的V形架上，用（　　）检测凸轮轴的弯曲程度。

A. 直尺和塞尺　　B. 高度尺　　C. 百分表　　D. 游标卡尺

60. 根据《汽车发动机气缸体与气缸盖修理技术条件》的技术要求，气缸体上平面50mm×50mm测量范围内平面度误差应小于或等于（　　）mm。

A. 0.01　　B. 0.04　　C. 0.05　　D. 0.10

61. 根据《汽车发动机曲轴技术条件》的技术要求，曲轴中间各主轴颈的径向圆跳动公差为（　　）mm。

A. 0.025　　B. 0.05　　C. 0.075　　D. 0.10

62. 气门杆磨损量用（　　）测量。

A. 外径千分尺　　B. 内径千分尺　　C. 直尺　　D. 刀口形直尺

63. 在安装发动机新凸轮轴油封时，应先涂一层（　　）。

A. 密封胶　　B. 机油　　C. 凡士林　　D. 齿轮油

64. 安装在进气歧管上的喷油器在（　　）喷油。

A. 进气行程　　B. 压缩行程　　C. 做功行程　　D. 排气行程

65.（　　）用于检测发动机运转时吸入的进气量。

A. 空气流量计　　B. 节气门位置传感器

C. 进气温度传感器　　D. 发动机转速传感器

66. 液压制动总泵装配前各零件应用（　　）彻底清洗。

A. 汽油　　B. 酒精　　C. 制动液　　D. 碱液

67. 节气门位置传感器失效会引起（　　）。

A. 不易起动　　B. 怠速不稳　　C. 进气量过大　　D. 进气量过小

68. 冷却液温度传感器安装在（　　）。

A. 进气道上　　B. 排气管上　　C. 水道上　　D. 油底壳上

69. 常温下被控制阀片挡住，硅油不能进入工作室，风扇离合器处于（　　）状态。

A. 分离　　B. 结合　　C. 啮合　　D. 连接

70. 水泵在泵轴处设有（　　），其作用是确定水封是否漏冷却液和排出水泵漏出的冷却液。

A. 溢水孔　　B. 传感器　　C. 加油孔　　D. 检测孔

71.（　　）的作用是建立足够的机油压力。

A. 机油泵　　B. 机油滤清器　　C. 限压阀　　D. 机油压力传感器

72. 汽油泵的摇臂行程磨损量不应超过（　　）mm。

A. 0.10　　B. 0.20　　C. 0.30　　D. 0.40

73. 无触点电子点火系统采用点火信号传感器取代传统点火系统中的（　　）。

A. 断电触点　　B. 配电器　　C. 分电器　　D. 点火线圈

74. 发动机起动困难，大多发生在（　　）。

A. 起动系统　　B. 点火系统

C. 燃料系统　　D. 起动系统、点火系统、燃料系统

75. 汽油发动机不能起动的原因是（　　）。

A. 低压电路断路　B. 供油不足　C. 混合气过稀　D. 混合气过浓

76. 发动机相邻两高压分线插错，将会造成（　　）。

A. 动力不足　B. 起动困难　C. 不能起动　D. 运转不稳

77. 关于发动机功率不足的原因，甲说火花塞间隙不符合标准，乙说分电器分火头损坏。对于以上说法（　）。

A. 甲正确　B. 乙正确　C. 甲乙都正确　D. 甲乙都不正确

78. 关于发动机正时齿轮异响，甲认为：间隙小时，发出“嗡嗡”声；间隙大时，发出散乱撞击声。乙认为：发动机转速升高，声音随之加大。丙认为：声音与发动机温度有关。其中正确的是（　　）。

A. 甲和乙　B. 乙和丙　C. 丙和甲　D. 均错

79. （　　）导致发动机温度过高。

A. 发动机散热风扇转速过高　B. 发动机散热风扇转速过低

C. 发动机冷却系始终处于大循环　D. 发动机负荷过小

80. 电控发动机控制系统中，（　　）存放了发动机各种工况的最佳喷油持续时间。

A. 电控单元　B. 执行器　C. 温度传感器　D. 压力调节器

81. 检测尾气排放情况时，取样探头插入排气管的深度应大于或等于（　　）mm，否则排气管应加接。

A. 200　B. 250　C. 300　D. 350

82. 测试汽车有关电阻及传感器时必须用（　）万用表进行。

A. 模拟式　B. 高阻抗数字式　C. 低阻抗数字式　D. 模拟式或数字式

83. 东风 EQ1092F 型汽车的前轮外倾角为（　　），主销内倾角为 6°。

A. 1°　B. 2°　C. 3°　D. 4°

84. 对于独立悬架，弹簧的（　　）对乘员的舒适性有主要影响。

A. 强度　B. 刚度　C. 自由长度　D. 压缩长度

85. 解放 CA1092 型汽车主销内倾角为（　　）。

A. 6°　B. 10°　C. 8°　D. 4°

86. 鼓式制动器可分为非平衡式、平衡式和（　　）。

A. 自动增力式　B. 单向助势式　C. 双向助势式　D. 双向自动增力式

87. 桑塔纳 2000 型轿车采用的是（　）伺服制动装置。

A. 真空增压式　B. 气压助力式　C. 真空助力式　D. 涡流增压式

88. 对于真空增压制动传动装置，解除制动时，控制油压下降，加力气室互相沟通，又具有一定的（　　），膜片、推杆、辅助缸活塞都在回位弹簧作用下各自回位。

A. 大气压力　B. 压力　C. 真空度　D. 推力

89. （　）的作用是使储气筒的气压保持在规定范围内，以减小发动机的功率消耗。

A. 泄压阀　B. 单向阀　C. 限压阀　D. 调压器

90. 在双腔制动主缸中，前活塞回位弹簧比后活塞回位弹簧的弹力（　　）。

A. 大　B. 小

C. 相等　D. 大、小、相等都有可能

91. 汽车拖带挂车时，解除挂车制动时，要（　　）主车制动。

A. 同时或早于　B. 同时　C. 晚于　D. 晚于或同时

92. 空气助力器的助力源是（　　）的压力差。

A. 大气与真空　　B. 压缩空气与大气

C. 压缩空气与真空　　D. 大气与空气

93. 关于液压制动传动装置，甲说液压制动传动装置有增压式，乙说液压制动传动装置有助力式。你认为以上观点（　　）。

A. 甲正确　　B. 乙正确　　C. 甲乙都不正确　　D. 甲乙都正确

94. 制动蹄与制动鼓之间的间隙过小，不应调整（　　）。

A. 制动踏板高度　　B. 制动气室压力　　C. 储气筒压力　　D. 以上都对

95. 安装好制动凸轮轴后，应使两轴轴向间隙小于或等于（　　）mm。

A. 0.6　　B. 0.7　　C. 0.65　　D. 0.5

96. 检查制动鼓时，用（　　）测量，制动鼓内圆面的圆度误差不得超过规定值。

A. 直尺　　B. 直角尺　　C. 弓形内径规　　D. 深度尺

97. 汽车液压制动系统中，制动蹄与制动鼓之间的间隙消除前与消除后相比，制动力（　　）。

A. 大　　B. 小　　C. 一样　　D. 成倍增大

98. 制动钳体缸筒与活塞的极限配合间隙应小于（　　）mm。

A. 0.05　　B. 0.10　　C. 0.15　　D. 0.30

99. 桑塔纳轿车驻车制动器是（　　）。

A. 气压式　　B. 综合式　　C. 液力式　　D. 人力式

100. 并列双腔制动主缸中前活塞回位弹簧的弹力（　　）后活塞回位弹簧的弹力。

A. 大于　　B. 小于　　C. 等于　　D. 大于或等于

101. 解放 CA1092 型万向传动装置出现异响，下列（　　）是异响现象。

A. 起步发抖　　B. 车速变化发抖

C. 高速档小节气门发抖　　D. 金属撞击声

102.（　　）是行驶跑偏的原因。

A. 两前轮胎气压差过大　　B. 车架变形或铆钉松动

C. 转向节主销与衬套间隙过大　　D. 减振器失效，前钢板弹力不一致

103.（　　）不是引起高速打摆现象的主要原因。

A. 前轮胎修补、前轮辋变形、前轮毂螺栓短缺引起动不平衡

B. 减振器失效，前钢板弹力不一致

C. 车架变形或铆钉松动

D. 前束过大，车轮外倾角、主销后倾角变小

104.（　　）是装备动力转向系统的汽车方向发飘的原因。

A. 液压泵磨损　　B. 缺液压油或滤油器堵塞

C. 油路中有气泡　　D. 分配阀反作用弹簧过软或损坏

105. 汽车动力转向系统转向器滑阀内有脏物阻滞会导致汽车（　　）。

A. 不能转向　　B. 左右转向力不一致

C. 转向沉重　　D. 转向发飘

106.（　　）不是车身倾斜的原因。

A. 车架轻微变形　　B. 单侧悬架弹簧弹力不足

C. 减振器损坏　　D. 轮胎气压不平衡

107. 下列（　　）是汽车行驶中有撞击声的原因。

A. 减振器性能减弱　　B. 前悬架移位
C. 单侧悬架弹簧弹力不足　　D. 弹簧折断

108. （　　）不是制动跑偏、甩尾的原因。
A. 车架变形　　B. 前悬架弹簧弹力不足
C. 单侧悬架弹簧弹力不足　　D. 一侧车轮制动器制动性能减弱

109. （　　）不是轮胎异常磨损的原因。
A. 减振器性能减弱　　B. 主销后倾角改变
C. 轮胎气压不平衡　　D. 单侧悬架弹簧弹力不足

110. （　　）不是无气压或气压低引起气压制动系统制动失效的原因。
A. 空气压缩机损坏或供气量小　　B. 制动器室膜片破裂
C. 空气压缩机传动带打滑　　D. 单向阀卡滞或制动管路堵塞

111. （　　）导致气压制动系统制动失效。
A. 空气压缩机润滑不良　　B. 制动踏板行程过小
C. 制动踏板自由行程过小　　D. 空气压缩机传动带打滑

112. （　　）不是气压制动系统制动不良的原因。
A. 制动总泵、制动踏板行程调整不当
B. 空气压缩机传动带打滑
C. 制动阀调整不当
D. 制动蹄摩擦片沾有油污、水，表面焦炭化，或摩擦片碎裂，磨损量过大

113. 两前轮车轮制动器间隙不一致会导致汽车（　　）。
A. 制动失效　　B. 制动跑偏　　C. 制动过热　　D. 轮胎异常磨损

114. 制动甩尾的原因有（　　）。
A. 制动阀调整不当　　B. 两后轮制动间隙过小
C. 两后轮制动气室制动管路漏气　　D. 前桥悬架弹簧弹力不一致

115. 制动踏板轴卡滞会导致汽车（　　）。
A. 制动拖滞　　B. 制动甩尾　　C. 制动失效　　D. 制动过迟

116. 下列（　　）不是液压制动系统制动不良的原因。
A. 液压制动系统中有空气　　B. 总泵旁通孔堵塞
C. 总泵密封胶圈老化　　D. 制动蹄片磨损过量

117. 总泵旁通孔或回油孔堵塞会导致汽车（　　）。
A. 制动系统过热　　B. 液压制动系统卡死　　C. 制动跑偏　　D. 制动甩尾

118. 汽车在行驶中后桥出现连续的"嗷嗷"声响，随着车速加快声响也加大，滑行时稍有减弱，说明（　　）。
A. 主、从动锥齿轮啮合间隙过小　　B. 主、从动锥齿轮啮合间隙过大
C. 主、从动锥齿轮啮合轮齿折断　　D. 半轴花键损坏

119. 对液压制动的汽车，连续踏几次制动踏板，每次均踏到底但制动无力，是因为（　　）。
A. 制动主缸皮碗损坏、顶翻　　B. 制动蹄片和制动鼓间隙过大
C. 制动系统渗入空气或制动液汽化　　D. 制动液牌号不对

120. 汽车制动解除时，若排气缓慢或不排气而造成全车制动鼓发热，应检查（　　）。
A. 制动气室　　B. 制动蹄回位弹簧　　C. 制动操纵机构　　D. 储气筒

121. 进行汽车二级维护前，发动机的转速为 800r/min 时，点火提前角应为（　　）。

A. 3° B. 5° C. 7° D. 9°

122. 进行汽车二级维护前，分电器的触点闭合角应为（ ）。

A. 30°~36° B. 36°~42° C. 42°~48° D. 48°~54°

123. 进行汽车二级维护前，发动机的转速为（ ）r/min 时，单缸发动机断火转速下降应大于或等于 90r/min。

A. 600 B. 800 C. 1000 D. 1200

124. 为保证车辆顺利起动，起动电流稳定值应该为（ ）A，蓄电池内阻大于或等于 20mΩ，稳定电压小于或等于 9V。

A. 20~50 B. 50~100 C. 100~150 D. 150~200

125. 充氟试漏是向系统充注（ ）蒸气，使系统压力高达 0.35MPa，然后用卤素灯检漏仪检漏。

A. 水 B. 冷却液 C. 氟利昂 D. 压缩机油

126. 一般冬季行驶（ ）天，夏季行驶 5~6 天，应检查电解液的液位。

A. 5~10 B. 10~15 C. 15~20 D. 20~25

127. 点火模块用于控制点火线圈初级绕组的（ ）。

A. 搭铁 B. 电源 C. 电阻 D. 电感

128. 爆燃传感器的拧紧力矩为（ ）N·m。

A. 5 B. 10 C. 15 D. 20

129. 汽车起动机电磁开关将起动机主电路接通后，活动铁心靠（ ）线圈产生的电磁力保持在吸合位置上。

A. 吸引 B. 保持 C. 吸引和保持 D. 以上都不是

130. 起动机换向器圆周径向圆跳动误差超过 0.05mm 时，应在（ ）上修复。

A. 车床 B. 压力机 C. 磨床 D. 铣床

131. 起动机全制动试验时，电流应小于或等于（ ）A。

A. 120 B. 240 C. 360 D. 650

132. 电压调节器触点控制的电流是发电机的（ ）。

A. 励磁电流 B. 电枢电流 C. 充电电流 D. 点火电压

133. 装于汽车发电机内部的调节器是（ ）。

A. FT61 型 B. JFT106 型 C. 集成电路调节器 D. 晶体调节器

134. 发电机转子端隙应小于或等于（ ）mm。

A. 0.10 B. 0.20 C. 0.25 D. 0.30

135.（ ）类制冷剂包括 R23、R32、R41、Rl25、R134、R143、R152 等。

A. HFA B. HFB C. HFC D. HFD

136. 检查汽车空调压缩机性能时，应使发动机转速达到（ ）r/min。

A. 1000 B. 1500 C. 1600 D. 2000

137. 关于汽车电流表，甲说电流表指示“-”时为蓄电池放电，乙说电流表指示“+”时为发电机向蓄电池充电。你认为以上观点（ ）。

A. 甲正确 B. 乙正确 C. 甲乙都正确 D. 甲乙都不正确

138. 关于电压表的检修，甲说车载电压表显示的数值为蓄电池或发电机的端电压，乙说车载电压表显示的数值为点火系统的高压电压。你认为以上观点（ ）。

A. 甲正确 B. 乙正确 C. 甲乙都正确 D. 甲乙都不正确

139. 关于燃油表的指示，甲说若燃油表指示“F”，表明油箱内的燃油为满箱，乙说若燃油表指示“E”，表明油箱内的燃油为空箱。你认为以上观点（　　）。

A. 甲正确　　B. 乙正确　　C. 甲乙都正确　　D. 甲乙都不正确

140. 关于车速里程表，甲说车速里程表的动力源来自变速器的输出轴，乙说车速里程表由汽车的变速器软轴驱动仪表的主动轴。你认为以上观点（　　）。

A. 甲正确　　B. 乙正确　　C. 甲乙都正确　　D. 甲乙都不正确

141. 关于充电电流不稳故障的现象，甲说是发动机在中速以上运转时，电流表指示充电电流忽大忽小，乙说是发动机在中速以上运转时，充电指示灯忽明忽暗。你认为以上观点（　　）。

A. 甲正确　　B. 乙正确　　C. 甲乙都正确　　D. 甲乙都不正确

142. 关于起动机运转无力故障的原因，甲说可能是蓄电池亏电太多，乙说可能是起动电路接头松动。你认为以上观点（　　）。

A. 甲正确　　B. 乙正确　　C. 甲乙都正确　　D. 甲乙都不正确

143. 关于火花塞间歇性跳火故障的原因，甲说是点火顺序不对，乙说是点火电压不足。你认为以上观点（　　）。

A. 甲正确　　B. 乙正确　　C. 甲乙都正确　　D. 甲乙都不正确

144. 关于高压无火故障的原因，甲说可能是点火线圈初级绕组断路，乙说可能是点火线圈初级绕组短路。你认为以上观点（　　）。

A. 甲正确　　B. 乙正确　　C. 甲乙都正确　　D. 甲乙都不正确

145. 关于低速断火故障的原因，甲说可能是火花塞间隙过大，乙说可能是电容器工作不良。你认为以上观点（　　）。

A. 甲正确　　B. 乙正确　　C. 甲乙都正确　　D. 甲乙都不正确

146. 关于发电机异响故障的原因，甲说可能是转子与定子之间碰擦，乙说可能是发电机风扇或传动带盘与壳体碰撞。你认为以上观点（　　）。

A. 甲正确　　B. 乙正确　　C. 甲乙都正确　　D. 甲乙都不正确

147. 关于起动机不能与飞轮结合故障的原因，甲说主要在起动机的控制部分，乙说主要在于主回路接触盘的行程过小。你认为以上观点（　　）。

A. 甲正确　　B. 乙正确　　C. 甲乙都正确　　D. 甲乙都不正确

148. 关于喇叭不响故障的原因，甲说可能是继电器触点烧蚀，乙说可能是气隙过大。你认为以上观点（　　）。

A. 甲正确　　B. 乙正确　　C. 甲乙都正确　　D. 甲乙都不正确

149. 关于喇叭声响不正常故障的原因，甲说可能是喇叭线圈烧坏，乙说可能是喇叭支架松动。你认为以上观点（　　）。

A. 甲正确　　B. 乙正确　　C. 甲乙都正确　　D. 甲乙都不正确

150. 关于喇叭触点经常烧坏的原因，甲说可能是电容量过大，乙说可能是电容断路。你认为以上观点（　　）。

A. 甲正确　　B. 乙正确　　C. 甲乙都正确　　D. 甲乙都不正确

151. 关于喇叭长鸣故障的原因，甲说可能是喇叭继电器触点烧结，乙说可能是喇叭继电器触点弹簧片弹力过弱。你认为以上观点（　　）。

A. 甲正确　　B. 乙正确　　C. 甲乙都正确　　D. 甲乙都不正确

152. 关于空调压缩机不运转故障的原因，甲说可能是空调熔丝熔断，乙说可能是电源线路断路。你认为以上观点（　　）。

A. 甲正确　　B. 乙正确　　C. 甲乙都正确　　D. 甲乙都不正确

153. 关于空调压缩机不停转故障的原因，甲说可能是空调调节器故障，乙说可能是蒸发器传感器故障。你认为以上观点（　　）。

A. 甲正确　　B. 乙正确　　C. 甲乙都正确　　D. 甲乙都不正确

154.（　　）导致所有车门锁都不能工作。

A. 电源导线断路　　B. 左侧电动车门锁电路断路

C. 右侧电动车门锁故障　　D. 左侧后电动车门锁故障

155.（　　）能导致驾驶人侧电动车门锁不能开启。

A. 车门锁拉杆卡住　　B. 车窗天线故障　　C. 遥控器故障　　D. 搭铁线故障

156.（　　）能导致左后侧电动车门锁不能锁定。

A. 车门锁拉杆卡住　　B. 车窗天线故障　　C. 遥控器故障　　D. 搭铁线故障

157.（　　）能导致前排乘客侧电动车门锁不能锁定。

A. 车门锁拉杆卡住　　B. 车窗天线故障　　C. 遥控器故障　　D. 搭铁线故障

158.（　　）导致不能用驾驶人侧的车门锁按钮锁定两扇车门。

A. 熔断器故障　　B. 驾驶人侧开关故障　C. 乘客侧开关故障　　D. 搭铁不良

159.（　　）导致不能用驾驶人侧的车门锁按钮开启两扇车门。

A. 熔断器故障　　B. 驾驶人侧开关故障　C. 乘客侧开关故障　　D. 搭铁不良

160.（　　）用于测试蓄电池端电压。

A. 万用表　　B. 气压表　　C. 真空表　　D. 油压表

得　分	
评分人	

二、判断题（第 1 题 ~ 第 40 题。将判断结果填入括号中。正确的填“√”，错误的填“×”。每题 0.5 分，满分 20 分。）

（　　）1. 连杆轴颈与轴承的配合间隙应符合汽车修理厂的规定。

（　　）2. 电动燃油泵只安装在油箱内。

（　　）3. 喷油器的工作电压有 5V 和 12V 两种。

（　　）4. 当发动机达到一定温度时，蜡式节温器主阀门开始打开，部分冷却液开始进行大循环。

（　　）5. 桑塔纳 2000 型轿车采用了四电极火花塞。

（　　）6. 发动机曲轴转速与分电器的转速比为 2:1。

（　　）7. 模拟触发叶轮叶片在气隙中动作，如果高压线端部跳火，说明霍尔发生器有故障。

（　　）8. 汽油滤清器堵塞会使供油不足。

（　　）9. 燃烧室积炭会导致发动机产生爆燃现象。

（　　）10. 发出较大清脆的“铛铛”金属敲击声是连杆轴承异响的特征之一。

（　　）11. 随着发动机转速的增加声音加大是活塞销松旷造成的异响的特征。

（　　）12. 汽油滤清器堵塞不会引起发动机怠速不稳。

（　　）13. 电控单元是电控发动机电子控制系统的重要组成部分。

（　　）14. 采用电控燃油喷射系统可使发动机综合性能得到提高。

（　　）15. 曲轴位置传感器将检测到的曲轴转角信号输入 ECU 作为点火控制主控信号，而不作为喷射信号。

(　　) 16. 柴油车废气检测是在怠速的情况下进行的。

(　　) 17. 排气管冒黑烟的原因主要是喷油压力不足。

(　　) 18. 柴油机喷油器试验器用油应为沉淀后的“0”号重柴油。

(　　) 19. 桑塔纳 LX 型轿车转向盘自由转动量应为 15°～30°。

(　　) 20. 行车制动系统的制动踏板自由行程越大越好。

(　　) 21. 用脚施加于驻车制动操纵装置上的力，对于座位数小于 9 的载客汽车来说应小于或等于 600N。

(　　) 22. 液压行车制动系统在达到规定的制动效能时，对于座位数大于 9 的载客汽车来说制动踏板行程应不超过 100mm。

(　　) 23. 客车在 30km/h 的初速度下采用应急制动系统制动时，要求制动距离小于或等于 40m。

(　　) 24. 对于允许挂接挂车的汽车，其驻车制动装置必须能使汽车整车在满载状态下能停在坡度为 12% 的坡道上。

(　　) 25. 制动分泵的皮碗用汽油清洗。

(　　) 26. 汽车气压制动系统的空气压缩机在组装后，可直接装车。

(　　) 27. 变速器在验收时，各档均不允许有噪声。

(　　) 28. 离合器摩擦片沾油或磨损严重会引起离合器打滑。

(　　) 29. 变速器盖应无裂损现象，变速叉轴与盖承孔的配合间隙为 0.04～0.20mm。

(　　) 30. 单级主减速器的常啮合锥齿轮不使用直齿齿轮。

(　　) 31. 差速器可保证两侧驱动轮在任何道路条件下均能保持纯滚动和等角速度转动。

(　　) 32. 主减速器主、从动锥齿轮啮合印痕的要求是正车面较倒车面要高。

(　　) 33. 半轴花键与半轴齿轮及凸缘键槽的侧隙应小于或等于原设计规定 0.15mm。

(　　) 34. 检查传动轴花键轴与滑动叉花键的配合间隙，最大不得超过 0.4mm。

(　　) 35. 转向器按结构分为齿轮齿条式转向器、循环球式转向器和蜗杆曲柄指销式转向器。

(　　) 36. 直拉杆应无明显变形，横拉杆的直线度公差为 1.5mm。

(　　) 37. 解放 CA1092 型汽车采用齿轮齿条式转向器。

(　　) 38. 随着汽车的发展，有的汽车没有车架。

(　　) 39. 奥迪 100 型轿车采用综合式车架。

(　　) 40. 真空助力式液压制动传动装置的加力气室和主缸组成一个整体，称为真空助力器。

职业技能鉴定国家题库统一试卷

汽车修理工中级理论知识试卷答案

一、单项选择题（第 1 题～第 160 题，共 80 分。评分标准：每答对一题给 0.5 分，答错或漏答不给分也不扣分）

1. D	2. C	3. A	4. A	5. B	6. D	7. D	8. D	9. A	10. B
11. B	12. C	13. C	14. C	15. A	16. C	17. B	18. C	19. B	20. A
21. B	22. A	23. D	24. A	25. C	26. C	27. C	28. D	29. C	30. A
31. B	32. A	33. D	34. A	35. B	36. A	37. D	38. D	39. A	40. C

41. A　42. C　43. C　44. B　45. C　46. C　47. A　48. B　49. A　50. B
51. B　52. B　53. B　54. A　55. A　56. B　57. D　58. C　59. C　60. C
61. B　62. A　63. A　64. A　65. B　66. B　67. B　68. C　69. A　70. A
71. A　72. B　73. A　74. D　75. A　76. D　77. C　78. A　79. B　80. A
81. C　82. B　83. A　84. B　85. C　86. A　87. C　88. C　89. D　90. A
91. A　92. B　93. D　94. D　95. B　96. C　97. B　98. C　99. D　100. C
101. D　102. A　103. D　104. D　105. B　106. A　107. D　108. B　109. A　110. B
111. D　112. B　113. B　114. A　115. A　116. B　117. B　118. A　119. A　120. C
121. D　122. B　123. D　124. C　125. C　126. B　127. A　128. D　129. B　130. A
131. D　132. A　133. C　134. B　135. C　136. B　137. C　138. A　139. C　140. C
141. C　142. C　143. B　144. C　145. C　146. C　147. C　148. A　149. B　150. C
151. C　152. C　153. C　154. A　155. D　156. D　157. D　158. D　159. D　160. A

二、判断题（第1题~第40题，共20分。评分标准：每答对一题给0.5分，答错或漏答不给分也不扣分）

1. ×　2. ×　3. ×　4. √　5. √　6. √　7. ×　8. √
9. √　10. √　11. ×　12. ×　13. √　14. √　15. ×　16. ×
17. √　18. ×　19. ×　20. ×　21. ×　22. ×　23. ×　24. √
25. ×　26. ×　27. ×　28. √　29. √　30. √　31. ×　32. √
33. √　34. √　35. √　36. ×　37. ×　38. √　39. ×　40. ×

应　会　试　卷

职业技能鉴定国家题库统一试卷

汽车修理工中级操作技能考核准备通知单

一、考场准备

1. 操作场地应光线充足，整洁无干扰，具有安全防火措施。
2. 操作场地应具有地沟和车辆举升机。
3. 考评员与考生比例为1∶3。

二、材料、设备准备

1. 东风EQ1092型载货汽车的EQ6100型发动机气缸盖一个。
2. 金属直尺、塞尺各一把。
3. 平台、量杯、注射器、玻璃板各一个。

职业技能鉴定国家题库统一试卷

汽车修理工中级操作技能考核试卷

考生姓名：　　　　准考证号：　　　　工作单位：

一、说明

1. 本试卷的命题编制是从实际出发，以可行性、技术性和通用性为原则。

2. 本试卷依据《中华人民共和国职业技能鉴定规范》编制。

3. 本试卷适用于考核中级汽车修理工。

4. 本试卷无地域限制。

二、试题

东风 EQ6100 型发动机气缸盖的检修

考核要求：

1. 检查气缸盖各平面平面度、燃烧室容积。

2. 口述各平面和燃烧室修理的方法和技术标准。

考核时间：80min。

职业技能鉴定国家题库统一试卷

汽车修理工中级操作技能考核评分记录表

考生姓名：　　　　　　准考证号：　　　　　　工作单位：

东风 EQ6100 型发动机气缸盖的检修

<table>
<tr><th>序号</th><th>作业项目</th><th>考核内容</th><th>配分</th><th>评分标准</th><th>评分记录</th><th>扣分</th><th>得分</th></tr>
<tr><td rowspan="4">1</td><td rowspan="4">检验气缸盖平面度</td><td rowspan="2">检验气缸盖下平面的平面度</td><td rowspan="4">40</td><td>检验方法不正确扣 10 分</td><td></td><td></td><td></td></tr>
<tr><td>检验结果不正确扣 10 分</td><td></td><td></td><td></td></tr>
<tr><td rowspan="2">检验气缸盖侧平面的平面度</td><td>检验方法不正确扣 10 分</td><td></td><td></td><td></td></tr>
<tr><td>检验结果不正确扣 10 分</td><td></td><td></td><td></td></tr>
<tr><td rowspan="2">2</td><td rowspan="2">修理气缸盖接合面（口述）</td><td rowspan="2">下平面及侧平面的修理</td><td rowspan="2">30</td><td>修理方法不正确扣 15 分</td><td></td><td></td><td></td></tr>
<tr><td>技术要求叙述错误扣 15 分</td><td></td><td></td><td></td></tr>
<tr><td rowspan="4">3</td><td rowspan="4">检测、调整燃烧室容积</td><td rowspan="2">燃烧室容积的检测</td><td rowspan="4">25</td><td>检查方法不正确扣 10 分</td><td></td><td></td><td></td></tr>
<tr><td>检查结果不正确扣 5 分</td><td></td><td></td><td></td></tr>
<tr><td rowspan="2">燃烧室容积的调整（口述）</td><td>调整方法不正确扣 5 分</td><td></td><td></td><td></td></tr>
<tr><td>技术要求叙述错误扣 5 分</td><td></td><td></td><td></td></tr>
<tr><td rowspan="2">4</td><td rowspan="2">安全文明生产</td><td>遵守安全操作规程，正确使用工具、量具，操作现场整洁</td><td>5</td><td>不符合要求，每项扣 1 分，扣完为止</td><td></td><td></td><td></td></tr>
<tr><td>安全用电，防火，无人身、设备事故</td><td></td><td>因违规操作发生重大人身和设备事故，此题按 0 分计</td><td></td><td></td><td></td></tr>
<tr><td>5</td><td>分数合计</td><td></td><td>100</td><td></td><td></td><td></td><td></td></tr>
</table>

技术标准：

1. 接合面的平面度误差小于或等于 0.10mm。

2. 修理后燃烧室容积大于或等于公称容积的 95%。

3. 同一台发动机各缸燃烧室容积相差小于或等于平均值的 4%。

评分人：　　　　　年　月　日　　　　核分人：　　　　　年　月　日

参考文献

[1] 高宏伟，祖国海. 汽车修理工（初、中级）国家职业资格证书取证问答［M］. 2版. 北京：机械工业出版社，2010.
[2] 中国就业培训技术指导中心. 汽车修理工（初级）［M］. 2版. 北京：中国劳动社会保障出版社，2007.
[3] 中国就业培训技术指导中心. 汽车修理工（中级）［M］. 2版. 北京：中国劳动社会保障出版社，2008.
[4] 中国就业培训技术指导中心. 汽车修理工（基础知识）［M］. 2版. 北京：中国劳动社会保障出版社，2007.
[5] 人力资源和社会保障部教材办公室. 汽车修理工（初级）［M］. 北京：中国劳动社会保障出版社，2013.
[6] 人力资源和社会保障部教材办公室. 汽车修理工（中级）［M］. 北京：中国劳动社会保障出版社，2014.